# 解读最高人民法院司法解释、指导性案例

## 知识产权卷

陶凯元　主编

人民法院出版社

### 图书在版编目（CIP）数据

解读最高人民法院司法解释、指导性案例．知识产权卷/陶凯元主编．—北京：人民法院出版社，2016.4
（解读最高人民法院司法解释）
ISBN 978-7-5109-1481-2

Ⅰ.①解… Ⅱ.①陶… Ⅲ.①法律解释—汇编—中国②知识产权法—法律解释—汇编—中国 Ⅳ.①D920.5

中国版本图书馆 CIP 数据核字（2016）第 085226 号

---

**解读最高人民法院司法解释、指导性案例　知识产权卷**
陶凯元　主编

| | |
|---|---|
| 责任编辑 | 王　婷 |
| 出版发行 | 人民法院出版社 |
| 地　　址 | 北京市东城区东交民巷 27 号（100745） |
| 电　　话 | （010）67550617（责任编辑）　67550558（发行部查询） |
| | 65223677（读者服务部） |
| 客服 QQ | 2092078039 |
| 网　　址 | http://www.courtbook.com.cn |
| E — mail | courtpress@sohu.com |
| 印　　刷 | 三河市国英印务有限公司 |
| 经　　销 | 新华书店 |
| 开　　本 | 787×1092 毫米　1/16 |
| 字　　数 | 590 千字 |
| 印　　张 | 29 |
| 版　　次 | 2016 年 4 月第 1 版　2016 年 10 月第 2 次印刷 |
| 书　　号 | ISBN 978-7-5109-1481-2 |
| 定　　价 | 68.00 元 |

未经许可，不得以任何方式复制或抄袭本书之部分或全部内容。
版权所有　侵权必究

# 编辑出版说明

以1997年6月23日最高人民法院发布《关于司法解释工作的若干规定》为标志，最高人民法院开始了司法解释规范化的历程。至2016年4月底，最高人民法院已公布司法解释（法释系列）约四百五十件。为帮助广大读者学习和准确理解最高人民法院司法解释，掌握司法要旨，我社从2002年起编辑出版"解读最高人民法院司法解释系列"综合版和年度版。其中，综合版先后编辑出版第一版——《解读最高人民法院司法解释·民事卷（1997～2002）》《解读最高人民法院司法解释·刑事、行政卷（1997～2002）》、第二版——《解读最高人民法院司法解释（新编本）民事卷》《解读最高人民法院司法解释（新编本）民商事卷》《解读最高人民法院司法解释（新编本）刑事卷》《解读最高人民法院司法解释（新编本）行政·国家赔偿·其他卷》、第三版——《解读最高人民法院司法解释之刑事卷》《解读最高人民法院司法解释之民事卷》《解读最高人民法院司法解释之商事卷》《解读最高人民法院司法解释之知识产权卷》《解读最高人民法院司法解释之行政·国家赔偿·综合卷》和第四版——《解读最高人民法院司法解释、指导案例（刑事卷）》《解读最高人民法院司法解释、指导案例（民事卷）》《解读最高人民法院司法解释、指导案例（商事卷）》《解读最高人民法院司法解释、指导案例（知识产权卷）》《解读最高人民法院司法解释、指导案例（行政·国家赔偿卷）》《解读最高人民法院司法解释、指导案例（综合卷）》。年度版先后编辑出版1980～1997年卷、2003年卷、2004年卷、2005年卷、2006年卷、2007年卷、2008年卷、2009年卷、2010年卷、2011年卷、2012年卷、2013年卷。"解读最高人民法院司法解释系列"中还包括《解读最高人民检察院司法解释》《解读最高人民法院请示与答复》(第1~2辑)等品种,蔚为大观,形成了一个以解读最高人民法院司法解释为核心的完整的产品群,以其权威性、实用性,深受广大读者的好评和欢迎。

为了更好地为读者服务,我们在综合版第四版的基础上,根据最高人民法院、最高人民检察院最新司法解释清理结果,删去已废止的司法解释和司法文件,并加入最高人民法院十一批指导案例(含一至七批的理解与参照),推出综合版的第五版——《解读最高人民法院司法解释、指导性案例》书系。其中,因篇幅所限,对第四版司法解释条文的要旨加注不再予以保留,且条文要旨并非司法解释本身的内容,故不影响读者阅读。本书系集最高人民法院现行有效的司法解释、指导案例与重要司法文件理解与适用之大成,也是对最高人民法院迄今公布的所有法释系列司法解释的全面的分类汇编。

本书系收录的司法解释为法释〔1997〕1号至法释〔2016〕10号,以及最高人民法院在司法解释规范化前公布的一些重要司法解释。按照所属类别加以编排,分为综合卷、刑事卷、民事卷、商事卷、知识产权卷、民事诉讼卷、行政·国家赔偿卷七卷。

本书系特色为:

**——司法解释标准文本**。本书系采用刊登在《最高人民法院公报》上的司法解释标准文本。

**——解读**。均由起草司法解释的最高人民法院法官撰写,有的还经有关庭室负责人审定,具有高度的权威性和专业性,以保证司法解释不被误读、曲解、歧解。解读阐述了当时审判实践中的哪些问题或确立什么司法原则,如何理解司法解释中的难点、疑点问题,如何正确适用,等等。应说明的是,司法解释及其解读,反映了当时的社会政治经济状况和司法实际情况,因此,编辑时一概不作变更或补充,而只对解读的内容作了适当精简。

**——注解**。对司法解释被其后公布的司法解释等规范性文件所变更、废止、调整等重要情形予以说明,凡是已被明文废止的司法解释条文,以楷体字标明。

**——链接**。链接司法解释发布时最高人民法院有关负责人的答记者问,以及与司法解释相关的指导意见、答复、通知、复函、会议纪要、年度工作报告等最高人民法院司法政策性文件,并编排在章节的适当位置。最高人民法院司法政策对全国审判工作具有重要的指导和规范作用,对司法解释亦起补充作用。

——**最高人民法院司法解释一览表。**在综合卷中设置该表,对最高人民法院1997~2016年4月底公布的司法解释作了梳理,标明其修改和废止情况,并标注其在各卷的准确位置,方便查阅。

本卷为知识产权卷,分为"总类""著作权""商标权""专利权、技术合同""反不正当竞争""反垄断""其他"共七编。

# 凡 例

第十一届全国人大常委会于 2008 年 12 月通过了《关于修改〈中华人民共和国专利法〉的决定》。本书中的司法解释和司法文件中凡引用 2008 年修正前的专利法条文的,应以 2008 年修正的文本为准,书中不再一一注明。

第十一届全国人大常委会于 2010 年 2 月通过了《关于修改〈中华人民共和国著作权法〉的决定》。本书中的司法解释和司法文件中凡引用 2010 年修正前的著作权法条文的,应以 2010 年修正的文本为准,书中不再一一注明。

第十一届全国人大常委会于 2012 年 8 月通过了修改《中华人民共和国民事诉讼法》的决定。本书中的司法解释和司法文件中凡引用 2012 年修正前的民事诉讼法条文的,其序号应以 2012 年修正的文本为准,书中不再一一注明。

第十二届全国人大常委会于 2013 年 8 月通过了《关于修改〈中华人民共和国商标法〉的决定》。本书中的司法解释和司法文件中凡引用 2013 年修正前的商标法条文的,应以 2013 年修正的文本为准,书中不再一一注明。

最高人民法院 2011 年 2 月印发的《关于修改〈民事案件案由规定〉的决定》的通知(法〔2011〕41 号)对 2008 年 2 月 4 日制发的《民事案件案由规定》作出修改,本书中的司法解释和司法文件中凡引用 2011 年修改前的《民事案件案由规定》的,其条文序号应以 2011 年修改的文本为准,书中不再一一注明。

# 目 录

## 第一编 总 类

最高人民法院关于北京、上海、广州知识产权法院案件管辖的规定
　　（法释〔2014〕12号　2014年10月31日）…………………（ 3 ）
　　**【链接】** 最高人民法院有关负责人就《关于北京、上海、广州知识产权
　　　　法院案件管辖的规定》答记者问……………………………（ 4 ）

**附：相关司法文件**

最高人民法院印发《最高人民法院关于全面加强知识产权审判
　　工作为建设创新型国家提供司法保障的意见》的通知
　　（2007年1月11日）……………………………………………（ 12 ）
最高人民法院关于认真学习和贯彻《国家知识产权战略纲要》的通知
　　（2008年8月1日）………………………………………………（ 19 ）
最高人民法院印发《关于贯彻实施国家知识产权战略若干问题的
　　意见》的通知
　　（2009年3月23日）……………………………………………（ 22 ）
最高人民法院印发《关于当前经济形势下知识产权审判服务大局
　　若干问题的意见》的通知
　　（2009年4月21日）……………………………………………（ 32 ）
最高人民法院知识产权案件年度报告（2008）
　　（2009年4月22日）……………………………………………（ 40 ）
最高人民法院知识产权案件年度报告（2009）
　　（2010年4月22日）……………………………………………（ 47 ）
最高人民法院知识产权案件年度报告（2010）
　　（2011年4月13日）……………………………………………（ 56 ）
最高人民法院知识产权案件年度报告（2011）
　　（2012年4月）…………………………………………………（ 67 ）

最高人民法院知识产权案件年度报告（2012）
　　（2013年4月）……………………………………………………（76）
最高人民法院知识产权案件年度报告（2013）
　　（2014年4月）……………………………………………………（83）
最高人民法院知识产权案件年度报告（2014）
　　（2015年4月）……………………………………………………（91）
最高人民法院知识产权案件年度报告（2015）
　　（2016年4月）……………………………………………………（102）
最高人民法院关于调整地方各级人民法院管辖第一审知识产权
民事案件标准的通知
　　（2010年1月28日）………………………………………………（111）
最高人民法院关于印发基层人民法院管辖第一审知识产权民事
案件标准的通知
　　（2010年1月28日）………………………………………………（112）

# 第二编　著　作　权

最高人民法院关于审理著作权民事纠纷案件适用法律若干问题的解释
　　（法释〔2002〕31号　2002年10月12日）………………………（119）
　　【解读】　解读《关于审理著作权民事纠纷案件适用法律若干问题的
　　　　　　解释》………………………………………………………（122）

最高人民法院关于审理侵害信息网络传播权民事纠纷案件适用
法律若干问题的规定
　　（法释〔2012〕20号　2012年12月17日）………………………（138）
　　【解读】　解读《关于审理侵害信息网络传播权民事纠纷
　　　　　　案件适用法律若干问题的规定》………………………（141）

指导案例48号　北京精雕科技有限公司诉上海奈凯电子科技
有限公司侵害计算机软件著作权纠纷案 ………………………（153）

指导案例49号　石鸿林诉泰州华仁电子资讯有限公司侵害
计算机软件著作权纠纷案 ………………………………………（157）

**附：相关司法文件**

最高人民法院关于做好涉及网吧著作权纠纷案件审判工作的通知
（2010年11月25日） ………………………………………………（161）

# 第三编　商标权

最高人民法院关于人民法院对注册商标权进行财产保全的解释
（法释〔2001〕1号　2001年1月2日） ………………………………（165）
　　【解读】　解读《关于人民法院对注册商标权进行财产保全的解释》 ……（165）

最高人民法院关于审理商标案件有关管辖和法律适用范围问题的
　　解释
（法释〔2002〕1号　2002年1月9日） ………………………………（169）
　　【解读】　解读《关于审理商标案件有关管辖和法律适用范围
　　　　　　问题的解释》 ………………………………………………（171）

最高人民法院关于诉前停止侵犯注册商标专用权行为和保全证据
　　适用法律问题的解释
（法释〔2002〕2号　2002年1月9日） ………………………………（177）
　　【解读】　解读《关于诉前停止侵犯注册商标专用权行为和保全证据
　　　　　　适用法律问题的解释》 ………………………………………（179）

最高人民法院关于审理商标民事纠纷案件适用法律若干问题的解释
（法释〔2002〕32号　2002年10月12日） …………………………（188）
　　【解读】　解读《关于审理商标民事纠纷案件适用法律若干问题的
　　　　　　解释》 ………………………………………………………（191）

最高人民法院关于审理注册商标、企业名称与在先权利冲突的
　　民事纠纷案件若干问题的规定
（法释〔2008〕3号　2008年2月18日） ………………………………（213）
　　【解读】　解读《关于审理注册商标、企业名称与在先权利冲突的民事
　　　　　　纠纷案件若干问题的规定》 …………………………………（214）

最高人民法院关于审理涉及驰名商标保护的民事纠纷案件应用
　　法律若干问题的解释
（法释〔2009〕3号　2009年4月23日） ………………………………（226）

【解读】 解读《关于审理涉及驰名商标保护的民事纠纷案件应用
　　　　　法律若干问题的解释》 ………………………………………（228）

最高人民法院关于商标法修改决定施行后商标案件管辖和法律
　　适用问题的解释
　　　（法释〔2014〕4号　2014年3月25日）…………………………（238）
　　【解读】 解读《关于商标法修改决定施行后商标案件管辖和法律
　　　　　适用问题的解释》 ……………………………………………（240）

指导案例29号　天津中国青年旅行社诉天津国青国际旅行社
　　擅自使用他人企业名称纠纷案 ………………………………………（252）
　　【解读】 指导案例29号《天津中国青年旅行社诉天津国青国际旅行社
　　　　　擅自使用他人企业名称纠纷案》的理解与参照 ………………（254）

指导案例46号　山东鲁锦实业有限公司诉鄄城县鲁锦工艺品
　　有限责任公司、济宁礼之邦家纺有限公司侵害商标权及
　　不正当竞争纠纷案 ……………………………………………………（261）

**附：相关司法文件**

最高人民法院印发《关于审理商标授权确权行政案件若干问题的
　　意见》的通知
　　（2010年4月20日）………………………………………………（267）

# 第四编　专利权　技术合同

最高人民法院关于对诉前停止侵犯专利权行为适用法律问题的
　　若干规定
　　　（法释〔2001〕20号　2001年6月7日）…………………………（273）
　　【解读】 解读《关于对诉前停止侵犯专利权行为适用法律问题的
　　　　　若干规定》 ……………………………………………………（275）
　　【注解】 ……………………………………………………………（281）

最高人民法院关于修改《最高人民法院关于审理专利纠纷案件
　　适用法律问题的若干规定》的决定
　　　（法释〔2015〕4号　2015年1月29日）…………………………（282）
　　【解读】 解读《关于审理专利纠纷案件适用法律问题的若干规定》 ………（288）

解读《关于修改〈最高人民法院关于审理专利纠纷案件适用法律问题的若干规定〉的决定》……（298）
  【注解】……（303）

## 最高人民法院关于审理侵犯专利权纠纷案件应用法律若干问题的解释

（法释〔2009〕21号　2009年12月28日）……（304）
  【解读】　解读《关于审理侵犯专利权纠纷案件应用法律若干问题的解释》…（307）

## 最高人民法院关于审理侵犯专利权纠纷案件应用法律若干问题的解释（二）

（法释〔2016〕1号　2016年3月21日）……（318）
  【链接】　统一细化专利侵权裁判标准　营造有利于创新的法治环境
    ——最高人民法院民三庭负责人就《关于审理侵犯专利权纠纷案件应用法律若干问题的解释（二）》答记者问……（322）

## 最高人民法院关于审理技术合同纠纷案件适用法律若干问题的解释

（法释〔2004〕20号　2004年12月16日）……（331）
  【解读】　解读《关于审理技术合同纠纷案件适用法律若干问题的解释》……（340）

## 指导案例20号　深圳市斯瑞曼精细化工有限公司诉深圳市坑梓自来水有限公司、深圳市康泰蓝水处理设备有限公司侵害发明专利权纠纷案……（345）

  【解读】　指导案例20号《深圳市斯瑞曼精细化工有限公司诉深圳市坑梓自来水有限公司、深圳市康泰蓝水处理设备有限公司侵害发明专利权纠纷案》的理解与参照……（348）

## 指导案例55号　柏万清诉成都难寻物品营销服务中心等侵害实用新型专利权纠纷案……（354）

## 附：相关司法文件

最高人民法院关于学习贯彻修改后的专利法的通知
（2009年9月27日）……（357）
最高人民法院印发《关于专利、商标等授权确权类知识产权行政案件审理分工的规定》的通知
（2009年6月26日）……（358）

# 第五编  反不正当竞争

最高人民法院关于审理涉及计算机网络域名民事纠纷案件适用
法律若干问题的解释

  （法释〔2001〕24号　2001年7月17日） …………………（363）

  【解读】　解读《关于审理涉及计算机网络域名民事纠纷案件适用
    法律若干问题的解释》 ………………………………………（365）

最高人民法院关于审理不正当竞争民事案件应用法律若干问题的
解释

  （法释〔2007〕2号　2007年1月12日） …………………（370）

  【解读】　解读《关于审理不正当竞争民事案件应用法律若干问题的
    解释》 ……………………………………………………（374）

指导案例30号　兰建军、杭州小拇指汽车维修科技股份有限公司
诉天津市小拇指汽车维修服务有限公司等侵害商标权及
不正当竞争纠纷案 ………………………………………………（387）

  【解读】　指导案例30号《兰建军、杭州小拇指汽车维修科技股份有限
    公司诉天津市小拇指汽车维修服务有限公司等侵害商标权
    及不正当竞争纠纷案》的理解与参照 …………………（393）

指导案例45号　北京百度网讯科技有限公司诉青岛奥商网络
技术有限公司等不正当竞争纠纷案 …………………………（399）

指导案例47号　意大利费列罗公司诉蒙特莎（张家港）食品有限
公司、天津经济技术开发区正元行销有限公司不正当竞争纠纷案 …（404）

# 第六编　反　垄　断

最高人民法院关于审理因垄断行为引发的民事纠纷案件应用法律
若干问题的规定

  （法释〔2012〕5号　2012年5月3日） …………………（411）

  【解读】　解读《关于审理因垄断行为引发的民事纠纷案件应用
    法律若干问题的规定》 …………………………………（413）

**附：相关司法文件**

最高人民法院关于认真学习和贯彻《中华人民共和国反垄断法》的
通知

(2008年7月28日) ·················································· (424)

# 第七编 其 他

最高人民法院关于审理植物新品种纠纷案件若干问题的解释

(法释〔2001〕5号 2001年2月5日) ······························ (429)

【解读】 解读《关于审理植物新品种纠纷案件若干问题的解释》 ········ (430)

【链接】 最高人民法院民三庭负责人就《关于审理植物新品种纠纷
案件若干问题的解释》答记者问 ·················· (434)

最高人民法院关于开展植物新品种纠纷案件审判工作的通知

(2001年2月5日) ·················································· (436)

最高人民法院关于审理侵犯植物新品种权纠纷案件具体应用
法律问题的若干规定

(法释〔2007〕1号 2007年1月12日) ······························ (438)

【解读】 解读《关于审理侵犯植物新品种权纠纷案件具体应用法律
问题的若干规定》 ····························· (440)

**附：相关司法文件**

最高人民法院关于开展涉及集成电路布图设计案件审判工作的
通知

(2001年11月16日) ·················································· (446)

第一编

总　　类

## 最高人民法院
## 关于北京、上海、广州知识产权法院案件管辖的规定

法释〔2014〕12号

(2014年10月27日最高人民法院审判委员会第1628次会议通过 2014年10月31日最高人民法院公告公布 自2014年11月3日起施行)

为进一步明确北京、上海、广州知识产权法院的案件管辖,根据《中华人民共和国民事诉讼法》《中华人民共和国行政诉讼法》《全国人民代表大会常务委员会关于在北京、上海、广州设立知识产权法院的决定》等规定,制定本规定。

**第一条** 知识产权法院管辖所在市辖区内的下列第一审案件:

(一)专利、植物新品种、集成电路布图设计、技术秘密、计算机软件民事和行政案件;

(二)对国务院部门或者县级以上地方人民政府所作的涉及著作权、商标、不正当竞争等行政行为提起诉讼的行政案件;

(三)涉及驰名商标认定的民事案件。

**第二条** 广州知识产权法院对广东省内本规定第一条第(一)项和第(三)项规定的案件实行跨区域管辖。

**第三条** 北京市、上海市各中级人民法院和广州市中级人民法院不再受理知识产权民事和行政案件。

广东省其他中级人民法院不再受理本规定第一条第(一)项和第(三)项规定的案件。

北京市、上海市、广东省各基层人民法院不再受理本规定第一条第(一)项和第(三)项规定的案件。

**第四条** 案件标的既包含本规定第一条第(一)项和第(三)项规定的内容,又包含其他内容的,按本规定第一条和第二条的规定确定管辖。

**第五条** 下列第一审行政案件由北京知识产权法院管辖:

(一)不服国务院部门作出的有关专利、商标、植物新品种、集成电路布图设计等知识产权的授权确权裁定或者决定的;

(二)不服国务院部门作出的有关专利、植物新品种、集成电路布图设计

的强制许可决定以及强制许可使用费或者报酬的裁决的;

(三)不服国务院部门作出的涉及知识产权授权确权的其他行政行为的。

**第六条** 当事人对知识产权法院所在市的基层人民法院作出的第一审著作权、商标、技术合同、不正当竞争等知识产权民事和行政判决、裁定提起的上诉案件,由知识产权法院审理。

**第七条** 当事人对知识产权法院作出的第一审判决、裁定提起的上诉案件和依法申请上一级法院复议的案件,由知识产权法院所在地的高级人民法院知识产权审判庭审理。

**第八条** 知识产权法院所在省(直辖市)的基层人民法院在知识产权法院成立前已经受理但尚未审结的本规定第一条第(一)项和第(三)项规定的案件,由该基层人民法院继续审理。

除广州市中级人民法院以外,广东省其他中级人民法院在广州知识产权法院成立前已经受理但尚未审结的本规定第一条第(一)项和第(三)项规定的案件,由该中级人民法院继续审理。

## 【链　接】

## 最高人民法院有关负责人就《关于北京、上海、广州知识产权法院案件管辖的规定》答记者问

各位记者:

大家上午好!今天新闻发布会的主题是向大家通报最高人民法院审判委员会第1628次会议通过的《关于北京、上海、广州知识产权法院案件管辖的规定》(以下简称《知识产权法院案件管辖规定》)的有关情况。

下面,我简要介绍一下《知识产权法院案件管辖规定》出台的背景、主要内容及最高人民法院关于加强知识产权保护的下一步工作安排。

### 一、《知识产权法院案件管辖规定》制定的背景与意义

党的十八届三中全会作出了"加强知识产权运用和保护,健全技术创新激励机制,探索建立知识产权法院"的重大部署。2014年8月31日,第十二届全国人民代表大会常务委员会第十次会议通过《关于在北京、上海、广州设立知识产权法院的决定》(以下简称《决定》),以立法形式宣布在北京、上海、广州设立知识产权法院,并对知识产权法院的机构设置、案件管辖、法官任命等作了规定。根据《决定》的规定,知识产权法院将以审理专利等技术类案件

为主,并在省级行政区域内实行跨区域管辖。这是知识产权案件管辖制度的重大革新。同时,北京、上海、广州知识产权法院成立后,知识产权法院辖区内将出现两个以上管辖地域重叠的中级法院,由此带来基层法院与知识产权法院之间、知识产权法院与同级行政区划内中级法院之间的管辖关系变化和协调问题。虽然《决定》对知识产权法院的管辖案件类型、与上下级法院的关系等作了规定,但是相关规定仍需要进一步明确,不少问题仍亟待解决。

为明确知识产权法院的案件管辖,保证即将正式成立的知识产权法院正常运转,最高人民法院在《决定》颁布后立即启动《知识产权法院案件管辖规定》起草工作。在起草过程中,我们先后征求了全国人大法工委、国家知识产权局等部门以及部分地方法院的意见,并与全国人大法工委、北京、上海、广东三地法院反复协商。在综合反馈意见的基础上,又经多次讨论修改和研究论证,形成送审稿,提请最高人民法院审判委员会审议后通过。

《知识产权法院案件管辖规定》的出台具有重要意义。首先,该司法解释是全面落实全国人大常委会关于设立知识产权法院部署的重要举措。该司法解释根据《决定》关于知识产权法院案件管辖的规定,进一步明确了知识产权法院的一审案件管辖范围、跨区域管辖的案件类型、知识产权授权确权案件范围等重要问题。既严格遵循了《决定》的规定,又进一步细化了《决定》的具体要求,增强了《决定》的可操作性。其次,该司法解释是保障知识产权法院充分发挥职能作用的重要举措之一。该司法解释依据《决定》关于审级关系的规定,进一步明确了知识产权法院与辖区内基层人民法院、同级人民法院以及所在地高级人民法院的关系,为即将正式成立的知识产权法院受理案件、处理审级关系提供了指引,为知识产权法院充分发挥其审判职能作用提供了保障。最后,该司法解释是最高人民法院深入贯彻党的十八届三中、四中全会精神的重要举措。知识产权法院作为我国司法体制改革的基础性和制度性措施,担负着全面实行中央司法改革的各项措施的使命。正如最高人民法院周强院长向全国人大常委会作说明所说:"知识产权法院是全面深化司法改革的重要组成部分,将全面实行各项司法改革措施。"该司法解释根据党的十八届三中全会关于健全技术创新激励机制、优化科技创新法治环境的精神,将计算机软件案件纳入知识产权法院第一审管辖的技术类案件范围,力图通过更专业的审判为科技创新和新兴产业发展提供更优质的司法服务。该司法解释还根据党的十八届四中全会关于探索设立跨行政区划的人民法院的精神,扩大了知识产权法院跨区域管辖的一审知识产权案件范围,为进一步提升知识产权司法公正和公信确立了制度保障。

## 二、《知识产权法院案件管辖规定》的主要内容

《知识产权法院案件管辖规定》共八条,主要涉及知识产权法院的案件管

辖及审级关系,包括一审管辖、跨区域管辖、专属管辖、二审管辖、上诉管辖及未结案件处理等。其主要内容如下:

（一）关于知识产权法院管辖的第一审案件的范围

根据《知识产权法院案件管辖规定》第一条,知识产权法院管辖的第一审案件主要包括三类:一是专利、植物新品种、集成电路布图设计、技术秘密、计算机软件等技术类民事和行政案件;二是对国务院部门或者县级以上地方人民政府所作的涉及著作权、商标、不正当竞争等行政行为提起诉讼的行政案件;三是涉及驰名商标认定的民事案件。对于第一项的技术类案件,司法解释在《决定》规定的专利、植物新品种、集成电路布图设计、技术秘密民事和行政案件的基础上,根据科技发展趋势、审判实践和国际经验,增加了计算机软件民事和行政案件。实践中,计算机软件案件涉及专业技术事实认定,技术性较强,基层法院审理存在较大难度,有必要由知识产权法院管辖。第二项的行政案件主要是指行政机关涉及知识产权的行政处罚、行政处理决定等行政行为引发的行政案件。由于知识产权法院在辖区范围上与相关中级人民法院存在重叠,因而需要进一步明确该类案件应由知识产权法院管辖。第三项是涉及驰名商标认定的民事案件,为进一步规范和加强驰名商标保护,亦将其纳入知识产权法院管辖范围。

（二）关于知识产权法院跨区域管辖的案件范围

跨区域管辖是《决定》规定的重要内容。根据《决定》要求,在知识产权法院设立的三年内,可以先在所在省（直辖市）实行跨区域管辖。由于北京、上海知识产权法院的辖区分别是整个北京市和上海市,不存在跨区域管辖问题。因此,《知识产权法院案件管辖规定》第二条直接规定了广州知识产权法院跨区域管辖的案件类型,包括第一审专利、植物新品种、集成电路布图设计、技术秘密、计算机软件等技术类民事和行政案件,以及第一审涉及驰名商标认定的民事案件。

（三）关于北京知识产权法院的专属管辖范围

知识产权授权确权类案件由北京知识产权法院专属管辖,该类案件是整个知识产权案件的中枢,在知识产权司法保护中具有极为重要的意义。《知识产权法院案件管辖规定》第五条进一步细化了由北京知识产权法院专属管辖的第一审授权确权案件范围。这类案件主要包括:不服国务院部门授权确权类裁定或者决定的知识产权授权确权类行政案件;与知识产权强制许可有关的行政案件;与知识产权授权确权有关的其他行政行为引发的行政案件。其中,"与知识产权授权确权有关的其他行政行为引发的行政案件"主要是指那些虽不属于授权确权但与之有密切关联的行政行为引发的案件。例如对国家工商行政管理总局商标局商标申请不予受理或者不予续展行为提起诉讼的案件、对国家知识产权局中止专利审查行为提起诉讼的案件。

《知识产权法院案件管辖规定》的最大亮点是，根据全国人大常委会《决定》的精神，彻底实现了知识产权法院及其所在地高级人民法院民事和行政审判"二合一"，即由知识产权法院及其所在地高级人民法院知识产权审判庭统一管辖和审理涉及知识产权的全部民事和行政案件。这体现在：第一，知识产权法院管辖的第一审案件，不仅包括知识产权授权确权类行政案件，还包括涉及知识产权的行政处罚、行政强制措施等引发的普通行政案件。第二，在知识产权法院辖区内，对基层人民法院第一审知识产权民事和行政判决、裁定提起的上诉案件，均由知识产权法院管辖，无论该第一审案件由基层法院知识产权审判庭审理还是由行政审判庭审理。第三，对知识产权法院作出的第一审民事和行政判决、裁定提起的上诉案件，均由知识产权法院所在地的高级人民法院知识产权审判庭审理，不再分由该高级人民法院的知识产权审判庭和行政审判庭各自审理。这是我国知识产权案件审判体制的重大革新，对于统一知识产权案件裁判标准、提升知识产权司法保护品质具有重要意义。

### 三、下一步的工作举措

当前，知识产权法院正在紧张筹备之中，我国知识产权司法保护进入全新的发展阶段。党的十八届四中全会对全面推进依法治国做出了全面部署，知识产权司法保护面临重大的历史发展机遇。下一步，最高人民法院将根据中央精神，以开拓创新的精神，积极采取有效措施，进一步改革和完善知识产权审判体制机制，不断提升知识产权审判质量和水平。

第一，进一步加快知识产权法院的设立进程。最高人民法院将会同有关地方和部门，进一步加快知识产权法院的法官任命、机构设置、硬件配套等工作，推动知识产权法院尽快设立并正式运行。北京知识产权法院将于11月上旬挂牌成立，上海和广州知识产权法院也将在年内正式成立。

第二，进一步落实知识产权法院的各项改革措施。知识产权法院不仅是我国知识产权司法保护制度的重大改革，事实上也是我国司法改革的探索者和先行者。知识产权法院将按照党的十八届三中、四中全会的部署，全面实行各项司法改革措施。例如，知识产权法院将实行主审法官制度，探索建立法官员额制度，完善合议庭办案责任制。知识产权法院还将探索完善以审判为中心的知识产权诉讼制度，建立符合知识产权案件审判规律的专门化程序和审理规则。

第三，进一步加强知识产权法院配套制度的建设。知识产权法院将围绕技术类案件的审理，探索完善符合中国国情、具有中国特色的技术调查官制度，提高技术事实查明的科学性、专业性和中立性，保证技术类案件审理的公正与高效。目前，最高人民法院正在研究制定相关司法解释和工作规范，明确技术调查官的职能定位、配置数量、选任条件、管理模式、职权行使等问题。最高人民法院还将改组成立"中国知识产权司法保护研究中心"，吸收审判经验丰富的一线法官参与研究,加强理论和实践的结合与互动,进一步提升我国知识产权审判的水平和国际影响力。

第四,进一步加大知识产权保护力度。最高人民法院陶凯元副院长在全国知识产权审判工作座谈会和"加大知识产权司法保护力度"调研座谈会上指出,要积极探索知识产权各领域加大保护力度的具体实现方式,充分发挥司法保护知识产权的主导作用。加强计算机软件、数据库、动漫游戏等新兴产业知识产权保护,促进我国新兴产业实现创新发展。加强传统知识、遗传资源等非物质文化遗产保护,积极保护非物质文化遗产的传承和商业开发利用,促进我国丰富的文化资源转化为强大的文化竞争力。

谢谢大家。

(撰稿人:王 闯)

附：

## 北京知识产权民事、行政案件管辖示意图

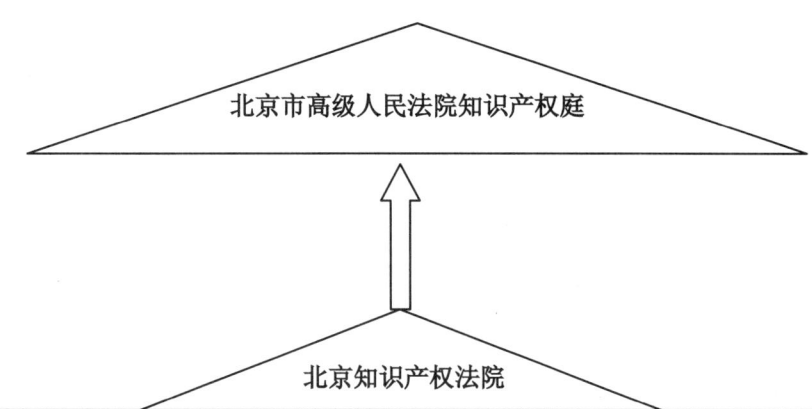

北京市高级人民法院知识产权庭

北京知识产权法院

专利、植物新品种、集成电路布图设计、技术秘密、计算机软件**民事**案件、**行政**案件（含专利、植物新品种、集成电路布图设计的授权确权行政案件）

对国务院部门或县级以上地方政府所作的涉及著作权、商标、不正当竞争行政行为提起的**行政**案件（含商标授权确权行政案件）

涉及驰名商标认定的**民事**案件

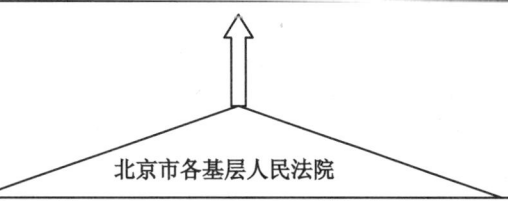

北京市各基层人民法院

著作权（计算机软件除外）、商标（驰名商标除外）、不正当竞争（技术秘密除外）、技术合同、特许经营、网络域名**民事**案件

对县级政府部门所作的涉及著作权（计算机软件除外）、商标、不正当竞争（技术秘密除外）行政行为提起的**行政**案件

## 上海知识产权民事、行政案件管辖示意图

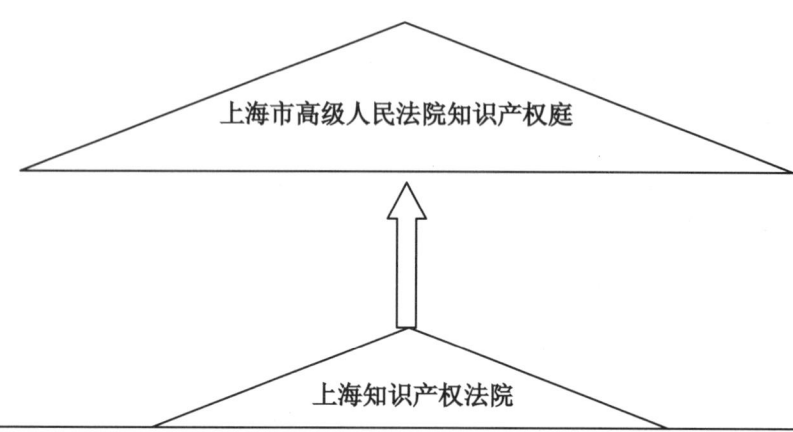

**上海知识产权法院**

专利、植物新品种、集成电路布图设计、技术秘密、计算机软件**民事**案件、**行政**案件（不包括专利、植物新品种、集成电路布图设计授权确权案件）

对县级以上地方政府所作的涉及著作权、商标、不正当竞争行政行为提起的**行政**案件（不包括商标授权确权案件）

涉及驰名商标认定的**民事**案件

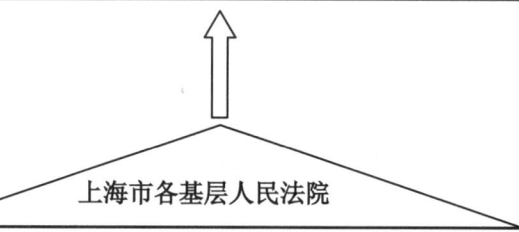

**上海市各基层人民法院**

著作权（计算机软件除外）、商标（驰名商标除外）、不正当竞争（技术秘密除外）、技术合同、特许经营、网络域名**民事**案件

对县级政府部门所作的涉及著作权（计算机软件除外）、商标、不正当竞争（技术秘密除外）行政行为提起的**行政**案件

# 广东知识产权民事、行政案件管辖示意图

## 广东省高级人民法院知识产权庭

### 广州知识产权法院

**广东省**专利、植物新品种、集成电路布图设计、技术秘密、计算机软件**民事**案件、**行政**案件（不包括授权确权行政案件）

对**本市**县级以上地方政府所作的涉及著作权、商标、不正当竞争行政行为提起的**行政**案件（不包括授权确权行政案件）

**广东省**涉及驰名商标认定的**民事**案件

### 其他市中级人民法院

**本市**著作权（计算机软件除外）、商标（驰名商标除外）、不正当竞争（技术秘密除外）、技术合同、特许经营、网络域名等民事案件

对**本市**县级以上地方政府所作的涉及著作权、商标、不正当竞争行政行为提起的**行政**案件

### 广州市内基层人民法院

著作权（计算机软件除外）、商标（驰名商标除外）、不正当竞争（技术秘密除外）、技术合同、特许经营、网络域名**民事**案件

对县级政府部门所作的涉及著作权（计算机软件除外）、商标、不正当竞争（技术秘密除外）行政行为提起的**行政**案件

### 其他市内基层人民法院

著作权（计算机软件除外）、商标（驰名商标除外）、不正当竞争（技术秘密除外）、技术合同、特许经营、网络域名**民事**案件

对县级政府部门所作的涉及著作权（计算机软件除外）、商标、不正当竞争（技术秘密除外）行政行为提起的**行政**案件

**附：相关司法文件**

最高人民法院

# 印发《最高人民法院关于全面加强知识产权审判工作为建设创新型国家提供司法保障的意见》的通知

2007年1月11日　　　　　　　　　法发〔2007〕1号

全国地方各级人民法院、各级军事法院、各铁路运输中级法院和基层法院、各海事法院，新疆生产建设兵团各级法院：

现将《最高人民法院关于全面加强知识产权审判工作为建设创新型国家提供司法保障的意见》印发给你们，请在审判工作中结合实际，认真执行。

附：

## 关于全面加强知识产权审判工作为建设创新型国家提供司法保障的意见

以胡锦涛同志为总书记的党中央，从全面建设小康社会、加快推进社会主义现代化事业的战略高度出发，在《中共中央国务院关于实施科技规划纲要增强自主创新能力的决定》和《中共中央关于构建社会主义和谐社会若干重大问题的决定》中明确提出把我国建设成为创新型国家的目标和任务。为充分发挥人民法院的审判职能作用，为建设创新型国家提供强有力的司法保障，现就全面加强人民法院知识产权审判工作，提出如下意见。

**一、充分认识全面加强知识产权审判工作的重大意义**

1. 全面加强知识产权审判工作必将促进创新型国家建设。人民法院作为国家审判机关对知识产权的司法保护，在国家整体的知识产权执法保护体系中居于基础地位，发挥着主导作用。人民法院在依法调整知识产权关系、维护知识产权权利人合法权益、惩治侵犯知识产权犯罪和维护社会主义市场经济秩序等方面，负有不可替代的法律职责，肩负着重大使命。通过全面加强知识产权审判工作，必将推进人才强国战略的实施，全面贯彻和体现尊重劳动、尊重知识、尊重人才、尊重创造的方针。

2. 全面加强知识产权审判工作必将树立我国良好的国际形象。全面加强知识产权司法保护，不仅是我国参与国际竞争、营造更具吸引力的引进国外资金和先进技术的良好投资软环境的现实需要，也是我国履行对外承诺、树立良好国际形象的客观要求。全面加强知识产权审判工作必将更好地保护和吸引外商投资，保障和提升我国企业国际竞争力，进一步促进扩大对外开放。人民法院通过严格依法制裁知识产权侵权行为，依法严惩商标假冒和盗版等严重违法犯罪行为，依法平等保护中外当事人的合法权益，必将树立中国知识产权司法保护的良好形象。

3. 全面加强知识产权审判工作必将推进社会主义和谐社会建设。通过知识产权审判，可以使有利于社会进步的创造愿望得到尊重、创造活动得到支持、创造能力得到发挥、创造成果得到保护，使社会充满生机与活力；可以促进和保障社会诚信机制的建立，引导人们信守约定、讲求信用、维护良好风尚，促成彼此信任，增加价值认同和凝聚力，实现社会的诚信友爱。

## 二、知识产权审判工作的指导思想、目标任务和基本原则

4. 为建设创新型国家提供司法保障，必须坚持以邓小平理论和"三个代表"重要思想为指导，全面贯彻落实科学发展观，按照建设创新型国家的要求，坚持"公正司法，一心为民"方针和"公正与效率"工作主题，进一步加大知识产权司法保护力度，依法保护知识产权，维护公平竞争，促进自主创新，服务对外开放，把知识产权司法保护贯穿于知识产权创造、管理和运用的全过程，为实施国家知识产权战略，为建设创新型国家和构建社会主义和谐社会提供强有力的司法保障，努力营造公正高效权威的法治环境。

5. 为建设创新型国家提供司法保障的主要目标和任务是：知识产权审判工作全面加强；知识产权刑事、民事和行政审判职能作用得到充分发挥；知识产权诉讼制度不断完善；知识产权司法保护体系更加健全；知识产权法官队伍素质显著提高；司法公正高效权威、权利人维权积极便捷、侵权人必受惩处、知识财富有序流转的良好的知识产权司法保护环境基本建立；知识产权司法保障能力和水平显著增强；创新型国家的司法需求得到全面满足。

6. 为建设创新型国家提供司法保障，必须坚持以下原则：一是坚持公正司法。始终把公正司法作为知识产权审判的灵魂和生命，通过依法公正高效权威的知识产权司法，最大限度地维护和实现知识产权领域的公平正义。二是坚持司法统一。严格依法办案，确保法律规范和司法解释在知识产权审判中的统一适用，努力实现司法标准和裁判结果的协调。三是坚持平等保护。依法平等

保护中外当事人的合法权益,坚决抵制地方保护和部门本位,克服地方封锁和行业垄断。四是坚持利益平衡。正确处理保护知识产权和维护公众利益的关系、激励科技创新和鼓励科技运用的关系,既要切实保护知识产权,也要制止权利滥用和非法垄断。五是坚持服务大局。牢固树立大局观念和服务意识,克服就案办案的单纯业务观念,实现个案处理的法律效果与社会效果的有机统一。

### 三、充分发挥知识产权司法保护的职能作用,保障全社会的创造活力和创新能力

7. 依法严惩侵犯知识产权犯罪。充分发挥知识产权刑事司法保护的职能作用,依法运用各种刑事制裁措施,发挥刑罚惩治和预防知识产权犯罪的功能。对假冒、盗版等涉及知识产权的犯罪行为,进一步完善和统一定罪量刑标准,规范缓刑适用,根据犯罪情况和危害后果,依法从严惩处;在依法适用主刑的同时,加大罚金刑的适用与执行力度;注意通过采取追缴违法所得、收缴犯罪工具、销毁侵权产品、责令赔偿损失等措施,从经济上剥夺侵权人的再犯罪能力和条件;依法审理侵犯知识产权刑事自诉案件,切实保障被害人的刑事自诉权利;在行政案件审理过程中发现涉嫌刑事犯罪应当给予刑事制裁而仅受到行政处罚或者行政处理的,应在向行政机关提出司法建议的同时,及时将犯罪线索移送公安机关侦查处理;民事案件审理中发现犯罪嫌疑线索,符合刑事自诉条件的,应当告知权利人可以同时提起刑事自诉;依法应当提起公诉的,应及时将涉嫌犯罪内容移送公安机关侦查处理,移送后不影响民事案件审理的,民事案件可以继续审理。

8. 依法妥善审理知识产权民事案件。注意充分发挥知识产权民事审判在保护知识产权和激励自主创新中的主导作用。依法审理涉及专利、技术秘密、计算机软件、植物新品种、集成电路布图设计等技术性知识产权案件,合理适度保护创新成果,加大对经济增长有重大突破性带动作用、具有自主知识产权的关键核心技术的保护力度;依法审理涉及商标、地理标志等标识性知识产权案件和各类不正当竞争案件,严格规范市场竞争秩序;依法审理涉及作品和录音录像制品等表达性知识产权案件,促进版权相关产业健康发展;依法审理涉及计算机网络和新技术、新类型知识产权纠纷,促进新兴产业的健康成长;依法审理涉外知识产权案件,平等保护中外当事人的合法权益;积极保护传统知识、遗传资源和民间文艺,保护持有者知情同意和惠益分享的权益;依法科学合理地解释权利范围,正确运用侵权判定方法,严格掌握专利侵权案件认定等同特征的条件;依法慎重认定驰名商标,凡是超出认定范围或者不符合认定条件的案件、原告的侵权指控不能成立的案件,不得认定驰名商标;注意商业秘密案件中对当事人的双向保护,依法平衡择业自由和商业秘密保护的关系;准

确认定知识产权合同的效力与责任，严格合同解除条件，充分尊重当事人意思自治。

9. 依法监督和支持行政机关依法行政。切实发挥行政审判对知识产权行政执法行为的司法审查职能，监督和支持行政机关依法行政，保护知识产权行政相对人的合法权益，维护知识产权行政管理秩序，促进知识产权行政保护。依法支持行政机关制裁侵权行为；行政机关申请强制执行行政处理决定，经审查符合执行条件的，应及时裁定并予以强制执行；加大对严重知识产权侵权行为行政不作为的司法监督力度，督促行政执法机关及时依职权制止侵权行为；依法履行对专利、商标等知识产权确权纠纷案件的司法复审职责，在事实认定和法律适用上对行政行为进行全面的合法性审查。

10. 加强知识产权审判监督和案件协调。畅通知识产权案件申请再审渠道，严格依法审查当事人和社会反映强烈的案件，发现确有错误的裁判，及时予以再审改判；确属无理申诉的，要依照法律和政策，切实做好息诉息访工作；加强对知识产权行政授权争议案件的审判监督。对有较大社会影响的关联案件，审理法院之间要注意沟通，统一案件审判标准，保证裁判结果的协调，发现裁判结果可能发生冲突的，及时报请上级法院予以指导和协调解决；建立重大知识产权案件报告制度，对关系全局、有重大影响的案件，以及诉讼标的额巨大的案件、尚无先例的新类型案件，受理法院应及时向上级法院通报审理情况；进一步完善驰名商标认定备案制度。

11. 健全知识产权案件执行制度。建立知识产权案件归口执行制度，受理知识产权案件较多的法院，应在执行部门中指定专门合议庭或者小组负责；被执行人拒不履行停止侵权的生效裁判内容继续其原侵权行为的，除权利人可依法追究其民事责任以外，法院应当依法协调公安、检察机关以拒不执行判决、裁定罪追究其刑事责任。

12. 完善知识产权民事案件管辖和受理制度。知识产权民事案件原则上由中级以上法院一审，案件数量较多审理压力大的地方，可以通过高级法院报请最高人民法院指定部分基层法院管辖部分知识产权案件；从严掌握对专利、植物新品种和集成电路布图设计案件的指定管辖制度；适当调整知识产权民事案件级别管辖标准，扩大中级法院受理一审案件的范围；具有普遍法律适用意义的知识产权案件，下级法院经审判委员会讨论决定，可以报请上级法院审理，上级法院经审查认为符合条件的，可以直接审理；积极探索知识产权案件审级管辖改革；对于诉前临时措施案件，立案部门在进行登记后应当立即移交负责知识产权审判的业务庭，由专业审判人员进行审查，确保在法定期限内作出裁定，并由审判人员协调立即予以执行。

13. 依法加大侵权赔偿和民事制裁力度。严格知识产权侵权损害赔偿适用规则，贯彻全面赔偿原则，努力降低维权成本，加大民事制裁的威慑力度。依法适当减轻权利人的赔偿举证责任;有证据证明侵权人在不同时间多次实施侵权行为的,推定其存在持续侵权行为,相应确认其赔偿范围;作为自然人的原告因侵权行为受到精神损害的,可以根据其请求依法确定合理的精神损害抚慰金;当事人为诉讼支付的符合规定的律师费,应当根据当事人的请求,综合考虑其必要性、全部诉讼请求的支持程度、请求赔偿额和实际判赔额的比例等因素合理确定,并计入赔偿范围;考虑当事人的主观过错确定相应的赔偿责任;依法运用民事制裁惩处侵权人。

14. 依法正确适用临时措施。对于当事人诉前或者诉中提出的临时禁令或者先予执行、财产保全和证据保全等申请,要积极受理、迅速审查、慎重裁定、立即执行。高度重视诉前临时措施的时效性;准确把握采取临时措施的实质性条件,对于临时禁令要在重点审查侵权可能性的同时,考虑诉讼时效和损害状况;对于证据保全,在考虑侵权可能性的同时,重点考虑证据风险和申请人的取证能力;科学、合理地确定担保要求。

15. 妥善处理专业技术事实认定。注重发挥人民陪审员、专家证人、专家咨询、技术鉴定在解决知识产权审判专业技术事实认定难题中的作用。注意把具有专业技术特长和一定法律知识、普遍公认的专家,通过所在城市的基层法院推荐、提请任命为人民陪审员;支持当事人聘请具有专门知识的人员作为诉讼辅助人员出庭就案件的专门性问题进行说明,不受举证时限的限制;复杂、疑难知识产权案件,可以向相关领域的技术和法律专家咨询;对于采取其他方式仍难以作出认定的专业技术事实问题,可以委托进行技术鉴定。对于域外形成的公开出版物等可以直接初步确认其真实性的证据材料,除非对方当事人对其真实性能够提出有效质疑而举证方又不能有效反驳,无需办理公证认证等证明手续。

16. 禁止知识产权权利滥用。准确界定知识产权权利人和社会公众的权利界限,依法审查和支持当事人的在先权、先用权、公知技术、禁止反悔、合理使用、正当使用等抗辩事由;制止非法垄断技术、妨碍技术进步的行为,依法认定限制研发、强制回授、阻碍实施、搭售、限购和禁止有效性质疑等技术合同无效事由,维护技术市场的公平竞争;防止权利人滥用侵权警告和滥用诉权,完善确认不侵权诉讼和滥诉反赔制度。

17. 加大知识产权案件调解力度。在运用裁判方式审判案件的同时,注重知识产权案件的诉讼调解,坚持"能调则调、当判则判、调判结合、案结事了"的原则,将调解贯穿于案件审理的全过程,提高诉讼的调解率、和解撤诉率;高度重视在诉前临时措施案件中的调解;积极探索和总结知识产权行政案件协调和刑事自诉案件调解的经验;注意发挥行业协会和专业人士等的沟通协商作用,帮助消除对立情绪,协调解决矛盾纠纷。

18. 认真落实司法为民措施。加强诉讼指导和诉讼释明,增进当事人参与诉讼的能力，增强裁判的公信度和执行力。编制知识产权诉讼指南；坚持公开审判制度；全面实行当事人权利义务告知制度；实施诉讼风险提示制度；探索当事人举证指导制度；探索试行调查令制度，对于属于国家有关部门保存而当事人无法自行取得的证据和当事人确因客观原因不能自行收集的其他证据，可以探索由法院授权当事人的代理律师进行调查取证；加大司法救助力度，对经济确有困难的知识分子和特困、濒临破产企业，减免诉讼费；加强对代理人资格的审查，依法规范公民代理知识产权诉讼；依法规范法官和律师的关系，认真审查律师依法提交的诉讼材料，充分听取律师的意见；强化审限意识和效率意识，严格审查决定中止诉讼，避免造成当事人的诉累；提高裁判文书制作水平，做到辨法析理、胜败皆明。

### 四、采取有力措施，提高知识产权司法保障能力

19. 加强知识产权审判队伍职业化建设。注意从精通法律、外语基础较好、具有理工专业背景和一定审判经验的人员中选拔、培养知识产权法官，进一步完善知识产权审判队伍的专业结构；注意保持知识产权法官队伍的相对稳定；建立科学合理的绩效评价制度，避免简单以案件数量为衡量标准；加大对知识产权法官职业技能的培训力度；注意提高知识产权法官的政治素质和职业道德修养，切实提高廉洁司法意识。

20. 健全知识产权审判组织。最高人民法院、高级人民法院、受理知识产权民事案件较多的中级人民法院和指定受理知识产权民事案件的基层人民法院要设立独立的知识产权审判庭，其他中级人民法院要设置统一审理知识产权民事案件的合议庭；立案、刑事审判、行政审判、执行和审判监督等职能部门要指定专门的合议庭或者专业人员负责知识产权案件的审查、审判、执行。

21. 加强知识产权保护职能部门之间的协调与配合。要加强知识产权刑事、民事、行政审判部门之间的业务协调与沟通，加强知识产权审判部门与立案、执行和审判监督部门之间的工作衔接，加强上下级法院之间的信息通报和业务交流。要注意加强与相关知识产权行政执法部门的工作协调，加强与公安、检察机关在知识产权刑事执法中的工作配合与相互制约，加强同外事、商务、科技、信息产业、新闻、宣传等综合部门在知识产权保护工作中的信息沟通与相互协作。

22. 探索建立知识产权审判工作新机制。要从整体提升知识产权司法保护能力出发，以实现方便当事人诉讼和法院审理、优化审判资源配置、简化救济程序、保证司法统一为目标，提出完善知识产权司法保护的组织基础和理顺程序运作机制的科学对策。深入研究和推动完善专利、商标等知识产权确权纠纷解决机制。

23. 加强知识产权司法解释和立法建议。进一步提高司法解释的质量，增

强司法解释的可操作性和工作透明度,统一司法尺度,不断完善知识产权诉讼制度;积极参与知识产权立法活动,及时向立法机关和国家有关部门提出立法建议,将实践证明成熟可行的司法经验通过立法形式予以肯定,推动知识产权法律体系的不断健全和完善。

24. 深入开展知识产权司法保护调研。要结合科技、经济、文化发展的特点和审判工作实际,加强对知识产权司法保护新问题的法律适用和诉讼制度建设的研究,适当借鉴国际知识产权保护的有益经验,跟踪国际知识产权研究的新成果,提出科学合理、切实可行的对策建议,推动调研成果的转化。积极参与国际知识产权立法活动。

25. 积极开展知识产权司法建议。针对知识产权案件审理中发现的地方政府和企业、科研机构等在知识产权工作中存在的问题,及时向行政主管部门、行业协会和企业、科研机构等提出司法建议,督促其健全制度、加强管理、堵塞漏洞、消除隐患,为地方党委、政府制定相关政策提供决策依据。对我国科技经济发展和行业兴衰可能产生重大影响的知识产权动向,应当及时向有关方面发出预警,以便做好应对准备。

26. 加大知识产权司法保护宣传力度。结合人民法院新闻发布制度,适时发布知识产权审判中的重要新闻和典型案例;坚持审判公开和透明原则,严格按照有关规定和要求,将生效知识产权裁判文书及时上网公开;选择有影响的案例,邀请人大代表、政协委员、行业协会和有关部门的代表、外国政府和国际组织驻华机构代表、专家学者等代表性人士和社会公众等旁听庭审,增强知识产权审判的公开性和公信力;加大对外宣传力度,加深世界各国对我国知识产权司法保护制度及保护状况的全面、客观的了解。

为建设创新型国家提供强有力的知识产权司法保障是人民法院的神圣职责。各级人民法院和全体知识产权法官要不断增强做好知识产权审判工作为建设创新型国家提供强有力的司法保障的责任感和使命感,不辱使命,扎实工作,求真务实,开拓创新,努力建设公正高效权威的知识产权司法保护制度,为建设创新型国家创造良好的法治环境。

## 最高人民法院
## 关于认真学习和贯彻《国家知识产权战略纲要》的通知

2008年8月1日　　　　　　法发〔2008〕24号

各省、自治区、直辖市高级人民法院，解放军军事法院，新疆维吾尔自治区高级人民法院生产建设兵团分院：

2008年6月5日，国务院印发了《国家知识产权战略纲要》（以下简称《纲要》），决定实施国家知识产权战略。这是在改革开放新时期，党中央、国务院根据国内外新形势作出的一项重大战略部署，是关系国家前途和民族未来的大事，也是摆在全国法院面前的一项长期而紧迫的重大任务。各级人民法院要以高度的政治责任感和历史使命感，紧密结合人民法院工作实际，切实抓好国家知识产权战略的贯彻落实。现就学习和贯彻《纲要》的有关问题通知如下：

### 一、充分认识实施国家知识产权战略的重大意义，认真领会《纲要》精神

党的十七大报告将提高自主创新能力、建设创新型国家提到了前所未有的高度，明确将此作为促进国民经济又好又快发展的首要任务，将其定位为国家发展战略的核心和提高综合国力的关键。为此，明确提出要实施知识产权战略。《纲要》的发布实施，是落实党的十七大精神的具体体现，是建设创新型国家的重大战略抉择。

学习和贯彻好《纲要》是当前人民法院服务党和国家工作大局和中心工作的一项重要政治任务。各级人民法院要从我国经济社会文化自身发展需求和知识经济发展迅速及经济全球化进程加快的角度，深刻领会知识产权战略是我国主动运用知识产权制度促进经济发展和社会进步的重要国家战略；要从有利于增强我国自主创新能力，有利于完善我国社会主义市场经济体制，有利于增强我国企业市场竞争力和提高国家核心竞争力，有利于扩大对外开放等方面，深刻领会实施知识产权战略是建设创新型国家的迫切需要，是转变经济发展方式的必由之路，是提高国家核心竞争力的关键举措；要从激励创造、有效运用、依法保护、科学管理四个方面，深刻领会《纲要》的指导思想和基本精神。

各级人民法院领导干部要带头学习和组织落实，各级人民法院知识产权审判部门和广大知识产权法官必须深入学习、准确把握和深刻理解《纲要》的基

本内容和精神实质，切实把《纲要》精神贯彻到人民法院知识产权审判工作中去。各级人民法院要加强组织领导，加大投入力度，扎实工作，开拓进取，确保国家知识产权战略有关人民法院工作要求的贯彻落实和各项战略措施的顺利实施。要积极争取各级党委和政府的支持，加大工作协调力度，做到统筹安排，重点考虑，不断强化。

**二、积极完善审判体制和工作机制，充分发挥司法保护知识产权的主导作用**

《纲要》将健全知识产权执法体制作为国家知识产权战略的重点之一，明确要求"加强司法保护体系建设，发挥司法保护知识产权的主导作用，提高执法效率和水平"。发挥司法保护知识产权的主导作用，是《纲要》根据形势任务的要求和知识产权保护的实际，从全局和战略高度对知识产权司法保护作出的全新定位，表明党和国家对司法保护知识产权寄予了厚望。人民法院在实施国家知识产权战略进程中作用特殊，地位重要，责任重大。

根据"发挥司法保护知识产权的主导作用"这一战略要求，《纲要》提出了一系列战略措施，从多方面对涉及人民法院的工作作出了具体部署。有关措施主要有："完善知识产权审判体制，优化审判资源配置，简化救济程序。研究设置统一受理知识产权民事、行政和刑事案件的专门知识产权法庭。研究适当集中专利等技术性较强案件的审理管辖权问题，探索建立知识产权上诉法院。进一步健全知识产权审判机构，充实知识产权司法队伍，提高审判和执行能力"；"加强知识产权司法解释工作。针对知识产权案件专业性强等特点，建立和完善司法鉴定、专家证人、技术调查等诉讼制度，完善知识产权诉前临时措施制度。改革专利和商标确权、授权程序，研究专利无效审理和商标评审机构向准司法机构转变的问题"；"提高知识产权执法队伍素质，合理配置执法资源，提高执法效率。……加大行政执法机关向刑事司法机关移送知识产权刑事案件和刑事司法机关受理知识产权刑事案件的力度"等。

各级人民法院要以完善审判体制和工作机制为重点，统筹兼顾和妥善安排，把《纲要》中涉及人民法院工作的部署按计划和分步骤地落到实处，使人民法院名副其实地发挥保护知识产权的主导作用。要加强对知识产权审判工作的调查研究，强化审判决策的科学性、前瞻性和主动性，着重对《纲要》提出的有关人民法院工作的战略措施开展研究。当前要特别注意做好以下三项工作：一是积极配合有关部门做好专利法、商标法等知识产权法律的修订工作；二是积极配合最高人民法院进一步加强知识产权司法解释工作，建立和完善有关工作制度；三是对《纲要》中提出的其他各项措施，要进一步深入调研，最高人民法院决定在近期开展专题调研，将在全面深入调研和听取各方面意见的基础上，提出人民法院全面贯彻落实《纲要》的具体工作措施和实施意见。

### 三、全面加强各项知识产权审判工作，高度重视知识产权审判队伍建设

知识产权司法保护工作受到党中央、全国人大和国务院的高度重视。《纲要》的颁布施行，对人民法院的知识产权司法保护，既是重要的发展机遇，又是重大挑战。各级人民法院必须从贯彻落实党的十七大精神、服务国内国际两个工作大局以及促进人民司法事业发展的高度，从贯彻落实《纲要》要求和实施国家知识产权战略需要出发，高度重视并切实加强知识产权司法保护工作。

各级人民法院要认真贯彻《纲要》关于"加强知识产权保护"，"加大司法惩处力度"，"降低维权成本，提高侵权代价，有效遏制侵权行为"的要求，按照今年6月全国高级法院院长会议提出的"积极支持国家创新体系建设，加大知识产权保护力度，为技术创新和科技成果产业化提供司法保障"的工作思路，以依法审理好案件为中心，以正确适用法律责任和慎重采取临时措施为重点，依法加大知识产权保护力度，强化知识产权司法救济。要全面加强各项知识产权审判工作，充分发挥知识产权司法保护的整体效能。要依法运用各种刑事制裁措施，严惩侵犯知识产权犯罪，大力发挥刑罚惩治和预防知识产权犯罪的功能；要依法界定民事责任，积极采取救济措施，妥善处理知识产权民事纠纷，充分发挥民事审判在保护知识产权和激励自主创新中的主导作用；要依法保护行政相对人的合法权益，监督和支持依法行政，保障行政主管机关依法履行知识产权行政执法和管理职能。

各级人民法院要切实采取有效措施，落实《纲要》关于"进一步健全知识产权审判机构，充实知识产权司法队伍，提高审判和执行能力"的要求，做到机构设置和审判力量与大局要求、职能定位、责任和地位相适应，建立和健全知识产权审判组织，调整和充实知识产权审判人才，为知识产权审判工作提供可靠的组织和人才保障。各级人民法院要根据担负的知识产权审判职责和任务的客观需要，本着立足现实、兼顾长远的原则精神，加强知识产权审判庭的机构设置、人员编制和内设机构配置。要切实加强知识产权审判人才队伍建设，要以"三个至上"和社会主义法治理念为指导，高度重视知识产权法官队伍思想政治建设，加大知识产权审判技能和专业知识培训力度，下大力气培养和拥有一大批高水平的知识产权审判人才。要充分考虑知识产权审判和知识产权法官培养的规律，在工作量、业务考核等方面采用科学合理的业绩评价指标。

以上通知，请遵照执行。在学习和贯彻《纲要》中有何问题和建议，望及时报告最高人民法院。

## 最高人民法院
## 印发《关于贯彻实施国家知识产权战略若干问题的意见》的通知

2009年3月23日　　　　　　　　法发〔2009〕16号

各省、自治区、直辖市高级人民法院，解放军军事法院，新疆维吾尔自治区高级人民法院生产建设兵团分院：

现将最高人民法院《关于贯彻实施国家知识产权战略若干问题的意见》印发给你们，请结合审判工作实际，认真贯彻执行。

附：

## 关于贯彻实施国家知识产权战略若干问题的意见

党的十七大明确提出"实施知识产权战略"的要求。国务院于2008年6月5日发布了《国家知识产权战略纲要》（以下简称《纲要》），决定实施国家知识产权战略。贯彻落实国家知识产权战略，是摆在全国法院面前的一项长期而紧迫的重要任务。各级人民法院必须以邓小平理论和"三个代表"重要思想为指导，深入学习实践科学发展观，始终坚持"三个至上"指导思想，紧紧围绕"为大局服务、为人民司法"工作主题，全面加强知识产权司法保护体系建设，充分发挥司法保护知识产权的主导作用，为建设创新型国家和全面建设小康社会提供强有力的司法保障。现根据国家知识产权战略要求，结合人民法院知识产权司法保护工作实际，制定如下意见。

**一、充分认识实施国家知识产权战略的重大意义，切实增强人民法院知识产权司法保护的责任感和使命感**

1. 实施知识产权战略，是提高自主创新能力，建设创新型国家，促进国民经济又好又快发展，实现全面建成小康社会奋斗目标的重大战略抉择。提高自主创新能力，建设创新型国家，这是国家发展战略的核心，是提高综合国力的关键。实施知识产权战略，这是在改革开放新时期，党中央、国务院根据提高自主创新能力和建设创新型国家的需要作出的一项重大战略部署,是关系国家前途和民族未来的大事。当前正在向实体经济蔓延的国际金融危机,更加凸显了加强知识产权保护,提高自主创新能力,建设创新型国家的重要性。各级人民法院要从深入贯彻落实科学发展观的高度,从我国经济社会文化自身发展需求和知识经济发展迅速及经济全球化进程加快的角度,深刻领会知识产权战略是我国主动运用知识产权制度促进经济发展和社会进步的重要国家战略;要从有利于增强我国自主创新能力,有利于完善我国社会主义市场经济体制,有利于增强我国企业市场竞争力和提高国家核心竞争力,有利于扩大对外开放等方面,深刻领会实施知识产权战略是建设创新型国家的迫切需要,是转变经济发展方式的必由之路,是提高国家核心竞争力的关键举措;要从激励创造、有效运用、依法保护、科学管理四个方面,深刻领会实施国家知识产权战略的指导思想和基本精神。

2. 贯彻实施好国家知识产权战略,是人民法院服务大局的重要使命。为党和国家工作大局服务,是人民法院知识产权司法保护的重要出发点和立足点。各级人民法院要认清形势和明确任务,以高度的政治责任感和历史使命感,切实增强贯彻实施国家知识产权战略的自觉性和坚定性,紧紧依靠党委领导、人大监督、政府支持、政协以及社会各界的关心,抓住机遇、迎难而上,积极主动、开拓进取,加强组织领导、加大投入力度,有计划、分步骤,确保国家知识产权战略有关人民法院工作要求的贯彻落实和各项战略措施的顺利实施,使人民法院在实施国家知识产权战略进程中更加积极主动地发挥作用。

## 二、充分发挥司法保护知识产权的主导作用,切实保障创新型国家建设

3. 大力加强人民法院知识产权司法保护体系建设,切实发挥司法保护知识产权的主导作用。根据新形势新任务和我国知识产权保护的实际情况,《纲要》将"加强司法保护体系建设"、"发挥司法保护知识产权的主导作用"纳入国家知识产权战略重点。这是对我国司法在知识产权保护中职能作用的基本定位,也是从全局和国家发展战略的高度对我国知识产权司法保护工作提出的殷切期望和全新要求。人民法院贯彻实施国家知识产权战略,必须增强发挥司法保护知识产权主导作用的自觉性和主动性,以保障和促进创新型国家建设为基本目标,高度重视并全面加强知识产权审判工作,充分发挥各项知识产权审判的职能作用,切实加大知识产权司法保护力度,不断提高人民法院知识产权司法保护的整体效能,努力营造鼓励和引导创新的知识产权司法环境;必须大力解决影响和制约科学发展的突出问题,不断提高司法水平和司法效率,及时出台司法解释和司法政策,建立健全知识产权相关诉讼制度,大力完善知识产权司法保护制度;必须着力构建有利于科学发展、符合知识产权案件特点的审判体制和工作机制,全面优化知识产权审判资源配置,整体提升知识产权审判队

伍素质，大幅度提升人民法院知识产权司法保护能力。

4. 充分发挥各项知识产权审判的职能作用，全面加强对各种知识产权的司法保护。以执法办案为第一要务，不断提高知识产权审判质量和效率，努力确保每一起案件都能够依法公正及时裁判并得到有效执行，增强知识产权司法保护的公信力和权威性，切实体现法院司法定纷止争的终局作用，最大限度地维护人民群众的创新权益，实现知识产权领域的公平正义。充分运用刑事、民事和行政三种审判职能，大力发挥知识产权审判整体效能，对各种知识产权提供全面有效的司法保护。依法严惩各类侵犯知识产权犯罪，综合运用各种刑事制裁措施，充分发挥刑事审判惩治和预防知识产权犯罪的功能；依法调整涉及各种知识产权的民事法律关系，合理界定当事人权利义务，积极采取民事救济措施，充分发挥民事审判解决各种知识产权纠纷的主渠道作用；依法保护行政相对人的合法权益，监督和维护各相关行政主管机关依法履行各自职权范围内的知识产权行政执法和行政管理职责，充分发挥行政审判监督和支持知识产权行政执法保护的职能。

5. 综合运用知识产权司法救济手段，不断增强知识产权司法保护的有效性。依法确定当事人应当承担的各种法律责任，积极采取各种救济手段，对知识产权进行全方位的有效保护。通过判决赔偿经济损失和责令停止侵权、消除影响和赔礼道歉等，对权利人予以物质的与精神的、金钱的与非金钱的综合救济；通过终审判决和诉前或诉中临时措施裁定等，对权利人予以现实的和临时的司法救济；通过判处罚金、没收财产和采取民事制裁措施等，剥夺侵权人再侵权的能力和消除再侵权危险。特别是要突出发挥损害赔偿在制裁侵权和救济权利中的作用，坚持全面赔偿原则，依法加大赔偿力度，加重恶意侵权、重复侵权、规模化侵权等严重侵权行为的赔偿责任，努力确保权利人获得足够的充分的损害赔偿，切实保障当事人合法权益的实现。

6. 及时明晰知识产权法律适用标准，有效发挥司法保护知识产权的导向作用。根据知识产权司法保护中的法律适用需求，认真总结审判实践经验，及时发布司法解释，统一司法尺度，为确保法律正确适用和有效保护知识产权及时提供操作性规范依据。深入调查研究，找准司法保护服务经济社会发展的结合点和着力点，通过各种行之有效的形式，明确司法政策，加强司法指导，积极引导经济社会文化发展。加快构建符合中国国情的知识产权司法案例指导制度，充分发挥指导性案例在规范自由裁量权行使、统一法律适用标准中的作用，减少裁量过程中的随意性。依法受理并妥善裁决各种复杂疑难和新类型知识产权纠纷，及时为企业和社会提供价值判断和行为指引，规范和促进新兴产业发展。强化知识产权裁判的说理性，充分公开裁判文书，实现审判全过程的公开，发挥司法裁判的教育和导向作用，促使当事人息诉止争，引导案外人自行解决类似矛盾纠纷。

7. 努力加强人民法院与其他司法机关和知识产权行政执法机关之间的协作配合，推动形成知识产权保护的整体合力。加强与公安、检察机关在知识产权刑事司法程序中的配合，依法受理和裁判知识产权刑事案件，切实加大刑事保护力度。加强与工商、版权、专利等行政主管部门在知识产权行政执法程序上的衔接，实现司法保护与行政保护的优势互补和良性互动。加强与知识产权、外事、商务、科技、信息产业、新闻、宣传等综合部门在知识产权保护工作中的沟通协调，扩大我国知识产权保护的影响力。

### 三、依法审理好各类知识产权案件，切实加大知识产权司法保护力度

8. 统筹兼顾各种重大关系，确保《纲要》提出的各项专项任务在人民法院系统的贯彻落实，实现知识产权审判全面协调可持续发展。一是处理好执行法律与服务大局的关系，既要坚持宪法和法律至上，履行法定职责，遵循司法规律、司法途径和司法方式，严格依法办案，做到公正司法，维护法律权威；又要强化大局意识和宏观思维，正确处理局部利益与全局利益的关系，努力实现办案法律效果与社会效果的有机统一，确保正确政治方向。二是处理好保护私权与维护公共利益的关系，既要强化私权保护意识和尊重私权保护规律，依法保护当事人的合法权益，通过保护私权实现激励创新的知识产权制度目标；又要合理界定知识产权的界限，服从法律为保护公共利益所设定的强制性规范，确保私权与公共利益的平衡，维护公共秩序。三是处理好依法保护与适度保护的关系，充分考虑和把握我国经济社会和科技文化发展状况，善于利用司法政策、自由裁量权和法律适用技术，使司法保护既合法，又适度；既能激励科技创新和经济发展，又有利于促进知识传播和运用；既能切实保护创新成果和创新权益，又能促进企业提高自主创新能力。四是处理好保护权利与防止滥用的关系，既要加大知识产权司法保护力度，严厉打击假冒、盗版等严重侵权行为，大力降低维权成本，大幅提高侵权代价，有效遏制侵权行为，切实保护权利人和消费者的合法权益，维护公平竞争的市场秩序；又要防止知识产权滥用，依法审查和支持在先权、先用权、现有技术、禁止反悔、合理使用等抗辩事由，制止垄断行为，依法受理和审查确认不侵权之诉和滥诉反赔之诉，规制滥用知识产权和诉讼程序打击竞争对手、排除和限制竞争、阻碍创新的行为，维护社会公众的合法权益。

9. 加强专利权司法保护，保障技术创新权益，促进自主创新。从我国国情出发，以国家战略需求为导向，依法保护专利权，根据我国科技发展阶段和产业知识产权政策，确定合理的权利保护范围和强度，平衡好权利人、使用者和社会公众之间的利益格局，强化科技创新活动中的知识产权司法政策导向作用。加大对经济增长有重大突破性带动作用、具有自主知识产权的关键核心技术的保护力度，促进高技术产业与新兴产业发展，提升我国自主创新能力和增

强国家核心竞争力。不断完善专利侵权判定标准，准确确定专利权保护范围，正确认定专利侵权行为，在依法保护专利权的同时，防止不适当地扩张专利权保护范围、压缩创新空间、损害创新能力和公共利益。严格专利权利要求的解释，充分尊重权利要求的公示和划界作用，妥善处理相同侵权与等同侵权的关系，适度从严把握等同侵权的适用条件，合理确定等同侵权的适用范围，防止等同侵权的过度适用。注重发挥人民陪审员、专家证人和专家咨询、技术鉴定的作用，通过多种途径和渠道有效解决专业技术事实认定问题。

10. 加强商标权司法保护，维护商标信誉，推动形成自主品牌。通过商标案件的审判，支持和引导企业实施商标战略，促使其在经营中积极、规范使用自主商标，促进自主品牌的形成和品牌经济的发展。严厉制裁商标假冒、恶意模仿等侵权行为，严格适用侵权法律责任，切实保障商标权人和消费者的利益，维护公平竞争的市场秩序。正确把握商标权的法律属性，根据商标用于区别商品或服务来源的核心功能，合理界定商标权的范围，根据商标的显著性程度、知名度大小等确定保护强度和范围，准确认定商标侵权判定中的商品类似、商标近似和误导性后果。正确把握驰名商标司法认定和保护的法律定位，坚持事实认定、个案认定、被动认定、因需认定等司法原则，依法慎重认定驰名商标，合理适度确定驰名商标跨类保护范围，强化有关案件的审判监督和业务指导。妥善处理商标权保护与特定产业发展的关系，既注重保护商标权，又有利于促进相关产业的升级和发展。依法受理并及时处理好涉及地理标志和奥林匹克标志、世界博览会标志、特殊标志等案件。

11. 加强著作权司法保护，维护著作权人合法权利，提升国家文化软实力。严厉制裁盗版、抄袭等侵犯著作权行为，加大侵权赔偿力度，提高全社会的版权保护意识。依法合理界定著作权保护与合理使用、法定许可的关系，平衡处理创作者、传播者和利用者之间的利益关系，确保私人权利与公共利益的平衡，保障人民基本文化权益。加强对新闻出版、广播影视、文学艺术、文化娱乐、广告设计、工艺美术、计算机软件、信息网络等领域的著作权案件审判，推动版权相关产业健康有序发展，推进文化创新，增强文化发展活力，繁荣文化市场。有效应对互联网等新技术发展对著作权保护的挑战，准确把握网络环境下著作权司法保护的尺度，妥善处理保护著作权与保障信息传播的关系，既要有利于网络新技术和新商业模式的开发和运用，促进信息传播，又要充分考虑网络侵权的特点和维权的困难，完善网络环境下的证据规则，有效保障著作权。加大对计算机软件的司法保护力度，帮助企业开拓市场，促进相关服务外包产业成长。

12. 加强商业秘密司法保护，保护企业权益和职工择业自由，保障商业信息安全与人才合理流动。依法制裁窃取和非法披露、使用他人商业秘密的行为，保护企业商业秘密权益，引导市场主体依法建立健全商业秘密管理制度。

妥善处理保护商业秘密与自由择业、涉密者竞业限制与人才合理流动的关系，维护职工合法权益。根据商业秘密案件特点，合理分配当事人的举证责任，合理确定当事人和诉讼参与人的保密义务。注意保护被控侵权人对自己商业秘密的正当权益，防止原告滥用诉权获取他人商业秘密。

13. 加强植物新品种权司法保护，激励农业科技创新，促进农业发展。强化农业知识产权保护，依法保护植物新品种权和育种技术，加大对具有自主知识产权的重大农业科技成果和植物新品种的保护力度，合理调节资源提供者、育种者、生产者和经营者之间的利益关系，激励农业科技创新，推动现代农业经营方式的转变，促进农业发展，保护农民利益，维护农村稳定，保障社会主义新农村建设。准确掌握植物新品种侵权判定标准，以繁殖材料承载的性状特征确定品种权的保护范围，以生产、销售或者重复使用授权品种的繁殖材料为侵权行为方式。依法判定民事责任，保障权利人利益的实现，注重对农民合法权益的保护，通过育种者免责、农民免责等权利限制，合理平衡权利人与社会公众的利益关系；本着既要及时制止侵权和防止侵权物再扩散，又要避免资源浪费的原则，慎重适用销毁侵权物的民事责任。针对种子生产和销售的季节性特点，注意运用证据保全措施及时固定相关证据。

14. 加强特定领域知识产权司法保护，有效保护特种资源，维护我国特色优势。根据现有法律规则和立法精神，积极保护遗传资源、传统知识、民间文艺和其他一切非物质文化遗产，根据历史和现实，公平合理地协调和平衡在发掘、整理、传承、保护、开发和利用过程中各方主体的利益关系，保护提供者、持有者知情同意和惠益分享的正当权益，合理利用相关信息。加强对传统医药和传统工艺的保护，促进传统知识和民间文艺的发展，推动传统资源转化为现实生产力和市场竞争力，弘扬民族产业优势和地区特色经济优势。依法保护集成电路布图设计专有权，及时予以司法救济，促进集成电路产业发展。

15. 依法制止不正当竞争，规范市场竞争秩序，推动形成统一开放竞争有序的现代市场体系。审理好仿冒知名商品特有名称、包装、装潢和虚假宣传、商业诋毁等不正当竞争案件，积极受理涉及企业名称（商号）、商业外观、计算机网络域名等新类型知识产权案件，制止一切非诚信的仿冒搭车行为，避免市场混淆和误导公众，切实维护权利人和消费者的合法权益，确保诚信竞争和有序竞争，促进社会信用体系建设。依法积极受理涉及注册商标、企业名称等与在先权利冲突的民事纠纷，按照遵循诚实信用、维护公平竞争和保护在先权利等原则，妥善予以裁决。准确把握反不正当竞争法的立法精神和适用条件，既要与时俱进，对市场上新出现的竞争行为，适用反不正当竞争法的原则规定予以规范和调整；又要严格依法，对于法律未作特别规定的竞争行为，只有按照公认的商业标准和普遍认识能够认定违反反不正当竞争法的原则规定时，才可以认定为不正当竞争行为，防止因不适当扩大不正当竞争行为方式范围而妨碍自由、公平竞争。对于既不存在商业秘密，又不存在法定和约定竞业限制的竞争领域，不能简单地以利用或损害特定竞争优势为由，适用反不正当竞争法的原则规定认定构成不正当竞争。

16. 积极开展反垄断审判，保护市场公平竞争，维护消费者利益与社会公共利益。根据民事诉讼法和反垄断法规定的受理条件，依法受理当事人因垄断行为提起的民事诉讼。切实履行审判职责，妥善处理竞争政策与产业政策的关系，审理好涉及滥用知识产权的垄断案件以及其他各类垄断案件，制止垄断行为，鼓励公平竞争，提高引进外资质量，促进经济结构调整，维护国家经济运行健康有序。加强反垄断审判调查研究工作，认真总结审判经验，及时明确司法原则、裁判标准和操作程序。

17. 妥善处理知识产权合同纠纷，维护交易安全，促进智力成果创造运用。尊重当事人意思自治，维护合同的严肃性和有效性，严格合同解除条件，依法制裁违约行为。依法合理掌握权属纠纷诉讼时效，准确界定职务成果与非职务成果，既要有利于激发研发创作人创新积极性，又要有利于促进成果的转化实施。本着尽可能降低交易风险和减少交易成本的精神，依法界定在知识产权委托或合作创造、转让、许可、质押等环节形成的法律关系和利益分配及责任承担，促进自主创新成果的知识产权化、商品化、产业化、市场化。积极受理特许经营合同纠纷，妥善处理知识产权代理合同纠纷。

18. 认真审查知识产权诉前临时措施申请，及时慎重裁定，有效制止侵权。发挥诉前临时措施的及时救济功能，确保在法定时限内作出裁定并立即予以执行。对于商标和著作权侵权案件，尤其是假冒和盗版等显性侵权和故意侵权案件，注意积极采取诉前责令停止侵权措施。适度从严掌握认定侵权可能性的标准，原则上应当达到基本确信的程度，在专利案件尤其是发明和实用新型专利案件中，要审慎决定采取诉前责令停止侵权措施。对于当事人起诉时或诉讼中提出的临时措施申请，要迅速审查并及时裁定和执行。对于证据保全申请，重点考虑证据风险和申请人的取证能力，及时作出裁定。

19. 强化对知识产权授权确权行为的司法复审，依法审查授权条件，统一和完善授权审查标准。在事实认定和法律适用上对专利和商标等知识产权授权确权行政行为进行全面的合法性审查，既要给予行政主管机关对专业技术事实评判的适当尊重，又要对相关的实质性授权条件进行独立审查判断，切实依法全面履行司法复审的基本职责。加强与行政主管机关的工作协调与业务交流，促进审理和审查标准的统一与完善，提高相关案件的执法水平。努力提高审判效率，及时依法确认权利的有效性，保障权利维护和利益实现的时效性。

20. 加强知识产权行政司法保护，依法监督行政行为，支持依法行政。依法审理各类知识产权行政案件，在合法性审查中既要保护知识产权行政相对人的合法权益，又要维护知识产权行政管理秩序，依法支持行政机关制裁侵权行为，促进知识产权行政保护。行政机关申请强制执行行政处理决定，经审查符合执行条件的，应及时裁定并予以强制执行。

21. 加大知识产权刑事司法保护力度，依法严厉制裁侵犯知识产权犯罪行为，充分体现惩罚和震慑犯罪功能。依法受理知识产权刑事案件并及时作出裁判，切实加大对假冒注册商标和侵犯著作权犯罪行为的打击力度，在依法适用主刑的同时，加大罚金刑的适用与执行力度，并注意通过采取追缴违法所得、收缴犯罪工具、销毁侵权产品等措施，从经济上剥夺侵权人的再犯罪能力和条件。配合有关部门，针对反复侵权、群体性侵权以及大规模假冒、盗版等行为，有计划、有重点地开展知识产权保护专项行动，遏制假冒盗版现象。统一和规范侵犯知识产权犯罪案件适用刑罚的条件和标准，准确把握宽严相济的刑事政策。依法审理侵犯知识产权的刑事自诉案件，切实保障被害人的刑事自诉权利。

22. 加强知识产权审判监督，保障当事人申诉权，维护知识产权司法公正。既要充分维护正确生效裁判的既判力，又要让符合法定条件的案件及时进入再审，确保公正司法和维护法制统一。统一裁定再审的标准，以生效裁判确有错误作为上级法院和本院依职权启动再审的标准，以符合法定再审事由作为依当事人申请裁定再审的标准。通过及时、规范的听证程序和耐心细致的审查说服工作，尽可能使当事人服判息诉，尽可能降低多次申诉的比率。努力提高审查的质量和效率，对于经审查申请书、答辩意见等足以确定再审事由是否成立的，可以径行裁定。

23. 加大知识产权案件执行力度，保障裁判权益及时实现，树立司法保护权威。健全知识产权案件强制执行机制，充分运用执行工作联动威慑机制，完善提级执行、指定执行、委托执行等措施，保证知识产权案件的切实执行，强化对诉前临时措施裁定的及时执行。对被执行人拒不履行停止侵权的生效裁判内容继续其原侵权行为的，除支持权利人依法追究其民事责任以外，积极协调公安、检察机关以拒不执行判决、裁定罪追究其刑事责任。

24. 依法开展涉外知识产权司法保护，保障对外开放，促进国际经贸合作。正确处理本国利益与他国利益的关系、对外关系与具体案件审理的关系、本国当事人与外国当事人的利益关系，始终坚持依法公正审判和平等保护原则，维护和提升我国司法良好的国际形象，优化经济发展外部环境。统筹国内国际两个大局，妥善处理与贸易有关的重大知识产权纠纷，既确保遵循相关国际公约及国际惯例，也始终维护国家利益和经济安全。注意从个案中发现知识产权工作的薄弱环节和管理漏洞，通过司法建议和裁判说明等形式，对行政管理提出改进建议，为行业和产业提供行为预警，提高企业应对知识产权纠纷的能力，延伸知识产权司法保护效果。

## 四、完善知识产权审判体制和工作机制，优化审判资源配置

25. 积极探索符合知识产权特点的审判组织模式。按照《纲要》要求，研究设置统一受理知识产权民事、行政和刑事案件的专门知识产权审判庭，尽快统一专利和商标等知识产权授权确权案件的审理分工，优化知识产权审判资源配置，实现知识产权司法的统一高效。认真总结近年来一些地方法院开展的由一个审判庭统一受理知识产权民事、行政和刑事案件试点工作，以及采用扩大合议庭组成或知识产权民事法官参与知识产权刑事、行政案件审判的探索工作，深入调查研究，认真解决试点和探索工作中出现的问题，加强统一协调和工作指导，积极稳妥地加以推进。

26. 探索建立知识产权上诉法院。按照《纲要》要求，加强与相关部门的沟通、协调和配合，根据完善知识产权案件上诉机制的要求，深入研究建立知识产权上诉法院的可行性和必要性，积极探索有关改革路径和模式，努力实现知识产权确权程序与侵权诉讼程序的有效衔接，简化司法救济程序，提高裁判效率，保证司法统一。

27. 推动改革专利和商标确权授权程序。积极配合国家有关部门，以简化救济程序为目标，研究专利无效审理和商标评审机构向准司法机构转变的问题，积极推动相关法律规定的修订。

28. 健全知识产权多元纠纷解决机制。坚持"调解优先、调判结合"原则和"定分止争、案结事了"要求，加大知识产权案件调解力度，将调解贯穿于案件审理的全过程。高度重视在诉前临时措施案件和刑事自诉案件中的调解以及在知识产权行政案件中的协调，加强审判工作与人民调解、行政调解、仲裁等纠纷解决方式的衔接，积极支持调解和仲裁机构以及知识产权援助中心等发挥处理知识产权纠纷的作用，注意发挥行业协会、专业部门和专业人士等的沟通协商、参与调解的作用，扩大邀请协助调解的案件范围，努力提高诉讼调解率、和解撤诉率。

29. 加强知识产权司法保护宣传。采取各种形式大力宣传知识产权司法保护，提高全社会知识产权意识，推进知识产权文化建设。结合人民法院新闻发布制度，适时发布知识产权审判中的重要新闻和典型案例，努力做到"4·26"世界知识产权日司法保护宣传常态化。坚持审判公开和透明原则，严格按照有关规定和要求，将生效知识产权裁判文书及时上网公开。定期选择有影响的案例，邀请人大代表、政协委员、专家学者、行业协会和有关部门的代表、外国政府和国际组织驻华机构代表等代表性人士和社会公众等旁听庭审，增进司法公开，接受群众监督，扩大社会影响。

30. 扩大知识产权对外司法交流合作。建立和完善知识产权司法保护对外信息沟通交流机制，积极参与国际和区域知识产权交流与合作，拓展交流深

度,加大宣传力度,加深世界各国对我国知识产权司法保护制度及保护状况的全面、客观了解。既要根据我国国情和发展需求开展知识产权司法保护,又要有针对性地学习借鉴吸收国外有益司法经验。

### 五、加强知识产权司法解释工作,完善知识产权诉讼制度

31. 及时制定知识产权司法解释。按照《纲要》要求,增强司法解释的针对性和及时性,针对审判实践存在的比较普遍和突出的法律适用问题,及时制定司法解释,明确司法原则和政策,统一司法标准,规范并细化自由裁量权的行使,完善知识产权诉讼制度。强化司法解释的科学性和实效性,深入开展调查研究,广泛听取和征求各方面的意见,注意发挥学术团体、研究机构以及中介组织的参与作用,共同为完善知识产权司法保护制度提供智力支持。近期发布关于驰名商标司法保护的司法解释,尽快出台关于专利侵权判断标准和反垄断民事诉讼程序的司法解释。

32. 建立健全知识产权相关诉讼制度。按照《纲要》要求,与有关部门协调配合,针对知识产权案件专业性强等特点,建立和完善司法鉴定、专家证人、技术调查等诉讼制度,鼓励有条件的法院在专利等技术性案件审判中积极探索开展技术调查的有效方式和具体做法。完善知识产权诉前临时措施制度,适时启动相关司法解释的起草工作。配合有关部门明确知识产权代理人的诉讼执业资质问题,推动有关部门研究建立相关律师代理制度。

33. 调整完善知识产权案件管辖制度。按照既方便法院审理和当事人诉讼,又充分满足科技创新和经济社会发展对知识产权审判新需求的原则,统筹规划知识产权审判管辖体制。继续坚持对专利、植物新品种和集成电路布图设计案件的指定管辖制度,严格控制新增专利案件管辖权的中级人民法院的数量;适度集中垄断案件和涉及驰名商标认定等特殊类型知识产权案件的管辖权;适当增加受理著作权、商标、不正当竞争和知识产权合同等一般知识产权案件的基层法院;经上级人民法院依法指定,具有一般知识产权案件管辖权的基层法院可以跨区域管辖同一上级人民法院辖区内的一般知识产权案件。

### 六、加强知识产权审判队伍建设,提高知识产权司法保护能力

34. 进一步健全知识产权审判机构。各级人民法院要根据担负的知识产权审判职责和任务的客观需要,本着立足现实、兼顾长远的原则精神,加强知识产权审判庭的机构设置、人员编制和内设机构配置。在中级以上法院和具有案件管辖权的基层法院普遍建立知识产权审判庭,暂不具备独立设庭的中级人民法院,也应当建立或指定专门负责审理知识产权案件的合议庭。

35. 大力充实知识产权审判队伍。采取切实有效措施,调整和充实知识产权法官队伍,提高知识产权法官队伍素质,强化审判和执行能力。注意从精通

法律、外语基础较好、具有理工专业背景和一定审判经验的人员中选拔、培养知识产权法官，有效缓解案件持续增长与专业审判力量相对不足的矛盾。保持知识产权法官队伍的基本稳定，完善知识产权审判人才的专业结构，对于专业性和技术性较强的知识产权案件，尽可能由相对固定的合议庭和专业法官负责审理，重点培养一批社会认可度高的专业型、专家型知识产权法官。充分考虑知识产权审判和知识产权法官培养的规律，在工作量、业务考核等方面采用科学合理的业绩评价指标。积极开展与专利复审委员会等知识产权专业部门的人员和业务交流，鼓励东中西部法院之间开展各种形式的业务和人才交流。加大知识产权审判技能和专业知识培训力度，最高人民法院和各高级人民法院要制定长期培训规划，及时更新培训大纲，保证培训时间和质量，重点加大对中、基层法院和中西部地区法院知识产权审判人员的培训力度。

36. 高度重视知识产权法官队伍思想政治建设和廉政建设。强化知识产权审判人员的政治纪律和工作责任，进一步加强社会主义法治理念教育，使全体审判人员牢固树立"三个至上"指导思想，切实做到为民、务实、清廉。严格执行有关反腐倡廉的制度和要求，认真落实"五个严禁"的规定，每一位审判人员要时刻保持警惕，各级领导要切实负起责任，加强对关键环节的监督检查，规范司法行为，严惩违规行为，确保知识产权司法的公正和廉洁。积极发掘并大力宣传知识产权司法保护工作中的好经验、好做法、好人物、好事迹，树立人民法院和知识产权法官的良好形象。

# 最高人民法院
## 印发《关于当前经济形势下知识产权审判服务大局若干问题的意见》的通知

2009年4月21日　　　　　　　　　　法发〔2009〕23号

各省、自治区、直辖市高级人民法院，解放军军事法院，新疆维吾尔自治区高级人民法院生产建设兵团分院：

现将《最高人民法院关于当前经济形势下知识产权审判服务大局若干问题的意见》印发给你们，请结合审判工作实际，认真贯彻执行。

附：

# 关于当前经济形势下知识产权审判服务大局若干问题的意见

当前,我国国民经济继续保持平稳较快发展,改革开放深入推进,社会事业加快发展,人民生活进一步改善,但同时也面临着严重的困难和挑战。为深入贯彻全国"两会"精神,落实国家知识产权战略,使知识产权审判更好地服务于有效应对国际金融危机冲击,促进经济平稳较快发展的大局,为"保增长、保民生、保稳定"作出更加积极的贡献,现就当前经济形势下人民法院做好知识产权审判工作的若干问题,提出如下意见:

**一、立足实际,突出重点,努力增强知识产权审判服务大局的针对性和有效性**

1. 充分认识知识产权保护对于促进经济平稳较快发展的重要性,切实增强服务大局的使命感。知识产权是国家科技创新能力和水平的集中体现,是国家发展的战略性资源,是提高国际竞争力的核心要素。现代经济竞争归根结底也是知识产权的竞争。加强知识产权保护,提高知识产权的创造、运用和管理水平,对于加快经济结构调整、转变发展方式、推进自主创新、深化改革、提高对外开放水平,从而保持经济平稳较快发展,都具有重要意义。历史经验表明,经济危机常常伴随着科技革命,科技革命又成为推动新一轮经济增长和繁荣的重要引擎。在当前经济形势下加强知识产权保护,对于有效推动科技创新和科技革命,为催生新兴产业、创造新的市场需求、培育新的经济增长点和引领经济发展新方向,具有重大作用。

2. 高度关注国际国内经济形势变化对于知识产权审判的新需求,切实增强服务大局的针对性、有效性和主动性。当前经济形势对于知识产权审判提出了更新更高的要求和期待。知识产权司法保护只能加强和提升,不能削弱和放松。各级法院务必要增强危机意识、忧患意识、宏观意识和大局意识,更加注重拓展创新空间,促进培育自主知识产权、自主品牌和新的经济增长点,增强企业的市场竞争力,提高国家的核心竞争力;更加注重营造开放自由的贸易和投资环境,规范市场秩序,维护公平竞争,完善社会主义市场经济体制,大力推动诚信社会的建设,在应对挑战、化危为机中充分发挥知识产权审判的独特职能作用。

## 二、加大专利权保护力度，着力培育科技创新能力和拓展创新空间，积极推进自主创新

3. 以贯彻新修订的专利法为契机，高度重视专利审判工作，全面提高专利审判水平。以专利为核心的科技创新成果构成了企业和国家的核心竞争力，加强专利权保护对于科技进步和自主创新具有最直接、最重要的促进作用。各有关法院要以提高创新能力和建设创新型国家的责任感和使命感，高度重视专利案件的审理，把提高专利审判水平作为一项重点工作。要深刻领会和正确把握专利法立法宗旨和精神，加强调查研究，及时发现新情况，解决新问题，确保修订后的专利法的正确贯彻实施。

4. 准确把握专利司法政策，切实加强专利权保护。要从我国国情出发，根据我国科技发展阶段和产业知识产权政策，依法确定合理的专利司法保护范围和强度，既要使企业具有投资创新的动力，使个人具有创造热情，使社会富有创造活力，又不能使专利权成为阻碍技术进步、不正当打击竞争对手的工具；既能够充分调动、配置全社会的资本和技术资源，又能够加速技术信息的传播和利用。要正确适用专利侵权判定原则和方法，进一步总结审判经验，完善权利要求解释规则和侵权对比判定标准。正确解释发明和实用新型专利的权利要求，准确界定专利权保护范围，既不能简单地将专利权保护范围限于权利要求严格的字面含义，也不能将权利要求作为一种可以随意发挥的技术指导，应当从上述两种极端解释的中间立场出发，使权利要求的解释既能够为专利权人提供公平的保护，又能确保给予公众以合理的法律稳定性。凡写入独立权利要求的技术特征，均应纳入技术特征对比之列。对于权利人在专利授权确权程序中所做的实质性的放弃或者限制，在侵权诉讼中应当禁止反悔，不能将有关技术内容再纳入保护范围。严格等同侵权的适用条件，探索完善等同侵权的适用规则，防止不适当地扩张保护范围。依法认真审查各种不侵权抗辩事由和侵权责任抗辩事由，合理认定先用权，依法支持现有技术抗辩。

## 三、加强商业标识保护，积极推动品牌经济发展，规范市场秩序和维护公平竞争

5. 充分尊重知名品牌的市场价值，依法加强知名品牌保护。知名品牌凝聚了企业的竞争优势，是企业参与国内国际市场竞争的利器，代表着核心的经济竞争力，是企业和国家的战略性资产，也是引领市场消费方向的主要因素。人民法院要通过依法加强商标权保护和制止不正当竞争，为知名品牌的创立和发展提供和谐宽松的法律环境，促进品牌经济发展，刺激和创造消费需求，拉动经济增长，增强我国企业的国内和国际竞争力。

6. 完善商标司法政策，加强商标权保护，促进自主品牌的培育。正确把

握商标权的专用权属性，合理界定权利范围，既确保合理利用商标资源，又维护公平竞争；既以核定使用的商品和核准使用的商标为基础，加强商标专用权核心领域的保护，又以市场混淆为指针，合理划定商标权的排斥范围，确保经营者之间在商标的使用上保持清晰的边界，使自主品牌的创立和发展具有足够的法律空间。未经商标注册人许可，在同一种商品上使用与其注册商标相同的商标的，除构成正当合理使用的情形外，认定侵权行为时不需要考虑混淆因素。认定商品类似和商标近似要考虑请求保护的注册商标的显著程度和市场知名度，对于显著性越强和市场知名度越高的注册商标，给予其范围越宽和强度越大的保护，以激励市场竞争的优胜者，净化市场环境，遏制不正当搭车、模仿行为。

7. 妥善处理注册商标实际使用与民事责任承担的关系，使民事责任的承担有利于鼓励商标使用，激活商标资源，防止利用注册商标不正当地投机取巧。请求保护的注册商标未实际投入商业使用的，确定民事责任时可将责令停止侵权行为作为主要方式，在确定赔偿责任时可以酌情考虑未实际使用的事实，除为维权而支出的合理费用外，如果确无实际损失和其他损害，一般不根据被控侵权人的获利确定赔偿；注册人或者受让人并无实际使用意图，仅将注册商标作为索赔工具的，可以不予赔偿；注册商标已构成商标法规定的连续三年停止使用情形的，可以不支持其损害赔偿请求。

8. 加强驰名商标司法认定的审核监督，完善驰名商标司法保护制度，确保司法保护的权威性和公信力。严格把握驰名商标的认定范围和认定条件，严禁扩张认定范围和降低认定条件。凡商标是否驰名不是认定被诉侵权行为要件的情形，均不应认定商标是否驰名。凡能够在认定类似商品的范围内给予保护的注册商标，均无需认定驰名商标。对于确实符合法律要求的驰名商标，要加大保护力度，坚决制止贬损或者淡化驰名商标的侵权行为，依法维护驰名商标的品牌价值。认真贯彻《最高人民法院关于涉及驰名商标认定的民事纠纷案件管辖问题的通知》（法〔2009〕1号），凡通知下发以后不具有管辖权的法院受理的此类案件，均需移送有管辖权的法院审理；通知下发前受理、尚未审结的此类案件，要严格执行判前审核制度。各级法院均应加强已认定驰名商标的案件的评查和审判监督，对于伪造证据骗取驰名商标认定的案件，以及其他违法认定驰名商标的案件，均需通过审判监督程序予以纠正；当事人在涉及驰名商标认定的案件中有妨碍民事诉讼行为的，依法给予制裁。有管辖权的法院均应积极接受各有关方面对于驰名商标司法认定的监督，发现问题务必及时解决。有关驰名商标司法保护的司法解释颁布施行以后，各级法院要认真贯彻落实，使驰名商标司法保护更加规范化。

9. 加强商标授权确权案件的审判工作，正确处理保护商标权与维持市场秩序的关系。既要有效遏制不正当抢注他人在先商标行为，加强对于具有一定知名度的在先商标的保护，又要准确把握商标权的相对权属性，不能轻率地给予非驰名注册商标跨类保护。正确区分撤销注册商标的公权事由和私权事由，防止不适当地扩张撤销注册商标的范围，避免撤销注册商标的随意性。对于注册使用时间较长、已建立较高市场声誉和形成自身的相关公众群体的商标，不能轻率地予以撤销，在依法保护在先权利的同时，尊重相关公众已在客观上将相关商标区别开来的市场实际。要把握商标法有关保护在先权利与维护市场秩序相协调的立法精神，注重维护已经形成和稳定了的市场秩序，防止当事人假商标争议制度不正当地投机取巧和巧取豪夺，避免因轻率撤销已注册商标给企业正常经营造成重大困难。与他人著作权、企业名称权等在先财产权利相冲突的注册商标，因超过商标法规定的争议期限而不可撤销的，在先权利人仍可在诉讼时效期间内对其提起侵权的民事诉讼，但人民法院不再判决承担停止使用该注册商标的民事责任。

10. 妥善处理注册商标、企业名称与在先权利的冲突，依法制止"傍名牌"等不正当竞争行为。除注册商标之间的权利冲突民事纠纷外，对于涉及注册商标、企业名称与在先权利冲突的民事纠纷，包括被告实际使用中改变了注册商标或者超出核定使用的商品范围使用注册商标的纠纷，只要属于民事权益争议并符合民事诉讼法规定的受理条件，人民法院应予受理。凡被诉侵权商标在人民法院受理案件时尚未获得注册的，均不妨碍人民法院依法受理和审理；被诉侵权商标虽为注册商标，但被诉侵权行为是复制、摹仿、翻译在先驰名商标的案件，人民法院应当依法受理。

按照诚实信用、维护公平竞争和保护在先权利等原则，依法审理该类权利冲突案件。有工商登记等的合法形式，但实体上构成商标侵权或者不正当竞争的，依法认定构成商标侵权或者不正当竞争，既不需要以行政处理为前置条件，也不应因行政处理而中止诉讼。在中国境外取得的企业名称等商业标识，即便其取得程序符合境外的法律规定，但在中国境内的使用行为违反我国法律和扰乱我国市场经济秩序的，按照知识产权的独立性和地域性原则，依照我国法律认定其使用行为构成商标侵权或者不正当竞争。企业名称因突出使用而侵犯在先注册商标专用权的，依法按照商标侵权行为处理；企业名称未突出使用但其使用足以产生市场混淆、违反公平竞争的，依法按照不正当竞争处理。对于因历史原因造成的注册商标与企业名称的权利冲突，当事人不具有恶意的，应当视案件具体情况，在考虑历史因素和使用现状的基础上，公平合理地解决冲突，不宜简单地认定构成商标侵权或者不正当竞争；对于权属已经清晰的老字号等商业标识纠纷，要尊重历史和维护已形成的法律秩序。对于具有一定市场知名度、为相关公众所熟知、已实际具有商号作用的企业名称中的字号、企业或者企业名称的简称，视为企业名称并给予制止不正当竞争的保护。因使用企业名称而构成侵犯商标权的，可以根据案件具体情况判令停止使用，或者对该企业名称的使用方式、使用范围作出限制。因企业名称不正当使用他人具有较高知名度的注册商标，不论是否突出使用均难以避免产生市场混淆的，应当根据当事人的请求判决停止使用或者变更该企业名称。判决停止使用而当事人拒不执行的，要加大强制执行和相应的损害赔偿救济力度。

11. 加强不正当竞争和反垄断审判，统筹兼顾自由竞争与公平竞争的关系，积极促进市场结构完善和社会主义市场经济体制的健全。妥善处理专利、商标、著作权等知识产权专门法与反不正当竞争法的关系，反不正当竞争法补充性保护不能抵触专门法的立法政策，凡专门法已作穷尽规定的，原则上不再以反不正当竞争法作扩展保护。凡反不正当竞争法已在特别规定中作穷尽性保护的行为，一般不再按照原则规定扩展其保护范围；对于其未作特别规定的竞争行为，只有按照公认的商业标准和普遍认识能够认定违反原则规定时，才可以认定构成不正当竞争行为，防止因不适当地扩大不正当竞争范围而妨碍自由、公平竞争。妥善处理保护商业秘密与自由择业、涉密者竞业限制和人才合理流动的关系，维护劳动者正当就业、创业的合法权益。高度重视反垄断法的执行，依法审理好各类垄断纠纷案件，遏制垄断行为，维护公平竞争，为企业提供自由宽松的创业和发展环境。

### 四、完善知识产权诉讼制度，着力改善贸易和投资环境，积极推动对外开放水平的提高

12. 加强诉权保护，畅通诉讼渠道。依法加强诉权保护，凡符合受理条件的起诉均应及时受理；凡经权利人明确授权代为提起诉讼的律师，均可以权利人的名义提起诉讼，并考虑境外当事人维权的实际，不苛求境外权利人在起诉书上签章。结合知识产权审判实际，完善各种诉讼制度，简化救济程序，积极施行各项便民利民措施，增强司法救济的有效性。

13. 完善确认不侵权诉讼制度，遏制知识产权滥用行为，为贸易和投资提供安全宽松的司法环境。继续探索和完善知识产权领域的确认不侵权诉讼制度，充分发挥其维护投资和经营活动安全的作用。除知识产权权利人针对特定主体发出侵权警告且未在合理期限内依法提起诉讼，被警告人可以提起确认不侵权诉讼以外，正在实施或者准备实施投资建厂等经营活动的当事人，受到知识产权权利人以其他方式实施的有关侵犯专利权等的警告或威胁，主动请求该权利人确认其行为不构成侵权，且以合理的方式提供了确认所需的资料和信息，该权利人在合理期限内未作答复或者拒绝确认的，也可以提起确认不侵权诉讼。探索确认不侵犯商业秘密诉讼的审理问题，既保护原告的合法权益和投资安全，又防止原告滥用诉权获取他人商业秘密。

14. 严格把握法律条件，慎用诉前停止侵权措施。采取诉前停止侵权措施既要积极又要慎重，既要合理又要有效，要妥善处理有效制止侵权与维护企业

正常经营的关系。诉前停止侵权主要适用于事实比较清楚、侵权易于判断的案件，适度从严掌握认定侵权可能性的标准，应当达到基本确信的程度。在认定是否会对申请人造成难以弥补的损害时，应当重点考虑有关损害是否可以通过金钱赔偿予以弥补以及是否有可执行的合理预期。担保金额的确定既要合理又要有效，主要考虑禁令实施后对被申请人可能造成的损失，也可以参考申请人的索赔数额。严格审查被申请人的社会公共利益抗辩，一般只有在涉及公众健康、环保以及其他重大社会利益的情况下才予考虑。诉前停止侵权涉及当事人的重大经济利益和市场前景，要注意防止和规制当事人滥用有关权利。应考虑被诉企业的生存状态，防止采取措施不当使被诉企业生产经营陷入困境。特别是在专利侵权案件中，如果被申请人的行为不构成字面侵权，其行为还需要经进一步审理进行比较复杂的技术对比才能作出判定时，不宜裁定责令诉前停止侵犯专利权；在被申请人依法已经另案提出确认不侵权诉讼或者已就涉案专利提出无效宣告请求的情况下，要对被申请人主张的事实和理由进行审查，慎重裁定采取有关措施。根据案件进展情况，注意依法适时解除诉前停止侵权裁定。加强在诉前停止侵权措施申请错误时对受害人的救济，申请人未在法定期限内起诉或者已经实际构成申请错误，受害人提起损害赔偿诉讼的，应给予受害人应有的充分赔偿。对于为阻碍他人新产品上市等重大经营活动而恶意申请诉前停止侵权措施，致使他人的市场利益受到严重损害的情形，要注意给予受害人充分保护。

15. 充分发挥停止侵害的救济作用，妥善适用停止侵害责任，有效遏制侵权行为。根据当事人的诉讼请求、案件的具体情况和停止侵害的实际需要，可以明确责令当事人销毁制造侵权产品的专用材料、工具等，但采取销毁措施应当以确有必要为前提，与侵权行为的严重程度相当，且不能造成不必要的损失。如果停止有关行为会造成当事人之间的重大利益失衡，或者有悖社会公共利益，或者实际上无法执行，可以根据案件具体情况进行利益衡量，不判决停止行为，而采取更充分的赔偿或者经济补偿等替代性措施了断纠纷。权利人长期放任侵权、怠于维权，在其请求停止侵害时，倘若责令停止有关行为会在当事人之间造成较大的利益不平衡，可以审慎地考虑不再责令停止行为，但不影响依法给予合理的赔偿。

16. 增强损害赔偿的补偿、惩罚和威慑效果，降低维权成本，提高侵权代价。在确定损害赔偿时要善用证据规则，全面、客观地审核计算赔偿数额的证据，充分运用逻辑推理和日常生活经验，对有关证据的真实性、合法性和证明力进行综合审查判断，采取优势证据标准认定损害赔偿事实。积极引导当事人选用侵权受损或者侵权获利方法计算赔偿，尽可能避免简单适用法定赔偿方法。对于难以证明侵权受损或侵权获利的具体数额，但有证据证明前述数额明显超过法定赔偿最高限额的，应当综合全案的证据情况，在法定最高限额以上合理确定赔偿额。除法律另有规定外,在适用法定赔偿时,合理的维权成本应另行计赔。适用法定赔偿时要尽可能细化和具体说明各种实际考虑的酌定因素,使最终得出的赔偿结果合理可信。根据权利人的主张和被告无正当理由拒不提供所持证据的行为推定侵权获利的数额,要有合理的根据或者理由,所确定的数额要合情合理,具有充分的说服力。注意参照许可费计算赔偿时的可比性,充分考虑正常许可与侵权实施在实施方式、时间和规模等方面的区别,并体现侵权赔偿金适当高于正常许可费的精神。注意发挥审计、会计等专业人员辅助确定损害赔偿的作用,引导当事人借助专业人员帮助计算、说明和质证。积极探索知识产权损害赔偿专业评估问题,在条件成熟时适当引入由专业机构进行专门评估的损害赔偿认定机制。

17. 注意研究经济领域的知识产权新问题,积极促进科技兴贸基地和服务外包基地建设。加强科技兴贸基地和服务外包基地建设所涉及的知识产权保护问题的调查研究,有针对性地加强相关知识产权的司法保护,为促进科技兴贸基地和服务外包基地建设提供优良的司法环境。加大对信息、软件、医药、新材料、航空航天、精细化工等高新技术领域的知识产权保护力度,积极促进科技兴贸基地建设。引导高技术企业进一步增强自主创新能力,拥有自主知识产权,大力支持具有自主品牌和自主知识产权的高新技术产品出口,进一步提高出口产品国际市场竞争力。深入研究服务外包中的知识产权法律问题,促进服务外包基地建设。通过司法裁判引导服务外包企业树立知识产权保护意识,建立健全企业知识产权保护制度,提高外包服务的竞争力。

18. 完善有关加工贸易的司法政策,促进加工贸易健康发展。认真研究加工贸易中的知识产权保护问题,抓紧总结涉及加工贸易的知识产权案件的审判经验,解决其中存在的突出问题,完善司法保护政策,促进加工贸易的转型升级。妥善处理当前外贸"贴牌加工"中多发的商标侵权纠纷,对于构成商标侵权的情形,应当结合加工方是否尽到必要的审查注意义务,合理确定侵权责任的承担。

19. 坚持平等保护原则,坚决反对任何形式的保护主义。严格依法办案,平等保护本地与外地、本国与外国当事人的合法权益,坚决遏制地方保护和部门保护,促进国内市场的统一开放,完善投资环境和增强投资信心,提高国际声誉和树立良好形象,提高对外开放水平。统筹好国内国际两个大局,妥善处理与贸易有关的重大知识产权纠纷,积极服务于国内国际两个市场、两种资源的统筹利用,既确保遵循相关国际公约和国际惯例,促进国际经贸合作,又始终注意维护国家利益和经济安全,激励和促进自主创新,提升我国的知识产权综合能力和国际竞争力。正确处理对外关系与具体案件审理的关系,无论普通涉外案件还是引起国际关注的敏感性案件,都要严格依法办案,不能为盲目迎合片面的外部舆论而牺牲公正司法。

20. 加强同类案件和关联案件的协调指导，规范司法行为，维护法治统一。加强同类案件的调查研究和业务指导，加大司法解释力度，完善司法政策，积极推行典型案例指导制度，不断明确和完善法律适用标准。强化对法官行使自由裁量权的约束和规范机制，细化正当行使自由裁量权的标准。对于法律问题相同、裁判定性不一的案件，强化审级监督，充分发挥二审和再审的纠错功能。加强关联案件的协调指导力度，完善协调处理机制。对于涉及同一法律事实或者同一法律关系的关联案件，需要移送的，应当依照法律规定移送管辖和合并审理。健全关联案件审理法院之间的相互沟通制度和报请共同上级法院协调指导制度。在后受理的法院，应积极主动加强沟通并及时报请上级法院进行协调，避免作出相互矛盾的判决。

# 最高人民法院知识产权案件年度报告（2008）[①]

(2009 年 4 月 22 日)

## 序　言

最高人民法院知识产权审判庭负责审理本院受理的各类知识产权民事纠纷案件和部分专利、商标授权确权行政纠纷案件。2008 年，最高人民法院知识产权审判庭共新收包括侵犯专利权纠纷、侵犯著作权纠纷、侵犯商标权纠纷、不正当竞争纠纷和各类知识产权合同纠纷以及专利、商标授权确权纠纷等知识产权案件 277 件，加上 2007 年旧存的各类案件 52 件，全年共审理各类案件 329 件，比 2007 年增长 103.9%。最高人民法院通过依法履行知识产权审判职责，解决各类知识产权纷争，充分保护了当事人的合法权益。同时，最高人民法院通过一系列疑难复杂和新类型知识产权案件的裁判，不断明确相关法律适用问题，维护了知识产权司法标准的统一。最高人民法院裁判的这些知识产权案件中有关法律适用问题的阐释，对于全国法院知识产权司法保护工作具有指导和借鉴意义。为及时总结审判经验，加强审判监督和指导，促进知识产权法律适用标准的统一和完善，最高人民法院知识产权审判庭在 2008 年度审结的 184 件案件中，选取了 23 件典型案件的判理摘要，形成本年度报告，现公开发布。

---

① 原载《最高人民法院公报》2009 年第 6 期。

一、知识产权民事案件

（一）专利案件

1. 在施特里克斯有限公司与宁波圣利达电器制造有限公司、华普超市有限公司侵犯专利权纠纷申请再审案中，最高人民法院〔2007〕民三监字第51-1号驳回再审申请通知认为，公知技术抗辩（现有技术抗辩）的适用仅以被控侵权产品中被指控落入专利权保护范围的全部技术特征与已经公开的其他现有技术方案的相应技术特征是否相同或者等同为必要，不能因为被控侵权产品与专利权人的专利相同而排除公知技术抗辩原则的适用。

2. 在辽宁省高级人民法院关于朝阳兴诺公司按照建设部颁发的行业标准《复合载体夯扩桩设计规程》设计、施工而实施标准中专利的行为是否构成侵犯专利权问题请示案中，最高人民法院〔2008〕民三他字第4号答复函认为，鉴于目前我国标准制定机关尚未建立有关标准中专利信息的公开披露及使用制度的实际情况，专利权人参与了标准的制定或者经其同意，将专利纳入国家、行业或者地方标准的，视为专利权人许可他人在实施标准的同时实施该专利，他人的有关实施行为不属于专利法第十一条所规定的侵犯专利权的行为；专利权人可以要求实施人支付一定的使用费，但支付的数额应明显低于正常的许可使用费；专利权人承诺放弃专利使用费的，依其承诺处理。

3. 在浙江杭州鑫富药业股份有限公司诉山东新发药业有限公司、上海爱兮缇国际贸易有限公司发明专利临时保护期使用费纠纷及侵犯发明专利权纠纷管辖权异议申请再审案中，最高人民法院〔2008〕民申字第81号民事裁定明确了发明专利临时保护期使用费纠纷的管辖确定原则。最高人民法院认为，发明专利临时保护期使用费纠纷虽然不属于一般意义上的侵犯专利权纠纷，但在本质上也是一类与专利有关的侵权纠纷，应当依据民事诉讼法第二十九条有关侵权诉讼的管辖确定原则来确定发明专利临时保护期使用费纠纷的管辖。发明专利临时保护期使用费纠纷在案件性质上与侵犯专利权纠纷最为类似，因此，在法律或者司法解释对这类案件的管辖作出特别规定之前，可以参照侵犯专利权纠纷的管辖规定确定管辖。对于被控侵权的实施行为跨越发明专利授权公告日前后的，其行为具有前后的连续性、一致性，从方便当事人诉讼出发，应当允许权利人一并就临时保护期使用费和侵犯专利权行为同时提出权利主张。

4. 在蓝星化工新材料股份有限公司江西星火有机硅厂与山东东岳有机硅材料有限公司、山东东岳氟硅材料有限公司、北京石油化工设计院有限公司侵犯实用新型专利权纠纷上诉案中，最高人民法院〔2008〕民三终字第7号民事裁定认为，受理法院对案件有管辖权是审理案件的前提，当确定诉讼主体与确定管辖权发生冲突时，受理法院应当首先就管辖权问题作出裁定。

5. 在蔡朗春与佛山石湾鹰牌陶瓷有限公司、江门市新力塑料厂有限公司、朱根良侵犯专利权纠纷管辖权异议申请再审案中，最高人民法院〔2008〕民申字第 19 号民事裁定认为，杭州市中级人民法院已审理过再审申请人就涉案专利权提起的多个侵权诉讼，且本案不属于在浙江省内具有重大影响的案件，因此，为便于案件的审理，上级人民法院可以根据民事诉讼法第三十九条的规定将本院管辖的第一审民事案件交下级人民法院审理。

## （二）著作权案件

6. 在广东大圣文化传播有限公司与洪如丁、韩伟、广州音像出版社、重庆三峡光盘发展有限责任公司、联盛商业连锁股份有限公司侵犯著作权纠纷申请再审案中，最高人民法院〔2008〕民提字第 51 号民事判决澄清了著作权法第三十九条第三款与第四十一条第二款的法律适用范围问题。著作权法第三十九条第三款设定了限制音乐作品著作权人权利的法定许可制度，即"录音制作者使用他人已经合法录制为录音制品的音乐作品制作录音制品，可以不经著作权人许可，但应当按照规定支付报酬"。该规定虽然只是规定使用他人已合法录制为录音制品的音乐作品制作录音制品可以不经著作权人许可，但该规定的立法本意是为了便于和促进音乐作品的传播，对使用此类音乐作品制作的录音制品进行复制、发行，同样应适用著作权法第三十九条第三款法定许可的规定。即经著作权人许可制作的音乐作品的录音制品一经公开，其他人再使用该音乐作品另行制作录音制品并复制、发行，不适用第四十一条第二款"经著作权人许可"的规定。

7. 在新传在线（北京）信息技术有限公司与中国网络通信集团公司自贡分公司侵犯信息网络传播权纠纷申请再审案中，最高人民法院〔2008〕民申字第 926 号民事裁定认为，对于当事人提供的相关公证证据，人民法院在必要时可以根据网络环境和网络证据的具体情况，审查公证证明的网络信息是否来自于互联网而不是本地电脑，并在此基础上决定能否作为定案依据。因在技术上确实存在可以预先在本地电脑中设置目标网页，通过该电脑访问互联网时，该虚拟的目标网页与其他真实的互联网页同时并存的可能性，当公证行为是在公证处以外的场所进行，公证所用的电脑及移动硬盘在公证之前不为公证员控制，且公证书没有记载是否对该电脑及移动硬盘的清洁性进行检查的情况下，最高人民法院认为此类公证书虽能证明在公证员面前发生了公证书记载的行为，但还不足以证明该行为发生于互联网环境之中。本案不仅对人民法院如何审查涉及网络的公证证据具有指导意义，也有利于规范涉及网络的公证行为。

8. 在日本国株式会社双叶社与上海恩嘉经贸发展有限公司、广州市诚益眼镜有限公司、响水县世福经济发展有限公司侵犯著作权纠纷申请再审案中，最高人民法院〔2007〕民三监字第 14—1 号民事裁定认为，双叶社的起诉请求不仅主张被申请人诚益公司、世福公司在注册或者持有的商标中非法使用了其享有著作权的"蜡笔小新"美术作品，还主张恩嘉公司未经许可在产品销售、宣传时非法使用其美术作品；双叶社对上述产品销售、宣传等实际使用行为提起诉讼，属于民事权益争议，在符合民事诉讼法第一百零八条规定的情况下，人民法院应当予以受理。

9. 在上诉人中国文联音像出版社、天津天宝文化发展有限公司、天津天宝光碟有限公司与广东唱金影音有限公司及河北省河北梆子剧院等侵犯著作权纠纷上诉案中，最高人民法院〔2008〕民三终字第5号民事判决认为，其一，对于整台戏剧的演出，由于其筹备、组织、排练等均由剧院或剧团等演出单位主持，演出所需投入亦由演出单位承担，演出体现的是演出单位的意志，故演出单位是著作权法意义上的表演者；其二，录像制作者享有的"录像制作者权"与其从表演者及相关著作权人处获得授权的"独家出版发行相关剧目录像制品的权利"不同，前者是对其自行录制的录像制品享有的复制、发行、出租、信息网络传播等权利，后者则类似于专有出版权，可以禁止他人未经许可出版、发行同一表演者表演的该剧目的录像制品，不限于某一演出场次、某一录制版本。

10. 在孙楠与北京金视光盘有限公司、淄博银座商城有限责任公司、江西音像出版社侵犯表演者权纠纷提审案中，最高人民法院以〔2008〕民申字第804号民事裁定提审本案后，虽因当事人申请撤诉而以〔2008〕民提字第55号民事裁定准予撤诉结案，但通过本案的审理，统一了对于本案涉及的当事人举证责任以及相关证据认定标准的认识。关于表演者身份的确定，本案涉案光盘彩封及盘芯均标有"孙楠 对视"、"sun nan：最新专辑"字样，印有孙楠的多幅照片，且孙楠对其中相关曲目为其表演的事实予以认可，在没有相反证据推翻该事实的情况下，可以据此认定孙楠为相关曲目的表演者。关于侵权人身份的确定，首先，金视公司否认涉案光盘由其复制、发行，但该光盘蚀刻有其生产源识别码（SID）；其次，其承认由其向法院提交的相关复制委托书是伪造的，但未说明由谁伪造，且未就为何涉案光盘显示的出版号码、出版发行日期及相关文字与另一份合法签订的复制委托书一致等作出合理解释；再次，江西音像出版社也辩称金视公司曾擅自盗用该社版号。综合上述相关证据，可以认定涉案光盘由金视公司复制、发行。

11. 在王志荣与湖南大学出版合同纠纷申请再审案中，最高人民法院〔2008〕民申字第823号民事裁定认为本案的主要法律问题是国家版权局制定的《出版文字作品报酬规定》第十六条应否在本案中适用的问题。最高人民法院认为鉴于该条的法律依据——修订前的著作权法实施条例第四十条已于2002年9月15日修订时被删除，虽然目前国家相关部门对《出版文字作品报酬规定》第十六条尚未作出调整，但该条因不符合现行《中华人民共和国著作权法》的精神并已经滞后而不应在本案中适用。

12. 在张培莲与四川科学技术出版社侵犯著作权纠纷申请再审案中，最高人民法院〔2008〕民监字第126号民事裁定明确了对于已为生效裁判确定为侵权并已给予权利人充分赔偿的图书，如在该判决生效后继续发行，属于对原判决执行的问题，不构成新的侵权行为。

（三）商标案件

13. 在深圳市远航科技有限公司与深圳市腾讯计算机系统有限公司、腾讯科技（深圳）有限公司、深圳市腾讯计算机系统有限公司西安分公司侵犯商标权及不正当竞争纠纷请示案中，最高人民法院〔2008〕民三他字第12号答复函认为，对于在一定地域内的相关公众中约定俗成的扑克游戏名称，如果当事人不是将其作为区分商品或者服务来源的商标使用，只是将其用作反映该类游戏内容、特点等的游戏名称，可以认定为正当使用。是否属于上述情形，应结合案件的具体情况，依据商标法实施条例第四十九条的规定作出认定。

（四）不正当竞争案件

14. 在广东伟雄集团有限公司、佛山市高明区正野电器实业有限公司、广东正野电器有限公司与佛山市顺德区正野电器有限公司、佛山市顺德区光大企业集团有限公司侵犯商标权和不正当竞争纠纷申请再审案中，最高人民法院〔2005〕民三监字第15-1号民事裁定认为，受反不正当竞争法保护的企业名称，特别是字号，不同于一般意义上的人身权，是区别不同市场主体的商业标识，可以承继。该裁定还明确，登记使用与他人注册商标相同的文字作为企业名称中的字号，生产经营相类似的产品，倘若足以使相关公众对商品的来源产生混淆，即使他人的商标未被认定为驰名商标或者著名商标，仍可构成不正当竞争行为。

15. 在艾利丹尼森公司、艾利（广州）有限公司、艾利（昆山）有限公司、艾利（中国）有限公司与四维企业股份有限公司、四维实业（深圳）有限公司、南海市里水意利印刷厂、佛山市环市镇东升汾江印刷厂经营部侵犯商业秘密纠纷管辖权异议上诉案中，最高人民法院〔2007〕民三终字第10号民事裁定认为，销售侵犯商业秘密所制造的侵权产品不属于反不正当竞争法第十条规定的侵犯商业秘密的行为；使用商业秘密的行为实施地和结果发生地通常是重合的，亦即，使用商业秘密的过程，一般是制造侵权产品的过程，当侵权产品制造完成时，使用商业秘密的侵权结果即同时发生，不宜将该侵权产品的销售地视为使用商业秘密的侵权结果发生地。

（五）技术合同案件

16. 在长城汽车股份有限公司与考泰斯（上海）塑料制品有限公司技术委托开发合同纠纷管辖权异议申请再审案中，最高人民法院〔2008〕民申字第46号民事裁定认为，民事诉讼法第二十四条规定明确了合同履行地法院对因合同纠纷提起的诉讼有管辖权，但对于何谓履行地并无进一步的规定，《最高人民法院关于适用〈中华人民共和国民事诉讼法〉若干问题的意见》亦未对技术合同的履行地作出解释,而合同法第四章规定了合同履行地点的确定原则。因此,可以根据合同法关于合同履行地点的规定确定民事诉讼法第二十四条规定的合同履行地。

## 二、知识产权行政案件

(一)专利授权确权案件

1. 在济宁无压锅炉厂诉国家知识产权局专利复审委员会、第三人舒学章发明专利无效纠纷提审案中,最高人民法院〔2007〕行提字第4号行政判决明确了对专利法上的禁止重复授权原则的理解和相关行政操作的合法性,同时也澄清了专利法上"同样的发明创造"的概念的内涵。本案的焦点在于原中国专利局于1995年9月28日发布的《审查指南公报》第6号所确立的允许同一申请人就同样的发明创造既申请实用新型专利又申请发明专利的相关行政操作是否符合专利法上的禁止重复授权原则,这也涉及我国专利局过去依此授予的数千件专利的有效性问题。最高人法院认为,专利法所称的同样的发明创造是指保护范围相同的专利申请或者专利,在判断方法上应当仅就各自请求保护的内容进行比较即可,本案涉案两个专利不属于同样的发明创造;专利法上的禁止重复授权是指同样的发明创造不能有两项或者两项以上的处于有效状态的专利权同时存在,而不是指同样的发明创造只能被授予一次专利权,有关的行政操作并不违背当时以及现行的有关禁止重复授权的立法精神。

2. 在国家知识产权局专利复审委员会与科万商标投资有限公司、佛山市顺德区信达染整机械有限公司外观设计专利无效纠纷申请再审系列案中,最高人民法院〔2008〕行提字第4、5、6、7、8号行政判决阐明了如下意见:专利法实施细则第十三条第一款系关于禁止重复授权的规定,就外观设计而言,为防止外观设计专利权之间的相互冲突,无论是相同的外观设计,还是相近似的外观设计,也不论是否为同一申请人,均应按照上述行政法规的规定授予一项专利权;被宣告无效的专利自始即不存在,不应当再将其作为判断是否重复授权的对比文件;每个单元的外观设计均相同,所不同的只是单元数量的简单增加或者减少,属于相近似的外观设计。

3. 在如皋市爱吉科纺织机械有限公司诉国家知识产权局专利复审委员会、第三人王玉山实用新型专利无效纠纷提审案中,最高人民法院〔2007〕行提字第3号行政裁定明确了企业标准备案是否构成专利法意义上的公开和法院能否对专利确权行政案件行使司法变更权这两个重要问题。最高人民法院认为,企业标准的备案并不意味着标准的具体内容要向社会公开发布,备案也不意味着公众可以自由查阅和获得,企业标准并不因备案行为本身而构成专利法意义上的公开;在现行的行政诉讼法律框架下,法院在判决主文中直接对涉案专利权的效力作出宣告判决,缺乏充分的法律依据。

## （二）商标授权确权案件

4. 在西南药业股份有限公司与国家工商行政管理总局商标评审委员会、拜耳消费者护理股份有限公司商标行政纠纷申请再审案中，最高人民法院〔2007〕行监字第111－1号驳回再审通知认为，通用名称包括法定的通用名称和约定俗成的通用名称，被列入地方药品标准的名称原则上应认定为通用名称，但如该国家药品标准修改后则不宜仍将其认定为法定的通用名称；判定其是否是通用名称的标准应当是其是否是已为同行业经营者约定俗成、普遍使用的表示某类商品的名词；关于通用名称的判断时间点，应当以评审时的事实状态予以判断。

5. 在常州诚联电源制造有限公司与国家工商行政管理总局商标评审委员会、常州市创联电源有限公司商标行政纠纷申请再审案中，最高人民法院〔2006〕行监字第118－1号驳回再审申请通知明确了商标法第四十一条第一款中"以欺骗手段或者其他不正当手段取得注册"的情形并列，涉及的是撤销商标注册的绝对事由，在涉及在先权利的注册商标争议中，不应将该条款中的"其他不正当手段"适用于涉及私权利的撤销商标争议案件，而应当适用商标法第四十一条第二款、第三款的规定。同时，该通知书进一步明确，要解决违反诚实信用原则、抢注在先商标或者其他损害他人其他在先权利的问题，制止不正当竞争行为，正确理解和适用商标法第三十一条的规定就能够解决；商标法第三十一条对未注册商标保护设定了三个条件，即在先使用、有一定影响、以不正当手段抢注，其中"有一定影响"和"不正当手段"本身是有弹性的；对商标有一定影响的要求标准不宜过高，并可以结合注册人的明知或恶意进行考虑。

6. 在日本国株式会社双叶社与国家工商行政管理总局商标评审委员会、上海恩嘉经贸发展公司商标行政纠纷申请再审系列案中，最高人民法院〔2007〕民三监字第25－1、26－1、27－1、28－1、29－1、30－1、31－1、32－1、33－1号驳回再审通知认为，依据商标法第三十一条等规定，以争议商标的注册侵犯在先著作权等为由提起申请撤销该注册商标，应当自该注册商标注册之日起五年内提出；关于商标法规定的五年期限应自2001年12月1日商标法生效之日起计算的认定没有法律依据。

7. 在云南滇虹药业集团股份有限公司与汕头市康王精细化工实业有限公司、国家工商行政管理总局商标评审委员会商标行政纠纷申请再审案中，最高人民法院〔2007〕行监字第184－1号驳回再审申请通知明确了商标法第四十四条第（四）项规定的"使用"，应该是在商业活动中对商标进行公开、真实、合法的使用，并指出判断商标使用行为合法与否的法律依据，不限于商标法及其配套法规。经营者在违反法律法规强制性、禁止性规定的经营活动中使用商标的行为，不能认定为商标法规定的使用行为；商标法第四十四条规定的责令限期改正的处理办法,不适用于第(四)项规定的连续 3 年停止使用行为,他人向商标局申请撤销该注册商标后,如果注册人没有使用的证据材料或者证据材料无效,并且没有不使用的正当理由的,应该撤销其注册商标。

# 最高人民法院知识产权案件年度报告(2009)[①]

(2010 年 4 月 22 日)

随着知识产权司法保护工作机制的进一步完善和修正后的民事诉讼法的贯彻执行,最高人民法院知识产权审判庭受理的知识产权案件持续增长,审结的案件大幅上升,最高人民法院的知识产权审判监督和业务指导职能得以有效发挥。2009 年,最高人民法院知识产权审判庭共新收各类知识产权案件 297 件,加上 2008 年旧存的 143 件,共有各类在审案件 440 件,比 2008 年增长 33.7%;共审结各类知识产权案件 390 件,比 2008 年增长 111.96%。这些知识产权案件呈现如下特点:新类型案件和重大复杂疑难案件增多;案件的专业技术性增强;涉外案件比重增大。新型、复杂、疑难案件不断冲击着法律的边界,拓展出需要法律调整的新领域,产生了更多更强烈的司法新需求。最高人民法院通过个案的审理和裁决,对新问题和新领域进行深入研究并给予及时回应。这些个案裁决体现了最高人民法院在保持法律的稳定与变动的和谐、维护私人利益和公共利益的平衡、实现法律效果和社会效果的统一方面所作出的创造性努力。在总结 2009 年首次发布《最高人民法院知识产权案件年度报告(2008)》经验的基础上,今年最高人民法院从其已有最终结论性意见的知识产权案件中精选出 37 件具有普遍指导意义的典型案例,以新的撰写体例形成本年度报告并向社会公布。

## 一、专利案件审判

1. 改劣技术方案是否落入专利权的保护范围

在张建华与直连公司等专利侵权案(〔2008〕民提字第 83 号)中,最高人民法院认为,人民法院判断被控侵权技术方案是否落入专利权保护范围时,应当将被控侵权技术方案的技术特征与专利权利要求记载的全部技术特征进行对比;若被控侵权技术方案缺少某专利技术特征而导致技术效果的变劣,则应认

---

[①] 《最高人民法院知识产权案件年度报告(2009)》全文共 6 万余字,收入本书的为摘要版,原载《最高人民法院公报》2010 年第 7~10 期。

定被控侵权技术方案未落入专利权的保护范围。

2. 禁止反悔原则的适用

在沈其衡与盛懋公司专利侵权案（〔2009〕民申字第239号）中，最高人民法院审查认为，在认定是否构成等同侵权时，即使被控侵权人没有主张适用禁止反悔原则，人民法院也可以根据业已查明的事实，通过适用禁止反悔原则对等同范围予以必要的限制，合理确定专利权的保护范围。

3. 对方法专利权利要求中步骤顺序的解释

在OBE公司与康华公司专利侵权案（〔2008〕民申字第980号）中，最高人民法院认为，在方法专利侵权案件中适用等同原则判定侵权时，可以结合专利说明书和附图、审查档案、权利要求记载的整体技术方案以及各个步骤之间的逻辑关系，确定各步骤是否应当按照特定的顺序实施；步骤本身和步骤之间的实施顺序均应对方法专利权的保护范围起到限定作用。

4. 专利侵权案件的审理思路和技术对比分析方法

在薛胜国与赵相民等专利侵权案（〔2009〕民申字第1562号）中，最高人民法院对适用等同原则时如何具体判断"三个基本相同"和"显而易见性"作了比较深入的分析。最高人民法院同时指出，专利权人在侵权诉讼程序中对其技术特征所做的解释如果未超出其权利要求书的记载范围，也与其专利说明书及附图相吻合时，可以按照其解释限定该技术特征。

5. 对专利法第四十七条第一款中"宣告无效的专利权"的理解

在万虹公司与平治公司等专利侵权案（〔2009〕民申字第1573号）中，最高人民法院认为，专利法第四十七条第一款中"宣告无效的专利权"是指专利复审委员会作出的效力最终确定的无效宣告请求审查决定所宣告无效的专利权；在该无效决定效力最终确定之前，在民事侵权案件中不宜一律以之为依据直接裁判驳回权利人的诉讼请求。

6. 宣告专利权无效的决定的追溯力

在雪强公司与许赞有其他侵权案（〔2008〕民申字第762号）中，最高人民法院审查认为，专利法（2000年第二次修正）第四十七条第二款所称的"裁定"，是指涉及专利侵权的裁定，即人民法院经过审理作出认定专利侵权成立的生效裁判的，就该案作出并已执行的裁定，不包括裁判认定不构成专利侵权所涉及的有关裁定。

## 二、著作权案件审判

7. 职务作品著作权的推定归属

在陈俊峰与金盾出版社著作权侵权案（〔2009〕民监字第361号）中，最高人民法院根据双方当事人的行为，推定当事人之间存在涉案作品著作权由金盾出版社享有的意愿，从而肯定了职务作品的著作权归属可以通过推定的方式予以确定。

8. 使用他人已经合法录制为录音制品的音乐作品制作录音制品并复制和发行的法定许可

在大圣公司与王海成等著作权侵权案（〔2008〕民提字第57号）中，最高人民法院澄清了著作权法第三十九条第三款与第四十一条第二款的法律适用关系，明确了经著作权人许可制作的音乐作品的录音制品一经公开，其他人再使用该音乐作品另行制作录音制品并复制、发行，应适用著作权法第三十九条第三款规定的法定许可，不再适用第四十一条第二款"经著作权人许可"的规定。

9. 涉及提供链接服务的网络服务提供者的直接侵权责任

在慈文公司与海南网通公司著作权侵权案（〔2009〕民提字第17号）中，最高人民法院明确了涉及提供网络链接服务的网络服务提供者承担直接侵权责任的条件。从该案的再审判决中可以看出，如果网页或网站上没有显示任何对应的域名或者网站名称等信息可以表明该网页属于第三方所有，就不能认定该网络服务提供者系提供链接服务，其应对该网页或网站上的被控侵权行为承担直接侵权责任。

### 三、商标案件审判

（一）商标授权确权行政案件审判

10. "一事不再理"原则的判断和适用标准

在"采乐"商标行政案（〔2008〕行提字第2号）中，明确了"一事不再理"原则的判断和适用标准。最高人民法院认为，强生公司在前两次提出评审申请时，已经穷尽了当时可以主张的相关法律事由和法律依据；商标评审委员会已经就相关事实和理由进行了实质审理，并两次裁定维持争议商标注册；强生公司援引修改后的商标法，仍以商标驰名为主要理由，申请撤销争议商标，商标评审委员会再行受理并作出撤销争议商标的裁定，违反了"一事不再理"原则；对已决的商标争议案件，商标评审委员会如果要受理新的评审申请，必须以有新的事实或理由为前提。

11. 商标法（2001年修正）对该法施行前已有行政终局裁定的商标争议的溯及力

在前述"采乐"商标行政案中，最高人民法院还阐明了商标法（2001年修正）对该法施行前已有行政终局裁定的商标争议的溯及力问题。最高人民法院基于信赖保护原则认为，2001年修改后的商标法对于该法修改前已受终局裁定拘束的商标争议不具有追溯力。

12. 判断商标近似时对特定历史因素的考虑

在"秋林"商标行政案（〔2009〕知行字第15号）中，最高人民法院指出，判断商标近似时,还可以结合特定历史关系及处在同一地域等因素,考虑两商标共存是否易使相关公众对商品的来源产生误认或者认为两者之间存在特定的联系。

13. 商标授权确权案件中在先商标权人同时拥有非类似商品上注册的驰名商标和类似商品上的在先注册商标时商标近似的判断

在"苹果"商标行政案(〔2009〕行提字第3号)中,最高人民法院指出,当在先商标权人同时拥有非类似商品上注册的驰名商标和类似商品上的在先注册商标的情况下,不仅应该将争议商标与类似商品上的在先注册商标进行比对,还应该考虑驰名商标保护这一因素。

14. 判断诉争商标是否损害他人在先权利的时间界限

在"散列通"商标行政案(〔2009〕行提字第1号)中,最高人民法院认为,人民法院依据商标法第三十一条审查判断诉争商标是否侵害他人在先权利,一般应当以诉争商标申请日前是否存在在先权利为时间界限。

15. 曾被列入国家药品标准期间的商标使用情形能否纳入认定商标是否驰名的考量范围

在"21金维他"商标行政案(〔2009〕知行字第12号)中,最高人民法院认为,在特定历史条件下,有些药品名称曾被列入国家药品标准,在药品标准被修订而不再作为药品法定通用名称后,如果该名称事实上尚未构成通用名称,仍应当认定该名称具有识别商品来源的作用。据此,考虑该注册商标的知名度时,可以参考其被列入国家药品标准期间注册商标权利人对该商标的使用、宣传等因素。

16. 认定商标驰名时对商标注册前的使用情况的考虑

在"中铁"商标行政案(〔2009〕知行字第1号)中,最高人民法院认为,认定商标是否驰名,不仅应考虑商标注册后的使用情况,还应考虑该商标注册前持续使用的情况。

(二)商标民事案件审判

17. 判断商标近似时对注册商标未实际使用因素的考虑

在"红河"商标侵权案(〔2008〕民提字第52号)中,最高人民法院进一步细化了判断商标近似时需要考虑的因素。主要体现在,判断侵权意义上的商标近似,除要比较相关商标在字形、读音、含义等构成要素上的近似性外,还应关注是否足以造成市场混淆,因此应考虑相关商标的实际使用情况、显著性、是否有不正当意图等因素进行综合判断。

18. 判断商标近似时对商标实际使用情况的考虑

在"诸葛酿"商标侵权案(〔2007〕民三监字第37—1号)中,最高人民法院认为,在认定商标是否近似时,应考虑商标实际使用情况尤其是在先使用、具体使用方式等因素。

19. 商标侵权意义上的商标使用的含义

在辉瑞产品公司立体商标侵权案（〔2009〕民申字第268号）中，最高人民法院认为，对于不能起到标识来源和生产者作用的使用，不能认定为商标意义上的使用，他人此种方式的使用不构成使用相同或者近似商标，不属于侵犯注册商标专用权的行为。该裁决表明，商标侵权意义上的商标使用应以起到标识来源和生产者的作用为必要条件。

20. 判断商标正当使用时对历史因素的考虑

在"狗不理"商标侵权案（〔2008〕民三监字第10—1号）中，最高人民法院认为，判断使用他人注册商标的行为是否构成正当使用时，应当充分考虑和尊重相关历史因素；同时应根据公平原则，对使用行为作出必要和适当的限制。

21. 对描述性商标的正当使用的判断

在"片仔癀"商标侵权案（〔2009〕民申字第1310号）中，最高人民法院认为，当注册商标具有描述性时，其他生产者出于说明或客观描述商品特点的目的，以善意方式在必要的范围内予以标注，不会导致相关公众将其视为商标而发生来源混淆的，构成正当使用；判断是否属于善意和必要，可以参考商业惯例等因素。

22. 标识使用者的使用意图和使用行为对其获得未注册商标保护的影响

在辉瑞公司与东方公司不正当竞争及"伟哥"未注册驰名商标侵权案（〔2009〕民申字第313号）中，最高人民法院认为，在原告明确认可其从未在中国境内使用某一标识的情况下，他人对该标识所做的相关宣传等行为，由于未反映原告将该标识作为商标的真实意思，不能认定该标识构成其未注册商标，更不能认定构成其未注册驰名商标。

**四、竞争案件审判**

23. 经营者的非法经营行为与应承担民事责任的不正当竞争行为的关系

在黄金假日公司与携程公司不正当竞争判决上诉案（〔2007〕民三终字第2号）中，最高人民法院明确了非法经营行为与民事侵权行为以及不正当竞争行为的关系。最高人民法院认为，不论经营者是否属于违反有关行政许可法律、法规而从事非法经营行为，只有因该经营者的行为同时违反反不正当竞争法的规定，并给其他经营者的合法权益造成损害时，才涉及该经营者应否承担不正当竞争的民事责任问题。

24. 企业简称能否获得反不正当竞争法的保护

在"山起"企业名称案（〔2008〕民申字第758号）中，最高人民法院认为，对于具有一定市场知名度、为相关公众所熟知并已实际具有商号作用的企业或者企业名称的简称，可以视为企业名称，并可根据反不正当竞争法第五条第(三)项的规定获得保护。

25. 应承担民事责任的虚假宣传行为的基本条件

在前述黄金假日公司与携程公司不正当竞争判决上诉案中,最高人民法院还认为,应承担民事责任的虚假宣传行为需具备经营者之间具有竞争关系、有关宣传内容足以造成相关公众误解、对经营者造成了直接损害这三个基本条件;其中对于引人误解和直接损害的后果问题,不能简单地以相关公众可能产生的与原告无关的误导性后果来代替原告对自身受到损害的证明责任。

26. 商业诋毁行为的构成条件

在"蘭王"鸡蛋商业诋毁案(〔2009〕民申字第508号)中,最高人民法院认为,反不正当竞争法调整的商业诋毁行为并不要求行为人必须直接指明诋毁的具体对象的名称,但商业诋毁指向的对象应当是可辨别的;反不正当竞争法没有对商业诋毁的语言作出限制,诋毁语言并不一定要求有感情色彩。

### 五、知识产权合同案件审判

27. 技术转让合同与以技术入股的合作经营合同的区分

在闫春梅与朱国庆技术转让合同案(〔2009〕民申字第159号)中,最高人民法院适用合同法第一百二十五条第一款的规定,按照合同所使用的词句、合同的有关条款、合同的目的、交易习惯以及诚实信用原则,确定了当事人所争议的合同条款的真实意思,从而认定涉案合同的性质为预付前期技术转让费加利润提成方式的技术转让合同。最高人民法院认为,合同中所约定的财务监督、技术指导等内容,表面上是合作经营内容,实际上是技术转让合同中技术转让方的附随义务。

28. 演艺经纪公司与演员签订的演艺合同及其中演出安排条款的性质及效力

在熊威、杨洋与正合世纪公司知识产权合同案(〔2009〕民申字第1203号)中,最高人民法院认为,涉案演艺合同是一种综合性合同,关于演出安排的条款既非代理性质也非行纪性质,而是综合性合同中的一部分,不能依据合同法关于代理合同或行纪合同的规定孤立地对演出安排条款适用"单方解除"规则。

### 六、关于知识产权侵权责任承担

29. 专利侵权损害赔偿数额的确定

在华纪平与斯博汀公司等"手提箱"专利侵权案(〔2007〕民三终字第3号)中,最高人民法院认为,在侵权产品销售数量可以确定的情况下,根据专利产品或者侵权产品的利润率,即可以计算出被侵权人的损失或者侵权人获得的利益,并以此来确定赔偿额;在有关产品的利润率难以准确计算时,人民法院可以酌定一个合理的利润率来计算;在确定知识产权侵权损害赔偿额时,可以考虑当事人的主观过错程度确定相应的赔偿责任,尤其是在需要酌定具体计算标准的情况下,应当考虑当事人的主观过错程度。

30. 调查和制止侵权行为的合理开支数额的确定

在前述"手提箱"专利侵权案中,最高人民法院认为,权利人为调查、制止侵权行为所支付的各种开支,只要是合理的,都可以纳入赔偿范围;这种合理开支并非必须要有票据一一予以证实,人民法院可以根据案件具体情况,在有票据证明的合理开支数额的基础上,考虑其他确实可能发生的支出因素,在原告主张的合理开支赔偿数额内,综合确定合理开支赔偿额。

31. 使用他人根据民歌改编的音乐作品的付酬问题

在前述大圣公司与王海成等著作权侵权案中,最高人民法院认为,使用他人根据民歌改编的音乐作品制作录音制品并复制、发行的,可以向改编者支付全额报酬。

32. 侵犯未实际投入商业使用的注册商标的民事责任

在前述"红河"商标侵权案中,最高人民法院认为,侵犯未实际投入商业使用的注册商标,侵权人应该承担停止侵权的民事责任并赔偿权利人制止侵权的合理支出,但可以不判决承担赔偿损失的民事责任。

33. 被诉企业名称构成不正当竞争时的停止使用责任

在广东星群公司与广州星群公司不正当竞争案(〔2008〕民申字第982号)中,最高人民法院认为,恶意使用他人具有一定市场知名度、为相关公众所知悉的企业名称中的字号,因处于同一地域而极易导致相关公众误认,不停止使用则不足以防止市场混淆后果的,人民法院可以直接判决该经营者承担停止使用其企业名称的民事责任。

34. 案件受理费的合理分担

在前述"手提箱"专利侵权案中,最高人民法院认为,在侵权案件中,案件受理费的分担不仅要考虑原告的诉讼请求额得到支持的比例,更要考虑原告主张的侵权行为本身是否成立,同时还可以考虑原告的其他诉讼请求得到支持的程度以及当事人各自行使诉权的具体情况如有无明显过错等因素,不能仅按照原告请求额与判决支持额之间的比例确定。

### 七、关于知识产权诉讼证据

35. 无著作权认证资格的机构出具的著作权归属证明的证据资格及审查判断

在"《宫S》"著作权侵权案(〔2009〕民申字第127号)中,最高人民法院认为,韩国著作权审议调停委员会北京代表处仅可从事著作权认证的联络活动,但其并不具有证明著作权归属的资格;确认境外作品著作权的归属,应结合合法出版物等其他证据综合判断。

36. 侵犯录音制品制作者权案件中对权利主体及行为事实的审查判断

在佳和公司与天中文化公司等邻接权侵权案（〔2008〕民申字第453号）中，最高人民法院认为，被申请人提交了其与他人签订的两份《合作协议》、表演者的担保证明以及合法出版物，据此可以认定其享有录音制作者权。被申请人是否具有《音像制品制作许可证》，不影响其行使诉权。

37. 当事人放弃证据鉴定申请后对该证据真实性的审查判断

在硕星公司与隆中公司专利实施许可及技术服务合同案（〔2009〕民申字第1325号）中，最高人民法院认为，在证据未经司法鉴定的情况下，仍然应该根据该证据的来源、形成情况、客观状态等，结合案件的其他证据，综合判断其真实性，不能直接以当事人放弃鉴定申请而否定该证据的真实性。

**八、关于知识产权诉讼程序**

38. 重复诉讼的判断

在黄金假日公司与携程公司不正当竞争裁定上诉案（〔2007〕民三终字第4号）中，最高人民法院认为，判断是否属于重复诉讼，关键要看是否是同一当事人基于同一法律关系、同一法律事实提出的同一诉讼请求；对于已为在先生效裁判确认其合法性的行为，在生效裁判之后的继续实施，仍属于生效裁判的既判力范围，应当受到法律的保护而不能够再次被诉。

39. 对非法经营行为的主管

在上述黄金假日公司与携程公司不正当竞争裁定上诉案中，最高人民法院认为，携程计算机公司是否构成非法经营增值电信业务，属于是否违反相关行政管理法律、法规并应当承担相关行政责任的问题，应当依法由行政主管部门查处认定，不属于人民法院民事诉讼审查范畴。

40. 依据劳动合同中的保密或竞业限制条款提起的商业秘密侵权案件的管辖

在陈建新与化工部南通合成材料厂等商业秘密纠纷管辖权异议案（〔2008〕民三终字第9号）中，最高人民法院认为，在涉及违约责任与侵权责任的竞合时，原告有权选择提起合同诉讼还是侵权诉讼，人民法院也应当根据原告起诉的案由依法确定能否受理案件以及确定案件的管辖；对于因劳动者与用人单位之间的竞业限制约定引发的纠纷，如果当事人以违约为由主张权利，则属于劳动争议，依法应当通过劳动争议处理程序解决；如果当事人以侵犯商业秘密为由主张权利，则属于不正当竞争纠纷，人民法院可以依法直接予以受理。

41. 尚在执行程序中的判决是否可以因专利权被宣告无效而裁定终结执行

在天津高院请示案（〔2009〕民三他字第13号）中，最高人民法院批复认为，在认定专利侵权成立的裁判文书虽未被撤销，但该文书所认定的受侵害的专利权已被依法宣告无效的情况下，可以对民事诉讼法规定的终结执行作出适当解释，以便执行法院在当事人以专利权已经全部无效为由申请终结执行时，直接裁定终结执行，不需等待原执行依据的撤销；同时，终结执行不影响原侵权判决的被告另行通过审判监督程序申请撤销原侵权判决。

42. 对侵权行为人变更其原侵权技术方案后的新实施行为的处理

在四川高院关于隆盛公司与杰明研究所确认不侵犯专利权纠纷请示案（〔2009〕民三他字第6号）中，最高人民法院批复认为，人民法院生效裁判确认特定产品或者方法构成侵犯他人专利权后，行为人实质性变更了该产品或者方法中涉及侵权的相应技术或者设计内容的，有关实施变更后的技术或者设计的行为，不属于原生效裁判的执行标的；行为人实施变更后的技术或者设计的行为是否仍构成对该专利权的侵犯，应当通过另行提起诉讼的方式予以认定；行为人拒不履行人民法院生效裁判确定的停止侵害的义务，继续其原侵权行为的，权利人除可以依法请求有关机关追究其拒不执行判决、裁定的法律责任外，也可以另行起诉追究其继续侵权行为的民事责任。

43. 对原判确有错误但当事人已经达成和解协议的申请再审案件的处理

在避风塘公司与东涌码头公司不正当竞争案（〔2007〕民三监字第21-1号）中，最高人民法院尝试创新对申请再审案件的审查处理方式，对于原判确有错误，但当事人达成和解协议的，在准予撤回再审申请裁定中一并对原判错误之处作出明确的审查认定，既避免了为改正原判错误认定而提起再审产生的程序不经济，也体现了鼓励和便于当事人和解解决民事争议的司法政策取向。

44. 涉外合同协议管辖条款的效力认定

在韩国MGAME公司与聚丰网络公司等网络游戏代理及许可合同纠纷管辖权异议案（〔2009〕民三终字第4号）中，最高人民法院认为，对协议选择管辖法院条款的效力，应当依据法院地法进行判断；民事诉讼法第二百四十二条关于"可以用书面协议选择与争议有实际联系的地点的法院管辖"规定，根据当时的立法背景和有关立法精神，应当理解为属于授权性规范，而非指示性规范；涉外合同或者涉外财产权益纠纷案件当事人协议选择管辖法院时，应当选择与争议有实际联系的地点的法院，否则该法院选择协议即属无效。

附:

*最高人民法院*
**关于印发《最高人民法院知识产权**
**案件年度报告(2009)》的通知**

2010 年 4 月 14 日　　　　　法〔2010〕173 号

各省、自治区、直辖市高级人民法院,解放军军事法院,新疆维吾尔自治区高级人民法院生产建设兵团分院:

2009 年,随着知识产权司法保护工作机制的进一步完善和修正后的民事诉讼法的贯彻执行,最高人民法院受理和审结的知识产权案件大幅上升。新类型案件和重大复杂疑难案件增多,案件的专业技术性增强,涉外案件比重增大。最高人民法院通过个案的审理和裁决,对新问题和新领域进行了深入研究并给予了及时回应。为总结审判经验,加强审判监督和指导,完善和统一法律适用标准,我院决定发布《最高人民法院知识产权案件年度报告(2009)》。

发布知识产权案件年度报告,是最高人民法院对自身审理的典型案件的集中展示,是创新审判指导方式的探索和尝试,也是推进司法公开、接受各界监督的重大举措。《最高人民法院知识产权案件年度报告(2009)》汇集了最高人民法院已有最终结论性意见的 37 件典型案例,涉及 44 个典型法律适用问题。这些个案对相关法律问题的阐释,对于知识产权审判工作具有重要指导意义。

现将《最高人民法院知识产权案件年度报告(2009)》印发给你们,供各级人民法院在知识产权审判工作中参考借鉴。

特此通知。

## 最高人民法院知识产权案件年度报告 (2010)[①]

(2011 年 4 月 13 日)

2010 年,最高人民法院知识产权审判庭全年共新收各类知识产权案件 313 件,比 2009 年增长 5%。另有 2009 年旧存案件 50 件,2010 全年共有各类在

---

① 《最高人民法院知识产权案件年度报告(2010)》全文共 7 万余字,收入本书的为摘要版。

审案件 363 件，审结 317 件。2010 年知识产权案件呈现出如下特点：因法律规定较为原则需要明确具体界限的疑难案件所占比重越来越大；裁判结果对当事人切身利益有重大影响的案件越来越多，其中涉及争夺市场的专利、技术秘密和商标案件显得尤为突出；专业技术事实认定困难的案件越来越多，其中涉及生物、化工、医药等高新技术领域的案件显得尤为突出；关联案件明显增多，从管辖到实体，从侵权到确权，从追究刑事责任到请求民事赔偿，从地方人民法院到最高人民法院，双方当事人均穷尽各种程序的攻防手段以维护自身权益，反映出市场主体之间竞争的激烈，增加了知识产权案件审理和协调的工作难度；网络技术的发展，方便了知识产权产品的传播，创新了商业经营模式，也影响了相关行业原有利益的分配格局，因此而引发的新类型知识产权纠纷和不正当竞争纠纷明显增多；涉外案件的裁判规则越来越受到国际社会的关注等。最高人民法院在总结往年发布知识产权案件年度报告经验的基础上，从 2010 年已经有最终结论性意见的案件中，精选了 36 件案件的裁判中涉及的 43 个具有普遍性指导意义的问题，形成本年度报告并予以发布。本年度报告选用的案件体现了最高人民法院在具体的知识产权案件中对法律适用和裁判方法问题的认识和探索，而裁判具有较强的个案色彩，法律适用本身亦是一个与时俱进的过程，相关司法政策也会随着社会经济科技文化发展状况而进行相应调整，对此有关方面在参考借鉴本年度报告的法律适用意见时应充分注意。

### 一、专利案件审判

（一）专利民事案件审判

1. 解释权利要求时应当遵循的若干原则

在孙守辉与肯德基公司等专利侵权案（〔2009〕民申字第 1622 号）中，最高人民法院适用 2001 年 7 月 1 日起施行的专利法第五十六条第一款的规定，遵循说明书和附图可以用于解释权利要求、权利要求中的术语在说明书未作特别解释的情况下应采用通常理解、不同权利要求中采用的相关技术术语应当解释为具有相同的含义、考虑专利权人在专利授权和无效宣告程序中为保证获得专利权或者维持专利权有效而对专利权保护范围作出的限制等原则，正确地确定了本专利的保护范围。

2. 对权利要求的内容存在不同理解时应根据说明书和附图进行解释

在新绿环公司等与台山公司专利侵权案（〔2010〕民申字第 871 号）中，最高人民法院认为，根据专利法第五十六条第一款规定，如果对权利要求的表述内容产生不同理解，导致对权利要求保护范围产生争议，说明书及其附图可以用于解释权利要求。本案中，仅从涉案专利权利要求 1 对"竹、木、植物纤维"三者关系的文字表述看，很难判断三者是"和"还是"或"的关系。根据涉案专利说明书实施例的记载："镁质胶凝植物纤维层是由氯化镁、氧化镁和竹纤维或木糠或植物纤维制成的混合物。"由此可见,"竹、木、植物纤维"的含义应当包括选择关系,即三者具备其中之一即可。

3. 权利要求的术语在说明书中有明确的特定含义,应根据说明书的界定解释权利要求用语

在福建多棱钢公司与启东八菱钢丸公司专利侵权案([2010]民申字第979号)中,对于当事人存在争议的专利权利要求的技术术语,最高人民法院认为,虽然该术语在相关行业领域并没有明确的定义,但涉案专利说明书中的记载指明了其具有的特定的含义,并且该界定明确了涉案专利权利要求1的保护范围,所以应当以说明书的界定理解权利要求用语的含义。

4. 专利侵权纠纷中技术特征等同的认定

在竞业公司与永昌公司专利侵权案([2010]民申字第181号)中,最高人民法院认为,在判断被诉侵权产品的技术特征与专利技术特征是否等同时,不仅要考虑被诉侵权产品的技术特征是否属于本领域的普通技术人员无需经过创造性劳动就能够联想到的技术特征,还要考虑被诉侵权产品的技术特征与专利技术特征相比,是否属于基本相同的技术手段,实现基本相同的功能,达到基本相同的效果,只有以上两个方面的条件同时具备,才能够认定二者属于等同的技术特征。

5. 为克服权利要求不能得到说明书的支持的缺陷而修改权利要求可导致禁止反悔原则的适用

在澳诺公司与午时公司等专利侵权案([2009]民提字第20号)中,最高人民法院认为,从涉案专利审批文档中可以看出,专利申请人进行的修改是针对国家知识产权局认为涉案专利申请公开文本权利要求保护范围过宽,在实质上得不到说明书支持的审查意见而进行的;被诉侵权产品的相应技术特征属于专利权人在专利授权程序中放弃的技术方案,不应当认为其与权利要求1中的技术特征等同而将其纳入专利权的保护范围。

6. 专利权人在授权确权程序中的意见陈述可导致禁止反悔原则的适用

在优他公司与万高公司等专利侵权案([2010]民提字第158号)中,最高人民法院根据专利权人在涉案专利授权和无效宣告程序中作出的意见陈述,以及涉案专利说明书中记载的有关不同工艺条件所具有的技术效果的比较分析,认定被诉侵权产品中的相关技术特征与涉案专利中的对应技术特征不构成等同,被诉侵权产品没有落入涉案专利权利要求1的保护范围。

7. 方法专利权的延及保护

在张喜田与欧意公司等专利侵权案([2009]民提字第84号)中,最高人民法院认为,根据专利法第十一条的规定,方法专利权的保护范围只能延及依照该专利方法直接获得的产品,即使用专利方法获得的原始产品,而不能延及对原始产品作进一步处理后获得的后续产品。

（二）专利授权确权行政案件审判

8. 对权利要求得到说明书支持的审查判断

在（美国）伊莱利利公司"立体选择性糖基化方法"发明专利权无效行政案（〔2009〕知行字第3号）中，最高人民法院认为，权利要求所要求保护的技术方案应当是所属技术领域的技术人员能够从说明书充分公开的内容中得到或概括得出的技术方案，并且不得超出说明书公开的范围；如果权利要求的概括使所属技术领域的技术人员有理由怀疑该上位概括或并列概括所包含的一种或多种下位概念或选择方式不能解决发明所要解决的技术问题，并达到相同的技术效果，则应当认为该权利要求没有得到说明书的支持。

9. 判断外观设计相同或者相近似的基本方法及应关注的设计特征

在本田株式会社"汽车"外观设计专利权无效行政案（〔2010〕行提字第3号）中，最高人民法院分析了判断外观设计相同或者相近似的基本方法，并认为，在判断外观设计是否相同或者相近似时，因产品的共性设计特征对于一般消费者的视觉效果的影响比较有限，应关注更多地引起一般消费者注意的其他设计特征的变化。

10. 外观设计相同或者相近似判断中对设计空间的考虑

在万丰公司"摩轮车车轮"外观设计专利权无效行政案（〔2010〕行提字第5号）中，最高人民法院认为，设计空间对于确定相关设计产品的一般消费者的知识水平和认知能力具有重要意义；在外观设计相同或者相近似的判断中，应该考虑设计空间或者说设计者的创作自由度，以便准确确定该一般消费者的知识水平和认知能力；设计空间的大小是一个相对的概念，是可以变化的，在专利无效宣告程序中考量外观设计产品的设计空间，需要以专利申请日时的状态为准。

**二、著作权案件审判**

11. 戏曲音乐作品著作权权属的审查及认定

在黄能华、许文霞等与扬子江公司等著作权侵权案（〔2010〕民申字第556号）中，最高人民法院认为，在侵权之诉中，人民法院对相关权属状况进行审查是查清案件事实的必要环节；涉案沪剧音乐中的唱腔音乐与开幕曲、幕间曲及大合唱等场景音乐应作为一个整体作品看待，在历史上对涉案戏曲音乐曲作者署名不尽一致，且署名的案外人未参与侵权诉讼，无法查清相关事实的情况下，其中一位署名作者主张著作权归己所有不应予以支持。

12. 作品登记是否构成著作权意义上的发表

在坤联公司与八航厂等著作权侵权案（〔2010〕民申字第281号）中，最高人民法院认为，作品登记的主要作用在于证明权利的归属，一般不构成著作权法意义上的发表，在没有其他证据的情况下不宜以此推定被告接触过原告作品。

13. 境外影视作品著作权人维护自己的合法权益不以获得行政审批为条件

在中凯公司与水木年华网吧等著作权侵权案（〔2010〕民提字第39号）中，最高人民法院认为，境外影视作品著作权人维护自己的合法权益不以获得行政审批为条件。

14. 买卖书号出版的图书的复制发行主体及侵权行为的认定

在李长福与中国文史出版社著作权侵权案（〔2010〕民提字第117号）中，最高人民法院认为，出版社卖书号给书商，由书商负责编辑、印刷或发行图书，应当认定书商是复制发行图书的实质主体。

15. 行政区划地图的可版权性及其保护程度

在刘凯与达茂旗政府等著作权侵权及不正当竞争案（〔2008〕民申字第47—1号）中，最高人民法院认为，独立创作完成的地图，如果在整体构图、客观地理要素的选择及表现形式上具有独创性，可构成著作权法意义上的作品；行政区划图中关于行政区的整体形状、位置以及各内设辖区的形状和位置等，由于系客观存在，表达方式非常有限，在认定侵权时应不予考虑。

### 三、商标案件审判

（一）商标民事案件审判

16. 判断商标近似时对被诉侵权人的主观意图、相关标识使用的历史和现状等因素的考虑

在（法国）拉科斯特公司与（新加坡）鳄鱼国际公司等"鳄鱼图形"商标侵权案（〔2009〕民三终字第3号）中，最高人民法院认为，侵犯注册商标专用权意义上的商标近似应当是指混淆性近似，即足以造成市场混淆的近似；由于不同案件诉争标识涉及情况的复杂性，认定商标近似除通常要考虑其构成要素的近似程度外，还可以根据案件的具体情况，综合考虑被诉侵权人的主观意图、注册商标与诉争标识使用的历史和现状等其他相关因素，在此基础上认定诉争商标是否构成混淆性近似。

17. 判断商标近似时对注册商标的显著性和知名度等因素的考虑

在嘉禾县锻造厂与华光机械公司等商标侵权案（〔2010〕民提字第27号）中，最高人民法院认为，认定被诉侵权标识与主张权利的注册商标是否近似，应当视所涉商标或其构成要素的显著程度、市场知名度等具体情况，在考虑和对比文字的字形、读音和含义，图形的构图和颜色，或者各构成要素的组合结构等基础上，对其整体或者主要部分是否具有市场混淆的可能性进行综合分析判断。

18. 企业字号与他人在先注册商标冲突的处理规则

在李惠廷与大连王将公司商标侵权案（〔2010〕民提字第15号）中，最高

人民法院明确了企业字号与他人在先注册商标冲突案件的处理规则，指出停止使用企业名称与规范使用企业名称是两种不同的责任方式，并明确了适用这两种责任方式的具体情形。

（二）商标授权确权行政案件审判

19. 对含有国名的标志申请注册为商标的审查判断

在"中国劲酒"商标驳回复审行政案（〔2010〕行提字第 4 号）中，最高人民法院认为，商标法第十条第一款第（一）项所称同中华人民共和国的国家名称相同或者近似，是指该标志作为整体同我国国家名称相同或者近似；如果该标志含有与我国国家名称相同或者近似的文字，但其与其他要素相结合，作为一个整体已不再与我国国家名称构成相同或者近似的，则不宜认定为同中华人民共和国国家名称相同或者近似的标志。

20. 判断复制、摹仿驰名商标时对被异议人已有近似注册商标的考虑

在"苹果男人"商标异议复审行政案（〔2009〕行提字第 2 号）中，最高人民法院认为，在对被异议商标是否复制、摹仿驰名商标进行判断时，如果在申请注册被异议商标之前，被异议人在同类别商品上已经拥有近似的注册商标，法院应该比较被异议商标与被异议人自己的注册商标、他人的驰名商标之间的近似程度。被异议商标与被异议人已经在同类别商品上注册的商标近似程度较高，不宜认定被异议商标构成对他人驰名商标的复制、摹仿。

21. 药品商品名称能否作为在先权利受到商标法的保护

在"可立停"商标争议行政案（〔2010〕知行字第 52 号）中，最高人民法院认为，经实际使用并具有一定影响的药品商品名称，可以作为商标法第三十一条规定的在先权利受到法律保护。

22. 主张权利者使用争议标志的意图、行为和效果对其受法律保护的影响

在"索爱"商标争议行政案（〔2010〕知行字第 48 号）中，最高人民法院认为，本案中的争议商标"索爱"，无论是作为未注册商标的简称，还是作为企业名称或知名商品特有名称的简称，其受法律保护的前提是，对该标识主张权利的人必须有实际使用该标识的行为，且该标识已能够识别其商品来源；在争议商标申请日前，索尼爱立信公司并无将争议商标作为其商业标识的意图和行为，相关媒体对其手机产品的相关报道不能为该公司创设受法律保护的民事权益。

**四、竞争案件审判**

23. 注册商标侵犯他人在先企业名称中的字号权益构成不正当竞争行为

在伟雄集团公司与顺德正野公司等不正当竞争案（〔2008〕民提字第 36 号）中，最高人民法院认为，受反不正当竞争法保护的企业名称，特别是字号，本质上属于一种财产权益，字号所产生的相关权益可以承继；将在先使用而有一定市场知名度的企业字号申请注册为商标并予以使用，足以使相关公众对商品

的来源产生误认的，侵犯在先的企业字号权益，构成不正当竞争，应承担停止使用该注册商标的民事责任。

24. 商业机会获得反不正当竞争法保护的条件

在"海带配额"不正当竞争案（〔2009〕民申字第1065号）中，最高人民法院认为，在正常情况下能够合理预期获得的商业机会，可以成为法律特别是反不正当竞争法所保护的法益；但基于商业机会的开放性和不确定性，只有当竞争对手不遵循诚实信用原则和违反公认的商业道德，通过不正当手段攫取他人可以合理预期获得的商业机会时，才为反不正当竞争法所禁止。

25. 适用反不正当竞争法一般条款认定不正当竞争行为的条件与标准

在前述"海带配额"不正当竞争案中，最高人民法院认为，适用反不正当竞争法第二条的原则规定认定构成不正当竞争应当同时具备以下条件：一是法律对该种竞争行为未作出特别规定，二是其他经营者的合法权益确因该竞争行为而受到了实际损害，三是该种竞争行为因确属违反诚实信用原则和公认的商业道德而具有不正当性或者说可责性；对于竞争行为尤其是不属于反不正当竞争法第二章列举规定的行为的正当性，应当以该行为是否违反了诚实信用原则和公认的商业道德作为基本判断标准；在反不正当竞争法中，诚实信用原则主要体现为公认的商业道德；商业道德所体现的是一种商业伦理，是交易参与者共同和普遍认可的行为标准，应按照特定商业领域中市场交易参与者即经济人的伦理标准来加以评判。

26. 职工在职期间筹划设立与所在单位具有竞争关系的新公司的行为正当性判断

在前述"海带配额"不正当竞争案中，最高人民法院认为，职工在职期间筹划设立与所在单位具有竞争关系的新公司，为自己离职后的生涯作适当准备，并不当然具有不正当性；只有当职工的有关行为违反了法定或者约定的竞业限制义务的情况下，才能够认定该行为本身具有不正当性。

27. 离职员工运用个人技能为与原单位有竞争关系的公司工作的行为正当性判断

在前述"海带配额"不正当竞争案中，最高人民法院认为，职工在工作中掌握和积累的知识、经验和技能，除属于单位的商业秘密的情形外，构成其人格的组成部分，职工离职后有自主利用的自由；在既没有违反竞业限制义务，又没有侵犯商业秘密的情况下，劳动者运用自己在原用人单位学习的知识、经验与技能为其他与原单位存在竞争关系的单位服务的，不宜简单地以反不正当竞争法第二条的原则规定认定构成不正当竞争。

28. 获得外观设计专利的商品外观在专利权终止后能否依据反不正当竞争法获得保护

在"晨光笔特有装潢"不正当竞争案（〔2010〕民提字第16号）中，最高人民法院认为,外观设计专利权终止后,该设计并不当然进入公有领域,在符合条件时还可以依据反不正当竞争法关于知名商品特有包装、装潢的规定而得到制止混淆的保护。

29. 商品外观形状构造获得知名商品特有装潢保护的条件

在前述"晨光笔特有装潢"不正当竞争案中,最高人民法院认为,凡是具有美化商品作用、外部可视的装饰,都属于装潢,通常包括文字图案类和形状构造类两种类型;与外在于商品之上的文字图案类装潢相比,内在于商品之中的形状构造类装潢构成知名商品的特有装潢需要满足更严格的条件;这些条件一般至少包括:1. 该形状构造应该具有区别于一般常见设计的显著特征。2. 通过在市场上的使用,相关公众已经将该形状构造与特定生产者、提供者联系起来,即该形状构造通过使用获得了第二含义。

### 五、知识产权合同案件审判

30. 不具备"两店一年"条件的特许人所签特许经营合同的效力

在广西高院请示案(〔2010〕民三他字第18号)中,最高人民法院知识产权审判庭批复认为,2007年5月1日起施行的《商业特许经营管理条例》第七条第二款关于"特许人从事特许经营活动应当拥有至少2个直营店,并且经营时间超过1年"的规定,属于行政法规的管理性强制性规定;特许人不具备上述条件,并不当然导致其与他人签订的特许经营合同无效。

31. 企业以外的其他单位和个人作为特许人所签特许经营合同的效力及特许人的认定

在广西高院请示案(〔2010〕民三他字第19号)中,最高人民法院知识产权审判庭批复认为,2007年5月1日起施行的《商业特许经营管理条例》第三条第二款关于"企业以外的其他单位和个人不得作为特许人从事特许经营活动"的规定,可以认定为行政法规的效力性强制性规定;企业以外的其他单位和个人作为特许人与他人签订的特许经营合同,可以认定为无效;此外,在具体案件审判中,法院要注意结合特许经营资源的拥有人或者实际控制人、在商务主管部门的备案信息、经营指导、技术支持以及业务培训等服务的实际提供者、涉案合同的签字人和签约名义及签字人与特许经营资源拥有人或者实际控制人之间的法律关系等因素,准确认定涉案合同的特许人,依法妥善审理好相关案件。

### 六、关于知识产权侵权责任承担

32. 数字图书馆侵犯著作权案件中重复诉讼的认定与赔偿责任的确定

在李昌奎与超星数图公司、贵州大学等著作权侵权案(〔2010〕民提字第159号)中,最高人民法院认为,权利人针对数字图书馆运营商及不同用户提起的侵权诉讼,因被诉侵权主体不完全相同,诉讼请求不能互相涵盖,故不构成重复诉讼,但对权利人赔偿损失的请求能否予以支持,应当进行综合考量;若权利人在以前诉讼中获得的赔偿足以补偿其因本案侵权行为所遭受的实际损失,本案被告不应再向权利人承担赔偿责任。

33. 销售侵犯注册商标专用权商品销售商的赔偿责任的确定

在波马公司与广客宇公司商标侵权案(〔2009〕民申字第1882号)中,最高人民法院认为,销售商在未与制造者构成共同侵权、需要承担连带责任时,仅就其销售行为承担相应的责任,不应一并承担制造者应当承担的责任,更不能由其赔偿权利人因侵权而受到的所有损失。

34. 专利权人错误申请海关扣留货物而应承担赔偿责任的确定

在兆鹰公司与艾格尔公司专利侵权案(〔2010〕民申字第1180号)中,最高人民法院认为,知识产权权利人错误申请海关扣留他人出口货物,他人实际交货时间因此违反合同约定,他人根据合同应支付的迟延交货违约金属于其经济损失。

### 七、关于知识产权诉讼证据与程序

35. 人民法院应否受理因商标注册申请权权属产生的争议

在酒业公司与湘西公司等确认商标申请权权属案(〔2010〕民监字第407号)中,最高人民法院认为,当事人在商标注册申请过程中因申请权权属发生的争议,属于民事纠纷,只要符合民事诉讼法第一百零八条规定的条件,人民法院即应予以受理。

36. 涉外知识产权案件不适用《最高人民法院关于涉外民商事案件诉讼管辖若干问题的规定》

在阿迪达斯公司与阿迪王公司等商标侵权及不正当竞争案(〔2010〕民申字第1114号)中,最高人民法院认为,《最高人民法院关于涉外民商事案件诉讼管辖若干问题的规定》不适用于涉外知识产权案件。

37. 宣告专利权无效行政诉讼对侵犯专利权民事诉讼的影响

在张保忠与黔江电器厂等专利侵权案(〔2010〕民申字第1038号)中,在二审判决被告承担侵犯专利权责任,但专利权已经于二审判决之前被宣告无效且无效宣告请求审查决定被提起行政诉讼的情况下,最高人民法院认为,国家知识产权局专利复审委员会作出的宣告专利权无效决定还处于行政诉讼程序,而本申请再审案的审查以该行政诉讼的审理结果为依据,因此,在上述行政诉讼审结之前,应中止本案诉讼,并中止原审判决的执行。

38. 当事人未在行政程序中提交的证据应否采纳

在"国医"商标撤销复审行政案(〔2010〕知行字第28号)中,最高人民法院认为,在行政诉讼程序中,人民法院对于原告提交的新证据一般不予采纳，并非一概不予采纳，且不予采纳的前提条件是原告依法应当提供而拒不提供。

39. 互联网下载图片证据的认定和举证责任的分配

在华盖公司与重庆外运公司著作权侵权案（〔2010〕民提字第199号）中，最高人民法院再审采信了华盖公司提供的旨在证明涉案作品权属的互联网下载图片等证据，根据该下载图片上的署名，结合重庆外运公司未提交相反证据的事实等具体情况认定下载图片的署名人为作者；并以重庆外运公司未提交证据证明其对涉案作品的使用有合法依据为由，推定涉案作品在重庆外运公司使用之前已经公开发表，即认定了重庆外运公司已实际接触涉案作品的事实。

40. 新产品制造方法专利侵权纠纷中举证责任的分配及"新产品"的认定

在前述张喜田与欧意公司等专利侵权案中，最高人民法院认为，根据专利法第五十七条第二款规定，在新产品制造方法专利侵权纠纷中，由被诉侵权人承担证明其产品制造方法不同于专利方法的举证责任，需满足一定的前提条件，即权利人能够证明依照专利方法制造的产品属于新产品，并且被诉侵权人制造的产品与依照专利方法制造的产品属于同样的产品；在认定一项方法专利是否属于新产品制造方法专利时，应当以依照该专利方法直接获得的产品为依据；所谓"依照专利方法直接获得的产品"，是指使用专利方法获得的原始产品，而不包括对该原始产品作进一步处理后获得的后续产品。

41. 药品制备方法发明专利侵权纠纷中举证责任的分配和被诉侵权技术方案的查明

在（美国）伊莱利利公司与豪森公司专利侵权案（〔2009〕民三终字第6号）中，最高人民法院强调了被诉侵权人对于新产品的制造方法承担倒置举证责任的条件，并在查明相关技术事实的情况下，认定被诉侵权药品制备方法的相关技术内容应由专利权人承担举证责任。此外，最高人民法院根据化学理论基本知识、专利说明书和杂志发表论文披露的技术内容、被诉侵权人补充的确证实验的结论等证据，认定鉴定结论关于被诉侵权技术方案中相关技术内容的推定具有事实基础，原审法院采信鉴定结论并无不当。

42. 专利侵权纠纷中被诉侵权技术方案的查明

在前述优他公司与万高公司等专利侵权案中，最高人民法院认为，根据现有证据，能够查明被诉侵权产品的完整生产工艺，无需根据《最高人民法院关于民事诉讼证据规则的若干规定》第七十五条的规定，以生产工艺不完整为由推定被诉侵权产品的生产工艺与专利等同；即使认为被诉侵权人没有按照现有证据载明的生产工艺生产被诉侵权产品，也应当依法进行证据保全，譬如现场勘验、查封扣押生产记录等，而不是简单地进行推定。

43. 新产品制造方法专利侵权纠纷中被诉侵权人实施自有方法抗辩的审查

在前述张喜田与欧意公司等专利侵权案中，在鉴定机构依照被诉侵权人主张的自有方法无法制得被诉侵权产品,被诉侵权人主张其实施自有方法存在一定的技巧和诀窍的情况下,最高人民法院根据各方当事人的请求,对被诉侵权人制造相关产品的方法进行了现场试验,由被诉侵权人进行试验验证,试验结果与其他证据相互印证,证明被诉侵权人依照自有方法能够制得被诉侵权产品,故最高人民法院支持了被诉侵权人实施自有方法的抗辩主张。

**附:**

## 最高人民法院办公厅
## 关于印发《最高人民法院知识产权案件年度报告(2010)》的通知

2011年4月13日　　　　　　　　法办〔2011〕81号

各省、自治区、直辖市高级人民法院,解放军军事法院,新疆维吾尔自治区高级人民法院生产建设兵团分院:

2010年,在全国法院受理的知识产权案件迅猛增长的背景下,最高人民法院受理的知识产权案件亦有较大幅度的增长。新类型案件、重大复杂疑难案件、关联案件增多,案件的专业技术性增强,涉外案件受到国际社会关注。最高人民法院通过个案的审理和裁决,对新问题和新领域进行了深入研究并给予了及时回应。最高人民法院从2010年已经有最终结论性意见的知识产权案件中,精选了36件案件的裁判中涉及的43个具有普遍性指导意义的问题,形成《最高人民法院知识产权案件年度报告(2010)》。这些个案对相关法律适用问题的阐释,对于知识产权审判工作具有重要指导意义。

知识产权案件年度报告是最高人民法院关于知识产权和竞争领域重大、复杂、疑难和新类型案件的审判标准、司法政策和裁判方法的集中反映。发布知识产权案件年度报告,是最高人民法院加强审判指导、统一法律适用的重要方式,也是推进司法公开、自觉接受监督、树立司法权威的重大举措。每年定期发布知识产权案件年度报告,已经成为最高人民法院的一项制度化工作。

现将《最高人民法院知识产权案件年度报告(2010)》印发给你们,供各级人民法院在知识产权审判工作中参考借鉴。

特此通知。

# 最高人民法院知识产权案件年度报告（2011）[①]

（2012年4月）

2011年，最高人民法院知识产权审判庭全年共新收各类知识产权案件420件，比2010年增长34.19%。另有2010年旧存案件46件，2011全年共有各类在审案件466件，审结423件。2011年最高人民法院审理的知识产权和竞争案件呈现如下特点：专利商标行政案件增长迅猛，在全部案件中所占比重增加，尤其是专利商标授权确权案件增长明显，成为去年最显著的案件特点；因法律规定比较原则需要明确法律边界，给社会公众以具体指引的新类型、疑难案件依然居高不下；专利案件数量持续上升，涉案技术的含金量越来越高，发明专利案件和涉及医药、化工、通信等高新技术领域的案件明显增多；商业标识类案件尤其是商标案件比重增多，商标权人通过诉讼维护市场利益和划定行为界限的需求日益强烈；著作权案件中涉及软件、数据库、动漫等新兴产业领域的案件比重增加，诉争保护的新类型著作权客体不断涌现；不正当竞争案件中涉及网络技术、新型商业模式的不正当竞争纠纷以及商业秘密纠纷的比重增加。与上述案件特点相适应，最高人民法院在行使知识产权审判职能方面呈现出如下特点：对专利商标行政机关授权确权行为的司法审查日渐深入，司法裁判在专利商标授权确权标准的确定和把握方面发挥的作用日益凸显，司法保护知识产权的主导作用进一步发挥；在严格依法行使审判权的同时，重视知识产权司法政策在新型、疑难、复杂案件法律适用中的导向作用，确保法律适用正确方向；依托和凝聚社会共识，明晰法律含义和明确法律边界，维护知识产权法律适用统一；在加大知识产权保护力度的同时，更加注重利益平衡，积极促进知识产权利益各方共同受益和均衡发展。

最高人民法院从2011年审结的知识产权案件中精选出34件典型案件，归纳出44个具有普遍指导意义的法律适用问题，形成本年度报告并予以发布。每年定期发布的知识产权案件年度报告，已经成为最高人民法院指导知识产权审判工作的重要载体和社会公众了解最高人民法院知识产权审判发展动态的重要渠道，并日益受到社会的普遍关注和有关方面的高度重视。案件年度报告在明晰法律规则、指导审判实践、统一法律适用方面的作用和意义也越来越大。同时仍需说明，虽然本年度报告归纳的法律适用标准和方法具有一定普遍意

---

① 《最高人民法院知识产权案件年度报告（2011）》全文共6万余字，收入本书的为摘要版。

义,但由于其是最高人民法院在具体案件裁判中针对新型、复杂、疑难问题形成的认识,具有较强的个案性和探索性。而且,随着对有关问题认识的深入和经济社会文化的发展,相关法律适用标准和方法也可能会随之发生调整和变化。最高人民法院将根据我国经济社会文化发展的新要求和人民群众对知识产权司法保护的新期待,进一步充分发挥知识产权审判职能作用,依法公正高效审理案件,切实有效回应社会司法需求,不断提升知识产权司法的权威性和公信力,努力开创知识产权司法保护新局面。

**一、专利案件审判**

(一)专利民事案件审判

1. 专利说明书及附图的例示性描述对权利要求解释的作用

在徐永伟与华拓公司侵犯发明专利权纠纷案(〔2011〕民提字第64号)中,最高人民法院指出,运用说明书及附图解释权利要求时,由于实施例只是发明的例示,不应当以说明书及附图的例示性描述限制专利权的保护范围。

2. 说明书对权利要求的用语无特别界定时应如何解释该用语的含义

在蓝鹰厂与罗士中侵犯实用新型专利权纠纷案(〔2011〕民提字第248号)中,最高人民法院认为,在专利说明书对权利要求的用语无特别界定时,一般应根据本领域普通技术人员理解的通常含义进行解释,不能简单地将该用语的含义限缩为说明书给出的某一具体实施方式体现的内容。

3. 母案申请对解释分案申请授权专利权利要求的作用

在邱则有与山东鲁班公司侵犯专利权纠纷案(〔2011〕民申字第1309号)中,最高人民法院认为,母案申请构成分案申请的特殊的专利审查档案,在确定分案申请授权专利的权利要求保护范围时,超出母案申请公开范围的内容不能作为解释分案申请授权专利的权利要求的依据。

4. 被诉侵权技术方案缺少专利技术特征的情况下不构成侵权

在张镇与金自豪公司、同升祥鞋店侵犯实用新型专利权纠纷案(〔2011〕民申字第630号)中,最高人民法院认为,在被诉侵权技术方案缺少权利要求书中记载的一个以上技术特征的情况下,应当认定被诉侵权的技术方案没有落入专利权的保护范围。

5. 先用权抗辩的审查与认定

在银涛公司与汉王公司、保赛公司侵犯专利权纠纷案(〔2011〕民申字第1490号)中,最高人民法院认为,先用权抗辩是否成立的关键在于被诉侵权人在专利申请日前是否已经实施专利或者为实施专利作好了技术或者物质上的必要准备;药品生产批件是药品监管的行政审批事项,是否取得药品生产批件对先用权抗辩是否成立不产生影响。

6. 区别于现有设计的设计特征对外观设计整体视觉效果的影响

在君豪公司与佳艺家具厂侵犯外观设计专利权纠纷案（〔2011〕民申字第1406号）中，最高人民法院认为，外观设计专利区别于现有设计的设计特征对于外观设计的整体视觉效果更具有显著影响；在被诉侵权设计采用了涉案外观设计专利的设计特征的前提下，装饰图案的简单替换不会影响两者整体视觉效果的近似。

（二）专利行政案件审判

7. 专利说明书中没有记载的技术内容对创造性判断的影响

在湘北威尔曼公司"抗β－内酰胺酶抗菌素复合物"专利无效行政案（〔2011〕行提字第8号）中，最高人民法院指出，专利申请人在申请专利时提交的专利说明书中公开的技术内容，是国务院专利行政部门审查专利的基础；专利申请人未能在专利说明书中公开的技术方案、技术效果等，一般不得作为评价专利权是否符合法定授权确权标准的依据。

8. 药品研制、生产的相关规定对药品专利授权条件的影响

在前述湘北威尔曼公司"抗β－内酰胺酶抗菌素复合物"专利无效行政案中，最高人民法院指出，对于涉及药品的发明创造而言，在其符合专利法中规定的授权条件的前提下，即可授予专利权，无需另行考虑该药品是否符合其他法律法规中有关药品研制、生产的相关规定。

9. 专利申请文件的修改是否超出原说明书和权利要求书记载的范围的判断标准

在精工爱普生株式会社"墨盒"专利无效行政案（〔2010〕知行字第53号）中，最高人民法院认为，原说明书和权利要求书记载的范围应该包括原说明书及其附图和权利要求书以文字或者图形等明确表达的内容以及所属领域普通技术人员通过综合原说明书及其附图和权利要求书可以直接、明确推导出的内容；只要所推导出的内容对于所属领域普通技术人员是显而易见的，就可认定该内容属于原说明书和权利要求书记载的范围；与上述内容相比，如果修改后的专利申请文件未引入新的技术内容，则可认定对该专利申请文件的修改未超出原说明书和权利要求书记载的范围。

10. 判断专利申请文件的修改是否超出原说明书和权利要求书记载的范围应当充分考虑专利申请所属技术领域的特点

在曾关生"一种既可外用又可内服的矿物类中药"发明专利申请驳回复审行政纠纷案（〔2011〕知行字第54号）中，最高人民法院认为，在审查专利申请人对专利申请文件的修改是否超出原说明书和权利要求书记载的范围时，应当充分考虑专利申请所属技术领域的特点，不能脱离本领域技术人员的知识水平。

11. 专利无效宣告程序中权利要求书的修改方式是否严格限于《专利审查指南》限定的三种方式

在先声公司"氨氯地平、厄贝沙坦复方制剂"发明专利无效行政纠纷案（〔2011〕知行字第17号）中，最高人民法院认为，专利无效宣告程序中，权利要求书的修改在满足修改原则的前提下，其修改方式一般情况下限于权利要求的删除、合并和技术方案的删除三种方式，但并未绝对排除其他修改方式。

12. 专利申请文件的修改限制与专利保护范围的关系

在前述精工爱普生株式会社"墨盒"专利无效行政案中，最高人民法院还明确了专利申请文件的修改限制与专利保护范围的关系。最高人民法院认为，专利申请文件的修改限制与专利保护范围之间既存在一定的联系，又具有明显差异；在无效宣告请求的审查过程中，发明或者实用新型专利的专利权人修改其权利要求书时要受原专利的保护范围的限制，不得扩大原专利的保护范围；发明专利申请人在提出实质审查请求时以及在收到国务院专利行政部门发出的发明专利申请进入实质审查阶段通知书之日起3个月内进行主动修改时，只要不超出原说明书和权利要求书记载的范围，在修改原权利要求书时既可以扩大也可以缩小其请求保护的范围。

13. 专利申请文件的修改限制与禁止反悔原则的关系

在前述精工爱普生株式会社"墨盒"专利无效行政案中，最高人民法院还明确了专利申请文件的修改限制与禁止反悔原则的关系。最高人民法院认为，禁止反悔原则在专利授权确权程序中应予适用，但是其要受到自身适用条件的限制以及与之相关的其他原则和法律规定的限制；在专利授权程序中，相关法律已经赋予了申请人修改专利申请文件的权利，只要这种修改不超出原说明书和权利要求书记载的范围，禁止反悔原则在该修改范围内应无适用余地。

14. 专利无效行政诉讼程序中人民法院可否依职权主动引入公知常识

在多棱钢业集团"一种钢砂生产方法"发明专利无效行政纠纷案（〔2010〕知行字第6号）中，最高人民法院认为，在专利无效行政诉讼程序中，法院在无效宣告请求人自主决定的对比文件结合方式的基础上，依职权主动引入公知常识以评价专利权的有效性，并未改变无效宣告请求理由，有助于避免专利无效程序的循环往复，并不违反法定程序；法院在依职权主动引入公知常识时，应当在程序上给予当事人就此发表意见的机会。

15. 外观设计相近似判断中"整体观察、综合判断"的把握

在美的公司"风轮"外观设计专利权无效行政纠纷案（〔2011〕行提字第1号）中，最高人民法院认为，所谓整体观察、综合判断，是指一般消费者从整体上而不是仅依据局部的设计变化，来判断外观设计专利与对比设计的视觉效果是否具有明显区别；在判断时，一般消费者对于外观设计专利与对比设计可视部分的相同点和区别点均会予以关注，并综合考虑各相同点、区别点对整

体视觉效果的影响大小和程度。

16. 设计要素变化所伴随的技术效果的改变对外观设计整体视觉效果的影响

在前述美的公司"风轮"外观设计专利权无效行政纠纷案中,最高人民法院指出,仅仅具有功能性而不具有美感的产品设计,不应当通过外观设计专利权予以保护;一般消费者进行外观设计相近似判断时,主要关注外观设计的整体视觉效果的变化,不会基于设计要素变化所伴随的技术效果的改变而对该设计要素变化施以额外的视觉关注。

### 二、商标案件审判

(一)商标民事案件审判

17. 判断商标侵权行为应考虑相关公众混淆、误认的可能性

在齐鲁众合公司与南京太平南路营业部侵犯注册商标专用权纠纷案(〔2011〕民申字第222号)中,最高人民法院认为,商标侵权原则上要以存在造成相关公众混淆、误认的可能性为基础;判断是否存在造成相关公众混淆、误认的可能性时,应该考虑商标的显著性和知名度。

18. 独家经营和使用的具有产品和品牌混合属性的商品名称不应认定为通用名称

在佛山合记公司与珠海香记公司侵犯注册商标专用权纠纷案(〔2011〕民提字第55号)中,最高人民法院认为,由于特定的历史起源、发展过程和长期唯一的提供主体以及客观的市场格局,保持着产品和品牌混合属性的商品名称,仍具有指示商品来源的意义,不能认定为通用名称。

(二)商标行政案件审判

19. 含有描述性外国文字的商标的显著性的审查判断

在佳选公司"BEST BUY及图"商标驳回复审行政纠纷案(〔2011〕行提字第9号)中,最高人民法院认为,在审理商标授权确权行政案件时,应当根据诉争商标指定使用商品的相关公众的通常认识,从整体上对商标是否具有显著特征进行审查判断;如果商标标识中含有的描述性要素不影响商标整体上具有显著特征,相关公众能够以其识别商品来源的,应当认定其具有显著特征。

20. 含有描述性要素的商标的显著性的审查判断

在沩山茶叶公司"沩山牌及图"商标行政纠纷案(〔2011〕行提字第7号)中,最高人民法院认为,含有描述性要素的商标的显著性的判定,应当根据争议商标指定使用商品的相关公众的通常认识,从整体上对商标是否具有显著特征进行判断,不能因为商标含有描述性文字就认为其整体缺乏显著性;对于使用时间较长,已经建立一定的市场声誉,相关公众能够以其识别商品来源,并不仅仅直接表示商品特点的商标,应认为其具有显著特征。

21. 类似商品认定中对产品用途的考虑

在长康公司"加加 JIAJIA"商标异议复审行政纠纷案（〔2011〕知行字第 7 号）中，最高人民法院认为，类似商品判断中考虑商品的用途时，应以其主要用途为主，如果产品的不同用途面对的是不同的消费对象，一般情况下应该以注意程度较低的消费者为准。

22. 关联商品可视情纳入类似商品范围

在啄木鸟公司啄木鸟图形商标争议行政案（〔2011〕知行字第 37 号）中，最高人民法院认为，避免来源混淆是商品类似关系判断时需坚持的基本原则，如果近似商标在具有一定关联性的商品上共存，容易使相关公众认为两商品是由同一主体提供或者其提供者之间存在特定联系，应认定两商品构成类似商品。

23. 《类似商品和服务区分表》对类似商品认定的作用

在前述啄木鸟公司啄木鸟图形商标争议行政案中，最高人民法院还阐述了《类似商品和服务区分表》对认定类似商品或者服务的作用。最高人民法院认为，《类似商品和服务区分表》可以作为判断类似商品或者服务的参考，但不能机械、简单地以《类似商品和服务区分表》为依据或标准，而应当更多地考虑实际因素，结合个案的情况进行认定。

24. 商标是否驰名应根据案件具体情况及所涉商品特点等进行综合判断

在华夏长城公司"日产及图"商标争议行政纠纷案（〔2011〕知行字第 45 号）中，最高人民法院认为，商标是否驰名是对当事人提交的全部证据进行综合判断后得出的结论，不能孤立地看相关的证据，也不能机械地要求必须提供哪一类的证据，需根据案件具体情况、所涉及的商品特点等进行具体分析判断。

25. 近似商标共存协议影响商标可注册性的审查判断

在山东良子公司"良子"商标争议行政纠纷案（〔2011〕知行字第 50 号）中，最高人民法院认为，当事人之间关于近似商标的共存协议影响商标可注册性的审查判断。

26. 注册商标连续 3 年停止使用撤销制度中商业使用和合法使用的判断标准

在李道之"卡斯特"商标撤销复审行政纠纷案（〔2010〕知行字第 55 号）中，最高人民法院认为，只要在商业活动中公开、真实地使用了注册商标，且注册商标的使用行为本身没有违反商标法律规定，则注册商标权利人已经尽到法律规定的使用义务；有关注册商标使用的其他经营活动中是否违反进口、销售等方面的法律规定，并非商标法第四十四条第（四）项所要规范和调整的问题。

27. 商标驳回复审程序和商标异议复审程序之间一事不再理原则的适用

在养生殿公司"六味地"商标异议复审行政纠纷案（〔2011〕知行字第 53 号）中，最高人民法院认为，商标驳回复审程序和商标异议复审程序在启动主体和救济目的方面均不相同，不能在两个程序之间机械适用一事不再理原则，剥夺引证商标权利人在异议阶段提出异议的权利。

28. 商标驳回复审行政诉讼程序中应否考虑阻碍申请商标注册的事实发生的新变化

在艾德文特公司"ADVENT"商标驳回复审行政纠纷案（〔2011〕行提字第14号）中，最高人民法院认为，在商标驳回复审行政纠纷案件中，如果引证商标在诉讼程序中因连续3年停止使用而被撤销，鉴于申请商标尚未完成注册，人民法院应根据情势变更原则，依据变化了的事实依法作出裁决。

29. 商标驳回复审行政诉讼程序中应否考虑证明申请商标使用情况的新证据

在前述佳选公司"BEST BUY及图"商标驳回复审行政纠纷案中，最高人民法院认为，在商标驳回复审行政诉讼中，对于当事人提交的关于申请商标使用情况的新证据应当予以考虑。

30. 商标行政诉讼程序中对当事人提交的新证据的处理及类似商品的认定

在吴树填"富士寶FUSHIBAO及图"商标行政纠纷案（〔2011〕知行字第9号）中，最高人民法院认为，人民法院对于当事人在行政诉讼程序中提交的新证据并非一概不予采纳；人民法院可以根据案件具体情形，考虑新证据对当事人合法权益的影响及行政诉讼的救济价值，判令商标评审委员会在综合原有证据及新证据的基础上重新作出裁定。

### 三、著作权案件审判

31. 本身并不表达某种思想的答题卡不构成著作权法意义上的作品

在陈建与万普公司侵犯著作权纠纷案（〔2011〕民申字第1129号）中，最高人民法院认为，本身并不表达某种思想的答题卡不构成著作权法意义上的作品。

### 四、竞争案件审判

32. 构成国家秘密的商业秘密的秘密性认定

在高辛茂与一得阁公司、传人公司侵犯商业秘密纠纷案（〔2011〕民监字第414号）中，最高人民法院认为，国家秘密中的信息由于关系国家安全和利益，是处于尚未公开或者依照有关规定不应当公开的内容；属于国家秘密的信息在解密前，应当认定为该信息不为公众所知悉。

33. 作为商业秘密的整体信息是否为公众所知悉的认定

在前述高辛茂与一得阁公司、传人公司侵犯商业秘密纠纷案中，最高人民法院认为，在能够带来竞争优势的技术信息或经营信息是一种整体信息的情况下，不能将其各个部分与整体割裂开来，简单地以部分信息被公开就认为该整体信息已为公众所知悉。

34. 单纯的竞业限制约定能否构成作为商业秘密保护条件的保密措施

在富日公司与黄子瑜、萨菲亚公司侵犯商业秘密纠纷案（〔2011〕民申字第122号）中，最高人民法院认为，符合反不正当竞争法第十条规定的保密措施应当表明权利人保密的主观愿望，明确作为商业秘密保护的信息的范围，使义务人能够知悉权利人的保密愿望及保密客体，并在正常情况下足以防止涉密信息泄漏；单纯的竞业限制约定，如果没有明确用人单位保密的主观愿望和作为商业秘密保护的信息的范围，不能构成反不正当竞争法第十条规定的保密措施。

35. 商业秘密侵权认定中对不正当手段的事实推定

在前述高辛茂与一得阁公司、传人公司侵犯商业秘密纠纷案案中，最高人民法院认为，当事人基于其工作职责完全具备掌握商业秘密信息的可能和条件，为他人生产与该商业秘密信息有关的产品，且不能举证证明该产品系独立研发，根据案件具体情况及日常生活经验，可以推定该当事人非法披露了其掌握的商业秘密。

36. 具有描述性的商品名称构成知名商品特有名称的条件

在御生堂公司与康士源公司等擅自使用知名商品特有名称、包装、装潢纠纷案（〔2011〕民提字第60号）中，最高人民法院认为，对于本身具有描述商品功能和用途的商品名称，需要有证据证明其通过使用获得了区别商品来源的第二含义，才能构成知名商品的特有名称。

### 五、知识产权合同案件审判

37. 技术合同所涉的产品或者服务需要行政审批和许可对技术合同效力的影响

在康力元公司等与奇力制药公司技术转让合同纠纷案（〔2011〕民提字第307号）中，最高人民法院认为，在技术合同纠纷案件中，当技术合同涉及的产品或服务依法须经行政部门审批或者行政许可，未经审批或者许可的，不影响当事人订立的相关技术合同的效力。

38. 特许经营合同的定性与判断

在付玉平、李秀荣与谢金莲、曹火珠、名嘴公司特许经营合同纠纷案（〔2011〕民申字第1262号）中，最高人民法院认为，判断当事人之间的合同是否属于特许经营合同，不应单纯以合同的名称是否包含"特许经营"等关键词加以判断，而应根据合同内容是否符合特许经营的内涵与法律特征来进行综合判断。

### 六、关于知识产权侵权责任承担

39. 专利临时保护期内制造、销售、进口的被诉专利侵权产品的后续使用、许诺销售、销售行为的民事责任

在斯瑞曼公司与坑梓自来水公司、康泰蓝公司侵犯发明专利权纠纷案

(〔2011〕民提字第259号)中,最高人民法院认为,在专利临时保护期内制造、销售、进口被诉专利侵权产品不为专利法禁止的情况下,后续的使用、许诺销售、销售该产品的行为,专利权人无权禁止;在销售者、使用者提供了合法来源的情况下,销售者、使用者不应承担支付适当费用的责任。

### 七、关于知识产权诉讼证据与程序

40. 确认不侵犯知识产权之诉的受理条件

在北京天堂公司与南京烽火公司确认不侵犯著作权纠纷管辖权异议案(〔2011〕民提字第48号)中,最高人民法院认为,确认不侵犯专利权之外的其他确认不侵犯知识产权之诉是否具备法定条件,应参照《最高人民法院关于审理侵犯专利权纠纷案件应用法律若干问题的解释》第十八条的规定进行审查;人民法院受理当事人提起的确认不侵权之诉,应以利害关系人受到警告,而权利人未在合理期限内依法启动纠纷解决程序为前提。

41. 被诉侵权产品的出口装船交货地可否认定为侵权行为地

在凯赛材料公司与瀚霖技术公司等侵犯发明专利权纠纷管辖权异议案(〔2011〕民申字第1049号)中,最高人民法院认为,通过FOB和CIF价格条件出口销售被诉依照本案专利方法直接获得的产品,该产品的装船交货地属于销售行为实施地。

42. 对原审诉讼期间仍在持续的侵权行为的处理

在前述徐永伟与华拓公司侵犯发明专利权纠纷案中,最高人民法院还明确了对原审诉讼期间仍在持续的侵权行为的处理。最高人民法院认为,当事人以侵权行为在原审诉讼期间仍在持续为由提出增加损害赔偿数额,属于对一审诉讼请求的增加,原告可就该行为另行起诉;原告为调查此期间的侵权行为而支出的费用,不在本案处理之列。

43. 无独立请求权的第三人在诉讼程序中是否有权申请鉴定

在瓦房店市玉米原种场与赵劲霖、奥瑞金公司等植物新品种权权属纠纷案(〔2011〕民申字第10号)中,最高人民法院认为,根据案件需要,无独立请求权的第三人可以申请委托对植物新品种的同一性进行司法鉴定。

44. 鉴定材料取样时未通知当事人到场是否构成鉴定程序违法

在前述瓦房店市玉米原种场与赵劲霖、奥瑞金公司等植物新品种权权属纠纷案中,最高人民法院认为,不能基于鉴定检材取样时没有通知当事人到场而当然认定鉴定程序违法。

# 最高人民法院知识产权案件年度报告（2012）[①]

（2013 年 4 月）

2012 年，最高人民法院知识产权审判庭全年共新收各类知识产权案件 359 件，审结 366 件（含旧存）。上述案件反映出如下特点：最高人民法院 2012 年审理的知识产权和竞争案件的特点和趋势是：案件数量大幅增长的势头得到缓解，受理案件总量趋向基本稳定；新类型、疑难案件持续增加，涉及复杂技术事实查明的案件、需要明确法律边界或者填补法律空白的案件越来越多；专利案件涉及领域越来越广，涉案技术的含金量和市场价值越来越高，所涉法律问题日趋广泛深入，疑难案件比重增加，专利民事案件中涉及权利要求解释规则的较多，专利行政案件中涉及创造性判断的较多；商标案件的比重保持基本稳定，涉及权利冲突的案件居多，在商标行政案件中尤为突出；著作权案件中涉及网络、软件、动漫等新兴产业领域的案件继续增多，所涉作品的商业价值越来越大；不正当竞争案件中涉及网络技术、新型商业模式的纠纷和仿冒行为的纠纷增多。本年度报告从最高人民法院 2012 年审结的知识产权和竞争案件中精选了 34 件典型案件，归纳出 37 个具有普遍指导意义的法律适用问题，反映了最高人民法院在知识产权和竞争审判领域处理新型、疑难、复杂案件的审判标准、裁判方法和司法政策导向。

## 一、专利案件审判

（一）专利民事案件审判

1. 权利要求技术特征的划分方法

在张强与大易工贸公司等侵犯专利权纠纷案（〔2012〕民申字第 137 号）中，最高人民法院指出，划分权利要求的技术特征时，一般应把能够实现一种相对独立的技术功能的技术单元作为一个技术特征，不宜把实现不同技术功能的多个技术单元划定为一个技术特征。

2. 可否利用说明书修改权利要求用语的明确含义

在西安秦邦公司"金属屏蔽复合带制作方法"专利侵权案（〔2012〕民提字第 3 号）中，最高人民法院指出，当本领域普通技术人员对权利要求相关表述的含义可以清楚确定，且说明书又未对权利要求的术语含义作特别界定时，应

---

[①] 收入本书的为摘要版。

当以本领域普通技术人员对权利要求自身内容的理解为准，而不应当以说明书记载的内容否定权利要求的记载；但权利要求特定用语的表述存在明显错误，本领域普通技术人员能够根据说明书和附图的相应记载明确、直接、毫无疑义地修正权利要求的该特定用语的含义的，应根据修正后的含义进行解释。

3. 通过测量说明书附图得到的尺寸参数不能限定权利要求的保护范围

在盛凌公司与安费诺东亚公司侵犯实用新型专利权纠纷案（〔2011〕民申字第1318号）中，最高人民法院指出，未在权利要求书中记载而仅通过测量说明书附图得到的尺寸参数一般不能用来限定权利要求保护范围。

4. 使用环境特征的解释

在株式会社岛野与日骋公司侵犯发明专利权纠纷案（〔2012〕民提字第1号）中，最高人民法院认为，已经写入权利要求的使用环境特征属于必要技术特征，对于权利要求的保护范围具有限定作用；使用环境特征对于权利要求保护范围的限定程度需要根据个案情况具体确定，一般情况下应该理解为要求被保护的主题对象可以用于该使用环境即可，而不是必须用于该使用环境，但是本领域普通技术人员在阅读专利权利要求书、说明书以及专利审查档案后可以明确而合理地得知被保护对象必须用于该使用环境的除外。

5. 封闭式权利要求的解释

在胡小泉"注射用三磷酸腺苷二钠氯化镁"专利侵权案（〔2012〕民提字第10号）中，最高人民法院指出，对于封闭式权利要求，一般应当解释为不含有该权利要求所述以外的结构组成部分或者方法步骤；对于组合物封闭式权利要求，一般应当解释为组合物中仅包括所指出的组分而排除所有其他的组分，但是可以包含通常含量的杂质，辅料并不属于杂质。

6. 封闭式权利要求侵权判定中等同原则的适用

在前述"注射用三磷酸腺苷二钠氯化镁"专利侵权案中，最高人民法院还明确了等同原则在封闭式权利要求侵权判定中的适用。最高人民法院指出，专利权人选择封闭式权利要求表明其明确将其他未被限定的结构组成部分或者方法步骤排除在专利权保护范围之外，不宜再通过适用等同原则将其重新纳入保护范围。

7. 部分权利要求被宣告无效情形下禁止反悔原则的适用

在中誉公司与九鹰公司侵犯实用新型专利权纠纷案（〔2011〕民提字第306号）中，最高人民法院指出，禁止反悔原则通常适用于专利权人通过修改或意见陈述而自我放弃技术方案的情形；若独立权利要求被宣告无效而在其从属权利要求的基础上维持专利权有效，且专利权人未曾作自我放弃，则不宜仅因此即对该从属权利要求适用禁止反悔原则并限制等同侵权原则的适用。

8. 保护范围明显不清楚的专利权的侵权指控不应支持

在柏万清与难寻中心、添香公司侵害实用新型专利权纠纷案（〔2012〕民申字第1544号）中，最高人民法院指出，准确界定专利权的保护范围，是认定被诉侵权技术方案是否构成侵权的前提条件，对于保护范围明显不清楚的专利权，不应认定被诉侵权技术方案构成侵权。

9. 现有技术抗辩的比对方法与审查方式

在泽田公司与格瑞特公司侵犯实用新型专利权纠纷案（〔2012〕民申字第18号）中，最高人民法院指出，审查现有技术抗辩时，比对方法是将被诉侵权技术方案与现有技术进行对比，在两者并非相同的情况下，审查时可以专利权利要求为参照，确定被诉侵权技术方案中被指控落入专利权保护范围的技术特征，并判断现有技术是否公开了与之相同或者等同的技术特征。

10. 外观设计专利保护中产品类别的确定

在弓箭国际与兰之韵厂侵犯外观设计专利权纠纷案（〔2012〕民申字第41号、第54号）中，最高人民法院指出，确定外观设计专利产品类别，应以具有独立存在形态、可以单独销售的产品的用途为依据；外观设计专利的保护范围限于相同或者相近种类产品的外观设计。

11. 专利法第四十七条第二款意义上专利权被宣告无效的时间点的确定

在东明公司与秦丰公司侵害实用新型专利权纠纷案（〔2012〕民提字第110号）中，最高人民法院认为，在专利法第四十七条第二款意义上，应以无效宣告请求审查决定的决定日为准确定宣告专利权无效的时间点。

（二）专利行政案件审判

12. 解释权利要求时应使保护范围与说明书公开的范围相适应

在"无水银碱性钮形电池"实用新型专利权无效行政纠纷案（〔2012〕行提字第29号）中，最高人民法院指出，利用说明书和附图解释权利要求时，应当以说明书为依据，使其保护范围与说明书公开的范围相适应。

13. 实用新型专利创造性判断中对现有技术领域的确定与考虑

在"握力计"实用新型专利权无效行政纠纷案（〔2011〕知行字第19号）中，最高人民法院认为，评价实用新型专利创造性时，一般应当着重比对该实用新型专利所属技术领域的现有技术；但在现有技术已经给出明确技术启示的情况下，也可以考虑相近或者相关技术领域的现有技术；相近技术领域一般指与实用新型专利产品功能以及具体用途相近的领域，相关技术领域一般指实用新型专利与最接近的现有技术的区别技术特征所应用的功能领域。

14. 新晶型化合物的创造性判断

在"溴化替托品单水合物晶体"发明专利权无效行政纠纷案（〔2011〕知行字第86号）中，最高人民法院认为，《专利审查指南》所称"结构接近的化合物"，仅特指该化合物必须具有相同的核心部分或者基本的环，不涉及化合物微观晶体结构本身的比较；在新晶型化合物创造性判断中，并非所有的微观晶体结构变化均必然具有突出的实质性特点和显著的进步，必须结合其是否带来预料不到的技术效果进行考虑。

15. 创造性判断中商业成功的考量时机与认定方法

在"女性计划生育手术 B 型超声监测仪"实用新型专利权无效行政纠纷案（〔2012〕行提字第 8 号）中，最高人民法院认为，一般情况下，只有利用"三步法"难以判断技术方案的创造性或者得出无创造性的评价时，才将商业上的成功作为创造性判断的辅助因素；对于商业上的成功的考量应当持相对严格的标准，只有技术方案相比现有技术作出改进的技术特征是商业上成功的直接原因的，才可认定其具有创造性。

16. 确定对比文件公开的产品结构图形的内容时可结合其结构特点及公知常识

在"一种带法兰的铸型尼龙管道"实用新型专利权无效行政纠纷案（〔2012〕行提字第 25 号）中，最高人民法院指出，对比文件中仅公开产品的结构图形但没有文字描述的，可以结合其结构特点和本领域技术人员的公知常识确定其含义。

17. 权利要求的技术特征被对比文件公开的认定标准

在"快进慢出型弹性阻尼体缓冲器"实用新型专利权无效行政纠纷案（〔2012〕知行字第 3 号）中，最高人民法院指出，权利要求的技术特征被对比文件公开，不仅要求该对比文件中包含有相应的技术特征，还要求该相应的技术特征在对比文件中所起的作用与权利要求中的技术特征所起的作用实质相同。

18. 判断权利要求书是否得到说明书支持时对权利要求书撰写错误的处理

在"精密旋转补偿器"实用新型专利权无效行政纠纷案（〔2011〕行提字第 13 号）中，最高人民法院指出，权利要求中的撰写错误并不必然导致其得不到说明书支持；如果权利要求存在明显错误，本领域普通技术人员根据说明书和附图的相应记载能够确定其唯一的正确理解的，应根据修正后的理解确定权利要求所保护的技术方案，在此基础上再对该权利要求是否得到说明书的支持进行判断。

19. 功能性设计特征的认定及其意义

在"逻辑编程开关（SR14）"外观设计专利权无效行政纠纷案（〔2012〕行提字第 14 号）中，最高人民法院指出，功能性设计特征是指那些在该外观设计产品的一般消费者看来，由所要实现的特定功能唯一决定而并不考虑美学因素的设计特征；功能性设计特征的判断标准并不在于该设计特征是否因功能或技术条件的限制而不具有可选择性，而在于一般消费者看来该设计特征是否仅仅由特定功能所决定，从而不需要考虑该设计特征是否具有美感；功能性设计特征对于外观设计的整体视觉效果通常不具有显著影响。

20. 创造性判断中采纳申请日后补交的实验数据的条件

在"用于治疗糖尿病的药物组合物"发明专利权行政纠纷案（〔2012〕知行字第 41 号）中，最高人民法院指出，创造性判断中，当专利申请人或专利权人在申请日后补充对比试验数据以证明专利技术方案产生了意料不到的技术效果时，接受该实验数据的前提是其用以证明的技术效果在原申请文件中有明确记载。

21. 判决专利复审委员会重作决定应考量的情形

在"裁剪机磨刀机构中斜齿轮组的保油装置"实用新型专利权无效行政纠纷案（〔2012〕行提字第7号）中，最高人民法院认为，人民法院在判决撤销或者部分撤销被诉具体行政行为时，是否判决被诉行政机关重新作出具体行政行为要视案件的具体情况而定。

### 二、商标案件审判

（一）商标民事案件审判

22. 被错误注销后重新恢复的注册商标应视为一直存续

在海洋公司与青岛鑫源公司等侵犯商标权纠纷案（〔2012〕民提字第9号）中，最高人民法院指出，被错误注销后重新恢复的注册商标应视为一直存续，他人未经许可使用该商标构成侵权，但因相信该商标被注销而进行使用的善意第三人除外。

23. 商标侵权判定中对授权经销商合理使用商标的认定

在五粮液公司与天源通海公司侵犯商标专用权及不正当竞争纠纷案（〔2012〕民申字第887号）中，最高人民法院指出，授权经销商为指明其授权身份、宣传推广商标权人的商品而善意使用商标，未破坏商标的识别功能的，不构成侵犯商标权。

24. 成员企业在经营活动中合理规范使用集团标识不构成商标侵权

在迈安德公司与牧羊集团公司侵害注册商标专用权案（〔2012〕民提字第61号）中，最高人民法院认为，集团公司的成员企业为彰显其集团公司成员企业身份而在经营活动中合理规范使用集团标识，不构成侵犯商标权。

（二）商标行政案件审判

25. 以商品部分外观申请立体商标的显著性的审查判断

在爱马仕公司与商标评审委员会商标驳回复审行政纠纷案（〔2012〕民申字第68号）中，最高人民法院认为，以商品部分外观的三维形状申请商标注册时，由于这种三维形状通常不能够脱离商品本身而单独使用，相关公众更容易将其视为商品的组成部分而非商标，除非该商品外观本身具有区别于同类商品外观的显著特征，或者申请人能够证明已经通过使用行为而使相关公众足以将该商品外观与特定的商品提供者联系起来，否则其注册申请应予驳回。

26. 将去世的知名人物姓名注册为商标可否认定具有其他不良影响

在贵州美酒河公司与商标评审委员会、李长寿商标争议行政纠纷案（〔2012〕知行字第11号）中，最高人民法院指出，将在相关行业具有一定知名度和影响力的知名人物姓名作为商标注册在该行业相关商品上，易使相关消费者将该商品的品质特点与该行业相关知名商品生产工艺相联系，从而误导消费者的，可以认定为具有其他不良影响。

### 三、著作权案件审判

27. 计算机中文字库的作品属性

在"北大方正兰亭字库"著作权侵权案（〔2010〕民三终字第6号）中，最高人民法院指出，作为字型轮廓构建指令及相关数据与字型轮廓动态调整数据指令代码的结合的计算机中文字库，应作为计算机程序而不是美术作品受到著作权法的保护。

28. 计算机中文字库运行后产生的单个汉字的著作权保护

在前述"北大方正兰亭字库"著作权侵权案中，最高人民法院还明确了计算机中文字库运行后产生的单个汉字的著作权保护问题。最高人民法院认为，计算机中文字库运行后产生的单个汉字具有著作权法意义上的独创性时，可作为美术作品进行保护，但不能禁止他人正当使用该汉字来表达思想和传递信息。

29. "通知—删除"程序中网络服务提供者的义务与责任承担

在百度公司MP3搜索引擎侵害著作权纠纷上诉案（〔2009〕民三终字第2号）中，最高人民法院认为，在著作权人已多次发送符合条件的通知，网络服务提供者对著作权人权利被侵害的事实已有一定了解的情况下，网络服务提供者不应仅因为著作权人之后发送的通知不符合相应条件就对其视而不见，而应积极与著作权人联系协商以确定如何采取合理措施；怠于采取合理措施的，应对直接侵权行为继续所导致的损失的扩大承担相应责任。

### 四、竞争案件审判

30. 已经实际具有区别产品来源功能的特定产品型号应受保护

在万顺公司、深圳宝凯公司与河北宝凯公司不正当竞争纠纷案（〔2012〕民申字第398号）中，最高人民法院指出，已经实际上具有区别产品来源功能的特定产品型号可以获得反不正当竞争法的保护。

31. 具有很高知名度的指代特定人群及其技艺或作品的特定称谓可以获得反不正当竞争法保护

在"泥人张"不正当竞争纠纷案（〔2010〕民提字第113号）中，最高人民法院指出，具有很高知名度、承载着极大商业价值的特定人群的称谓，应当受到法律保护；该特定人群所传承的特定技艺或者作品的特定称谓用作商品名称时，可作为反不正当竞争法上知名商品（包括服务）的特有名称受到法律保护。

32. 对通用称谓进行审查判断时的考虑因素

在前述"泥人张"不正当竞争纠纷案中，最高人民法院指出，通用称谓不具有识别特定商品来源即商品提供者的功能,在判断"行业(或商品)+姓氏"的称谓是否属于通用称谓时,应当考虑该称谓是否属于仅有的称谓方法、该称谓所指的人物或者商品的来源是否特定、该称谓是否使用了文学上的比较手法等因素。

33. 合同附随义务不能构成商业秘密的保密措施

在恒利公司清算组与国贸公司、宇阳公司侵害商业经营秘密纠纷案(〔2012〕民监字第253号)中,最高人民法院指出,派生于诚实信用原则的保守秘密的合同附随义务,无法体现商业秘密权利人对信息采取保密措施的主观愿望,不能构成作为积极行为的保密措施。

34. 具有特殊地理因素的商号之间的共存

在福建白沙公司与南安白沙公司侵犯企业名称(商号)权及不正当竞争纠纷案(〔2012〕民申字第14号)中,最高人民法院指出,村名属于公共资源,同处该村区域的经营者均将村名作为企业名称中的字号登记注册,企业名称具有一定区别,在后注册的经营者不具有主观恶意,且未导致相关公众混淆误认的,不宜认定在后注册的经营者构成不正当竞争。

### 五、关于知识产权诉讼程序与证据

35. 消费者使用的被诉侵权商品的扣押地不属于据以确定管辖的"查封扣押地"

在金通公司与金杯股份公司、金杯集团公司侵犯商标专用权纠纷管辖权异议案(〔2012〕民提字第109号)中,最高人民法院认为,《最高人民法院关于审理商标民事纠纷案件适用法律若干问题的解释》第六条所指的"侵权商品的查封扣押地",不包括消费者使用被诉侵权商品的扣押地。

36. 涉及同一事实的确认不侵犯专利权诉讼和专利侵权诉讼的管辖

在本田株式会社与双环公司侵犯外观设计专利权纠纷管辖权异议案(〔2012〕民三终字第1号)中,最高人民法院认为,不同法院受理的涉及同一事实的确认不侵犯专利权诉讼和专利侵权诉讼应当移送管辖合并审理;移送过程中,如涉及地域管辖,应按照立案时间的先后顺序,由后立案受理的法院将案件移送到先立案受理的法院审理;如涉及级别管辖,一般按"就高不就低"的原则由级别低的法院将其立案受理的案件移送到级别高的法院审理。

37. 管理专利工作的部门受理专利侵权纠纷处理请求的条件

在微生物公司与福药公司、辽宁省知识产权局等专利侵权纠纷处理决定案(〔2011〕知行字第99号)中,最高人民法院指出,相关请求人已经就针对同一专利的相同或者相关联的侵权纠纷向人民法院提起诉讼,无论当事人是否完全相同,只要可能存在处理结果冲突,管理专利工作的部门即不能受理相关专利侵权纠纷处理请求。

# 最高人民法院知识产权案件年度报告（2013）[①]

（2014年4月）

2013年，最高人民法院以推动增强创新驱动发展新动力为核心，以进一步突出加大知识产权司法保护力度为导向，解放思想，改革创新，大力加强知识产权司法公正，不断提升知识产权司法公信力和国际影响力，为建设创新型国家、社会主义文化强国和全面建成小康社会提供了有力保障。

最高人民法院知识产权审判庭全年共新收各类知识产权案件594件，比2012年增长65.46%。在新收案件中，按照案件审理程序划分，共有二审案件7件，提审案件51件，申请再审案件488件，抗诉案件2件，请示案件46件。按照案件所涉客体类型划分，共有专利案件186件，植物新品种案件6件，商标案件141件，著作权案件176件，垄断案件1件，商业秘密案件8件，其他不正当竞争案件9件，知识产权合同案件24件，其他案件43件（主要涉及知识产权审判管理事务）。按照案件性质划分，共有行政案件137件，占全部新收案件的23.06%，其中专利行政案件64件，商标行政案件73件，分别比2012年上升45.45%和35.19%；共有民事案件457件，占全部新收案件的76.94%。另有2012年旧存案件39件，2013年共有各类在审案件633件。全年共审结各类知识产权案件548件，其中二审案件3件，提审案件40件，申请再审案件458件，请示案件45件，抗诉案件2件。在审结的458件申请再审案件中，行政申请再审案件104件，民事申请再审案件354件；裁定驳回再审申请355件，裁定提审67件，裁定指令或者指定再审15件，裁定撤诉（包括和解撤诉）8件，裁定终结3件，以其他方式处理10件。

最高人民法院2013年审理的知识产权和竞争案件的基本规律和特点是：案件数量呈现猛增势头，增长率创2009年以来新高。专利等技术类案件增幅较大，所涉法律问题深度触及专利基本制度和基本理念，所涉技术事实愈加前沿和复杂，市场价值和利益更加巨大；专利行政案件增长较快，涉及医药、电子、通讯等领域基本专利的案件比重增大；专利民事案件中涉及侵权判定规则的案件较多；植物新品种案件呈现高速增长态势。商标案件整体增幅回落，商标民事案件基本稳定，商标行政案件比重进一步增加，涉及商标抢注的案件占有较大比例。著作权案件中关联案件较多，涉及软件、动漫、实用艺术等文化

---

[①] 收入本书的为摘要版。

创意产业的案件继续增多。竞争案件中涉及网络技术和新型商业模式的案件比重较大，商业秘密和仿冒行为案件继续增多，最高人民法院首次审理垄断案件。

最高人民法院根据新形势新任务的要求，结合案件特点，在行使知识产权审判职能方面体现出如下特点：大力加强知识产权司法保护力度，把加强保护作为当前知识产权审判工作的总基调；提高司法政策指导的针对性，根据不同产业和技术领域的创新和发展需求，结合各类知识产权的属性、功能、特点，不断丰富和完善具体司法政策；注重发挥司法保护知识产权的主导作用，发挥裁判指引功能，明晰知识产权行政授权确权案件司法标准；深化司法公开，加大公开力度，完善知识产权审判宣传工作机制，积极回应新媒体时代司法宣传新要求。

本年度报告从最高人民法院 2013 年审结的知识产权和竞争案件中精选了 30 件（案件事实和法律问题基本相同的关联案件计为 1 件）典型案件，归纳出 39 个具有普遍指导意义的法律适用问题，反映了最高人民法院在知识产权和竞争领域处理新型、疑难、复杂案件的审判标准、裁判方法和司法导向。

**一、专利案件审判**

（一）专利民事案件审判

1. 主题名称对专利权保护范围是否具有限定作用

在再审申请人星河公司与被申请人润德公司侵害发明专利权纠纷案（〔2013〕民申字第 790 号）（以下简称"排水管道"发明专利侵权案）中，最高人民法院指出，在确定权利要求的保护范围时，应当考虑权利要求记载的主题名称；该主题名称对权利要求保护范围的实际限定作用取决于其对权利要求所要保护的主题本身产生何种影响。

2. 并列独立权利要求引用在前独立权利要求时保护范围的确定

在前述"排水管道"发明专利侵权案中，最高人民法院还指出，在确定引用在前独立权利要求的并列独立权利要求的保护范围时，虽然被引用的在前独立权利要求的特征应当予以考虑，但其对该并列独立权利要求并不必然具有限定作用，其实际的限定作用应当根据其对该并列独立权利要求的技术方案或保护主题是否有实质性影响来确定。

3. 封闭式权利要求的侵权判定

在再审申请人鑫宇公司与被申请人猴王公司侵害发明专利权纠纷案（〔2013〕民申字第 1201 号）中，最高人民法院指出，对于封闭式权利要求，如果被诉侵权产品或者方法除具备权利要求明确记载的技术特征之外，还具备其他特征的，应当认定其未落入权利要求保护范围。

4. 采用与权利要求限定的技术手段相反的技术方案是否构成等同侵权

在再审申请人捷瑞特中心与被申请人金自天和公司等侵害实用新型专利权纠纷案（〔2013〕民申字第 1146 号）中，最高人民法院认为，被诉侵权技术方案的技术手段与权利要求明确限定的技术手段相反，技术效果亦相反，且不能实现发明目的的，不构成等同侵权。

5. 改变方法专利的步骤顺序是否构成等同侵权

在再审申请人乐雪儿公司与被申请人陈顺弟等侵害发明专利权纠纷案（〔2013〕民提字第225号）中，最高人民法院指出，方法专利的步骤顺序是否对专利权的保护范围起到限定作用，从而导致发生步骤顺序改变时限制等同原则的适用，关键在于所涉步骤是否必须以特定的顺序实施以及这种顺序改变是否会带来技术功能或者技术效果的实质性差异。

6. 外观设计专利侵权判定中相同或相近种类产品的认定

在再审申请人维多利公司与被申请人越远公司等侵害外观设计专利权纠纷案（〔2013〕民申字第1658号）中，最高人民法院指出，在外观设计专利侵权判定中，确定产品种类是否相同或相近的依据是产品是否具有相同或相近似的用途，产品销售、实际使用的情况可以作为认定用途的参考因素。

（二）专利行政案件审判

7. 权利要求的解释方法在专利授权确权程序和民事侵权程序中的异同

在再审申请人精工爱普生与被申请人专利复审委员会等发明专利权无效行政纠纷案（〔2010〕知行字第53-1号）（以下简称"墨盒"专利无效行政案）中，最高人民法院认为，专利权利要求的解释方法在专利授权确权程序与专利民事侵权程序中既有根本的一致性，又在特殊场合下体现出一定的差异性，其差异突出体现在当事人意见陈述的作用上；在专利授权确权程序中，申请人在审查档案中的意见陈述原则上只能作为理解说明书以及权利要求书含义的参考，而不是决定性依据。

8. 物质的医药用途发明的撰写要求

在再审申请人卡比斯特公司与被申请人专利复审委员会发明专利权无效行政纠纷案（〔2012〕知行字第75号）（以下简称"抗生素的给药方法"发明专利无效行政案）中，最高人民法院指出，如果发明的实质及其对现有技术的改进在于物质的医药用途，申请专利权保护时，应当将权利要求撰写为制药方法类型权利要求，并以与制药相关的技术特征对权利要求的保护范围进行限定。

9. 不产生特定毒副作用的特征对权利要求请求保护的医药用途发明是否具有限定作用

在前述"抗生素的给药方法"发明专利无效行政案中，最高人民法院认为，如果权利要求中不产生特定毒副作用的特征没有改变药物已知的治疗对象和适应症，也未发现药物的新性能，不足以与已知用途相区别，则其对权利要求请求保护的医药用途发明不具有限定作用。

10. 给药特征对权利要求请求保护的制药方法发明是否具有限定作用

在前述"抗生素的给药方法"发明专利无效行政案中，最高人民法院还认为，用药过程的特征对药物制备过程的影响需要具体判断和分析；仅体现于用药行为中的特征不是制药用途的技术特征，对权利要求请求保护的制药方法本身不具有限定作用。

11. 开放式与封闭式权利要求的区分适用于机械领域专利

在再审申请人世纪联保公司与被申请人专利复审委员会等发明专利权无效行政纠纷案（〔2012〕行提字第 20 号）（以下简称"灭火装置"发明专利无效案）中，最高人民法院认为，"含有"、"包括"本身就具有并未排除未指出的内容的含义，因而成为开放式专利权利要求的重要标志；开放式和封闭式权利要求的区分在包括化学、机械领域在内的全部技术领域有普遍适用性。

12. 开放式权利要求的区别技术特征的认定

在前述"灭火装置"发明专利无效案中，最高人民法院认为，认定开放式权利要求相对于对比文件的区别技术特征时，如果对比文件的某个技术特征在该开放式权利要求中未明确提及，一般不将缺少该技术特征作为开放式权利要求相对于对比文件的区别技术特征。

13. 技术偏见是否存在应结合现有技术的整体内容进行判断

在申诉人阿瑞斯塔公司与被申诉人专利复审委员会发明专利权行政纠纷案（〔2013〕知行字第 31 号）中，最高人民法院认为，现有技术中是否存在技术偏见，应当结合现有技术的整体内容进行判断。

14. 专利申请文件修改超范围的判断

在再审申请人株式会社岛野与被申请人专利复审委员会等发明专利权无效行政纠纷案（〔2013〕行提字第 21 号）（以下简称"后换挡器"发明专利无效行政案）中，最高人民法院指出，专利法第三十三条中"原说明书和权利要求书记载的范围"应当理解为原说明书和权利要求书所呈现的发明创造的全部信息；审查专利申请文件的修改是否超出原说明书和权利要求书记载的范围，应当考虑所属技术领域的技术特点和惯常表达、所属领域普通技术人员的知识水平和认知能力、技术方案本身在技术上的内在要求等因素。

15. 专利申请文件中"非发明点"的修改及其救济

在前述"后换挡器"发明专利无效行政案中，最高人民法院还指出，为避免确有创造性的发明创造因为"非发明点"的修改超出原说明书和权利要求书记载的范围而丧失其本应获得的与其对现有技术的贡献相适应的专利权，相关部门应当积极寻求相应的解决和救济渠道，在防止专利申请人获得不正当的先申请利益的同时，积极挽救具有技术创新价值的发明创造。

16. 申请人可否基于审查员对专利申请文件修改的认可获得信赖利益保护

在前述"墨盒"专利无效行政案中，最高人民法院还指出，是否对专利申请文件进行修改原则上是申请人的一项权利；国务院专利行政部门依法行使对专利申请进行审查的职权，但并不负有保证专利授权正确无误的责任，申请人对其修改行为所造成的一切后果应自负其责。

17. 判断专利申请文件修改是否合法时当事人意见陈述的作用

在前述"墨盒"专利无效行政案中,最高人民法院还认为,判断专利申请文件修改是否合法时,当事人的意见陈述通常只能作为理解说明书以及权利要求书含义的参考,而不是决定性依据;其参考价值的大小取决于该意见陈述的具体内容及其与说明书和权利要求书的关系。

## 二、商标案件审判

(一)商标民事案件审判

18. 商品通用名称的认定与正当使用

在再审申请人沁州黄公司与被申请人檀山皇发展公司等侵害商标权纠纷案(〔2013〕民申字第1642号)中,最高人民法院认为,因历史传统、风土人情、地理环境等原因形成的相关市场较为固定的商品,其在该相关市场内的通用称谓可以认定为通用名称;注册商标权人不能因其在该商品市场推广中的贡献主张对该商品的通用名称享有商标权,无权禁止他人使用该通用名称来表明商品品种来源。

(二)商标行政案件审判

19. 商标法第十五条规定的代理人或者代表人身份的推定

在再审申请人新东阳企业公司与被申请人新东阳股份公司、原审被告商标评审委员会商标异议复审行政纠纷案(〔2013〕知行字第97号)中,最高人民法院指出,与代理人或者代表人有串通合谋抢注商标行为的人,可以视为代理人或者代表人;判断是否构成串通合谋抢注行为,可以视情根据该人与代理人或者代表人的特定身份关系进行推定。

20. 商标法第三十一条"以不正当手段抢先注册他人已经使用并有一定影响的商标"的适用及其例外

在再审申请人抚顺博格公司与商标评审委员会、营口玻纤公司商标争议行政纠纷案(〔2013〕行提字第11号)中,最高人民法院认为,一般情况下,商标申请人明知或者应知他人在先使用并有一定影响的商标而申请注册即可推定其具有利用他人商标商誉获利的意图,但不排除特殊情况下,在先商标虽然已经具有一定影响,但商标申请人并不具有抢占在先商标商誉的恶意。

21. 长期停止使用的商业标识不能作为有一定影响的未注册商标或在先权利予以保护

在再审申请人余晓华与商标评审委员会、第三人成都同德福公司商标争议行政纠纷案(〔2013〕知行字第80号)中,最高人民法院指出,商标法第三十一条所称的"有一定影响",应当是一种基于持续使用行为而产生的法律效果,"在先权利"应当是指至争议商标的申请日时仍然存在的现有权利;在长期停止使用的情况下，商业标识已经不具备商标法第三十一条所规定的未注册商标的知名度和影响力，不构成在先使用并有一定影响的商标或者在先权利。

22. 商标法第四十一条第一款规定的"其他不正当手段"的认定

在再审申请人李隆丰与被申请人商标评审委员会、一审第三人海棠湾管委会商标争议行政纠纷案（〔2013〕知行字第41、42号）中，最高人民法院指出，商标法第四十一条第一款规定的"以其他不正当手段取得注册"，是指以欺骗手段以外的扰乱商标注册秩序、损害公共利益、不正当占用公共资源或者以其他方式谋取不正当利益的手段取得注册；民事主体申请注册商标，应该有使用的真实意图，其申请注册商标行为应具有合理性或正当性。

23. 同一主体的不同注册商标的知名度在特定条件下可以辐射

在再审申请人博内特里公司与被申请人商标评审委员会、名仕公司商标争议行政纠纷案（〔2012〕行提字第28号）中，最高人民法院认为，同一主体的不同注册商标的知名度在特定条件下可以辐射；在争议商标申请日前，争议商标的标识因同一主体对相近似商标的长期广泛使用已经具有较高知名度，而引证商标不具有知名度的，引证商标的排斥权范围应受到限制。

### 三、著作权案件审判

24. 实用性与艺术性兼备的客体作为美术作品获得保护的条件

在再审申请人乐高公司与被申请人小白龙动漫公司等侵害著作权纠纷案（〔2013〕民申字第1262号至1271号、第1275号至1282号、第1327号至1346号、第1348号至1365号）中，最高人民法院指出，不同种类作品对独创性的要求不尽相同，美术作品的独创性要求体现作者在美学领域的独特创造力和观念；对于既有欣赏价值又有实用价值的客体而言，其是否可以作为美术作品保护取决于作者在美学方面付出的智力劳动所体现的独特个性和创造力，那些不属于美学领域的智力劳动则与独创性无关。

25. 立体造型美术作品的保护范围与侵权判断

在再审申请人法蓝瓷公司与被申请人加兰德公司侵害著作权纠纷案（〔2012〕民申字第1392号）中，最高人民法院认为，设计思路以及相应的工艺方法并非著作权法的保护对象，权利人不能通过著作权垄断相应的设计思路和工艺方法；他人可以采用同样的设计思路和工艺方法，设计并生产类似主题的产品，但不能抄袭他人具有独创性的表达。

### 四、竞争案件审判

26. 知名商品特有的包装、装潢权益能否承继

在再审申请人桂林南药公司与被申请人赛诺维公司侵害外观设计专利权和擅自使用知名商品特有包装、装潢纠纷案（〔2013〕民提字第163号）中，最

高人民法院指出，知名商品特有的包装、装潢属于反不正当竞争法保护的财产权益，依法可以转让和承继。

27. 知名商品的名称、包装和装潢的特有性与新颖性的关系

在再审申请人华文出版社与被申请人吉林文史出版社等侵害著作权及不正当竞争纠纷案（〔2013〕民申字第371号）（以下简称《男人来自火星·女人来自金星》图书不正当竞争案），最高人民法院指出，知名商品的名称、包装和装潢的特有性是指该商品名称、包装和装潢能够起到区别商品来源的作用，而不是指该商品名称、包装和装潢具有新颖性或者独创性；即使商品名称、包装和装潢不具有新颖性或者独创性，也不意味着其必然不具有特有性。

28. 不具有市场属性的信息不属于商业秘密

在再审申请人王者安与被申请人卫生部国际中心等侵害商业秘密纠纷案（〔2013〕民申字第1238号）中，最高人民法院指出，反不正当竞争法所规范的"竞争"并非任何形式、任何范围的竞争，而是特指市场经营主体之间的"市场竞争"；商业秘密应以市场为依托，仅在单位内部为当事人带来工作岗位竞争优势的信息不属于商业秘密。

### 五、知识产权合同案件审判

29. 尚未获得注册的商标的许可使用合同是否有效

在再审申请人泰盛公司与被申请人业宏达公司等商标许可使用合同纠纷案（〔2012〕民申字第1501号）中，最高人民法院认为，法律法规对许可他人使用尚未获得注册的商标未作禁止性规定，商标许可合同当事人对商标应该获得注册亦未有特别约定，一方以许可使用的商标未获得注册构成欺诈为由主张许可合同无效的，不予支持。

30. 技术转让合同中出让方技术资料真实保证义务的延续性

在再审申请人福瑞研究所与被申请人济川公司技术转让合同纠纷案（〔2013〕民申字第718号）中，最高人民法院认为，药品临床批件申请项下的技术发生转让的，技术出让方在后续的药品申报生产阶段仍负有保证申报资料数据真实可靠的约定义务和法定义务。

### 六、知识产权侵权责任承担

31. 停止侵害民事责任具体承担方式的确定

在前述《男人来自火星·女人来自金星》图书不正当竞争案中，最高人民法院还认为，停止侵害民事责任的具体方式的确定，应该遵循比例原则，结合被诉行为的特点，考虑具体责任方式的合目的性、必要性和均衡性。

32. 企业字号与注册商标冲突时的民事责任

在再审申请人大宝化妆品公司与被申请人大宝日化厂等侵害注册商标专用

权和不正当竞争纠纷案（〔2012〕民提字第166号）中，最高人民法院认为，企业字号与注册商标冲突时应根据案件的具体情况予以处理：因突出使用企业名称侵犯注册商标专用权的，可以判令规范使用企业名称；该企业名称因特殊的历史关系已经长期善意使用的，可以不判令变更企业名称。

**33. 专利权人与侵权人的事先约定可以作为确定专利侵权损害赔偿数额的依据**

在再审申请人隆成公司与被申请人童霸公司侵害实用新型专利权纠纷案（〔2013〕民提字第116号）中，最高人民法院认为，侵权人与权利人就再次侵权的赔偿数额作出约定后再次侵权的，人民法院可直接适用该约定确定侵权损害赔偿数额。

### 七、关于知识产权诉讼程序与证据

**34. 侵权结果地应当理解为侵权行为直接产生的结果的发生地**

在再审申请人郑州润达公司、陈庭荣与被申请人湖北洁达公司等侵害商业秘密纠纷管辖权异议案（〔2013〕民提字第16号）中，最高人民法院指出，侵权结果地应当理解为侵权行为直接产生的结果的发生地，不能简单地以原告受到损害就认定原告住所地是侵权结果发生地。

**35. 与本诉具有牵连关系的对抗性诉讼可以作为反诉受理**

在再审申请人江西格力公司与被申请人江西美的公司等不正当竞争纠纷案（〔2013〕民申字第2270号）中，最高人民法院认为，与本诉在具体事实和法律关系方面具有同一性并非反诉的必要条件；基于产生原因上的联系而提起的具有明显针对性、对抗性和关联性的诉讼，因其与本诉具有牵连关系，可以作为反诉处理。

**36. 因诉争焦点变化而未能及时提交的证据属于"新的证据"**

在再审申请人安斯泰来制药株式会社与被申请人力思特公司等侵害发明专利权纠纷案（〔2013〕民申字第261号）（以下简称"四氢苯并咪唑衍生物的制备方法"发明专利侵权案）中，最高人民法院认为，举证期限届满后，因诉争焦点发生变化，当事人为支持其主张而补充提交关键性证据，不审理该证据可能导致裁判明显不公的，应认定该证据属于"新的证据"。

**37. 人民法院依职权调查收集必要证据的正当性**

在前述"四氢苯并咪唑衍生物的制备方法"发明专利侵权案中，最高人民法院认为，人民法院为了审查核实当事人提供证据的真实性而收集必要的证据，属于行使民事诉讼法赋予的职权，不违反法定程序。

**38. 外国鉴定机构出具的鉴定结论能否采信**

在再审申请人圆谷制作株式会社、上海圆谷公司与被申请人辛波特·桑登猜等侵害著作权纠纷案（〔2011〕民申字第259号）中，最高人民法院认为，鉴定结论只有经过审查判断才能作为认定事实的依据；对于鉴定程序合法，当事人没有异议的鉴定结论，一般可以作为法院认定相关案件事实的依据；对于外国鉴定机构出具的鉴定结论，在当事人提出质疑时能否采信，应当按照中国的相关法律进行审查。

39. 非新产品制造方法专利侵权纠纷中的事实推定

在再审申请人潍坊恒联公司与被申请人宜宾长毅公司等侵害发明专利权纠纷案（〔2013〕民申字第 309 号）中，最高人民法院认为，在专利权人能够证明被诉侵权人制造了同样产品，经合理努力仍无法证明被诉侵权人确实使用了该专利方法的情况下，根据案件具体情况，结合已知事实及日常生活经验，能够认定该同样产品经由专利方法制造的可能性很大，被诉侵权人拒不配合法院调查收集证据或者保全证据的，可以推定被诉侵权人使用了该专利方法。

# 最高人民法院知识产权案件年度报告（2014）[①]

（2015 年 4 月）

2014 年，最高人民法院坚持司法为民、公正司法的工作主线，积极实施国家知识产权战略，充分发挥司法保护知识产权的主导作用，深化知识产权司法体制改革，不断提升司法能力和司法公信力，不断扩大知识产权司法保护的国际影响力，为创新型国家和法治中国建设作出了积极贡献。

最高人民法院知识产权审判庭全年共新收各类知识产权案件 481 件。在新收案件中，按照案件审理程序划分，共有二审案件 11 件，提审案件 51 件，申请再审案件 393 件，抗诉案件 6 件，请示案件 20 件。按照案件所涉客体类型划分，共有专利案件 192 件，植物新品种案件 8 件，商标案件 148 件，著作权案件 56 件，垄断案件 3 件，商业秘密案件 9 件，其他不正当竞争案件 16 件，知识产权合同案件 26 件，其他案件 23 件（主要涉及知识产权审判管理事务）。按照案件性质划分，共有行政案件 145 件，占全部新收案件的 30.15%，其中专利行政案件 56 件，商标行政案件 89 件，分别比 2013 年下降 12.5% 和上升 21.92%；共有民事案件 336 件，占全部新收案件的 69.85%。另有 2013 年旧存案件 85 件，2014 年共有各类在审案件 566 件。全年共审结各类知识产权案件 490 件，其中二审案件 10 件，提审案件 51 件，申请再审案件 402 件，请示案件 21 件，抗诉案件 6 件。在审结的 402 件申请再审案件中，行政申请再审

---

[①] 收入本书的为摘要版。

案件 131 件，民事申请再审案件 271 件；裁定驳回再审申请 303 件，裁定提审 37 件，裁定指令或者指定再审 20 件，裁定撤诉（包括和解撤诉）24 件，以其他方式处理 18 件。

最高人民法院 2014 年审理的知识产权和竞争案件的基本规律和特点是：案件数量大幅增长的趋势有所缓解，受理案件数量整体趋向稳定；新类型、疑难案件持续增加，需要明确法律边界或填补法律空白的案件越来越多；专利等技术类案件在整体案件数量中仍占有较大比重，专利行政案件涉及实际要解决的技术问题的确定等基本法律规则解释的案件比例较高，专利民事案件涉及侵权判定规则的案件较多，专利与标准结合、默示许可的认定等新类型法律问题开始出现；植物新品种案件继续呈现增长态势，所涉法律问题向品种同一性的对比等纵深领域发展；商标案件整体增幅平稳，商标民事案件基本稳定，商标行政案件比重进一步增加，涉及权利取得的正当性判断、立体商标显著性判断等新类型商标案件的数量有所增加；著作权案件整体增幅回落，所涉争议向保护对象的确定、著作权权属证明等著作权基本制度和基本理念问题回归；竞争案件中涉及网络技术和新型商业模式的案件比重较大，商业秘密和仿冒行为案件继续增多，最高人民法院首次审结垄断案件。

最高人民法院根据新形势新任务的要求，结合案件特点，在行使知识产权审判职能方面体现出如下特点：充分发挥知识产权司法保护机制对社会创新动力、创造潜力和创业活力的激励作用，合理确定知识产权的保护范围，加强对创新成果的保护力度，维护公平竞争的市场格局和经济秩序；贯彻落实"加强保护、分门别类、宽严适度"的知识产权司法保护基本政策，依法有效维护知识产权权利人的合法利益；充分发挥知识产权司法保护的主导作用，明晰知识产权行政授权确权案件的裁判标准，发挥司法裁判对关联民事、行政案件的指引功能和引领作用，注重纠纷的实质性解决；推进司法公开，积极回应社会关切，不断提升知识产权审判的影响力。

本年度报告从最高人民法院 2014 年审结的知识产权和竞争案件中精选了 35 件（案件事实和法律问题基本相同的关联案件计为 1 件）典型案件，上述案件涵盖了已经入选 2014 年中国法院 10 大知识产权案件、10 大创新性知识产权案件和 50 件典型知识产权案例的全部案件。我们从中归纳出 50 个具有普遍指导意义的法律适用问题，反映了最高人民法院在知识产权和竞争领域处理新型、疑难、复杂案件的审理思路和裁判方法。

## 一、专利案件审判

（一）专利民事案件审判

1. 独立权利要求与从属权利要求区别解释的条件

在再审申请人自由位移公司与被申请人英才公司、健达公司侵害发明专利权纠纷案（〔2014〕民申字第 497 号）中，最高人民法院指出，通常情况下，应当推定独立权利要求与其从属权利要求具有不同的保护范围。但是，如果二者的保护范围相同或实质性相同，则不能机械地对二者的保护范围作出区别性解释。

2. 权利要求中自行创设技术术语的解释规则

在再审申请人摩的露可厂与被申请人固坚公司侵害实用新型专利权纠纷案（〔2013〕民提字第 113 号）中，最高人民法院指出，在解释权利要求时，对于权利人自行创设的技术术语，一般可依据权利要求书、说明书中的定义或解释来确定其含义。如果缺乏该种解释或定义的，则应当结合权利要求书、说明书、附图中记载的有关背景技术、发明目的、技术效果等内容，查明该技术术语的工作方式、功能、效果，以确定其在整体技术方案中的含义。

3. 实施包含专利技术的推荐性标准需取得专利权人的许可

在再审申请人张晶廷与被申请人子牙河公司及一审被告、二审被上诉人华泽公司侵害发明专利权纠纷案（〔2012〕民提字第 125 号）中，最高人民法院指出，专利权人对纳入推荐性标准的专利技术履行了披露义务，他人在实施该标准时，应当取得专利权人的许可，并支付许可使用费。未经许可实施包含专利技术的推荐性标准，或拒绝支付许可使用费的，构成侵害标准所含专利权的行为。

4. 专利权人向他人提供专利图纸的行为是否构成默示许可

在再审申请人范俊杰与被申请人亿辰公司侵害实用新型专利权纠纷案（〔2013〕民提字第 223 号）中，最高人民法院指出，专利权人向他人提供专利图纸进行推广的行为，不当然地等同于许可他人实施其专利的意思表示。

5. 保护范围对外观设计专利侵权判断的影响

在再审申请人长城公司与被申请人陈纯彬、原审被告民生公司侵害外观设计专利权纠纷案（〔2014〕民申字第 438 号）中，最高人民法院指出，本案专利虽然仅仅保护形状设计而不包括图案，但形状和图案在外观设计上属于相互独立的设计要素，在形状之上增加图案并不必然对形状设计本身产生视觉影响。在二者的形状设计构成近似的情况下，包含图案的被诉侵权产品仍然落入本案专利的保护范围。

6. 并非由产品功能唯一决定的设计特征应当在外观设计相同或者相近似判断中予以考虑

在再审申请人晨诺公司与被申请人威科公司、张春江及一审被告、二审被上诉人智合公司侵害外观设计专利权纠纷案（〔2014〕民提字第 193 号）中，最高人民法院指出，不是由产品功能唯一决定的设计特征，应当在判断外观设计是否相同或相近似时予以考虑。

（二）专利行政案件审判

7. 专利复审及无效阶段对"明显实质性缺陷"的审查范围

在再审申请人专利复审委员会与被申请人德固赛公司发明专利申请驳回复

审行政纠纷案（〔2014〕知行字第2号）中，最高人民法院指出，虽然在初步审查、实质审查及复审无效这三个阶段对"明显实质性缺陷"的审查范围不完全一致，但"明显实质性缺陷"的性质应当相同。因此，初步审查阶段的"明显实质性缺陷"，当然也适用于实质审查和复审无效审查阶段。

8. 专利无效审查程序中依职权审查的范围

在再审申请人专利复审委员会与被申请人王伟耀及一审第三人、二审上诉人福田雷沃公司实用新型专利权无效行政纠纷案（〔2013〕知行字第92号）中，最高人民法院指出，《审查指南》对专利复审委员会可以依职权审查的具体情形作了列举，限定了专利复审委员会依职权审查的范围。对于请求人放弃的无效理由和证据，在没有法律依据的情况下，专利复审委员会通常不应再作审查。

9. 区别技术特征的认定应当以记载在权利要求中的技术特征为基础

在再审申请人亚东制药公司与被申请人专利复审委员会、一审第三人华洋公司发明专利权无效行政纠纷案（〔2013〕知行字第77号）（以下简称"乳腺疾病药物组合物及制备方法"发明专利无效案）中，最高人民法院指出，认定权利要求与最接近现有技术之间的区别技术特征，应当以权利要求记载的技术特征为准，并将其与最接近的现有技术公开的技术特征进行逐一对比。未记载在权利要求中的技术特征不能作为对比的基础，当然也不能构成区别技术特征。

10. 未记载在说明书中的技术贡献不能作为要求获得专利权保护的基础

在前述"乳腺疾病药物组合物及制备方法"发明专利无效案中，最高人民法院还认为，未记载在说明书中的技术贡献不能作为要求获得专利权保护的基础。对于专利权人提交的申请日之后的技术文献，用于证明未在专利说明书中记载的技术内容，如该技术内容不属于申请日之前的公知常识，或不是用于证明本领域技术人员的知识水平与认知能力的，一般不应作为判断能否获得专利权的依据。

11. 确定区别技术特征是否已经被现有技术公开应当考虑它们在各自技术方案中所起的作用

在再审申请人展通公司与被申请人泰科公司及一审被告、二审被上诉人专利复审委员会发明专利权无效行政纠纷案（〔2014〕知行字第43号）中，最高人民法院认为，在确定本案专利的某一区别技术特征与现有技术中的技术特征是否具有对应关系，从而导致该区别技术特征已经被现有技术所公开时，要考虑它们在各自技术方案中所起的作用是否相同。

12. "独立权利要求缺少必要技术特征"与"权利要求书应当以说明书为依据"的关系

在再审申请人埃利康公司与被申请人专利复审委员会、一审第三人刘夏阳、怡峰公司发明专利权无效行政纠纷案（〔2014〕行提字第13—15号）（以下简称"机动车托架"发明专利无效案）中，最高人民法院指出，独立权利要求缺少必要技术特征，不符合专利法实施细则第二十一条第二款规定的，一般也不能得到说明书的支持，不符合专利法第二十六条第四款的规定。

13. 在确定独立权利要求是否记载必要技术特征时，如何考虑权利要求中记载的功能性技术特征

在前述"机动车托架"发明专利无效案中，最高人民法院还认为，独立权利要求记载了解决技术问题的必要技术特征的，即使其为功能性技术特征，亦应当认定其符合专利法实施细则第二十一条第二款的规定，不宜再以独立权利要求中没有记载实现功能的具体结构或者方式为由，认定其缺少必要技术特征。

14. 发明实际所要解决的技术问题的确定

在前述"乳腺疾病药物组合物及制备方法"发明专利无效案中，最高人民法院还认为，在创造性判断中，确定发明实际解决的技术问题，通常要在发明相对于最接近的现有技术存在的区别技术特征的基础上，由本领域技术人员在阅读本案专利说明书后，根据该区别技术特征在权利要求请求保护的技术方案中所产生的作用、功能或者技术效果等来确定。

15. 背景技术不能用于确定发明实际所要解决的技术问题

在再审申请人理邦公司与被申请人专利复审委员会、第三人迈瑞公司发明专利权无效行政纠纷案（〔2014〕知行字第6号）中，最高人民法院认为，发明实际所要解决的技术问题的确定，是通过与最接近的现有技术比较得出的，而非以其背景技术的记载为依据。

16. 如何认定专利法实施细则第二十一条第二款中的"技术问题"

在前述"机动车托架"发明专利无效案中，最高人民法院还认为，专利法实施细则第二十一条第二款所称的"技术问题"，是指说明书中记载的专利所要解决的技术问题，是申请人根据其对说明书中记载的背景技术的主观认识，在说明书中声称其要解决的技术问题。当说明书中明确记载本案专利能够解决多个技术问题时，独立权利要求中应当记载能够同时解决上述技术问题的全部必要技术特征。

17. 对预料不到的技术效果的确定

在前述"乳腺疾病药物组合物及制备方法"发明专利无效案中，最高人民法院还认为，发明的技术效果是判断创造性的重要因素。如果发明相对于现有技术所产生的技术效果在质或量上发生明显变化，超出了本领域技术人员的合理预期，可以认定发明具有预料不到的技术效果。在认定是否存在预料不到的技术效果时，应当综合考虑发明所属技术领域的特点尤其是技术效果的可预见性、现有技术中存在的技术启示等因素。通常，现有技术中给出的技术启示越明确，技术效果的可预见性就越高。

18. 未取得预料不到技术效果的数值范围选择不能给本专利带来创造性

在再审申请人斯倍利亚社与被申请人专利复审委员会、一审第三人史天蕾

发明专利权无效行政纠纷案（〔2014〕知行字第 84 号）中，最高人民法院认为，在判断权利要求是否具备创造性时，应当考虑其选择的数值范围与现有技术相比是否取得了预料不到的技术效果。

19. 申请日在先的注册商标专用权可以用于判断是否与外观设计专利权相冲突

在再审申请人专利复审委员会与被申请人白象公司、一审第三人陈朝晖外观设计专利权无效行政纠纷案（〔2014〕知行字第 4 号）中，最高人民法院认为，只要商标申请日在外观设计专利申请日之前，且提起无效宣告请求时商标已被核准注册并仍然有效，该注册商标专用权就能够用于评述在后外观设计专利权是否与之构成权利冲突。

**二、商标案件审判**

（一）商标民事案件审判

20. 恶意取得并行使商标权的行为不受法律保护

在再审申请人歌力思公司、王碎永及一审被告杭州银泰公司侵害商标权纠纷案（〔2014〕民提字第 24 号）中，最高人民法院指出，诚实信用原则是一切市场活动参与者所应遵循的基本准则，民事诉讼活动同样应当遵循诚实信用原则。任何违背法律目的和精神，以损害他人正当权益为目的，恶意取得并行使商标权的行为属于权利滥用，相关主张不能得到法律的保护和支持。

21. 不具有区分商品来源作用的描述性使用不构成商标侵权

在再审申请人茂志公司与被申请人梦工场公司、派拉蒙公司、中影公司、华影天映公司侵害商标权纠纷案（〔2014〕民申字第 1033 号）中，最高人民法院指出，不具有区分商品或服务来源作用的描述性使用，不构成对商标权的侵害。

22. 足以导致混淆、误认的回收利用行为构成商标侵权

在再审申请人喜盈门公司与被申请人百威英博公司、一审被告蓝堡公司、抚州喜盈门公司、北国公司侵害商标权及不正当竞争纠纷案（〔2014〕民申字第 1182 号）中，最高人民法院指出，符合国家政策导向的回收利用行为亦不能损害他人的合法利益。使用回收容器的行为未合理避让他人的商标权或其他合法权利，并足以导致消费者对商品或服务的来源产生混淆、误认的，构成商标侵权行为。

（二）商标行政案件审判

23. 作为商品包装的立体商标的显著性判断

在再审申请人雀巢公司与被申请人味事达公司、商标评审委员会商标争议行政纠纷案（〔2014〕知行字第 21 号）中，最高人民法院指出，对于以商品包装形式体现的三维标志，设计上的独特性不当然地等同于商标的显著性，而仍

应当以其能否区分商品来源作为固有显著性的判断标准。同业经营者的使用情况对通过使用获得显著性的认定具有影响，当现有证据不足以克服相关公众对三维标志仅为商品包装这一认知的情况下，不能认定该三维标志通过使用获得了显著性。

24. 代表人或者代理人抢注被代表人或者被代理人商标的适用条件

在再审申请人雷博公司与被申请人商标评审委员会、家园公司商标争议行政纠纷案（〔2014〕行提字第3号）中，最高人民法院认为，商标法第十五条系针对代理或者代表关系这种特殊法律关系，基于诚实信用原则而设立的对被代理人或者被代表人的商标予以特殊保护的制度，并不一概要求该商标已经在先使用；只要特定商标应归于被代理人或者被代表人，代理人或者代表人即应善尽忠诚和勤勉义务，不得擅自以自己名义进行注册。

25. 中文商标与英文商标之间的近似性判断需要考虑的因素

在再审申请人高文新与被申请人戴比尔斯公司、商标评审委员会商标争议行政纠纷案（〔2014〕知行字第49号）中，最高人民法院指出，确定中文商标与英文商标之间的近似性，需要考虑相关公众对英文商标的认知水平和能力、中文商标与英文商标含义上的关联性或者对应性、引证商标自身的知名度和显著性、争议商标实际使用情况等因素。

26. 复杂历史因素下对商标法第二十八条的适用

在再审申请人苏州稻香村公司与被申请人商标评审委员会、一审第三人北京稻香村公司商标异议复审行政纠纷案（〔2014〕知行字第85号）中，最高人民法院指出，通常情况下，被异议商标与引证商标构成使用在相同或者类似商品上的近似商标的，不应予以核准注册。但本案具有复杂的历史因素，当一方当事人主张被异议商标系对其在先字号及在先注册商标的延续时，判断其应否被核准注册，除依据商标法的规定外，亦应对历史、现实以及业已形成的市场秩序给予充分的尊重，在尽可能地划清有关商业标识之间界限的基础上，公平合理地作出裁判。

27. 商标法第三十一条规定中在先权利"利害关系人"的界定

在再审申请人采埃孚公司与被申请人商标评审委员会、一审第三人汇昌机电公司商标争议行政纠纷案（〔2014〕行提字第2号）中，最高人民法院认为，现行法律法规并未对"利害关系人"的范围作出明确界定，虽然利害关系人多以被许可使用人、合法继承人的形式体现，但其他有证据证明与案件具有利害关系的主体，亦可依据商标法第三十一条的规定，以利害关系人的身份对争议商标提出撤销申请。

28. 商标法第三十一条规定中"在先权利"的界定

在再审申请人帕克无形资产有限责任公司（以下简称帕克公司）与被申请人商标评审委员会、一审第三人戴均欢商标异议复审行政纠纷案（〔2014〕行提字第 9 号）中，最高人民法院指出，申请商标不得损害他人现有的在先权利。在中国境内具有一定市场知名度、为相关公众所知悉的企业名称中的字号，亦可以作为企业名称权的一种特殊情况对待，作为商标法第三十一条所规定的在先权利受到保护。

29. 包含通用名称的商标显著性的认定

在再审申请人上海避风塘公司与被申请人商标评审委员会及一审第三人、二审被上诉人磐石意舟公司商标争议行政纠纷案（〔2013〕行提字第 8 号）中，最高人民法院指出，商标中虽然包含通用名称等不具有显著性的部分，但其他具有显著性的图案或者文字具有突出的识别效果，仍可认定商标整体具备显著性。

### 三、著作权案件审判

30. 图片作品著作权权属的证明

在再审申请人华盖公司与被申请人正林公司侵害著作权纠纷案（〔2014〕民提字第 57 号）中，最高人民法院指出，专业图片公司在官方网站上登载图片并销售的行为，虽然不同于传统意义上的"发表"，但同样是"公之于众"的一种方式。网站中对作品的"署名"，包括权利声明和水印，在没有相反证据的情况下，构成著作权权利归属的初步证明。

31. 根据同一历史题材创作作品中的必要场景和有限表达方式不受著作权法保护

在再审申请人张晓燕与被申请人雷献和、赵琪、一审被告山东爱书人音像图书有限公司侵害著作权纠纷案（〔2013〕民申字第 1049 号）中，最高人民法院认为，著作权法所保护的是作品中具有独创性的表达，即思想或情感的表现形式，不包括思想或情感本身。创意、素材、公有领域的信息、创作形式、必要场景、有限或唯一的表达方式，均不受著作权法的保护。

32. 对雕塑作品进行合理使用过程中署名义务的确定

在申诉人绍兴市水利局与被申诉人王巨贤，一审被告、二审被上诉人神采公司侵害著作权纠纷案（〔2013〕民提字第 15 号）中，最高人民法院指出，对设置在室外公共场所的雕塑作品进行临摹、摄影等，无需征得许可和支付报酬，但应指明作者姓名和作品名称。社会公众应指明的作者姓名取决于雕塑本身的署名情况。如果该雕塑作品并未注明系依据他人绘画作品而创作，进行合理使用的社会公众没有义务去追溯原始绘画作品的作者并为其署名。但本案中的管理者并非一般的社会公众，在负有更高注意义务的情况下，应为原作者署名。

33. 著作权合同的解释规则

在再审申请人百视通公司与被申请人乐视网公司及一审被告康佳公司、国美公司侵害作品信息网络传播权纠纷案（〔2014〕民申字第658号）中，最高人民法院指出，当事人对合同条款的理解有争议的，应当按照合同所使用的词句、合同有关条款、合同目的、交易习惯以及诚实信用原则，确定该条款的真实意思。在有关概念含义不明的情况下，当事人签订合同时应当更为谨慎并对合同中的权利义务作出明确约定，否则应当承担相应的法律后果。

### 四、不正当竞争案件审判

34. 互联网市场背景下对反不正当竞争法第二条规定的适用

在上诉人奇虎公司、奇智公司与被上诉人腾讯公司、腾讯计算机公司不正当竞争纠纷案（〔2013〕民三终字第5号）（以下简称"腾讯QQ"不正当竞争案）中，最高人民法院指出，经营者在市场交易中，应当遵循自愿、平等、公平、诚实信用的原则，遵守公认的商业道德。上述规定同样适用于互联网市场领域。认定行为是否构成不正当竞争，关键在于该行为是否违反了诚实信用原则和互联网行业公认的商业道德，并损害了他人的合法权益。

35. 互联网市场领域中商业诋毁行为的认定

在前述"腾讯QQ"不正当竞争案中，最高人民法院还认为，判定某一行为是否构成商业诋毁，其判定标准是该行为是否属于捏造、散布虚伪事实，对竞争对手的商业信誉或者商品声誉造成了损害。正当的市场竞争是竞争者通过必要的付出而进行的诚实竞争。竞争自由和创新自由必须以不侵犯他人合法权益为边界，互联网的健康发展需要有序的市场环境和明确的市场竞争规则作为保障。

36. 互联网市场领域技术创新、自由竞争和不正当竞争的界限

在前述"腾讯QQ"不正当竞争案中，最高人民法院还指出，竞争自由和创新自由必须以不侵犯他人合法权益为边界，互联网的健康发展需要有序的市场环境和明确的市场竞争规则作为保障。

37. 缺乏正当性与合理性而对他人搜索结果实施干扰的行为构成不正当竞争

在再审申请人奇虎公司与被申请人百度网讯公司、百度在线公司及一审被告奇智公司不正当竞争纠纷案（〔2014〕民申字第873号）中，最高人民法院指出，安全软件在计算机系统中拥有优先权限，其应当审慎运用这种"特权"，对用户及其他服务提供者的干预行为应以"实现其功能所必需"为前提。在缺乏合理性与必要性的情况下，未经许可对他人搜索结果实施的干扰行为，构成不正当竞争。

### 五、垄断案件审判

38. 在滥用市场支配地位案件中是否均须明确界定相关市场

在上诉人奇虎公司与被上诉人腾讯公司、腾讯计算机公司滥用市场支配地

位纠纷案（〔2013〕民三终字第4号）（以下简称"腾讯QQ"垄断案）中，最高人民法院指出，并非在任何滥用市场支配地位的案件中均必须明确而清楚地界定相关市场；即使不明确界定相关市场，也可以通过排除或者妨碍竞争的直接证据对被诉经营者的市场地位及被诉垄断行为可能的市场影响进行评估。

39. 相关市场界定中"假定垄断者测试"的可适用性及其适用方法

在前述"腾讯QQ"垄断案中，最高人民法院还指出，作为界定相关市场的一种分析思路，假定垄断者测试（HMT）具有普遍的适用性，但是选择何种方式进行假定垄断者测试，需要根据案件具体情况；在产品差异化非常明显且质量、服务、创新、消费者体验等非价格竞争成为重要竞争形式的领域，采用数量不大但有意义且并非短暂的价格上涨（SSNIP）的方法则存在较大困难；此时可以采取该方法的变通形式，例如基于质量下降的假定垄断者测试。

40. 互联网领域平台竞争的特点对相关市场界定的影响

在前述"腾讯QQ"垄断案中，最高人民法院还指出，判断本案相关商品市场是否应确定为互联网应用平台，其关键问题在于，网络平台之间为争夺用户注意力和广告主的相互竞争是否完全跨越了由产品或者服务特点所决定的界限，并给经营者施加了足够强大的竞争约束；这一问题的答案最终取决于实证检验，在缺乏确切证据支持的情况下，在相关市场界定阶段可以不主要考虑互联网平台竞争的特性。

41. 网络即时通信服务相关地域市场界定需考虑的因素

在前述"腾讯QQ"垄断案中，最高人民法院还指出，基于互联网的即时通信服务并无额外的、值得关注的运输成本、价格成本或者技术障碍，在界定相关地域市场时，可以主要考虑多数需求者选择商品的实际区域、法律法规的规定、境外竞争者的现状及其进入的及时性等因素。

42. 市场份额在认定市场支配力方面的地位和作用

在前述"腾讯QQ"垄断案中，最高人民法院还指出，市场份额只是判断市场支配地位的一项比较粗糙且可能具有误导性的指标，其在认定市场支配力方面的地位和作用必须根据案件具体情况确定。

43. 滥用市场支配地位行为的分析步骤与方法

在前述"腾讯QQ"垄断案中，最高人民法院还指出，即使初步认定被诉经营者不具有市场支配地位，仍可以进一步分析被诉垄断行为对竞争的影响效果，以检验关于其是否具有市场支配地位的结论正确与否。

**六、植物新品种案件审判**

44. 未经登记公告的品种权转让行为无效

在再审申请人敦煌公司与被申请人武科公司、赤天公司、大京九公司、弘展公司侵害植物新品种权纠纷案（〔2014〕民申字第52—54号）中，最高人民法院指出，著录事项变更虽然是一种行政管理措施，但因其同时涉及权利人与社会公众的利益，变更应当采取公示的方式。在未经登记公示之前，品种权转让行为并未生效。

45. 植物新品种侵权损害赔偿数额的计算

在再审申请人敦煌先锋公司、新特丽公司与被申请人新疆生产建设兵团农一师四团侵害植物新品种权纠纷案（〔2014〕民提字第26号）（以下简称新特丽公司植物新品种侵权案）中，最高人民法院指出，侵权人未能提供相反证据推翻权利人有关授权品种利润的证据，人民法院可以参考权利人的证据酌情确定赔偿数额。

46. 植物新品种侵权案件的损害赔偿数额包括为制止侵权行为支付的合理开支

在前述新特丽公司植物新品种侵权案中，最高人民法院还指出，在计算植物新品种侵权案件的损害赔偿数额时，未适用法定赔偿不意味着不能另行计算维权费用。侵犯植物新品种权案件的赔偿数额还可以包括权利人为制止侵权行为所支付的合理开支。

47. 植物新品种侵权案件中证据保全效力的认定

在前述新特丽公司植物新品种侵权案中，最高人民法院还指出，邀请相关专业技术人员参与田间取样并非人民法院进行证据保全的必经程序，不能以未邀请有关专业技术人员协助取样为由，当然地否定植物新品种侵权案件中证据保全的效力。

## 七、关于知识产权诉讼程序与证据

48. 合法来源抗辩的举证责任和证明尺度

在再审申请人雅洁公司与被申请人杨建忠、卢炳仙侵害外观设计专利权纠纷案（〔2013〕民提字第187号）（以下简称"锁面组件"外观设计专利侵权案）中，最高人民法院指出，侵权产品的使用者、销售者与制造者就各自的行为分别承担法律责任，不能因查明或认定了侵权产品的制造者就当然推定使用者、销售者的合法来源抗辩成立，免除其举证责任。也不能因为制造者已经承担了侵权责任，就免除合法来源抗辩不成立的使用者、销售者的赔偿责任。对于合法来源证据的审查应当从严把握，尤其要注重对证据的真实性、证明力、关联性、同一性的审查。

49. 侵权产品上所示商标的权利人可以被合理地推定为侵权产品的制造者

在前述"锁面组件"外观设计专利侵权案中，最高人民法院还认为，侵权产品外包装上使用的注册商标的权利人有制造能力，且无相反证据证明侵权产品的实际制造者并非商标权人本人的情况下，可以合理地推定商标权人是侵权产品的制造者。

50. 警告函对销售商主观过错的证明作用

在再审申请人孙俊义与被申请人郑宁侵害实用新型专利权纠纷案（〔2014〕民申字第 1036 号）中，最高人民法院指出，当事人援引专利法第七十条的规定主张"合法来源"抗辩时，如果专利权人能够证明，已经向销售商发出了明确记载有专利权和被诉侵权产品的基本情况、侵权比对结果及联系人等信息的警告函，且销售商已经收到该警告函的情况下，原则上可以推定销售商知道其销售的是专利侵权产品。

# 最高人民法院知识产权案件年度报告（2015）[①]

（2016 年 4 月）

2015 年，最高人民法院坚持服务大局，更好地适应和服务经济发展新常态。积极实施国家知识产权战略，充分发挥司法保护知识产权的主导作用。鼓励和支持大众创业、万众创新。倡导诚实守信，依法保护知识产权，积极维护市场经济秩序。不断扩大知识产权司法保护的国际影响力，努力服务和保障经济社会发展。

最高人民法院知识产权审判庭 2015 年全年共新收各类知识产权案件 759 件。在新收案件中，按照案件审理程序划分，共有二审案件 8 件，提审案件 29 件，申请再审案件 696 件，请示案件 26 件。按照案件所涉客体类型划分，共有专利案件 257 件，植物新品种案件 3 件，商标案件 325 件，著作权案件 83 件，集成电路布图设计案件 3 件，垄断案件 3 件，商业秘密案件 9 件，其他不正当竞争案件 14 件，知识产权合同案件 34 件，其他案件 28 件（主要涉及知识产权审判管理事务）。按照案件性质划分，共有行政案件 378 件，占全部新收案件的 49.80%，其中专利行政案件 112 件，商标行政案件 266 件，分别比 2014 年上升 100% 及 198.88%；共有民事案件 381 件，占全部新收案件的 50.20%。另有 2014 年旧存案件 77 件，2015 年共有各类在审案件 836 件。全年共审结各类知识产权案件 754 件，其中二审案件 7 件，提审案件 39 件，申请再审案件 682 件，请示案件 26 件。在审结的 682 件申请再审案件中，行政申请再审案件 361 件，民事申请再审案件 321 件；裁定驳回再审申请 514 件，裁定提审 81 件，裁定指令或者指定再审 38 件，裁定撤诉（包括和解撤诉）16 件，以其他方式处理 33 件。

---

[①] 收入本书的为摘要版。

最高人民法院2015年审理的知识产权和竞争案件的基本规律和特点是：与专利和商标有关的知识产权案件仍在全部受理案件中占有最大比重，专利及商标授权确权类行政案件增幅明显；专利行政案件更多涉及的仍是技术特征的划分和解释、背景技术公开内容的确定、说明书是否充分公开等基础性法律问题，专利民事案件中涉及等同侵权争议的案件比例较高，现有技术抗辩和先有权抗辩的运用比较普遍；植物新品种案件在借助DNA等技术进行同一性对比方面继续向纵深发展，所涉技术问题更为复杂和专业；商标案件整体增幅较大，商标行政案件数量在2015年再次出现大比例增长，商标近似和商品类似的判断、在先权利的保护等法律问题仍居主导地位，诚实信用原则对商标案件审理的价值引导作用更为突出；著作权案件的数量和所占比例基本平稳，新商业模式下的网络侵权问题仍然突出，影视作品著作权争议频发。竞争案件中商业秘密纠纷所占比例较大，权利人取证和举证能力较弱，进而导致保护范围难以确定的现象时有发生。最高人民法院还首次审结集成电路布图设计案件，并对布图设计保护范围的确定等问题进行了有益的探索。

最高人民法院根据服务大局的要求，结合案件特点，在行使知识产权审判职能方面体现出如下特点：坚持依法保护知识产权，倡导诚实守信，合理确定知识产权的保护范围，维护公平竞争的市场格局和经济秩序；充分发挥知识产权司法保护机制的保障和激励作用，加强对创新成果的保护力度，鼓励和支持大众创业、万众创新；贯彻落实"加强保护、分门别类、宽严适度"的知识产权司法保护基本政策，依法有效维护知识产权权利人的合法利益，增强市场活力；明晰知识产权行政授权确权案件的司法审查标准，注重纠纷的实质性解决；深化司法公开，用公开促公正，不断加强知识产权审判对核心价值建设的影响力。

本年度报告从最高人民法院2015年审结的知识产权和竞争案件中精选了32件（案件事实和法律问题基本相同的关联案件计为1件）典型案件，上述案件涵盖了已经入选2015年中国法院十大知识产权案件和50件典型知识产权案例的全部案件。我们从中归纳出38个具有普遍指导意义的法律适用问题，反映了最高人民法院在知识产权和竞争领域处理新型、疑难、复杂案件的审理思路和裁判方法，现予公布。

**一、专利案件审判**

（一）专利民事案件审判

1. 专利权人主张本国优先权时的举证责任和说明义务

在再审申请人慈溪市博生塑料制品有限公司与被申请人陈剑侵害实用新型专利权纠纷案（〔2015〕民申字第188号）（简称"清洁工具"实用新型专利侵权案）中，最高人民法院指出，专利权人主张本国优先权时，应当承担相应的举证责任和说明义务。未能提交与本国优先权主题相关的在先申请文件，亦未能证明本案专利与在先申请属于相同主题的发明创造，不能依据在先申请日享有本国优先权。

2. 在说明书引证背景技术文件的情况下，对说明书公开内容的正确理解

在前述"清洁工具"实用新型专利侵权案中，最高人民法院指出，在可能的情况下，说明书的背景技术部分应当引证反映背景技术的文件。在文件内容构成本案专利的现有技术，且通过引证的方式，上述内容已经成为说明书所涉技术方案的组成部分，则文件内容应视为已被说明书所公开。

3. 应用环境特征在方法专利侵权判断过程中的作用

在再审申请人华为技术有限公司与被申请人中兴通讯股份有限公司、杭州阿里巴巴广告有限公司侵害发明专利权纠纷案（〔2015〕民申字第2720号）中，最高人民法院指出，对于虽然未作为技术特征写入权利要求，却是实施专利方法最为合理、常见和普遍的运行环境和操作模式，应当在涉及方法专利的侵权判断中予以考量。

4. 专利法意义上的销售行为的认定标准

在再审申请人刘鸿彬与被申请人北京京联发数控科技有限公司、天威四川硅业有限责任公司侵害实用新型专利权纠纷案（〔2015〕民申字第1070号）中，最高人民法院指出，专利法意义上销售行为的认定，需要考虑专利法第十一条的立法目的，正确厘定销售行为与许诺销售行为之间的关系，充分保护专利权人利益。为此，销售行为的认定应当以销售合同成立为标准，而不应以合同生效、合同价款支付完成、标的物交付或者所有权转移为标准。

5. 专利申请时已经明确排除的技术方案，不能以技术特征等同为由在侵权判断时重新纳入专利权的保护范围

在再审申请人孙俊义与被申请人任丘市博成水暖器材有限公司、张泽辉、乔泰达侵害实用新型专利权纠纷案（〔2015〕民申字第740号）中，最高人民法院指出，等同原则的适用需要兼顾专利权人和社会公众的利益，且须考虑专利申请与专利侵权时的技术发展水平，合理界定专利权的保护范围。

6. 外观设计近似性判断的判断主体、比对方法和比对对象

在上诉人本田技研工业株式会社与被上诉人石家庄双环汽车股份有限公司、石家庄双环汽车有限公司、石家庄双环新能源汽车有限公司侵害外观设计专利权纠纷案（〔2014〕民三终字第8号）中，最高人民法院指出，外观设计近似性的判断，应当基于一般消费者的知识水平和认知能力，根据外观设计的全部设计特征，以整体视觉效果进行综合判断。当专利保护的是产品整体外观设计时，不应当将产品整体予以拆分、改变原使用状态后进行比对。如果实物照片真实反映了被诉侵权产品的客观情况，可以使用照片中的被诉侵权产品与本案专利进行比对。

7. 设计特征的认定及对外观设计近似性判断的影响

在再审申请人浙江健龙卫浴有限公司与被申请人高仪股份公司侵害外观设计专利权纠纷案（〔2015〕民提字第23号）中，最高人民法院指出，设计特征体现了授权外观设计不同于现有设计的创新内容，也体现了设计人对现有设计的创造性贡献。如果被诉侵权产品未包含授权外观设计区别于现有设计的全部设计特征，一般可以推定二者不构成近似外观设计。设计特征的存在应由专利权人进行举证，允许第三人提供反证予以推翻，并由人民法院依法予以确定。

8. 抵触申请抗辩成立的条件

在前述"清洁工具"实用新型专利侵权案中，最高人民法院指出，被诉侵权人以其实施的技术方案属于抵触申请为由，主张不侵害专利权的，应当审查被诉侵权技术方案是否已被抵触申请完整公开。在该技术方案相对于抵触申请不具有新颖性时，抵触申请抗辩成立。

9. 现有设计抗辩的审查与判断

在再审申请人丹阳市盛美照明器材有限公司与被申请人童先平侵害外观设计专利权纠纷案（〔2015〕民申字第633号）中，最高人民法院指出，在被诉侵权产品与本案专利相近似的情况下，如果被诉侵权产品采用了本案专利与现有设计相区别的设计特征，现有设计抗辩不能成立。

10. 先用权抗辩的审查与认定

在再审申请人北京英特莱技术公司与被申请人深圳蓝盾公司北京分公司、北京蓝盾创展门业有限公司侵害发明专利权纠纷案（〔2015〕民申字第1255号）中，最高人民法院指出，现有证据能够证明，制造商在申请日前已经实施或已经为实施本案专利做好了技术或物质上的必要准备，且仅在原有范围内继续制造的，先用权抗辩成立。在制造商并非本案被告，但销售商能够证明被诉侵权产品的合法来源以及制造商享有先用权的情况下，销售商可以提出先用权抗辩。

（二）专利行政案件审判

11. 权利要求的解释所需遵循的一般原则

在再审申请人李晓乐与被申请人国家知识产权局专利复审委员会、一审第三人、二审上诉人郭伟、沈阳天正输变电设备制造有限责任公司发明专利权无效行政纠纷案（〔2014〕行提字第17号）中，最高人民法院指出，在专利授权确权程序中解释权利要求用语的含义时，必须顾及专利法关于说明书应该充分公开发明的技术方案、权利要求书应当得到说明书支持、专利申请文件的修改不得超出原说明书和权利要求书记载的范围等法定要求，基于权利要求的文字记载，结合对说明书的理解，对权利要求作出最广义的合理解释。

12. 字面含义存在歧义的技术特征的解释规则

在申诉人辽宁般若网络科技有限公司与被申诉人国家知识产权局专利复审委员会、一审第三人中国惠普有限公司发明专利权无效行政纠纷案（〔2013〕

行提字第 17 号）中，最高人民法院指出，对于权利要求中字面含义存在歧义的技术特征的解释，应当结合说明书及附图中已经公开的内容，并符合本案专利的发明目的，且不得与本领域的公知常识相矛盾。

13. 化学领域产品发明说明书充分公开的判断

在再审申请人国家知识产权局专利复审委员会、北京嘉林药业股份有限公司与被申请人沃尼尔·朗伯有限责任公司、一审第三人张楚发明专利权无效行政纠纷案（〔2014〕行提字第 8 号）（简称"阿托伐他汀"发明专利权无效案）中，最高人民法院指出，化学领域产品发明的专利说明书中应当记载化学产品的确认、制备和用途。

14. 确定发明所要解决的技术问题与判断说明书是否充分公开之间的关系

在前述"阿托伐他汀"发明专利权无效案中，最高人民法院还认为，技术方案的再现与是否解决了技术问题、产生了技术效果的评价之间，存在着先后顺序上的逻辑关系，应首先确认本领域技术人员根据说明书公开的内容是否能够实现该技术方案，然后再确认是否解决了技术问题、产生了技术效果。

15. 申请日后补交的实验性证据是否可以用于证明说明书充分公开

在前述"阿托伐他汀"发明专利权无效案中，最高人民法院还认为，在申请日后提交的用于证明说明书充分公开的实验性证据，如果可以证明以本领域技术人员在申请日前的知识水平和认知能力，通过说明书公开的内容可以实现该发明，那么该实验性证据应当予以考虑，不能仅仅因为该证据在申请日后提交而不予接受。

16. 从属权利要求是否得到说明书支持的判断

在再审申请人朱福奶、翟佑华、马国奶与被申请人国家知识产权局专利复审委员会及一审第三人、二审上诉人河南全新液态起动设备有限公司发明专利权无效行政纠纷案（〔2014〕行提字第 32 号）中，最高人民法院指出，对于形式上具有从属关系，实质上替换了独立权利要求中特定技术特征的从属权利要求，应当按照其限定的技术方案的实质内容来确定其保护范围，并在此基础上判断是否得到说明书的支持。

17. 同一技术方案中产品权利要求与方法权利要求创造性评判之间的关系

在再审申请人广东天普生化医药股份有限公司与被申请人国家知识产权局专利复审委员会、第三人张亮发明专利权无效行政纠纷案（〔2015〕知行字第 261 号）中，最高人民法院指出，对于同时包含产品权利要求与方法权利要求的发明专利而言，如果产品权利要求并非由方法权利要求所唯一限定，即存在通过其他方法获得该产品的可能性。在方法权利要求具备创造性的情况下，并不能必然得出产品权利要求也具备创造性的结论。

## 二、商标案件审判

### （一）商标民事案件审判

**18. 缺乏合法性基础的注册商标专用权不能对抗他人的正当使用行为**

在再审申请人宁波广天赛克思液压有限公司与被申请人邵文军侵害商标权纠纷案（〔2014〕民提字第168号）中，最高人民法院指出，以违反诚实信用原则恶意取得的注册商标专用权，对他人的正当使用行为提起的侵害商标权之诉，不应得到法律的支持和保护。

**19. 涉外委托加工中商标使用行为的判断**

在再审申请人浦江亚环锁业有限公司与被申请人莱斯防盗产品国际有限公司侵害商标权纠纷案（〔2014〕民提字第38号）中，最高人民法院指出，商标法保护商标的基本功能，是保护其识别性。判断在相同或类似商品上使用相同或近似商标的行为是否容易导致混淆，要以商标发挥或者可能发挥识别功能为前提。在全部用于出口的委托加工产品上贴附的标志，既不具有区分所加工商品来源的意义，也不能实现识别该商品来源的功能，该标志不具有商标的属性，该贴附行为不构成商标意义上的使用行为。

### （二）商标行政案件审判

**20. 对包含外文文字的申请商标是否构成禁止注册的外国国家名称，应基于相关公众的知识水平和认知能力作出判断**

在再审申请人耐克国际有限公司与被申请人国家工商行政管理总局商标评审委员会商标驳回复审行政纠纷案（〔2015〕知行字第80号）中，最高人民法院指出，相关公众基于知识水平和认知能力，不会认为申请商标整体上与外国国家名称相同或近似的，应认定申请商标未违反商标法第十条第一款第（二）项的规定。

**21. 驰名商标按需认定原则在商标授权确权行政案件中的适用**

在再审申请人巨化集团公司与被申请人国家工商行政管理总局商标评审委员会、第三人胡金云商标异议复审行政纠纷案（〔2014〕知行字第112号）中，最高人民法院指出，人民法院审理涉及驰名商标保护的商标授权确权行政案件，亦应遵循驰名商标的按需认定原则。如果被异议商标并未构成对引证商标的复制、摹仿或者翻译，或者被异议商标获准注册并不会导致误导公众并可能损害引证商标权利人利益的结果，即无需对引证商标是否构成驰名的问题作出审查和认定。

**22. 在先商标具有较高显著性和知名度的情况下，在后申请人应负有更高的注意和避让义务**

在再审申请人北京福联升鞋业有限公司与被申请人国家工商行政管理总局商标评审委员会、北京内联升鞋业有限公司商标异议复审行政纠纷案（〔2015

知行字第116号）中，最高人民法院认为，在引证商标具有较高的显著性和知名度的情况下，与其构成近似商标的范围较普通商标也应更宽，同业竞争者亦应具有更高的注意和避让义务。

23. 商标之间适当共存的考量因素

在再审申请人特多瓦公司与被申请人北京龟博士汽车清洗连锁有限公司及一审被告、二审被上诉人国家工商行政管理总局商标评审委员会，一审第三人、二审被上诉人北京半隆贸易中心商标异议复审行政纠纷案（〔2015〕行提字第3号）中，最高人民法院指出，商标之间的适当共存，一般具有特殊的历史背景，且需考虑在先权利人的意愿和客观上是否已经形成了市场区分的事实。

24. 特殊历史背景下在先使用并有一定影响商标的认定

在再审申请人贵州赖世家酒业有限责任公司与被申请人国家工商行政管理总局商标评审委员会、一审第三人中国贵州茅台酒厂（集团）有限责任公司商标异议复审行政纠纷案（〔2015〕知行字第115号）中，最高人民法院指出，判断被异议商标是否属于以不正当手段抢先注册他人在先使用并有一定影响的商标时，需考查在先商标的历史、申请注册情况，并结合在先商标在被异议商标申请日前是否为合法使用等因素综合判断。

25. 注册商标连续三年停止使用制度中的"使用"行为，应以核定使用的商品为限

在再审申请人宁波市青华漆业有限公司与被申请人国家工商行政管理总局商标评审委员会、一审第三人上海市方达（北京）律师事务所商标撤销复审行政纠纷案（〔2015〕知行字第255号）中，最高人民法院认为，在注册商标连续三年停止使用予以撤销制度中，复审商标的使用行为应以核定使用的商品为限。

26. 象征性使用不构成商标的实际使用行为

在再审申请人成超与被申请人通用磨坊食品亚洲有限公司、一审被告国家工商行政管理总局商标评审委员会商标撤销复审行政纠纷案（〔2015〕知行字第181号）中，最高人民法院指出，在注册商标连续三年停止使用的复审案件中，判断复审商标是否进行了实际使用，需要考察商标注册人是否具有真实的使用意图和使用行为。仅为维持复审商标存在而进行的象征性使用，不构成商标的实际使用行为。

### 三、著作权案件审判

27. 表格类表达方式是否具备独创性的判断

在再审申请人马琦与被申请人乐山市文化广播影视新闻出版局、唐长寿著作权权属、侵害著作权纠纷案（〔2015〕民申字第1665号）中，最高人民法院

指出，作品的独创性应体现在作品的表达方式而非思想或观点之中，具有独创性的表达方式应由作者独立完成且不同以往。表格形式仍属于一般性的表格分类方式，表格内容的表达方式相对固定，不具备作品所应具有的独创性，不能受到著作权法的保护。

28. 共有权利人之间相互侵害著作权行为的认定

在再审申请人北京金色里程文化艺术有限公司与被申请人上海晋鑫影视发展有限公司、原审被告李晓军、李文秀侵害著作权纠纷案（〔2015〕民申字第131号）中，最高人民法院认为，著作权的共有权利人可以在与对方协商不成、对方无正当理由、行使的权利不含转让、与对方分享收益等情况下，有条件地单独行使权利。但著作权的质押和转让，是对权利的重大处分。未与共有权人协商而对著作权进行转让，构成未经许可侵害共有权人著作权的行为。

### 四、不正当竞争案件审判

29. 权利人对商业秘密内容和范围的明确与固定

在再审申请人新发药业有限公司与被申请人亿帆鑫富药业股份有限公司、一审被告姜红海、马吉锋侵害商业秘密纠纷案（〔2015〕民申字第2035号）中，最高人民法院指出，在商业秘密案件审理过程中，应当允许权利人对其商业秘密的内容和范围进行明确和固定，人民法院在此基础上进行的审理和裁判，只要不影响当事人的程序性权利，即不构成超出诉讼请求的裁判。

30. 专利权人于侵权认定作出前发送侵权警告维护自身权益的行为，不构成不正当竞争

在石家庄双环汽车股份有限公司与本田技研工业株式会社确认不侵害专利权、损害赔偿纠纷案（〔2014〕民三终字第7号）（简称"汽车"外观设计专利确认不侵权案）中，最高人民法院指出，专利权人可以在提起侵权诉讼之前或者起诉期间发送侵权警告，发送侵权警告是其自行维护权益的途径和协商解决纠纷的环节，法律对此并无禁止性规定，且允许以此种方式解决争议有利于降低维权成本、提高纠纷解决效率、节约司法资源，符合经济效益。

31. 侵权警告的发送应限于合理范围，并善尽注意义务

在前述"汽车"外观设计专利确认不侵权案中，最高人民法院还指出，权利人发送侵权警告维护自身合法权益是其行使民事权利的应有之义，但行使权利应当在合理的范围内，并善尽注意义务。

32. 善意的在先使用行为不构成擅自使用他人企业名称

在再审申请人广州星河湾实业发展有限公司、广州宏富房地产有限公司与被申请人江苏炜赋集团建设开发有限公司侵害商标权及不正当竞争纠纷案（〔2013〕民提字第102号）（简称"星河湾"商标侵权及不正当竞争案）中，最高人民法院指出，他人善意使用诉争名称的时间早于权利人对其企业名称的

使用，该使用行为不构成擅自使用他人企业名称的行为。

### 五、植物新品种案件审判

33. 侵害植物新品种权案件中，对结论不同的测试报告的采信与认定

在再审申请人山东登海先锋种业有限公司与被申请人陕西农丰种业有限责任公司、山西大丰种业有限公司侵害植物新品种权纠纷案（〔2015〕民申字第2633号）中，最高人民法院指出，特征特性相同为认定侵害植物新品种权行为的前提条件。植物新品种的授权依据为田间种植的DUS测试，当田间种植的DUS测试确定的特异性结论与DNA指纹检测结论不同时，应以田间种植的DUS测试结论为准。

### 六、集成电路布图设计案件审判

34. 登记图样和样品对集成电路布图设计保护范围确定的作用

在再审申请人昂宝电子（上海）有限公司与被申请人南京智浦芯联电子科技有限公司、深圳赛灵贸易有限公司、深圳市梓坤嘉科技有限公司侵害集成电路布图设计专有权纠纷案（〔2015〕民申字第785号）中，最高人民法院指出，登记时已投入商业利用的集成电路布图设计，其专有权的保护内容应当以申请登记时提交的复制件或图样为准，必要时样品可以作为辅助参考。

### 七、关于知识产权诉讼程序与证据

35. 具有举证能力的一方当事人拒绝明确商业秘密的具体内容，不影响人民法院对确认不侵害商业秘密案件的受理

在再审申请人丹东克隆集团有限责任公司与被申请人江西华电电力有限责任公司确认不侵害商业秘密纠纷案（〔2015〕民申字第628号）中，最高人民法院指出，在确认不侵害商业秘密纠纷案中，应当根据当事人的举证能力和取证难度，确定商业秘密的具体内容和诉讼权利义务的指向对象。具有举证能力的一方当事人拒绝明确商业秘密的具体内容，应就此承担不利的法律后果，但不影响人民法院对确认不侵害商业秘密案件的受理。

36. 电子证据真实性和证明力的审查判断

在再审申请人董健飞与被申请人吴树祥、一审被告、二审上诉人国家知识产权局专利复审委员会外观设计专利权无效行政纠纷案（〔2015〕知行字第61号）中，最高人民法院指出，在审查判断以公证书形式固定的互联网站网页发布时间的真实性与证明力时，应考虑公证书的制作过程、网页及其发布时间的形成过程、管理该网页的网站资质和信用状况、经营管理状况、所采用的技术手段等相关因素，结合案件其他证据进行综合判断。

37. 对证据证明效力的审核认定及对提供伪证行为的处罚

在再审申请人广东华润涂料有限公司与被申请人江苏大象东亚制漆有限公司、一审被告吴雪春不正当竞争纠纷案（〔2014〕民提字第196号）中，最高人民法院指出，人民法院应当按照法定程序，全面、客观地审核证据，依照法律规定，运用逻辑推理和日常生活经验法则，对证据有无证明力和证明力大小进行判断，并公开判断的理由和结果。对于严重违反诚信原则，提交伪证、进行虚假陈述、扰乱司法秩序的行为，应当按照法定程序予以处罚。

38. 停止侵权责任的承担，应当遵循善意保护原则并兼顾公共利益

在前述"星河湾"商标侵权及不正当竞争案中，最高人民法院还认为，在商标权等知识产权与物权等财产权发生冲突时，是否判令当事人承担停止使用的法律责任，应当遵循善意保护原则并兼顾公共利益。

# 最高人民法院
## 关于调整地方各级人民法院管辖第一审知识产权民事案件标准的通知

2010年1月28日　　　　　　　　　　　法发〔2010〕5号

各省、自治区、直辖市高级人民法院，解放军军事法院，新疆维吾尔自治区高级人民法院生产建设兵团分院：

为进一步加强最高人民法院和高级人民法院的知识产权审判监督和业务指导职能，合理均衡各级人民法院的工作负担，根据人民法院在知识产权民事审判工作中贯彻执行修改后的民事诉讼法的实际情况，现就调整地方各级人民法院管辖第一审知识产权民事案件标准问题，通知如下：

一、高级人民法院管辖诉讼标的额在2亿元以上的第一审知识产权民事案件，以及诉讼标的额在1亿元以上且当事人一方住所地不在其辖区或者涉外、涉港澳台的第一审知识产权民事案件。

二、对于本通知第一项标准以下的第一审知识产权民事案件，除应当由经最高人民法院指定具有一般知识产权民事案件管辖权的基层人民法院管辖的以外，均由中级人民法院管辖。

三、经最高人民法院指定具有一般知识产权民事案件管辖权的基层人民法院，可以管辖诉讼标的额在500万元以下的第一审一般知识产权民事案件，以及诉讼标的额在500万元以上1000万元以下且当事人住所地均在其所属高级或中级人民法院辖区的第一审一般知识产权民事案件，具体标准由有关高级人

民法院自行确定并报最高人民法院批准。

**四、**对重大疑难、新类型和在适用法律上有普遍意义的知识产权民事案件，可以依照民事诉讼法第三十九条的规定，由上级人民法院自行决定由其审理，或者根据下级人民法院报请决定由其审理。

**五、**对专利、植物新品种、集成电路布图设计纠纷案件和涉及驰名商标认定的纠纷案件以及垄断纠纷案件等特殊类型的第一审知识产权民事案件，确定管辖时还应当符合最高人民法院有关上述案件管辖的特别规定。

**六、**军事法院管辖军内第一审知识产权民事案件的标准，参照当地同级地方人民法院的标准执行。

**七、**本通知下发后，需要新增指定具有一般知识产权民事案件管辖权的基层人民法院的，有关高级人民法院应将该基层人民法院管辖第一审一般知识产权民事案件的标准一并报最高人民法院批准。

**八、**本通知所称"以上"包括本数，"以下"不包括本数。

**九、**本通知自2010年2月1日起执行。之前已经受理的案件，仍按照各地原标准执行。

本通知执行过程中遇到的问题，请及时报告最高人民法院。

## 最高人民法院
## 关于印发基层人民法院管辖第一审知识产权民事案件标准的通知

2010年1月28日　　　　　　　　法发〔2010〕6号

各省、自治区、直辖市高级人民法院，解放军军事法院，新疆维吾尔自治区高级人民法院生产建设兵团分院：

根据各有关高级人民法院的报请，现将经最高人民法院批准的目前具有一般知识产权民事案件管辖权的基层人民法院管辖第一审知识产权民事案件的标准（见附件）统一予以印发，自2010年2月1日起执行。之前已经受理的案件，仍按照各地原标准执行。

特此通知。

附：

## 基层人民法院管辖第一审知识产权民事案件标准

| 地区 | 基层人民法院 | | 管辖第一审知识产权民事案件的标准 |
|---|---|---|---|
| 北京市 | 东城区人民法院 | | 诉讼标的额在 500 万元以下的第一审一般知识产权民事案件以及诉讼标的额在 500 万元以上 1000 万元以下且当事人住所地均在北京市高级人民法院辖区的第一审一般知识产权民事案件 |
| | 西城区人民法院 | | |
| | 崇文区人民法院① | | |
| | 宣武区人民法院② | | |
| | 朝阳区人民法院 | | |
| | 海淀区人民法院 | | |
| | 丰台区人民法院 | | |
| | 石景山区人民法院 | | |
| | 昌平区人民法院 | | |
| 天津市 | 和平区人民法院 | | 诉讼标的额在 100 万元以下的第一审一般知识产权民事案件 |
| | 经济技术开发区人民法院 | | 诉讼标的额在 50 万元以下的第一审一般知识产权民事案件 |
| 辽宁省 | 大连市 | 西岗区人民法院 | 诉讼标的额在 500 万元以下的第一审一般知识产权民事案件 |
| 上海市 | 浦东新区人民法院 | | 诉讼标的额在 200 万元以下的第一审一般知识产权民事案件 |
| | 卢湾区人民法院 | | |
| | 杨浦区人民法院 | | |
| | 黄浦区人民法院 | | |

---

① 根据国务院批准的《北京市政府关于调整首都功能核心区行政区划的请示》，同意撤销北京市东城区、崇文区，设立新的北京市东城区。

② 根据国务院批准的《北京市政府关于调整首都功能核心区行政区划的请示》，同意撤销北京市西城区、宣武区，设立新的北京市西城区。

| 地区 | 基层人民法院 | | 管辖第一审知识产权民事案件的标准 |
|---|---|---|---|
| 江苏省 | 南京市 | 宣武区人民法院 | 诉讼标的额在 200 万元以下的第一审一般知识产权民事案件 |
| | | 鼓楼区人民法院 | |
| | | 江宁区人民法院 | |
| | 苏州市 | 虎丘区人民法院 | |
| | | 昆山市人民法院 | |
| | | 太仓市人民法院 | |
| | | 常熟市人民法院 | |
| | | 工业园区人民法院 | |
| | 无锡市 | 滨湖区人民法院 | |
| | | 江阴市人民法院 | |
| | | 宜兴市人民法院 | |
| | 常州市 | 武进区人民法院 | 诉讼标的额在 100 万元以下的第一审一般知识产权民事案件 |
| | | 天宁区人民法院 | |
| | | 常州高新技术产业开发区人民法院 | |
| | 镇江市 | 镇江经济开发区人民法院 | |
| | 南通市 | 南通市通州区人民法院 | |
| 浙江省 | 杭州市 | 西湖区人民法院 | 诉讼标的额在 500 万元以下的第一审一般知识产权民事案件（义乌市人民法院同时管辖诉讼标的额在 500 万元以下的第一审实用新型和外观设计专利纠纷案件） |
| | | 滨江区人民法院 | |
| | | 余杭区人民法院 | |
| | | 萧山区人民法院 | |
| | 宁波市 | 北仑区人民法院 | |
| | | 鄞州区人民法院 | |
| | | 余姚市人民法院 | |
| | | 慈溪市人民法院 | |
| | 温州市 | 鹿城区人民法院 | |
| | | 瓯海区人民法院 | |
| | | 乐清市人民法院 | |
| | | 瑞安市人民法院 | |
| | 嘉兴市 | 南湖区人民法院 | |
| | | 海宁市人民法院 | |
| | 绍兴市 | 绍兴县人民法院 | |
| | 金华市 | 婺城区人民法院 | |
| | | 义乌市人民法院 | |
| | 台州市 | 玉环县人民法院 | |

| 地区 | | 基层人民法院 | 管辖第一审知识产权民事案件的标准 |
|---|---|---|---|
| 安徽省 | 合肥市 | 高新技术产业开发区人民法院 | 诉讼标的额在5万元以下的第一审一般知识产权民事案件 |
| 福建省 | 福州市 | 鼓楼区人民法院 | 诉讼标的额在50万元以下的第一审一般知识产权民事案件 |
| | 厦门市 | 思明区人民法院 | |
| | 泉州市 | 晋江市人民法院 | |
| 江西省 | 南昌市 | 南昌高新技术产业开发区人民法院 | 诉讼标的额在100万元以下的第一审一般知识产权民事案件 |
| | | 南昌经济技术开发区人民法院 | |
| 山东省 | 济南市 | 历下区人民法院 | 诉讼标的额在50万元以下的第一审一般知识产权民事案件以及诉讼标的额在50万元以上100万元以下且当事人住所地均在其所属中级人民法院辖区的第一审一般知识产权民事案件 |
| | 青岛市 | 市南区人民法院 | |
| 湖北省 | 武汉市 | 江岸区人民法院 | 诉讼标的额在300万元以下的第一审一般知识产权民事案件以及诉讼标的额在300万元以上800万元以下且当事人住所地均在武汉市中级人民法院辖区的第一审一般知识产权民事案件 |
| 湖南省 | 长沙市 | 天心区人民法院 | 诉讼标的额在300万元以下的第一审一般知识产权民事案件 |
| | | 岳麓区人民法院 | |
| | 株洲市 | 天元区人民法院 | |
| 广东省 | 广州市 | 越秀区人民法院 | 诉讼标的额在200万元以下的第一审一般知识产权民事案件 |
| | | 海珠区人民法院 | |
| | | 天河区人民法院 | |
| | | 白云区人民法院 | |
| | | 萝岗区人民法院 | |
| | | 南沙区人民法院 | |
| | 深圳市 | 罗湖区人民法院 | |
| | | 福田区人民法院 | |
| | | 南山区人民法院 | |
| | | 盐田区人民法院 | |
| | | 龙岗区人民法院 | |
| | | 宝安区人民法院 | |
| | 佛山市 | 南海区人民法院 | |
| | | 禅城区人民法院 | |
| | | 顺德区人民法院 | |
| | 汕头市 | 龙湖区人民法院 | |

| 地区 | 基层人民法院 | | 管辖第一审知识产权民事案件的标准 |
|---|---|---|---|
| 广东省 | 江门市 | 蓬江区人民法院 | 诉讼标的额在200万元以下的第一审一般知识产权民事案件 |
| | | 新会区人民法院 | |
| | 东莞市 | 东莞市第一人民法院 | |
| | 中山市 | 中山市人民法院 | |
| 广西壮族自治区 | 南宁市 | 青秀区人民法院 | 诉讼标的额在80万元以下的第一审一般知识产权民事案件以及诉讼标的额在80万元以上150万元以下且当事人住所均在南宁市中级人民法院辖区的第一审一般知识产权民事案件 |
| 四川省 | 成都市 | 高新区人民法院 | 诉讼标的额在50万元以下的第一审一般知识产权民事案件 |
| | | 武侯区人民法院 | |
| | | 锦江区人民法院 | |
| 重庆市 | | 渝中区人民法院 | 诉讼标的额在300万元以下的第一审一般知识产权民事案件 |
| | | 沙坪坝区人民法院 | |
| 甘肃省 | 兰州市 | 城关区人民法院 | 诉讼标的额在30万元以下的第一审一般知识产权民事案件 |
| | 天水市 | 秦州区人民法院 | |
| 新疆生产建设兵团 | 农十二师 | 乌鲁木齐垦区人民法院 | 诉讼标的额在100万元以下的第一审一般知识产权民事案件以及诉讼标的额在100万元以上300万元以下且当事人住所地均在农十二师中级人民法院辖区的第一审一般知识产权民事案件 |
| | 农六师 | 五家渠市人民法院 | 诉讼标的额在100万元以下的第一审一般知识产权民事案件以及诉讼标的额在100万元以上200万元以下且当事人住所地均在农六师中级人民法院辖区的第一审一般知识产权民事案件 |

注：本附件所称"以上"包括本数，"以下"不包括本数。

第二编

# 著 作 权

## 最高人民法院
## 关于审理著作权民事纠纷案件适用法律若干问题的解释

法释〔2002〕31号

(2002年10月12日最高人民法院审判委员会第1246次会议通过 2002年10月12日最高人民法院公告公布 自2002年10月15日起施行)

为了正确审理著作权民事纠纷案件,根据《中华人民共和国民法通则》、《中华人民共和国合同法》、《中华人民共和国著作权法》、《中华人民共和国民事诉讼法》等法律的规定,就适用法律若干问题解释如下:

**第一条** 人民法院受理以下著作权民事纠纷案件:

(一)著作权及与著作权有关权益权属、侵权、合同纠纷案件;

(二)申请诉前停止侵犯著作权、与著作权有关权益行为,申请诉前财产保全、诉前证据保全案件;

(三)其他著作权、与著作权有关权益纠纷案件。

**第二条** 著作权民事纠纷案件,由中级以上人民法院管辖。

各高级人民法院根据本辖区的实际情况,可以确定若干基层人民法院管辖第一审著作权民事纠纷案件。

**第三条** 对著作权行政管理部门查处的侵犯著作权行为,当事人向人民法院提起诉讼追究该行为人民事责任的,人民法院应当受理。

人民法院审理已经过著作权行政管理部门处理的侵犯著作权行为的民事纠纷案件,应当对案件事实进行全面审查。

**第四条** 因侵犯著作权行为提起的民事诉讼,由著作权法第四十六条、第四十七条所规定侵权行为的实施地、侵权复制品储藏地或者查封扣押地、被告住所地人民法院管辖。

前款规定的侵权复制品储藏地,是指大量或者经常性储存、隐匿侵权复制品所在地;查封扣押地,是指海关、版权、工商等行政机关依法查封、扣押侵权复制品所在地。

**第五条** 对涉及不同侵权行为实施地的多个被告提起的共同诉讼,原告可以选择其中一个被告的侵权行为实施地人民法院管辖;仅对其中某一被告提起的诉讼,该被告侵权行为实施地的人民法院有管辖权。

**第六条** 依法成立的著作权集体管理组织,根据著作权人的书面授权,以自己的名义提起诉讼,人民法院应当受理。

**第七条** 当事人提供的涉及著作权的底稿、原件、合法出版物、著作权登记证书、认证机构出具的证明、取得权利的合同等,可以作为证据。

在作品或者制品上署名的自然人、法人或者其他组织视为著作权、与著作权有关权益的权利人,但有相反证明的除外。

**第八条** 当事人自行或者委托他人以定购、现场交易等方式购买侵权复制品而取得的实物、发票等,可以作为证据。

公证人员在未向涉嫌侵权的一方当事人表明身份的情况下,如实对另一方当事人按照前款规定的方式取得的证据和取证过程出具的公证书,应当作为证据使用,但有相反证据的除外。

**第九条** 著作权法第十条第(一)项规定的"公之于众",是指著作权人自行或者经著作权人许可将作品向不特定的人公开,但不以公众知晓为构成条件。

**第十条** 著作权法第十五条第二款所指的作品,著作权人是自然人的,其保护期适用著作权法第二十一条第一款的规定;著作权人是法人或其他组织的,其保护期适用著作权法第二十一条第二款的规定。

**第十一条** 因作品署名顺序发生的纠纷,人民法院按照下列原则处理:有约定的按约定确定署名顺序;没有约定的,可以按照创作作品付出的劳动、作品排列、作者姓氏笔画等确定署名顺序。

**第十二条** 按照著作权法第十七条规定委托作品著作权属于受托人的情形,委托人在约定的使用范围内享有使用作品的权利;双方没有约定使用作品范围的,委托人可以在委托创作的特定目的范围内免费使用该作品。

**第十三条** 除著作权法第十一条第三款规定的情形外,由他人执笔,本人审阅定稿并以本人名义发表的报告、讲话等作品,著作权归报告人或者讲话人享有。著作权人可以支付执笔人适当的报酬。

**第十四条** 当事人合意以特定人物经历为题材完成的自传体作品,当事人对著作权权属有约定的,依其约定;没有约定的,著作权归该特定人物享有,执笔人或整理人对作品完成付出劳动的,著作权人可以向其支付适当的报酬。

**第十五条** 由不同作者就同一题材创作的作品,作品的表达系独立完成并且有创作性的,应当认定作者各自享有独立著作权。

**第十六条** 通过大众传播媒介传播的单纯事实消息属于著作权法第五条第(二)项规定的时事新闻。传播报道他人采编的时事新闻,应当注明出处。

**第十七条** 著作权法第三十二条第二款规定的转载,是指报纸、期刊登载其他报刊已发表作品的行为。转载未注明被转载作品的作者和最初登载的报刊出处的,应当承担消除影响、赔礼道歉等民事责任。

**第十八条** 著作权法第二十二条第（十）项规定的室外公共场所的艺术作品，是指设置或者陈列在室外社会公众活动处所的雕塑、绘画、书法等艺术作品。

对前款规定艺术作品的临摹、绘画、摄影、录像人，可以对其成果以合理的方式和范围再行使用，不构成侵权。

**第十九条** 出版者、制作者应当对其出版、制作有合法授权承担举证责任，发行者、出租者应当对其发行或者出租的复制品有合法来源承担举证责任。举证不能的，依据著作权法第四十六条、第四十七条的相应规定承担法律责任。

**第二十条** 出版物侵犯他人著作权的，出版者应当根据其过错、侵权程度及损害后果等承担民事赔偿责任。

出版者对其出版行为的授权、稿件来源和署名、所编辑出版物的内容等未尽到合理注意义务的，依据著作权法第四十八条的规定，承担赔偿责任。

出版者尽了合理注意义务，著作权人也无证据证明出版者应当知道其出版涉及侵权的，依据民法通则第一百一十七条第一款的规定，出版者承担停止侵权、返还其侵权所得利润的民事责任。

出版者所尽合理注意义务情况，由出版者承担举证责任。

**第二十一条** 计算机软件用户未经许可或者超过许可范围商业使用计算机软件的，依据著作权法第四十七条第（一）项、《计算机软件保护条例》第二十四条第（一）项的规定承担民事责任。

**第二十二条** 著作权转让合同未采取书面形式的，人民法院依据合同法第三十六条、第三十七条的规定审查合同是否成立。

**第二十三条** 出版者将著作权人交付出版的作品丢失、毁损致使出版合同不能履行的，依据著作权法第五十三条、民法通则第一百一十七条以及合同法第一百二十二条的规定追究出版者的民事责任。

**第二十四条** 权利人的实际损失，可以根据权利人因侵权所造成复制品发行减少量或者侵权复制品销售量与权利人发行该复制品单位利润乘积计算。发行减少量难以确定的，按照侵权复制品市场销售量确定。

**第二十五条** 权利人的实际损失或者侵权人的违法所得无法确定的，人民法院根据当事人的请求或者依职权适用著作权法第四十八条第二款的规定确定赔偿数额。

人民法院在确定赔偿数额时，应当考虑作品类型、合理使用费、侵权行为性质、后果等情节综合确定。

当事人按照本条第一款的规定就赔偿数额达成协议的，应当准许。

**第二十六条** 著作权法第四十八条第一款规定的制止侵权行为所支付的合理开支，包括权利人或者委托代理人对侵权行为进行调查、取证的合理费用。

人民法院根据当事人的诉讼请求和具体案情，可以将符合国家有关部门规定的律师费用计算在赔偿范围内。

第二十七条 在著作权法修改决定施行前发生的侵犯著作权行为起诉的案件，人民法院于该决定施行后做出判决的，可以参照适用著作权法第四十八条的规定。

第二十八条 侵犯著作权的诉讼时效为二年，自著作权人知道或者应当知道侵权行为之日起计算。权利人超过二年起诉的，如果侵权行为在起诉时仍在持续，在该著作权保护期内，人民法院应当判决被告停止侵权行为；侵权损害赔偿数额应当自权利人向人民法院起诉之日起向前推算二年计算。

第二十九条 对著作权法第四十七条规定的侵权行为，人民法院根据当事人的请求除追究行为人民事责任外，还可以依据民法通则第一百三十四条第三款的规定给予民事制裁，罚款数额可以参照《中华人民共和国著作权法实施条例》的有关规定确定。

著作权行政管理部门对相同的侵权行为已经给予行政处罚的，人民法院不再予以民事制裁。

第三十条 对 2001 年 10 月 27 日前发生的侵犯著作权行为，当事人于 2001 年 10 月 27 日后向人民法院提出申请采取责令停止侵权行为或者证据保全措施的，适用著作权法第四十九条、第五十条的规定。

人民法院采取诉前措施，参照《最高人民法院关于诉前停止侵犯注册商标专用权行为和保全证据适用法律问题的解释》的规定办理。

第三十一条 除本解释另行规定外，2001 年 10 月 27 日以后人民法院受理的著作权民事纠纷案件，涉及 2001 年 10 月 27 日前发生的民事行为的，适用修改前著作权法的规定；涉及该日期以后发生的民事行为的，适用修改后著作权法的规定；涉及该日期前发生，持续到该日期后的民事行为的，适用修改后著作权法的规定。

第三十二条 以前的有关规定与本解释不一致的，以本解释为准。

## 【解　　读】

### 解读《关于审理著作权民事纠纷案件适用法律若干问题的解释》

#### 一、问题的提出

2001 年 10 月 27 日第九届全国人大常委会第二十四次会议通过了修改

《著作权法》的决定，并于当日颁布生效施行。《著作权法》的此次修改是为我国加入世界贸易组织按照 TRIPs 协议对知识产权保护的要求而作出的。

《著作权法》修改后，人民法院在法律适用中面临着几个亟待解决的问题：一是要对新《著作权法》增设的诉前禁令等临时措施的实施，制定相应的程序上的配套制度；二是要对《著作权法》中涉及管辖、举证责任和《著作权法》修改前后的时间效力等问题作出具体规定，便于审判实践的具体操作；三是要及时将多年来已有的审判经验，根据法律的修改，总结、上升为明确的司法解释，以统一法律适用标准，充分保护当事人的合法权益，提高人民法院审判案件的水平。《最高人民法院关于审理著作权民事纠纷案件适用法律若干问题的解释》（以下简称本解释）共三十二条，2002 年 10 月 12 日经最高人民法院审判委员会第 1246 次会议讨论通过，并于 2002 年 10 月 15 日起施行。

**二、理解与适用**

（一）人民法院对著作权民事纠纷案件的收案范围与受理

1. 收案范围

《著作权法》调整著作权关系和著作邻接权关系，这两种权利关系都可能涉及权属、侵权、合同等纠纷。因此，本解释第一条规定即注意了将两种权利关系涉及的纠纷都规定在收案范围内。除著作权关系外，根据《著作权法》的规定，与著作权有关的权益包括：出版者对其出版的图书和期刊的版式设计享有的权利，表演者对其表演享有的权利，录音录像制作者对其制作的录音录像制品享有的权利，广播电台、电视台对其播放的广播、电视节目享有的权利。当事人就以上权益发生纠纷都要适用《著作权法》，当事人提起民事诉讼，人民法院都要依法受理。但为了本解释文字简练，我们将这两类权利的纠纷都涵盖规定在著作权纠纷中了。从第一条以后的各项规定中，凡涉及著作权的条文，依法应当包括著作邻接权关系的，都应当包括著作邻接权。在审判实践中要注意不得遗漏、忽略本解释条文中应当包括的著作邻接权关系的内涵。

著作权、著作邻接权纠纷根据纠纷的不同情况，可以有多种不同的案由。本解释第一条注意避免了单纯的案由罗列，而将所有纠纷分为三项规定：一是涉及著作权、邻接权的权属、侵权和合同纠纷案件；二是由于《著作权法》新修改增设禁令等临时措施而产生的案件，包括诉前停止侵犯著作权、与著作权有关权益行为，申请诉前财产保全、诉前证据保全的案件；三是兜底的弹性条款，以应对将来法律的新规定以及审判实践中出现的新情况而增加的案件类别。需要注意的是，人民法院在按照以上规定受理案件确定案由时，还是应当根据最高人民法院相关的案由规定中关于著作权案件的各种案由确定。

2. 人民法院对著作权民事纠纷的受理与行政机关行政执法的协调

修改后的《著作权法》规定，行政机关仅能对《著作权法》第四十六条、四十七条规定的侵权行为进行停止侵权、没收和罚款的行政处罚,而对权利人的赔偿问题,当事人自行协商不成的只能向人民法院提起诉讼解决。这是符合世界贸易组织规则和我国民事法律规定,合理划分审判机关与行政机关不同职权的重要修正。在审判实践中,有行政机关以进行行政处罚为由,提出对当事人依法向人民法院提起赔偿的民事诉讼不应受理的现象,使人民法院依法独立审判著作权民事赔偿案件在一定程度上发生模糊与混淆。为了更好地保护著作权人的合法民事权益,避免影响当事人依法行使诉权,本解释第三条明确规定当事人就侵犯著作权行为向著作权行政管理部门请求处理,又向人民法院提起侵权损害赔偿民事诉讼的,人民法院应当依法受理。

案件受理后,人民法院在依法审理著作权案件时,独立行使审判权,不受行政机关的干涉。行政机关作出的关于侵权成立与否的决定,只能作为案件的一个重要事实予以参考,并不能成为人民法院裁判的依据。因此本解释第三条同时规定,人民法院受理的已经著作权行政部门处理过的民事案件,人民法院仍应当就当事人民事争议的事实进行审查。本条的两款规定与最高人民法院就《专利法》、《商标法》法律适用的司法解释相关规定一致。

3. 著作权集体管理组织的诉讼主体资格

修改后的《著作权法》增加规定了著作权集体管理组织及该组织的性质、职能、设立和管理,以及该组织同著作权人和相关权利人间的关系等方面的规定。《著作权法》第八条规定,著作权人和与著作权有关的权利人可以授权著作权集体管理组织行使著作权或者与著作权有关的权利。著作权集体管理组织被授权后,可以以自己的名义为著作权人和与著作权有关的权利人主张权利,并可以作为当事人进行涉及著作权或者与著作权有关的权利的诉讼、仲裁活动。著作权集体管理组织是非营利性组织,其设立方式、权利义务、著作权许可使用费的收取和分配,以及对其监督和管理等由国务院另行规定。在TRIPs协议中也有关于集体管理组织可以作为当事人提起诉讼的规定。我国修改后的《著作权法》的这一规定完全符合TRIPs协议的要求。对于人民法院来说,适用《著作权法》的这一规定,主要是在民事诉讼中,确定提起诉讼的著作权集体管理组织作为原告当事人的诉讼主体地位问题。实际上这个问题在我国的审判实践中曾出现过,并得到了合理地解决。最高人民法院于1993年9月14日就中国音乐著作权协会能否以自己的名义提起诉讼等问题作出过函复,该函复明确了音乐著作权协会可以根据其与著作权人的合同在约定的权限内以自己的名义提起诉讼。此次以司法解释的形式使这个问题更加明确。今后,著作权集体管理组织(包括以后依法设立的、与著作权有关的权利的集体管理组织)以自己名义为著作权人等主张权利向人民法院提起诉讼的,人民法院应当依法受理。应当注意,本解释第六条对著作权集体管理组织进行了限定,即"依法成立的"著作权集体管理组织。人民法院应当对著作权集体管理组织的资格进行审查，凡符合国务院或者国务院著作权主管部门法规规章规定条件的，应当赋予其原告的诉讼资格。最高人民法院民三庭正在就有关具体事宜与国家版权局协调，以使《著作权法》的该项规定正确、有效地实施。

（二）著作权纠纷案件的管辖

人民法院对著作权民事纠纷案件的管辖分为级别管辖和地域管辖。级别管辖是对著作权案件上下级法院之间的管辖分工，地域管辖是同级人民法院对某一著作权案件的管辖分工。著作权案件属于知识产权纠纷案件的一部分，由于此类案件具有不同于其他民事纠纷案件的一些特点，因此，对著作权等知识产权案件的管辖会发生不同法院的管辖权争议，当事人也会对一些案件的管辖提出异议。为了避免在管辖上发生争议而影响当事人行使诉权和法院公正及时审判，针对著作权案件的特点，本解释明确规定了与以往知识产权案件管辖规定略有不同但更具有操作性的规定。

1. 著作权纠纷案件的级别管辖

1997年11月，最高人民法院在江苏省吴县市召开了全国部分法院知识产权审判工作座谈会，会议建议除少数已经成立知识产权审判庭的基层人民法院外，高级人民法院可以根据案件的具体情况，决定由中级人民法院作为知识产权民事纠纷案件的一审法院，并报最高人民法院备案。在此次会议前后的审判实践中，不少法院将包括著作权案件在内的知识产权一审案件集中由中级法院审理。几年下来，不但提高了办案质量，培训、锻炼了专业法官，还总结了很好的审判经验，为我国知识产权立法、司法解释的起草等积累了经验。当事人进行诉讼也不困难，得到了群众和社会的认同。在此次司法解释的起草中，我们总结了这方面的经验，依据《民事诉讼法》第十九条第（三）项的规定，由最高人民法院确定此类案件由中级人民法院管辖有法律依据，并符合实际情况。最高人民法院审判委员会在讨论通过解释稿时，认为鉴于一段时期内著作权纠纷案件相对收案不会有大的增长，此类案件在事实认定和适用法律方面又比一般民事案件更为复杂的实际情况，为切实保证著作权案件的审判质量，也便于总结、积累审判经验，进一步提高审判水平，贯彻实施好《著作权法》，参照已经公布的商标纠纷案件级别管辖司法解释的规定，在本解释第二条中规定著作权纠纷案件由中级以上人民法院管辖；同时，考虑到各地的实际情况和已有的法院管辖经验，又灵活规定了各高级人民法院可以确定若干基层人民法院管辖著作权纠纷案件。

2. 著作权纠纷案件的地域管辖

《民事诉讼法》第二十九条规定了侵权行为由侵权行为地或者被告住所地人民法院管辖。其中对侵权行为地，最高人民法院民事诉讼法司法解释又规定包括侵权行为实施地和侵权结果发生地。由于著作权案件的特殊性，实践中对侵权结果发生地的理解存在一定程度的混乱。司法实践中多数管辖权争议都发生在侵权案件的地域管辖问题上，争议的焦点在于如何理解和确定"侵权结果发生地"。有观点认为"原告受到了损害，原告住所地就是侵权结果发生地"，其结果则变成了"被告就原告"的管辖状况。这就违反了《民事诉讼法》确定管辖的基本原则。本解释采取了对侵权行为实施地具体解释为《著作权法》第四十六、四十七条规定的侵权行为的实施地，同时考虑到实践中新出现的涉及大量侵权复制品储藏或者海关等行政机关对侵权复制品查封、扣押的案件在管辖上不明确的情形，明确规定了侵权复制品储藏地或者海关、工商等行政机关查封、扣押侵权复制品的所在地可以作为确定管辖的依据，而对侵权结果地不再另行规定。

因著作权的侵权行为比较复杂，往往有不同的环节——有出版者的侵权行为，也有销售者的侵权行为等，而这些行为实施地又往往不在一地。司法实践中存在当事人将出版者拉到销售地起诉，但又由于种种原因不起诉销售者的情况。鉴于这些复杂情况，本解释第五条规定了对涉及不同侵权行为实施地的若干被告提起的共同诉讼，原告可以选择其中的侵权行为实施地人民法院管辖；仅对其中某一被告提起的诉讼，该被告侵权行为实施地人民法院有管辖权。这样规定强调了只有进行共同诉讼的著作权侵权案件，才能在同一个侵权行为实施地的法院起诉，否则仅仅对某一侵权行为提起诉讼，只能在该行为实施地的法院起诉。例如，针对侵权复制品出版行为提起诉讼，该出版地人民法院有管辖权，当事人不能到该侵权复制品销售地的人民法院起诉。

正确理解和适用本解释的上述规定，应当注意：（1）对侵犯著作权纠纷案件，在符合上述规定的情形下，不再依侵权结果发生地确定管辖。其他司法解释中有关依侵权结果发生地确定管辖的规定，不再适用于著作权侵权案件。（2）本解释规定的扣押地，仅指知识产权行政执法机关扣押侵权商品或者侵权复制品的地点。人民法院在诉前查封、扣押侵权商品和侵权复制品的地点，不属于本解释规定的扣押地。人民法院在审查当事人诉前申请采取临时措施时，首先应当确定自己有管辖权，不得因采取诉前临时措施而认为可以取得管辖权。（3）在侵权商品或者复制品储藏地或者扣押地，当事人可以起诉实施储存、保管、运输等行为的行为人，也可以起诉该部分商品或者复制品的经销商、制造商，或者同时起诉各行为人。（4）对于侵犯著作权人的信息网络传播权的案件，仍然按照最高人民法院关于网络著作权的有关司法解释确定管辖。

### （三）著作权民事诉讼的证据

证据在著作权审判中具有重要地位，往往数量多、种类繁杂、专业性强。证据的判断与采信也较一般民事诉讼更为复杂，不但要适用一般民事诉讼的证据规则，还要准确适用《著作权法》对有关证据问题的特殊规定。

1. 著作权与邻接权等的权利证明

根据《著作权法》的规定，著作权自作品完成时产生，著作权人可以自愿将其作品进行著作权权利登记。在侵权诉讼中，经过登记的著作权，权利人可以将登记文件及相应的作品提供给法庭作为权利证明；没有经过登记的著作权，其权利人应当提供何种证据来证明自己享有著作权，往往会发生争议。作品在境外发表或者出版，作品的著作权人提起诉讼，在录音、录像制作者等邻接权人起诉他人侵犯其与著作权有关权利等情形下，他们享有权利的证明问题更加复杂。实践中，法官想当然地要求著作权人一律提供其创作作品的原始手稿，要求图书出版者、录音、录像制作者提供著作权人许可其出版、录音、录像的原始证据，否则就不承认当事人享有相关的权利。这样做，不适当地加重了原告的负担，而未考虑被告是否对原告提交的有署名的图书、录音、录像制品、软件等合法出版物等权利证据提出异议，是否举证反驳原告享有权利等因素。有的音乐光盘，可能汇集成百上千的作品，要求光盘制作者逐一将许可合同提交法庭，进行质证，很不现实，合同涉及的价格等商业秘密也可能因此披露。考虑到《著作权法》关于"如无相反证据，在作品上署名的视为作者"的规定，本解释第七条规定，当事人提起诉讼所提供涉及作品的底稿、原件、合法出版物、著作权登记证书、认证机构出具的证明以及取得权利的合同等，可以作为证据。这条规定，重点把"合法出版物"作为著作权以及与著作权有关的权利的证据形式予以承认，对解决著作权的证明问题具有重要的意义。当然可以作为证据与作为定案的依据是不同的，人民法院对案件的某一证据是否采信还应当经过庭审质证无误后方能作为认定案件事实的依据。在广东佛山召开的全国知识产权审判工作座谈会也肯定了这样的精神：当事人向人民法院提起著作权等侵权诉讼，所提供的作品底稿、原件、合法出版物、著作权登记证书、认证机构出具的证明等，查证属实的，应当作为当事人享有著作权或者与著作权有关权利的证据，对方不能提供相反证据反驳的，人民法院应当确认其享有权利。对图书出版者、录音录像制作者等提供合法出版物作为享有与著作权有关权利的证据的，法院不得以当事人未提供其取得著作权人授权的证据，直接否定其权利人身份。

2. 关于公证取证

司法实践中，权利人为证明侵犯著作权行为而进行取证工作比较困难，取得的证据还要防止困难以证明来源于侵权人而被否定。因此，出现了对销售侵权复制品等侵权行为公证取证的取证方式。

所谓公证取证，是指权利人请公证处的公证人员现场取得证明侵权人实施发行、销售侵权物品证据的取证形式。由于计算机程序容易被复制和删除的特点，在计算机软件侵权案件中权利人经常采取这种取证形式。一般认为，公证人员在现场对当事人的取证活动进行公证，属于《公证暂行条例》规定的"保全证据"的情形。问题是，公证人员如果在公证过程中表明身份，则侵权人不可能现场销售侵权物品，不能取得侵权的证据；而如果不表明身份，则被告往往提出这种公证不具有保全证据的法律效力。对保全证据的程序和要求，《公证暂行条例》和其他有关公证的法律、法规乃至规章均无明确规定，《民事诉讼法》和最高人民法院的司法解释以往也没有明确的规定。考虑到著作权和其他知识产权案件取证的难度，以及目前知识产权保护力度仍有不足的实际情况，司法解释规定，当事人自行或者委托代人购买侵权复制品而取得的实物、发票等，可以作为证据。公证人员在未向涉嫌侵权的一方当事人表明身份的情况下，如实对另一方当事人按照前款规定的方式取得的证据和取证过程出具的公证书，应当作为证据。但有相反的证据除外。这样规定下来，就解决了公证取证效力不明确的问题，对法院依法审查证据的合法性问题，将会发生积极的作用。对于欺诈、胁迫、利诱等不当方式取证无效问题，应当适用《最高人民法院关于民事诉讼证据的若干规定》第六十八条"以侵害他人合法权益或者违反法律禁止性规定的方法取得的证据，不能作为认定案件事实的依据"的规定不予采信。

3. 出版者、制作者、发行者、出租者的举证责任

《著作权法》第五十二条规定，复制品的出版者、制作者不能证明其出版、制作有合法授权的，复制品的发行者或者电影作品或者以类似摄制电影的方法创作的作品、计算机软件、录音录像制品的复制品的出租者不能证明其发行、出租的复制品有合法来源的，应当承担法律责任。《著作权法》的该条规定，与其说是对侵权行为追究法律责任的规定，倒不如说是对涉及出版等行为人关于举证责任的一项重要规定。出版、制作、出租等行为人对自己所经营的业务应当负有不侵犯他人著作权的比一般人更强的注意义务，应当保证经营中所涉及的复制品等的合法授权或者来源合法。如果在经营中出现了侵权行为、侵权复制品，他们应当对其所尽的注意义务如涉及的复制品有合法授权、合法来源等进行举证，举证不能的推定未尽到注意义务，虽然原始的侵权复制品并不是最初来源这些行为人，但他们应当承担侵权的法律责任根据《著作权法》的这一规定，最高人民法院的司法解释明确规定了出版者、制作者等的举证责任以及其举证不能应承担具体法律责任，以便于人民法院根据这一证据规则正确及时地确定当事人的法律责任。本解释第十九条规定，出版者、制作者应当对其出版、制作有合法授权承担举证责任，发行者、出租者应当对其发行或者出租的复制品有合法来源承担举证责任。举证不能的，依据《著作权法》第四十六条、第四十七条的相应规定承担法律责任。这一规定对遏制市场中涉及出版、制作等中间环节的盗版等侵犯著作权行为，具有重要意义。

（四）对一些特殊作品作者著作权的保护

1. 由他人执笔，本人审阅定稿并以本人名义发表的报告、讲话等作品的著作权归属

由他人执笔，本人审阅定稿并以本人名义发表的报告、讲话等作品，是法人或者其他组织视为作者的作品中的一种情况。此种作品与法人或者其他组织

的职能活动往往紧密联系，但从惯例上这些作品某些收益又不是归于法人、其他组织等单位，而是归于参与创作的个人。实践中此种财产关系并不清晰，参与创作的个人也常有纠纷发生。1988年6月9日，最高人民法院作出了《关于由别人代为起草而以个人名义发表的会议讲话其著作权应归个人所有的批复》，较为合理地提出了解决此类纠纷的意见，起到了稳定相关权利义务关系的作用。本解释第十三条对最高人民法院前述批复精神予以肯定，明确规定了除构成《著作权法》第十一条第三款规定的视为法人或者其他组织作品的情形外，由他人执笔，本人审阅定稿并以本人名义发表的报告、讲话等作品，著作权归报告人或者讲话人享有，著作权人可以向执笔人支付适当的报酬。

2. 以特定人物经历为题材的自传作品著作权的权属

以特定人物经历为题材自传作品的著作权归属，是一个比较复杂的问题。考虑到此类作品著作权纠纷多发生在参与写作的特定人物本人与编辑、记者等执笔、整理人之间，纠纷或发生在特定人物在世时，或发生在特定人物过世后，给当事人和其亲属都带来烦恼，也影响了好作品的问世。为了减少纠纷规范此种创作行为，本解释规定这类作品的著作权归属应当以当事人约定优先；没有约定的，著作权归该特定人物享有；执笔人、整理人对作品的完成付出劳动的，包括创作性和辅助性劳动，著作权人可以向执笔人或整理人支付适当的报酬。这个规定主要是考虑了无论该特定人物通过口述或者提供自己书面的文字素材，其对作品的创作完成都起到了实质性作用：口述，本身就是作品的形式；书面的文字素材，如特定人物自己保留的日记、其他记录等也是作品的表现形式，在最后作品的形成过程中，难以把这样的口述内容或者书面资料与作品截然分开，且该特定人物的自传，均以第一人称撰写，涉及特定人物的经历与生活，与他们的人身权密切相关，社会公众也只是对特定人物的经历感兴趣，要由该特定人物承担社会责任，除了写作人员明确约定与特定人物著作权归属外，无约定的，应当认为该特定人物是作者，著作权由该特定人物享有。这样规定有利于历史资料的保存整理和传播，一方面化解了矛盾，对这类纠纷有所规范，另一方面也使历史问题得到了公平合理的解决。司法实践中，如溥仪《我的前半生》一书的著作权问题，最高人民法院也是按此原则批复的。有人提出未与被传记人有任何沟通写出的作品著作权问题，其实冒用他人姓名的作品已经被《著作权法》扩大为侵权行为，不但作者的著作权涉嫌侵权，所涉及传主的人身权也可能受到侵害。考虑到本条规定仅是针对共同参与自传体作品完成工作的当事人发生的纠纷，不包括冒名出版他人自传的情形，最后定稿时改为当事人合意以特定人物经历为题材完成的自传体作品，对权属有约定的依其约定，没有约定的著作权归该特定人物享有，执笔人或者整理人付出劳动的，著作权人可以向其支付适当报酬。

确立约定优先的规则，对合理公正解决此类纠纷具有十分重要的意义。此条司法解释中规定的"合意"的情形，主要是执笔者或者整理者与作为传主的该特定人物，就完成作品没有任何意思表示的沟通。那些未经过特定人物许可假冒他们的名义撰写其"自传"的行为，应当按照《著作权法》第四十七条第八项的规定以"制作、出售假冒他人署名的作品"行为追究法律责任。条文中规定的对自传作品的"完成"的含义，不同于《著作权法》中的"创作"的含义，泛指一部作品的完成。也就是说参与完成作品人员中既涵盖了付出创作性劳动的，也包括付出辅助性劳动的；当事人完成作品的合意，以及执笔人或者整理人对作品完成付出的劳动，也涵盖了创作性和辅助性劳动的两种含义。只要是属于本条规定的自传作品，都要按照本条规定的原则调整当事人之间的权利义务关系。本解释条文规定的目的，是根据《著作权法》的规定规范一种秩序，"捉刀代笔者"在撰写人家自传未发生纠纷前，如果拟独占或者分享著作权，就应当通过事先约定的方式解决。否则，在不约定的情况下发生了纠纷就要按照本条规定"著作权归该特定人物享有"。

3. 传播报道他人时事新闻要注明出处与对新闻照片和独特编排的新闻消息的保护

《著作权法》第五条第二项规定了时事新闻不受《著作权法》保护；《著作权法实施条例》规定时事新闻，是指通过报纸、期刊、广播电台、电视台等媒体报道的单纯事实消息。但由于其定义比较笼统，对如何区别时事新闻和有独创性的新闻作品，在立法上缺乏可操作的法律依据，司法上没有统一的裁判标准，导致对新闻作品的保护力度不够，可能影响我国新闻事业的发展。基于以上考虑，本解释第十六条在送审稿的起草中曾有过"通过大众传播媒介传播的单纯事实消息不属于《著作权法》规定的作品，但新闻照片和其他有创作性独特编写的文字消息，人民法院应当予以保护"的表述。在最高人民法院审判委员会讨论通过此稿中，认为涉及新闻的各类作品，依据《著作权法》的规定就能得到保护，不必另行解释。因此仅对传播报道他人采编的时事新闻，应当注明出处作了规定。对不注明出处者，应当承担消除影响、赔礼道歉等民事责任。司法解释的规定对于规范新闻报道的正常秩序和国家新闻事业的发展有利。

4. 界定报刊转载含义规范转载行为

在实践中，假借转载名义行剽窃侵权之实的行为屡屡发生。在人民法院受理的著作权侵权案件中，也常常遇到当事人就剽窃抄袭还是转载行为的尖锐争议。为了准确适用《著作权法》在第三十二条第二款中规定的转载，本解释第十七条界定了转载的含义，并对涉嫌侵权不规范的转载行为追究一定民事责任。该条规定，《著作权法》第三十二条第二款规定的转载，是指报纸、期刊登载其他报刊已发表作品的行为。转载未注明被转载作品的作者和最初登载的报刊出处的，应当承担消除影响、赔礼道歉等民事责任。对于确实不属于剽窃他人作品行为的，仅为转载不按本条规定注明出处的，一般承担消除影响、赔礼道歉较轻的民事责任。对于实践中可能出现其他严重情节的，也可以承担其他民事责任。所以，本解释该条规定采用了"等民事责任"的表述。

5. 审理因作品署名顺序而发生纠纷的原则

近年来，因作品署名顺序发生的纠纷屡有出现。由于法律对此并无具体规定，随着我国出版事业的繁荣，已经成为困扰不少知识分子的难题。在审判实践中，对这样的纠纷多有驳回起诉或者诉讼请求，不予处理，起不到为群众排难解忧，稳定著作权民事关系的作用。此次在本解释第十一条中规定，因作品署名顺序发生纠纷，人民法院按照下列原则处理：有约定的按照约定确定署名顺序；没有约定的，可以按照创作作品付出的劳动、作品排列、作者姓氏笔画等确定署名顺序。实事求是地将署名顺序纠纷纳入了司法审判的范围，同时也昭示社会各界要正确合理地处理创作作品中的署名及其顺序问题，当事人应当事先就这些问题合理约定；也可以按照本解释规定的原则确定署名顺序、处理发生的纠纷，以达到减少纠纷和诉讼的目的。

6. 公平合理地调整委托作品中委托人与成为著作权人的受托人间的权益关系

按照《著作权法》第十七条的规定，受委托创作的作品，著作权的归属由委托人和受托人通过合同约定。合同未作明确约定或者没有订立合同的，著作权属于受托人。对于委托作品著作权属于受托人的情形，由于法律对委托人的权益未作明确规定，通常会产生委托人为特定使用目的委托受托人创作了作品，支付报酬后，由于忽略合同中约定著作权归属或者没有订立合同，导致原来委托目的不能实现和应当享有的权益得不到保障的后果，是委托人与委托人间的权利义务关系失衡。为此，本解释第十二条规定，按照《著作权法》第十七条的规定委托作品著作权属于受托人的情形，委托人在约定的使用范围内享有使用作品的权利；双方未约定使用作品范围的，委托人可以在委托创作的特定目的范围内免费使用该作品。按照上述原则处理此类纠纷，就解决了正确调整委托作品中委托人与成为著作权人的受托人间的权益关系，更公平合理地处理纠纷的问题。

7. 不同作者就同一题材分别独创作品著作权的归属

在实践中，不同作者就同一题材特别是重大历史或者社会题材创作的作品，常常会发生作品的某些内容和表达雷同的情形，当事人为构成抄袭剽窃还是合法独立创作发生争议。一般地说，对于体现重大社会、历史题材的作品都要使用一些客观历史史实，任何人都不可能凭空杜撰。因此，一些作品在记述人物、时间、事件等内容时所反映的客观史实和所利用的史料部分相同，不能作为构成剽窃的根据。而不同作品在创作风格、文学处理等表达形式上体现作者的创作特点，则突出地表现了作品的独创性。如果原告不能证明这些表达形式属其作品所独有，他所起诉他人抄袭剽窃自己作品的请求就不能成立。实际上，对于相同的主题任何人都可以享有充分的自由和空间进行创作。如果人为的对某些题材、史实、资料等进行垄断，会窒息作者的创作，并不是著作权立法的精髓和本意。本解释第十五条针对此种情形规定，由不同作者就同一题材创作的作品，作品的表达系独立完成并且有创作性的，应当认定作者各自享有独立著作权。这样就为依法公正合理处理这类纠纷确立了明确的司法原则。

### （五）出版者对出版侵权出版物的著作权法律责任

近年来，因出版物涉及盗版、剽窃、未经许可使用等侵权行为涉及出版者的纠纷越来越多，对出版侵权出版物的出版者要不要承担法律责任、承担何种法律责任以及以何种侵权归责原则承担法律责任等问题，不同观点争议较大，审判实践中适用法律也不统一。为了解决这一问题，根据《民法通则》、《著作权法》等法律的规定，本解释第二十条明确、具体地规定了处理此类纠纷的审判原则。该条共四款，第一款规定出版物侵犯他人著作权的，出版者应当根据过错、侵权程度及损害后果等承担民事赔偿责任。这一款是处理此类纠纷中侵权人承担侵权损害赔偿责任的总原则，即过错责任原则。同时，人民法院确定行为人应承担的民事赔偿责任时，还要考虑具体案件的侵权程度及侵权损害后果等其他因素。

既然规定追究出版侵权出版物的民事赔偿责任，需要认定出版者的主观过错，就存在如何判断其是否存在过错的问题。而在审判实践中，认定出版者的过错不但作为被侵权人的原告难于举证，人民法院也不易收集证据和作出判断。实际上，侵权行为人的过错与其是否对其的经营业务遵守法律的谨慎态度，是否尽到了一定注意义务有关。我国法律、法规包括《著作权法》都规定对于民事主体不得为一定行为的规定，对于一些特殊行业更是作出了严格的要求。出版者不得出版盗版出版物，属于此种情况。出版者对于经过自己约稿、订立合同、编辑、出版发行的出版物，理应对不违法侵权负有比他人更强的注意义务；不尽到义务就表明其在经营中存在过错，造成他人损害的应当承担民事赔偿责任。近年来，有的出版者买卖书号、超范围印刷，本身就在实施侵权行为；还有的出版不订合同、不审查授权、编辑粗心大意或者专业水平低、管理混乱等，使盗版侵权的出版物堂而皇之地从正式出版渠道出版。因此从出版者对其出版行为的授权、稿件来源和署名、所编辑出版物的内容等方面，能基本上判断出行为人对自己的出版经营行为，是否持法律要求的谨慎态度、是否尽到了基本的注意义务。所以，本解释该条第二款规定，出版者对其出版行为的授权、稿件来源和署名、所编辑出版物的内容等未尽到合理注意义务的，依据《著作权法》第四十八条的规定承担赔偿责任。

由于前述约稿、订合同和编辑等行为一般为出版者的单方行为，出版者应当保存涉及这些过程的资料，而他人则不易掌握这些有关出版者注意义务的证据。所以，司法解释第四款规定出版者所尽合理注意义务情况，由出版者承担举证责任，这是实事求是的。

实践中，有些出版者经过审查尽到了合理注意义务，著作权人也提不出其他证据证明出版者应当知道其出版涉及侵权的，还要不要追究赔偿责任，或者还要不要追究赔偿以外的其他民事责任，法律界和司法实践部门中认识并不一致。经过总结审判经验，并广泛征求意见和论证，本解释对此种情况规定要依据《民法通则》第一百一十七条第一款的规定，由出版者承担停止侵权、返还其侵权所得利润的民事责任，不是直接承担民事赔偿责任。这是与世界贸易组织的TRIPs协议的精神和我国民事法律的一贯规定相一致的，必将对依法规范出版行为和文化市场秩序十分有利。

（六）对几类特殊纠纷的法律适用

审判实践中，对出版者将作者书稿丢失毁损、计算机软件最终用户商业使用软件、临摹等室外公共场所艺术作品成果的再使用、未采用书面形式的著作权转让合同等如何适用法律，由于法律未作规定或者规定得不够具体以及执法部门对法律的理解和实施等原因，造成适用法律不统一，各种意见争议很大，应当及时澄清。

1. 出版者将交付出版的书稿丢失毁损的法律适用

对于此种纠纷，审判实践中有的追究出版者的著作权侵权责任，有的追究书稿的物权（财产权）的责任，也有由出版者承担违反合同约定的责任。本解释第二十三条明确排除了此种情况追究侵犯著作权法律责任的法律适用，该条规定出版者将著作权人交付出版的作品丢失、毁损致使出版合同不能履行的，依据《著作权法》第五十三条、《民法通则》第一百一十七条以及《合同法》第一百二十二条的规定追究出版者的民事责任。《著作权法》第五十三条是关于当事人不履行合同义务或者履行合同义务不符合约定条件的，应当依照《民法通则》、《合同法》等有关法律规定承担民事责任的规定。《民法通则》第一百一十七条是关于排除侵犯著作权等知识产权、人身权以外侵犯财产权承担赔偿责任的规定。《合同法》第一百二十二条是关于因当事人一方的违约行为，侵害对方人身、财产权益的，受损害方有权选择依照《合同法》要求其承担违约责任或者依照其他法律要求其承担侵权责任的规定。至此关于处理丢失书稿纠纷的法律适用原则终于确定，这是经过论证出版者的这种行为与侵犯著作权的剽窃、复制等行为确实属于不同类型的侵权行为，以违反《著作权法》追究民事责任不但从法理和适用法律上不够妥当，而且对遇到丢失毁损珍贵画稿、书稿等也不如追究其合同责任或者物权责任，更能弥补权利人的损失。

2. 计算机软件最终用户商业使用软件的法律适用

近几年来，为计算机软件最终用户使用未经许可的软件（盗版软件）是否应当承担法律责任、承担何种法律责任争议很大。有观点认为，我国《计算机软件保护条例》并未规定最终用户的法律责任,因而要求最终用户使用盗版软件承担责任超过了国际条约和国内法保护标准。而另外观点认为,我国软件盗版活动的猖獗就在于最终用户使用计算机软件的法律责任不清,缺乏对使用盗版软件者给予法律制裁。由于《著作权法》和《计算机软件保护条例》并没有最终用户和使用软件的概念,最终用户使用盗版软件适用何种法律规定,审判实践中也莫衷一是。应当指出,著作权的这个司法解释并不涉及全部的著作权法律适用问题,特别是计算机软件著作权保护中的问题还在调查研究中,计划在今后的著作权纠纷法律适用解释中逐步解决。本解释对适用《著作权法》和《计算机软件保护条例》中,就当前软件著作权保护最为重要的确定商业使用软件最终用户民事责任问题,进行了澄清,明确规定了人民法院对其追究民事责任的具体法律依据。这对加强计算机软件著作权的司法保护具有重要意义。本解释第二十一条规定,计算机软件用户未经许可或者超过许可范围商业使用计算机软件的,依据《著作权法》第四十七条第(一)项、《计算机软件保护条例》第二十四条第(一)项的规定承担民事责任。《著作权法》第四十七条第(一)项和《计算机软件保护条例》第二十四条第(一)项都是对未经许可的复制或者部分复制行为追究民事责任的规定。同时,众多包括国内国外公司的法人或者他组织等商业经营性的使用盗版软件,使权利人如鲠在喉,成为软件保护的心腹之患,也是人民法院追究民事责任的重点之一。所以该条司法解释的要点有两个,一是对软件的商业使用;二是要依据《著作权法》和《计算机软件保护条例》关于复制的侵权行为追究民事责任。当然对此条司法解释规定以外的侵犯软件著作权的行为,仍应当依据《著作权法》和软件保护条例处理,本解释的规定并不是排除对其他软件侵权行为的依法追究。

3. 临摹等室外公共场所艺术作品成果的再使用

《著作权法》第二十二条第(十)项规定了对设置或者陈列在室外公共场所的艺术作品可以临摹、绘画、摄影和录像的合理使用,并不对这些艺术作品的著作权构成侵权。但对临摹等产生的成果如绘画、摄影、录像等能否再行使用,法律、法规并没有规定。国际上不少国家都明文规定这四种方式合理使用的成果也不再发生著作权保护问题。近年来,我国此类再使用的纠纷屡有发生,由于法律规定不明确清晰,而难以处理。不少版权界专家和行政主管部门的同志建议最高人民法院有关司法解释将这一问题予以规定,这不但不会对著作权的保护带来影响,而且会促进作品的使用、传播和再创造,也避免了因为法律规定不清给当事人带来的种种烦恼。因此,本解释第十八条第一款规定,《著作权法》第二十二条第十项规定的室外公共场所的艺术作品,是指设置或者陈列在室外社会公众活动处所的雕塑、绘画、书法等艺术作品。这里对室外公共场所和艺术作品作了解释。该条第二款规定,对前款规定艺术作品的临摹、绘画、摄影、录像人,可以对其成果以合理的方式和范围再行使用,不构成侵权。此款规定对临摹等四种方式成果再使用，不受原来作品著作权限制，作出了明确规定。应当强调的是，适用该条规定的前提是对属于《著作权法》合理使用范围的作品；其次是仅临摹、绘画、摄影、录像这四种使用作品的方式及产生的成果，不能扩大使用方式的范围；再次这里的再行使用应当在合理的方式和范围中。应当说原则上前述成果的再使用都不应再受限制，但考虑到TRIPs协议和我国《著作权法》都规定，合理使用要遵循不得影响该作品的正常使用，也不得不合理地损害著作权人的合法利益的原则，在实践中也会遇到千差万别的情况。因此本解释在再行使用前规定了"以合理的方式和范围"的限制，以保护著作权依法得到充分、切实的保护。

4. 未采用书面形式的著作权转让合同的法律适用

《著作权法》第二十五条第一款规定，转让本法第十条第一款第（五）项至第（十七）项规定的权利，应当订立书面合同。《著作权法》对转让涉及著作权人重大利益的权利，要求订立书面合同是合理的。这对于减少纠纷保障合同的履行和正当的文化市场交易，具有重要意义。但是在审判实践中，还会遇到一些特殊情况，虽然当事人间未订立书面合同，但是根据具体情况应当认定合同成立。我国《合同法》对此种情况作出了明确规定，应当说《合同法》的这些规定也可以适用于著作权转让合同纠纷中。因此，本解释明确规定，著作权转让合同未采取书面形式的，按《合同法》第三十六条、第三十七条的规定审查合同是否成立。《合同法》第三十六条规定，法律、行政法规规定或者当事人约定采用书面形式订立合同，当事人未采用书面形式但一方已经履行主要义务，对方接受的，该合同成立。《合同法》第三十七条规定，采用合同书形式订立合同，在签字或者盖章之前，当事人一方已经履行主要义务，对方接受的，该合同成立。依据《合同法》这两条规定审查未订立书面合同或者虽有合同书但未签字盖章前，当事人之间著作权合同行为是否成立，明确规定不一律认定合同行为不成立，对实事求是解决此类纠纷，保障正常版权交易和当事人各方权益很有意义，也满足了审判实践适用法律的需要。

（七）侵犯著作权损害赔偿额的计算

《著作权法》第四十八条规定了侵犯著作权及与著作权有关的权利的，侵权人应当按照权利人的实际损失给予赔偿；实际损失难以计算的，可以按照侵权人的违法所得给予赔偿。但对于怎样计算权利人的实际损失和侵权人的违法所得，法律并没有具体的规定。本解释依据《著作权法》的规定，在总结人民法院审判著作权纠纷案件长期司法实践经验的基础上，借鉴国际同行的做法，对著作权损害赔偿额的计算作出了具体规定，充分体现了TRIPs协议规定的足以弥补被侵权人全部损失的原则。

1. 权利人实际损失的计算

为了更好地保护权利人的合法利益，同时便于下级法院操作，本解释第二十四条规定了权利人的实际损失,可以根据权利人因侵权所造成的复制品发行减少量或者侵权复制品销售量与权利人该复制品单位利润乘积计算。发行减少量难以确定的,按照侵权复制品市场销售量确定。所谓权利人该复制品的单位利润,是指权利人授权的正版复制品的每件平均利润,不能按照侵权盗版的平均利润计算。权利人发行减少量难于确定的,按照在案件中查获或者查明的侵权复制品市场销售量确定。

2. 法定赔偿额的计算

《著作权法》第四十八条第二款规定了权利人的实际损失或者侵权人的违法所得不能确定的,由人民法院根据侵权行为的情节,判决给予五十万元以下的赔偿。为便于下级法院在司法实践中操作,同时避免执法的随意性和不确定性,尊重当事人请求权,本解释第二十五条第一款规定人民法院要根据当事人的请求适用法定赔偿,同时也可以依职权适用法定赔偿。该条第二款规定了人民法院在确定法定赔偿数额时,应当考虑作品的类型,合理使用费,侵权行为的性质、后果等综合情况。这样就使法定赔偿的适用比较规范,有统一的适用标准。《著作权法》第四十八条仅规定了人民法院可根据侵权行为的情节,判决确定赔偿数额。在司法实践中,经常有在人民法院的主持下或当事人自行对赔偿问题达成调解协议的情况,我们认为在确定法定赔偿额时这样做,也是符合法律精神的。因此在本解释第二十五条第三款补充规定了当事人就法定赔偿数额达成协议的,人民法院应当准许的内容。

3. 制止侵权行为合理开支的计算

2000年修改的《专利法》对制止侵权合理开支的赔偿,并没有规定。《最高人民法院关于审理专利纠纷案件适用法律问题的若干规定》中第二十二条作出了补充解释,人民法院根据权利人的请求以及具体案情,可以将权利人因调查、制止侵权所支付的合理费用计算在赔偿数额范围之内。以后2001年修改的《商标法》、《著作权法》都将专利司法解释的该规定上升为法律的规定,概括为"制止侵权行为所支付的合理开支"。

司法实践中,对什么样的开支属于合理的开支还不太明确具体,特别是鉴于著作权侵权案件取证困难,获取证据和为获取证据的支出,关系到权利人的切身利益和对著作权的切实保护,因此本解释第二十六条对合理开支的含义予以明确,特别将权利人或者其委托代理人对侵权行为进行调查、取证的合理费用,规定包括在合理开支的范围中。这对于保护著作权、方便权利人举证和制裁侵权人都具有意义。该条司法解释,也方便了下级法院在审判实践中具体适用《著作权法》的相关规定。

人民法院在确定赔偿额时,是否考虑当事人为诉讼支出的律师费问题,法律、法规和司法解释没有明确规定,是一个有争论的问题。TRIPs协议第四十五条第二项明确规定了司法当局应有权责令侵权人向权利人支付其开支,其中可包括适当的律师费。为履行我国加入 WTO 的庄严承诺，根据 TRIPs 协议的精神，本解释第二十六条第二款规定了人民法院根据当事人的诉讼请求和具体案情，可以将符合国家有关部门规定（送审稿为"合理适当"）的律师费计算在赔偿范围内。这样规定一方面坚持了我国诉讼制度和最高人民法院的一贯做法，谨慎地对待这个问题，在整体诉讼制度上要有所协调；另一方面又符合 TRIPs 协议规定的精神，肯定在审判案件中，根据诉讼请求和具体案情可以将律师费计算在赔偿数额内，履行了我国在加入世贸组织谈判中的庄严承诺。司法解释在律师费前用了"符合国家有关部门规定"的表述，而未使用该解释送审稿中"合理适当"的表述，最高人民法院审判委员会多数委员认为这样规定更加稳妥，以避免在经验不足的情况下法官不好掌握或者自由裁量施之过宽的情形。

（八）诉前临时措施与民事制裁的适用

当事人起诉前申请禁令和证据保全等临时措施，是《专利法》、《商标法》和《著作权法》修改新增加的法律制度，对于保护知识产权及时制止侵权行为具有重要意义。由于最高人民法院已经先后公布了有关专利、商标案件的临时措施问题的司法解释，与《著作权法》相关规定的主要原则和操作方法都是一致的，完全不必要再另行制定此类的司法解释。所以本解释的第三十条第二款规定了人民法院在审判著作权纠纷案件中采取诉前措施，参照《最高人民法院关于诉前停止侵犯注册商标专用权行为和保全证据适用法律问题的解释》的规定办理。这样既解决了问题，也避免了重复。

为切实保护著作权人的合法权益，加大对包括盗版在内的著作权侵权行为的打击力度，人民法院在审理著作权民事纠纷案件中，对于未经著作权行政管理部门处理的著作权侵权行为，可以根据《著作权法》第五十一条和《民法通则》第一百三十四条第三款的规定给予民事制裁，本解释第二十九条对此问题予以明确规定，并具体规定了适用民事罚款数额可以参照《著作权法实施条例》的有关规定确定。但对于著作权行政管理部门对相同的侵权行为已经给予罚款等行政处罚的，人民法院不再予以民事制裁。这条规定主要是对那些既侵权又同时损害公共利益未受到行政处罚的行为人，人民法院可以在审判民事案件中，对其进行民事制裁，以保证法律实施的严肃性。

此外，本解释还对著作权纠纷案件中关于诉讼时效、法律适用的时间效力、作品保护期等分别在第十条、第二十七条、第二十八条、第三十条、第三十一条和第三十二条作出了规定。这些解释都严格依照法律，坚持有利于保护著作权人合法权益的原则进行了规定，条文的表述都很清楚，在此不再赘述。

（撰稿人：蒋志培）

# 最高人民法院
## 关于审理侵害信息网络传播权民事纠纷案件适用法律若干问题的规定

法释〔2012〕20号

(2012年11月26日最高人民法院审判委员会第1561次会议通过 2012年12月17日最高人民法院公告公布 自2013年1月1日起施行)

为正确审理侵害信息网络传播权民事纠纷案件,依法保护信息网络传播权,促进信息网络产业健康发展,维护公共利益,根据《中华人民共和国民法通则》《中华人民共和国侵权责任法》《中华人民共和国著作权法》《中华人民共和国民事诉讼法》等有关法律规定,结合审判实际,制定本规定。

**第一条** 人民法院审理侵害信息网络传播权民事纠纷案件,在依法行使裁量权时,应当兼顾权利人、网络服务提供者和社会公众的利益。

**第二条** 本规定所称信息网络,包括以计算机、电视机、固定电话机、移动电话机等电子设备为终端的计算机互联网、广播电视网、固定通信网、移动通信网等信息网络,以及向公众开放的局域网络。

**第三条** 网络用户、网络服务提供者未经许可,通过信息网络提供权利人享有信息网络传播权的作品、表演、录音录像制品,除法律、行政法规另有规定外,人民法院应当认定其构成侵害信息网络传播权行为。

通过上传到网络服务器、设置共享文件或者利用文件分享软件等方式,将作品、表演、录音录像制品置于信息网络中,使公众能够在个人选定的时间和地点以下载、浏览或者其他方式获得的,人民法院应当认定其实施了前款规定的提供行为。

**第四条** 有证据证明网络服务提供者与他人以分工合作等方式共同提供作品、表演、录音录像制品,构成共同侵权行为的,人民法院应当判令其承担连带责任。网络服务提供者能够证明其仅提供自动接入、自动传输、信息存储空间、搜索、链接、文件分享技术等网络服务,主张其不构成共同侵权行为的,人民法院应予支持。

**第五条** 网络服务提供者以提供网页快照、缩略图等方式实质替代其他网络服务提供者向公众提供相关作品的,人民法院应当认定其构成提供行为。

前款规定的提供行为不影响相关作品的正常使用,且未不合理损害权利人对该作品的合法权益，网络服务提供者主张其未侵害信息网络传播权的，人民法院应予支持。

**第六条** 原告有初步证据证明网络服务提供者提供了相关作品、表演、录音录像制品，但网络服务提供者能够证明其仅提供网络服务，且无过错的，人民法院不应认定为构成侵权。

**第七条** 网络服务提供者在提供网络服务时教唆或者帮助网络用户实施侵害信息网络传播权行为的，人民法院应当判令其承担侵权责任。

网络服务提供者以言语、推介技术支持、奖励积分等方式诱导、鼓励网络用户实施侵害信息网络传播权行为的，人民法院应当认定其构成教唆侵权行为。

网络服务提供者明知或者应知网络用户利用网络服务侵害信息网络传播权，未采取删除、屏蔽、断开链接等必要措施，或者提供技术支持等帮助行为的，人民法院应当认定其构成帮助侵权行为。

**第八条** 人民法院应当根据网络服务提供者的过错，确定其是否承担教唆、帮助侵权责任。网络服务提供者的过错包括对于网络用户侵害信息网络传播权行为的明知或者应知。

网络服务提供者未对网络用户侵害信息网络传播权的行为主动进行审查的，人民法院不应据此认定其具有过错。

网络服务提供者能够证明已采取合理、有效的技术措施，仍难以发现网络用户侵害信息网络传播权行为的，人民法院应当认定其不具有过错。

**第九条** 人民法院应当根据网络用户侵害信息网络传播权的具体事实是否明显，综合考虑以下因素，认定网络服务提供者是否构成应知：

（一）基于网络服务提供者提供服务的性质、方式及其引发侵权的可能性大小，应当具备的管理信息的能力；

（二）传播的作品、表演、录音录像制品的类型、知名度及侵权信息的明显程度；

（三）网络服务提供者是否主动对作品、表演、录音录像制品进行了选择、编辑、修改、推荐等；

（四）网络服务提供者是否积极采取了预防侵权的合理措施；

（五）网络服务提供者是否设置便捷程序接收侵权通知并及时对侵权通知作出合理的反应；

（六）网络服务提供者是否针对同一网络用户的重复侵权行为采取了相应的合理措施；

（七）其他相关因素。

**第十条** 网络服务提供者在提供网络服务时，对热播影视作品等以设置榜单、目录、索引、描述性段落、内容简介等方式进行推荐，且公众可以在其网页上直接以下载、浏览或者其他方式获得的，人民法院可以认定其应知网络用户侵害信息网络传播权。

**第十一条** 网络服务提供者从网络用户提供的作品、表演、录音录像制品中直接获得经济利益的，人民法院应当认定其对该网络用户侵害信息网络传播权的行为负有较高的注意义务。

网络服务提供者针对特定作品、表演、录音录像制品投放广告获取收益，或者获取与其传播的作品、表演、录音录像制品存在其他特定联系的经济利益，应当认定为前款规定的直接获得经济利益。网络服务提供者因提供网络服务而收取一般性广告费、服务费等，不属于本款规定的情形。

**第十二条** 有下列情形之一的，人民法院可以根据案件具体情况，认定提供信息存储空间服务的网络服务提供者应知网络用户侵害信息网络传播权：

（一）将热播影视作品等置于首页或者其他主要页面等能够为网络服务提供者明显感知的位置的；

（二）对热播影视作品等的主题、内容主动进行选择、编辑、整理、推荐，或者为其设立专门的排行榜的；

（三）其他可以明显感知相关作品、表演、录音录像制品为未经许可提供，仍未采取合理措施的情形。

**第十三条** 网络服务提供者接到权利人以书信、传真、电子邮件等方式提交的通知，未及时采取删除、屏蔽、断开链接等必要措施的，人民法院应当认定其明知相关侵害信息网络传播权行为。

**第十四条** 人民法院认定网络服务提供者采取的删除、屏蔽、断开链接等必要措施是否及时，应当根据权利人提交通知的形式，通知的准确程度，采取措施的难易程度，网络服务的性质，所涉作品、表演、录音录像制品的类型、知名度、数量等因素综合判断。

**第十五条** 侵害信息网络传播权民事纠纷案件由侵权行为地或者被告住所地人民法院管辖。侵权行为地包括实施被诉侵权行为的网络服务器、计算机终端等设备所在地。侵权行为地和被告住所地均难以确定或者在境外的，原告发现侵权内容的计算机终端等设备所在地可以视为侵权行为地。

**第十六条** 本规定施行之日起，《最高人民法院关于审理涉及计算机网络著作权纠纷案件适用法律若干问题的解释》（法释〔2006〕11号）同时废止。

本规定施行之后尚未终审的侵害信息网络传播权民事纠纷案件，适用本规定。本规定施行前已经终审，当事人申请再审或者按照审判监督程序决定再审的，不适用本规定。

## 【解　　读】

## 解读《关于审理侵害信息网络传播权民事纠纷案件适用法律若干问题的规定》

### 一、问题的提出

《最高人民法院关于审理侵害信息网络传播权民事纠纷案件适用法律若干问题的规定》（以下简称《信息网络传播权解释》）经最高人民法院审判委员会第1561次会议讨论通过，于2012年12月17日公布，自2013年1月1日起施行。该司法解释是最高人民法院在长期调研、总结审判经验的基础上，出台的一部对信息网络传播权进行系统保护的司法解释，对指导人民法院正确审理涉及信息网络传播权纠纷案件，依法保护权利人的信息网络传播权，保护和促进信息网络产业健康有序发展具有重要意义。本文对《信息网络传播权解释》的制定背景、起草原则和主要内容等进行简要介绍，希望有助于对该司法解释的正确理解和适用。

### 二、起草《信息网络传播权解释》坚持的基本原则

《信息网络传播权解释》是严格依据著作权法、侵权责任法和《信息网络传播权保护条例》等法律、行政法规的规定及其精神进行起草的。由于信息网络传播权保护的特殊性，最高人民法院在起草《信息网络传播权解释》时主要坚持了以下原则：一是遵循法律规定。首先以著作权法的相关规定为基础，结合侵权责任法、《信息网络传播权保护条例》等法律、行政法规，将信息网络传播行为划分为作品等内容提供行为和网络服务提供行为，在此基础上规定了直接侵权与间接侵权，重点规定了网络服务提供行为的责任形态、归责原则和责任要件，还对于实践中需要规定的其他情形做出了规定。二是将司法成熟经验和保持适当的前瞻性相结合。在起草过程中，总结了人民法院审理信息网络传播权案件中认可度较高的审判实践，对于成熟的、没有争议的问题进行了规定便于司法实践适用；对于实践中争议较大、一时还不明确或者实践需求不大等问题没有规定，留待审判实践中根据实际情况解决。同时，该司法解释通过对直接侵权与间接侵权的科学划分、各类侵权行为认定标准的具体设计等，为调整各种新出现的行为和法律问题提供依据。三是体现利益平衡精神。针对网络环境下著作权保护的实际，最高人民法院在起草《信息网络传播权解释》时，特别强调了人民法院在审理此类案件行使裁量权时，应当兼顾权利人、网

络服务提供者和社会公众的利益，司法解释中关于网络服务提供者过错的认定、相关举证责任的分配等具体条文也充分体现了利益平衡精神。

### 三、《信息网络传播权解释》的主要内容

《信息网络传播权解释》共十六条，主要对人民法院审理信息网络传播权纠纷案件的原则、侵害信息网络传播权的行为构成、网络服务提供者的教唆侵权、帮助侵权行为及其判定标准、人民法院对此类案件的管辖等问题进行了规定。

（一）利益平衡原则

网络环境下的著作权保护是著作权保护在网络环境下的延伸，传统著作权保护主要涉及著作权人与社会公众之间的利益平衡，而网络著作权保护则涉及著作权人、网络服务提供者及社会公众三者利益之间的平衡。互联网环境下数字传播技术的运用和发达大大提升了网络用户传播侵权复制品的能力，但由于网络用户的侵权行为具有隐蔽性，又多数不具有赔偿能力，因此追究网络用户的法律责任不可行且不具有经济性，而网络服务提供者客观上为大量分散用户的网络传播行为提供了便利条件，使其侵权行为迅速传播，给权利人的利益带来更大的危害，并直接或者间接从网络用户的侵权行为中受益，因此转而追究网络服务提供者的法律责任成为相关国际公约及各国网络著作权保护的趋势，让网络服务提供者对于用户不正当利用其服务进行的侵权承担间接责任，也就成为一项重要的制度选择。

但是网络服务提供者对于促进信息网络技术创新和商业模式发展具有极其重要的作用，对其行为的控制也应当适可而止，防止不适当妨碍技术的发展创新并为相关互联网产业的发展留下空间。因此，既让网络服务提供者承担相应的责任，但又避免使其过重地承担责任，是网络环境下著作权保护中平衡著作权人与网络服务提供者之间利益的基本原则。因此，如何在网络环境下保护著作权人等相关权利人权利的同时，又不妨碍科学技术的发展及社会公众获取信息自由的权利，已成为世界各国网络著作权保护要解决的重要课题，如何划分网络用户的法律责任以及网络服务提供者的法律地位和责任承担如何设计，成为网络环境下著作权保护的重要问题。为此，包括欧美在内的许多国家均针对互联网环境下的特殊利益格局，设定了信息网络环境下著作权保护的特殊规则，为网络服务提供者提供了"避风港"，规定了"通知"、"删除"规则。我国著作权法及条例、侵权责任法亦针对网络环境下的特殊利益格局，在借鉴欧美国家经验的基础上，设定了一系列体现特定利益平衡关系和价值取向的法律规则，如"通知与删除"规则、限制网络服务提供者侵权责任的"避风港"规则、有利于减轻网络服务提供者责任的过错标准等。这些具体规则的设立，体现了立法者针对互联网环境下的特殊利益格局，在权利人、网络服务提供者、

社会公众之间所作的平衡。因此，利益平衡原则也是人民法院审理此类案件的基本原则。除此之外，当今时代，科学技术的发展速度已经远远超过了人们的想象，例如在1998年美国DMCA制定时尚未出现的P2P技术，现已成为广泛使用互联网文件分享工具。因此，针对以后有可能出现的新技术及其新的商业模式，与权利人的信息网络传播权的保护及社会公开利益之间发生冲突的情形，为了维护三者之间的利益平衡，司法解释的第一条即强调了"人民法院审理侵害信息网络权民事纠纷案件，在行使裁量权时，应当兼顾权利人、网络服务提供者和社会公众的利益"。需要注意的是，本条的规定仅在法律法规不明确，需要法官运用自由裁量权裁判案件时才适用。当著作权法、相关行政法规、相关司法解释已有明确规定时，人民法院审理案件应遵守著作权法、实施条例及有关司法解释的相关规定，不能直接援引利益平衡原则进行裁判。

（二）关于信息网络的界定

传统的互联网主要指将两台计算机或者是两台以上的计算机终端通过计算机信息技术互相联系起来。现在随着科技的发展及"互联网、广播电视网、通信网"的三网融合，电视机、移动电话机甚至是固定电话机都成为终端而可以接入互联网。因此，在界定信息网络的范围时，司法解释采用了例式列举相关终端并同时将与相关终端对应的互联网、广播电视网、通信网一并予以列举的规定方式来界定信息网络。在司法解释起草过程中，局域网是否属于本司法解释规定的信息网络是一个饱受关注的问题。在征求意见稿曾表述为"向不特定公众开放的局域网络"属于本司法解释规定的局域网。在公开征求意见的过程中，很多意见提出由于大容量的数据服务器的广泛应用，使得盗版内容得以在局域网内传播，"信息网络"的范围应当包括在企业、机构、大学或其他社区内使用的局域网。如果仍以其是否向不特定公众开放为标准，会产生司法实践对特定公众如何界定的问题。经研究，最高人民法院取消了"不特定"的限定条件，规定了只要是向公众开放的局域网络，均属于本规定范围内的信息网络。

（三）直接侵害信息网络传播权行为

1. 提供行为

著作权法第十条第（十二）项规定了信息网络传播权的含义，即"以有线或者无线方式向公众提供作品，使公众可以在其个人选定的时间和地点获得作品的权利"。第四十八条第（一）项中规定了未经著作权人许可，"通过信息网络向公众传播其作品的"属于侵权行为。因此，在网络环境下的著作权保护中，信息网络传播行为的界定是一个基本问题。在我国司法实践中，对于信息网络传播行为有不同理解。曾有流行观点认为信息网络传播行为仅限于在信息网络环境下提供作品的行为，而"提供"则是将作品等上传至或者以其他方式置于向公众开放的网络服务器中。除此之外的提供服务行为均不属于信息网络传播行为。经过调研，我们认为，随着技术的发展，不经过服务器的存储或中转，① 通过文件分享技术等方式也可以使相关作品置于信息网络之中，以单纯的"服务器标准"技术标准界定信息网络传播行为不够准确，也难以应对网络技术的飞速发展。因此，应将信息网络传播行为作广义的理解，以是否直接提供权利人的作品的法律标准取代服务器标准来界定信息网络传播行为，将信息网络传播行为区分为作品的提供行为与其他信息网络传播行为，其他信息网络传播行为则是以其技术、设施提供网络中间性服务的行为，即是一种提供服务而非直接提供作品等的行为。将信息网络传播行为区分为作品提供行为和网络服务提供行为，对于构建网络环境下著作权保护的责任体系具有基础性意义。在这种区分的基础之上，产生了直接侵权责任与间接侵权责任的区分，直接侵权责任对应作品提供行为，而间接侵权责任对应网络服务提供行为。因此，司法解释规定了网络用户、网络服务提供者未经许可，将权利人享有信息网络传播权的作品、表演、录音录像制品置于信息网络之中，使公众能够在其个人选定的时间和地点以下载、浏览或者其他方式获得的，属于内容提供行为，直接侵害了权利人的信息网络传播权。

关于提供的具体方式，司法解释对其进行了列举，即将相关作品、表演、录音录像制品上传到网络服务器、在本地电脑或者网络服务器设置向公众共享文件以及通过文件分享软件等方式，将相关作品、表演、录音录像制品置于信息网络中，使公众能够在其个人选定的时间和地点以下载、浏览或者其他方式获得的，均属于提供行为。

2. 网页快照提供行为

司法解释第五条是关于实践中从事搜索服务的网络服务提供者在提供搜索链接等服务时提供的网页"快照"、"缩略图"是否构成著作权法意义上的提供的问题。网页快照，英文 Web Cache，也称为网页缓存。其是指搜索引擎按照一定的技术将其他网站中的内容自动存储在自己的服务器中，以供网络用户直接访问的一种技术。其生成原理是搜索引擎在收录网页时，对网页进行备份，存在从事搜索引擎服务的网络服务提供者的服务器缓存里。当网络用户使用搜索引擎在互联网上搜索时，其实就在搜索引擎的网页数据库中搜索，并不一定是搜索引擎瞬间在互联网上找到了包含关键词的网页。一般情况下，当网络用户输入关键词进行搜索时，搜索引擎既提供正常的链接结果，也同时提供相关网页的"快照"。通过正常的链接，网络用户可以离开搜索引擎网页访问目标网站；网络用户也可以直接在搜索引擎网页上访问"快照"而直接浏览相关信息。当用户在搜索引擎中点击"网页快照"链接时，搜索引擎将蜘蛛系统（Spider）当时所抓取并保存的网页内容展现出来。由于网页快照是存储在搜

---

① 当然也有观点认为，使用文件分享软件的计算机等终端在理论上可以视为一种服务器。

索引擎服务器中,所以查看网页快照的速度往往比直接访问网页要快。网页快照中,搜索的关键词用亮色显示,用户可以点击呈现亮色的关键词直接找到关键词出现位置,便于快速找到所需信息,提高搜索效率。当搜索的网页被删除或连接失效时,可以使用网页快照来查看这个网页原始的内容。"快照"一般可以分为两类:一类是对网页的"快照",即搜索引擎事先存储的网页;另一类是对网页的特定内容,如图片或歌词、短小文字作品等的"快照",或称之为"缩略图",代表网页上或计算机中图片经压缩方式处理后的小图,其中通常会包含指向完整大小的图片的超链接。缩略图用于在 Web 浏览器中更加迅速地装入图形或图片较多的网页。因其小巧,加载速度非常快,故用于快速浏览,相当于图片文件预览及目录的作用。网络用户点击"缩略图",可以从图片所在的服务器中调取原始图片。

司法实践中,对搜索引擎提供"快照"或"缩略图"的行为是否侵犯了权利人的信息网络传播权有不同的认识。最高人民法院经过调研认为,由于网络服务涉及的"快照""缩略图"的复杂性,不能一概地认为构成侵权也不能一概地认为不构成侵权,需结合具体案情分析网络服务提供者的此种行为是否替代了其他网络服务提供者向公众提供相关作品,如果已经实质上替代了其他网络服务提供者的作品提供,如在"音著协与百度公司"案中涉及的百度公司将其他网站中的歌词完整地提取出来,复制到自己的服务器中直接向网络用户提供,其后果是直接代替了该网络服务提供者向网络用户提供相关歌词,此时人民法院可以根据案件具体情况认定其构成提供行为。但是需要注意的是,并非所有的"网页快照"、"缩略图"提供行为均构成侵害信息网络传播权,如果该提供行为未影响相关作品的正常使用,亦未不合理损害权利人对该作品的合法权益,考点到权利人与网络服务提供者、社会公众之间的利益平衡,此时一般不认定搜索引擎的网络服务提供者提供"网页快照"、"缩略图"的行为构成侵害信息网络传播权。

3. 提供行为的判定及相关举证责任

司法解释第六条是关于权利人与网络服务提供者之间就是否提供相关作品的举证责任如何分配的规定。互联网的相关网页是由无数个链接互相进行链接联系在一起的。具体而言,链接一般是指从一个网页指向一个目标的连接关系。在一个网页中用来链接的对象,可以是一段文本或者是一个图片。当浏览者单击已经链接的文字或图片后,链接目标将显示在浏览器上,并且根据目标的类型来打开或运行。一般来说,链接有普通链接和深层链接等。普通链接是以被链接网站的整体为目标,如"友情链接""网站导航"等,其主要表现网络上的一个站点、网页的完整路径。而深层链接是绕开被链网页的主页而使用户直接进入其某一个分页或者某个具体内容的链接方式。司法实践中产生的纠纷主要是深层链接是否构成侵害信息网络传播权。曾有判决认为,只要网络用户认为相关作品是在相关网站上直接可以获得的，如果相关作品是未经权利人许可而上传的，则该网站就构成了侵害信息网络传播权。例如北京市海淀区法院在审理中国三环音像社与北京衡准科技有限公司侵犯著作权纠纷中认为，"e准网直接向用户提供视频内容的浏览，只是该内容由e准网从其他多家网站获取。e准网通过上述方式，为用户提供《士》剧的分集视频，上述行为应定性为直接使用传播的行为"。最高人民法院经过调研认为，以此用户标准来界定相关网站提供了相关作品，实质上是将互联网中普遍存在的链接纳入了直接侵权的范畴，超出了侵权责任法及条例的相关规定。但是，由于网络技术的复杂性，要求权利人来分辨相关网络服务提供者是具体从事了提供作品的侵权行为，还是仅为该提供行为提供网络服务，是不现实的，也超出了权利人的举证能力。考虑到对权利人信息网络传播权的保护，并在权利人和网络服务提供者举证能力之间作出平衡，司法解释规定了权利人（原告）承担证明网络服务提供者提供相关作品、表演、录音录像制品的初步证明责任；如网络服务提供者以其提供网络服务为由进行抗辩的，则由网络服务提供者承担其提供的是网络服务的举证责任。

（四）间接侵害信息网络传播权行为

由于网络服务提供者在客观上为侵权作品的传播提供了便利条件并使侵权行为迅速传播，网络环境下的侵权行为较传统环境下的侵权行为致使权利人的利益受到更大的损害。此外，在当前环境下由于商业模式等原因，网络服务提供者在提供网络服务时有可能直接或者间接从侵害权利人信息网络传播权中受益，同时其又有能力迅速控制侵权行为的蔓延并知晓侵权行为的相关线索，因此在网络环境下保护著作权人的信息网络传播权，网络服务提供者的法律责任的确定是一个重要的课题，也是本司法解释要解决的核心问题。[1]

侵权责任法第九条、第三十六条是本司法解释关于网络服务提供者因其教唆、帮助行为而承担侵权责任的法律依据。根据这两条法律的规定，司法解释第七条规定了网络服务提供者的两种间接侵权行为，其一是教唆侵权行为，即网络服务提供者以言语、推介技术支持、奖励积分等方式诱导、鼓励网络用户实施侵害信息网络传播权行为的，人民法院应当认定其构成教唆侵权行为；其二是帮助侵权行为，即网络服务提供者明知或者应知其服务的网络用户利用网络服务侵害信息网络传播权，未采取删除、屏蔽、断开链接等必要措施，或者提供技术支持等帮助行为的，人民法院应当认定其构成帮助侵权行为。

（五）网络服务提供者过错的认定

根据侵权责任法第六条第一款关于"行为人因过错侵害他人民事权益，应

---

[1] 本文所指的网络服务提供者的法律责任特指网络服务提供者在提供网络服务时可能承担的侵权责任。网络服务提供者自行将权利人享有信息网络传播权的作品等置于信息网络之中的，承担是直接侵权责任。

当承担侵权责任"的规定，对网络服务提供者在提供网络服务时侵害权利人信息网络传播的行为，实行的是过错责任原则，只有其具有过错时才承担相应的侵权责任。对其过错具体如何认定，侵权责任法第三十六条第三款规定："网络服务提供者知道网络用户利用其网络服务侵害他人民事权益，未采取必要措施的，与该网络用户承担连带责任。"从该条的规定可以看出，当网络服务提供者"知道"其网络用户利用其提供网络服务侵害他人信息网络传播权，仍不采取必要措施的，则与该网络用户构成共同侵权并需要承担连带责任。

但是，对于该款规定的"知道"如何解释，在学术界和实务中均存在不同看法。有观点认为侵权责任法该款规定的"知道"与条例规定的"明知或者应知所链接的作品、表演、录音录像制品侵权"中的"明知或者应知"相同含义，即"知道"包括"明知或者应知"两种情形；也有人结合侵权责任法相关审议稿认为，"知道"仅包括"明知"而不包括"应知"①。的确，侵权责任法草案第一次审议稿和第二次审议稿均规定以"明知"作为主观要件。但此后的第三次审议稿及第四次审议稿均不再将明知作为主观要件，甚至在第四次审议稿中还明确规定了"知道或者应当知道"②。虽然正式通过的侵权责任法第36条删除了"应当知道"的表述，将网络服务提供者的主观要求规定为"知道"，但根据立法机关的解释，其中的"知道"包括"明知"和"应知"两种主观状态。③

考虑到立法过程中对网络服务提供者主观要求的变化、司法实践及学术界对"知道"含义的争论，以及最高人民法院曾在2000年《关于审理涉及计算机网络著作权纠纷案件适用法律若干问题》的第五条将提供内容服务的网络服

---

① 2002年12月17日九届全国人大常委会第三十一次会议审议的《中华人民共和国民法（草案）》侵权责任法编（第一次审议稿）在其第十章"有关侵权责任主体的特殊规定"中，对于网络侵权责任作出了专门规定，即第六十三条规定："网站经营者明知网络用户通过该网站实施侵权行为，或者经权利人提出警告，仍不采取删除侵权内容等措施消除侵权后果的，网站经营者与该网络用户承担连带责任。"2008年12月22日十一届全国人大常委会第六次会议审议的《中华人民共和国侵权责任法（草案）》（第二次审议稿）第四章在"关于责任主体的特殊规定"中对于网络侵权责任作出如下专条（第三十四条）规定："网络服务提供者明知网络用户利用其网络服务实施侵权行为，未采取必要措施的，与该网络用户承担连带责任。"

② 2009年10月27日全国人大常委会第十一次会议审议的《中华人民共和国侵权责任法（草案）》（第三次审议稿）第三十六条规定："网络服务提供者知道网络用户利用其网络服务侵害他人民事权益，未采取必要措施的，与该网络用户承担连带责任。"此稿将"明知"改为"知道"。2009年12月22日十一届全国人大常委会第十二次会议审议的《中华人民共和国侵权责任法（草案）》（第四次审议稿）第三十六条规定："网络服务提供者知道或者应当知道网络用户利用其网络服务侵害他人民事权益，未采取必要措施的，与该网络用户承担连带责任。"与第三次审议稿相比，此稿对于网络服务提供者的侵权责任增加了"应当知道"的表述。

③ 全国人大常委会法制工作委员会编、王胜明主编：《中华人民共和国侵权责任法释义》，法律出版社2010年版，第194～195页。

务提供者的主观状态规定为"明知"等因素,为澄清侵权责任法该款"知道"的含义,从而在涉及信息网络传播权保护的相关著作权案件审理中正确适用侵权责任法,司法解释明确规定了网络服务提供者的过错包括对于网络用户侵害信息网络传播权行为的明知或者应知。明知一般是指有证据证明网络服务提供者明知其服务的网络用户可能利用其网络服务侵害权利人信息网络传播权,仍然积极鼓励网络用户实施侵权行为,以及在已经明知网络用户利用其提供网络服务的实施侵害信息网络传播权行为的情况下,不采取相应的删除、断开链接、屏蔽等措施而仍然为其提供服务的行为。

在实践中,一般而言,权利人向网络服务提供者发送符合条例及司法解释规定的通知即可认定网络服务提供者明知其网络用户侵害信息网络传播权。至于应知,与明知的判断相比,相对难以有比较客观化的标准。为此,司法解释根据司法实践总结的经验,归纳了人民法院从网络服务提供者应当具备的管理信息的能力、其传播的作品、表演、录音录像制品的类型、知名度及侵权信息的明显程度、是否主动对作品、表演、录音录像制品进行了选择、编辑、修改、推荐等、是否积极采取了预防侵权的合理措施、是否设置便捷程序接收侵权通知并及时对侵权通知作出合理的反应、是否针对同一网络用户的重复侵权行为采取了相应的合理措施等方面的因素,来认定网络服务提供者对其网络用户侵害权利人信息网络传播权是否应知。需要注意的是,司法解释规定的考虑因素是根据审判实践所总结归纳的指引性考虑因素。在根据该条规定认定是否网络服务提供者是否应知其网络用户侵害信息网络传播权时,司法解释中规定的考虑因素并不需要机械地一一全部进行考虑,人民法院应当根据个案的具体情况进行认定。在某些情况下,司法解释规定的考虑因素一个或几个的满足即可以认定网络服务提供者应知其网络用户侵害信息网络传播权。

(六)网络服务提供者的过错认定与主动审查的关系

司法解释在制定过程中,关于网络服务提供者对其服务的网络用户侵害权利人信息网络传播权的行为是否有监控或者主动审查义务是一个比较受关注的问题。经过反复的调研论证,司法解释明确规定了网络服务提供者未对网络用户侵害信息网络传播权的行为主动进行审查的,人民法院不据此认定其具有过错。其主要考虑是著作权是私权,一般应由权利人积极予以保护其私权。同时,由于网络技术发展的基本目标和价值趋向是便于信息的交流与传播,网络服务提供者对网络上的海量信息是否侵害权利人信息网络传播权没有主动监控的义务,已经成为国际上普遍的认识和做法。例如欧盟电子商务指令中规定了"成员国不得规定网络服务提供者负有监视其传输或存储信息的义务,以及积极发现相关侵权事实的义务。"美国司法实践也持这种态度。我国著作权法和条例虽然没有明确写明网络服务提供者没有监控义务,但其采用的"通知删除"规则事实上是认可网络服务提供者没有主动监控义务的。鉴此,司法解释也规定了人民法院在审理侵害信息网络传播权案件时，不能因网络服务提供者未对其服务对象的行为是否侵犯权利人的信息网络传播权予以主动审查就认定其具有过错。网络服务提供者是否具有过错应根据具体案情结合司法解释第九条规定的因素及其他条款予以认定。

（七）直接经济利益与网络服务提供者责任承担的关系

司法解释第十一条是关于网络服务提供者获取的经济利益与其注意义务关系的规定。《信息网络传播权保护条例》第二十二条第（四）项规定了"未从服务对象提供作品、表演、录音录像制品中直接获得经济利益"为网络服务提供者免除赔偿责任的条件，但是如果网络服务提供者直接获取了经济利益，是否意味着网络服务提供者对传播该作品具有过错并应承担相应的民事责任，对此曾有不同的认识。司法解释在征求意见稿中曾经采用了"提供信息存储空间服务的网络服务提供者从其网络用户提供的作品、表演、录音录像制品中直接获得经济利益的，人民法院可以推定其对该网络用户侵害信息网络传播权的行为具有过错"的意见。但后经过进一步的调研和征求意见，了解到实践中的情况复杂多样，且理论和实务界关于信息存储空间服务提供者直接获利是否能认定为过错存在较大争议。如不作区分即将获得直接经济利益推定为网络服务提供者具有过错，不符合实际，也将会对网络产业的商业模式产生较大的影响。经研究，考虑到权利与义务相适应及权利人与网络服务提供者之间的利益平衡，规定了"网络服务提供者从网络用户提供的作品、表演、录音录像制品中直接获得经济利益的，人民法院应当认定其对该网络用户侵害信息网络传播权的行为负有较高的注意义务"，从而将网络服务提供者是否具有过错，由审理具体案件的法院根据具体案情中网络服务提供者的具体商业模式或者直接获利情况等因素个案进行判定。

（八）信息存储空间网络服务提供者责任的判定

司法实践中，由于信息存储空间的网络服务提供者为网络用户上传的内容提供存储空间，与其他网络服务提供者提供的网络服务相比，引发的纠纷也相应较多。针对审判实践的需要，司法解释将审判实践比较成熟的经验进行总结，对针对信息存储空间的网络服务提供者构成应知的情形进行了归纳，具体为：将热播影视作品等置于首页或者其他主要页面等能够为网络服务提供者明显感知的位置的；对热播影视作品等的主题、内容主动进行选择、编辑、整理、推荐，或者为其设立专门的排行榜的；其他可以明显感知相关作品、表演、录音录像制品为未经许可提供，仍未采取合理措施的情形。

在本条制定过程，对本条的意见主要集中在作品的种类。有意见认为，实践中发生纠纷较多的是热播影视作品被侵权的情况，因此仅规定热播影视作品即可；但也有意见认为知名度较高的文学作品、音乐作品被侵权的可能性也比较大，因此应一并规定。最高人民法院经研究认为，司法实践中发生纠纷较多的作品类型为热播影视作品，文字作品、音乐作品被侵权的情况亦有，但并不是非常突出。因此，在司法解释中仅明确列举了热播影视作品，并以"等"字概括规定留有余地，实践中可视情况将文字作品、音乐作品、表演、录音录像制品涵盖其中。之所以将热播影视作品特别列明，其主要考虑是影视作品制作成本较高，权利人投资较大，特别是正值热播期间的电影，权利人一般不会将其无偿置于信息网络中供社会公众免费使用的。因此如果相关网络服务提供者经营管理的网站上显著位置出现了热播的影视作品，或者相关网络服务提供者在该网站对该作品进行了相关选择或者推荐，一般而言，该网络服务提供者应当知道该影视作品系未经权利人许可提供的，如其仍不采取相应的措施，可以认定其在提供存储服务时具有过错，应当承担相应的民事责任。

### （九）通知删除规则的具体适用

根据《信息网络传播权保护条例》第十四条的规定，权利人认为相关网络服务提供者提供网络服务时所涉及的作品、表演、录音录像制品，侵犯自己的信息网络传播权可以向该网络服务提供者提交书面通知，要求网络服务提供者删除该作品、表演、录音录像制品，或者断开与该作品、表演、录音录像制品的链接。条例仅规定了权利人应提交书面通知，但对通知的具体形式未做规定。司法实践中关于传真、电子邮件是否符合条例规定的书面形式，认识不一。在司法解释征求意见的过程中，绝大多数意见认为传真、特别电子邮件因方便快捷，已经成为普遍使用的通讯方式，以电子邮件方式发送的通知应当属于条例规定的书面通知。同时，也有意见认为，电子邮件属于电子证据，与书面证据稍有不符。经研究认为，根据《中华人民共和国电子签名法》第四条"能够有形地表现所载内容，并可以随时调取查用的数据电文，视为符合法律、法规要求的书面形式"的规定，电子邮件是符合法律、法规要求的书面形式的。因此在司法解释中采用了"书面通知可以采取书信、传真、电子邮件等方式"的表述方式。

除了对书面形式的争论之外，由于《信息网络传播权保护条例》第十五条规定了网络服务提供者接到通知后，应立即采取相关措施，侵权责任法也规定了网络服务提供者接到通知未及时采取必要措施的，对损害的扩大部分承担连带责任。是否接到通知并及时采取措施，直接关系到网络服务提供者责任的承担，网络服务提供者收到通知后采取措施是否及时，如何判定是否及时也是实务界争论激烈的问题之一。

在司法解释的起草过程中，相关互联网企业、权利人及地方法院纷纷提出，希望最高人民法院能够在司法解释中确定一个关于"合理期限"的指引性方案。为此，在本司法解释的征求意见稿中曾规定了"除有正当理由外，涉及热播影视作品的，网络服务提供者应在收到符合法律、行政法规要求的通知一个工作日内采取必要措施;涉及其他作品的,采取必要措施的期限一般不应超过五个工作日"。但经后期论证,我们认为,虽然确立指引性期限有利于增强司法解释的可操作性,但实践中涉及的作品类型差别较大,删除的难易程度不一,且规定期限并无法律依据。最终在司法解释中仅规定认定网络服务提供者是否及时采取了合理措施的具体考量因素即可,即"应当根据权利人提交通知的形式,通知的准确程度,采取措施的难易程度,网络服务的性质,所涉作品、表演、录音录像制品的类型、知名度、数量等因素综合判断。"至于具体多长时间为"及时",由人民法院在审理具体案件中根据司法解释中所列因素具体认定。

(十)侵害信息网络传播权民事案件的管辖

根据民事诉讼法的相关规定,侵权案件一般由被告住所地或者侵权行为地人民法院管辖,侵权行为地包括侵权行为实施地和侵权结果发生地。在最高人民法院 2000 年公布的《关于审理涉及计算机网络著作权纠纷案件适用法律若干问题的解释》中,规定了侵权行为地包括实施被诉侵权行为的网络服务器、计算机终端等设备所在地。当侵权行为地和被告住所地均难以确定的,规定了原告发现侵权内容的计算机终端等设备所在地可以视为侵权行为地。在本次司法解释的制定过程中,考虑到司法实践中发生的很多涉外案件,被告住所地和侵权行为实施地均在国外,而侵权结果发生在国内,如果人民法院对此类案件无法行使管辖权,则不能保护权利人的合法权利。为此,经研究,增加规定了如果侵权行为地和被告住所地均在国外的,人民法院对此类案件享有管辖权,便利权利人在我国提起诉讼,切实保护了权利人的合法权益。

(十一)新旧司法解释的衔接适用

在著作权法于 2001 年修改之前,最高人民法院考虑到在互联网环境下著作权人合法利益的保护问题,在法律规定非常原则的情况下,于 2000 年 12 月公布了《关于审理涉及计算机网络著作权纠纷案件适用法律若干问题的解释》规定了"著作权法第十条对著作权各项权利的规定均适用于数字化作品的著作权",对互联网环境下的著作权保护起到了重要的作用。但随着实践的发展,互联网经营者经营方式趋于复杂化和综合化,有的网络服务经营者既是内容服务的提供者,又是网络服务的提供者,如仍按照该解释规定的以互联网经营者的身份界定其归责原则,容易带来操作中的极大困难且产生逻辑上的混乱。此外,由于该司法解释的部分内容与侵权责任法及相关条例有不协调之处,加之最高人民法院已分别于 2004 年 1 月 2 日、2006 年 11 月 22 日发布了对该司法解释的修改决定,对其不再有修改的必要,因此本解释在吸收了其合理规定的前提下将其废止。

同时,关于本解释与前解释衔接的问题,为给各级人民法院提供明确指引便于其在审理此类案件中正确适用法律,解释明确规定了在解释施行之后尚未终审的侵害信息网络传播权民事纠纷案件,人民法院直接适用新解释审理。但是新解释施行前已经终审的案件,如果当事人申请再审或者按照审判监督程序决定再审的,则不适用本解释的相关规定。

(撰稿人:王艳芳)

**指导案例 48 号**

# 北京精雕科技有限公司诉上海奈凯电子科技有限公司侵害计算机软件著作权纠纷案

（最高人民法院审判委员会讨论通过　2015 年 4 月 15 日发布）

**关键词**

民事　侵害计算机软件著作权　捆绑销售　技术保护措施　权利滥用

**裁判要点**

计算机软件著作权人为实现软件与机器的捆绑销售，将软件运行的输出数据设定为特定文件格式，以限制其他竞争者的机器读取以该特定文件格式保存的数据，从而将其在软件上的竞争优势扩展到机器，不属于著作权法所规定的著作权人为保护其软件著作权而采取的技术措施。他人研发软件读取其设定的特定文件格式的，不构成侵害计算机软件著作权。

**相关法条**

《中华人民共和国著作权法》第四十八条第一款第六项

《计算机软件保护条例》第二条、第三条第一款第一项、第二十四条第一款第三项

**基本案情**

原告北京精雕科技有限公司（以下简称精雕公司）诉称：原告自主开发了精雕 CNC 雕刻系统，该系统由精雕雕刻 CAD/CAM 软件（JDPaint 软件）、精雕数控系统、机械本体三大部分组成。该系统的使用通过两台计算机完成，一台是加工编程计算机，另一台是数控控制计算机。两台计算机运行两个不同的程序需要相互交换数据，即通过数据文件进行。具体是：JDPaint 软件通过加工编程计算机运行生成 Eng 格式的数据文件，再由运行于数控控制计算机上的控制软件接收该数据文件，将其变成加工指令。原告对上述 JDPaint 软件享有著作权，该软件不公开对外销售，只配备在原告自主生产的数控雕刻机上使用。2006 年年初，原告发现被告上海奈凯电子科技有限公司（以下简称奈凯公司）在其网站上大力宣传其开发的 NC-1000 雕铣机数控系统全面支持精雕各种版本的 Eng 文件。被告上述数控系统中的 Ncstudio 软件能够读取 JDPaint 软件输出的 Eng 格式数据文件，而原告对 Eng 格式采取了加密措施。被告非法破译 Eng 格式的加密措施，开发、销售能够读取 Eng 格式数据文件的数控系统，属于故意避开或者破坏原告为保护软件著作权而采取的技术措施的行

为，构成对原告软件著作权的侵犯。被告的行为使得其他数控雕刻机能够非法接收 Eng 文件，导致原告精雕雕刻机销量减少，造成经济损失。故请求法院判令被告立即停止支持精雕 JDPaint 各种版本输出 Eng 格式的数控系统的开发、销售及其他侵权行为，公开赔礼道歉，并赔偿损失 485000 元。

奈凯公司辩称：其开发的 Ncstudio 软件能够读取 JDPaint 软件输出的 Eng 格式数据文件，但 Eng 数据文件及该文件所使用的 Eng 格式不属于计算机软件著作权的保护范围，故被告的行为不构成侵权。请求法院驳回原告的诉讼请求。

法院经审理查明：原告精雕公司分别于 2001 年、2004 年取得国家版权局向其颁发的软著登字第 0011393 号、软著登字第 025028 号《计算机软件著作权登记证书》，登记其为精雕雕刻软件 JDPaintV4.0、JDPaintV5.0（两软件以下简称 JDPaint）的原始取得人。奈凯公司分别于 2004 年、2005 年取得国家版权局向其颁发的软著登字第 023060 号、软著登字第 041930 号《计算机软件著作权登记证书》，登记其为软件奈凯数控系统 V5.0、维宏数控运动控制系统 V3.0（两软件以下简称 Ncstudio）的原始取得人。

奈凯公司在其公司网站上宣称：2005 年 12 月，奈凯公司推出 NC-1000 雕铣机控制系统，该数控系全面支持精雕各种版本 Eng 文件，该功能是针对用户对精雕 JDPaintV5.19 这一排版软件的酷爱而研发的。

精雕公司的 JDPaint 软件输出的 Eng 文件是数据文件，采用 Eng 格式。奈凯公司的 Ncstudio 软件能够读取 JDPaint 软件输出的 Eng 文件，即 Ncstudio 软件与 JDPaint 软件所输出的 Eng 文件兼容。

**裁判结果**

上海市第一中级人民法院于 2006 年 9 月 20 日作出（2006）沪一中民五（知）初字第 134 号民事判决：驳回原告精雕公司的诉讼请求。宣判后，精雕公司提出上诉。上海市高级人民法院于 2006 年 12 月 13 日作出（2006）沪高民三（知）终字第 110 号民事判决：驳回上诉，维持原判。

**裁判理由**

法院生效裁判认为：本案应解决的争议焦点是：一、原告精雕公司的 JDPaint 软件输出的、采取加密措施的 Eng 格式数据文件，是否属于计算机软件著作权的保护范围；二、奈凯公司研发能够读取 JDPaint 软件输出的 Eng 格式文件的软件的行为，是否构成《中华人民共和国著作权法》（以下简称《著作权法》）第四十八条第一款第六项、《计算机软件保护条例》第二十四条第一款第三项规定的"故意避开或者破坏著作权人为保护其软件著作权而采取的技术措施"的行为。

关于第一点。《计算机软件保护条例》第二条规定："本条例所称计算机软件（下称软件），是指计算机程序及其有关文档。"第三条规定："本条例下列用语的含义：（一）计算机程序，是指为了得到某种结果而可以由计算机等具有信息处理能力的装置执行的代码化指令序列，或者可以被自动转换成代码化指令序列的符号化指令序列或者符号化语句序列。同一计算机程序的源程序和目标程序为同一作品。（二）文档，是指用来描述程序的内容、组成、设计、功能规格、开发情况、测试结果及使用方法的文字资料和图表等，如程序设计说明书、流程图、用户手册等……"第四条规定："受本条例保护的软件必须由开发者独立开发，并已固定在某种有形物体上。"根据上述规定，计算机软件著作权的保护范围是软件程序和文档。

本案中，Eng 文件是 JDPaint 软件在加工编程计算机上运行所生成的数据文件，其所使用的输出格式即 Eng 格式是计算机 JDPaint 软件的目标程序经计算机执行产生的结果。该格式数据文件本身不是代码化指令序列、符号化指令序列、符号化语句序列，也无法通过计算机运行和执行，对 Eng 格式文件的破解行为本身也不会直接造成对 JDPaint 软件的非法复制。此外，该文件所记录的数据并非原告精雕公司的 JDPaint 软件所固有，而是软件使用者输入雕刻加工信息而生成的，这些数据不属于 JDPaint 软件的著作权人精雕公司所有。因此，Eng 格式数据文件中包含的数据和文件格式均不属于 JDPaint 软件的程序组成部分，不属于计算机软件著作权的保护范围。

关于第二点。根据《著作权法》第四十八条第一款第六项、《计算机软件保护条例》第二十四条第一款第三项的规定，故意避开或者破坏著作权人为保护其软件著作权而采取的技术措施的行为，是侵犯软件著作权的行为。上述规定体现了对恶意规避技术措施的限制，是对计算机软件著作权的保护。但是，上述限制"恶意规避技术措施"的规定不能被滥用。上述规定主要限制的是针对受保护的软件著作权实施的恶意技术规避行为。著作权人为输出的数据设定特定文件格式，并对该文件格式采取加密措施，限制其他品牌的机器读取以该文件格式保存的数据，从而保证捆绑自己计算机软件的机器拥有市场竞争优势的行为，不属于上述规定所指的著作权人为保护其软件著作权而采取技术措施的行为。他人研发能够读取著作权人设定的特定文件格式的软件的行为，不构成对软件著作权的侵犯。

根据本案事实，JDPaint 输出的 Eng 格式文件是在精雕公司的"精雕 CNC 雕刻系统"中两个计算机程序间完成数据交换的文件。从设计目的而言，精雕公司采用 Eng 格式而没有采用通用格式完成数据交换，并不在于对 JDPaint 软件进行加密保护，而是希望只有"精雕 CNC 雕刻系统"能接收此种格式，只有与"精雕 CNC 雕刻系统"相捆绑的雕刻机床才可以使用该软件。精雕公司对 JDPaint 输出文件采用 Eng 格式，旨在限定 JDPaint 软件只能在"精雕 CNC 雕刻系统"中使用，其根本目的和真实意图在于建立和巩固 JDPaint 软件与其雕刻机床之间的捆绑关系。这种行为不属于为保护软件著作权而采取的技术保护措施。如果将对软件著作权的保护扩展到与软件捆绑在一起的产品上，必然超出我国著作权法对计算机软件著作权的保护范围。精雕公司在本案中采取的技术措施，不是为保护JDPaint软件著作权而采取的技术措施，而是为获取著作权利益之外利益而采取的技术措施。因此，精雕公司采取的技术措施不属于《著作权法》《计算机软件保护条例》所规定著作权人为保护其软件著作权而采取的技术措施，奈凯公司开发能够读取JDPaint软件输出的Eng格式文件的软件的行为，并不属于故意避开和破坏著作权人为保护软件著作权而采取的技术措施的行为。

**指导案例 49 号**

# 石鸿林诉泰州华仁电子资讯有限公司
# 侵害计算机软件著作权纠纷案

（最高人民法院审判委员会讨论通过　2015 年 4 月 15 日发布）

**关键词**

民事　侵害计算机软件著作权　举证责任　侵权对比　缺陷性特征

**裁判要点**

在被告拒绝提供被控侵权软件的源程序或者目标程序，且由于技术上的限制，无法从被控侵权产品中直接读出目标程序的情形下，如果原、被告软件在设计缺陷方面基本相同，而被告又无正当理由拒绝提供其软件源程序或者目标程序以供直接比对，则考虑到原告的客观举证难度，可以判定原、被告计算机软件构成实质性相同，由被告承担侵权责任。

**相关法条**

《计算机软件保护条例》第三条第一款

**基本案情**

原告石鸿林诉称：被告泰州华仁电子资讯有限公司（以下简称华仁公司）未经许可，长期大量复制、发行、销售与石鸿林计算机软件"S 型线切割机床单片机控制器系统软件 V1.0"相同的软件，严重损害其合法权益。故诉请判令华仁公司停止侵权，公开赔礼道歉，并赔偿原告经济损失 10 万元、为制止侵权行为所支付的证据保全公证费、诉讼代理费 9200 元以及鉴定费用。

被告华仁公司辩称：其公司 HR-Z 型线切割机床控制器所采用的系统软件系其独立开发完成，与石鸿林 S 型线切割机床单片机控制系统应无相同可能，且其公司产品与石鸿林生产的 S 型线切割机床单片机控制器的硬件及键盘布局也完全不同，请求驳回石鸿林的诉讼请求。

法院经审理查明：2000 年 8 月 1 日，石鸿林开发完成 S 型线切割机床单片机控制器系统软件。

2005 年 4 月 18 日获得国家版权局软著登字第 035260 号计算机软件著作权登记证书，证书载明软件名称为 S 型线切割机床单片机控制器系统软件 V1.0（以下简称 S 系列软件），著作权人为石鸿林，权利取得方式为原始取得。2005 年 12 月 20 日，泰州市海陵区公证处出具（2005）泰海证民内字第 1146 号公证书一份，对石鸿林以 660 元价格向华仁公司购买 HR-Z 线切割机床数控控制器（以下简称 HR－Z 型控制器）一台和取得销售发票（No：00550751）的购买过程，制作了保全公证工作记录、拍摄了所购控制器及其使用说明书、外包装的照片 8 张，并对该控制器进行了封存。

一审中，法院委托江苏省科技咨询中心对下列事项进行比对鉴定：（1）石鸿林本案中提供的软件源程序与其在国家版权局版权登记备案的软件源程序的同一性；（2）公证保全的华仁公司 HR－Z 型控制器系统软件与石鸿林获得版权登记的软件源程序代码相似性或者相同性。后江苏省科技咨询中心出具鉴定工作报告，因被告的软件主要固化在美国 ATMEL 公司的 AT89F51 和菲利普公司的 P89C58 两块芯片上，而代号为"AT89F51"的芯片是一块带自加密的微控制器，必须首先破解它的加密系统，才能读取固化其中的软件代码。而根据现有技术条件，无法解决芯片解密程序问题，因而根据现有鉴定材料难以作出客观、科学的鉴定结论。

二审中，法院根据原告石鸿林的申请，就以下事项组织技术鉴定：原告软件与被控侵权软件是否具有相同的软件缺陷及运行特征。经鉴定，中国版权保护中心版权鉴定委员会出具鉴定报告，结论为：通过运行原、被告软件，发现二者存在如下相同的缺陷情况：（1）二控制器连续加工程序段超过 2048 条后，均出现无法正常执行的情况；（2）在加工完整的一段程序后只让自动报警两声以下即按任意键关闭报警时，在下一次加工过程中加工回复线之前自动暂停后，二控制器均有偶然出现蜂鸣器响声 2 声的现象。

二审法院另查明：原、被告软件的使用说明书基本相同。两者对控制器功能的描述及技术指标基本相同；两者对使用操作的说明基本相同；两者在段落编排方式和多数语句的使用上基本相同。经二审法院多次释明，华仁公司始终拒绝提供被控侵权软件的源程序以供比对。

**裁判结果**

江苏省泰州市中级人民法院于 2006 年 12 月 8 日作出（2006）泰民三初字第 2 号民事判决：驳回原告石鸿林的诉讼请求。石鸿林提起上诉，江苏省高级人民法院于 2007 年 12 月 17 日作出（2007）苏民三终字第 0018 号民事判决：一、撤销江苏省泰州市中级人民法院（2006）泰民三初字第 2 号民事判决；二、华仁公司立即停止生产、销售侵犯石鸿林 S 型线切割机床单片机控制器系统软件 V1.0 著作权的产品；三、华仁公司于本判决生效之日起 10 日内赔偿石鸿林经济损失 79200 元；四、驳回石鸿林的其他诉讼请求。

**裁判理由**

法院生效裁判认为：根据现有证据，应当认定华仁公司侵犯了石鸿林 S 系列软件著作权。

一、本案的证明标准应根据当事人客观存在的举证难度合理确定

根据法律规定，当事人对自己提出的诉讼请求所依据的事实有责任提供证

据加以证明。本案中，石鸿林主张华仁公司侵犯其 S 系列软件著作权，其须举证证明双方计算机软件之间构成相同或实质性相同。一般而言，石鸿林就此须举证证明两计算机软件的源程序或目标程序之间构成相同或实质性相同。但本案中，由于存在客观上的困难，石鸿林实际上无法提供被控侵权的 HR－Z 软件的源程序或目标程序，并进而直接证明两者的源程序或目标程序构成相同或实质性相同。1. 石鸿林无法直接获得被控侵权的计算机软件源程序或目标程序。由于被控侵权的 HR－Z 软件的源程序及目标程序处于华仁公司的实际掌握之中，因此在华仁公司拒绝提供的情况下，石鸿林实际无法提供 HR－Z 软件的源程序或目标程序以供直接对比。2. 现有技术手段无法从被控侵权的 HR－Z 型控制器中获得 HR－Z 软件源程序或目标程序。根据一审鉴定情况，HR－Z 软件的目标程序系加载于 HR－Z 型控制器中的内置芯片上，由于该芯片属于加密芯片，无法从芯片中读出 HR－Z 软件的目标程序，并进而反向编译出源程序。因此，依靠现有技术手段无法从 HR－Z 型控制器中获得 HR－Z 软件源程序或目标程序。

综上，本案在华仁公司无正当理由拒绝提供软件源程序以供直接比对，石鸿林确因客观困难无法直接举证证明其诉讼主张的情形下，应从公平和诚实信用原则出发，合理把握证明标准的尺度，对石鸿林提供的现有证据能否形成高度盖然性优势进行综合判断。

二、石鸿林提供的现有证据能够证明被控侵权的 HR－Z 软件与石鸿林的 S 系列软件构成实质相同，华仁公司应就此承担提供相反证据的义务

本案中的现有证据能够证明以下事实：

1. 二审鉴定结论显示：通过运行安装 HX－Z 软件的 HX－Z 型控制器和安装 HR－Z 软件的 HR－Z 型控制器，发现二者存在前述相同的系统软件缺陷情况。

2. 二审鉴定结论显示：通过运行安装 HX－Z 软件的 HX－Z 型控制器和安装 HR－Z 软件的 HR－Z 型控制器，发现二者在加电运行时存在相同的特征性情况。

3. HX－Z 和 HR－Z 型控制器的使用说明书基本相同。

4. HX－Z 和 HR－Z 型控制器的整体外观和布局基本相同，主要包括面板、键盘的总体布局基本相同等。

据此，鉴于 HX－Z 和 HR－Z 软件存在共同的系统软件缺陷，根据计算机软件设计的一般性原理，在独立完成设计的情况下，不同软件之间出现相同的软件缺陷机率极小，而如果软件之间存在共同的软件缺陷，则软件之间的源程序相同的概率较大。同时结合两者在加电运行时存在相同的特征性情况、HX－Z 和 HR－Z 型控制器的使用说明书基本相同、HX－Z 和 HR－Z 型控制器的整体外观和布局基本相同等相关事实，法院认为石鸿林提供的现有证据能

够形成高度盖然性优势，足以使法院相信 HX-Z 和 HR-Z 软件构成实质相同。同时，由于 HX-Z 软件是石鸿林对其 S 系列软件的改版，且 HX-Z 软件与 S 系列软件实质相同。因此，被控侵权的 HR-Z 软件与石鸿林的 S 系列软件亦构成实质相同，即华仁公司侵犯了石鸿林享有的 S 系列软件著作权。

三、华仁公司未能提供相反证据证明其诉讼主张，应当承担举证不能的不利后果

本案中，在石鸿林提供了上述证据证明其诉讼主张的情形下，华仁公司并未能提供相反证据予以反证，依法应当承担举证不能的不利后果。经本院反复释明，华仁公司最终仍未提供被控侵权的 HR-Z 软件源程序以供比对。华仁公司虽提供了 DX-Z 线切割控制器微处理器固件程序系统 V3.0 的计算机软件著作权登记证书，但其既未证明该软件与被控侵权的 HR-Z 软件属于同一软件，又未证明被控侵权的 HR-Z 软件的完成时间早于石鸿林的 S 系列软件，或系其独立开发完成。尽管华仁公司还称，其二审中提供的 2004 年 5 月 19 日商业销售发票，可以证明其于 2004 年就开发完成了被控侵权软件。对此法院认为，该份发票上虽注明货物名称为 HR-Z 线切割控制器，但并不能当然推断出该控制器所使用的软件即为被控侵权的 HR-Z 软件，华仁公司也未就此进一步提供其他证据予以证实。同时结合该份发票并非正规的增值税发票、也未注明购货单位名称等一系列瑕疵，法院认为，华仁公司 2004 年就开发完成了被控侵权软件的诉讼主张缺乏事实依据，不予采纳。

综上，根据现有证据，同时在华仁公司持有被控侵权的 HR-Z 软件源程序且无正当理由拒不提供的情形下，应当认定被控侵权的 HR-Z 软件与石鸿林的 S 系列软件构成实质相同，华仁公司侵犯了石鸿林 S 系列软件著作权。

**附：相关司法文件**

## 最高人民法院
## 关于做好涉及网吧著作权
## 纠纷案件审判工作的通知

2010 年 11 月 25 日　　　　　　　法发〔2010〕50 号

各省、自治区、直辖市高级人民法院，新疆维吾尔自治区高级人民法院生产建设兵团分院：

近年来，各级法院审理的网吧因提供影视作品被诉侵权的相关案件大幅增加，出现了一些新情况和新问题，引起了有关方面的高度关注。为解决当前审理涉及网吧著作权纠纷案件中存在的突出问题，依法妥善审理好此类案件，现就有关事项通知如下：

一、各级法院要认真研究分析当前涉及网吧著作权纠纷案件急剧上升的成因和现状，在此类案件的审理中，在积极支持当事人依法维权的同时，也要注意防止滥用权利情形的发生。要注意处理好依法保护与适度保护的关系，既要依法保护当事人的著作权，有效制止侵权行为，又要正确确定网吧经营者和相关影视作品提供者的责任承担，注意把握司法导向和利益平衡，积极促进信息传播和规范传播秩序，推动相关互联网文化产业健康发展。

二、要积极探索有效解决纠纷的途径，认真贯彻"调解优先，调判结合"的工作原则。在加强诉讼调解的同时，积极推动建立诉讼与非诉讼相衔接的矛盾纠纷解决机制，发挥行业主管部门和行业协会的作用，采取各种措施引导网吧经营者规范经营行为，以减少诉讼，维护社会和谐稳定。

三、网吧经营者未经许可，通过网吧自行提供他人享有著作权的影视作品，侵犯他人信息网络传播权等权利的，应当根据原告的诉讼请求判决其停止侵权和赔偿损失。赔偿数额的确定要合理和适度，要符合网吧经营活动的特点和实际，除应考虑涉案影视作品的市场影响、知名度、上映档期、合理的许可使用费外，还应重点考虑网吧的服务价格、规模、主观过错程度以及侵权行为的性质、持续时间、对侵权作品的点击或下载数量、当地经济文化发展状况等因素。

法律、行政法规对网吧经营者承担侵权责任的情形另有规定的，按其规定执行。

**四、**网吧经营者不知道也没有合理理由应当知道涉案影视作品侵犯他人信息网络传播权等权利，且能证明涉案影视作品是从有经营资质的影视作品提供者合法取得的，不承担赔偿损失的民事责任。但网吧经营者经权利人通知后，未及时采取必要措施的，应对损害的扩大部分承担相应的民事责任。

**五、**网吧经营者请求追加涉案影视作品提供者为共同被告的，可根据案件的具体情况决定是否追加其参加诉讼。

本通知自下发之日起执行。执行中如有问题和新情况，请及时层报最高人民法院。

第三编

# 商 标 权

# 最高人民法院
## 关于人民法院对注册商标权进行财产保全的解释

法释〔2001〕1号

(2000年11月22日最高人民法院审判委员会第1144次会议通过 2001年1月2日最高人民法院公告公布 自2001年1月21日起施行)

为了正确实施对注册商标权的财产保全措施,避免重复保全,现就人民法院对注册商标权进行财产保全有关问题解释如下:

**第一条** 人民法院根据民事诉讼法有关规定采取财产保全措施时,需要对注册商标权进行保全的,应当向国家工商行政管理局商标局(以下简称商标局)发出协助执行通知书,载明要求商标局协助保全的注册商标的名称、注册人、注册证号码、保全期限以及协助执行保全的内容,包括禁止转让、注销注册商标、变更注册事项和办理商标权质押登记等事项。

**第二条** 对注册商标权保全的期限一次不得超过6个月,自商标局收到协助执行通知书之日起计算。如果仍然需要对该注册商标权继续采取保全措施的,人民法院应当在保全期限届满前向商标局重新发出协助执行通知书,要求继续保全。否则,视为自动解除对该注册商标权的财产保全。

**第三条** 人民法院对已经进行保全的注册商标权,不得重复进行保全。

【解 读】

## 解读《关于人民法院对注册商标权进行财产保全的解释》

### 一、问题的提出

2001年1月2日,最高人民法院公布了《关于人民法院对注册商标权进行财产保全的解释》(以下简称本解释)。

## 二、理解与适用

根据《民事诉讼法》的规定，人民法院对于可能因当事人一方的行为或者其他原因，便判决不能执行或者难以执行的案件，可以根据对方当事人的申请，作出财产保全的裁定；当事人没有提出申请的，人民法院在必要时也可以采取财产保全措施。财产保全措施采取查封、扣押、冻结或者法律规定的其他方法。对注册商标进行财产保全措施，其条件和方法同样适用上述规定。但是，一方面，由于《民事诉讼法》对商标等无形资产进行查封、扣押、冻结的具体措施没有详尽规定；另一方面，《商标法》在商标注册人资格、商标权续展、转让的程序等方面的规定与法律对有形财产的规定相比，有特殊性，人民法院在审判实践中也遇到一些疑难问题。

首先，关于财产保全的内容问题。注册商标属于无形财产，对其采取保全措施的方式不同于其他有形财产，内容也较有形财产的保全更为复杂。商标注册人在其商标被保全期间仍然可以在核准使用的商品上使用，甚至可以以知识产权权利人的身份与他人签订商标使用许可合同。另外，由于国家工商行政管理局商标局具体负责注册商标审查核准和使用管理，人民法院对注册商标采取保全措施，要通过国家商标局予以协助执行。因此，明确对注册商标进行财产保全的方式和内容就显得十分必要。参照《民事诉讼法》有关财产保全和执行程序的规定，本解释第一条作出了明确规定。

其次，对注册商标进行财产保全的期限问题。根据《最高人民法院关于适用〈中华人民共和国民事诉讼法〉若干问题的意见》第一百零八、一百零九条规定，诉讼中的财产保全裁定的效力一般应维持到生效的法律文书执行时止。在诉讼过程中，需要解除保全措施的，人民法院应及时作出裁定，解除保全措施。同时，在财产保全期限内，任何单位都不得解除保全措施。

规定注册商标保全期限的必要性在于，商标局仅执行人民法院所要求执行的对注册商标禁止转让、注销、变更注册和办理商标权质押登记等事项，而注册商标的有效期、续展注册等都涉及期限问题。注册商标与有形财产的不同之处在于其民事权利的产生由国家有权机关经过法定程序依法授予，并有一定的期限。《商标法》第二十三条规定，注册商标的有效期为十年，自核准注册之日起计算。第二十四条规定，注册商标有效期满，需要继续使用的，应当在期满前六个月内申请续展注册，在此期间未能提出申请的，可以给予六个月的宽展期。宽展期满仍未提出申请的，注销其注册商标。每次续展注册的有效期为十年。若不明确规定保全的期限，不利于维持注册商标权利的稳定性和有效性，实践中还会出现两个法院对同一注册商标重复查封的情况。

1999年2月4日，上海市第一中级人民法院请求商标局协助查封"登云"商标，协助执行通知书中写明期限为六个月。1999年8月4日，在"登云"

商标查封期满之日,河北省衡水市桃城区人民法院向商标局送达协助执行通知书,要求查封同一商标,禁止商标注册人——上海第一皮鞋厂使用该商标,同时送达的还有对"登云"商标依法拍卖、变卖的民事裁定书。1999年8月7日,商标局又收到上海市第一中级人民法院要求继续查封"登云"商标的通知书。那么,上海市第一中级人民法院1999年8月7日送达的请求继续查封是否属于重复查封?商标局究竟应当执行哪一个人民法院的通知?1998年9月14日,广东省南海市人民法院在审理中国农业银行南海市支行与被告南海南方铝搪瓷制品有限公司、南海市二轻五金家电工业总公司借款纠纷等32件民事纠纷案件中,请求国家商标局查封广东南方五金总厂的"南方"等12件注册商标,暂停办理有关注册商标的变更手续,并依法送达了协助执行通知书,但是没有写明保全的期限。1999年3月14日,商标局以该查封期满、南海市人民法院未请求继续查封为由,于3月15日执行了深圳市南山区人民法院要求对上述注册商标进行保全的通知。两个法院对此产生争议。

过去,最高人民法院知识产权审判庭曾与国家商标局协商过对注册商标规定保全期限问题,但是没有形成正式文件。由于以往法律、司法解释没有对此作出明确规定,各地人民法院在要求商标局对注册商标查封的协助执行通知书中,有的没有保全期限,有的虽然写了期限,但是不同的人民法院写明的期限不一致,造成商标局在协助执行中的困难。明确规定对注册商标保全的期限,可以督促有关人民法院及时在法律规定的审限内审结案件,不能久拖不决。同时,也可以督促人民法院随时注意涉诉商标所处的法律状态,遇到注册商标处于续展期间的,要求有关当事人及时办理,以免由于未及时续展,造成无法挽回的损失。

明确规范诉讼保全的期限问题不仅涉及商标,而且涉及民商事纠纷案件的全面。目前,最高人民法院司法解释中对诉讼保全期限有明确规定的是《关于查询、冻结、扣划企业事业单位、机关、团体银行存款的通知》。该通知第二条规定,冻结单位存款的期限不超过六个月。

鉴于注册商标本身具有的无形财产的特殊性,以及在执行诉讼保全的具体过程中需要与有关行政部门协调配合,本解释第二条比照《民事诉讼法》关于一审案件的审限和生效法律文书的执行期限的规定,对注册商标保全的期限、期限起算时间和继续保全等问题作出了规定,即对注册商标保全的期限一次不得超过六个月,自商标局收到协助执行通知书之日起计算。如果仍然需要对注册商标继续采取保全措施的,人民法院应当在保全期限届满前向商标局重新发出协助执行通知书,要求继续保全。否则,视为自动解除对该注册商标权的财产保全。

第三,关于不得对已经进行保全的注册商标重复进行保全的问题。《民事诉讼法》第九十四条规定,财产保全采取查封、扣押、冻结或者法律规定的其他方法，财产已被查封、冻结的，不得重复查封、冻结。《最高人民法院关于适用〈中华人民共和国民事诉讼法〉若干问题的意见》和其他相关司法解释中也反复强调不得进行重复保全，但是，由于注册商标权本身所具有的无形财产的特性，在人民法院的审判实践中也多次发生对同一注册商标重复保全的情况，因此，在本解释中重申此规定，仍然具有一定的现实意义。

本解释第一条、第二条规定，人民法院在向商标局发出的协助执行通知中，明确具体地提出要求对注册商标进行财产保全的内容，载明保全的期限，这一规定为判断不同人民法院对同一注册商标进行保全是否属于重复查封提供了重要依据。

（撰稿人：段立红<br>
审稿人：蒋志培）

## 最高人民法院
## 关于审理商标案件有关管辖和法律适用范围问题的解释

法释〔2002〕1号

(2001年12月25日最高人民法院审判委员会第1203次会议通过 2002年1月9日最高人民法院公告公布 自2002年1月21日起施行)

《全国人民代表大会常务委员会关于修改〈中华人民共和国商标法〉的决定》(以下简称商标法修改决定)已由第九届全国人民代表大会常务委员会第二十四次会议通过,自2001年12月1日起施行。为了正确审理商标案件,根据《中华人民共和国商标法》(以下简称商标法)、《中华人民共和国民事诉讼法》和《中华人民共和国行政诉讼法》(以下简称行政诉讼法)的规定,现就人民法院审理商标案件有关管辖和法律适用范围等问题,作如下解释:

**第一条** 人民法院受理以下商标案件:

1. 不服国务院工商行政管理部门商标评审委员会(以下简称商标评审委员会)作出的复审决定或者裁定的案件;
2. 不服工商行政管理部门作出的有关商标的具体行政行为的案件;
3. 商标专用权权属纠纷案件;
4. 侵犯商标专用权纠纷案件;
5. 商标专用权转让合同纠纷案件;
6. 商标许可使用合同纠纷案件;
7. 申请诉前停止侵犯商标专用权案件;
8. 申请诉前财产保全案件;
9. 申请诉前证据保全案件;
10. 其他商标案件。

**第二条** 本解释第一条所列第1项第一审案件,由北京市高级人民法院根据最高人民法院的授权确定其辖区内有关中级人民法院管辖。

本解释第一条所列第2项第一审案件,根据行政诉讼法的有关规定确定管辖。

商标民事纠纷第一审案件,由中级以上人民法院管辖。

各高级人民法院根据本辖区的实际情况，经最高人民法院批准，可以在较大城市确定1—2个基层人民法院受理第一审商标民事纠纷案件。

**第三条** 商标注册人或者利害关系人向工商行政管理部门就侵犯商标专用权行为请求处理，又向人民法院提起侵犯商标专用权诉讼请求损害赔偿的，人民法院应当受理。

**第四条** 商标评审委员会在商标法修改决定施行前受理的案件，于该决定施行后作出复审决定或裁定，当事人对复审决定或裁定不服向人民法院起诉的，人民法院应当受理。

**第五条** 除本解释另行规定外，对商标法修改决定施行前发生，属于修改后商标法第四条、第五条、第八条、第九条第一款、第十条第一款第（二）、（三）、（四）项、第十条第二款、第十一条、第十二条、第十三条、第十五条、第十六条、第二十四条、第二十五条、第三十一条所列举的情形，商标评审委员会于商标法修改决定施行后作出复审决定或者裁定，当事人不服向人民法院起诉的行政案件，适用修改后商标法的相应规定进行审查；属于其他情形的，适用修改前商标法的相应规定进行审查。

**第六条** 当事人就商标法修改决定施行时已满1年的注册商标发生争议，不服商标评审委员会作出的裁定向人民法院起诉的，适用修改前商标法第二十七条第二款规定的提出申请的期限处理；商标法修改决定施行时商标注册不满1年的，适用修改后商标法第四十一条第二款、第三款规定的提出申请的期限处理。

**第七条** 对商标法修改决定施行前发生的侵犯商标专用权行为，商标注册人或者利害关系人于该决定施行后在起诉前向人民法院提出申请采取责令停止侵权行为或者保全证据措施的，适用修改后商标法第五十七条、第五十八条的规定。

**第八条** 对商标法修改决定施行前发生的侵犯商标专用权行为起诉的案件，人民法院于该决定施行时尚未作出生效判决的，参照修改后商标法第五十六条的规定处理。

**第九条** 除本解释另行规定外，商标法修改决定施行后人民法院受理的商标民事纠纷案件，涉及该决定施行前发生的民事行为的，适用修改前商标法的规定；涉及该决定施行后发生的民事行为的，适用修改后商标法的规定；涉及该决定施行前发生，持续到该决定施行后的民事行为的，分别适用修改前、后商标法的规定。

**第十条** 人民法院受理的侵犯商标专用权纠纷案件，已经过工商行政管理部门处理的，人民法院仍应当就当事人民事争议的事实进行审查。

## 【解　读】

## 解读《关于审理商标案件有关管辖和法律适用范围问题的解释》

### 一、问题的提出

2001年10月27日，第九届全国人民代表大会常务委员会第二十四次会议通过了《全国人民代表大会常务委员会关于修改〈中华人民共和国商标法〉的决定》（以下简称《商标法修改决定》），该决定自2001年12月1日起施行。

《商标法修改决定》共四十七项，涉及立法目的、申请注册商标的主客体条件与注册种类、商标共同申请和权利共同享有、授予和撤销商标权行政程序的司法审查、驰名商标的特殊法律保护、诉讼前采取证据保全和停止有关行为的法律措施、侵权赔偿等诸多方面，内容十分丰富。《商标法修改决定》涉及人民法院审判工作的内容很多，有六项（第二十五条、第二十六条、第三十二条、第三十四条、第四十一项、第四十二项，分别为修改后的《商标法》第三十二条、第三十三条、第四十三条、第四十九条、第五十七条和第五十八条）涉及法院受理案件范围的拓宽，决定的其他内容绝大多数也都与法院审理案件时适用法律问题相关。由于2001年12月1日《商标法修改决定》正式施行，新旧法律适用衔接过渡中的一些问题摆到了最高人民法院面前，而最为急迫的问题，首先是管辖和法律适用范围两大问题。最高人民法院经过认真调查研究，在征求地方法院、有关行政部门、研究机构及专家、研究人员的基础上，制定了《关于审理商标案件有关管辖和法律适用范围问题的解释》（以下简称本解释），以指导人民法院对相应问题的处理工作。

由于《商标法实施细则》尚未出台，本解释对有些问题，如确定申请日和优先权等问题有无复议或者复审程序等，尚未作出明确规定，内容不可能面面俱到。最高人民法院同时制定了《关于诉前停止侵犯注册商标专用权行为和保全证据适用法律问题的解释》，故本解释没有涉及它规定的内容。

### 二、理解与适用

（一）关于商标案件的收案范围问题

在《商标法》修改前，人民法院受理商标案件的类型虽然也比较明确，但并非绝无问题存在。如商标权权属纠纷是否属于人民法院民事诉讼收案范围，在一部分人甚至包括部分商标司法、执法人员中，就有不同的认识。《商标法》

修改后，人民法院商标案件的收案范围扩大了，本解释对此予以明确，自有实践上的应用价值。在制定本解释的过程中，最高人民法院要考虑的问题主要包括如何依照法律的规定并结合商标案件级别管辖的规定，合理界定商标案件的收案范围，如何科学地进行案件类型的表述，排除虽涉及商标，但不宜作为商标案件提高级别管辖的一些民事纠纷，如商标设计合同费用纠纷等案件。本解释关于商标案件的收案范围问题的规定主要涉及：

1. 不服商标评审委员会复审决定或者裁定案件的受理问题

根据《商标法修改决定》的规定，2001年12月1日以后商标评审委员会有权作出的四类复审决定或者裁定，当事人不服的，均可以向人民法院提起行政诉讼。这四类复审决定或者裁定是：关于维持商标局驳回商标注册申请、不予公告通知的复审决定（《商标法》第三十二条）；关于对初步审定、予以公告的商标提出异议作出的复审裁定（《商标法》第三十三条）；关于对注册商标争议作出的裁定（《商标法》第四十三条）；关于对商标局撤销商标权决定的复审决定（《商标法》第四十九条）。

以往行政案件的案由，习惯上按照被告性质确定。因此，本解释没有按照上述四类具体行为来确定案由，而是以被告是行政机关来确定案由。商标评审委员会虽然隶属于国务院工商行政管理部门，但该委员会是依法独立行使有关权力的机关，其职责不同于一般的工商行政管理部门。因此，本解释对商标行政案件中被告是商标评审委员会的案件作为一类案件予以明确。此外，对商标评审委员会2001年12月1日以后就该日以前受理的案件所作出的复审决定或者裁定，本解释第四条规定应当受理。这样前后衔接下来，就解决了人民法院受理以商标评审委员会为被告的案件的收案问题。需要注意的是，人民法院受理以商标评审委员会为被告的案件，应当依据作出决定的日期是2001年12月1日（含当日）以后，而不能以行政行为相对人收到决定的日期来确定是否受理。

2. 关于不服工商行政管理部门作出的有关商标的具体行政行为案件的受理问题

这一项规定涉及的具体行为有多种，包括国家工商行政管理总局及其商标局作出的具体行政行为和地方工商行政管理局作出的具体行政行为。实践中，这些具体行政行为主要是指工商行政管理部门对商标侵权行为的查处行为，当然也有其他的涉及商标的限制、指令等具体行政行为。本解释中提出的"有关商标的具体行政行为"的概念非常宽，涵盖了各类与商标有关的行为和各级工商行政管理部门的具体行政行为。需要指出的是，国家工商行政管理总局商标局在审查处理注册商标的申请、续展、权利转让等事务中作出的一些具体行政行为，修改后的《商标法》未明确规定属于商标评审委员会复审的范围，也未明确规定行政复议的程序及行政复议决定为最终裁决，故以商标局为被告的案件很有可能发生，本解释并未将这类案件排除在法院管辖之外。

3. 关于诉前申请采取有关措施案件的受理问题

诉前申请停止侵犯商标专用权案件、采取财产保全措施案件、采取证据保全措施案件，分别具有独立的意义，在本解释中分别单独作为一类案件进行分类，这与《专利法》的司法解释中所划分案件的类型有所不同。这三类措施，都与侵权行为的发生有关，但是由于尚未进入诉讼阶段，属于单方申请事项，故不能作为商标侵权纠纷案件考虑；如果将这三类措施总和作为一类案件列项，不明确申请采取的措施的性质，也就不能明确不同措施的不同法律意义和后果，从而在适用法律、有针对性地进行科学研究和司法统计等方面产生混乱。对这些申请，在人民法院采取有关措施后，申请人于法定期限内不起诉时，人民法院应当解除该措施，诉讼案件不会发生，因而从司法实践看，将诉前申请采取措施案件分别列项有其实际需要；即使申请人于法定期限内起诉，也不能排除就该申请已经发生或者将要发生的复议等情形，最终也可能导致解除该措施。因此，诉前申请措施案件，与随后发生（可能发生）的诉讼案件虽然有逻辑上的联系，但其独立意义仍然是非常明显的。

4. 关于对同一侵犯商标专用权行为，工商行政管理部门与法院可否同时立案受理的问题

《商标法修改决定》第三十七项（《商标法》第五十三条）规定，对侵犯商标专用权的案件，工商行政管理部门在查处中可以根据当事人的请求对赔偿数额进行调解；调解不成的，当事人可以向人民法院起诉。根据这一规定，工商行政管理部门的调解，不是必经程序，当事人完全可以在请求工商行政管理部门查处侵权的同时，向人民法院提起侵权诉讼，请求赔偿损失。因此，以商标民事侵权请求赔偿为由向法院起诉的，无论工商行政管理部门就该侵权行为是否已经立案，人民法院均应予以受理。本解释对此予以明确。

（二）关于案件管辖问题

1. 关于商标授权程序司法审查案件的管辖

根据《行政诉讼法》的规定，商标授权程序司法审查案件，应当由商标评审委员会所在地的北京市相应的中级人民法院管辖。本解释在征求北京市高级人民法院和第一、第二中级人民法院意见的基础上，提出由"北京市高级人民法院根据最高人民法院的授权确定其辖区内的有关中级人民法院"管辖以商标评审委员会为被告案件的意见。这样将案件的管辖问题确定下来，既符合法律的规定，又符合实际要求，也为将来确定受理这类案件的法院留有一定的灵活性，有利于北京市法院系统根据实际情况，优化配置审判资源。

2. 商标民事案件的管辖问题

以往商标民事案件的管辖完全按照《民事诉讼法》的规定确定，最高人民法院没有作出特别规定。经过对近十年来商标民事案件情况和特点进行调研分

析，可以看出商标民事案件的以下特点：一是案件数量很少，增长缓慢。由于不同地区的法院、不同级别的法院都有权受理商标案件，案件分散，难以积累审判经验，形成有效的审判原则和方法。二是简单的案件很少。到法院进行诉讼的商标案件，绝大多数都是控辩双方对抗比较激烈、案情复杂、处理难度较大的案件。简单的案件，当事人往往请求工商行政管理部门直接处理。根据商标案件的上述特点，再考虑到修改决定施行后有不少商标民事纠纷案件可能涉及对驰名商标的认定和保护问题，社会影响将会很大，不少高级人民法院，如北京、上海、江苏、广东、江西、福建等高级人民法院已经明确由中级以上的人民法院审理知识产权案件，实际效果很好。为保证统一商标司法标准，积累审判经验，妥善保护商标专用权人和其他当事人的合法权益，本解释规定商标民事案件由中级以上人民法院作为第一审法院。考虑到像北京市海淀区、朝阳区，上海市黄浦区、浦东新区等基层人民法院近年来审理了一定的商标案件，也积累了一定的经验，本解释对这种情况作了一定的保留，即授权高级人民法院有权指定少量人民基层人民法院审理商标案件。

需要指出的是，最高人民法院制定的本解释，具有法律的权威性，各地方人民法院必须严格执行。基层人民法院未经最高人民法院批准，不得再受理商标民事纠纷案件，各中级人民法院也不得将应当由自己审理的商标民事纠纷案件指定由下级基层人民法院审理，否则，属于违反法定程序。

（三）关于对商标评审委员会复审决定或者裁定的司法审查问题

《商标法》修改前后涉及对商标评审委员会复审决定或者裁定的司法审查的条文，在以下几方面存在比较明显的差别：

1. 申请注册商标的条件多数放宽，如第四条，第五条，第八条，第十条第一款第（一）、（二）、（三）项、第二款，第十一条第二款等；

2. 对部分申请商标注册的情形作了限制规定，如第九条第一款、第十二条、第十三条、第十五条、第十六条、第三十一条等，这些限制，本质上也是保护社会公共利益或者他人合法利益所作出的新规定；

3. 明确给予申请人新的权利，如第二十四条、第二十五条等。

上述三方面的条文，是商标评审委员会在注册商标的申请、异议、争议、撤销等程序中直接适用的实体法律规定，其第1、3方面的情形，是对申请人更加有利的规定；第2方面的情形，或者有利于驰名商标、有影响的商标，或者有利于一般公众利益。在《商标法修改决定》生效时，由于申请人或者请求人的申请或请求仍然处于审查阶段，其是否符合法律的规定，当然应当适用已经生效的法律规定来判断。如果仍然按照原法的规定处理，则一来在实体上使《商标法修改决定》的适用趋于不确定的地位；二来对当事人申请或者请求的驳回，不会产生最终结局，实际上当事人仍然可以重新提出申请或者请求，还是要按照修改后的《商标法》重新审查，浪费了程序资源。因此，不服商标评审委员会决定或裁定，于《商标法修改决定》生效后起诉到人民法院的，应当按照新规定进行司法审查。对此，最高人民法院与国家工商行政管理总局商标局、商标评审委员会取得了一致认识。

对商标评审委员会复审决定或者裁定不服起诉到人民法院的案件，根据本解释的规定，应当由北京市相应中级人民法院受理。因此，国务院工商行政管理部门商标局、商标评审委员会和北京市的相应中级人民法院、高级人民法院与这一问题关系最为密切，这类案件主要发生在这些行政、司法机关。其他案件，无论涉及民事行为、具体行政行为还是行政行为相对人的行为，根据《立法法》不溯及既往的原则，分别根据行为发生、延续的时间适用当时的实体法律规定。本解释第五条的其他内容和第九条的内容就是由此而来。

### （四）关于修改后的《商标法》第四十一条第二款、第三款有关提出注册商标争议的期限规定的适用问题

根据修改前《商标法》第二十七条第二款的规定，对注册商标争议提出申请裁定的期限为自商标注册之日起1年（对属于禁止作商标使用的标志提出争议申请的没有期限限制）。而在修改后的《商标法》第四十一条第二款、第三款的规定中，上述期限延长为5年。

《商标法修改决定》施行前商标注册未满1年的，适用修改后的《商标法》的规定，这一点没有分歧。分歧在于已满1年的，则根据原《商标法》的规定，他人申请注册商标争议裁定的权利已经丧失，在《商标法修改决定》施行后，其申请的权利是否恢复？如果对这类情形适用修改后的法律，是否会给商标权人造成不公平的损害？

有的同志认为，《商标法》第四十一条第三款，仅是期限的延长，争议的实质内容没有变化，此修改虽然使商标注册人的已注册商标被提出争议而撤销的风险加大，但也延长了此类注册人对近似于自己的商标提出争议的期限，利弊各半。在法律已经修改的情况下，适用修改后的法律，应当无不良后果。

但多数人认为，修改后的《商标法》给予申请争议裁定期限的延长，考虑的主要是商标注册人与他人利益的重新配置和平衡问题，其意义在于：商标被申请争议裁定而撤销的风险加大，商标注册人的利益缩小；他人（包括在先注册近似商标的在先权利人）的利益因此扩大。

无论怎样适用法律，都会对部分人有利，对部分人不利。我们现在解决的是法律过渡期间存在的矛盾，需要注意维护商品服务市场的正常秩序，平稳过渡，避免发生不应有的混乱。如果按第一种意见去做，可能会对法律修改以前注册超过1年的一批商标的稳定性造成不公平的损害，还可能会给已经在市场上使用这些注册商标稳定地提供商品和服务，又为消费者认可的经营者造成不公平的损失，平衡下来，弊大于利。对于那些确实危害了他人在先权利的注册商标，可以从商标使用环节上予以限制、制止，这样做也不存在于法无据的问

题。因此，本解释采纳了这种意见。

（五）关于修改后的《商标法》第五十六条的适用问题

修改后的《商标法》第五十六条的规定是关于损害赔偿问题的规定。在保留原《商标法》有关规定的基础上，该条新增加了三项内容：一是将被侵权人为制止侵权行为所支付的合理开支作为损失计算；二是对难以查明侵权人获利或者被侵权人损失的，规定由法院根据侵权行为的情节判决给予50万元以下的赔偿，即法定赔偿；三是对销售不知道是侵权商品，又能够证明其商品是合法取得且能说明提供者的，规定不承担赔偿责任。

这一条规定，较以往《商标法》有关赔偿问题的规定更加明确、细致，具有很强的实用性和可操作性。以往人民法院对商标侵权行为的处理，除按照法律规定外，也考虑了多种方法，其中定额赔偿就是一种方法，最高人民法院的有关文件中对此也给予了肯定。但是，当时的做法都只能是一种变通做法，在《民法通则》和民法理论上虽然有所依托，但毕竟在法律依据方面有不足，修改后的《商标法》解决了这方面的一些难题。这一条规定是解决当事人争议方面的法律条文，又符合《立法法》规定适用的情形，故本解释规定对《商标法修改决定》施行前的行为，法院在《商标法修改决定》施行后作出判决的，可以直接适用该条规定。

（撰稿人：董天平

审稿人：蒋志培）

## 最高人民法院
## 关于诉前停止侵犯注册商标专用权行为和保全证据适用法律问题的解释

法释〔2002〕2号

(2001年12月25日最高人民法院审判委员会第1203次会议通过 2002年1月9日最高人民法院公告公布 自2002年1月22日起施行)

为切实保护商标注册人和利害关系人的合法权益,根据《中华人民共和国民法通则》、《中华人民共和国商标法》(以下简称商标法)、《中华人民共和国民事诉讼法》(以下简称民事诉讼法)的有关规定,现就有关诉前停止侵犯注册商标专用权行为和保全证据适用法律问题解释如下:

**第一条** 根据商标法第五十七条、第五十八条的规定,商标注册人或者利害关系人可以向人民法院提出诉前责令停止侵犯注册商标专用权行为或者保全证据的申请。

提出申请的利害关系人,包括商标使用许可合同的被许可人、注册商标财产权利的合法继承人。注册商标使用许可合同被许可人中,独占使用许可合同的被许可人可以单独向人民法院提出申请;排他使用许可合同的被许可人在商标注册人不申请的情况下,可以提出申请。

**第二条** 诉前责令停止侵犯注册商标专用权行为或者保全证据的申请,应当向侵权行为地或者被申请人住所地对商标案件有管辖权的人民法院提出。

**第三条** 商标注册人或者利害关系人向人民法院提出诉前停止侵犯注册商标专用权行为的申请,应当递交书面申请状。申请状应当载明:(一)当事人及其基本情况;(二)申请的具体内容、范围;(三)申请的理由,包括有关行为如不及时制止,将会使商标注册人或者利害关系人的合法权益受到难以弥补的损害的具体说明。

商标注册人或者利害关系人向人民法院提出诉前保全证据的申请,应当递交书面申请状。申请状应当载明:(一)当事人及其基本情况;(二)申请保全证据的具体内容、范围、所在地点;(三)请求保全的证据能够证明的对象;(四)申请的理由,包括证据可能灭失或者以后难以取得,且当事人及其诉讼代理人因客观原因不能自行收集的具体说明。

**第四条** 申请人提出诉前停止侵犯注册商标专用权行为的申请时,应当提交下列证据:

(一)商标注册人应当提交商标注册证,利害关系人应当提交商标使用许可合同、在商标局备案的材料及商标注册证复印件;排他使用许可合同的被许可人单独提出申请的,应当提交商标注册人放弃申请的证据材料;注册商标财产权利的继承人应当提交已经继承或者正在继承的证据材料。

(二)证明被申请人正在实施或者即将实施侵犯注册商标专用权的行为的证据,包括被控侵权商品。

**第五条** 人民法院作出诉前停止侵犯注册商标专用权行为或者保全证据的裁定事项,应当限于商标注册人或者利害关系人申请的范围。

**第六条** 申请人提出诉前停止侵犯注册商标专用权行为的申请时应当提供担保。

申请人申请诉前保全证据可能涉及被申请人财产损失的,人民法院可以责令申请人提供相应的担保。

申请人提供保证、抵押等形式的担保合理、有效的,人民法院应当准许。

申请人不提供担保的,驳回申请。

人民法院确定担保的范围时,应当考虑责令停止有关行为所涉及的商品销售收益,以及合理的仓储、保管等费用,停止有关行为可能造成的合理损失等。

**第七条** 在执行停止有关行为裁定过程中,被申请人可能因采取该项措施造成更大损失的,人民法院可以责令申请人追加相应的担保。申请人不追加担保的,可以解除有关停止措施。

**第八条** 停止侵犯注册商标专用权行为裁定所采取的措施,不因被申请人提供担保而解除,但申请人同意的除外。

**第九条** 人民法院接受商标注册人或者利害关系人提出责令停止侵犯注册商标专用权行为的申请后,经审查符合本规定第四条的,应当在48小时内作出书面裁定;裁定责令被申请人停止侵犯注册商标专用权行为的,应当立即开始执行。

人民法院作出诉前责令停止有关行为的裁定,应当及时通知被申请人,至迟不得超过5日。

**第十条** 当事人对诉前责令停止侵犯注册商标专用权行为裁定不服的,可以在收到裁定之日起10日内申请复议一次。复议期间不停止裁定的执行。

**第十一条** 人民法院对当事人提出的复议申请应当从以下方面进行审查:

(一)被申请人正在实施或者即将实施的行为是否侵犯注册商标专用权;

(二)不采取有关措施,是否会给申请人合法权益造成难以弥补的损害;

(三)申请人提供担保的情况;

（四）责令被申请人停止有关行为是否损害社会公共利益。

**第十二条** 商标注册人或者利害关系人在人民法院采取停止有关行为或者保全证据的措施后 15 日内不起诉的，人民法院应当解除裁定采取的措施。

**第十三条** 申请人不起诉或者申请错误造成被申请人损失的，被申请人可以向有管辖权的人民法院起诉请求申请人赔偿，也可以在商标注册人或者利害关系人提起的侵犯注册商标专用权的诉讼中提出损害赔偿请求，人民法院可以一并处理。

**第十四条** 停止侵犯注册商标专用权行为裁定的效力，一般应维持到终审法律文书生效时止。

人民法院也可以根据案情，确定停止有关行为的具体期限；期限届满时，根据当事人的请求及追加担保的情况，可以作出继续停止有关行为的裁定。

**第十五条** 被申请人违反人民法院责令停止侵犯注册商标专用权行为或者保全证据裁定的，依照民事诉讼法第一百零二条规定处理。

**第十六条** 商标注册人或者利害关系人向人民法院提起商标侵权诉讼时或者诉讼中，提出先行停止侵犯注册商标专用权请求的，人民法院可以先行作出裁定。前款规定涉及的有关申请、证据提交、担保的确定、裁定的执行和复议等事项，参照本司法解释有关规定办理。

**第十七条** 诉前停止侵犯注册商标专用权行为和保全证据的案件，申请人应当按照《人民法院诉讼收费办法》及其补充规定缴纳费用。

## 【解　　读】

## 解读《关于诉前停止侵犯注册商标专用权行为和保全证据适用法律问题的解释》

### 一、问题的提出

2001 年 10 月 27 日，第九届全国人民代表大会常务委员会第二十四次会议通过了《关于修改〈中华人民共和国商标法〉的决定》，对《商标法》进行了第二次修正。这是《商标法》继 1993 年第一次修改后的再次修改，以更加适应改革开放的进一步发展和我国加入世界贸易组织的需要。新修订的《商标法》已于 2001 年 12 月 1 日起施行。这次《商标法》的修改，涉及受法律保护的商标权客体、商标专用权内容的扩充、驰名商标的认定及其标准、商标注册的司法审查、加大对注册商标专用权的保护力度等一系列重要内容，涉及条款共计四十七条，其中新增条款多达二十三条。

由于我国现行法律中缺乏实施诉前临时禁令和诉前保全证据措施的具体规定，同时包括TRIPs协议在内的世界贸易组织有关规则又不能直接适用于人民法院司法审判，因此，需要根据修改后的《商标法》的具体规定，结合审判实践需要，在吸收借鉴TRIPs协议有关内容的基础上，制定出标准明确、具有可操作性的司法解释，以便各地人民法院在审判实践中正确执行。2002年1月9日，最高人民法院公布了《关于诉前停止侵犯注册商标专用权行为和保全证据适用法律问题的解释》（以下简称本解释），对如何实施诉前临时禁令和保全证据的具体措施作出了规定。

## 二、理解与适用

### （一）有关临时禁令的背景情况

知识产权诉讼中的禁令从发布的时间上，可以划分为临时禁令（中间禁令）与永久禁令（最终禁令）。永久禁令最终判断诉讼的结果谁胜谁负，如果侵权构成则由侵权方承担停止侵权行为的民事责任。这是知识产权侵权诉讼中普遍适用的救济措施。临时禁令是知识产权权利人在其权利受到侵害时寻求的临时救济，在各国知识产权法律体系中均占有重要地位。诉前停止侵犯知识产权行为的措施，在英美法和大陆法中称为临时禁令或者中间禁令，其目的在于在诉讼的开始阶段就可以及时有效地制止侵权行为，抑或是保全侵权证据，为权利人在将来的诉讼中赢得有利地位。相对于其他救济手段，如赔偿损失，责令侵权人停止侵权行为的禁令（不论是临时禁令还是永久禁令），往往是知识产权权利人所希望获得的最有效的救济手段。

TRIPs协议第五十条规定，如果认为适当，司法当局应有权在开庭前依照一方当事人的请求，采取临时措施，尤其是在一旦有任何迟误则很可能给权利人造成不可弥补的损害的情况下，或者在有关证据显然有被销毁的危险的情况下。司法当局应有权要求临时措施之请求的申请人提供任何可以合法获得的证据，以使该当局自己即足以确认该申请人系权利持有人，确认其权利正在被侵犯或侵权活动发生在即。

临时禁令被形象地称为战略伐谋。知识产权权利人申请临时禁令一旦获得成功，不仅可以及时制止侵权行为，保全对方财产和财务账册，使其在商业活动中运作不便，影响其商业声誉，而且可以获得诉讼中的优势地位，迫使对方投降，从而省去繁琐的诉讼。

过去，有观点认为，中国的实体法和程序法中缺乏类似国外临时禁令制度的规定，从而对中国知识产权司法保护力度颇有微词。实际上，根据我国法律规定，不仅判决停止侵权行为这样的永久禁令已有规定，而且当事人在提起侵权诉讼后申请先行裁定停止侵害的，人民法院也可以依法作出裁决。《民法通则》第一百三十四条规定了承担民事责任的方式有停止侵害、排除妨碍、消除危险、赔偿损失，等等。法院终审判决要求侵权人承担停止侵害的民事责任就属于永久禁令。《最高人民法院关于贯彻执行〈中华人民共和国民法通则〉若干问题的意见（试行）》第一百六十二条第一款规定，在诉讼中遇有需要停止侵害、排除妨碍、消除危险的情况时，人民法院可以根据当事人的申请或者依职权先行作出裁定。另外，自2001年7月1日起施行的《专利法》第六十一条规定了专利权人或者利害关系人在符合法律规定的条件下，可以在起诉前向人民法院申请责令停止侵犯专利权行为。这些在诉讼中或者诉前作出的要求侵权人停止侵害的裁定，即属于临时禁令。

新修改的《商标法》规定商标注册人或者利害关系人可以在诉前申请人民法院责令被申请人停止侵权行为和保全证据，为权利人通过民事诉讼程序及时有效地制止侵权行为提供了法律依据。

《商标法》第五十七条规定，商标注册人或者利害关系人有证据证明他人正在实施或者即将实施侵犯其注册商标专用权的行为，如不及时制止，将会使其合法权益受到难以弥补的损害的，可以在起诉前向人民法院申请采取责令停止有关行为和财产保全的措施。人民法院处理前款申请，适用《民事诉讼法》第九十三条至第九十六条和第九十九条的规定。《商标法》第五十八条规定，为制止侵权行为，在证据可能灭失或者以后难以取得的情况下，商标注册人或者利害关系人可以在诉前向人民法院申请保全证据。人民法院接受申请后，必须在四十八小时内作出裁定；裁定采取保全措施的，应当立即开始执行。人民法院可以责令申请人提供担保，申请人不提供担保的，驳回申请。申请人在人民法院采取保全措施后十五日内不起诉的，人民法院应当解除保全措施。

《商标法》的上述规定，与2001年7月1日起实施的《专利法》关于诉前临时禁令的规定相一致，并且增加了诉前保全证据的规定，丰富和完善了我国知识产权法律保护体系。

（二）申请临时禁令的条件

1. 利害关系人的范围

《商标法》第五十七条规定，商标注册人或者利害关系人可以在起诉前向人民法院申请采取责令停止有关行为和财产保全的措施。这里所说的申请人应当与商标侵权诉讼中原告的诉讼主体资格相一致。

修改前的《商标法》在对注册商标专用权的保护一章中，仅仅规定了被侵权人有权请求工商管理部门处理侵权行为和向人民法院起诉，而没有像《专利法》那样规定专利权人和利害关系人都享有诉权。如何确定知识产权侵权诉讼的利害关系人，属于人民法院依照《民事诉讼法》第一百零八条规定的审查"原告是与本案有直接利害关系的公民、法人和其他组织"的范畴。

有关商标侵权诉讼利害关系人范围的问题，最早见于最高人民法院1994

年12月3日《关于西施兰注册商标侵权纠纷案有关问题请求的批复》。该批复对商标注册人以外的利害关系人是否有权提起商标侵权诉讼的问题作出了明确答复,并经审判委员会讨论通过,具有司法解释的法律效力。"西施兰"注册商标侵权纠纷案中,商标注册人与使用人签订了独占使用许可合同,并报商标局备案,该合同合法有效。所谓独占使用许可合同,是指在合同约定的时间和地域范围内,被许可人依据合同约定取得了"西施兰"注册商标的独占使用权,有权禁止包括许可人(商标注册人)在内的任何人使用该注册商标。最高人民法院的批复认为,在上述情况下,发生侵犯注册商标专用权的行为,直接受到侵害的是商标使用许可合同被许可人的权益。根据《商标法》及其实施细则关于保护注册商标专用权以及《民事诉讼法》关于起诉条件的有关规定,西施兰联合企业有限公司(被许可人)依据其享有的独占使用权,可以和商标注册人作为共同原告向人民法院起诉,也可以单独起诉。1998年7月20日,最高人民法院发布了《全国部分法院知识产权审判工作座谈会纪要》(以下简称纪要),作为全国法院知识产权审判工作的指导性文件。纪要第一次明确了知识产权利害关系人的概念,即知识产权民事纠纷案件的起诉人,可以是合同当事人、权利人和利害关系人。利害关系人包括独占、排他许可合同的被许可人、依照法律规定已经继承或者正在发生继承的知识产权财产权利的继承人等。

上述司法解释和指导性文件规定了商标侵权案件中关于利害关系人的基本范围。本次修订的《商标法》在"注册商标专用权的保护"一章第五十三条、第五十七条、第五十八条中明确规定了利害关系人享有诉讼权利,即向人民法院提起侵权诉讼、向人民法院申请诉前停止侵犯注册商标专用权行为和保全证据。本解释第一条又进一步明确了利害关系人的范围和在申请诉前临时禁令案件中的法律地位,规定提出申请的利害关系人,包括商标使用许可合同的被许可人、注册商标财产权利的合法继承人。注册商标使用许可合同被许可人中,独占使用许可合同的被许可人可以单独提出申请;排他使用许可合同的被许可人在商标注册人不申请的情况下,可以提出申请。

2. 案件管辖

本解释第二条规定,诉前责令停止侵犯注册商标专用权行为或者保全证据的申请,应当向侵权行为地或者被申请人住所地对商标案件有管辖权的人民法院提出。过去,法律、司法解释没有对商标案件的级别管辖作过特别规定,与其他民商事纠纷一样,商标侵权纠纷案件依据争议的金额确定级别管辖。全国范围内数量不多的商标侵权案件分散在各个地方法院,甚至有的基层法院也受理商标案件。2002年1月发布的《最高人民法院关于审理商标案件有关管辖和法律适用范围问题的解释》第二条规定,商标民事纠纷第一审案件,由中级以上人民法院管辖。各高级人民法院根据本辖区内的实际情况,经最高人民法院批准，可以在较大城市确定1~2个基层人民法院受理第一审商标民事纠纷案件。

诉前停止侵犯注册商标专用权案件与其他商标侵权案件在实体审理中存在许多共性问题，例如，判断被申请人的行为是否构成侵权、被申请人停止有关行为是否损害社会公共利益等，其案件复杂程度不亚于审理一件商标侵权案件。因此，本解释第二条规定，诉前责令停止侵犯注册商标专用权行为或者保全证据的申请，应当向侵权行为地或者被申请人住所地对商标案件有管辖权的人民法院提出。根据上述规定，申请人提出诉前临时禁令的申请，既要符合商标案件级别管辖的规定，又要符合《民事诉讼法》关于侵权纠纷地域管辖的规定。

3. 申请的形式要件

本解释第三条第一款规定，商标注册人或者利害关系人向人民法院提出诉前停止侵犯注册商标专用权行为的申请，应当递交书面申请状。申请状应当载明：（1）当事人及其基本情况；（2）申请的具体内容、范围；（3）申请的理由，包括有关行为如不及时制止，将会使商标注册人或者利害关系人的合法权益受到难以弥补的损害的具体说明。

由于人民法院作出责令停止侵权行为的裁定是在当事人向人民法院起诉之前，为确保裁定的正确执行，申请人有义务提供被申请人的姓名或者名称、住址，以方便人民法院审查其申请和执行裁定确定的法律责任。人民法院裁定被申请人停止侵权行为，不论是停止销售侵权商品还是停止使用注册商标，都会直接影响到被申请人的经济利益，还可能由于申请人的申请错误给被申请人造成损失，因此，人民法院裁定停止侵权行为的范围，将严格限定在申请人请求的范围内。《商标法》第五十七条规定，诉前责令停止侵权行为的裁定是在"如不及时制止，将会使其合法权益受到难以弥补的损害的"情况下作出，因此，申请人有义务提供有关"难以弥补的损害"的证据。鉴于在很多情况下，申请人提供证据证明"难以弥补的损害"已经实际发生有一定困难，特别是针对尚未实际发生的即发侵权行为，要求申请人提供证明"难以弥补的损害"的证明就显得过于苛刻，因此，本解释只要求申请人对具体情况作出说明即可，同时申请人也可以提交任何能够证明"难以弥补的损害"已经发生或者可能发生的证据。

本解释第四条规定了申请人在向人民法院申请临时禁令时，应当提交两方面证据，证明其享有诉讼权利的证据和证明侵权行为正在实施或者即将实施的证据。关于证明申请人享有诉讼权利的证据包括：商标注册人应当提交商标注册证，利害关系人应当提交商标使用许可合同、在商标局备案的材料及商标注册证复印件；排他使用许可合同的被许可人单独提出申请的，还应当提交商标注册人放弃申请的证据材料。

注册商标专用权与专利权相比较，权利状态具有较强的稳定性，因此，与最高人民法院《关于对诉前停止侵犯专利权适用法律问题的若干规定》的要求不同，商标注册证（被许可人提交的商标注册证复印件）即是证明涉诉商标权利真实有效的证据。

与其他类型的知识产权权利不同，商标专用权的特点之一是，只要注册人在法律规定的续展、宽展期间内提出续展申请，经商标局核准，其商标专用权可以继续维持有效。在实践中，从商标注册人提出续展申请到商标局核准其申请需要一段时间。如果在注册商标有效期满后，续展申请被核准前，商标注册人或者利害关系人向人民法院申请诉前临时禁令或者保全证据，并提交了商标续展申请以及商标局受理该申请的文件的，人民法院应当予以受理，并依照本解释的规定，作出是否给予临时禁令的裁决。

### （三）复议审查的标准

诉前临时禁令的特点是及时、快捷、有效地制止侵权行为，因此，临时禁令的裁定一经作出，应当立即开始执行。为了保证这项措施不被滥用，本解释规定了对临时禁令裁定的复议程序和审查标准。

由于临时禁令可应申请人的单方请求而采取，因此，在禁令申请和作出阶段，多数情况下，人民法院可以依据申请人单方提供的证据和事实作出判断，而在复议程序中，被申请人则有权针对是否构成侵权、不停止有关行为是否会造成难以弥补的损害进行抗辩。TRIPs协议规定，应当为被告提供请求复审的权利，另外，从法律的正当程序角度考虑，为双方当事人提供对争议的焦点问题进行抗辩的复议程序也是非常必要的。

本解释第十一条规定，人民法院对当事人提出的复议申请应当从以下方面进行审查：(1) 被申请人正在实施或者即将实施的行为是否侵犯注册商标专用权；(2) 不采取有关措施，是否会给申请人合法权益造成难以弥补的损害；(3) 申请人提供担保的情况；(4) 责令被申请人停止有关行为是否损害社会公共利益。

我国《商标法》第五十二条列举了"未经商标注册人的许可，在同一种的商品或者类似商品上使用与其注册商标相同或者近似的商标的"等五种行为是侵犯注册商标专用权行为。判断注册商标与被控侵权商标是否近似、使用商标的商品是否类似仍然是审判实践中的难题。

关于是否准予临时禁令的第二个审查要点是"不采取有关措施，是否会给申请人合法权益造成难以弥补的损害"。TRIPs协议第五十条将"任何迟延则可能给权利人造成不可弥补的损害"作为实施临时禁令的条件之一。

建立临时禁令法律制度的目的在于为知识产权权利人在遭遇侵权时提供初步救济，这对权利人来说是极为重要的。从诉讼开始到争议的最终解决期间，被控侵权人的行为可能给知识产权权利人造成重大损失，如销售和利润的减少、对商业信誉的损害以及对信息的其他利用造成的损失,侵权可能使得金钱赔偿成为不适当的补救措施。① 作为商标注册人,创一个品牌难,保住这个品牌更难。"山西假酒案"使得整个地区的白酒行业从此一蹶不振;著名的"派克"笔权利人由于肆虐的侵权行为被迫转让其在中国注册的商标,最终彻底放弃中国市场。在中国投资的跨国公司非常重视保护自身知识产权,遇有侵权行为发生,他们大多依赖行政执法手段查处侵权,或者要求对侵权人追究刑事责任,而很少通过民事诉讼获得救济。分析其中原因,虽有缴纳诉讼费、赔偿数额少、审理周期长等等因素,但是,民事救济途径不能提供及时、有效地制止侵权行为的救济手段是重要原因,等待终审判决后侵权人停止侵权行为,这期间给权利人造成的损失可能是这个品牌的良好信誉的毁损,也可能是多年经营的整个市场销售渠道的丧失,这些损失是无法用金钱赔偿所能弥补的。

　　对当事人提出的复议申请进行审查的第三个方面是申请人提供担保的情况。TRIPs协议第五十条第(三)项规定,司法当局应有权要求临时措施之请求人提供任何可以合法获得的证据,以使该当局足以确认该申请人系权利持有人,确认其权利正在被侵犯或侵权活动发生在即,该当局还应有权责令申请人提供足以保护被告和防止申请人滥用权利的诉讼保证金,或提供与之相当的担保。

　　本解释第六条规定,申请人提出诉前停止侵犯注册商标专用权行为的申请时应当提供担保,目的在于防止商标注册人或者利害关系人滥用诉讼权利。关于申请人提供担保的具体数额,本解释第六条规定,应当考虑停止有关行为涉及的商品销售收益、合理的仓储、保管费用以及停止有关行为可能造成的合理损失等。与专利诉前临时禁令的审查标准略有不同,由于专利权权利状态不稳定,做技术特征对比也存在一定难度,法院在作出准予诉前临时禁令的裁定时应当特别慎重,要求申请人提供的担保范围包括停止有关行为所涉及产品的销售收入。② 注册商标具有较强的确定性,判断被控侵权的商标与注册商标是否相近似也比较直观,因此,本解释规定申请人提供担保的金额包括所涉及商品的"收益"。这里所说的收益,指所有商品的销售利润,而不是指产品的销售收入,客观上减轻了申请人提供担保金额的负担。

　　对不服临时禁令裁定进行复议审查的第四个方面是"责令被申请人停止有关行为是否损害社会公共利益"。专利权、商标权经国家有权机关根据法律规定的条件对权利人的申请予以审查和批准,一经批准,权利人就享有在一定的期间独占地实施专利技术或者使用核准注册商标的权利。这种权利也被称为

---

　　① INTELLECTUAL PROPERTY READING MATERIAL, WIPO PUBLICATION, 1998, Second edition, P222.
　　② 《最高人民法院关于对诉前停止侵犯专利权行为适用法律问题的若干规定》第六条第三款。

"独占权"。在是否授予专利权、商标专用权时,要考虑到划定权利人的独占权与公众可以自由使用公知技术或者商标标明其商品来源的权利。

审理侵犯注册商标专用权纠纷案件应当考虑公共利益因素,但是这里的"公共利益"与专利侵权纠纷案件中的"公共利益"略有不同。在判断是否构成侵犯专利权时,首先要确定专利的保护范围,明确哪些是受《专利法》保护的部分,是他人不得"进入"的范围,哪些属于公众可以自由利用的技术。美国联邦巡回上诉法院审理的 Sage Products, Inc. V. Devon Industries, Inc.[1]一案中,法院的判决对如何平衡专利权人与公共利益作出了精彩的阐述。判决认为,在专利审查中,专利权人有机会争取到宽泛的权利要求,但专利权人并没有这么做。相反,专利权人申请和获得了一个清楚地限定了的权利要求。而在侵权诉讼中,专利权人又试图依据等同物原则扩大其权利要求范围。专利权人未能得到对可预见的权利要求结构变更的保护,其代价应该由专利权人而并非公众承担。公众有权在明确的结构限制的基础上从事其业务活动。在审理侵犯商标专用权案件时,公共利益的因素与《专利法》中的稍有不同。商标的基本功能是区别商品的来源,商标权人可以阻止他人使用可能造成混淆的与之近似的商标,以防止相关消费者被误导。[2] 因此,商标侵权诉讼中的公共利益,包括公众自由使用商标和消费者是否会被误导。某些情况下,公众使用与注册商标相同或者近似的文字、图形的行为不属于商标侵权行为,例如通过使用获得第二含义的商标核准注册后,他人对商品或者服务的质量、功能、用途等特点的善意的说明,以及对自己的名称或者地址的善意使用或者说明,均不属于侵权行为。

(四)诉前证据保全

知识产权侵权诉讼中正确运用证据保全措施至关重要。德国资深专利法官介绍,临时禁令颁布以后,德国法院可以责令被告提供涉嫌侵权的证据材料和财务账册。多数情况下,案件即可由于被告承认侵权并与原告达成赔偿协议而和解。这种临时禁令兼有证据保全的作用。

知识产权侵权诉讼涉及的证据种类繁多,内容复杂,权利人举证难度很大,特别是涉及各自商业秘密的技术数据、销售渠道和财务账册,权利人很难自行调查收集这些认定侵权成立和计算损失赔偿的关键证据。2002年4月1日起施行的《最高人民法院关于民事诉讼证据的若干规定》第十七条,列举了当事人及其诉讼代理人可以申请人民法院调查收集证据的范围,即:(1)申请调查收集的证据属于国家有关部门保存并须人民法院依职权调取的档案材料;(2)涉及国家机密、商业秘密、个人隐私的材料;(3)当事人及其诉讼代理人

---

[1] 126 F. 3d 1420, 44U. S. P. Q. 2d 1130 (Fed. Cir. 1997).
[2] INTELLECTUAL PROPERTY READING MATERIAL, 1998, Second edition, P78.

确因客观原因不能自行收集的其他材料。从上述规定可见，当事人及其代理人可以申请人民法院调查取证的范围还是十分有限的。在权利人自己调查取证存在困难的情况下，申请法院保全证据就成为最有效的手段。

《民事诉讼法》第七十四条规定，在证据可能灭失或者以后难以取得的情况下，诉讼参加人可以向人民法院申请保全证据，人民法院也可以主动采取保全措施。根据《民事诉讼法》的规定，保全证据的措施是当事人向法院提起民事诉讼之后才能执行，而在起诉前要求法院保全证据则没有法律依据。《商标法》第五十八条关于诉前证据保全的条款，突破了现行民事诉讼证据的有关规定，为知识产权权利人收集证据提供了有效途径。

根据《商标法》第五十八条的规定，商标注册人或者利害关系人向人民法院申请诉前保全证据也要符合一定条件，因此，本解释第三条第二款规定，提出诉前保全证据的申请，应当递交书面申请状。申请状应当载明：（1）当事人及其基本情况；（2）申请保全证据的具体内容、范围、所在地点；（3）请求保全的证据能够证明的对象；（4）申请的理由，包括证据可能灭失或者以后难以取得，且当事人及其诉讼代理人因客观原因不能自行收集的具体说明。

（五）执行诉前临时禁令和保全证据应当注意的问题

2001年7月1日，新修改的《专利法》正式实施，同日，最高人民法院《关于对诉前停止侵犯专利权行为适用法律问题的若干规定》也开始施行。一年来，上海、南京等地法院陆续在一些案件中颁布了临时禁令，收到了很好的社会效果。

针对人民法院执行临时禁令时应当注意的问题，最高人民法院曹建明副院长在全国法院知识产权审判工作会议上指出：各级人民法院要积极慎重采取诉前停止侵犯专利权行为的措施。在适用停止有关行为的措施时，要注意专利侵权与假冒、盗版等侵犯商标权、著作权行为表现形式上的区别。假冒、盗版的行为一般比较明显，易于辨别认定。而专利侵权行为常常不易判断，需要以专利技术与被控侵权产品所使用的技术进行对比。同时在侵权情节与行为人的主观方面也有区别。由于侵犯专利权及其他知识产权案件本身具有的复杂性和专业性，人民法院在对侵犯专利权及其他知识产权案件进行证据保全时，要注意有熟悉知识产权审判业务的审判人员参加，以确保能把证明案件事实的关键证据保全下来，为案件的顺利审理打下坚实的证据基础。

（撰稿人：段立红<br>
审稿人：罗东川）

## 最高人民法院
## 关于审理商标民事纠纷案件适用法律若干问题的解释

法释〔2002〕32号

(2002年10月12日最高人民法院审判委员会第1246次会议通过 2002年10月12日最高人民法院公告公布 自2002年10月16日起施行)

为了正确审理商标纠纷案件,根据《中华人民共和国民法通则》、《中华人民共和国合同法》、《中华人民共和国商标法》、《中华人民共和国民事诉讼法》等法律的规定,就适用法律若干问题解释如下:

**第一条** 下列行为属于商标法第五十二条第(五)项规定的给他人注册商标专用权造成其他损害的行为:

(一)将与他人注册商标相同或者相近似的文字作为企业的字号在相同或者类似商品上突出使用,容易使相关公众产生误认的;

(二)复制、摹仿、翻译他人注册的驰名商标或其主要部分在不相同或者不相类似商品上作为商标使用,误导公众,致使该驰名商标注册人的利益可能受到损害的;

(三)将与他人注册商标相同或者相近似的文字注册为域名,并且通过该域名进行相关商品交易的电子商务,容易使相关公众产生误认的。

**第二条** 依据商标法第十三条第一款的规定,复制、摹仿、翻译他人未在中国注册的驰名商标或其主要部分,在相同或者类似商品上作为商标使用,容易导致混淆的,应当承担停止侵害的民事法律责任。

**第三条** 商标法第四十条规定的商标使用许可包括以下三类:

(一)独占使用许可,是指商标注册人在约定的期间、地域和以约定的方式,将该注册商标仅许可一个被许可人使用,商标注册人依约定不得使用该注册商标;

(二)排他使用许可,是指商标注册人在约定的期间、地域和以约定的方式,将该注册商标仅许可一个被许可人使用,商标注册人依约定可以使用该注册商标但不得另行许可他人使用该注册商标;

(三)普通使用许可,是指商标注册人在约定的期间、地域和以约定的方式,许可他人使用其注册商标,并可自行使用该注册商标和许可他人使用其注册商标。

**第四条** 商标法第五十三条规定的利害关系人，包括注册商标使用许可合同的被许可人、注册商标财产权利的合法继承人等。

在发生注册商标专用权被侵害时，独占使用许可合同的被许可人可以向人民法院提起诉讼；排他使用许可合同的被许可人可以和商标注册人共同起诉，也可以在商标注册人不起诉的情况下，自行提起诉讼；普通使用许可合同的被许可人经商标注册人明确授权，可以提起诉讼。

**第五条** 商标注册人或者利害关系人在注册商标续展宽展期内提出续展申请，未获核准前，以他人侵犯其注册商标专用权提起诉讼的，人民法院应当受理。

**第六条** 因侵犯注册商标专用权行为提起的民事诉讼，由商标法第十三条、第五十二条所规定侵权行为的实施地、侵权商品的储藏地或者查封扣押地、被告住所地人民法院管辖。

前款规定的侵权商品的储藏地，是指大量或者经常性储存、隐匿侵权商品所在地；查封扣押地，是指海关、工商等行政机关依法查封、扣押侵权商品所在地。

**第七条** 对涉及不同侵权行为实施地的多个被告提起的共同诉讼，原告可以选择其中一个被告的侵权行为实施地人民法院管辖；仅对其中某一被告提起的诉讼，该被告侵权行为实施地的人民法院有管辖权。

**第八条** 商标法所称相关公众，是指与商标所标识的某类商品或者服务有关的消费者和与前述商品或者服务的营销有密切关系的其他经营者。

**第九条** 商标法第五十二条第（一）项规定的商标相同，是指被控侵权的商标与原告的注册商标相比较，二者在视觉上基本无差别。

商标法第五十二条第（一）项规定的商标近似，是指被控侵权的商标与原告的注册商标相比较，其文字的字形、读音、含义或者图形的构图及颜色，或者其各要素组合后的整体结构相似，或者其立体形状、颜色组合近似，易使相关公众对商品的来源产生误认或者认为其来源与原告注册商标的商品有特定的联系。

**第十条** 人民法院依据商标法第五十二条第（一）项的规定，认定商标相同或者近似按照以下原则进行：

（一）以相关公众的一般注意力为标准；

（二）既要进行对商标的整体比对，又要进行对商标主要部分的比对，比对应当在比对对象隔离的状态下分别进行；

（三）判断商标是否近似，应当考虑请求保护注册商标的显著性和知名度。

**第十一条** 商标法第五十二条第（一）项规定的类似商品，是指在功能、用途、生产部门、销售渠道、消费对象等方面相同，或者相关公众一般认为其存在特定联系、容易造成混淆的商品。

类似服务，是指在服务的目的、内容、方式、对象等方面相同，或者相关公众一般认为存在特定联系、容易造成混淆的服务。

商品与服务类似，是指商品和服务之间存在特定联系，容易使相关公众混淆。

**第十二条** 人民法院依据商标法第五十二条第（一）项的规定，认定商品或者服务是否类似，应当以相关公众对商品或者服务的一般认识综合判断；《商标注册用商品和服务国际分类表》、《类似商品和服务区分表》可以作为判断类似商品或者服务的参考。

**第十三条** 人民法院依据商标法第五十六条第一款的规定确定侵权人的赔偿责任时，可以根据权利人选择的计算方法计算赔偿数额。

**第十四条** 商标法第五十六条第一款规定的侵权所获得的利益，可以根据侵权商品销售量与该商品单位利润乘积计算；该商品单位利润无法查明的，按照注册商标商品的单位利润计算。

**第十五条** 商标法第五十六条第一款规定的因被侵权所受到的损失，可以根据权利人因侵权所造成商品销售减少量或者侵权商品销售量与该注册商标商品的单位利润乘积计算。

**第十六条** 侵权人因侵权所获得的利益或者被侵权人因被侵权所受到的损失均难以确定的，人民法院可以根据当事人的请求或者依职权适用商标法第五十六条第二款的规定确定赔偿数额。

人民法院在确定赔偿数额时，应当考虑侵权行为的性质、期间、后果，商标的声誉，商标使用许可费的数额，商标使用许可的种类、时间、范围及制止侵权行为的合理开支等因素综合确定。

当事人按照本条第一款的规定就赔偿数额达成协议的，应当准许。

**第十七条** 商标法第五十六条第一款规定的制止侵权行为所支付的合理开支，包括权利人或者委托代理人对侵权行为进行调查、取证的合理费用。

人民法院根据当事人的诉讼请求和案件具体情况，可以将符合国家有关部门规定的律师费用计算在赔偿范围内。

**第十八条** 侵犯注册商标专用权的诉讼时效为二年，自商标注册人或者利害权利人知道或者应当知道侵权行为之日起计算。商标注册人或者利害关系人超过二年起诉的，如果侵权行为在起诉时仍在持续，在该注册商标专用权有效期限内，人民法院应当判决被告停止侵权行为，侵权损害赔偿数额应当自权利人向人民法院起诉之日起向前推算二年计算。

**第十九条** 商标使用许可合同未经备案的，不影响该许可合同的效力，但当事人另有约定的除外。

商标使用许可合同未在商标局备案的，不得对抗善意第三人。

第二十条　注册商标的转让不影响转让前已经生效的商标使用许可合同的效力，但商标使用许可合同另有约定的除外。

第二十一条　人民法院在审理侵犯注册商标专用权纠纷案件中，依据民法通则第一百三十四条、商标法第五十三条的规定和案件具体情况，可以判决侵权人承担停止侵害、排除妨碍、消除危险、赔偿损失、消除影响等民事责任，还可以作出罚款，收缴侵权商品、伪造的商标标识和专门用于生产侵权商品的材料、工具、设备等财物的民事制裁决定。罚款数额可以参照《中华人民共和国商标法实施条例》的有关规定确定。

工商行政管理部门对同一侵犯注册商标专用权行为已经给予行政处罚的，人民法院不再予以民事制裁。

第二十二条　人民法院在审理商标纠纷案件中，根据当事人的请求和案件的具体情况，可以对涉及的注册商标是否驰名依法作出认定。

认定驰名商标，应当依照商标法第十四条的规定进行。

当事人对曾经被行政主管机关或者人民法院认定的驰名商标请求保护的，对方当事人对涉及的商标驰名不持异议，人民法院不再审查。提出异议的，人民法院依照商标法第十四条的规定审查。

第二十三条　本解释有关商品商标的规定，适用于服务商标。

第二十四条　以前的有关规定与本解释不一致的，以本解释为准。

## 【解　　读】

## 解读《关于审理商标民事纠纷案件适用法律若干问题的解释》

### 一、问题的提出

《商标法》于 1982 年 8 月 23 日由第五届全国人大常委会第二十四次会议通过，自 1983 年 3 月 1 日起施行。1993 年 2 月 22 日第七届全国人大常委会第三十次会议对该法部分条文作出过修改。根据我国面临加入世界贸易组织的新形势，2001 年 10 月 27 日第九届全国人大常委会第二十四次会议通过了《关于修改〈中华人民共和国商标法〉的决定》，于当年 12 月 1 日生效施行。

面对修改后的新《商标法》，人民法院的商标案件审判工作面临一系列法律适用和具体实施程序问题亟待解决。2002 年 1 月最高人民法院发布了《最高人民法院关于审理商标案件有关管辖和法律适用范围问题的解释》和《最高人民法院关于诉前停止侵犯注册商标专用权行为和保全证据适用法律问题的解释》两个司法解释，解决了适用《商标法》中关于商标纠纷案件管辖、法律适用范围和诉前临时措施等亟待解决的问题。但《商标法》关于对侵权行为认定等重要法律适用问题还有待进一步解释和明确。

2002年10月12日最高人民法院审判委员会第1246次会议通过了该送审稿，10月16日，《最高人民法院关于商标民事纠纷案件适用法律的若干问题的解释》（以下简称本解释）起施行。这样，涉及《商标法》实施和审判商标权纠纷案件法律适用就有了三个主要的司法解释。当前和今后一段时间，人民法院对商标权纠纷案件依法审判时，在依照《商标法》、《商标法实施条例》的同时，也要适用这三个司法解释的各项规定，才能保证商标权纠纷案件审判的质量。

## 二、理解与适用

### （一）对注册商标权造成其他损害的三种侵犯商标权行为

本解释第一条对《商标法》第五十二条第（五）项进行了解释，规定了侵犯注册商标专有权的三种新的行为。《商标法》第五十二条规定了侵犯注册商标专有权行为的五种情形，其中第（五）项属于"兜底条款"，即"给他人的注册商标专有权造成其他损害的"。《商标法实施条例》第五十条对《商标法》第五十二条第（五）项作出了进一步的规定，列举了两种情形：即在同一种或者类似商品上，将与他人注册商标相同或者近似的标志作为商品名称或者商品装潢使用，误导公众的；故意为侵犯他人注册商标专用权行为提供仓储、运输、邮寄、隐匿等便利条件的。

根据人民法院审理商标侵权案件的实践经验，还有某些比较突出的侵害商标权的行为，应当明确规定出来，保证人民法院执法统一，更有效地对商标权进行保护。本解释第一条规定了三种侵犯注册商标专有权的行为，以作为适用《商标法》和实施条例相关规定内容的补充。这三种情形包括：

1. 将与他人注册商标相同或者相近似的文字作为企业的字号在相同或者类似商品上突出使用，容易使相关公众产生误认的行为。

任何民事主体在市场经营交易中都要使用自己的名称或者姓名，特别是自然人以外的民事主体，如企事业单位法人，它们的名称都要经过工商行政主管部门办理登记手续。个体工商户等在经营中也可以起字号。民事主体的在市场经营中的名称字号，也成为重要的标识，起着区分民事主体和它们商品或者服务来源的重要作用。由于名称字号有地域性的特点，又由各地方工商行政管理部门注册登记，因此，在不同地区可能存在相同或者相近似的名称字号。注册商标是由文字、图形或者它们的组合等经过在北京的国家工商行政管理局商标局注册而授予的。不少商标注册人以自己企业的名称字号注册为商标。国家工商行政管理局对名称、字号的登记与商标注册分别由两个不同的部门办理。加之有些企业在登记自己名称字号时，出于种种动机使用了与他人注册商标相同或者相近似的文字的情形。在实践中常出现企业名称字号与注册商标文字"撞车"的情形，有的不法民事主体故意在相同或者近似商品上突出使用他人注册商标的文字，造成相关公众产生误认，搭他人注册商标的"便车"，侵害他人利益、淡化他人注册商标，从而破坏了诚实信用的市场竞争秩序。

过去对此种行为是否构成侵权，缺乏明确规定。近几年来此类纠纷呈上升趋势。不少驰名商标权人对他人在广告、招牌、成品介绍等上突出使用自己的注册商标文字，叫苦不迭。对此种行为，虽然适用《商标法》第五十二条第（五）项的规定可以进行处理。但没有统一具体的执法标准，给各地法院办案带来困难。

认定此种侵犯注册商标权的行为，要注意构成的条件：一是使用了与他人注册商标相同或者相近似的文字；二是行为人将所使用的文字作为其企业的名称字号；三是将名称字号在与商标权人注册商标所标识的相同或者类似商品上突出醒目地使用；四是造成了容易使相关公众产生误认的效果或者结果。

2. 复制、摹仿、翻译他人注册的驰名商标或其主要部分在不相同或者不相类似的商品上作为商标使用，误导公众，致使该驰名商标注册人的利益可能受到损害的。

根据《商标法》第十三条第二款"就不相同或者不相类似商品申请注册的商标是复制、模仿或者翻译他人已经在中国注册的驰名商标，误导公众，致使该驰名商标注册人的利益可能受到损害的，不予注册并禁止使用"的规定，对复制、摹仿、翻译他人注册的驰名商标在不相同或者不相类似的商品上作为商标使用，误导公众，致使该驰名商标注册人的利益可能受到损害的行为，要承担不予注册和禁止使用的法律责任。但在实践中，此类行为不但发生在行为人违法注册或者开始违法使用阶段，还会发生行为人长期使用或者持续使用，并造成已经注册驰名商标权人民事权益损害的阶段。此时，行为人要不要承担赔偿等其他民事责任？

以往的工商执法实践，人民法院审判商标侵权纠纷案件实践，都有将此种行为作为侵权处理的先例和经验。在征求意见中，行政主管部门、专家学者等各方面都提出，应当明确将此种行为归类于侵犯商标权的行为，以加强对驰名商标的保护。该司法解释采纳了这一意见。另外，我国参加的《保护工业产权巴黎公约》（以下简称《巴黎公约》）第六条规定了"在商标的主要部分构成对上述驰名商标的复制或者仿制，易于产生混淆的"也应当适用前述的法律责任。因此，在该条司法解释规定中使用了"驰名商标或其主要部分"的表述。

认定此种侵权行为，要注意：一是要掌握违法侵权行为的两个阶段，先是通过复制、摹仿、翻译等三种手段，后是作为三种手段的结果作为商标使用；

二是复制、摹仿和翻译的对象是他人注册的驰名商标或该驰名商标的主要部分；三是将违法复制等的结果在不相同或者不相类似的商品上使用；四是造成误导公众，并且致使该驰名商标注册人的利益可能受到损害的后果。这些认定的条件，都需要法官在审理案件中根据具体案情来精心掌握、审慎判断。本解释此条规定的情形，注意要与未注册驰名商标保护的规定相区别。未注册驰名商标的保护，后文将专门提到。

3. 将与他人注册商标相同或者相近似的文字注册为域名，并且通过该域名进行相关商品交易的电子商务，容易使相关公众产生误认的。

随着高新技术的飞速发展，计算机网络已经成为社会经济生活的重要组成部分。涉及计算机网络和电子商务的侵犯注册商标权行为也屡屡出现。如果不将商标权的法律保护，延伸到网络世界，商标权的保护将是不全面的。但是也应当注意不能夸大侵犯商标权行为的范围，特别注意不能将不正当竞争等行为，作为商标侵权来处理。实际上，在涉及计算机网络域名的民事纠纷中就已经遇到了侵犯商标权与不正当竞争行为的交叉与区分问题。

2001年6月，最高人民法院公布实行的《关于审理涉及计算机网络域名民事纠纷案件适用法律若干问题的解释》第七条规定，人民法院在审理域名纠纷案件中，对符合本解释第四条规定的情形，依照有关法律规定构成侵权的，应当适用相应的法律规定；构成不正当竞争的，可以适用《民法通则》第四条、《反不正当竞争法》第二条第一款的规定。域名纠纷多有侵犯商标权行为存在，该条司法解释的目的之一，是划清侵犯商标权与不正当竞争行为的界限，认定侵权要依法，不能将不正当竞争行为也认定为侵犯商标权行为处理。

本解释第一条第（三）项从界定商标侵权行为的角度，明确规定了涉及网络域名和电子商务的侵犯商标权的情形。应当注意不是使用了他人注册商标的文字作为网络域名，并在该网页上提供了相关信息，就构成商标侵权。此种行为，有可能构成不正当竞争，但还不能构成侵犯商标权行为。只有具备前述条件，还要与相关商品交易的电子商务容易误认的，才构成侵犯注册商标权。这条规定为注册商标专用权在网络环境下提供了有效的法律保护。掌握此条规定，应当把握：一是要有将与他人注册商标相同或者相近似的文字注册为域名的行为；二是要有通过该域名进行相关商品交易的电子商务，所谓相关商品交易，即是指在同一种商品或者类似商品的交易；三是存在造成容易使相关公众产生误认的效果或者后果。通过对以上这三种侵犯注册商标行为的解释，人民法院在审判商标权纠纷案件中对认定商标侵权行为，已经有了九种具体行为标准：《商标法》第五十二条规定的四种；《商标法实施细则》规定的两种；本条司法解释规定的三种。对这九种行为，都应当依法认定为侵犯商标权行为，追究行为人的民事责任和行政责任。

## （二）对驰名商标的保护

在修改前的《商标法》规定中，对驰名商标基本上未作出规定。司法实践中遇到对驰名商标的保护，不得不从我国承诺加入的《巴黎公约》中找到依据。长期以来，对认定驰名商标的主体和方式在知识产权法律界和司法实践部门有争议。除对行政主管部门成批颁布驰名商标的做法有争论外，对人民法院能否认定驰名商标、如何认定驰名商标，法院内外也都有不同的声音。同时对驰名商标的不当炒作，从另外的角度又给驰名商标涂上些过分神圣的色彩。对驰名商标法律规定的不足和在社会上、舆论中对驰名商标过分的热度，形成鲜明的对照。人民法院对驰名商标的认定问题，在审理计算机网络域名纠纷案件中逐步凸显出来。

2001年7月17日，最高人民法院公布了《关于审理涉及计算机网络域名民事纠纷案件适用法律若干问题的解释》。在该解释的第六条明确规定，人民法院审理域名纠纷案件，根据当事人的请求以及案件的具体情况，可以对涉及的注册商标是否驰名依法作出认定。在该解释中还规定了对驰名商标认定的具体操作办法，比如人民法院认定驰名商标要在具体案件的审理中，要根据当事人的请求以及案件的具体情况进行；原告未提出主张的，或者根据案情无需对商标是否驰名予以认定的，人民法院不予认定，等等。

其实，人民法院在审理域名、商标等案件中，所涉案的商标是否驰名，是一种变化中的待证客观事实。对驰名商标的认定，实质上是对变化中的案件事实的确认，也是人民法院行使审判权审判案件查明事实的组成部分。法院在个案中对驰名商标作出认定，也是国际通行的做法。近年来，我国知识产权法理论界和实践部门，逐渐对人民法院有权在个案中认定驰名商标取得了一致的倾向性意见。最高人民法院在具有法律拘束力的司法解释中对此予以明确，无疑对驰名商标的保护有利。《商标法》修改后，最高人民法院在本解释中，对商标权纠纷审判中进一步解决该问题，具有重要意义。

对驰名商标提供有效的法律保护，涉及的问题较多，包括认定驰名商标的主体，认定的标准、效力，以及对侵犯驰名商标权行为法律责任的追究等。这些内容涉及本解释的第二十二条、第一条第（二）项、第二条和第二十三条的规定。本解释第二十二条共有三款，第一款规定，人民法院在审理商标纠纷案件中，根据当事人的请求和案件的具体情况，可以对涉及的注册商标是否驰名依法作出认定。这就使人民法院在审理各类商标权纠纷案件中，都有权力和责任对驰名商标进行认定，为人民法院在审判中对驰名商标权进行有效保护奠定了基础。本解释第二十二条第二款规定，认定驰名商标，应当依照《商标法》第十四条的规定进行。《商标法》第十四条规定了认定驰名商标应当考虑的因素，或者称认定驰名商标的标准，共五项：（1）相关公众对该商标的知晓程度；（2）该商标使用的持续时间；（3）该商标的任何宣传工作的持续时间、程度和地理范围;(4)该商标作为驰名商标受保护的记录;(5)该商标驰名的其他因素。人民法院在审查认定商标是否驰名时,应当依照以上标准进行。

由于驰名商标的认定实行个案认定的原则,就有可能某一商标被认定为驰名后,以后权利人又有可能再次起诉请求认定其商标驰名。近年来,人民法院已经通过判决的形式,认定了一部分注册商标为驰名商标,国家工商管理局商标局也公告认定了一大批驰名商标。对于已经为法院判决和行政机关认定为驰名商标的,人民法院在商标侵权诉讼中是否再次予以审查、再次认定,就成为不可回避的问题。考虑到商标是否驰名,是与商标注册人的经营和市场竞争密切相关,属于动态的事实,而不是一成不变的。所以存在着再次重新对商标是否驰名进行认定问题。但又要考虑方便当事人诉讼和人民法院审判,本解释规定对方当事人对涉及的商标驰名不持异议,人民法院不再审查;提出异议的,人民法院依照《商标法》第十四条的规定审查。这样规定,就实事求是地简化了一部分认定程序,避免了重复劳动,充分尊重了当事人的意志自由,对提高办案效率有利。该款规定也从另外的角度释明了对驰名商标司法、行政认定的效力,仅在个案中;行政与司法认定的效力相同;当事人提出异议的,法院仍然要依照《商标法》第十四条规定的标准进行审查。

对侵犯驰名商标权的法律责任,根据驰名商标在我国注册与否,分为两种情形。第一种情形,是前文提到过的本解释第一条第(二)项的规定,作为一类侵犯商标权行为,应当承担包括赔偿在内的各项民事责任。第二种情形,是司法解释的第二条规定,依据《商标法》第十三条第一款的规定,复制、摹仿、翻译他人未在中国注册的驰名商标或其主要部分,在相同或者类似商品上作为商标使用,容易导致混淆的,应当承担停止侵害的民事法律责任,并不存在适用其他民事责任问题。

概括起来说,掌握和适用有关对驰名商标保护司法解释的规定,应当掌握以下要点:

1. 人民法院依法享有权力认定商标是否驰名。纠正了过去认为只有国家工商管理局商标局才有权认定驰名商标,人民法院无权认定的不当认识。商标是否驰名,属于查明和认定案件事实问题,人民法院有权依法对此作出认定。

2. 人民法院依法为驰名商标提供较一般注册商标更特殊的某些法律保护,包括禁止在与已注册商标不相同或者不相类似的商品上作为商标使用,从而误导公众的行为,以及在未注册商标相同或者类似的商品上作为商标使用,从而容易导致混淆的行为。人民法院审理商标侵权纠纷案件,要根据案件的实际情况,如果依法可以认定被告侵权,原告的权益能够得到保护,就不必对注册商标是否驰名作出判断和认定。

3. 人民法院认定驰名商标采取个案认定原则,并应当依照《商标法》第十四条规定的各项因素进行审查。

4. 以驰名商标是否在我国注册为基准，复制、摹仿、翻译他人未在中国注册的驰名商标或其主要部分在相同或者类似商品上作为商标使用，容易导致混淆的，行为人承担停止侵害的民事法律责任。实施上述行为侵犯已注册驰名商标的，属于《商标法》第五十二条规定的侵权行为，可以承担包括赔偿等在内的各种民事责任。这样规定符合TRIPs协议对驰名商标提供法律保护的基本要求和国际上的通行做法，也符合我国实际国情。

（三）对商标侵权行为的认定

审判商标侵权纠纷案件最重要的环节，是对侵犯商标权行为的认定。根据《商标法》的规定，认定侵犯商标权行为主要涉及对相关公众、商标近似、类似商品等基本概念或者事实的界定，以及人民法院对商标侵权行为认定原则问题。这是当前审判实践中亟待解决的问题。本解释第八条至第十二条针对前述情况，对实践中长期使用但是一直没有明确规定的一些基本概念作出了解释。

1. 关于相关公众

根据《商标法》的规定，判断商标相同或者近似要以相关公众的一般注意力为准，因此，划定相关公众的范围就十分重要。本解释第八条对《商标法》中规定的"相关公众"作了规定，《商标法》所称相关公众，是指与商标所标识的某类商品或者服务有关的消费者和与前述商品或者服务的营销有密切关系的其他经营者。这就是说，《商标法》规定的相关公众包括两部分：一部分是与商标所标识的某类商品或者服务有关的消费者，也就是最终消费者；二是与商标所标识的某类商品或者服务的营销有密切关系的其他经营者。这两部分公众中，涉及任何一部分人都是法律规定的相关公众，不是两部分人都涉及才构成《商标法》所称的相关公众。本解释这样规定，不但符合我国商品、服务市场的实际情况，也与我国加入的国际公约规定的通行做法相一致。

2. 关于商标相同与商标近似

根据《商标法》的规定，对侵犯商标权行为的认定与判断商标的相同与近似密切相关。而对商标相同或者近似，法律、法规没有更具体的规定。因此，本解释第九条对商标相同和近似作出了具体规定。该条规定，《商标法》第五十二条第（一）项规定的商标相同，是指被控侵权的商标与原告的注册商标相比较，二者在视觉上基本无差别。其含义是指，从一般消费者的角度凭视觉，判断所对比的商标大体上不存在差别，就构成商标相同。

本解释第九条第二款规定，《商标法》第五十二条第（一）项规定的商标近似，是指被控侵权的商标与原告的注册商标相比较，其文字的字形、读音、含义或者图形的构图及颜色，或者其各要素组合后的整体结构相似，或者其立体形状、颜色组合近似，易使相关公众对商品的来源产生误认或者认为其来源与原告注册商标的商品有特定的联系。

实践中，因商标近似而构成侵权的情形更为普遍。所谓商标近似，总是构成注册商标的各个要素相近似。但哪些属于法官应当注意的商标比对的要素，过去实践中对其理解和适用并不统一。该款规定界定了这些要素：文字的字形、读音、含义；图形的构图、颜色；各要素组合后的整体结构。对立体商标，则存在立体形状、颜色组合等。商标相近似的效果，应当达到容易使相关公众对所标识商品的来源产生误认，或者与此种来源于注册商标所标识的商品等有某种特定的联系。

这样，最高人民法院就以司法解释的方式第一次明确规定了审判中经常使用的这两个概念，这也是涉及认定商标侵权必备的两种情形的法律规格。

3. 关于类似商品、服务以及商品与服务的类似

在审判侵犯商标权案件中，对所涉及的商品或者服务是否为同种或者类似，是认定是否为侵权行为的又一重要事实。一般地说，同种商品和服务容易认定；类似商品和服务则要复杂得多。首先要解决的是判断类似的标准是什么，该标准都由哪些要素构成。

为了解决这一问题，本解释第十一条界定了类似商品、类似服务和商品与服务的类似，便于法官适用法律中运用。该条第一款规定，《商标法》第五十二条第（一）项规定的类似商品，是指在功能、用途、生产部门、销售渠道、消费对象等方面相同，或者相关公众一般认为其存在特定联系、容易造成混淆的商品。该条第二款规定，类似服务，是指在服务的目的、内容、方式、对象等方面相同，或者相关公众一般认为存在特定联系、容易造成混淆的服务。该条第三款规定，商品与服务类似，是指商品和服务之间存在特定联系，容易使相关公众混淆。

根据上述规定，判断类似商品的要素包括商品的功能、用途、生产部门、销售渠道、消费对象等；判断类似服务的要素包括服务目的、内容、方式、对象等。同时，相关公众一般认为这两者与相关对象存在特定联系、容易造成混淆的，也构成类似商品或者类似服务。

在起草本解释稿过程中，商标行政主管部门和一些专家提出实践中还存在商品与服务的混淆，本解释也应当对此进行规定。经过调查研究和论证，最高人民法院审判委员会最后通过的该司法解释，对商品与服务之间存在使相关公众认为存在特定联系，容易造成混淆的，规定为构成商品与服务的类似。

在审理商标侵权案件中，法官判断是否为类似商品时，是否受《商标注册用商品和服务国际分类表》、《类似商品和服务区分表》商品服务分类的约束，是否以商品国际分类表确定类似商品或者服务进而判断商标侵权，实际部门和知识产权学术界的认识已经趋于统一，并且取得的共识符合国际上相关问题判断的标准。本解释第十二条采纳了这种见解，此次明确规定，人民法院依据《商标法》第五十二条第（一）项的规定，认定商品或者服务是否类似，应当以相关公众对商品或者服务的一般认识综合判断；《商标注册用商品和服务国

际分类表》、《类似商品和服务区分表》可以作为判断类似商品或者服务的参考。所谓相关公众的一般认识,是指相关市场的一般消费者对商品的通常认知和一般交易观念,不受限于商品本身的自然特性;所谓综合判断,是指将相关公众在个案中的一般认识,与商品交易中的具体情形,以及司法解释规定的判断商品类似的各要素结合在一起从整体上进行考量。同时可以参照商品服务的分类表的分类。

一般地说,分类表和区分表最主要的功能是在商标注册时划分类别,方便注册审查与商标行政管理,与商品类似本来不尽一致。所以在判断商品是否类似时,不能以此作为依据,仅可以作为判断商品类似的参考。

4. 判定原则和比对方法

《商标法》第五十二条规定了侵犯商标注册专用权的各种行为,其中第一项规定未经商标注册人的许可,在同一种商品或者类似商品上使用与其注册商标相同或者近似的商标的行为,属于侵权。其中对商标相同或者近似的判断,是认定此类侵权行为的关键环节之一。本解释第十条对商标相同和近似作出了界定,但人民法院如何认定商标相同或者近似,遵循什么原则认定,仍然需要给予明确答案。一般来说,判断商标相同或者近似要涉及判断主体的主观标准,对注册商标与被控的侵权商标比对的具体方法等。判断商标近似还要涉及注册商标本身的一些特定情况。

为此,本解释第十条规定,人民法院依据《商标法》第五十二条第(一)项的规定,认定商标相同或者近似按照以下原则进行:(1)以相关公众的一般注意力为标准;(2)即要进行对商标的整体比对,又要进行对商标主要部分的比对,比对应当在比对对象隔离的状态下分别进行;(3)判断商标是否近似,应当考虑请求保护注册商标的显著性和知名度。

掌握上述原则依法判断商标相同或者近似,要注意把握以下几个要点:

第一,要以包括相关消费者和经营者的公众的一般注意力为标准判断。应当注意,商标的基本功能就在于使消费者在购买商品、服务时便于识别这些商品和服务,以及它们的来源。商标相同或者近似也一般发生在市场中,受影响的主要是相关的消费者和特定经营者。所以事后法官审判案件在认定甄别商标相同、近似时,判断注意力也要回归到此种情景,也要以相关消费者和特定经营者的注意力为标准。这种注意力不是该领域相关专家所具有的注意力,专家的注意力过于专业可能出现判断标准过严的情况。但也不是一个与一般消费者有别的粗心大意的消费者的注意力,以他们的注意力判断又可能施之过宽,可能出现漏掉已经构成商标相同或者近似的情形。要以前边所提两者中间选择大多数相关公众通常的、普通的、一般的注意力为标准。这就涉及行为主体的一种行为能力的判断,审判实践中也称为认定商标相同或近似的主观标准。法官在分析判断和采纳有关证据作为定案依据和产生心证过程中,都要坚持以相关公众一般注意力的标准。

第二，准确地掌握对商标相同或者近似的整体、要部和隔离的比对方法。按照消费者在市场中对商标的感知规律，审判和行政执法实践中常常运用商标整体、要部比对和将商标隔离开比对的方法，来判断商标的相同，特别是商标的类似。

整体比对，又称为商标整体观察比较，是指将商标作为一个整体来进行观察，而不是仅仅将商标的各个构成要素抽出来分别进行比对。这是因为商标作为商品或者服务的识别标志，是由整个商标构成的，在消费者的记忆中留下的是该商标的整体印象，而不是构成该商标的某些单个要素。因此，当两个商标在各自具体的构成要素上存在区别，但只要将它们集合起来作为一个整体，因此而产生的整体视觉，仍有可能使消费者产生误认，就应当认定为近似商标。反之，如果两个商标的部分组成要素可能相同，但是它们作为一个整体并不会使消费者产生误认，即整体视觉不同，就不能认定为近似商标。

要部比对，又称为商标主要部分观察比较，是指将商标中发挥主要识别作用的部分抽出来进行重点比较和对照，是对整体比对的补充。此种比对方法也是根据消费者在市场中对商标与商品的具体感受和记忆而采用的一种方法。一般地说，消费者对商标的感受和留下最深的记忆，是商标的主要部分或者称要部，即商标中起主要识别作用的部分。当两个商标的主要部分相同或者近似，就容易造成消费者的误认，就可以判断为商标近似。

隔离比对，又称为对商标的隔离观察比较，是指将注册商标与被控侵权的商标放置于不同的地点在不同的时间进行观察比对，不是把要比对的两个商标摆放在一起进行对比观察。这是一种基本的商标比对方法，无论在进行整体比对还是要部比对时，都应当采用隔离比对的方式。一般地说，消费者寻找自己所要的商品，总是凭着以往头脑中对某种商品或者服务的广告宣传所遗留的商标印象，在市场中寻找所感知的某种品牌的商品或者服务。在市场中，不同商标的商品一般也不是同时摆放在同一个柜台中。在消费者的思维中，多数情况下不是两种要比对的商标同时存在，而是存在以前见到过在头脑中记忆的商标，与当前见到的商标的比较。

在事后的侵权判定中，利用消费者的此种思维模式采用隔离观察比对的方法，更能够真实地反映出被控商标所造成混淆的可能性和程度。将两个商标放在一起进行比对，不同于消费者在市场中实际购买交易的情况，有可能使法官更关注两个商标的不同点，不能准确地判断消费者实际交易中可能产生的混淆。

所以，本解释该条规定的基本内容，是要求法官在认定商标相同或者相近时，应当综合采用上述比对方法，关注商标的整体给消费者的感受，同时要比对商标的主要部分，并将被控侵权商标与注册商标隔离比对。采用这样方法，可以使法官更科学准确地判断侵权行为，从而保障办案的质量。

第三，判断商标近似中的注册商标显著性和知名度要素。根据《商标法》第九条的规定，注册商标应当具有显著特征，便于识别。显著性，又称为识别性，是指将商标使用于商品或其包装以及服务上时，能够引起一般消费者的注意，并凭此与其他商品或者服务相区别。商标的显著性，是注册商标的构成要件，是对申请商标进行实质审查的重要方面。对于注册商标来说，应当都具有显著性，当实践中，其显著性仍旧存在大小程度不同之分。有的商标设计独创性很强，如用文字、拼音字母等，可以组合成并未实际存在的文字字义，属于生造的文字，被控商标的"搭车"近似，很容易认定。对于显著性弱的商标，指控他人商标与自己商标近似就相对难以判断。

除了显著性外，对商标近似的认定与某一商标的知名度也密切相关。依据商标对社会影响的大小强弱，可以将商标分为驰名商标和非驰名商标。在驰名商标或者非驰名商标中，对商标的知名度也有不同的等级和程度。一些违法行为人为自己的私利往往设计与他人知名度高的商标，甚至驰名商标近似的商标，此种行为会造成淡化他人驰名商标损害他人合法权益的后果。所以，对显著性强、知名度高的商标，容易被当成目标受到不法侵害，应当提供更加充分的保护。在判断认定商标近似时，应当考虑商标的显著性与知名度要素。

### （四）商标侵权案件的地域管辖

商标侵权纠纷案件的诉讼管辖，分为级别管辖和地域管辖。关于级别管辖，最高人民法院于2002年1月公布的《关于审理商标案件有关管辖和法律适用范围问题的解释》第二条第三、四款作出了明确规定。商标民事纠纷一审案件，由中级以上人民法院管辖。各高级人民法院根据本辖区的实际情况，经最高人民法院批准，可以在较大城市确定1~2个基层人民法院受理第一审商标民事纠纷案件。目前全国400余个中级人民法院都可以依法受理商标民事纠纷案件。由于级别管辖的规定明确具体，实践中一般不会因级别管辖发生争议。但商标侵权纠纷案件的地域管辖，常常成为诉讼管辖权争议的焦点。

《民事诉讼法》第二十九条规定了因侵权行为提起的诉讼，由侵权行为地或者被告住所地人民法院管辖。《最高人民法院关于适用〈中华人民共和国民事诉讼法〉若干问题的意见》第二十八条规定，《民事诉讼法》第二十九条规定的侵权行为地，包括侵权行为实施地、侵权结果发生地。多年的审判实践说明，侵权行为实施地比较容易确定和判断，不易发生争议。由于商标权等知识产权案件涉及无形财产的保护，具有不同于一般民事纠纷案件的特殊性；商品商标附着于商品上，而商品又具有在全国范围的可流通性。使得实践中对《民事诉讼法》司法解释的侵权结果发生地的理解，存在一定程度的混乱。多数管辖权争议都发生在侵权案件的地域管辖上，争议的焦点在于如何理解和确定"侵权结果发生地"。有的观点认为"原告受到了损害，原告住所地就是侵权结果发生地",其结果则变成了"被告就原告"的管辖状况。这就违反了《民事诉讼法》确定的"原告就被告"的管辖基本原则。

本解释第六条的规定,对侵权行为实施地具体解释为《商标法》第十三条、第五十二条所规定的侵权行为的实施地。同时考虑实践中新出现的涉及大量侵权商品储存、隐匿,以及海关等行政机关对侵权复制品查封扣押的案件管辖上尚不明确的情形,明确规定侵权商品的储藏地,或者海关、工商等行政机关依法查封、扣押侵权商品的所在地,被告的住所地,可以作为确定管辖的依据,而对侵权结果地不再另行规定。

地域管辖的另一个重要问题,是涉及共同诉讼的商标侵权纠纷案件的管辖问题。因侵犯商标权的行为构成复杂,往往有不同的过程与环节。根据《商标法》及其实施条例的规定,侵犯商标专用权行为的表现形式包括使用的侵权行为,销售的侵权行为,以及伪造、擅自制造他人注册商标标识,销售伪造、擅自制造的商标标识,仓储等侵权行为。而这些行为实施地又往往不在一地。司法实践中存在当事人将使用者拉到销售地起诉,但又由于种种原因不起诉销售者的情况。当事人选择有利于己方利益的法院进行诉讼,本无可非议。但是一些人利用法律规定和司法解释不完善的情况大行"地方保护主义",为了打赢官司将外地的被告强拉到本地诉讼,为不公正司法开方便之门。

鉴于这些法律适用于实践中出现的复杂情况,该本解释第五条规定了对涉及不同侵权行为实施地的若干被告提起的共同诉讼,原告可以选择其中的侵权行为实施地人民法院管辖;仅对其中某一被告提起的诉讼,该被告侵权行为实施地人民法院有管辖权。这样规定强调了只有进行共同诉讼的商标权侵权案件,才能在同一个侵权行为实施地的法院起诉,传唤多名被告到该法院应诉。否则仅仅对某一侵权行为提起诉讼,只能在该行为实施地的法院起诉,而不能选择在不被起诉的其他行为人的侵权行为实施地起诉。例如仅针对侵权商标使用行为提起的诉讼,该商标使用地人民法院有管辖权,当事人不能到该侵权商品销售地的人民法院起诉。

正确理解和适用本解释的上述规定,应当注意:(1)对侵犯商标权民事纠纷案件,在符合上述规定的情形下,不再依侵权结果发生地确定管辖。其他司法解释中有关依侵权结果发生地确定管辖的规定,不再适用于商标权侵权纠纷案件。(2)上述司法解释规定的查封扣押地,仅指海关、工商等行政机关查封、扣押侵权商品的地点。人民法院在诉前查封、扣押侵权商品的地点,不属于上述司法解释规定的查封扣押地。人民法院在审查当事人诉前申请采取临时措施时,首先应当确定自己有管辖权,不得因采取诉前临时措施而认为可以取得管辖权。(3)在侵权商品储藏地或者扣押地,当事人可以起诉实施储存、保管、运输等行为的行为人,也可以起诉该部分商品的经销商、制造商,或者同时起诉各行为人。

### (五) 侵犯注册商标专用权的损害赔偿

根据《商标法》第五十六条的规定，对侵犯注册商标专用权的民事赔偿，涉及赔偿额计算方法的选择，具体计算方法，制止侵权行为的合理开支、法定赔偿额的计算等方面问题。立法和司法的宗旨，是通过对侵犯商标权损害赔偿数额计算的法律界定，达到对权利人因被侵权所受到的实际损失获得全面赔偿的目的。

1. 侵权损害赔偿额计算方法的选择性

《商标法》第五十六条第一款规定了两种商标侵权损害赔偿数额的计算方法，即侵犯商标专用权的赔偿数额，为侵权人在侵权期间因侵权所获得的利益，或者被侵权人在被侵权期间因被侵权所受到的损失。这是根据我国多年审判实践经验和借鉴国际做法制定出可行的法律规定。但是这两种计算方法，是可以选择的，还是要有先后顺序？《商标法》修改前最高人民法院有关的司法解释的规定和审判实践中的做法，是可以选择，但也有不同观点的讨论。此次《商标法》和《著作权法》修改后，两法关于侵权损害赔偿额计算规定的表述不尽一致，使赔偿计算方法的选择性问题又被提到议事日程上来。

最高人民法院审判委员会在讨论本解释送审稿时，注意到《商标法》在赔偿数额计算方法的可选择性上与《著作权法》的规定①有所不同。因此，本解释第十三条明确规定了权利人可以请求受诉的人民法院，选择适用上述两种方法中的任何一种方法，计算赔偿数额。一般情况下，人民法院对当事人的选择，应当准许。该项司法解释的规定，引进了当事人意思自治的原则。赔偿额的计算不但人民法院在审判中可以根据案情依法予以选择，而且当事人（这里主要是指作为原告的权利人）也有权选择，并且人民法院的选择一般应当基于当事人选择请求之上。对当事人之间就上述两种计算方法以外的损害赔偿额计算方法，计算本案赔偿额达成一致协议，不违反国家法律和社会公共利益及他人合法权益的，人民法院也应当准许。

2. 侵犯注册商标权损害赔偿的计算方法

参照《专利法》、著作权法司法解释关于如何计算权利人损失和侵权人获利的规定，本解释第十四条、第十五条对《商标法》第五十六条第一款规定侵权所获得的利益与因侵权所受到的损失的计算作出了明确规定，以便于人民法院在审判实践中具体操作。

本解释第十四条规定，《商标法》第五十六条第一款规定的侵权所获得的利益，可以根据侵权商品销售量与该商品单位利润乘积计算；该商品单位利润

---

① 《著作权法》第四十八条第一款规定，侵犯著作权或者与著作权有关的权利的，侵权人应当按照权利人的实际损失给予赔偿；实际损失难以计算的，可以按照侵权人的违法所得给予赔偿。赔偿数额还应当包括权利人为制止侵权行为所制服的合理开支。

无法查明的，按照注册商标商品的单位利润计算。该条所规定的"该商品单位利润"，是指每件商品的平均利润；所规定的"注册商标商品的单位利润"，是指权利人享有注册商标权的每件正牌商品的平均利润。实践中，一些制假贩假者故意隐瞒证据，作虚假不实陈述，没有或者隐匿账册单据，使假冒商品的利润无法查明。即使查明了，假冒商品的价格极低，如果按照该价格考虑对权利人的赔偿数额很不公平。因此，本解释第十四条规定了按照注册商标商品的单位利润即按权利人正牌商品利润计算的方式，澄清了以往规定不甚明确的问题。这是加强对注册商标权保护的一项重要司法措施。有的同志对修改后的《商标法》将原《商标法》规定的赔偿"所获得的利润"改为"所获得的利益"不理解，其实选用"利益"一词包含"利润"的含义，并且其外延更宽，适用也更加灵活。

本解释第十五条规定，《商标法》第五十六条第一款规定的因被侵权所受到的损失，可以根据权利人因侵权所造成商品销售减少量或者侵权商品销售量与该注册商标商品的单位利润乘积计算。该条规定，是对《商标法》规定的因侵权所受到损失计算方法的解释。一般地说，被侵权人的损失应当由其负担举证责任，需证明因侵权所造成商品销售量的减少额和商品的单位利润，然后计算出应当赔偿的数额。但在实践中，由于某种商品市场需求等原因，往往也会出现侵权事实已经发生但被侵权人的商品销售量并没有减少，甚至还呈现上升趋势的情形。但对权利人合法商品潜在销售市场毕竟造成了损害。同时，被侵权人的损失还体现在侵权人使用被侵权人的注册商标的非法获利上。因此，根据查明的侵权商品销售量和正牌商品利润来计算被侵权人所受到的损失，就成为可以选择的另一种赔偿额计算方法。有的同志提出本解释第十四条与第十五条规定的适用注册商标商品单位利润的协调问题。第十四条的规定是在侵权商品单位利润无法查明的限定下，再适用正牌商品单位利润；而第十五条在计算被侵权所受到损失按照侵权商品销售量计算时，可以直接适用正牌商品的单位利润，没有前述限制。两条司法解释规定的主旨思想，是体现充分、公平地保护注册商标权人的正当权益，由于侵权行为人的原因其商品单位利润不实的，力求以注册商标正牌商品的单位利润为标准计算。这样计算的结果，更接近于商标权人的实际损失。但是说到侵权所获得的利益，还应当以侵权行为人的经营为基础，以其有据可查的该商品单位利润来计算赔偿额更为真实。不宜直接使用注册商标商品的单位利润计算。一旦该商品利润无法查明，即使用注册商标正牌商品单位利润计算，是对侵权行为人获益的一种推定，不利于侵权行为人而有利于商标权人。实践中大量案例显示，本来运用两种赔偿额计算方法的结果就可能不尽一致，甚至很不一致。所以，根据不同的案件情况，选择有利于自己的损失赔偿额计算方法，是进行知识产权诉讼必备的诉讼技巧之一。

### 3. 关于制止侵权行为的合理开支

在通常情况下，权利人为制止侵权行为都要支付一定的费用。这些费用只要是合理的支出，都应当属于权利人因侵权行为而受到的损失，应当判令侵权人给予权利人赔偿。但是过去对此没有明确的法律规定，使各地人民法院在适用法律时出现困难，做法也很不统一。

在2000年修改的新《专利法》中，并没有赔偿权利人为制止侵权而支付合理开支的规定。随后公布施行的《最高人民法院关于审理专利纠纷案件适用法律问题的若干规定》总结了多年的审判实践经验，在该解释的第二十二条作出补充解释："人民法院根据权利人的请求以及具体案情，可以将权利人因调查、制止侵权所支付的合理费用计算在赔偿数额范围之内。"2001年修改的《商标法》、《著作权法》，将专利司法解释的前述规定上升为法律的条款，概括为"制止侵权行为所支付的合理开支"。这样，我国加强和完善对知识产权侵权损害赔偿制度的一项重要措施正式出台了。

在司法实践中，对什么样的开支属于制止侵权的合理的开支，还是不够明确具体。特别是鉴于假冒等商标权侵权案件取证比较困难，获取证据和为获取证据支出的赔偿，关系到权利人的切身利益和对商标权的切实保护。因而取证支出赔偿的问题突出出来。为了解决这一问题，本解释第十七条对合理开支的含义进一步予以明确，特别是将权利人或者其委托代理人对侵权行为进行调查、取证的合理费用，规定在合理开支的范围中。这对于保护注册商标权、方便权利人举证和制裁侵权行为都具有意义。本解释的该条规定，也方便了下级法院在审判实践中具体适用《商标法》的相关规定。

人民法院在确定赔偿额时，是否考虑当事人为诉讼支出的律师费，法律、法规和司法解释都没有明确规定，是一个有争论的问题。TRIPs协议第四十五条第二项明确规定了司法当局应有权责令侵权人向权利人支付其开支，其中可包括适当的律师费。为履行我国加入WTO的庄严承诺，根据TRIPs协议的精神，本解释第十七条第二款规定，人民法院根据当事人的诉讼请求和具体案情，可以将符合国家有关部门规定（原送审稿此处为"合理适当"）的律师费计算在赔偿范围内。这样规定，一方面坚持了我国诉讼制度和最高人民法院强调的一贯做法，谨慎地对待这个问题，与整体诉讼制度上要有所协调；另一方面又符合TRIPs协议规定的精神，肯定在审判案件中，根据诉讼请求和具体案情可以将律师费计算在赔偿数额内，履行了我国在加入世贸组织时的庄严承诺。本解释第十七条第二款在律师费前用了"符合国家有关部门规定"的表述，而未使用送审稿中"合理适当"的表述。最高人民法院审判委员会多数委员认为这样规定更加稳妥，以避免在经验不足的情况下法官不好掌握或者自由裁量施之过宽的情形。

#### 4. 侵犯商标权的法定赔偿

《商标法》第五十六条第二款规定，侵权人因侵权所获得的利益或者被侵权人因被侵权所受到的损失均难以确定的，由人民法院根据侵权行为的情节判决给予50万元以下的法定赔偿。《商标法》的此条规定，是在总结人民法院审判经验的基础上制定的，对解决侵犯知识产权损害赔偿额不好计算问题具有重要意义。为了适用好这一规定，本解释第十六条对法定赔偿作出了进一步具体规定："侵权人因侵权所获得的利益或者被侵权人因被侵权所受到的损失均难以确定的，人民法院可以根据当事人的请求或者依职权适用商标法第五十六条第二款的规定确定赔偿数额。人民法院在确定赔偿数额时，应当考虑侵权行为的性质、期间、后果，商标的声誉，商标使用许可费的数额，商标使用许可的种类、时间、范围及制止侵权行为的合理开支等因素综合确定。当事人按照本条第一款的规定就赔偿数额达成协议的，应当准许。"

理解和适用好本解释该条规定，应当注意把握以下要点：（1）适用法定赔偿，应当在侵权获利和侵权损失均难以确定的情形下。能够通过证据的采信确定赔偿数额的，不适用法定赔偿。防止对法定赔偿的轻易适用，造成商标权人的经济损失不能得到充分赔偿。（2）在条件成就的情况下，人民法院对法定赔偿的适用，可以根据当事人的请求，也可以根据案情依职权进行。（3）法定赔偿额的计算，要根据侵权行为的性质、期间、后果，商标的声誉，商标使用许可费的数额，商标使用许可的种类、时间、范围及制止侵权行为的合理开支等因素综合确定。所谓综合确定，是指法官根据前述各项因素和全案的情况进行综合判断确定。（4）制止侵权行为的合理开支包括律师费，都在50万元的法定赔偿额范围内确定，而不是超出该范围。（5）人民法院确定法定赔偿数额，既可以适用判决方式，也可以适用调解方式。

### （六）对注册商标的使用许可

《商标法》第五十三条规定了除商标注册人可以依法对侵犯商标权行为向人民法院提起诉讼外，利害关系人也可以向人民法院提起诉讼。何谓利害关系人？《商标法》并没有作出具体规定。本解释第四条总结多年的审判经验和根据具体的司法实践，并参考专利法司法解释的规定，明确规定利害关系人包括注册商标使用许可合同的被许可人、注册商标财产权利的合法继承人等。应当说，利害关系人主要是被许可人和继承人，但实践中也可能还会有其他利害关系人出现的情况。所以，本解释第四条规定用了"等"的表述。既然规定了注册商标使用许可合同的被许可人，本解释就必然对商标使用许可合同的种类和不同种类的被许可人提起诉讼的权利作出具体规定。同时该解释还对商标使用许可的相关问题作出了规定，现分述如下。

#### 1. 商标使用许可的种类

《商标法》第四十条对商标使用许可作出了规定，但未具体规定使用许可合同的种类，本解释第三条解决了这个问题。该条司法解释的目的，在于规范实践中的商标许可合同形式，解决诉讼中利害关系人作为原告的主体资格问题，为适用侵权损害赔偿应当考虑有关许可合同的要素奠定基础。该条规定，《商标法》第四十条规定的商标使用许可包括以下三类：（1）独占使用许可，是指商标注册人在约定的期间、地域和以约定的方式，将该注册商标仅许可一个被许可人使用，商标注册人依约定不得使用该注册商标；（2）排他使用许可，是指商标注册人在约定的期间、地域和以约定的方式，将该注册商标仅许可一个被许可人使用，商标注册人依约定可以使用该注册商标但不得另行许可他人使用该注册商标；（3）普通使用许可，是指商标注册人在约定的期间、地域和以约定的方式，许可他人使用其注册商标，并可自行使用该注册商标和许可他人使用其注册商标。

根据上述规定，商标使用许可分为独占许可、排他许可和普通许可三种类型。这三种许可的情形在实践中大量存在，它们之间在许可人与被许可人民事权利、义务的内容上有所差别。各民事主体在订立涉及商标使用许可的合同时，应当对许可的种类、期间、地域和方式等作出具体审慎的约定，以避免日后合同履行中的纠纷。本司法解释明确规定了三种许可的具体表现形式，对于规范和促进商标使用许可行为具有重要的指导意义。

2. 商标权使用许可人的诉讼地位

本解释第四条规定："商标法第五十三条规定的利害关系人，包括注册商标使用许可合同的被许可人、注册商标财产权利的合法继承人等。在发生注册商标专用权被侵害时，独占使用许可合同的被许可人可以向人民法院提起诉讼；排他使用许可合同的被许可人可以和商标注册人共同起诉，也可以在商标注册人不起诉的情况下，自行提起诉讼；普通使用许可合同的被许可人经商标注册人明确授权，可以提起诉讼。"

由于三类不同的商标权许可方式中合同双方的权利义务不同，被许可人在商标侵权诉讼中的提起诉讼的条件和诉讼地位也有所不同。解释第四条明确规定了商标侵权诉讼中的利害关系人范围和被许可人的起诉条件，对于统一执法尺度具有指导意义。独占使用许可的被许可人，由于其对被许可使用的注册商标独家使用，商标注册人也因约定不得使用，侵犯该商标权的行为直接、主要地侵害了独占被许可人的利益。所以，独占被许可人依法可以作为原告向法院提起侵权之诉。在排他使用许可合同中，商标注册人与被许可人都可以使用该注册商标，都是侵犯商标侵权行为的直接受害人。所以，在发生注册商标专用权被侵害时，他们可以作为共同原告提起诉讼；如果商标注册人由于某种原因不提起诉讼，应当允许排他使用许可人自行提起诉讼。前述规定与专利法司法解释的规定和做法基本一致。情况比较特殊的是商标普通使用许可人的诉权问题，起草中就其能否单独提起诉讼，争议较大。根据商标主管部门以及商标法专家学者、律师和商标代理人的意见,司法解释第四条采纳了"普通使用许可合同的被许可人经商标注册人明确授权,可以提起诉讼"的表述意见。这主要是考虑,一些商标注册人特别是国外的一些在中国注册的商标权人,在国内一般只授权普通许可,遇到侵权行为,国外的商标权人采取法律措施会有比较多的手续,会发生某种延误。这样就有可能损害了这些被许可人的合法权益。应当为他们提供司法救济手段。但是普通使用许可人的诉权以及在多个普通许可人存在的情况下,如何在诉讼中依法公平合理追究侵权人的民事责任,遇到数个普通被许可人分先后起诉,有的被许可人在法院对先起诉的被许可人判决保护权利后,又对同一被告同一侵权行为起诉等,应当如何处理?在理论上、实践上还没有研究得十分清楚。本解释第四条规定在注册商标权人"明确授权"的情况下,普通使用许可的被许可人可以提起诉讼。这已经与《专利法》利害关系人的起诉规定不同,这无疑对注册商标权和相关的注册人、利害关系人合法权益加大了保护,便于商标使用许可的被许可人运用司法手段制止侵犯商标权行为。但是实行后还会有类似前述的许多实际问题有待于解决。各地的知识产权法官应当加强调研工作,不断解决审判实践中发生的新情况、新问题。

3. 商标使用许可合同的备案与合同的效力

《商标法》第四十条第三款规定,商标使用许可合同应当报商标局备案。这主要是从便于国家商标局对全国商标使用许可情况管理的目的出发,规范商标使用市场,做到及时发现问题,及时纠正解决,更好地维护双方当事人的合法权益。同时商标使用许可合同备案情况,还要通过商标公告向社会公布,使社会便于了解商标使用的情况,也便于消费者选购各类商品。但是实践中仍然存在商标使用许可合同不备案情况,并且不在少数。一旦出现纠纷,一些当事人根据自己的利益,往往以许可合同未经备案主张该合同无效。针对这种情况,本解释第十九条第一款规定,商标使用许可合同未经备案的,不影响该许可合同的效力,但当事人另有约定的除外。这也就是说,人民法院在确认商标使用许可合同的效力时,不因未办理备案手续,而确认该使用许可合同无效;但当事人双方在合同中约定办理备案手续方能生效的,应当依照约定处理。

然而商标使用许可的备案手续,对社会公众,特别是对那些需要与该商标权人进行交易的善意第三人来说,十分重要,是一种了解该商标许可状况、保障交易安全的有效手段。因此,本解释第十九条第二款作出了"商标使用许可合同未在商标局备案的,不得对抗善意第三人"的规定,这就为保护商标许可等合同双方当事人的合法权益,保证交易安全,同时为规范商标许可行为和完善商标许可合同的形式要件,奠定了基础、创造了条件。

所谓善意第三人,是指该商标使用许可合同当事人以外的与商标权人就涉及该商标进行交易的没有过错的当事人。没有过错特别是指,对该项未备案商标使用许可不知情(不知道及不应当知道)的情况。不得对抗,是指在先订立未经备案的商标使用许可合同的效力,不能抵抗善意第三人与注册商标人之间就该商标在后所订立合同的效力。也就是说,善意第三人的合法权益应当依法受到保护。例如,在先的商标使用许可合同当事人约定为独占的使用许可合同,但未经备案。在后又订立的商标许可使用合同的被许可人对前一个合同并不知情,属于善意的第三人。在先使用许可合同的被许可人不得因为自己为独占被许可人,而请求确认在后许可合同的被许可人的商标使用无效。

4. 注册商标转让前有关商标使用许可合同的效力

《商标法》第三十九条规定了注册商标的转让和转让的法定手续。这些法定手续主要是:首先,转让人和受让人应当签订转让协议;其次,当事人双方共同向商标局提出申请,受让人应当保证使用该注册商标的商品质量;再次,转让注册商标要经过商标局核准;最后,对转让注册商标情况进行公告,受让人自公告之日起享有商标专用权。注册商标转让公告后,受让人就成为该注册商标的新的注册人或者称新的商标权人。实践中,有的新的商标权人不承认原商标注册人以前曾与他人订立的商标使用许可合同,向法院起诉主张对原商标注册人与他人签订的商标使用许可合同无效。这显然不利于已有的商标使用许可合同关系的稳定,可能损害被许可人的合法权益。为此,本解释第二十条规定,注册商标的转让不影响转让前已经生效的商标使用许可合同的效力,但商标使用许可合同另有约定的除外。该条司法解释的规定,肯定了注册商标转让前合法订立的使用许可合同的效力,不能因为注册商标权人的变更而否定其效力,应当依照合同的约定继续履行。该条司法解释也规定了除外的情况,即商标使用许可合同对此另有约定的,依照该约定执行。也就是说,原来的商标使用许可合同约定商标转让终结商标使用合同等条款的,应当按照该约定处理。这充分体现了当事人约定优先的原则。

(七)对民事制裁措施的适用

为切实保护注册商标专用权,加大对商标侵权行为的打击力度,规范市场竞争,保护消费者的合法权益,人民法院在审理商标侵权纠纷案件中,可以根据《民法通则》第一百三十四条、《商标法》第五十三条的规定给予民事制裁。

《商标法》第五十三条规定了对侵犯商标权纠纷的处理,其中对由工商行政管理机关认定侵权行为成立的,责令立即停止侵权行为,没收、销毁侵权商品和专门用于制造侵权商品、和专门用于制造侵权商品、伪造注册商标标识的工具,并可处以罚款。实践中,一些侵权纠纷直接起诉到人民法院,未依法受到行政制裁,特别是人民法院在依法追究侵权人民事责任外,面对涉案的侵权商品、工具材料等法院应当采取司法措施进行处理,以保障国家法律的严肃性。鉴于《商标法》对此未作出具体规定,本解释援引了《民法通则》第一百三十四条第三款关于民事制裁的法定规定,即"人民法院审理民事案件,除适用上述规定外,还可以予以训诫、责令具结悔过、收缴进行非法活动的财物和非法所得，并可以依照法律的规定处以罚款、拘留"。本解释第二十一条对此进一步作出解释："人民法院在审理侵犯注册商标专用权纠纷案件中，依据《民法通则》第一百三十四条、《商标法》第五十三条的规定和案件具体情况，可以判决侵权人承担停止侵害、排除妨碍、消除危险、赔偿损失、消除影响等民事责任，还可以作出罚款，收缴侵权商品、伪造的商标标识和专门用于生产侵权商品的材料、工具、设备等财物的民事制裁决定。罚款数额可以参照《中华人民共和国商标法实施条例》的有关规定确定。工商行政管理部门对同一侵犯注册商标专用权行为已经给予行政处罚的，人民法院不再予以民事制裁。"本解释第二十一条不但规定了人民法院对侵犯商标权行为的民事制裁权，还规定了对侵权行为进行民事制裁的具体形式。适用本解释第二十一条的规定，应当把握以下几点：

1. 人民法院依法给予侵权人的民事制裁，应当在审判侵权纠纷的具体案件中。这就是说，法院不对非讼的违法行为实施制裁，而是在审判侵犯商标权民事案件中，行使对侵权人的民事制裁权。

2. 人民法院对侵权人实施民事制裁，要严格依照《民法通则》第一百三十四条、《商标法》第五十三条的规定，这是法院对侵权行为人进行民事制裁的法律依据。同时，还要依照所审判民事案件的具体情况，特别是行为人侵犯商标权行为的具体情况。要根据侵权行为的不同情况，单独或者并用轻重程度不同民事制裁形式。

3. 民事制裁的具体形式包括罚款，收缴侵权商品、伪造的商标标识，专门用于生产侵权商品的材料、工具、设备等财物。

4. 适用民事制裁罚款形式的，罚款数额可以参照《商标法实施条例》的有关规定确定。

5. 工商行政管理部门对同一侵犯注册商标专用权行为已经给予行政处罚的，人民法院不再予以民事制裁。

6. 人民法院对收缴、罚款民事制裁措施的适用，必须经受诉法院院长批准，另行制作民事制裁决定书。被制裁人对决定不服的，在收到决定书的次日起十日内可以向上一级人民法院申请复议一次。复议期间，决定暂不执行。

（八）侵犯注册商标专用权的诉讼时效

《民法通则》第一百三十五条规定，向人民法院请求保护民事权利的诉讼时效期间为两年，法律另有规定的除外。《商标法》对保护注册商标专用权的诉讼时效未作特别规定，因此，侵犯注册商标专用权的诉讼时效应当适用《民法通则》前述规定的两年的诉讼时效期间。这一般没有争议。但对两年的诉讼时效规定如何适用，特别是对持续侵权行为诉讼时效期间的适用，多年来一直存在争议。

一种观点认为，已知或者应知侵权行为超过两年不起诉的，不再受法院保护,对此种侵权行为的行为人不能再追究停止侵权、赔偿等民事责任。另一种观点认为,在商标等知识产权有效期间内,权利人已知或者应知的侵权行为超过两年权利人再提起诉讼的,包括侵权行为一直持续进行的和超过两年中断后又实施侵权行为的情形,只要权利人提起诉讼时,所指控的侵权行为正在进行或者不超过两年,受诉法院就应当保护。侵权行为正在实施的,应当判令停止侵权;自起诉时起向前推算两年的权利人损失应当赔偿;超过两年的损失不再受保护。最高人民法院在《专利法》、《著作权法》的司法解释中都采纳了第二种观点,《商标法》的司法解释也采纳了此种观点。该司法解释的第十八条规定,侵犯注册商标专用权的诉讼时效为两年,自商标注册人或者利害权利人知道或者应当知道侵权行为之日起计算。商标注册人或者利害关系人超过两年起诉的,如果侵权行为在起诉时仍在持续,在该注册商标专用权有效期限内,人民法院应当判决被告停止侵权行为,侵权损害赔偿数额应当自权利人向人民法院起诉之日起向前推算两年计算。最高人民法院之所以采纳第二种观点,首先是充分考虑了知识产权作为知识财产不同于一般财产的特点,它保护客体的无形性、权利的依法授予或登记性和时间性等,在商标权等知识产权法律规定的有效期间内,都应当受到保护。而其他财产并没有法定的时间性,无须经过国家授权或者登记,权利与物质载体相统一。在适用民法的诉讼时效时不能不顾及知识产权的特点。其次是考虑如果按照第一种观点,会出现许多不合逻辑甚至荒谬结果,当未经许可使用了某项注册商标后,过了两年侵权人也成为了商标权人;真正的注册商标权人不但丧失了两年的商标使用费,还要丧失整个商标权。如同未经许可白住他人所有的房屋超过两年,房主不但丧失了两年的房租,整个房产也要归侵权人一样荒谬。这样只能导致鼓励侵权、对知识产权人极不公平。再次是考虑坚持《民法通则》关于诉讼时效的基本规定,对那些放任他人侵权行为,对自己知识产权疏于管理的,超过两年诉讼时效期间,该项知识产权的收益不再保护。坚持上述原则,既能督促知识产权权利人及时行使自己的权利,又不失公平,加强了对知识产权的保护。

(九)其他规定

除前述各部分的规定外,本解释还有其他一些规定。本解释第五条规定了对商标注册人办理商标续展的特殊情况下对他人提起侵权诉讼,人民法院的受理问题。根据《商标法》第三十七条和第三十八条的规定,注册商标的有效期为十年。注册商标有效期满,需要继续使用的,应当在期满前六个月内申请续展注册;在此期间未能提出申请的,可以给予六个月的宽展期。从理论上说,宽展期内注册商标权已经超过有效期,商标注册人或者利害关系人在这段期间内提出续展申请、未获核准前,遇有侵犯其商标权行为,向人民法院提起诉讼的,是否应当受理?本解释第五条从有利于保护权利人的实体权利与诉讼权利出发,明确规定商标注册人或者利害关系人在注册商标续展宽展期内提出续展申请，未获核准前，以他人侵犯其注册商标专用权提起诉讼的，人民法院应当受理。体现了对知识产权给以充分司法保护的立法精神。

本解释的最后两条，第二十三条规定本解释有关商品商标的规定，适用于服务商标。第二十四条规定以前最高人民法院的有关规定与本解释不一致的，以本解释为准。

此外还应当说明，在审判商标权纠纷案件中还有许多法律适用的新问题未作出解释，比如在先权利的问题，因商标授权行政程序可能造成民事纠纷案件诉讼中止等，还要在实践中总结经验、调查研究，留待在今后的法律适用实践中不断总结、解决。

（撰稿人：蒋志培）

# 最高人民法院
## 关于审理注册商标、企业名称与在先权利冲突的民事纠纷案件若干问题的规定

法释〔2008〕3号

(2008年2月18日最高人民法院审判委员会第1444次会议通过 2008年2月18日最高人民法院公告公布 自2008年3月1日起施行)

为正确审理注册商标、企业名称与在先权利冲突的民事纠纷案件,根据《中华人民共和国民事诉讼法》、《中华人民共和国民法通则》、《中华人民共和国商标法》和《中华人民共和国反不正当竞争法》等法律的规定,结合审判实践,制定本规定。

第一条 原告以他人注册商标使用的文字、图形等侵犯其著作权、外观设计专利权、企业名称权等在先权利为由提起诉讼,符合民事诉讼法第一百零八条规定的,人民法院应当受理。

原告以他人使用在核定商品上的注册商标与其在先的注册商标相同或者近似为由提起诉讼的,人民法院应当根据民事诉讼法第一百一十一条第(三)项的规定,告知原告向有关行政主管机关申请解决。但原告以他人超出核定商品的范围或者以改变显著特征、拆分、组合等方式使用的注册商标,与其注册商标相同或者近似为由提起诉讼的,人民法院应当受理。

第二条 原告以他人企业名称与其在先的企业名称相同或者近似,足以使相关公众对其商品的来源产生混淆,违反反不正当竞争法第五条第(三)项的规定为由提起诉讼,符合民事诉讼法第一百零八条规定的,人民法院应当受理。

第三条 人民法院应当根据原告的诉讼请求和争议民事法律关系的性质,按照民事案件案由规定,确定注册商标或者企业名称与在先权利冲突的民事纠纷案件的案由,并适用相应的法律。

第四条 被诉企业名称侵犯注册商标专用权或者构成不正当竞争的,人民法院可以根据原告的诉讼请求和案件具体情况,确定被告承担停止使用、规范使用等民事责任。

## 【解　　读】

## 解读《关于审理注册商标、企业名称与在先权利冲突的民事纠纷案件若干问题的规定》

### 一、问题的提出

《最高人民法院关于审理注册商标、企业名称与在先权利冲突的民事纠纷案件若干问题的规定》(法释〔2008〕3号，以下简称本规定)经最高人民法院审判委员会第1444次会议通过，于2008年2月18日公布，自2008年3月1日起施行。

近年来，涉及商业标识的各类知识产权权利冲突民事纠纷增多，不仅在经济生活中受到广泛的关注，也因为这类案件涉及的一些法律适用问题不明确，成为知识产权审判中的难点和热点。

虽然《商标法》、《专利法》有申请注册的商标和授予专利权的外观设计不得与他人在先取得的合法权利相冲突的原则性规定，但在民事诉讼中如何解决有关权利冲突，并没有具体的法律适用标准。知识产权权利冲突既涉及不同知识产权权利主体行使权利的范围和界限，也涉及授权机关有关职能的划分和衔接；不仅涉及各类知识产权纠纷案件的实体审理标准，法律适用的程序性问题也较为突出。在起草本规定的过程中，最高人民法院致力于从实际出发，以解决司法实践中的突出问题为目标，并注意妥善处理好行政权和司法权的关系。

（一）在现行法律规定和适用标准的框架下，解决实践中遇到的突出问题

本规定从当初致力于全面解决所有知识产权的权利冲突，到现在集中关注注册商标、企业名称与其他在先权利之间的冲突；从当初试图在实体上对权利冲突的法律适用予以指引，到如今聚焦注册商标或者企业名称与其他在先权利冲突的程序性问题，反映了本规定不求全面和系统，而只是在现行法律规定和适用标准的框架下，解决实践中遇到的突出问题的指导思想。

在权利冲突专项调研和起草规定的初期，关于"权利冲突"命题的真伪、司法程序和行政程序的衔接等有关问题都曾存在过争议和分歧。关于"权利冲突"的含义、原因及类型，最高人民法院曾在《关于全国部分法院知识产权审判工作座谈会纪要》(法〔1998〕65号) 文件中提及："知识产权权利冲突是反映对争议的智力成果或者标记，原、被告双方均拥有知识产权。造成权利冲突的原因，主要是因为我国对知识产权审查授权的部门不同，这些知识产权授

权的最终审查权不在人民法院。"鉴于"权利冲突"的提法已在理论界和司法实践中约定俗成,且有相应的法律规定支撑,如《商标法》第九条就有"申请注册的商标,应当具有显著性,便于识别,不得与他人在先取得的权利相冲突"的规定,因此,本规定沿用了"权利冲突"的提法。本规定的内容之所以没有面面俱到,没有系统地将权利冲突的含义、类型、处理原则、法律适用标准等做全面的规定,除在起草过程中许多问题已形成共识外,还由于其争议的具体的民事法律关系都有相应的法律规范予以调整,最高人民法院也已有一些相应的司法解释,如商标、著作权、专利、不正当竞争、网络著作权、网络域名、植物新品种等司法解释对于有些权利冲突的处理已作明确的规定,没必要再予重复。考虑到各类知识产权各具特点以及我国企业名称登记与商标注册制度的差异,涉及注册商标、企业名称与在先权利冲突的情形较为常见,特别是将他人作品或者企业名称字号注册为商标,或者将他人有一定影响的商标或者企业名称字号作为自己的企业名称和字号,"傍名牌"、"搭便车"的行为较为突出,分歧较大,本规定将内容集中在这些权利冲突问题的解决上。

（二）准确把握民事司法处理的定位,妥善处理民事司法与行政处理的关系

在依法审理知识产权权利冲突的案件中,如何处理好司法程序和行政程序的衔接和协调,一直是本规定起草过程中需要解决的重要问题之一。

当不同的权利构成冲突时,人民法院能否直接受理和判定某一经行政程序确认的权利构成对其他权利的侵犯？对此问题曾有三种主要做法和观点：一是行政程序排斥民事诉讼程序。理由是经行政程序获得的民事权利,只能经过行政程序以及与其相对应的行政司法程序才能消灭,法院不宜以民事诉讼解决此类纠纷。例如,原告蜜雪儿开发股份有限公司诉被告蜜雪儿服饰（北京）有限公司侵犯商标专用权、不正当竞争纠纷案中,法院认为："被告的企业名称是经工商行政管理机关登记和批准,虽该企业名称中的蜜雪儿与原告的注册商标相同,也确实会给普通消费者造成混淆,但如何调整这种关系,目前法无规定,且对企业名称登记的异议不属于人民法院案件管辖的范围,原告可向工商行政管理机关请求。"该案二审法院也认为,当事人双方各自拥有的注册商标专用权和企业名称权理应受到法律的保护。任何一方当事人在没有启动行政撤销程序的情况下,即以自己享有的民事权利作为诉权基础控告对方当事人享有的民事权利的内容侵犯其权利均是缺少法律依据和有悖法理的。当事人对这类权利冲突的异议应先到有关行政管理部门申请解决。二是行政程序前置,即有条件地维护行政程序的优先性,在一定的期限内行政程序未能解决的,由司法程序依据诚信原则和保护在先权利原则作出裁决。最高人民法院法〔1998〕65号《关于全国部分法院知识产权审判工作座谈会纪要》曾指出："人民法院受理的知识产权纠纷案件或者其他民事纠纷案件中,凡涉及权利冲突的,一般应

当由当事人按照有关知识产权的撤销或者无效程序,请求有关授权部门先解决权利冲突问题后,再处理知识产权侵权纠纷或者其他民事纠纷案件。经过撤销或者无效程序未能解决权利冲突的,或者自当事人请求之日起三个月内有关授权部门未作出处理结果且又无正当理由的,人民法院应当按照《民法通则》规定的诚实信用原则和保护公民、法人合法的民事权益原则,依法保护在先授予的权利人或者在先使用人享有继续使用的合法的民事权益。"三是民事诉讼程序不受行政程序的影响,即不考虑涉及冲突的权利是否经行政程序取得以及是否提请行政程序解决争议,而是将其直接纳入民事诉讼的范畴,不再设置行政程序优先的限制。如2002年北京市高级人民法院《关于商标与使用企业名称冲突纠纷案件审理中若干问题的解答》(京高法〔2002〕357号)指出:"当事人因注册商标与使用企业名称发生冲突引起纠纷向人民法院起诉的,经审查符合民事诉讼法第一百零八条规定的,人民法院应予受理。"

最高人民法院在不同时期针对此类案件所提出的司法政策和进行的业务指导,大体上也反映了这种认识深化和实践变化的过程。例如,除上述《关于全国部分法院知识产权审判工作座谈会纪要》采取了行政程序有条件的优先政策外,2005年2月17日,最高人民法院〔2004〕民三他字第10号函指出,对涉及注册商标授权争议的注册商标专用权权利冲突纠纷,人民法院不予受理,告知原告向有关行政主管机关申请解决。本规定则根据当前的审判实际和理论研究成果,将涉及商业标识的权利冲突纠纷,除注册商标之间的冲突外,均纳入民事诉讼的范围,"不需要经行政处理为前置条件"。①

(三)兼顾程序与实体问题

本规定条文不多,但内容丰富。它既涉及此类权利冲突案件的受理问题,又涉及实体法的适用问题。它以多部法律为制定依据,并指引多部法律的具体适用。它综合考虑了企业名称与在先权利冲突争议的受理,以及如何确定"注册商标、企业名称与在先权利冲突的民事纠纷案件"的案由等程序性问题,又考虑了此类权利冲突涉及不同的侵权或者不正当竞争行为,应按照相应的实体法进行调整,还考虑了此类案件既适用有关法律对民事责任的一般规定,又具有特殊情况和具体问题等诸多情形。

---

① 转引自原最高人民法院副院长曹建明2008年2月19日在第二次全国法院知识产权审判工作会议上的《求真务实,锐意进取,努力建设公正高效权威的知识产权审判制度》讲话。曹副院长在讲话中指出:"有工商登记的合法形式,但实体上构成商标侵权或者不正当竞争的,既不需要以行政处理为前置条件,也不应当因行政处理而中止诉讼。"

## 二、理解

### （一）关于注册商标与在先权利冲突民事纠纷的受理

1. 注册商标与注册商标以外的其他在先权利冲突的受理问题

本规定第一条第一款以例示的方式，规定了注册商标与在先权利冲突民事纠纷的受理问题，此类在先权利除条文中列举的著作权、外观设计专利权、企业名称权外，还包括《反不正当竞争法》规定的知名商品的特有名称、包装、装潢、域名以及其他在先权利，未予全部列举，实践中可根据案件具体情况进行把握。

本规定第一条第一款之所以将注册商标与他人在先的著作权、外观设计专利权、企业名称权等相冲突的民事纠纷纳入民事诉讼的范围，且不受行政程序的影响，主要是因为知识产权无论是否经过行政程序取得，其相互之间的冲突都可以归为民事争议的范畴，人民法院原则上都可以依法受理。特别是有的行政程序的启动还需要以司法程序的结论作为前提条件。例如，《专利法实施细则》第六十五条第（三）项规定："以授予专利权的外观设计与他人取得的合法权利相冲突为理由请求宣告外观设计专利权无效，但是未提交生效的能够证明权利冲突的处理决定或者判决的，专利复审委员会不予受理。"

该条款规定的侵权行为，只针对已注册的商标使用了他人在先作品、外观设计专利、企业名称字号等而侵犯在先权利的行为，不包括将他人在先的作品、外观设计、企业名称字号等作为商标提出注册申请，但尚未经核准注册的申请行为。这种单纯的申请注册行为不属于民事侵权行为，由此产生的争议不属于民事诉讼的范围。对此，最高人民法院〔2005〕民三监字第2号函曾指出："在商标授权程序中，当事人仅因他人申请注册商标时使用其作品而主张保护著作权的，应通过商标法规定的异议等救济程序解决。在已提出异议的情况下，当事人又以他人使用其作品申请注册商标并获初审公告的行为构成侵权为由，提起民事诉讼的，人民法院不宜受理。"这主要是考虑，注册商标申请行为虽然使用了他人作品等，但注册商标是依申请而启动的行政行为，构成行政行为的一部分，该申请行为在法律性质上属于启动行政程序的行为，纯粹为启动行政程序而使用他人作品等的行为，不同于通常的商业使用，不属于民法意义上的使用行为。倘若将该行为纳入民事诉讼范围，民事诉讼所审理的必然是行政程序启动行为的合法性，必将使行政程序无法进行，且其审理的结果也将直接预决行政程序的结论，使商标注册程序形同虚设。此外，对于申请注册商标侵犯在先权利的情形，商标法设置了异议、评审和司法审查的救济程序，在先权利可据此获得保护。

2. 关于两个注册商标之间的权利冲突不予受理问题

本规定第一条第二款前段规定对于注册商标之间的权利冲突民事纠纷不予

受理,是"考虑到现行商标法设置了较为完善的法律救济程序,且为维护现行的商标全国集中授权制度"。① 根据《商标法》第四十一条的规定,对已经注册的商标有争议的,当事人可通过商标争议程序获得相应的救济。如果商标行政评审发生失当,还可以依法进行行政诉讼。当前,司法实践中基本上采取不以民事侵权纠纷受理的做法,如最高人民法院于 2005 年 2 月在给江苏省高级人民法院请示的答复(〔2004〕民三他字第 10 号函)中也曾明确:"根据民事诉讼法第一百一十一条第(三)项、商标法第三十条、第四十一条的规定,对涉及注册商标授权争议的注册商标专用权权利冲突纠纷,告知原告向有关行政主管机关申请处理,人民法院不予受理。"

在适用该条款的规定时,应注意以下问题:

(1)准确把握本款规定适用的对象和范围。按照本款规定,人民法院不予受理的只是两个注册商标之间产生的冲突争议,即被控侵权商标已经核准注册(领取商标注册证),且被控侵权行为是在核定使用的商品或者服务上使用该核准注册的商标。如果超越授权使用的范围,则不在此限。例如,江苏省高级人民法院在二审审理江苏振泰机械织造公司诉泰兴市同心纺织机械有限公司商标侵权和不正当竞争案件中,认为振泰公司与同心公司均各自拥有一个合法注册的商标,且并未发现两者有超越授权范围使用商标的行为。振泰公司若主张权利,根据我国《商标法》的规定,应向有关行政主管机关申请处理,人民法院对此类纠纷不应受理,一审法院受理两个注册商标之间的民事纠纷不当。裁定撤销一审判决,驳回振泰公司就同心公司使用"真泰 ZT"商标侵犯其"振泰 ZT"注册商标专用权的起诉。

(2)本条款的规定不适用于尚在注册程序当中的商标的商业使用行为。当事人虽已提出商标的注册申请,但该商标并未由商标行政主管机关核准注册,他人对该使用行为可以提起民事诉讼。例如,2006 年 8 月,最高人民法院二审审理了中国粮油食品(集团)有限公司与北京嘉裕东方葡萄酒有限公司、开心公司商标侵权纠纷一案,该案争议的被控侵权商标"嘉裕长城"系被告开心公司已向商标局提出注册申请、尚未获准注册的商标。该商标已经初审公告,中粮公司也已针对该商标向国家商标局提出异议,但开心公司已许可嘉裕公司在葡萄酒产品上实际使用。在此,法院审理的不是商标注册过程中的行政争议,而是因实际使用行为而产生的民事争议,该民事争议是基于商标侵权行为而产生的,所依据的是侵权行为产生的民事法律关系,并不因被控侵权商标处于异议阶段而受到影响。

---

① 转引自原最高人民法院副院长曹建明 2008 年 2 月 19 日在第二次全国法院知识产权审判工作会议上的《求真务实,锐意进取,努力建设公正高效权威的知识产权审判制度》讲话。

### 3. 滥用注册商标行为的受理问题

本规定第一条第二款但书部分规定:"原告以他人超出核定商品的范围或者以改变显著特征、拆分、组合等方式使用的注册商标,与其注册商标相同或者近似为由提起诉讼的,人民法院应当受理。"这是指对于超出注册商标专用权范围使用的注册商标之间的冲突,人民法院可以作为民事案件予以受理。《商标法》第五十一条规定:"注册商标的专用权,以核准注册的商标和核定使用的商品为限。"商标专用权范围既是商标注册人行使权利的根据,也是对其进行保护的界限。超出注册商标专用权的范围,本质上是滥用注册商标专用权。滥用注册商标专用权的行为,不再是正当行使专用权的行为,不能阻却侵权行为的构成。特别是,实践中一些当事人正是通过恶意的滥用行为,投机取巧和鱼目混珠,侵犯他人在先注册商标专用权。例如,天津市法院审理的侵犯商标专用权纠纷一案中,被告分别申请注册了竖排的"王宫"、"朝臣"两个文字注册商标,同时将其并列使用在葡萄酒的瓶贴上。按照汉字的阅读习惯,两个注册商标从左至右就阅读成了"王朝",使消费者对产品提供者产生误认。在另一起上海市法院审理的博内特里塞文奥勒有限公司诉上海梅蒸服饰有限公司等侵犯注册商标专用权和不正当竞争纠纷一案中,被告核准注册使用在第25类上的商标由"梅蒸"中文文字、拼音字母"Meizheng"和花瓣图形组成,花瓣图形和"梅蒸"中文文字分别位于连体的"梅蒸"拼音字母的"Mei"和"zheng"之上。被告在生产销售的上装的衣领标、衬内标有"梦特娇·梅蒸"标志,上装的左胸标有"梅蒸"拼音字母与花瓣图形标志,且将"梅蒸"拼音字母的颜色选择为服装衣料的颜色,将花瓣的颜色突出。被告的这种实际使用方式已改变了其注册商标的显著特征,与原告注册在同类服装上的"梦特娇"文字注册商标和"花图形"商标相比,"梅蒸"商标中的花瓣图形与"花图形"中的花瓣相同,仅缺少了花瓣下面的叶和茎。这些将注册商标超出核定使用的范围用于其他类别的商品或者服务,或者在同一商品上组合使用两个注册商标,或者将注册商标的图形等变形使用,改变其显著特征的使用方式,已不属于《商标法》保护的商标专用权的范围,造成与他人的注册商标相同或者近似,具有明显的攀附他人商标声誉的主观意图。因此,本规定第一条第二款的"但书"部分,规定了由此引发的纠纷,人民法院应当受理。

### (二) 关于企业名称之间冲突纠纷的解决

将他人的注册商标中的文字或者将他人知名的企业名称字号登记注册企业名称,是俗称的"傍名牌"的主要形式。本规定第二条的规定,主要针对擅自登记使用他人具有一定知名度的企业名称(包括字号)行为,解决了企业名称之间的权利冲突纠纷的受理问题。

对该条的规定可从以下几个方面理解:

1. 企业名称包括"字号"

根据《企业名称登记管理规定》，国内的企业名称必须经企业名称登记主管部门核准注册。企业名称由行政区划、字号、行业或者经营特点、组织形式构成，其中字号最具识别意义，使用具有一定知名度的企业名称字号与使用企业名称产生同样的结果，且经济生活中涉及企业名称的仿冒行为或者权利冲突，通常都是因为使用企业名称中的字号而引起。因为最高人民法院在2007年1月公布的《关于审理不正当竞争民事案件应用法律若干问题的解释》已规定"具有一定市场知名度，为相关公众所知悉的企业名称中的字号，可以认定为反不正当竞争法第五条第（三）项规定的企业名称"，本规定第二条所称的企业名称包括这种字号，只是为避免重复，未再将"字号"单列于企业名称之外。

2. 企业名称的反不正当竞争保护与知名度直接相关

由于企业名称实行分级登记管理，《企业名称登记管理规定》只要求登记的企业名称在登记主管机关辖区内不得与已登记注册的同行业企业名称相同或者近似，并不涉及辖区外的企业名称。因此，在这种情况下，在辖区不同的工商行政管理机关登记的企业名称出现字号相同或者近似的情形在所难免。但是当某一企业名称字号的知名度超出登记注册机关的辖区时，对其名称的反不正当竞争保护就应超出登记注册的辖区范围，在其知名度的区域内给予保护，以制止擅自登记使用他人具有知名度的企业名称字号，造成市场混淆和利用他人声誉的不正当竞争行为。换言之，知名度超出登记机关辖区的，在其知名地域内受《反不正当竞争法》的保护。

3. 本条的程序规定中蕴含了实体规定

本条虽然是关于两个企业名称之间的冲突案件的受理的规定，但条文中引用了《反不正当竞争法》第五条第（三）项的规定，主要目的有两个，一是对于企业名称受到他人侵害而寻求司法保护的当事人提供提起诉讼的实体法指引；二是指明人民法院对此类纠纷的审理，在实体法上应适用《反不正当竞争法》第五条第（三）项的规定，从而为两个企业名称之间冲突纠纷提供了适用的法律依据。

4. 此类纠纷应统一作为知识产权纠纷案件受理

对于企业名称权纠纷按照一般的民事案件受理，还是按照不正当竞争纠纷受理，以前曾有过不同认识。虽然《民法通则》对于企业名称的保护作出了基本规定，但这是基于法人人身权的保护，而在市场经营活动中，企业名称更是市场主体的营业标识，可以起到识别商品或者服务来源的作用，具有商号权意义。《反不正当竞争法》第五条第（三）项将"擅自使用他人的企业名称或者姓名，引人误认为是他人的商品"规定为不正当竞争行为，就是从营业标识（商号）保护的角度，制止造成市场混淆的行为。在国际上，商号权是一种重要的知识产权，国外也是普遍将其商号权冲突的纠纷纳入知识产权纠纷案件的范围。鉴此，最高人民法院2008年公布的《民事案件案由规定》将"侵犯企业名称（字号）权纠纷"、"擅自使用他人企业名称、姓名纠纷"分别作为第三级和第四级案由予以规定，纳入"知识产权纠纷"当中，为将此类案件统一作为知识产权案件受理提供了依据。

### （三）关于权利冲突民事案件案由的确定

案由的确定实质是对争议的法律关系的定性。审理知识产权权利冲突的民事纠纷案件，涉及不同的法律规范，法律关系相对较为复杂。准确界定争议的法律关系的性质，概括诉讼争议所包含的法律关系，是正确适用法律的前提。本规定中提及的"注册商标、企业名称与在先权利冲突的民事纠纷案件"只是对于此类纠纷共同特征的描述，并未反映出其所涉及具体法律关系的属性，不能作为案由。因此，本规定第三条规定："人民法院应当根据原告的诉讼请求和争议民事法律关系的性质，按照民事案件案由规定，确定注册商标或者企业名称与在先权利冲突的民事纠纷案件的案由，并适用相应的法律。"

例如，在涉及注册商标专用权与企业名称权相冲突的案件，如果原告起诉被告将与原告注册商标相同或者相近似的文字作为企业的字号在相同或者类似的商品上使用时，要根据其构成侵犯注册商标专用权还是不正当竞争，将其案由确定为"侵犯注册商标专用权纠纷"或者"不正当竞争纠纷"。又如，涉及企业名称之间的权利冲突的案件，原告请求依据《反不正当竞争法》第五条规定保护其企业名称权的，案由可以确定为"擅自使用他人企业名称纠纷"。

2008年2月4日，最高人民法院公布了《民事案件案由规定》，并于2008年4月1日起施行。① 该民事案由规定对各类知识产权民事纠纷案件的案由作出了全面的规定，将"知识产权纠纷"作为一级案由，将与知识产权有关的"知识产权合同纠纷"、"知识产权权属、侵权纠纷"和"不正当竞争、垄断纠纷"作为3个二级案由，并相应设置了33个三级案由和86个四级案由。与原来试行的民事案由相比，现行案由规定法律关系更为清晰、准确，体系更为完整，为准确确定知识产权民事案件，特别是涉及知识产权权利冲突的民事纠纷案件提供了依据。

### （四）关于被诉企业名称构成侵权应承担民事责任的方式

《民法通则》和有关知识产权法律对侵权行为应承担民事责任的方式作出了规定，在审理注册商标、企业名称与在先权利冲突的民事纠纷案件时，可以根据案件具体情况，确定相应的民事责任。考虑被诉企业名称构成侵犯商标专用权或者不正当竞争行为时需要纠正不当使用的企业名称或字号，因此，依据

---

① 该规定已于2011年2月18日由最高人民法院法〔2011〕41号《关于修改〈民事案件案由规定〉的决定》修正。——编者注

法律规定的"停止侵害"的责任方式，本规定第四条规定："被诉企业名称侵犯注册商标专用权或者构成不正当竞争的，人民法院可以根据原告的诉讼请求和案件具体情况，确定被告承担停止使用、规范使用等民事责任。"这里的"规范使用"，主要是针对突出使用企业名称中的字号，侵犯他人注册商标专用权的行为，人民法院可以责令行为人以规范的方式使用、不得突出使用等。本规定中的"等"还包括了承担民事责任的其他方式。

审判实践中，对于企业名称构成侵权的，有的法院判令侵权行为人变更字号。如2006年2月，上海市第一中级人民法院对原告宁波欧琳厨具有限公司与被告上海欧琳电器有限公司等商标侵权及不正当竞争一案作出判决，由于被告将与原告注册商标相同的文字"欧琳"登记为企业名称中的字号，并在相同或者类似商品上使用，其行为足以使相关公众误认为被告与原告存在特定的联系，进而将两者的产品混为同一市场主体，据此判令被告变更企业名称，变更后的企业名称中不得包含有"欧琳"文字。这些探索是有益的，在有些案件中采用这种责任方式也是必要的。特别是一些法院对这种民事责任的强制执行方式也作出了明确规定，进行了有效的探索，甚至一些地方性法规也作出相应规定。2005年9月1日起施行的《上海市企业名称登记管理规定》第十四条、第十六条规定："人民法院判决企业停止使用登记注册的企业名称，并向登记机关发出《协助执行通知书》的，登记机关应当通知该企业在三个月内申请办理企业名称变更登记。""企业未按照本规定第十四条申请办理企业名称变更登记的，登记机关可以对该企业处以五千元以上五万元以下的罚款。"在本规定调研起草过程中，国家工商行政管理总局支持法院可以直接判令当事人申请变更企业名称。

无论适用哪一种承担民事责任的方式，对于判决停止使用而当事人拒不执行的，人民法院要加大强制执行和相应的损害赔偿救济力度。

### 三、适用

（一）审理注册商标、企业名称与在先权利冲突民事案件的基本原则

经过多年的审判实践，人民法院逐步确立了审理知识产权权利冲突案件所应遵循的诚实信用、维护公平竞争和保护在先权利等基本原则，并运用这些原则较好地审理了一大批涉及知识产权权利冲突的案件。这些原则已被广泛接受和普遍适用。原最高人民法院副院长曹建明在第二次全国法院知识产权审判工作会议上明确要求："审理这类知识产权权利冲突案件，要遵循诚实信用、维护公平竞争和保护在先权利等原则。"本规定没有将这些原则再作专门规定，各级人民法院要在审理此类案件中继续坚持和贯彻。

（二）形式合法与侵权认定的关系

涉及商业标识冲突的知识产权权利，一般都经过依法登记、注册，具有合

法的形式，因此，在判决此类纠纷案件是否构成侵权时，就需要处理好权利的形式合法与侵权认定的关系。即使相关权利都有合法的形式，但是在权利行使过程中产生冲突，就要透过形式看本质，依据冲突本质对是否构成侵权作出认定，不能使形式合法成为侵权行为可以产生或者继续的依据。原最高人民法院副院长曹建明在第二次全国法院知识产权审判工作会议的讲话中指出："有工商登记的合法形式，但实体上构成商标侵权或者不正当竞争的，依法认定构成商标侵权或者不当竞争。"

（三）商标侵权与不正当竞争行为的认定问题

本规定着重解决了注册商标与在先权利之间、注册商标之间、企业名称之间的权利冲突纠纷的受理，除此之外，权利冲突还多发生在企业名称与在先注册商标之间。本规定未对此专门予以规定，主要是因为对此类纠纷的处理已形成共识。2002年10月，最高人民法院公布了《关于审理商标民事纠纷案件适用法律若干问题的解释》，该解释第一条第（一）项"将与他人注册商标相同或者相近似的文字作为企业的字号在相同或者类似商品上突出使用，容易使相关公众产生误认的"行为解释为《商标法》第五十二条第（五）项规定的"给他人的注册商标专用权造成其他损害的行为"。2005年2月，最高人民法院〔2004〕民三他字第10号函又明确指出："对违反诚实信用原则，使用与他人注册商标中的文字相同或者近似的企业字号，足以使相关公众对其商品或者服务的来源产生混淆的，根据当事人的诉讼请求可以依照《民法通则》有关规定以及《反不正当竞争法》第二条第一、二款规定，审查是否构成不正当竞争行为，追究行为人的民事责任。"上述司法解释和批复分别针对将他人注册商标相同或者近似的文字作为企业名称突出使用、正常使用的行为作出了规定。实践中，要根据侵权行为的具体表现和相关规定，对这类侵权行为的性质作出认定，并适用相应的法律。原最高人民法院副院长曹建明在第二次全国法院知识产权审判工作会议的讲话中指出："企业名称因突出使用而侵犯在先注册商标专用权的，依法按照商标侵权行为处理；企业名称未突出使用但其使用产生市场混淆，违反公平竞争的，依法按照不正当竞争处理。"

（四）关于是否需要中止案件的审理

对于注册商标、企业名称与在先权利冲突纠纷案件受理后是否中止诉讼，本规定并未涉及。原最高人民法院副院长曹建明在第二次全国法院知识产权审判工作会议的讲话中指出："审理权利冲突案件，要遵循诚实信用、维护公平竞争和保护在先权利等原则，有工商登记的合法形式，但实体上构成商标侵权或者不正当竞争的，既不需要以行政处理为前置条件，也不应当因行政处理而中止诉讼。"各级法院应根据讲话要求，受理权利冲突案件后，在查明案件事实的基础上，适用相关法律，依法作出裁判，不需要中止诉讼。

### （五）境外注册的企业名称侵权认定的问题

依法登记注册的企业名称即使有合法形式，构成侵权，应依法认定并作出处理。这既针对国内登记注册的企业名称，也针对在中国境外取得的企业名称。"在中国境外取得的企业名称等，即使其取得程序符合境外的法律规定，但在中国境内的使用行为违反我国法律和扰乱我国市场经济秩序的，按照知识产权的独立性和地域性原则，依照我国法律认定其使用行为是否构成商标侵权或者不正当竞争。"[1]

### （六）关于历史原因形成的权利冲突的审理问题

对于一些具有复杂历史因素的知识产权权利冲突案件，在坚持诚实信用、维护公平竞争和保护在先权利等原则的基础上，不能脱离历史简单裁判。原最高人民法院副院长曹建明在第二次全国法院知识产权审判工作会议上指出："对于因历史原因造成的注册商标与企业名称的权利冲突，当事人不具有恶意的，应当视案件具体情况，在考虑历史因素和使用现状的基础上，公平合理地解决冲突，不宜简单地认定构成商标侵权或者不正当竞争。"

这些原则和因素，在一些案件的审判中得到了较好的体现。例如，上海市第二中级人民法院审理的原告杭州张小泉集团诉上海张小泉刀剪总店、上海张小泉刀剪制造公司商标侵权及不正当竞争案。原告杭州张小泉集团拥有"张小泉牌"和"张小泉"注册商标，其"张小泉牌"商标被认定为驰名商标。被告之一刀剪总店成立于1956年，其名称"上海张小泉刀剪总店"1993年被授予"中华老字号"，被告刀剪总店与他人投资开设被告之二刀剪制造公司，并占90％的股份。一审法院经审理认为，原告注册商标的取得晚于被告刀剪总店企业名称的使用。根据保护在先权利的原则，刀剪总店使用企业名称不构成对原告注册商标的侵犯。同样根据诚实信用原则，原告不能以在后取得驰名商标对抗使用在先的企业名称。刀剪总店突出使用"张小泉"或者"上海张小泉"，与其企业名称一同发生，有历史演变的过程。结合特定的历史背景，从公平和诚实信用原则出发，不认定突出使用构成商标侵权和不正当竞争。但为了规范市场，避免混淆，应在商品、服务上规范使用经核准登记的企业名称。被告刀剪制造公司是刀剪总店的延伸和发展，其使用"张小泉"字号属合理使用，不构成侵权，但股东不得在企业转让、投资等行为中再扩展使用，不持股份时，刀剪公司不得再使用"张小泉"文字。上海市高级人民法院也认为，"本案形式上是张小泉牌、张小泉商标与张小泉字号的权利冲突案件，实质上是在计划经济体制下取得的民族传统品牌及老字号在市场经济条件下应当如何规范使用和公平竞争的案件。由于本案涉及众多历史因素，因此，应当充分考虑和尊重

---

[1] 原最高人民法院副院长曹建明2008年2月19日在第二次全国法院知识产权审判工作会议上的《求真务实，锐意进取，努力建设公正高效权威的知识产权审判制度》讲话。

相关历史因素的前提下,根据公平、诚实信用、保护在先权利的法律原则,公平合理的解决本案争议,以促进张小泉这一民族传统品牌和老字号的健康发展。"上海法院对该案的处理并未简单地根据使用和注册登记的时间先后而认定哪一方构成商标侵权或者不正当竞争,也未简单地根据现行司法解释规定而认定商标权侵权,而是充分考虑了历史、现状和公平合理三要素,即使当事人双方相安无事继续使用,又按照现状提出了规范使用的要求。

再如,在另一起金华火腿商标侵权案中,对涉及的注册商标与原产地域产品名称冲突,法院同样认为,应按照诚实信用、尊重历史以及权利与义务平衡的原则予以解决。"金华火腿"有着悠久的历史,品牌的形成凝聚着金华地区几十代人的心血和大量工作。在我国,权利人的注册商标专用权与原产地域产品均受法律保护,只要权利人依照相关规定使用均属合法、合理。法院判决原告不能禁止被告合理使用"金华火腿"原产地域产品名称及其专用标志;被告也必须严格依照国家的规定,规范使用原产地域产品名称及其专用标志,尊重原告的商标专用权,避免与原告的注册商标发生冲突。

(撰稿人:蒋志培　孔祥俊　夏君丽)

## 最高人民法院
## 关于审理涉及驰名商标保护的民事纠纷案件应用法律若干问题的解释

法释〔2009〕3号

(2009年4月22日最高人民法院审判委员会第1467次会议通过 2009年4月23日最高人民法院公告公布 自2009年5月1日起施行)

为在审理侵犯商标权等民事纠纷案件中依法保护驰名商标,根据《中华人民共和国商标法》、《中华人民共和国反不正当竞争法》、《中华人民共和国民事诉讼法》等有关法律规定,结合审判实际,制定本解释。

**第一条** 本解释所称驰名商标,是指在中国境内为相关公众广为知晓的商标。

**第二条** 在下列民事纠纷案件中,当事人以商标驰名作为事实根据,人民法院根据案件具体情况,认为确有必要的,对所涉商标是否驰名作出认定:

(一)以违反商标法第十三条的规定为由,提起的侵犯商标权诉讼;

(二)以企业名称与其驰名商标相同或者近似为由,提起的侵犯商标权或者不正当竞争诉讼;

(三)符合本解释第六条规定的抗辩或者反诉的诉讼。

**第三条** 在下列民事纠纷案件中,人民法院对于所涉商标是否驰名不予审查:

(一)被诉侵犯商标权或者不正当竞争行为的成立不以商标驰名为事实根据的;

(二)被诉侵犯商标权或者不正当竞争行为因不具备法律规定的其他要件而不成立的。

原告以被告注册、使用的域名与其注册商标相同或者近似,并通过该域名进行相关商品交易的电子商务,足以造成相关公众误认为由,提起的侵权诉讼,按照前款第(一)项的规定处理。

**第四条** 人民法院认定商标是否驰名,应当以证明其驰名的事实为依据,综合考虑商标法第十四条规定的各项因素,但是根据案件具体情况无需考虑该条规定的全部因素即足以认定商标驰名的情形除外。

**第五条** 当事人主张商标驰名的,应当根据案件具体情况,提供下列证据，证明被诉侵犯商标权或者不正当竞争行为发生时，其商标已属驰名：

（一）使用该商标的商品的市场份额、销售区域、利税等；

（二）该商标的持续使用时间；

（三）该商标的宣传或者促销活动的方式、持续时间、程度、资金投入和地域范围；

（四）该商标曾被作为驰名商标受保护的记录；

（五）该商标享有的市场声誉；

（六）证明该商标已属驰名的其他事实。

前款所涉及的商标使用的时间、范围、方式等，包括其核准注册前持续使用的情形。

对于商标使用时间长短、行业排名、市场调查报告、市场价值评估报告、是否曾被认定为著名商标等证据，人民法院应当结合认定商标驰名的其他证据，客观、全面地进行审查。

**第六条** 原告以被诉商标的使用侵犯其注册商标专用权为由提起民事诉讼，被告以原告的注册商标复制、摹仿或者翻译其在先未注册驰名商标为由提出抗辩或者提起反诉的，应当对其在先未注册商标驰名的事实负举证责任。

**第七条** 被诉侵犯商标权或者不正当竞争行为发生前，曾被人民法院或者国务院工商行政管理部门认定驰名的商标，被告对该商标驰名的事实不持异议的，人民法院应当予以认定。被告提出异议的，原告仍应当对该商标驰名的事实负举证责任。

除本解释另有规定外，人民法院对于商标驰名的事实，不适用民事诉讼证据的自认规则。

**第八条** 对于在中国境内为社会公众广为知晓的商标，原告已提供其商标驰名的基本证据，或者被告不持异议的，人民法院对该商标驰名的事实予以认定。

**第九条** 足以使相关公众对使用驰名商标和被诉商标的商品来源产生误认，或者足以使相关公众认为使用驰名商标和被诉商标的经营者之间具有许可使用、关联企业关系等特定联系的，属于商标法第十三条第一款规定的"容易导致混淆"。

足以使相关公众认为被诉商标与驰名商标具有相当程度的联系，而减弱驰名商标的显著性、贬损驰名商标的市场声誉，或者不正当利用驰名商标的市场声誉的，属于商标法第十三条第二款规定的"误导公众，致使该驰名商标注册人的利益可能受到损害"。

**第十条** 原告请求禁止被告在不相类似商品上使用与原告驰名的注册商标相同或者近似的商标或者企业名称的，人民法院应当根据案件具体情况，综合考虑以下因素后作出裁判：

（一）该驰名商标的显著程度；

（二）该驰名商标在使用被诉商标或者企业名称的商品的相关公众中的知晓程度；

（三）使用驰名商标的商品与使用被诉商标或者企业名称的商品之间的关联程度；

（四）其他相关因素。

**第十一条** 被告使用的注册商标违反商标法第十三条的规定，复制、摹仿或者翻译原告驰名商标，构成侵犯商标权的，人民法院应当根据原告的请求，依法判决禁止被告使用该商标，但被告的注册商标有下列情形之一的，人民法院对原告的请求不予支持：

（一）已经超过商标法第四十一条第二款规定的请求撤销期限的；

（二）被告提出注册申请时，原告的商标并不驰名的。

**第十二条** 当事人请求保护的未注册驰名商标，属于商标法第十条、第十一条、第十二条规定不得作为商标使用或者注册情形的，人民法院不予支持。

**第十三条** 在涉及驰名商标保护的民事纠纷案件中，人民法院对于商标驰名的认定，仅作为案件事实和判决理由，不写入判决主文；以调解方式审结的，在调解书中对商标驰名的事实不予认定。

**第十四条** 本院以前有关司法解释与本解释不一致的，以本解释为准。

# 【解　　读】

## 解读《关于审理涉及驰名商标保护的民事纠纷案件应用法律若干问题的解释》

### 一、问题的提出

《最高人民法院关于审理涉及驰名商标保护的民事纠纷案件应用法律若干问题的解释》（法释〔2009〕3号，以下简称本解释）经最高人民法院审判委员会第1467次会议通过，于2009年4月23日公布，自2009年5月1日起施行。

2001年修改的《中华人民共和国商标法》明确规定了对驰名商标的保护。经过近七年的司法实践，驰名商标的司法保护积累了丰富的经验，取得了显著的成效，但也存在一些新情况和新问题。特别是由于各种经济因素、社会环境和思想观念的影响，"神化"和"异化"驰名商标的现象时有发生，一些当事人试图通过司法认定驰名商标达到其不适当的商业目的，使驰名商标司法保护非正常地承载了其他的意义。对司法保护中的一些问题，当事人、社会公众和一些审判人员还存在一些模糊甚至错误的认识，如对驰名商标法律制度设立的目的认识不清、驰名商标司法认定的范围模糊、驰名商标司法认定和保护范围的标准和尺度不统一等。如何依法加强保护符合法定条件的驰名商标，同时防止不正当地将驰名商标认定当作单纯追逐荣誉称号等消极现象的发生，已成为当前司法认定驰名商标面对的迫切任务。

最高人民法院一直非常重视驰名商标的司法保护，分别在《关于审理涉及计算机网络域名民事纠纷案件适用法律若干问题的解释》（2001年7月17日发布）和《关于审理商标民事纠纷案件适用法律若干问题的解释》（2002年10月16日施行）中，对在审理计算机网络域名和商标民事纠纷案件中认定和保护驰名商标问题作出了一些规定；通过多年坚持不懈的努力，逐步建立了驰名商标个案认定、因需认定，事实认定等基本制度。通过采取一系列司法政策，明确了认定的条件、适用范围、认定标准等，并不断加强对下级法院司法认定和保护驰名商标的指导和监督，如建立了驰名商标生效法律文书的备案制度等。为进一步总结审判经验，完善人民法院对驰名商标的司法保护制度，增强司法保护的权威性和公信力，维护公平竞争的市场经济秩序，积极服务国家经济发展大局，最高人民法院启动了本解释的起草工作。

## 二、理解

### （一）驰名商标的概念

《商标法》未对驰名商标的内涵作出规定，只是对驰名商标认定应考虑的因素作了列举。对于驰名商标的界定，存在着两种思路：一是仅考虑商标本身的知名度，而不考虑其声誉情况；二是不仅考虑商标本身的知名度，还要考虑其市场声誉，即应当具有良好的市场声誉（美誉）。从我国已往的实际情况来看，基本上采取的是后两种思路。本解释第一条根据我国执法实际，并参考《巴黎公约》和《与贸易有关的知识产权协定》中使用的 well-known trade-mark 的概念，对驰名商标的地域范围、知晓程度作出界定，规定"本解释所称驰名商标，是指在中国境内为相关公众广为知晓的商标"。该条规定虽未将市场声誉明确地纳入驰名商标的定义之内，但将其作为认定商标驰名的事实之一，在本解释第五条第一款第（五）项中作出了规定，更符合驰名商标的立法本意。

按照商标权的地域性原则，认定驰名商标必须以商标在中国境内驰名为必要，在中国境外驰名而在中国境内不驰名的商标，不能仅仅根据其在境外的驰名情况而在中国境内受到驰名商标保护。条文中的"中国境内"是司法辖区概念，而不是主权区域概念，是指中国的司法区域范围，也即中国的司法管辖权地域范围。

商标是否驰名，应以相关公众的知晓程度作为判断标准。相关公众的知晓程度不仅与商标的显著性有关，还与商标使用的商品种类、商品使用方式，如销售区域、销售方式等相关，不能简单地以地域范围的大小来确定商标的知晓程度，故本解释没有再对相关公众知晓的地域范围作出规定。

（二）认定商标是否驰名的适用条件

驰名商标的认定只是制止他人抢注、制止侵权和不正当竞争的手段，而不是目的。商标是否驰名仅是客观事实，并不经过认定而产生。认定驰名商标，是对商标驰名的客观事实在个案中的法律确认，只有在商标驰名是构成被诉侵犯商标权或者不正当竞争行为的法律要件事实时，才有必要认定驰名商标。鉴于此，为遵循按需认定原则以及规范和统一司法认定范围，同时，为防止当事人单纯地获取驰名商标的司法认定，不正当地追求法律保护以外的其他意义，在总结审判经验的基础上，本解释第二条对于需要认定驰名商标的民事纠纷案件类型作出了规定，即只有在审理涉及驰名的注册商标跨类保护、请求停止侵害驰名的未注册商标以及有关企业名称与驰名商标冲突的侵犯商标权和不正当竞争民事纠纷案件中，才可以认定驰名商标。且在第三条中规定了不需要认定驰名商标的情形，从不同角度对驰名商标司法认定的适用范围作出限定。

1. 关于商标是否驰名予以认定的规定

本解释第一条规定："在下列民事纠纷案件中，当事人以商标驰名作为事实根据，人民法院根据案件具体情况，认为确有必要的，对所涉及商标是否驰名作出认定。"本解释第二条规定了三类认定商标是否驰名的民事纠纷案件。其中第（一）项规定的"以违反商标法第十三条的规定为由，提起的侵犯商标权诉讼"，是指原告以被告使用的商标构成对其驰名商标的复制、模仿或者翻译为由，提起的侵犯商标权诉讼。原告请求保护的，既包括驰名的未注册商标，也包括驰名的注册商标。第（二）项规定的"以企业名称与其驰名商标相同或者近似为由，提起的侵犯商标权或者不正当竞争诉讼"，是指原告以被告使用的企业名称构成对其驰名商标的侵犯为由，提起的侵犯商标权或者不正当竞争诉讼。第（三）项是指本解释第六条规定的"原告以被诉商标的使用侵犯其注册商标专用权为由提起民事诉讼，被告以原告的注册商标复制、摹仿或者翻译其在先未注册驰名商标为由提出抗辩或者反诉"的纠纷。此种情形本质上属于第（一）项规定的情形，只是以抗辩或者反诉的形式出现。

2. 关于对商标是否驰名不予审查的规定

本解释第三条规定了对于商标是否驰名不予审查的民事纠纷案件，其第一款第（一）项规定："被诉侵犯商标权或者不正当竞争行为的成立不以商标驰名为事实根据的。"此种情形是指商标驰名不是被诉侵犯商标权或者不正当竞争行为法律要件事实的情形。如原告认为被告在不相类似的商品上使用了与其驰名商标相同或者近似的商标，向法院提起诉讼，请求保护其驰名商标，但经审查，原告、被告的商品属于类似商品的；或者即使不属驰名商标，也可以主张被诉企业名称的使用行为构成不正当竞争的。在这些情况下，被诉侵犯商标权的成立不以商标驰名为事实根据，即使不审查和认定原告主张保护的商标是否驰名，亦不影响对原告权利的保护。第一款第（二）项规定的"被诉侵犯商标权或者不正当竞争行为因不具备法律规定的其他要件而不成立"，是指商标驰名虽系被诉侵犯商标权或者不正当竞争行为成立的要件事实之一，但因不具有其他法律要件事实，该被诉侵权行为不成立，故无需审查商标是否驰名。如人民法院在审理过程中，认为被告使用的商标与原告的商标不相同或者近似，侵犯商标权或者不正当竞争行为不成立，也不需要再审查原告主张保护的商标是否驰名。

关于驰名商标与域名的冲突，最高人民法院曾明确过在审理相关类型的案件时，可以对商标是否驰名作出认定。在本解释的制定过程中，也曾在草稿中规定过"以注册、使用的域名与驰名商标相同或者近似为由提起的诉讼"也可以认定驰名商标，并公开征求过意见，而公布施行的本解释删除了相关规定。主要是考虑，只要原告的注册商标具有一定的知名度，被告注册、使用与其相同或者近似的域名，足以误导相关公众，即可以认定构成侵犯商标权或者不正当竞争，原告的权利就可以获得保护和救济，无需再以认定驰名商标为前提条件。由于域名的申请、注册较为容易，如以认定商标驰名作为对抗此类域名注册或者使用的前提条件，易于使当事人自行注册域名并据此提起诉讼寻求认定驰名商标，达到故意"设局"认定驰名商标的目的。此类现象已多为有关方面所诟病。鉴于此，继续沿用域名司法解释的做法，在此类案件中认定驰名商标既无必要，又易于被滥用。而且，按照《最高人民法院关于审理商标民事纠纷案件适用法律若干问题的解释》第一条第（三）项的规定，"将与他人注册商标相同或者相近似的文字注册为域名，并且通过该域名进行相关商品交易的电子商务，容易使相关公众产生误认的"，构成《商标法》第五十二条第（五）项规定的"给他人注册商标专用权造成其他损害的"行为，该条规定已对于注册商标的知名度不再作特别要求。为统筹解决上述两个司法解释与本解释的协调适用，并切实有效地遏制滥用驰名商标认定制度的现象，本解释第三条第二款规定："原告以被告注册、使用的域名与其注册商标相同或者近似，并通过该域名进行相关商品交易的电子商务，足以造成相关公众误认为由，提起的侵权诉讼，按照前款第（一）项的规定处理"，将此类案件作为不予审查驰名商标的情形予以规范，并统一了此类案件的认定标准。

3. 关于商标驰名在裁判文书中的表述

驰名商标司法认定是在个案中为保护驰名商标权利的需要而进行的法律要件事实的认定，属于认定事实的范畴。为尽量减少当事人利用驰名商标认定追逐其他不正当利益的机会，本解释第十三条规定："在涉及驰名商标保护的民事纠纷案件中,人民法院对驰名商标的认定,仅作为案件事实和判决理由,不写入判决主文;以调解方式审结的,在调解书中对商标驰名的事实不予认定。"这里的"判决主文"是指法院裁判文书中的判项,即裁判文书中"判决或者裁定如下"的部分。

(三)驰名商标认定的因素

《商标法》第十四条规定了认定驰名商标应当考虑的五项因素,司法实践中对于这些因素的具体把握进行了较多的探索,积累了一些经验,但也存在一些问题,如有的法院要求各项因素全部具备,也有的法院将商标使用的具体年限、曾获取省级著名商标、行业排名的名次等作为认定驰名商标的必要条件。这种做法有些简单化和绝对化,也会给企业增加一些不必要的负担,因而有必要给予适当限制。

在总结实践经验的基础上,本解释从以下几个方面作出了规定:

1. 关于各因素之间的相互关系

在认定驰名商标时,对于《商标法》第十四条规定的因素通常都要进行综合考虑,但在一些特殊情况下,考虑部分因素即足以认定所涉商标驰名,而无须机械地一一考虑全部因素。而且,《商标法》第十四条规定的一些因素之间也是相互重合的,如其第(一)项规定的"知晓程度",恰恰需要通过其他各项规定的持续使用时间、宣传情况、受保护的记录等因素加以证明。因此,本解释第四条规定,"人民法院认定商标是否驰名,应当以证明其驰名的事实为依据,综合考虑商标法第十四条规定的各项因素,但是根据案件具体情况无需考虑该条规定的全部因素即足以认定商标驰名的情形除外",对如何处理这些因素之间的关系进行了规定。

2. 认定驰名商标的具体考虑因素

为便于审判实践中具体把握这些因素,本解释第五条从举证的角度,对于认定驰名商标的具体考虑因素进行了细化规定。特别是,考虑到我国商标注册程序较为复杂和注册时间较长,该条第二款将注册前后的持续使用时间纳入了考虑范围。而且,考虑司法认定的实际和特点,对于实践中经常遇到的反映驰名程度的一些情形,需要具体情况具体分析和全面客观地对待,不能机械和简单化地处理。该条第三款规定:"对于商标使用时间长短、行业排名、市场调查报告、市场价值评估报告、是否曾被认定为著名商标等证据,人民法院应当结合认定商标驰名的其他证据,客观、全面地进行审查。"

3. 如何正确处理曾被人民法院和商标行政主管机关认定过的驰名商标

驰名商标是被诉侵犯商标权或者不正当竞争行为是否成立的法律要件事实,一般按照"谁主张,谁举证"的原则,原告对其主张的商标驰名事实应负举证责任。但是,考虑到认定驰名商标的举证一般较为复杂,对于曾被认定过的驰名商标等特殊情形,从有利于保护权利人的权利出发,本解释第七条规定:"被诉侵犯商标权或者不正当竞争行为发生前,曾被人民法院或者国务院工商行政管理部门认定驰名的商标,被告对该商标驰名的事实不持异议的,人民法院应当予以认定。被告提出异议的,原告仍应当对该商标驰名的事实负举证责任。"这样规定的原因,主要是考虑商标驰名情况具有动态性,可能因时间和市场等情况的变化而变化,不同于其他经法定程序确认过的案件事实,且无论行政认定还是司法认定,均一直坚持个案认定、个案有效原则,故对于在其他案件中曾被法院认定过的驰名商标,或者曾被商标局、商标评审委员会认定的驰名商标,本解释第七条第一款规定,在对方当事人不持异议的情况下,可以直接认定。对于对方当事人提出异议的,原告仍要对商标驰名的事实负举证责任。最高人民法院于2002年10月公布实施的《关于审理商标民事纠纷案件适用法律若干问题的解释》第二十二条第三款规定:"当事人对曾经被行政主管机关或者人民法院认定的驰名商标请求保护的,对方当事人对涉及的商标驰名不持异议,人民法院不再审查。提出异议的,人民法院依照商标法第十四条的规定审查。"该条实际上沿用了此规定。

4. 关于不适用自认规则的规定

虽然《最高人民法院关于适用〈中华人民共和国民事诉讼法〉若干问题的意见》第七十五条、《关于民事诉讼证据的若干规定》第八条规定了一方当事人对另一方当事人陈述的案件事实和提出的诉讼请求明确表示承认的,当事人无需举证,但基于商标驰名属于动态事实的考虑,以及为防止当事人在驰名商标认定中串通造假,本解释第七条第二款规定:"除本解释另有规定外,人民法院对于商标驰名的事实,不适用民事诉讼证据的自认规则。"对方当事人对于驰名商标的认可,并不免除原告的举证责任。

5. 对社会公众广为知晓商标的减轻举证责任

不同的驰名商标的驰名程度是有差别的,有些驰名商标可能达到了家喻户晓、众所周知的程度,对于这些众所周知的商标,不应再要求进行繁琐的举证,应当有限度地引入司法认知,减轻权利人的举证责任。故本解释第八条规定:"对于在中国境内为社会公众广为知晓的商标,原告已提供其商标驰名的基本证据,或者被告不持异议的,人民法院对该商标驰名的事实予以认定。"这里的"基本"证据,是指初步证据。

(四) 如何认定《商标法》第十三条规定的损害后果

《商标法》第十三条第一款规定:"就相同或者类似商品申请注册的商标是复制、摹仿或者翻译他人未在中国注册的驰名商标,容易导致混淆的,不予注册并禁止使用。"容易导致混淆,一般包括以下三种情形:一是将原被告的商品完全误认,鱼目混珠;二是认为原被告的商品来源相同,为同一经营者;三是误认为原被告之间具有商业标识许可使用、参股控股、关联企业等特定的联系。本解释第九条第一款根据未注册驰名商标在相同或者类似商品上予以保护的规定,将"足以使相关公众对使用驰名商标和被诉商标的商品来源产生误认,或者足以使相关公众认为使用驰名商标和被诉商标的经营者之间具有许可使用、关联企业关系等特定联系"三种情形界定为容易导致混淆的法律要件。

按照《商标法》第十三条第二款的规定,对于驰名的注册商标可给予在不相同或者不相类似商品上的跨类保护。其中规定的"误导公众,致使该驰名商标注册人的利益可能受到损害",不应简单地从一般商标侵权的市场混淆意义上进行理解,通常都涉及因误导相关公众而减弱驰名商标的显著性或者贬损其声誉,因此本解释第九条第二款将此规定为:"足以使相关公众认为被诉商标与驰名商标具有相当程度的联系,而减弱驰名商标的显著性、贬损驰名商标的市场声誉,或者不正当利用驰名商标的市场声誉。"这种界定更符合此类驰名商标的司法保护实际,更利于加强驰名商标的保护。当然,这种界定直接涉及跨类保护的范围,故本条第二款要求"使相关公众对商品或者其经营者产生相当程度的联系",而不能是程度不高的"联想"。

(五)驰名商标跨类保护的标准

针对不同驰名商标驰名程度差异的情况,驰名的注册商标在不相同或者不相类似的商品上依法获得跨类保护的范围不是整齐划一和固定不变的。为了更准确地规范人民法院对驰名商标跨类保护的适用标准,本解释第十条规定:"原告请求禁止被告在不相类似商品上使用与原告驰名的注册商标相同或者近似的商标或者企业名称的,人民法院应当根据案件具体情况,综合考虑以下因素后作出裁判:(一)该驰名商标的显著程度;(二)该驰名商标在使用被诉商标或者企业名称的商品的相关公众中的知晓程度;(三)使用驰名商标的商品与使用被诉商标或者企业名称的商品之间的关联程度;(四)其他相关因素。"这样规定,便于审判实践中准确把握跨类保护的范围,使其保护范围宽窄适度,避免使跨类保护成为全类保护,从而使跨类保护更符合立法意图。

(六)驰名商标对抗在后相同或者近似商标的有关规定

对于两个注册商标之间的冲突,2008年3月实施的《最高人民法院关于审理注册商标、企业名称与在先权利冲突的民事纠纷案件若干问题的规定》曾规定,原告以他人使用在核定商品上的注册商标与其在先的注册商标相同或者近似为由提起诉讼的,人民法院应当根据《民事诉讼法》第一百一十一条第(三)项的规定,告知原告向有关行政主管机关申请解决。本解释第十一条规定,除两项例外情形外,"被告使用的注册商标违反商标法第十三条的规定、复制、摹仿或者翻译原告驰名商标,构成侵犯商标权的,人民法院应当根据原告的请求,依法判决禁止被告使用该商标"。这样规定的主要原因在于,根据《商标法》第十三条的规定,对驰名商标的保护,一是禁止在相同或者类似商品上申请注册和使用复制、摹仿或者翻译他人驰名的未注册商标;二是禁止在不相同或者不相类似商品上申请注册、使用复制、摹仿或者翻译他人驰名的已注册商标。对于构成侵犯他人在先驰名商标的在后注册商标，人民法院给予驰名商标所有人禁止在后注册商标使用的民事救济，既符合《商标法》第十三条关于禁止使用的规定精神，符合驰名商标保护的实际，也有利于加强驰名商标保护。

依据本解释的该条规定，人民法院不仅可以受理涉及在后注册商标与在先驰名商标相冲突的民事纠纷案件，对于复制、模仿或者翻译在先驰名商标，构成侵犯商标权的，人民法院还可以判决禁止在后注册商标的使用。由于《商标法》第十三条规定既涉及驰名的未注册商标，也涉及驰名的已注册商标，故该条文中使用了"侵犯商标权"，而未用"侵犯商标专用权"。

本解释第十一条同时规定了两项例外情形：一是"已经超过《商标法》第四十一条第二款规定的请求撤销期限的"；二是"被告提出注册申请时，原告的商标并不驰名的"。《商标法》第四十一条第二款的规定："已经注册的商标，违反本法第十三条、第十五条、第十六条、第三十一条规定的，自商标注册之日起五年内，商标所有人或者利害关系人可以请求商标评审委员会裁定撤销该注册商标。对恶意注册的，不受五年的限制。"超过该条规定的请求撤销期限的，该争议的注册商标即不可撤销。对于此种情况，人民法院不能禁止使用该注册商标，故本解释第十一条将此作为第（一）项例外情形予以规定。第（二）项规定的例外情形，是指给予驰名的未注册商标对抗在后注册商标的保护，必须以在后注册商标申请注册时原告的未注册商标已经驰名为必要。在被告提出商标的注册申请时，原告的商标尚未驰名，就不能获得禁止被告在后注册商标使用的特殊保护。

基于同样的精神，本解释第六条还规定，原告以被告商标侵犯其注册商标专用权为由提起诉讼，倘若被诉商标系被告在先使用而被原告抢注了的驰名的未注册商标，被告应当有权以此为由进行抗辩，并可以提出禁止原告使用其注册商标的反诉。当然，被告应当对其在先未注册商标驰名的事实负举证责任。

对于驰名的未注册商标的保护，首先应当审查当事人申请保护的商标是否属于《商标法》第十条、第十一条、第十二条规定的不得作为商标注册和使用的情形。本解释第十二条因此规定："当事人请求保护的未注册驰名商标，属于商标法第十条、第十一条、第十二条规定不得作为商标使用或者注册情形的，人民法院不予支持。"

### 三、适用

#### （一）严格掌握立法原意和适用标准

人民法院在适用本解释的规定认定驰名商标时，应严格把握驰名商标适用的条件。虽然本解释第二条明确了以企业名称与驰名商标相同或者近似为由提起的侵犯商标权或者不正当竞争诉讼，法院可以根据案件具体情况，对所涉及商标是否驰名作出认定。但在案件审理过程中，仍要根据案件的具体情况，在认为确有必要时，才予以认定。

根据《最高人民法院关于审理商标民事纠纷案件适用法律若干问题的解释》第一条第（一）项的规定，"将与他人注册商标相同或者相近似的文字作为企业的字号在相同或者类似商品上突出使用，容易使相关公众产生误认"的行为，属于《商标法》第五十二条第（五）项"给他人注册商标专用权造成其他损害的行为"。2005年2月，最高人民法院〔2004〕民三他字第10号函也曾明确指出："对违反诚实信用原则，使用与他人注册商标中的文字相同或者近似的企业字号，足以使相关公众对其商品或者服务的来源产生混淆的，根据当事人的诉讼请求，可以依照《民法通则》有关规定以及《反不正当竞争法》第二条第一、二款规定，审查是否构成不正当竞争行为，追究行为人的民事责任。"上述司法解释和批复分别针对将他人注册商标相同或者近似的文字作为企业名称突出使用、正常使用的行为作出了规定。此种情形下，对于在相同或者类似商品上突出使用字号，构成与他人注册商标相同或者近似的，或者不突出使用，但足以使相关公众对商品和服务来源产生混淆的，不认定驰名商标，也能够依法保护商标权人的权益。因此，对涉及驰名商标与企业名称冲突的民事纠纷案件，只有在不相同或者不相类似的商品上突出使用企业名称字号，或者使用的企业字号足以使相关公众认为使用被诉企业名称的字号与驰名商标具有相当程度的联系，而减弱驰名商标的显著性、贬损驰名商标的市场声誉，或者不正当利用驰名商标的市场声誉的情形下，才有认定商标驰名的必要。

（二）准确理解和适用各相关司法解释涉及驰名商标保护的规定

最高人民法院《关于审理涉及计算机网络域名民事纠纷案件适用法律若干问题的解释》第四条第（二）项、《关于审理商标民事纠纷案件适用法律若干问题的解释》第一条第（三）项规定域名或其主要部分构成对驰名商标的复制、模仿、翻译或音译应认定为侵权；以及将与他人注册商标相同或者相近似的文字注册为域名，并且通过该域名进行相关商品交易的电子商务，容易使相关公众产生误认的，属《商标法》第五十二条第（五）项规定的商标侵权行为。由于域名解释的公布实施在《商标法》修改之前，在以往的司法实践中，对于涉及域名与驰名商标冲突的案件，是否需要认定驰名商标有时有不同的理解。根据本解释第三条的规定，如果能够认定构成不正当竞争，将不再认定商标驰名；如果依据审理商标民事纠纷案件的司法解释能够认定构成商标侵权的，也无需认定驰名商标。本解释的规定，统筹解决了与上述两个司法解释的协调适用，并切实有效地遏制滥用驰名商标认定制度的现象。因此。除本解释第三条第二款的规定外，该本解释第十四条还规定："本院以前有关司法解释与本解释不一致的，以本解释为准。"

## （三）管辖问题

根据 2001 年公布实施的《最高人民法院关于审理商标案件有关管辖和法律适用范围问题的解释》（法释〔2002〕1 号）第二条第二款、第三款的规定，商标民事纠纷第一审案件，由中级以上人民法院管辖。各高级人民法院根据本辖区的实际情况，经最高人民法院批准，可以在较大城市确定 1～2 个基层人民法院受理第一审商标民事纠纷案件。基于驰名商标的认定只是事实因素的考虑，只是审理涉及侵犯商标权和不正当竞争民事纠纷案件中的一个环节。因此，在 2009 年 1 月前，涉及驰名商标的民事纠纷案件一般由全国 400 多个中级人民法院审理。

鉴于当前社会生活中驰名商标认定被异化的现象较为严重，而法律规定的认定标准又不可能非常具体，在具体把握上具有较大的弹性，容易导致执行尺度不一，为尽量统一司法尺度和纠正一些不规范的做法，最高人民法院已经在《关于涉及驰名商标认定的民事纠纷案件管辖问题的通知》（2009 年 1 月 6 日，法〔2009〕1 号）中要求："从通知下发之日起，涉及驰名商标认定的民事纠纷案件，由省、自治区人民政府所在地的市、计划单列市中级人民法院，以及直辖市辖区内的中级人民法院管辖。其他中级人民法院管辖此类民事纠纷案件，需报经最高人民法院批准，未经批准的中级人民法院不再受理此类案件。"将驰名商标司法认定的管辖权集中到 40 个左右中级人民法院，从而大幅度缩减了管辖法院的数量。这样有利于排除各种干扰，有利于标准的统一，也有利于维护司法认定驰名商标的公信力和权威。

根据法〔2009〕1 号管辖通知的规定，直辖市辖区内的中级人民法院对涉及驰名商标保护的案件具有管辖权。由于重庆市的情况特殊，重庆市高级人民法院已下发通知，指定辖区内的 5 个中级人民法院中的第一中级人民法院和第五中级人民法院管辖涉及驰名商标保护的民事纠纷案件。鉴于管辖问题已由通知予以解决，故此类案件的管辖仍按照通知的规定执行。

根据本解释第一条第（三）项、第六条的有关规定，原告以被诉商标的使用侵犯其注册商标专用权为由提起民事诉讼，被告以原告的注册商标复制、摹仿或者翻译其在先未注册驰名商标为由提出抗辩或者提起反诉的，会涉及案件的移送管辖。如果被告以原告的行为构成对其在先未注册商标的侵犯，针对原告的诉讼提出抗辩或者提起反诉，如果受理原告本诉的人民法院没有涉及驰名商标保护案件的管辖权，应在被告提出抗辩或者提起反诉后，将案件移送至有管辖权的人民法院进行审理。

（撰稿人：孔祥俊　夏君丽）

# 最高人民法院
## 关于商标法修改决定施行后商标案件管辖和法律适用问题的解释

法释〔2014〕4号

(2014年2月10日最高人民法院审判委员会第1606次会议通过 2014年3月25日最高人民法院公告公布 自2014年5月1日起施行)

为正确审理商标案件,根据2013年8月30日第十二届全国人民代表大会常务委员会第四次会议《关于修改〈中华人民共和国商标法〉的决定》和重新公布的《中华人民共和国商标法》《中华人民共和国民事诉讼法》和《中华人民共和国行政诉讼法》等法律的规定,就人民法院审理商标案件有关管辖和法律适用等问题,制定本解释。

第一条 人民法院受理以下商标案件:

1. 不服国务院工商行政管理部门商标评审委员会(以下简称商标评审委员会)作出的复审决定或者裁定的行政案件;
2. 不服工商行政管理部门作出的有关商标的其他具体行政行为的案件;
3. 商标权权属纠纷案件;
4. 侵害商标专用权纠纷案件;
5. 确认不侵害商标专用权纠纷案件;
6. 商标权转让合同纠纷案件;
7. 商标使用许可合同纠纷案件;
8. 商标代理合同纠纷案件;
9. 申请诉前停止侵害商标专用权案件;
10. 因申请停止侵害商标专用权损害责任案件;
11. 因商标纠纷申请诉前财产保全案件;
12. 因商标纠纷申请诉前证据保全案件;
13. 其他商标案件。

第二条 不服商标评审委员会作出的复审决定或者裁定的行政案件及国家工商行政管理总局商标局(以下简称商标局)作出的有关商标的具体行政行为案件,由北京市有关中级人民法院管辖。

第三条 第一审商标民事案件,由中级以上人民法院及最高人民法院指定的基层人民法院管辖。

涉及对驰名商标保护的民事、行政案件，由省、自治区人民政府所在地市、计划单列市、直辖市辖区中级人民法院及最高人民法院指定的其他中级人民法院管辖。

**第四条** 在工商行政管理部门查处侵害商标权行为过程中，当事人就相关商标提起商标权权属或者侵害商标专用权民事诉讼的，人民法院应当受理。

**第五条** 对于在商标法修改决定施行前提出的商标注册及续展申请，商标局于决定施行后作出对该商标申请不予受理或者不予续展的决定，当事人提起行政诉讼的，人民法院审查时适用修改后的商标法。

对于在商标法修改决定施行前提出的商标异议申请，商标局于决定施行后作出对该异议不予受理的决定，当事人提起行政诉讼的，人民法院审查时适用修改前的商标法。

**第六条** 对于在商标法修改决定施行前当事人就尚未核准注册的商标申请复审，商标评审委员会于决定施行后作出复审决定或者裁定，当事人提起行政诉讼的，人民法院审查时适用修改后的商标法。

对于在商标法修改决定施行前受理的商标复审申请，商标评审委员会于决定施行后作出核准注册决定，当事人提起行政诉讼的，人民法院不予受理；商标评审委员会于决定施行后作出不予核准注册决定，当事人提起行政诉讼的，人民法院审查相关诉权和主体资格问题时，适用修改前的商标法。

**第七条** 对于在商标法修改决定施行前已经核准注册的商标，商标评审委员会于决定施行前受理、在决定施行后作出复审决定或者裁定，当事人提起行政诉讼的，人民法院审查相关程序问题适用修改后的商标法，审查实体问题适用修改前的商标法。

**第八条** 对于在商标法修改决定施行前受理的相关商标案件，商标局、商标评审委员会于决定施行后作出决定或者裁定，当事人提起行政诉讼的，人民法院认定该决定或者裁定是否符合商标法有关审查时限规定时，应当从修改决定施行之日起计算该审查时限。

**第九条** 除本解释另行规定外，商标法修改决定施行后人民法院受理的商标民事案件，涉及该决定施行前发生的行为的，适用修改前商标法的规定；涉及该决定施行前发生，持续到该决定施行后的行为的，适用修改后商标法的规定。

【解　　读】

# 解读《关于商标法修改决定施行后商标案件管辖和法律适用问题的解释》

## 一、问题的提出

《最高人民法院关于商标法修改决定施行后商标案件管辖和法律适用问题的解释》（以下简称《商标案件管辖和法律适用司法解释》）于 2014 年 2 月 10 经最高人民法院审判委员会第 1606 次会议讨论通过，已于 2014 年 3 月 25 日公布，自 2014 年 5 月 1 日起施行。该司法解释是最高人民法院在对《最高人民法院关于审理商标案件有关管辖和法律适用范围问题的解释》（法释〔2002〕1 号，以下简称《2002 年商标管辖和法律适用解释》）实施十一年经验总结的基础上，结合第三次修改后的《商标法》相关内容，对相关商标案件管辖和法律适用问题进行了规定。

我国现行《商标法》是由第五届全国人民代表大会常务委员会（以下简称人大常委会）于 1982 年 8 月 23 日通过，自 1983 年 3 月 1 日开始实施的。此后，第七届人大常委会第三十次会议于 1993 年 2 月 22 日、第九届人大常委会第二十四次会议于 2001 年 10 月 27 日分别通过了《关于修改〈中华人民共和国商标法〉的决定》，对《商标法》进行了两次修改。第二次修改后的《商标法》经过十余年的施行后，全国人大常务会及相关部门启动了对《商标法》的第三次修订，并于 2013 年 8 月 30 日经第十二届人大常委会第四次会议讨论通过了《关于修改〈中华人民共和国商标法〉的决定》，该决定于 2014 年 5 月 1 日起施行。本次修改决定对现行《商标法》作了一系列修改，其中与人民法院商标行政审判、民事审判工作相关部分主要体现在：(1) 增加关于商标审查时限的规定，规范行政行为，提高行政效率；(2) 增加可以注册的商标要素，优化商标申请方式，方便当事人注册商标；(3) 完善驰名商标保护规定，对驰名商标认定机关、认定环节等作出明确限定；(4) 完善商标注册异议制度，简化程序；(5) 加大对侵权行为的打击力度，加强对商标专用权的保护。由于《2002 年商标管辖和法律适用解释》系《商标法》第二次修改时制定的，至今已经实施十一年，其部分内容已经与审判实际及《商标法》第三次修改不相适应而亟需调整；同时，由于《商标法》第三次修改涉及的大量内容系对现行《商标法》进行的重大调整，很多法律适用问题需要明确。因此，为切实指导审判实践，需要对其进行调整并对新旧《商标法》的过渡衔接等法律适用问题进行明确，最高人民法院进行了相关起草工作。

**二、理解与适用**

《商标案件管辖和法律适用司法解释》共九条，可以分为三大部分，分别规定了人民法院受理的商标案件的类型、管辖及《商标法》修改决定施行前后相关商标案件的法律适用问题。第一条、第二条、第三条为第一部分，其中第一条规定了人民法院受理的商标案件类型；第二条规定了商标授权确权等案件的管辖问题；第三条对商标民事案件的管辖进行了规定。第四条为第二部分，该部分规定了人民法院受理的商标民事案件和工商行政管理部门查处商标侵权案件的关系。第五条、第六条、第七条、第八条、第九条为第三部分，主要对《商标法》修改决定施行前后的衔接适用问题进行了规定。其中第五条规定了人民法院对商标局审理的商标案件进行司法复审时新旧《商标法》衔接适用问题；第六条、第七条规定了人民法院对商标评审委员会审理的商标授权确权案件进行司法复审时新旧《商标法》衔接适用问题；第八条规定了新旧《商标法》过渡期间案件审理期限的问题；第九条规定了人民法院受理的商标民事案件新旧《商标法》过渡适用问题。

**（一）人民法院受理的商标案件类型**

《商标案件管辖和法律适用司法解释》第一条对人民法院受理的商标案件类型进行了规定。与《2002年商标管辖和法律适用解释》相比，根据司法实践的需要及《民事案件案由规定》的规定，本条除用语及案件类型与《民事案件案由规定》保持一致外，还增加了确认不侵害商标专用权纠纷案件、商标代理合同纠纷案件、因申请停止侵害商标专用权损害责任案件三种案件类型。在司法实践中，这三种案件并不像其他商标纠纷案件多发，但也时有发生。审理此类案件需要注意的问题主要是确认不侵害商标专用权纠纷案件的受理条件、商标代理合同纠纷区别于其他一般合同纠纷而应由审理知识产权纠纷的审判庭进行审理等。将商标代理合同纠纷纳入知识产权庭受案范围的主要考虑是，此次《商标法》修订强调了对商标代理活动的规范，除《商标法》十五条涉及的内容外，还在《商标法》十九条中特别强调了商标代理机构应当遵循诚实信用原则，遵守法律、行政法规，按照被代理人的委托办理商标注册申请和其他商标事宜；对在代理过程中知悉的被代理人的商业秘密负有保密义务。如果委托申请注册的商标可能存在《商标法》规定不得注册情形的，商标代理机构应当明确告知委托人。商标代理机构知道或者应当知道委托人申请注册的商标属于《商标法》第十五条和第三十二条规定情形的，不得接受其委托。商标代理机构除对其代理服务申请商标注册外，不得申请注册其他商标。如果当事人因履行商标代理合同而产生纠纷涉及前述《商标法》规定时，必将涉及大量的商标专业知识的判定，交由专门审理知识产权纠纷的审判庭审理更为适宜。

对于确认不侵害商标专用权纠纷案件而言，需要注意的问题是该种案件的受理条件以及与侵害商标专用权案件的关系。此种案件的受理条件可参照《最高人民法院关于审理侵犯专利权纠纷案件应用法律若干问题的解释》（法释〔2009〕21号）第十八条的规定，即权利人向他人发出侵犯商标权的警告，被警告人或者利害关系人经书面催告权利人行使诉权，自权利人收到该书面催告之日起一个月内或者自书面催告发出之日起两个月内，权利人不撤回警告也不提起诉讼，被警告人或者利害关系人向人民法院提起请求确认其行为不侵犯商标权的诉讼的，人民法院应当受理。根据该条的规定，此类诉讼的受理有两个要件：（1）有证据证明商标权人以书面形式或者其他方式发出警告；（2）被警告人或者利害关系人书面催告商标权人行使诉权，商标权人接到通知后一个月内或者自该书面催告发出两个月内不撤回警告也不提起诉讼。值得研究的问题是，权利人如果在《商标案件管辖和法律适用司法解释》规定的期限内向行政机关申请查处，能否理解为权利人不行使诉权而认为符合确认不侵权诉讼的受理条件。有观点认为，《商标案件管辖和法律适用司法解释》规定的受理条件仅仅是权利人在法定期限内既不撤回警告又不起诉，向行政机关申请查处不属于《商标案件管辖和法律适用司法解释》规定的限制条件，因此不能阻却被警告人或者利害关系人提起确认不侵权之诉。另一种观点则认为，在一定条件下，权利人在法定期限内向行政机关请求处理能够阻却被警告人或者利害关系人提起确认不侵权诉讼，笔者赞同此种观点。其理由主要是：允许被警告人或者利害关系人提起确认不侵权之诉的法理基础是在权利人不及时行使诉权的情况下，被警告人或者利害关系人的正常生产经营受到威胁而处于一种不安定状态，为促使正常生产经营秩序早日安定，允许被警告人或者利害关系人排除权利人对其生产经营秩序的妨碍而赋予其提起确认不侵权诉讼之诉权。在知识产权领域，我国实行的是比较有特色的司法和行政双轨制，权利人或者利害关系人可以向人民法院起诉，也可以请求相关行政机关处理。如修订后的《商标法》第六十条规定，因侵犯注册商标专用权行为引起纠纷的，商标注册人或者利害关系人可以向人民法院起诉，也可以请求工商行政管理部门处理。第六十二条第三款规定，"在查处商标侵权案件过程中，对商标权属存在争议或者权利人同时向人民法院提起商标侵权诉讼的，工商行政管理部门可以中止案件的查处。中止原因消除后，应当恢复或者终结案件查处程序。"由于提起民事诉讼和向行政机关请求处理均是相关权利人救济权利的重要措施，权利人在法定期限内向行政机关请求处理法律效果上应当等同于向人民法院起诉。当然，由于实践中情形各异，如果行政机关未在一定期限内（可参照专利《商标案件管辖和法律适用司法解释》规定的二个月期限）正式立案受理，权利人又不向人民法院起诉，应当允许被警告人或者利害关系人提起确认不侵权之诉。此外，有条件地将权利人向行政机关请求查处的情形视为产生阻却启动确认不侵权诉讼，在客观上也会有利于有效利用司法资源和行政执法资源并避免行政机关案件处理结果和司法机关对同一案件审查结果的冲突。

确认不侵权之诉是一种新型的诉讼类型，由于其与侵害商标专用权诉讼的关联性和争议实质统一性，在司法实践中还应该注意其和侵害商标专用权诉讼的衔接与协调，避免出现重复受理、矛盾判决的情形。具体而言，如果被警告人或者利害关系人已经提起确认不侵权之诉，权利人又就同一事由提起侵害商标专用权诉讼的，受诉法院应该将两案合并审理；不是同一法院受理的，应该由先立案的法院合并审理两案。

## （二）商标授权确权类案件的地域管辖

《商标案件管辖和法律适用司法解释》第二条是在《2002年商标管辖和法律适用解释》第二条第一款、第二款的基础上，根据行政诉讼法及向商标局、商标评审委员会及北京市法院征求意见情况并考虑到十八届三中全会"探索建立知识产权法院"的决定，对商标授权确权案件及不服商标局作出的有关商标的具体行政行为案件管辖法院的确定。按照行政诉讼法第十七条的规定，行政案件由最初作出具体行政行为的行政机关所在地人民法院管辖。由于之前商标局及商标评审委员会均位于北京市第一中级人民法院地域管辖范围内，此类案件一直是由北京市第一中级人民法院审理的。但随着北京市第三中级人民法院的设立及北京市高级人民法院对其辖区三个中级人民法院地域管辖范围的调整，如果按照商标局、商标评审委员会所处地域，则此类案件则可能属于北京市第二中级人民法院的收案范围，那么由北京市第二中级人民法院审理此类案件是否会影响案件的审理标准？此外，如果考虑到十八届三中全会关于探索建立知识产权法院的决议，是否此类案件由知识产权法院受理更为合适？但在《商标案件管辖和法律适用司法解释》起草时及颁布前，关于知识产权法院的建立尚未有明确的方案和日程表，对其设立进度不可预知。由于商标授权确权类案件是人民法院受理的商标案件的重要组成部分，特别是该类案件的审理关系着商标授权确权的标准，因此在确定此类案件的管辖法院时，既要考虑到遵循行政诉讼法的规定，又要考虑北京市相关中级人民法院职能划分及知识产权法院建立的有关事宜，在保证案件质量、执法标准统一的前提下，适当保持审判机关及审判队伍的稳定性，《商标案件管辖和法律适用司法解释》最终采取了"由北京市有关中级人民法院管辖"的灵活性表述。

## （三）商标民事案件的管辖

商标民事案件是知识产权案件的重要组成部分，近年来收案数量逐年上升，约占全部知识产权案件的四分之一。本次《商标案件管辖和法律适用司法解释》起草时根据司法实践的需要，在第一款对商标民事案件的级别管辖进行了调整，由原来的普遍由中级人民法院作为一审法院修改为由中级人民法院及最高人民法院指定的基层人民法院管辖，取消法释〔2002〕1号中关于基层人民法院数量的限制，只要具备审理商标民事案件条件的基层人民法院，经最高人民法院指定，均可以受理第一审商标民事案件。这样修改，既适应了案件大量增多对审判资源的需求，有利于基层人民法院积累审判经验，又能够保证最高人民法院、高级人民法院对此类案件的指导，确保审判标准的统一。

本《商标案件管辖和法律适用司法解释》第三条第二款规定了涉及驰名商标保护案件的管辖。《商标法》第十四条第四款规定：在商标民事、行政案件审理过程中，当事人依照《商标法》第十三条规定主张权利的，最高人民法院指定的人民法院根据审理案件的需要，可以对商标驰名情况作出认定。司法认定驰名商标，是人民法院在审理具体案件的过程中，为确定商标专用权的保护范围和力度而对某一商标在某一时间内的影响力大小的事实的评价，其实质上与其他案件事实并无本质不同。对其作出特别规定的原因是：由于近年来对驰名商标认定的种种误解，相关权利人和有关机构更多地将其作为一种荣誉称号，为追求该称号而追求"认定"，获得认定（所谓的"认驰"）成为主要目的。行政机关的批量认定和公布、司法中的当事人串通造假等，都存在不从个案中的实际保护的真正意图追求驰名商标认定的现象，导致"神化"和"异化"驰名商标的现象时有发生，使驰名商标承载了超出其法律本意的商业意义。

为制止驰名商标制度异化，最高人民法院先后出台了一系列《商标案件管辖和法律适用司法解释》和司法政策，规定司法认定驰名商标的应当按照《商标法》及相关法律法规的规定按需认定。即只有在商标驰名认定是为保护当事人合法权益并为案件审理需要，才有必要认定驰名商标。虽然最高人民法院非常重视对驰名商标司法认定的监督和指导，并多次强调了驰名商标的司法认定原则，但由于地域经济发展的不平衡，相关中级人民法院和基层人民法院审理此类案件的经验亦不均衡，而且由于法律规定的认定标准不可能非常具体，在具体把握上亦有较大的弹性，客观上容易导致执行尺度不一。上述种种因素结合在一起，导致了少数地方人民法院在审理涉及驰名商标民事案件中执法标准不统一，在社会上产生了一定的不良影响，对人民法院的司法形象也产生了一定的不利影响。为切实解决驰名商标司法认定中存在的突出问题，尽量统一司法尺度和纠正一些不规范的做法，在目前的国情下，对涉及驰名商标的民事案件实行集中管辖，便于最高人民法院和各高级人民法院对此类案件的监督和指导工作，确保执法标准的统一，因此最高人民法院在决定此类案件的管辖权时，仍采用了相对保守的集中管辖做法，目前不允许基层法院审理涉及驰名商标的案件。

审理此类案件时，需要注意的问题是严格认定驰名商标并不等于不能认定驰名商标，针对司法实践中某些地区对于驰名商标认定过于谨慎或者保守的做法，最高人民法院有关负责人在第三次全国法院知识产权审判工作会议中指出："要加强商标权保护，最大限度地划清商业标志之间的边界，促进品牌创新和形成品牌竞争新优势。要以净化市场环境、鼓励正当竞争为指引，坚决制止假冒商标、恶意抢注、搭车模仿等商业标识侵权行为，为知名品牌的培育和成长提供良好的法律环境。要加大驰名商标保护力度，有效制止各类傍名牌行为，推动品牌竞争新优势的加速形成。凡属审理涉驰名商标案件中必须认定的事实，人民法院均可对商标驰名的事实作出认定。"此外，2014年最高人民法院颁布的知识产权十大案件中，人民法院依法对"圣象"驰名商标予以保护的案件名列其中，笔者认为从某种程度上也反映了对驰名商标认定应当持理性态度，依照审理案件需要认定，既不能过于激进，亦不能因噎废食、矫枉过正。

（四）商标民事案件和商标行政执法的协调

在知识产权领域施行司法和行政双轨制是我国知识产权执法的一大特色。在我国，权利人权利被侵害时，既可以向行政机关请求处理也可以向人民法院提起民事诉讼，但对于侵犯商标专用权的赔偿数额的争议，当事人可以请求进行处理的工商行政管理部门调解，也可以向人民法院起诉。经工商行政部门调解、当事人未达成协议或者调解书生效后不履行的，当事人可以向人民法院起诉，由此就产生了司法和行政处理的衔接和协调问题。修订后的《商标法》第六十二条第三款明确规定："在查处商标侵权案件过程中，对商标权属存在争议或者权利人同时向人民法院提起商标侵权诉讼的，工商行政管理部门可以中止案件的查处。……"为解决司法和行政处理的衔接和协调问题，《商标案件管辖和法律适用司法解释》第四条规定了"在工商行政管理部门查处侵害商标权行为的过程中，当事人就商标提起商标权权属或者侵害商标专用权民事诉讼的，人民法院应该受理。"

那么，对于人民法院受理侵害商标专用权纠纷案件，如果其中涉及的侵害商标专用权行为已经经过工商行政管理部门处理的，人民法院应当如何处理呢？《2002年商标管辖和法律适用解释》第十条明确规定了人民法院仍应当就当事人民事争议的事实进行审查。本《商标案件管辖和法律适用司法解释》删除了该条的规定，删除的原因主要是司法实践中情况较复杂，仅有"仍就当事人民事争议的事实进行审查"之规定不足以阐明所有之情形。对于民事诉讼，人民法院对当事人民事争议的事实进行审查是人民法院行使审判权的核心，也是职责所在。此外，由于《2002年商标管辖和法律适用解释》已经颁布实施十余年，对于受理的侵害商标专用权行为已经经过工商行政管理部门处理的，仍应当就当事人民事争议的事实进行审查已经成为人民法院审理此类商标案件的惯常做法，因此无需在本《商标案件管辖和法律适用司法解释》中再行重复规定。

## （五）不服商标局作出的相关具体行政行为提起的行政诉讼的法律适用

针对此类案件，《商标案件管辖和法律适用司法解释》第五条规定了"对于在《商标法》修改决定施行前提出的商标注册及续展申请，商标局于决定施行后作出对该商标申请不予受理或者不予续展的决定，当事人提起行政诉讼的，人民法院审查时适用修改后的《商标法》。对于在《商标法》修改决定施行前提出的商标异议申请，商标局于决定施行后作出对该异议不予受理的决定，当事人提起行政诉讼的，人民法院审查时适用修改前的《商标法》。"本条为新增加的条款，第一款对应的是《商标法》第八条、第四十条。其中《商标法》第八条增加了声音商标的注册，第四十条将商标续展期由修改前的六个月修改为十二个月。该两条的修改目的系为更好地保护当事人的利益。根据《中华人民共和国立法法》（以下简称立法法）第八十四条关于"但为了更好地保护公民、法人和其他组织的权利和利益而作的特别规定除外"的规定，本条规定了人民法院审查商标局不予受理和续展决定时适用修订后的《商标法》进行审查。

本《商标案件管辖和法律适用司法解释》第五条第二款对应的《商标法》条文是《商标法》第三十三条。《商标法》第三十三条是体现此次《商标法》修改立法目的的重要条款之一。完善商标异议制度、缩短商标授权确权周期，遏制恶意异议行为是本次《商标法》修改的目的之一。为实现此立法目的，该条将以相对理由提出异议的异议人主体资格限定为在先权利人和利害关系人。修改前的《商标法》对异议人主体资格没有限定，修改前的《商标法》第三十条规定"任何人均可以提出异议"。在《商标法》修改决定实施前依据修改前的《商标法》相关当事人具有异议主体资格的，对其在《商标法》修改决定实施前已经提起的异议，商标局在《商标法》修改决定施行后对其异议是否受理作出决定时，如果依据新《商标法》则可能有部分异议人不再具有异议主体资格，此时会出现一个悖论，一个正在进行的行政程序或诉讼程序因法的修改而使相关当事人不再适格，这难以为社会公众所接受。此外，立法法第八十四条亦规定："法律、行政法规、地方性法规、自治条例和单行条例、规章不溯及既往，但为了更好地保护公民、法人和其他组织的权利和利益而作的特别规定除外。"很明显，此处限制当事人主体资格的情形不属于为了更好地保护公民、法人和其他组织的权利和利益的特别规定，故对此情形应当适用行为时法，对于依据修改前的《商标法》已经提起的异议申请，仍应当认为相关异议人具有异议主体资格，因此本《商标案件管辖和法律适用司法解释》规定了人民法院对此类决定的审查，应当适用修改前的《商标法》。

## （六）《商标法》修改前尚未核准注册的商标案件的法律适用

《商标案件管辖和法律适用司法解释》第六条规定了《商标法》修改前尚未核准的商标案件的法律适用问题，即"对于在《商标法》修改决定施行前当事人就尚未核准注册的商标申请复审,商标评审委员会于决定施行后作出复审决定或者裁定,当事人提起行政诉讼的,人民法院审查时适用修改后的《商标法》。对于在《商标法》修改决定施行前受理的商标复审申请,商标评审委员会于决定施行后作出核准注册决定,当事人提起行政诉讼的,人民法院不予受理;商标评审委员会于决定施行后作出不予核准注册决定,当事人提起行政诉讼的,人民法院审查相关诉权和主体资格问题时,适用修改前的《商标法》。"采取了与《2002年商标管辖和法律适用解释》不同的起草思路。

《2002年商标管辖和法律适用解释》对修改前后《商标法》的适用采取了根据具体条文规定内容的不同,以是否属于立法法规定的"更好地保护当事人权益"[1]为标准,判定应当适用修改前的《商标法》还是修改后的《商标法》。在该《商标案件管辖和法律适用司法解释》施行期间,曾有观点认为,由于商标授权确权案件既涉及公共利益也涉及双方当事人的利益,如果以更好地保护当事人权益为标准,涉及双方当事人时,如何判定某条款是否属于更好地保护当事人权益,从不同的当事人出发会有不同的结论。虽然,我们认为"更好地保护当事人权益"应当结合《商标法》立法目的及社会公共利益来理解,对相关《商标法》修改内容是否属于更好地保护当事人权益应当从是否符合《商标法》立法目的及社会公共利益来判定,《2002年商标管辖和法律适用解释》第五条规定了修改后《商标法》(2001年修订)第四条、第五条、第八条、第九条第一款、第十条第一款第(二)、(三)、(四)项、第十条第二款、第十一条、第十二条、第十三条、第十五条、第十六条、第二十四条、第二十五条、第三十一条属于更好地保护当事人权益的情形,并无不妥。但考虑到列举性的规定可能挂一漏万,在判断标准上的确会产生不必要的分歧,为增进《商标案件管辖和法律适用司法解释》的科学性,本《商标案件管辖和法律适用司法解释》起草时没有采取列举哪些修改内容属于"更好地保护当事人权益"条文的思路,而是根据《商标法》立法目的结合某一商标是否已经被核准注册等因素规定分别适用修改前《商标法》还是修改后《商标法》。

修改后的《商标法》关于商标是否应当核准注册的新规定为《商标法》第八条、第十条、第十五条。该三条的修改系对商标授权条件的进一步完善,具体为:第八条增加了声音商标可以作为商标注册;第十条增加规定同中国国歌、军徽、军歌等相同或者近似的标识不能作为商标使用;第十五条第二款规定了就同一种或者类似商品申请注册的商标与他人在先使用的未注册商标相同或者近似,申请人与该他人具有前款(代理人或者代表人)规定以外的合同、

---

[1] 《最高人民法院民三庭负责人就〈关于审理商标案件有关管辖和法律适用范围问题的解释〉答记者问》,载最高人民法院民事审判第三庭编著:《知识产权审判指导》2003年第1辑,人民法院出版社2003年版。

业务往来关系或者其他关系而明知该他人商标存在，该他人提出异议的，不予注册。对于前述情形，第八条关于声音商标的注册扩充了可注册商标的范围；第十条关于中国国歌、军徽、军歌等相同或者近似的标识不能作为商标的规定体现了对社会公共利益的保护；第十五条第二款体现了对在先权利的保护及诚实信用原则的适用。由于商标权亦是立法机关在社会公共利益和商标权人利益之间利益衡平的体现，商标权的授予应当体现社会公共利益及相关商标权人利益的保护，《商标法》的前述修改正是体现了立法机关关于授予商标权的价值取向，为此本《商标案件管辖和法律适用司法解释》规定了对于尚未核准注册的商标，对其能否核准注册，应当适用修改后的《商标法》进行审查。

《商标案件管辖和法律适用司法解释》第六第二款规定："对于在《商标法》修改决定施行前受理的商标复审申请，商标评审委员会于决定施行后作出核准注册决定，当事人提起行政诉讼的，人民法院不予受理……"该条的法律依据是《商标法》第三十五条。该条规定，对初步审定公告的商标提出异议的，"商标局做出准予注册决定的，发给商标注册证，并予公告。异议人不服的，可以依照本法第四十四条、第四十五条的规定向商标评审委员会请求宣告该注册商标无效。""商标局作出不予注册决定，被异议人不服的，可以自收到通知之日起十五日内向商标评审委员会申请复审。""被异议人对商标评审委员会的决定不服的，可以自收到通知之日起三十日内向人民法院起诉。人民法院应当通知异议人作为第三人参加诉讼。"

修改、完善异议制度是此次《商标法》修改的目的之一。根据统计，本次《商标法》修改前商标局完成异议审查、作出裁定大约需要二十个月，商标评审委员会对异议裁定不服完成复审大约需要十八个月，加上后续的行政诉讼程序，最终确定是否予以注册的时间一般需要五年左右，有的甚至长达七八年。① 笔者随机选取了2013年审理的一起商标异议复审案件（新东阳企业（集团）有限公司与新东阳股份有限公司、商标评审委员会商标异议行政纠纷案，最高人民法院〔2013〕知行字第97号）在该案中，经历所有的行政、司法程序后，涉案商标授权确权周期竟然为十三年。因此，缩短商标授权周期是本次《商标法》修改的重要目标，为此《商标法》对异议制度进行了重大的调整。《商标法》修改之前，对初步审定予以公告的商标提出异议的，首先由商标局作出裁定。当事人不服的，在法定期限内向商标评审委员会申请复审。当事人对商标评审委员会作出的裁定不服的，在法定期限内向法院起诉。待这些行政、诉讼程序结束后，如果结论是认定异议不成立，核准该商标予以注册，如果当事人仍然认为该商标不应予以注册的，除修订前的《商标法》实施条例第三十五条规定的情形外（商标评审委员会对商标评审申请已经作出裁定或者

---

① 袁曙宏编：《商标法与商标法实施条例修改条文释义》，中国法制出版社2014年版，第38页。

决定的，任何人不得以相同的事实和理由再次提出评审申请，即一事不再理原则），仍可以在法定期限内按照《商标法》第四十一条的规定向商标评审委员会申请撤销该注册商标。虽然《商标法》实施条例规定了"一事不再理原则"，但在实践中，对于"相同的事实和理由"的界定有一定不确定性，且把握宽严不一，因此在实践中可能出现对同一商标以相同理由进行两次评审、两次行政诉讼的情形。为解决以上问题，此次《商标法》取消了部分异议复审和诉讼程序，即对于商标局认为异议不成立而作出准予注册决定的，则直接发给商标注册证，不再给予当事人向商标评审委员会申请复审及后续行政诉讼的救济程序。同时，规定了对于商标局作出不予注册决定，如果商标评审委员会作出准予注册复审决定的，亦是转由商标局发给商标注册证，不再给异议人对该准予注册复审决定提起行政诉讼的救济程序，对当事人权利的救济统一通过后续的宣告无效程序来予以保障。同时，由于修改后的《商标法》第三十五条第三款针对商标评审委员会作出的不予核准注册决定，仅规定被异议人可以提起行政诉讼，较《商标法》修改之前，对异议人的诉权有所限制。由于商标评审委员会不可能在《商标法》修改施行前将所有积压的案件全部审理完毕，如果人民法院对商标评审委员于《商标法》修改决定施行之前已经受理的商标异议复审案件，进行司法审查时都适用修改后的《商标法》，则会或者剥夺当事人的提起异议的主体资格或者剥夺当事人向法院提起行政诉讼的权利，因此本《商标案件管辖和法律适用司法解释》针对此特殊情况，规定了人民法院审查此类案件时，区分商标评审委员会作出的决定内容，如果作出的是核准注册决定，当事人提起行政诉讼的，人民法院不予受理；如果作出的不予核准注册决定，当事人提起行政诉讼的，人民法院在审查时相关诉权和主体资格问题时，适用修改前的《商标法》，既实现了《商标法》减少诉讼环节的立法目的，又保障了过渡期间的相关案件当事人的诉讼权利。

（七）《商标法》修改前已经核准注册的商标争议案件的法律适用

《商标案件管辖和法律适用司法解释》第七条规定了，对于在《商标法》修改决定施行前已经核准注册的商标，商标评审委员会于决定施行前受理、在决定施行后作出复审决定或者裁定，当事人提起行政诉讼的，人民法院审查相关程序问题适用修改后的《商标法》，审查实体问题适用修改前的《商标法》。本条为新增加条款，主要目的是解决依据修改前的《商标法》已经核准注册的商标，在新旧《商标法》过渡期间及在《商标法》修改决定施行后被申请撤销或者宣告无效的法律适用问题。根据"程序从新、实体从旧"的原则，本条规定了对于此种情形的程序问题适用修改后的《商标法》，实体问题适用修改前的《商标法》进行审查。其法律适用依据是立法法第八十四条规定的"法律、行政法规、地方性法规、自治条例和单行条例、规章不溯及既往"的法不溯及既往原则。其主要考虑是依据修改前的《商标法》已经注册的商标，对其审查应否撤销或者无效时,应当适用行为时法,不应该依据修改后的《商标法》判定其应否撤销或者无效。

（八）相关审限的司法审查

《商标案件管辖和法律适用司法解释》第八条规定了对于在《商标法》修改决定施行前受理的相关商标案件,商标局、商标评审委员会于决定施行后作出决定或者裁定,当事人提起行政诉讼的,人民法院认定该决定或者裁定是否符合《商标法》有关审查时限规定时,应当从修改决定施行之日起计算该审查时限。修改后的《商标法》增加了商标审查时限的规定。据了解,目前商标行政机关仍有大量积压案件,这些行政案件难以在《商标法》修改决定施行前审结,对于商标行政机关在《商标法》修改决定施行后作出相关决定、裁定的案件,如果人民法院在对其进行司法审查时对其审限问题适用修改后的《商标法》,则所有这些案件将面临着程序不合法如何处理的问题;同时由于修改前的《商标法》并无审查时限的规定,如此要求客观上对商标行政机关也不公平。因此本《商标案件管辖和法律适用司法解释》明确了对于此类案件审限应当从《商标法》修改决定施行之日起计算。

（九）其他衔接适用问题

《商标案件管辖和法律适用司法解释》第九条规定:"除本解释另行规定外,《商标法》修改决定施行后人民法院受理的商标民事案件,涉及该决定施行前发生的行为的,适用修改前《商标法》的规定;涉及该决定施行前发生,持续到该决定施行后的行为的,适用修改后《商标法》的规定。"本条是在《2002年商标管辖和法律适用解释》第九条的基础上修订的,其修改之处是关于持续侵犯注册商标专用权行为的法律适用问题,其法律依据是立法法第八十四条规定的不溯及既往原则。不溯及既往原则的基本内涵是人们不能为追溯既往的法律所束缚,绝大多数法律都具有指向未来的效力,即适用于法律施行以后发生的事项和争议。本次《商标法》的另一重大修改是加强了对商标权的保护,特别是对赔偿问题作出了较大的调整,体现在增加许可使用费为计算赔偿额的方法、引入惩罚性赔偿、减轻权利人举证责任、提高法定赔偿额上限为300万等。如何适用前述修改条文,对人民法院受理的商标民事案件有重大的影响。《2002年商标管辖和法律适用解释》第九条规定了"《商标法》修改决定施行后人民法院受理的商标民事纠纷案件,涉及该决定施行前发生的民事行为的,适用修改前《商标法》的规定;涉及该决定施行后发生的民事行为,适用修改后《商标法》的规定;涉及该决定施行前发生,持续到该决定施行后的民事行为的,分别适用修改前、后《商标法》的规定。"因《商标法》修改决定施行后发生的民事行为引起的民事纠纷适用修改后的《商标法》是无需赘言,本《商标案件管辖和法律适用司法解释》删除了"涉及该决定施行后发生的民事行为适用修改后的《商标法》的规定"的表述,使《商标案件管辖和法律适用司法解释》表述更加简洁。同时，针对司法实践中反映的持续侵权行为分别适用修改前和修改后的《商标法》问题，经征求各高级人民法院法院及国务院法制办、人大法工委意见，均认为适用修改后的《商标法》便于实践操作亦不违反不溯及既往原则，且针对持续侵犯商标专用权行为适用修改后的《商标法》，加大了对商标权人的保护力度，符合《商标法》立法目的，因此，本《商标案件管辖和法律适用司法解释》规定了对持续侵权行为，适用修改后的《商标法》。

此外，由于本《商标案件管辖和法律适用司法解释》仅规定了《商标法》修改决定施行后人民法院受理的商标民事案件的法律适用问题，针对未审结的商标民事案件，如果其中涉及的侵犯商标权行为仍在持续的，由于其与《商标法》修改决定施行后人民法院新受理的持续侵权案件并无本质不同，笔者以为可以参照本《商标案件管辖和法律适用司法解释》第九条的规定，适用修改后的《商标法》审理并确定赔偿数额。

（撰稿人：王艳芳）

**指导案例 29 号**

# 天津中国青年旅行社诉天津国青国际旅行社擅自使用他人企业名称纠纷案

（最高人民法院审判委员会讨论通过　2014 年 6 月 26 日发布）

**关键词**
民事　不正当竞争　擅用他人企业名称

**裁判要点**

1. 对于企业长期、广泛对外使用，具有一定市场知名度、为相关公众所知悉，已实际具有商号作用的企业名称简称，可以视为企业名称予以保护。

2. 擅自将他人已实际具有商号作用的企业名称简称作为商业活动中互联网竞价排名关键词，使相关公众产生混淆误认的，属于不正当竞争行为。

**相关法条**

《中华人民共和国民法通则》第一百二十条

《中华人民共和国反不正当竞争法》第五条

**基本案情**

原告天津中国青年旅行社（以下简称天津青旅）诉称：被告天津国青国际旅行社有限公司在其版权所有的网站页面、网站源代码以及搜索引擎中，非法使用原告企业名称全称及简称"天津青旅"，违反了反不正当竞争法的规定，请求判令被告立即停止不正当竞争行为、公开赔礼道歉、赔偿经济损失 10 万元，并承担诉讼费用。

被告天津国青国际旅行社有限公司（以下简称天津国青旅）辩称："天津青旅"没有登记注册，并不由原告享有，原告主张的损失没有事实和法律依据，请求驳回原告诉讼请求。

法院经审理查明：天津中国青年旅行社于 1986 年 11 月 1 日成立，是从事国内及出入境旅游业务的国有企业，直属于共青团天津市委员会。共青团天津市委员会出具证明称，"天津青旅"是天津中国青年旅行社的企业简称。2007 年，《今晚报》等媒体在报道天津中国青年旅行社承办的活动中已开始以"天津青旅"简称指代天津中国青年旅行社。天津青旅在报价单、旅游合同、与同行业经营者合作文件、发票等资料以及经营场所各门店招牌上等日常经营活动中，使用"天津青旅"作为企业的简称。天津国青国际旅行社有限公司于 2010 年 7 月 6 日成立，是从事国内旅游及入境旅游接待等业务的有限责任公司。

2010 年底，天津青旅发现通过 Google 搜索引擎分别搜索"天津中国青年旅行社"或"天津青旅"，在搜索结果的第一名并标注赞助商链接的位置，分别显示"天津中国青年旅行社网上营业厅 www.lechuyou.com 天津国青网上在线营业厅，是您理想选择，出行提供优质、贴心、舒心的服务"或"天津青旅网上营业厅 www.lechuyou.com 天津国青网上在线营业厅，是您理想选择，出行提供优质、贴心、舒心的服务"，点击链接后进入网页是标称天津国青国际旅行社乐出游网的网站，网页顶端出现"天津国青国际旅行社－青年旅行社青旅/天津国旅"等字样，网页内容为天津国青旅游业务信息及报价，标称网站版权所有：乐出游网－天津国青，并标明了天津国青的联系电话和经营地址。同时，天津青旅通过百度搜索引擎搜索"天津青旅"，在搜索结果的第一名并标注推广链接的位置，显示"欢迎光临天津青旅重合同守信誉单位，汇集国内出境经典旅游线路，100% 出团，天津青旅 400－611－5253022.ctsgz.cn"，点击链接后进入网页仍然是上述标称天津国青乐出游网的网站。

**裁判结果**

天津市第二中级人民法院于 2011 年 10 月 24 日作出（2011）二中民三知初字第 135 号民事判决：一、被告天津国青国际旅行社有限公司立即停止侵害行为；二、被告于本判决生效之日起三十日内，在其公司网站上发布致歉声明持续 15 天；三、被告赔偿原告天津中国青年旅行社经济损失 30000 元；四、驳回原告其他诉讼请求。宣判后，天津国青旅提出上诉。天津市高级人民法院于 2012 年 3 月 20 日作出（2012）津高民三终字第 3 号民事判决：一、维持天津市第二中级人民法院上述民事判决第二、三、四项；二、变更判决第一项"被告天津国青国际旅行社有限公司立即停止侵害行为"为"被告天津国青国际旅行社有限公司立即停止使用'天津中国青年旅行社'、'天津青旅'字样及作为天津国青国际旅行社有限公司网站的搜索链接关键词"；三、驳回被告其他上诉请求。

**裁判理由**

法院生效裁判认为：根据《最高人民法院关于审理不正当竞争民事案件应用法律若干问题的解释》第六条第一款规定："企业登记主管机关依法登记注册的企业名称，以及在中国境内进行商业使用的外国（地区）企业名称，应当认定为反不正当竞争法第五条第（三）项规定的'企业名称'。具有一定的市场知名度、为相关公众所知悉的企业名称中的字号，可以认定为反不正当竞争法第五条第（三）项规定的'企业名称'。"因此，对于企业长期、广泛对外使用，具有一定市场知名度、为相关公众所知悉，已实际具有商号作用的企业名称简称，也应当视为企业名称予以保护。"天津中国青年旅行社"是原告 1986 年成立以来一直使用的企业名称，原告享有企业名称专用权。"天津青旅"作为其企业名称简称，于 2007 年就已被其在经营活动中广泛使用，相关宣传报道和客户也以"天津青旅"指代天津中国青年旅行社，经过多年在经营活动中使用和宣传，已享有一定市场知名度，为相关公众所知悉，已与天津中国青年旅行社之间建立起稳定的关联关系，具有可以识别经营主体的商业标识意义。所以，可以将"天津青旅"视为企业名称与"天津中国青年旅行社"共同加以保护。

《中华人民共和国反不正当竞争法》第五条第（三）项规定，经营者不得采用擅自使用他人的企业名称，引人误认为是他人的商品等不正当手段从事市场交易，损害竞争对手。因此，经营者擅自将他人的企业名称或简称作为互联网竞价排名关键词，使公众产生混淆误认，利用他人的知名度和商誉，达到宣传推广自己的目的的，属于不正当竞争行为，应当予以禁止。天津国青旅作为从事旅游服务的经营者，未经天津青旅许可，通过在相关搜索引擎中设置与天津青旅企业名称有关的关键词并在网站源代码中使用等手段，使相关公众在搜索"天津中国青年旅行社"和"天津青旅"关键词时，直接显示天津国青旅的网站链接，从而进入天津国青旅的网站联系旅游业务，达到利用网络用户的初始混淆争夺潜在客户的效果，主观上具有使相关公众在网络搜索、查询中产生误认的故意，客观上擅自使用"天津中国青年旅行社"及"天津青旅"，利用了天津青旅的企业信誉，损害了天津青旅的合法权益，其行为属于不正当竞争行为，依法应予制止。天津国青旅作为与天津青旅同业的竞争者，在明知天津青旅企业名称及简称享有较高知名度的情况下，仍擅自使用，有借他人之名为自己谋取不当利益的意图，主观恶意明显。依照《中华人民共和国民法通则》第一百二十条规定，天津国青旅应当承担停止侵害、消除影响、赔偿损失的法律责任。至于天津国青旅在网站网页顶端显示的"青年旅行社青旅"字样，并非原告企业名称的保护范围，不构成对原告的不正当竞争行为。

【解　　读】

## 指导案例 29 号《天津中国青年旅行社诉天津国青国际旅行社擅自使用他人企业名称纠纷案》的理解与参照
### ——有商号作用的企业名称简称应视为企业名称

2014 年 6 月 26 日，最高人民法院发布了指导案例 29 号《天津中国青年旅行社诉天津国青国际旅行社擅自使用他人企业名称纠纷案》。为了正确理解和准确参照适用该指导案例，现对其推选经过、裁判要点等有关情况予以解释、论证和说明。

## 一、推选经过及其指导意义

本案例由天津市第二中级人民法院一审，天津市高级人民法院于 2012 年 3 月二审结案，经天津市高级人民法院审委会审查通过后报送。最高人民法院案例指导工作办公室初步审查后，送最高人民法院民三庭审查和征求意见。2013 年 9 月 24 日，民三庭审查认为，该案例新颖之处在于擅自使用他人企业名称简称的行为与互联网搜索引擎服务结合。这种依靠网络用户的初始混淆抢夺潜在客户的行为构成不正当竞争。该案例具有一定典型意义，同意作为备选指导案例。2014 年 3 月 5 日，最高人民法院研究室室务会经讨论认为，案例中的不正当竞争新手段和将具有商号作用的企业名称简称予以保护，有新颖性和典型性，同意将此案例作为指导案例报院领导审核后提请审委会讨论。6 月 17 日，最高人民法院审判委员会经讨论，一致同意将该案例确定为指导案例。6 月 26 日，最高人民法院以法〔2014〕161 号文件，将该案例作为第七批指导案例予以公开发布。

该指导案例旨在明确具有商号作用的企业名称的简称，可以作为企业名称保护；擅自在商业活动中使用他人具有商号作用的企业名称的简称，属于不正当竞争。这明确和适当扩展了企业名称的保护范围，有利于更好地保护企业的名称权，依法制止利用他人的知名度和商誉的不正当竞争行为，从而维护诚实守信、公平竞争的市场秩序。

## 二、裁判要点的理解与说明

指导案例 29 号裁判要点确认：（1）对于企业长期、广泛对外使用，具有一定市场知名度、为相关公众所知悉，已实际具有商号作用的企业名称简称，可以视为企业名称予以保护。（2）擅自将他人已实际具有商号作用的企业名称简称作为商业活动中互联网竞价排名关键词，使相关公众产生混淆误认的，属于不正当竞争行为。该裁判要点依据民法通则第一百二十条第二款、反不正当竞争法第五条和最高人民法院《关于审理不正当竞争民事案件应用法律若干问题的解释》（以下简称《不正当竞争解释》）第 6 条的规定，明确解决了法律和司法解释没有具体规定的企业名称简称的法律保护问题。下面结合有关法律和司法解释规定，围绕裁判要点中有关问题予以论证和说明。

（一）关于企业名称简称问题

企业名称又叫厂商名称，是指企业在营业活动中使用的特有标志，是企业人格权、企业商誉和企业正当竞争权的载体。它一般由企业的注册地或营业地、字号（或者商号）、行业或经营特征、组织形式等组成，字号是区别同类行业不同企业的关键要素。依照我国民法通则的规定，个体工商户、个人合伙企业和企业法人,都可以起字号,获得企业名称。

　　国外对于企业名称专用权的保护,主要体现在法律普遍禁止企业名称的混同,在一定范围里不得登记与其他企业相同或相似的名称、企业不得以不正当目的使用使人误认为是其他企业的名称。在英国,根据1985年公司法第26条的规定,一个申请注册的公司名称如果与公司名称索引中的公司名称相同,将不予被注册;如果相类似但还可以区分,则有可能被注册;如果已经注册的名称被发现模仿了其他先注册的公司名称,而且该先注册公司确认了此点,商业部长可以要求该公司在12个月内更改其名称,但过了12个月该公司没有更改其名称的,先注册公司可以按照普通法提起一个passing off的侵权诉讼,由法院判决让该公司改名或终止营业。[①] 在日本,在同一市、镇、村内,不得因经营同一营业,而登记他人已登记的商号(日本商法典第19条);前述行为被推定为以不正当竞争目的使用,先登记商号者可以要求其停止使用该商号并可要求损害赔偿(日本商法典第20条);任何人不得以不正当目的,使用使人误认为他人营业的商号,任何因此受损之人都可以要求其停止使用并赔偿损失(日本商法典第21条)。违反以上规定还会导致行政责任。

　　我国《企业名称登记管理规定》第六条规定,企业只准用一个名称,在登记主管机关辖区内不得与已登记注册的同行业企业名称相同或者近似;第二十七条规定,擅自使用他人已经登记注册的企业名称或者有其他侵犯他人企业名称专用权行为的,登记主管机关有权责令侵权人停止侵权行为,赔偿被侵权人因该侵权行为所遭受的损失,没收非法所得并处以5000元以上、5万元以下罚款。根据民法通则和《企业名称登记管理规定》的前述规定,为了避免混淆和防止不正当竞争行为的发生,经登记注册的企业名称在同一登记主管辖区内具有专用权,可以排斥他人使用相同或者近似的企业名称。侵犯企业名称权的,要承担停止侵害、赔偿损失等民事责任。《不正当竞争解释》第6条第1款规定:"企业登记主管机关依法登记注册的企业名称,以及在中国境内进行商业使用的外国(地区)企业名称,应当认定为反不正当竞争法第五条第(三)项规定的'企业名称'。具有一定的市场知名度、为相关公众所知悉的企业名称中的字号,可以认定为反不正当竞争法第五条第(三)项规定的'企业名称'。"由此可见,我国法律规定了企业名称权,司法解释将企业名称扩展到公众知悉的字号。但是,对于企业名称的简称如何进行保护,没有作出明确规定。本指导案例指出,对于企业长期、广泛对外使用,具有一定市场知名度、为相关公众所知悉,已实际具有商号作用的企业名称简称,也应当视为企业名称予以保护。这不仅符合防止混淆,制止不正当竞争的现实需要,而且符合保护企业名称权(名称的含义包括全称和简称)的立法精神,也与有关司法解释

---

① Denis Keenan and Sarah Riches, Business Law (Second Edition), (Pitman), P107—108.

保护公众知悉字号的规定协调一致。需要注意的是，只有实际具有商号作用的企业名称简称，才能视为企业名称，而没有市场知名度、相关公众并不知悉、没有商号作用的企业名称简称，则不能视为企业名称进行保护。

本指导案例中，天津中国青年旅行社（以下简称天津青旅）是原告1986年成立以来一直使用的企业名称，原告享有企业名称专用权。"天津青旅"作为其企业名称的简称，于2007年就已在经营活动中被广泛使用，相关宣传报道和客户也以"天津青旅"指代天津中国青年旅行社，经过多年在经营活动中使用和宣传，已享有一定市场知名度，为相关公众所知悉，已与天津中国青年旅行社之间建立起稳定的关联关系，具有可以识别经营主体的商业标识作用。所以，可以将"天津青旅"视为企业名称与"天津中国青年旅行社"共同加以保护。至于被告天津国青国际旅行社（以下简称天津国青旅）在网站网页顶端显示的"青年旅行社青旅"字样，不是原告具有商号作用的企业名称简称，并非原告企业名称的保护范围。

（二）关于擅自使用他人企业名称问题

本案例是一起擅自使用他人企业名称的不正当竞争纠纷案件。与一般不正当竞争纠纷相比，新颖之处在于被告擅自使用他人企业名称的行为与互联网搜索引擎服务的结合。我国反不正当竞争法第五条第（三）项规定，经营者不得采用擅自使用他人的企业名称，引人误认为是他人的商品等不正当手段，从事市场交易，损害竞争对手，扰乱市场秩序。因此，经营者有擅自将他人的企业名称或简称作为互联网竞价排名关键词的行为，使公众产生混淆误认的，应当认定为不正当竞争。下面予以说明。

1. 关于竞价排名中擅自使用他人企业名称

搜索引擎是一种互联网检索定位服务，当网络用户在搜索框中输入关键词后，搜索引擎将包含该关键词的网页，按预设规则排列出来，得到搜索结果。网络用户检索关键词，会出现两类搜索结果。一类是普通搜索结果，其排列方式是按照相关性规则，根据搜索结果页面包含的关键词数量、相关性、页面点击量等因素排列，排名越靠前的网页，其与关键词的相关性越高。另一类是竞价排名的搜索结果，其排列方式与推广用户对关键词的出价高低直接相关。所谓竞价排名，是搜索引擎服务商提供的一种按效果付费的网络推广方式。推广用户选择一定的关键词，为每个关键词设定单价。对于同一关键词，设定单价越高的推广用户，其搜索结果的排名越靠前。搜索引擎服务商根据因特网用户点击投放的推广链接次数进行计费。根据竞价排名的规则，推广用户的网站内容与关键词是否有关、关联性大小、页面点击量高低等因素，不再影响竞价排名的搜索结果。搜索引擎服务商为达到商业推广的目的，往往将竞价排名搜索结果置于普通搜索结果之前或其他较明显的页面位置。这实际上是利用了网络用户对搜索结果自然排名的使用习惯——网络用户倾向于首先点击排名靠前的网页链接。因此,竞价排名是一种人工干预的商业推广模式,具有一定的广告推介性质。

本指导案例中,被告在百度和谷歌网站上均投放了竞价排名广告,其投放的推广信息为"天津中国青年旅行社网上营业厅 www.lechuyou.com 天津国青网上在线营业厅,是您理想选择,出行提供优质、贴心、舒心的服务",或"天津青旅网上营业厅 www.lechuyou.com 天津国青网上在线营业厅,是您理想选择,出行提供优质、贴心、舒心的服务"。被告的推广信息不仅包含原告的企业名称和简称,而且自称是"天津中国青年旅行社网上营业厅"及"天津青旅网上营业厅"。被告擅自将"天津中国青年旅行社"以及"天津青旅"设定为推广链接关键词,当网络用户想要检索与原告相关的信息时,在搜索框中无论输入全称"天津中国青年旅行社"还是简称"天津青旅",被告网站的推广信息就会先出现在搜索结果页面顶部的"推广链接"位置。

2. 关于商业使用中的混淆误认

根据前述反不正当竞争法第五条和《不正当竞争解释》第6条规定,擅自使用他人企业名称或者公众知悉的企业名称中的字号,引人误认为是他人的商品或者服务的,构成不正当竞争。本指导案例指出,擅自在商业活动中使用他人企业名称简称,使相关公众产生混淆误认的,也属于不正当竞争。对于商业使用,《不正当竞争解释》第7条明确指出,在中国境内进行商业使用,包括将知名商品特有的名称、包装、装潢或者企业名称、姓名用于商品、商品包装以及商品交易文书上,或者用于广告宣传、展览以及其他商业活动中,应当认定为反不正当竞争法第五条第(二)项、第(三)项规定的"使用"。对于误认,该司法解释第4条第1款规定,足以使相关公众对商品的来源产生误认,包括误认为与知名商品的经营者具有许可使用、关联企业关系等特定联系的,应当认定为反不正当竞争法第五条第(二)项规定的"造成和他人的知名商品相混淆,使购买者误认为是该知名商品"。

本指导案例中,原告和被告均为提供旅游服务的企业,原告天津青旅成立于1986年,在其经营地域范围内享有较高的知名度和较好的商誉;被告天津国青旅成立于2010年,与原告无特定联系。被告作为从事旅游服务的经营者,未经原告许可,通过在相关搜索引擎中设置与天津青旅企业名称有关的关键词并在网站源代码中使用等手段,使相关公众在搜索"天津中国青年旅行社"或"天津青旅"关键词时,直接显示天津国青旅的网站链接,从而进入天津国青旅的网站联系旅游业务。虽然在被告推广链接指向的网站页面上,并未使用原告的企业名称或简称,但是搜索链接作为进入网站的重要指示标志及入口,对网站的产品、服务等内容起到重要的广告宣传、提示和推介作用。被告在网上擅自使用"天津中国青年旅行社网上营业厅"及"天津青旅网上营业厅",足以使相关公众产生混淆误认。即使网络用户进入被告网站后发现并非是想要检索的原告网站,但被告也是旅游企业,会使网络用户产生既然进入就不妨浏览的想法,从而可能最终选择被告网站中介绍的旅游服务,客观上达到利用网络用户的初始混淆争夺潜在客户的效果。因此,被告在网络上擅自使用他人的"天津中国青年旅行社"及"天津青旅",引人误认为与知名旅游服务的经营者具有许可使用、关联企业关系等特定联系,损害了天津青旅的合法权益,其行为属于不正当竞争行为。天津国青旅作为与天津青旅同业的竞争者,在明知天津青旅企业名称及简称享有较高知名度的情况下,仍擅自使用,有借他人之名谋取商业利益的意图,主观上有恶意。故依照民法通则第一百二十条规定,天津国青旅应当承担停止侵害、消除影响、赔偿损失的民事责任。

### 三、需要说明的问题

关于网络服务提供者民事责任问题。网络侵权的实施离不开网络,网络服务提供者是否承担侵权责任呢?根据我国侵权责任法第三十六条规定,网络用户、网络服务提供者利用网络侵害他人民事权益的,应当承担侵权责任。网络用户利用网络服务实施侵权行为的,被侵权人有权通知网络服务提供者采取删除、屏蔽、断开链接等必要措施。网络服务提供者接到通知后未及时采取必要措施的,对损害的扩大部分与该网络用户承担连带责任。网络服务提供者知道网络用户利用其网络服务侵害他人民事权益,未采取必要措施的,与该网络用户承担连带责任。自 2014 年 10 月 10 日起施行的最高人民法院《关于审理利用信息网络侵害人身权益民事纠纷案件适用法律若干问题的规定》,对侵权责任法第三十六条中的"通知""及时"和"知道"的认定,进行了明确。[1] 自 2013 年 1 月 1 日起施行的最高人民法院《关于审理侵害信息网络传播权民事纠纷案件适用法律若干问题的规定》第 6 条规定,原告有初步证据证明网络服务提供者提供了相关作品等,但网络服务提供者能够证明仅提供网络服务,且无过错的,不构成侵权。

根据前述规定,过错是网络服务提供者侵权成立的要件,没有过错的,不承担侵权责任。判断网络服务提供者是否具有过错,要看其是否违反了注意义务,违反了注意义务就具有过错。网络服务提供者注意义务包括采取预防侵权的合理措施、在知道网络用户侵权情况下及时删除侵权作品、对权利人的通知及时采取必要措施。[2] 这在理论上有"红旗原则",即如果侵权的事实显而易见,就像是红旗一样飘扬,网络服务提供者就不能以不知道侵权的理由来推脱法律责任。"红旗原则"要求网络服务提供者尽到合理注意义务,不能对非常

---

[1]《最高人民法院关于审理利用信息网络侵害人身权益民事纠纷案件适用法律若干问题的规定》,载《人民法院报》2014 年 10 月 10 日。

[2] 赵克:《网络服务提供者的责任承担》,载《人民司法·应用》2014 年第 19 期。

明显的侵权内容或链接不闻不问。否则，就可以认定其主观上有过错，不再享受"避风港原则"所谓"通知加删除"免责条款的庇护，而应当对用户或第三方的直接侵权承担共同侵权责任。由此可见，如果网络服务提供者不知道网络用户利用其网络侵权，或者接到被侵权人的通知后及时采取删除、屏蔽、断开链接等必要措施的，则不承担侵权责任。

本指导案例中，被告擅自使用他人的企业名称或者简称，争夺潜在客户的不正当行为，是在网络上实施的。网络服务提供者百度公司与谷歌公司在被告实施不正当竞争行为过程中，即百度公司与谷歌公司在推广链接中的行为是否构成帮助侵权，需要结合有关证据作出妥当判断。由于本案原告没有起诉网络服务提供者，根据不告不理原则，法院对此没有审理。如果被侵权人起诉网络服务提供者，并能够提供其侵权证据的，网络服务提供者与该网络用户要承担连带责任。由此也警示网络服务提供者，要依法提供网络服务，认真履行《互联网电子公告服务管理规定》所规定的事前提示和事后监督义务，在推广链接业务中认真审查网络用户的企业营业执照等相关文件材料，不能放任网络用户随意设置关键词，更不能把与网络用户无关的其他企业的名称、字号、商标等作为关键词，从而避免侵害他人民事权益。

（执笔人：吴光侠）

指导案例 46 号

# 山东鲁锦实业有限公司诉鄄城县鲁锦工艺品有限责任公司、济宁礼之邦家纺有限公司侵害商标权及不正当竞争纠纷案

（最高人民法院审判委员会讨论通过　2015 年 4 月 15 日发布）

**关键词**

民事　商标侵权　不正当竞争　商品通用名称

**裁判要点**

判断具有地域性特点的商品通用名称，应当注意从以下方面综合分析：

1. 该名称在某一地区或领域约定俗成，长期普遍使用并为相关公众认可；

2. 该名称所指代的商品生产工艺经某一地区或领域群众长期共同劳动实践而形成；

3. 该名称所指代的商品生产原料在某一地区或领域普遍生产。

**相关法条**

《中华人民共和国商标法》第五十九条

**基本案情**

原告山东鲁锦实业有限公司（以下简称鲁锦公司）诉称：被告鄄城县鲁锦工艺品有限责任公司（以下简称鄄城鲁锦公司）、济宁礼之邦家纺有限公司（以下简称礼之邦公司）大量生产、销售标有"鲁锦"字样的鲁锦产品，侵犯其"鲁锦"注册商标专用权。鄄城鲁锦公司企业名称中含有原告的"鲁锦"注册商标字样，误导消费者，构成不正当竞争。"鲁锦"不是通用名称。请求判令二被告承担侵犯商标专用权和不正当竞争的法律责任。

被告鄄城鲁锦公司辩称：原告鲁锦公司注册成立前及鲁锦商标注册完成前，"鲁锦"已成为通用名称。按照有关规定，其属于"正当使用"，不构成商标侵权，也不构成不正当竞争。

被告礼之邦公司一审未作答辩，二审上诉称："鲁锦"是鲁西南一带民间纯棉手工纺织品的通用名称，不知道"鲁锦"是鲁锦公司的注册商标，接到诉状后已停止相关使用行为，故不应承担赔偿责任。

法院经审理查明：鲁锦公司的前身嘉祥县瑞锦民间工艺品厂于 1999 年 12 月 21 日取得注册号为第 1345914 号的"鲁锦"文字商标，有效期为 1999 年 12 月 21 日至 2009 年 12 月 20 日，核定使用商品为第 25 类服装、鞋、帽类。

鲁锦公司又于2001年11月14日取得注册号为第1665032号的"Lj＋LUJIN"的组合商标，有效期为2001年11月14日至2011年11月13日，核定使用商品为第24类的"纺织物、棉织品、内衣用织物、纱布、纺织品、毛巾布、无纺布、浴巾、床单、纺织品家具罩等"。嘉祥县瑞锦民间工艺品厂于2001年2月9日更名为嘉祥县鲁锦实业有限公司，后于2007年6月11日更名为山东鲁锦实业有限公司。

鲁锦公司在获得"鲁锦"注册商标专用权后，在多家媒体多次宣传其产品及注册商标，并于2006年3月被"中华老字号"工作委员会接纳为会员单位。鲁锦公司经过多年努力及长期大量的广告宣传和市场推广，其"鲁锦"牌系列产品，特别是"鲁锦"牌服装在国内享有一定的知名度。2006年11月16日，"鲁锦"注册商标被审定为山东省著名商标。

2007年3月，鲁锦公司从礼之邦鲁锦专卖店购买到由鄄城鲁锦公司生产的同鲁锦公司注册商标所核定使用的商品相同或类似的商品，该商品上的标签（吊牌）、包装盒、包装袋及店堂门面上均带有"鲁锦"字样。在该店门面上"鲁锦"已被突出放大使用，其出具的发票上加盖的印章为礼之邦公司公章。

鄄城鲁锦公司于2003年3月3日成立，在产品上使用的商标是"精一坊文字＋图形"组合商标，该商标已申请注册，但尚未核准。2007年9月，鄄城鲁锦公司申请撤销鲁锦公司已注册的第1345914号"鲁锦"商标，国家工商总局商标评审委员会已受理但未作出裁定。

一审法院根据鲁锦公司的申请，依法对鄄城鲁锦公司、礼之邦公司进行了证据保全，发现二被告处存有大量同"鲁锦"注册商标核准使用的商品同类或者类似的商品，该商品上的标签（吊牌）、包装盒、包装袋、商品标价签以及被告店堂门面上均带有原告注册商标"鲁锦"字样。被控侵权商品的标签（吊牌）、包装盒、包装袋上已将"鲁锦"文字放大，作为商品的名称或者商品装潢醒目突出使用，且包装袋上未标识生产商及其地址。

另查明：鲁西南民间织锦是一种山东民间纯棉手工纺织品，因其纹彩绚丽、灿烂似锦而得名，在鲁西南地区已有上千年的历史，是历史悠久的齐鲁文化的一部分。从20世纪80年代中期开始，鲁西南织锦开始被开发利用。1986年1月8日，在济南举行了"鲁西南织锦与现代生活展览汇报会"。1986年8月20日，在北京民族文化宫举办了"鲁锦与现代生活展"。1986年前后，《人民日报》《经济参考》《农民日报》等报刊发表"鲁锦"的专题报道，中央电视台、山东电视台也拍摄了多部"鲁锦"的专题片。自此，"鲁锦"作为山东民间手工棉纺织品的通称被广泛使用。此后，鲁锦的研究、开发和生产逐渐普及并不断发展壮大。1987年11月15日，为促进鲁锦文化与现代生活的进一步结合，加拿大国际发展署（CIDA）与中华全国妇女联合会共同在鄄城县杨屯村举行了双边合作项目—鄄城杨屯妇女鲁锦纺织联社培训班。

山东省及济宁、菏泽等地方史志资料在谈及历史、地方特产或传统工艺时，对"鲁锦"也多有记载，均认为"鲁锦"是流行在鲁西南地区广大农村的一种以棉纱为主要原料的传统纺织产品，是山东的主要民间美术品种之一。相关工具书及出版物也对"鲁锦"多有介绍，均认为"鲁锦"是山东民间手工织花棉布，以棉花为主要原料，手工织线、染色、织造，俗称"土布"或"手织布"，因此布色彩斑斓，似锦似绣，故称为"鲁锦"。

1995年12月25日，山东省文物局作出《关于建设"中国鲁锦博物馆"的批复》，同意菏泽地区文化局在鄄城县成立"中国鲁锦博物馆"。2006年12月23日，山东省人民政府公布第一批省级非物质文化遗产，其中山东省文化厅、鄄城县、嘉祥县申报的"鲁锦民间手工技艺"被评定为非物质文化遗产。2008年6月7日，国务院国发〔2008〕19号文件确定由山东省鄄城县、嘉祥县申报的"鲁锦织造技艺"被列入第二批国家级非物质文化遗产名录。

**裁判结果**

山东省济宁市中级人民法院于2008年8月25日作出（2007）济民五初字第6号民事判决：一、鄄城鲁锦公司于判决生效之日立即停止在其生产、销售的第25类服装类系列商品上使用"鲁锦"作为其商品名称或者商品装潢，并于判决生效之日起30日内，消除其现存被控侵权产品上标明的"鲁锦"字样；礼之邦公司立即停止销售鄄城鲁锦公司生产的被控侵权商品。二、鄄城鲁锦公司于判决生效之日起15日内赔偿鲁锦公司经济损失25万元；礼之邦公司赔偿鲁锦公司经济损失1万元。三、鄄城鲁锦公司于判决生效之日起30日内变更企业名称，变更后的企业名称中不得包含"鲁锦"文字；礼之邦公司于判决生效之日立即消除店堂门面上的"鲁锦"字样。宣判后，鄄城鲁锦公司与礼之邦公司提出上诉。山东省高级人民法院于2009年8月5日作出（2009）鲁民三终字第34号民事判决：撤销山东省济宁市中级人民法院（2007）济民五初字第6号民事判决；驳回鲁锦公司的诉讼请求。

**裁判理由**

法院生效裁判认为：根据本案事实可以认定，在1999年鲁锦公司将"鲁锦"注册为商标之前，已是山东民间手工棉纺织品的通用名称，"鲁锦"织造技艺为非物质文化遗产。鄄城鲁锦公司、济宁礼之邦公司的行为不构成商标侵权，也非不正当竞争。

首先，"鲁锦"已成为具有地域性特点的棉纺织品的通用名称。商品通用名称是指行业规范或社会公众约定俗成的对某一商品的通常称谓。该通用名称可以是行业规范规定的称谓，也可以是公众约定俗成的简称。鲁锦指鲁西南民间纯棉手工织锦，其纹彩绚丽灿烂似锦，在鲁西南地区已有上千年的历史。"鲁锦"作为具有山东特色的手工纺织品的通用名称，为国家主流媒体、各类专业报纸以及山东省新闻媒体所公认,山东省、济宁、菏泽、嘉祥、鄄城的省市县三级史志资料均将"鲁锦"记载为传统鲁西南民间织锦的"新名",有关工艺美术和艺术的工具书中也确认"鲁锦"就是产自山东的一种民间纯棉手工纺织品。"鲁锦"织造工艺历史悠久,在提到"鲁锦"时,人们想到的就是传统悠久的山东民间手工棉纺织品及其织造工艺。"鲁锦织造技艺"被确定为国家级非物质文化遗产。"鲁锦"代表的纯棉手工纺织生产工艺并非由某一自然人或企业法人发明而成,而是由山东地区特别是鲁西南地区人民群众长期劳动实践而形成。"鲁锦"代表的纯棉手工纺织品的生产原料亦非某一自然人或企业法人特定种植,而是山东不特定地区广泛种植的棉花。自20世纪80年代中期后,经过媒体的大量宣传,"鲁锦"已成为以棉花为主要原料、手工织线、染色、织造的山东地区民间手工纺织品的通称,且已在山东地区纺织行业领域内通用,并被相关社会公众所接受。综上,可以认定"鲁锦"是山东地区特别是鲁西南地区民间纯棉手工纺织品的通用名称。

关于鲁锦公司主张"鲁锦"这一名称不具有广泛性,在我国其他地方也出产老粗布,但不叫"鲁锦"。对此法院认为,对于具有地域性特点的商品通用名称,判断其广泛性应以特定产区及相关公众为标准,而不应以全国为标准。我国其他省份的手工棉纺织品不叫"鲁锦",并不影响"鲁锦"专指山东地区特有的民间手工棉纺织品这一事实。

关于鲁锦公司主张"鲁锦"不具有科学性,棉织品应称为"棉"而不应称为"锦"。对此法院认为,名称的确定与其是否符合科学没有必然关系,对于已为相关公众接受、指代明确、约定俗成的名称,即使有不科学之处,也不影响其成为通用名称。关于鲁锦公司还主张"鲁锦"不具有普遍性,山东省内有些经营者、消费者将这种民间手工棉纺织品称为"粗布"或"老土布"。对此法院认为,"鲁锦"这一称谓是20世纪80年代中期确定的新名称,经过多年宣传与使用,现已为相关公众所知悉和接受。"粗布""老土布"等旧有名称的存在,不影响"鲁锦"通用名称的认定。

其次,注册商标中含有的本商品的通用名称,注册商标专用权人无权禁止他人正当使用。《中华人民共和国商标法实施条例》第四十九条规定:"注册商标中含有的本商品的通用名称、图形、型号,或者直接表示商品的质量、主要原料、功能、用途、重量、数量及其他特点,或者含有地名,注册商标专用权人无权禁止他人正当使用。"商标的作用主要为识别性,即消费者能够依不同的商标而区别相应的商品及服务的提供者。保护商标权的目的,就是防止对商品及服务的来源产生混淆。由于鲁锦公司"鲁锦"文字商标和"Lj+LUJIN"组合商标,与作为山东民间手工棉纺织品通用名称的"鲁锦"一致,其应具备的显著性区别特征因此趋于弱化。"鲁锦"虽不是鲁锦服装的通用名称,但却是山东民间手工棉纺织品的通用名称。

商标注册人对商标中通用名称部分不享有专用权，不影响他人将"鲁锦"作为通用名称正当使用。鲁西南地区有不少以鲁锦为面料生产床上用品、工艺品、服饰的厂家，这些厂家均可以正当使用"鲁锦"名称，在其产品上叙述性标明其面料采用鲁锦。

本案中，鄄城鲁锦公司在其生产的涉案产品的包装盒、包装袋上使用"鲁锦"两字，虽然在商品上使用了鲁锦公司商标中含有的商品通用名称，但仅是为了表明其产品采用鲁锦面料，其生产技艺具备鲁锦特点，并不具有侵犯鲁锦公司"鲁锦"注册商标专用权的主观恶意，也并非作为商业标识使用，属于正当使用，故不应认定为侵犯"鲁锦"注册商标专用权的行为。基于同样的理由，鄄城鲁锦公司在其企业名称中使用"鲁锦"字样，也系正当使用，不构成不正当竞争。礼之邦公司作为鲁锦制品的专卖店，同样有权使用"鲁锦"字样，亦不构成对"鲁锦"注册商标专用权的侵犯。

此外，鲁锦公司的"鲁锦"文字商标和"Lj+LUJIN"的组合商标已经国家商标局核准注册并核定使用于第25类、第24类商品上，该注册商标专用权应依法受法律保护。虽然鄄城鲁锦公司对此商标提出撤销申请，但在国家商标局商标评审委员会未撤销前，仍应依法保护上述有效注册商标。鉴于"鲁锦"是注册商标，为规范市场秩序，保护公平竞争，鄄城鲁锦公司在今后使用"鲁锦"字样以标明其产品面料性质的同时，应合理避让鲁锦公司的注册商标专用权，应在其产品包装上突出使用自己的"精一坊"商标，以显著区别产品来源，方便消费者识别。

商标注册人对商标中通用名称部分不享有专用权，不影响他人将"鲁锦"作为通用名称正当使用。鲁西南地区有不少以鲁锦为面料生产床上用品、工艺品、服饰的厂家，这些厂家均可以正当使用"鲁锦"名称，在其产品上叙述性标明其面料采用鲁锦。

本案中，鄄城鲁锦公司在其生产的涉案产品的包装盒、包装袋上使用"鲁锦"两字，虽然在商品上使用了鲁锦公司商标中含有的商品通用名称，但仅是为了表明其产品采用鲁锦面料，其生产技艺具备鲁锦特点，并不具有侵犯鲁锦公司"鲁锦"注册商标专用权的主观恶意，也并非作为商业标识使用，属于正当使用，故不应认定为侵犯"鲁锦"注册商标专用权的行为。基于同样的理由，鄄城鲁锦公司在其企业名称中使用"鲁锦"字样，也系正当使用，不构成不正当竞争。礼之邦公司作为鲁锦制品的专卖店，同样有权使用"鲁锦"字样，亦不构成对"鲁锦"注册商标专用权的侵犯。

此外，鲁锦公司的"鲁锦"文字商标和"Lj+LUJIN"的组合商标已经国家商标局核准注册并核定使用于第25类、第24类商品上，该注册商标专用权应依法受法律保护。虽然鄄城鲁锦公司对此商标提出撤销申请，但在国家商标局商标评审委员会未撤销前，仍应依法保护上述有效注册商标。鉴于"鲁锦"

是注册商标，为规范市场秩序，保护公平竞争，鄄城鲁锦公司在今后使用"鲁锦"字样以标明其产品面料性质的同时，应合理避让鲁锦公司的注册商标专用权，应在其产品包装上突出使用自己的"精一坊"商标，以显著区别产品来源，方便消费者识别。

**附：相关司法文件**

## 最高人民法院
## 印发《关于审理商标授权确权行政案件若干问题的意见》的通知

2010 年 4 月 20 日　　　　　　　　法发〔2010〕12 号

各省、自治区、直辖市高级人民法院，解放军军事法院，新疆维吾尔自治区高级人民法院生产建设兵团分院：

现将《最高人民法院关于审理商标授权确权行政案件若干问题的意见》印发给你们，请认真贯彻执行。

附：

## 关于审理商标授权确权行政案件若干问题的意见

自 2001 年 12 月 1 日《全国人民代表大会常务委员会关于修改〈中华人民共和国商标法〉的决定》施行以来，人民法院开始依法受理和审理利害关系人诉国家工商行政管理总局商标评审委员会作出的商标驳回复审、商标异议复审、商标争议、商标撤销复审等具体行政行为的商标授权确权行政案件，对相关法律适用问题进行了积极探索，积累了较为丰富的审判经验。为了更好地审理商标授权确权行政案件，进一步总结审判经验，明确和统一审理标准，最高人民法院先后召开多次专题会议和进行专题调研，广泛听取相关法院、相关部门和专家学者的意见，对于审理商标授权确权行政案件中的法律适用问题进行了研究和总结。在此基础上，根据《中华人民共和国商标法》、《中华人民共和国行政诉讼法》等法律规定，结合审判实际，对审理此类案件提出如下意见：

1. 人民法院在审理商标授权确权行政案件时，对于尚未大量投入使用的诉争商标，在审查判断商标近似和商品类似等授权确权条件及处理与在先商业标志冲突上，可依法适当从严掌握商标授权确权的标准，充分考虑消费者和同业经营者的利益，有效遏制不正当抢注行为，注重对于他人具有较高知名度和较强显著性的在先商标、企业名称等商业标志权益的保护，尽可能消除商业标志混淆的可能性；对于使用时间较长、已建立较高市场声誉和形成相关公众群体的诉争商标，应当准确把握商标法有关保护在先商业标志权益与维护市场秩序相协调的立法精神，充分尊重相关公众已在客观上将相关商业标志区别开来的市场实际，注重维护已经形成和稳定的市场秩序。

2. 实践中，有些标志或者其构成要素虽有夸大成分，但根据日常生活经验或者相关公众的通常认识等并不足以引人误解。对于这种情形，人民法院不宜将其认定为夸大宣传并带有欺骗性的标志。

3. 人民法院在审查判断有关标志是否构成具有其他不良影响的情形时，应当考虑该标志或者其构成要素是否可能对我国政治、经济、文化、宗教、民族等社会公共利益和公共秩序产生消极、负面影响。如果有关标志的注册仅损害特定民事权益，由于商标法已经另行规定了救济方式和相应程序，不宜认定其属于具有其他不良影响的情形。

4. 根据商标法的规定，县级以上行政区划的地名或者公众知晓的外国地名一般不得作为商标注册和使用。实践中，有些商标由地名和其他要素组成，在这种情形下，如果商标因有其他要素的加入，在整体上具有显著特征，而不再具有地名含义或者不以地名为主要含义的，就不宜因其含有县级以上行政区划的地名或者公众知晓的外国地名，而认定其属于不得注册的商标。

5. 人民法院在审理商标授权确权行政案件时，应当根据诉争商标指定使用商品的相关公众的通常认识，从整体上对商标是否具有显著特征进行审查判断。标志中含有的描述性要素不影响商标整体上具有显著特征的，或者描述性标志是以独特方式进行表现，相关公众能够以其识别商品来源的，应当认定其具有显著特征。

6. 人民法院在审理商标授权确权行政案件时，应当根据中国境内相关公众的通常认识，审查判断诉争外文商标是否具有显著特征。诉争标志中的外文虽有固有含义，但相关公众能够以该标志识别商品来源的，不影响对其显著特征的认定。

7. 人民法院在判断诉争商标是否为通用名称时，应当审查其是否属于法定的或者约定俗成的商品名称。依据法律规定或者国家标准、行业标准属于商品通用名称的，应当认定为通用名称。相关公众普遍认为某一名称能够指代一类商品的，应当认定该名称为约定俗成的通用名称。被专业工具书、辞典列为商品名称的，可以作为认定约定俗成的通用名称的参考。

约定俗成的通用名称一般以全国范围内相关公众的通常认识为判断标准。对于由于历史传统、风土人情、地理环境等原因形成的相关市场较为固定的商品，在该相关市场内通用的称谓，可以认定为通用名称。

申请人明知或者应知其申请注册的商标为部分区域内约定俗成的商品名称的，应视其申请注册的商标为通用名称。

8. 人民法院审查判断诉争商标是否属于通用名称，一般以提出商标注册申请时的事实状态为准。如果申请时不属于通用名称，但在核准注册时诉争商标已经成为通用名称的，仍应认定其属于本商品的通用名称；虽在申请时属于本商品的通用名称，但在核准注册时已经不是通用名称的，则不妨碍其取得注册。

9. 如果某标志只是或者主要是描述、说明所使用商品的质量、主要原料、功能、用途、重量、数量、产地等特点，应当认定其不具有显著特征。标志或者其构成要素暗示商品的特点，但不影响其识别商品来源功能的，不属于上述情形。

10. 人民法院审理涉及驰名商标保护的商标授权确权行政案件，可以参照《最高人民法院关于审理涉及驰名商标保护的民事纠纷案件应用法律若干问题的解释》第五条、第九条、第十条等相关规定。

11. 对于已经在中国注册的驰名商标，在不相类似商品上确定其保护范围时，要注意与其驰名程度相适应。对于社会公众广为知晓的已经在中国注册的驰名商标，在不相类似商品上确定其保护范围时，要给予与其驰名程度相适应的较宽范围的保护。

12. 商标代理人、代表人或者经销、代理等销售代理关系意义上的代理人、代表人未经授权，以自己的名义将被代理人或者被代表人商标进行注册的，人民法院应当认定属于代理人、代表人抢注被代理人、被代表人商标的行为。审判实践中，有些抢注行为发生在代理、代表关系尚在磋商的阶段，即抢注在先，代理、代表关系形成在后，此时应将其视为代理人、代表人的抢注行为。与上述代理人或者代表人有串通合谋抢注行为的商标注册申请人，可以视其为代理人或者代表人。对于串通合谋抢注行为，可以视情况根据商标注册申请人与上述代理人或者代表人之间的特定身份关系等进行推定。

13. 代理人或者代表人不得申请注册的商标标志，不仅包括与被代理人或者被代表人商标相同的标志，也包括相近似的标志；不得申请注册的商品既包括与被代理人或者被代表人商标所使用的商品相同的商品，也包括类似的商品。

14. 人民法院在审理商标授权确权行政案件中判断商品类似和商标近似，可以参照《最高人民法院关于审理商标民事纠纷案件适用法律若干问题的解释》的相关规定。

15. 人民法院审查判断相关商品或者服务是否类似，应当考虑商品的功能、用途、生产部门、销售渠道、消费群体等是否相同或者具有较大的关联性；服务的目的、内容、方式、对象等是否相同或者具有较大的关联性；商品和服务之间是否具有较大的关联性，是否容易使相关公众认为商品或者服务是同一主体提供的，或者其提供者之间存在特定联系。《商标注册用商品和服国际分类表》、《类似商品和服务区分表》可以作为判断类似商品或者服务的参考。

16. 人民法院认定商标是否近似，既要考虑商标标志构成要素及其整体的近似程度，也要考虑相关商标的显著性和知名度、所使用商品的关联程度等因素，以是否容易导致混淆作为判断标准。

17. 要正确理解和适用商标法第三十一条关于"申请商标注册不得损害他人现有的在先权利"的概括性规定。人民法院审查判断诉争商标是否损害他人现有的在先权利时，对于商标法已有特别规定的在先权利，按照商标法的特别规定予以保护；商标法虽无特别规定，但根据民法通则和其他法律的规定属于应予保护的合法权益的，应当根据该概括性规定给予保护。

人民法院审查判断诉争商标是否损害他人现有的在先权利，一般以诉争商标申请日为准。如果在先权利在诉争商标核准注册时已不存在的，则不影响诉争商标的注册。

18. 根据商标法的规定，申请人不得以不正当手段抢先注册他人已经使用并有一定影响的商标。如果申请人明知或者应知他人已经使用并有一定影响的商标而予以抢注，即可认定其采用了不正当手段。

在中国境内实际使用并为一定范围的相关公众所知晓的商标，即应认定属于已经使用并有一定影响的商标。有证据证明在先商标有一定的持续使用时间、区域、销售量或者广告宣传等的，可以认定其有一定影响。

对于已经使用并有一定影响的商标，不宜在不相类似商品上给予保护。

19. 人民法院在审理涉及撤销注册商标的行政案件时，审查判断诉争商标是否属于以其他不正当手段取得注册，要考虑其是否属于欺骗手段以外的扰乱商标注册秩序、损害公共利益、不正当占用公共资源或者以其他方式谋取不正当利益的手段。对于只是损害特定民事权益的情形，则要适用商标法第四十一条第二款、第三款及商标法的其他相应规定进行审查判断。

20. 人民法院审理涉及撤销连续三年停止使用的注册商标的行政案件时，应当根据商标法有关规定的立法精神，正确判断所涉行为是否构成实际使用。

商标权人自行使用、许可他人使用以及其他不违背商标权人意志的使用，均可认定属于实际使用的行为。实际使用的商标与核准注册的商标虽有细微差别，但未改变其显著特征的，可以视为注册商标的使用。没有实际使用注册商标，仅有转让或许可行为，或者仅有商标注册信息的公布或者对其注册商标享有专有权的声明等的，不宜认定为商标使用。

如果商标权人因不可抗力、政策性限制、破产清算等客观事由，未能实际使用注册商标或者停止使用，或者商标权人有真实使用商标的意图，并且有实际使用的必要准备，但因其他客观事由尚未实际使用注册商标的，均可认定有正当理由。

第四编

专利权　技术合同

# 最高人民法院
# 关于对诉前停止侵犯专利权行为适用法律问题的若干规定

法释〔2001〕20号

(2001年6月5日最高人民法院审判委员会第1179次会议通过 2001年6月7日最高人民法院公告公布 自2001年7月1日起施行)

为切实保护专利权人和其他利害关系人的合法权益,根据《中华人民共和国民法通则》、《中华人民共和国专利法》(以下简称专利法)、《中华人民共和国民事诉讼法》(以下简称民事诉讼法)的有关规定,现就有关诉前停止侵犯专利权行为适用法律若干问题规定如下:

**第一条** 根据专利法第六十一条的规定,专利权人或者利害关系人可以向人民法院提出诉前责令被申请人停止侵犯专利权行为的申请。

提出申请的利害关系人,包括专利实施许可合同的被许可人、专利财产权利的合法继承人等。专利实施许可合同被许可人中,独占实施许可合同的被许可人可以单独向人民法院提出申请;排他实施许可合同的被许可人在专利权人不申请的情况下,可以提出申请。

**第二条** 诉前责令停止侵犯专利权行为的申请,应当向有专利侵权案件管辖权的人民法院提出。

**第三条** 专利权人或者利害关系人向人民法院提出申请,应当递交书面申请状;申请状应当载明当事人及其基本情况、申请的具体内容、范围和理由等事项。申请的理由包括有关行为如不及时制止会使申请人合法权益受到难以弥补的损害的具体说明。

**第四条** 申请人提出申请时,应当提交下列证据:

(一)专利权人应当提交证明其专利权真实有效的文件,包括专利证书、权利要求书、说明书、专利年费交纳凭证。提出的申请涉及实用新型专利的,申请人应当提交国务院专利行政部门出具的检索报告。

(二)利害关系人应当提供有关专利实施许可合同及其在国务院专利行政部门备案的证明材料,未经备案的应当提交专利权人的证明,或者证明其享有权利的其他证据。

排他实施许可合同的被许可人单独提出申请的，应当提交专利权人放弃申请的证明材料。

专利财产权利的继承人应当提交已经继承或者正在继承的证据材料。

（三）提交证明被申请人正在实施或者即将实施侵犯其专利权的行为的证据，包括被控侵权产品以及专利技术与被控侵权产品技术特征对比材料等。

**第五条** 人民法院作出诉前停止侵犯专利权行为的裁定事项，应当限于专利权人或者利害关系人申请的范围。

**第六条** 申请人提出申请时应当提供担保，申请人不提供担保的，驳回申请。

当事人提供保证、抵押等形式的担保合理、有效的，人民法院应当准予。

人民法院确定担保范围时，应当考虑责令停止有关行为所涉及产品的销售收入，以及合理的仓储、保管等费用；被申请人停止有关行为可能造成的损失，以及人员工资等合理费用支出；其他因素。

**第七条** 在执行停止有关行为裁定过程中，被申请人可能因采取该项措施造成更大损失的，人民法院可以责令申请人追加相应的担保。申请人不追加担保的，解除有关停止措施。

**第八条** 停止侵犯专利权行为裁定所采取的措施，不因被申请人提出反担保而解除。

**第九条** 人民法院接受专利权人或者利害关系人提出责令停止侵犯专利权行为的申请后，经审查符合本规定第四条的，应当在 48 小时内作出书面裁定；裁定责令被申请人停止侵犯专利权行为的，应当立即开始执行。

人民法院在前述期限内，需要对有关事实进行核对的，可以传唤单方或双方当事人进行询问，然后再及时作出裁定。

人民法院作出诉前责令被申请人停止有关行为的裁定，应当及时通知被申请人，至迟不得超过 5 日。

**第十条** 当事人对裁定不服的，可以在收到裁定之日起 10 日内申请复议一次。复议期间不停止裁定的执行。

**第十一条** 人民法院对当事人提出的复议申请应当从以下方面进行审查：

（一）被申请人正在实施或即将实施的行为是否构成侵犯专利权；

（二）不采取有关措施，是否会给申请人合法权益造成难以弥补的损害；

（三）申请人提供担保的情况；

（四）责令被申请人停止有关行为是否损害社会公共利益。

**第十二条** 专利权人或者利害关系人在人民法院采取停止有关行为的措施后 15 日内不起诉的，人民法院解除裁定采取的措施。

**第十三条** 申请人不起诉或者申请错误造成被申请人损失的，被申请人可以向有管辖权的人民法院起诉请求申请人赔偿，也可以在专利权人或者利害关系人提起的专利权侵权诉讼中提出损害赔偿的请求,人民法院可以一并处理。

第十四条 停止侵犯专利权行为裁定的效力,一般应维持到终审法律文书生效时止。人民法院也可以根据案情,确定具体期限;期限届满时,根据当事人的请求仍可作出继续停止有关行为的裁定。

第十五条 被申请人违反人民法院责令停止有关行为裁定的,依照民事诉讼法第一百零二条规定处理。

第十六条 人民法院执行诉前停止侵犯专利权行为的措施时,可以根据当事人的申请,参照民事诉讼法第七十四条的规定,同时进行证据保全。

人民法院可以根据当事人的申请,依照民事诉讼法第九十二条、第九十三条的规定进行财产保全。

第十七条 专利权人或者利害关系人向人民法院提起专利侵权诉讼时,同时提出先行停止侵犯专利权行为请求的,人民法院可以先行作出裁定。

第十八条 诉前停止侵犯专利权行为的案件,申请人应当按照《人民法院诉讼收费办法》及其补充规定交纳费用。

## 【解　　读】

## 解读《关于对诉前停止侵犯专利权行为适用法律问题的若干规定》

### 一、问题的提出

新修改的《专利法》于 2002 年 7 月 1 日正式生效。该法第六十一条规定,专利权人或者利害关系人有证据证明他人正在实施或者即将实施侵犯其专利权的行为,如不及时制止将会使其合法权益受到难以弥补的损害的,可以在起诉前向人民法院申请采取责令停止有关行为和财产保全的措施。人民法院处理前款申请,适用我国《民事诉讼法》第九十三条至九十六条和第九十九条的规定。这是根据世贸组织 TRIPs 协议的要求新增设的条款,属于知识产权权利人在其权利受到侵害时获得的临时救济。而这一制度在我国现行的诉讼法律体系中没有相应的规定。《专利法》第六十一条以实体法的形式,在民事诉讼程序法中增设了这一法律制度,并指出了适用《民事诉讼法》的相应条款,但是,该条所列举的条款均为包括诉前财产保全在内的财产保全措施,而没有针对如何执行诉前停止侵犯专利权行为作出规定。那么,人民法院如何正确执行《专利法》这条新规定,特别是如何确定该措施申请人的范围、管辖、申请的条件以及法院审查的标准、解除的条件等，是必须予以明确的问题。为此，最高人民法院民事审判第三庭起草了《关于对诉前停止侵犯专利权行为适用法律问题的若干规定》（以下简称本规定）。该司法解释于2001年6月5日经最高人民法院审判委员会第1179次会议通过，定于2001年7月1日起施行。

## 二、理解与适用

（一）哪些人有权向人民法院提出诉前停止侵犯专利权行为的申请

《专利法》第六十一条第一款规定，专利权人或者利害关系人可以在起诉前向人民法院提出申请。

通常情况下，对专利权人有权申请诉前停止侵犯专利权行为和提起专利侵权诉讼的主体资格问题不会产生歧义，审判实践中的分歧意见在于如何理解利害关系人，特别是专利实施许可合同被许可人中，哪些人有权向人民法院申请这项措施。从申请诉前停止侵犯专利权行为和专利侵权案件的性质看，这两类案件的申请人和原告的范围应当是相同的。关于知识产权侵权诉讼原告主体资格问题，属于人民法院依照《民事诉讼法》第一百零八条的规定，审查"原告是否是与本案有直接利害关系的公民、法人和其他组织"的范畴。鉴于以往的司法解释没有明确规定"利害关系人"的范围，而这又是审判实践中需要予以明确和统一执法标准的问题，最高人民法院1997年在江苏召开全国部分法院知识产权审判工作座谈会时，对这一问题达成一致意见，并由最高人民法院下发了《关于全国部分法院知识产权审判工作座谈会纪要》（1998年7月20日），作为人民法院审理知识产权案件的指导性文件。会议纪要指出，知识产权民事纠纷案件的起诉人，可以是合同当事人、权利人和利害关系人。利害关系人包括独占、排他许可合同的被许可人、依照法律规定已经继承或者正在发生继承的知识产权财产权利的继承人等。

参照上述会议纪要的意见，本规定第一次明确规定了《专利法》中所称的"利害关系人"的范围，即包括专利实施许可合同中的被许可人、专利财产权利的合法继承人等。通常来讲，专利实施许可合同可以分为三类，即独占实施许可合同、排他实施许可合同和普通实施许可合同。独占实施许可合同的被许可人依据合同，享有在一定的期间和地域范围内独家实施该专利技术的权利，包括专利权人在内的任何人不得实施该专利技术，因此，发生侵犯专利权的行为，直接受到侵害的是独占实施许可合同被许可人的民事权益。这类合同的被许可人可以以自己的名义单独向人民法院提起侵权诉讼，也可以单独向人民法院提出诉前停止侵犯专利权行为的申请。排他实施许可合同的被许可人依据与专利权人的合同，取得的实施许可权并不排除专利权人的实施权，发生侵犯专利权的情况时，其可以和专利权人共同提起专利侵权诉讼。因此，在本规定第一条第二款中规定，排他实施许可合同的被许可人在专利权人不申请的情况下，可以提出申请。至于普通实施许可合同被许可人是否有权提出申请的问题，情况比较复杂，需要人民法院根据个案的具体情况作出决定。如果普通实施许可合同的被许可人与专利权人就发生侵犯专利权行为的诉权问题在合同中特别约定，并且这一约定真实有效且不损害其他许可合同的被许可人的利益，经过法院的审查符合法律规定的条件的，也可以予以准许。

（二）当事人向人民法院提出申请应当符合哪些条件

鉴于诉前停止侵犯专利权行为的措施，涉及双方当事人的重大民事权益，因此，人民法院采取这项措施应当非常慎重。本规定对申请人的申请规定了较为详细而严格的条件，同时也规定，执行这项措施不能妨碍、拖延权利人行使权利。

本规定第三条、第四条主要从提出申请的形式要件角度出发，规定当事人应当提交的文件和证据。之所以要求当事人提交书面申请状，是因为这项措施是在当事人提起专利侵权诉讼之前，是否准予这项措施所依据的证据也仅仅是单方证据，而且这项措施一旦作出，将对双方当事人的民事权益产生重大影响。为保证人民法院正确执行这项措施，参照《最高人民法院关于适用〈中华人民共和国民事诉讼法〉若干问题的意见》第一百零六条对先予执行条件的规定，将人民法院执行诉前停止侵犯专利权行为的范围，严格限定在当事人请求的范围内。关于要求申请人提交"有关行为如不及时制止会使申请人合法权益受到难以弥补的损害的具体说明"，一方面，源于《专利法》第六十一条中对此的明确规定；另一方面，也是要求受理申请的人民法院要对是否会产生"难以弥补的损害"作出判断。

本规定第四条规定了申请人应当提交的证据。专利权人应当提交证明其专利权真实有效的文件，包括专利证书、权利要求书、说明书、专利年费交纳凭证。提出的申请涉及实用新型专利的，申请人应当提交国务院专利行政部门出具的检索报告。专利权人或者利害关系人在诉前提出停止侵犯专利权行为的申请，其前提条件是专利权应当是真实有效的。由于我国的专利法律制度规定，国务院专利行政部门对实用新型专利和外观设计专利的申请不进行实质审查，而且人民法院在受理专利侵权诉讼中，不能对涉诉专利是否有效作出决定，因此，人民法院在受理这两类专利权人或者利害关系人提出的申请时，更应当慎重审查。《专利法》第五十七条第二款中，新增了关于提交检索报告的规定，即专利侵权纠纷涉及实用新型专利的，人民法院可以要求当事人出具国务院专利行政部门出具的检索报告。本规定参照了上述规定，将"可以要求"规定为"提出的申请涉及实用新型专利的，申请人应当提交检索报告"。这样规定，可以在一定程度上限制部分专利权人依据不具备专利性的实用新型专利滥用诉讼权利，同时起到鼓励发明人将符合法律规定条件的发明创造申请发明专利、提高我国专利的整体水平的作用。

本规定第四条第二项规定，利害关系人除提供证明专利权真实有效的文件以外，还应当提供其有权提出申请的证据，包括有关专利实施许可合同在国务院专利行政部门备案的证明材料，未经备案的应当提交专利权人的证明，或者证明其享有权利的其他证据。另外，本规定第四条第三项要求申请人提供被控侵权产品以及专利技术与被控侵权产品技术特征对比，这些证据材料将对判断是否构成侵犯专利权起到重要作用。

### （三）人民法院对诉前停止侵犯专利权行为申请的审查

本规定第十条、第十一条从人民法院对申请进行审查的角度，规定了对停止侵权行为裁定的复议程序。

在讨论本规定的过程中，有同志提出：人民法院作出是否准予临时措施的裁定和当事人不服这一裁定进行复议，其审查的标准应当是一致的，不能作出裁定时一个标准，而对复议程序规定另一个审查标准。从规定第三条、第四条的文字内容看，与第十一条规定的复议审查标准稍有不同，但是，从规定的整体内容看，人民法院作出是否准予临时措施的裁定和对裁定的复议程序，所审查的基本要点应当是一致的，即申请人的申请应当符合《专利法》第六十一条第一款规定的情形，包括被停止的行为应当是侵犯专利权的行为，如不停止侵权行为将给申请人造成难以弥补的损害等。但是，由于该项措施大部分情况下是依据单方申请和提供的证据材料作出，重在体现及时、快捷、有效地制止侵权行为的特点，体现加大对知识产权司法保护的力度，同时也要结合我国国情，防止专利权人滥用诉讼权利，在人民法院对已经作出的裁定进行复议程序中，规定更加详细的审查内容，特别是考虑被申请人的抗辩理由和社会公共利益因素，也符合TRIPs协议的要求，并且与其他国家对该项临时措施的执行标准是一致的。

本规定第十一条规定了人民法院对当事人提出的复议申请应当从以下方面进行审查：（1）被申请人正在实施或即将实施的行为是否构成侵犯专利权；（2）不采取有关措施，是否会给申请人合法权益造成难以弥补的损害；（3）申请人提供担保的情况；（4）责令被申请人停止有关行为是否损害社会公共利益。

关于审查被申请人正在实施的或者即将实施的行为是否构成侵犯专利权，并不是在实体审理前就对在此之后提起的专利侵权案件的最终结果作出判断，而是要求人民法院依据双方当事人提供的指控侵权和提出抗辩的证据进行审查，作出专利侵权胜诉可能性的初步判断。由于我国《专利法》规定对实用新型专利和外观设计专利不进行实质审查，人民法院在受理这两类专利权人提出的申请时，更应当特别慎重，不仅要求实用新型专利权人提交检索报告，而且法院要对专利技术与被控侵权产品的技术特征对比文件和被申请人使用公知技术抗辩的理由予以审查。

### (四) 如何确定申请诉前停止侵权行为措施的担保

TRIPs 协议第三节第五十条中规定：司法当局应有权要求临时措施之请求的申请人提供任何可以合法获得的证据，以使该当局自己即足以确认给申请人系权利持有人，确认其权利正在被侵犯或侵权活动发生在即，该当局还应有权责令申请人提供足以保护被告和防止申请人滥用权利的诉讼保证金，或提供与之相当的担保。其他国家在执行临时禁令措施时，也要求申请人提供符合条件的担保。可见，申请人申请临时措施，提供担保是必需的。

《专利法》第六十一条第二款规定，处理该项申请，适用《民事诉讼法》第九十三条至九十六条的规定。但是上述条款都是针对财产保全措施，没有对停止有关行为如何确定担保数额和方式作出规定。与财产保全不同，法院责令被申请人停止有关行为，没有可以直接援引的担保数额计算标准。申请人针对制造、使用、许诺销售、销售、进口等不同性质的侵犯专利权行为提出申请，人民法院也应当从不同角度考虑责令申请人提供担保的数额计算方法。如果申请人要求停止许诺销售、销售或者进口行为，则应当考虑所涉及产品的销售收入以及合理的仓储、保管费用；如果申请人要求停止使用、制造行为，则应当考虑一旦申请错误可能给被申请人造成的损失以及人员工资等合理费用支出。

考虑到审判实践中采取停止侵犯专利权的措施会发生造成被申请人更大损失的情形，因此，本规定第七条规定了追加相应担保的内容，即在执行停止有关行为裁定过程中，被申请人可能因采取该项措施造成更大损失的，人民法院可以责令申请人追加相应的担保。申请人不追加担保的，解除有关停止措施。此外，对担保的方式和金额的具体数额的确定，赋予受理该项申请的法院适当的裁量权。

由于停止侵权行为临时措施与财产保全措施在内容和适用条件上都不同，不采取停止侵权的措施所造成的难以弥补的损害是不能简单用金钱赔偿就能够解决的，所以，该项措施的解除不能因被申请人的反担保而作出。否则，这项措施就失去了意义。这是这项措施在适用中，就担保而言，与财产保全措施的重大区别点。

### (五) 如何实施责令停止侵犯专利权行为的措施

参照《民事诉讼法》第九十三条第二款的规定，本规定第九条规定了人民法院接受专利权人或者利害关系人提出责令停止侵犯专利权行为的申请后，经审查符合本规定第四条的，即符合形式要件的情况下，应当在四十八小时内作出书面裁定。由于专利侵权案件在涉及是否构成侵权的判断时，与盗版、假冒等侵犯知识产权案件有所不同，后两者的侵权行为一般比较明显，易于判断，因此，在需要将专利技术与被控侵权产品技术特征作进一步对比的情况下，如果在很短的时间内难以判断，人民法院可以传唤单方或者双方当事人进行询问，并针对双方提供的指控侵权和抗辩的证据作出初步判断，然后再及时作出裁定。本规定第九条的规定，既保证了这项措施的快捷、及时、有效，又为人民法院慎重行使裁量权留有一定的余地，防止申请人滥用申请权损害公共利益。

诉前裁定被申请人停止侵犯专利权行为，毕竟是一项诉讼程序中的临时措施，目的是为了给权利人提供一项临时救济，使其在以后的专利侵权诉讼中处于有利的地位。根据TRIPs协议的规定并参考其他国家的相关规定，申请人在申请临时措施后一定期间内不起诉或者起诉失当的，所采取的临时措施应当解除，因不起诉或者申请错误造成被申请人实际损失的，申请人应当适当赔偿。因此，本规定第十二条规定，专利权人或者利害关系人在人民法院采取停止有关行为的措施后十五日内不起诉的，人民法院解除裁定采取的措施。本规定第十三条规定，申请人不起诉或者申请错误造成被申请人损失的，被申请人可以向有管辖权的人民法院起诉请求申请人赔偿，也可以在专利权人或者利害关系人提起的专利侵权诉讼中提出损害赔偿的请求，人民法院可以一并处理。

本规定第十四条规定，停止侵犯专利权行为裁定的效力，一般应维持到终审法律文书生效时止。根据《最高人民法院关于适用〈中华人民共和国民事诉讼法〉若干问题的意见》第一百零九条的规定，诉讼中的财产保全裁定的效力一般应维持到生效的法律文书执行时止。与财产保全裁定不同，如果专利侵权诉讼终审判决认定被告行为构成侵权，则首先应当判决其承担停止侵权的民事责任，也就是说，诉前临时措施的效力最长维持到终审法律文书生效时止，即具有了判决法律效力的连贯性。另外，人民法院根据申请人的申请作出诉前责令被申请人停止侵犯专利权行为的裁定，涉及停止该行为的期间，期间的长短要结合申请人提供担保和案件的具体情况确定，因此，本司法解释第十四条规定，人民法院也可以根据案情，确定具体期限；期限届满时，根据当事人的请求仍可作出继续停止有关行为的裁定。这样规定给予了法官一定的自由裁量权，决定被申请人停止侵权行为的期限。

(六) 专利侵权诉讼中的证据保全和先予执行

《民事诉讼法》第七十四条规定，在证据可能灭失或者以后难以取得的情况下，诉讼参加人可以向人民法院申请证据保全。人民法院也可以主动采取保全措施。证据保全对于知识产权案件的审理至关重要，人民法院及时保全到证明被告侵权的证据或者侵权获利的真实的财务账册，将促使专利侵权案件顺利解决。

《专利法》第六十一条仅规定了诉前停止侵犯专利权行为的措施和财产保全，没有规定诉前证据保全的内容。《民事诉讼法》中也没有对诉前证据保全的规定，原因之一是人民法院不能完全替代当事人在起诉前收集证据。鉴于证据保全在知识产权侵权诉讼中的主要作用，本规定第十六条对此问题有了明确规定，即人民法院执行诉前停止侵犯专利权行为的措施时，可以根据当事人的申请，参照《民事诉讼法》第七十四条的规定，同时进行证据保全。

在一些专利侵权案件比较集中的地区，人民法院积累和总结了许多很好的经验。例如，在当事人提起诉讼时，及时进行证据保全，并由审理该侵权案件的合议庭和执行人员共同进行，实践证明收到了良好的效果。广东省佛山市中级人民法院知识产权审判庭在对侵权案件适用财产保全措施的基础上以证据保全为主，实施这两项措施后，被告主动提出调解结案的比例高、结案快、执行效果好。

过去很多人认为，我国的实体法和程序法中缺乏类似国外临时禁令的规定，因而对我国知识产权司法保护力度颇有微词。实际上，从现行法律规定看，人民法院可以在当事人起诉后终审判决前，依法作出责令被控侵权人停止侵犯专利权行为的先行裁定。我国《民法通则》第一百三十四条规定，承担民事责任的方式主要有：停止侵害、排除妨碍、消除危险等等。最高人民法院《关于贯彻执行〈中华人民共和国民法通则〉若干问题的意见（试行）》第一百六十二条规定，在诉讼中遇有需要停止侵害、排除妨碍、消除危险的情况时，人民法院可以根据当事人的申请或者依职权先行作出裁定。因此，诉讼中人民法院作出责令被告停止侵权的先予执行裁定属于已有规定，但是，过去由于人们认识上的不一致，审判实践中并没有对此加以充分利用。为澄清司法实践中的模糊认识，也为使本规定内容更加完整，在第十七条中明确此项内容，即专利权人或者利害关系人向人民法院提起专利侵权诉讼时，同时提出先行停止侵犯专利权行为请求的，人民法院可以先行作出裁定。人民法院据以作出先予执行的裁定的判断标准与是否准予诉前临时措施的标准也应当是相同的。

（撰稿人：段立红）

## 【注　解】

根据《最高人民法院关于学习贯彻修改后的专利法的通知》（2009年9月27日，法发〔2009〕49号），本规定与2008年12月全国人大常委会修改后的《专利法》相抵触的内容，不再适用。

# 最高人民法院
# 关于修改《最高人民法院关于审理专利纠纷案件适用法律问题的若干规定》的决定

法释〔2015〕4号

(2015年1月19日最高人民法院审判委员会第1641次会议通过 2015年1月29日最高人民法院公告公布 自2015年2月1日起施行)

根据最高人民法院审判委员会第1641次会议决定,对《最高人民法院关于审理专利纠纷案件适用法律问题的若干规定》作如下修改:

一、将第五条第二款修改为:"侵权行为地包括:被诉侵犯发明、实用新型专利权的产品的制造、使用、许诺销售、销售、进口等行为的实施地;专利方法使用行为的实施地,依照该专利方法直接获得的产品的使用、许诺销售、销售、进口等行为的实施地;外观设计专利产品的制造、许诺销售、销售、进口等行为的实施地;假冒他人专利的行为实施地。上述侵权行为的侵权结果发生地。"

二、将第八条第一款修改为:"对申请日在2009年10月1日前(不含该日)的实用新型专利提起侵犯专利权诉讼,原告可以出具由国务院专利行政部门作出的检索报告;对申请日在2009年10月1日以后的实用新型或者外观设计专利提起侵犯专利权诉讼,原告可以出具由国务院专利行政部门作出的专利权评价报告。根据案件审理需要,人民法院可以要求原告提交检索报告或者专利权评价报告。原告无正当理由不提交的,人民法院可以裁定中止诉讼或者判令原告承担可能的不利后果。"

三、将第九条第一项修改为:"(一)原告出具的检索报告或者专利权评价报告未发现导致实用新型或者外观设计专利权无效的事由的;"

四、将第十七条修改为:"专利法第五十九条第一款所称的'发明或者实用新型专利权的保护范围以其权利要求的内容为准,说明书及附图可以用于解释权利要求的内容',是指专利权的保护范围应当以权利要求记载的全部技术特征所确定的范围为准,也包括与该技术特征相等同的特征所确定的范围。

等同特征,是指与所记载的技术特征以基本相同的手段,实现基本相同的功能,达到基本相同的效果,并且本领域普通技术人员在被诉侵权行为发生时无需经过创造性劳动就能够联想到的特征。"

**五、**将第十八条修改为:"侵犯专利权行为发生在 2001 年 7 月 1 日以前的,适用修改前专利法的规定确定民事责任;发生在 2001 年 7 月 1 日以后的,适用修改后专利法的规定确定民事责任。"

**六、**将第十九条修改为:"假冒他人专利的,人民法院可以依照专利法第六十三条的规定确定其民事责任。管理专利工作的部门未给予行政处罚的,人民法院可以依照民法通则第一百三十四条第三款的规定给予民事制裁,适用民事罚款数额可以参照专利法第六十三条的规定确定。"

**七、**删除第二十条第一款,第二款改为第一款并修改为:"专利法第六十五条规定的权利人因被侵权所受到的实际损失可以根据专利权人的专利产品因侵权所造成销售量减少的总数乘以每件专利产品的合理利润所得之积计算。权利人销售量减少的总数难以确定的,侵权产品在市场上销售的总数乘以每件专利产品的合理利润所得之积可以视为权利人因被侵权所受到的实际损失。"

第三款改为第二款,修改为:"专利法第六十五条规定的侵权人因侵权所获得的利益可以根据该侵权产品在市场上销售的总数乘以每件侵权产品的合理利润所得之积计算。侵权人因侵权所获得的利益一般按照侵权人的营业利润计算,对于完全以侵权为业的侵权人,可以按照销售利润计算。"

**八、**将第二十一条修改为:"权利人的损失或者侵权人获得的利益难以确定,有专利许可使用费可以参照的,人民法院可以根据专利权的类型、侵权行为的性质和情节、专利许可的性质、范围、时间等因素,参照该专利许可使用费的倍数合理确定赔偿数额;没有专利许可使用费可以参照或者专利许可使用费明显不合理的,人民法院可以根据专利权的类型、侵权行为的性质和情节等因素,依照专利法第六十五条第二款的规定确定赔偿数额。"

**九、**将第二十二条修改为:"权利人主张其为制止侵权行为所支付合理开支的,人民法院可以在专利法第六十五条确定的赔偿数额之外另行计算。"

**十、**将第二十四条修改为:"专利法第十一条、第六十九条所称的许诺销售,是指以做广告、在商店橱窗中陈列或者在展销会上展出等方式作出销售商品的意思表示。"

根据本决定,将《最高人民法院关于审理专利纠纷案件适用法律问题的若干规定》作相应修改,重新公布。

附：

# 最高人民法院
## 关于审理专利纠纷案件适用法律问题的若干规定

(2001年6月19日最高人民法院审判委员会第1180次会议通过
根据2013年2月25日最高人民法院审判委员会第1570次会议
通过的《最高人民法院关于修改〈最高人民法院关于审理专利
纠纷案件适用法律问题的若干规定〉的决定》第一次修正
根据2015年1月19日最高人民法院审判委员会
第1641次会议通过的《最高人民法院关于修改
〈最高人民法院关于审理专利纠纷案件适用法律
问题的若干规定〉的决定》第二次修正
该修正自2015年2月1日起施行)

为了正确审理专利纠纷案件，根据《中华人民共和国民法通则》（以下简称民法通则）、《中华人民共和国专利法》（以下简称专利法）、《中华人民共和国民事诉讼法》和《中华人民共和国行政诉讼法》等法律的规定，作如下规定：

**第一条** 人民法院受理下列专利纠纷案件：
1. 专利申请权纠纷案件；
2. 专利权权属纠纷案件；
3. 专利权、专利申请权转让合同纠纷案件；
4. 侵犯专利权纠纷案件；
5. 假冒他人专利纠纷案件；
6. 发明专利申请公布后、专利权授予前使用费纠纷案件；
7. 职务发明创造发明人、设计人奖励、报酬纠纷案件；
8. 诉前申请停止侵权、财产保全案件；
9. 发明人、设计人资格纠纷案件；
10. 不服专利复审委员会维持驳回申请复审决定案件；
11. 不服专利复审委员会专利权无效宣告请求决定案件；
12. 不服国务院专利行政部门实施强制许可决定案件；
13. 不服国务院专利行政部门实施强制许可使用费裁决案件；
14. 不服国务院专利行政部门行政复议决定案件；
15. 不服管理专利工作的部门行政决定案件；

16. 其他专利纠纷案件。

**第二条** 专利纠纷第一审案件,由各省、自治区、直辖市人民政府所在地的中级人民法院和最高人民法院指定的中级人民法院管辖。

最高人民法院根据实际情况,可以指定基层人民法院管辖第一审专利纠纷案件。

**第三条** 当事人对专利复审委员会于 2001 年 7 月 1 日以后作出的关于实用新型、外观设计专利权撤销请求复审决定不服向人民法院起诉的,人民法院不予受理。

**第四条** 当事人对专利复审委员会于 2001 年 7 月 1 日以后作出的关于维持驳回实用新型、外观设计专利申请的复审决定,或者关于实用新型、外观设计专利权无效宣告请求的决定不服向人民法院起诉的,人民法院应当受理。

**第五条** 因侵犯专利权行为提起的诉讼,由侵权行为地或者被告住所地人民法院管辖。

侵权行为地包括:被诉侵犯发明、实用新型专利权的产品的制造、使用、许诺销售、销售、进口等行为的实施地;专利方法使用行为的实施地,依照该专利方法直接获得的产品的使用、许诺销售、销售、进口等行为的实施地;外观设计专利产品的制造、许诺销售、销售、进口等行为的实施地;假冒他人专利的行为实施地。上述侵权行为的侵权结果发生地。

**第六条** 原告仅对侵权产品制造者提起诉讼,未起诉销售者,侵权产品制造地与销售地不一致的,制造地人民法院有管辖权;以制造者与销售者为共同被告起诉的,销售地人民法院有管辖权。

销售者是制造者分支机构,原告在销售地起诉侵权产品制造者制造、销售行为的,销售地人民法院有管辖权。

**第七条** 原告根据 1993 年 1 月 1 日以前提出的专利申请和根据该申请授予的方法发明专利权提起的侵权诉讼,参照本规定第五条、第六条的规定确定管辖。

人民法院在上述案件实体审理中依法适用方法发明专利权不延及产品的规定。

**第八条** 对申请日在 2009 年 10 月 1 日前(不含该日)的实用新型专利提起侵犯专利权诉讼,原告可以出具由国务院专利行政部门作出的检索报告;对申请日在 2009 年 10 月 1 日以后的实用新型或者外观设计专利提起侵犯专利权诉讼,原告可以出具由国务院专利行政部门作出的专利权评价报告。根据案件审理需要,人民法院可以要求原告提交检索报告或者专利权评价报告。原告无正当理由不提交的,人民法院可以裁定中止诉讼或者判令原告承担可能的不利后果。

侵犯实用新型、外观设计专利权纠纷案件的被告请求中止诉讼的,应当在答辩期内对原告的专利权提出宣告无效的请求。

**第九条** 人民法院受理的侵犯实用新型、外观设计专利权纠纷案件，被告在答辩期间内请求宣告该项专利权无效的，人民法院应当中止诉讼，但具备下列情形之一的，可以不中止诉讼：

（一）原告出具的检索报告或者专利权评价报告未发现导致实用新型或者外观设计专利权无效的事由的；

（二）被告提供的证据足以证明其使用的技术已经公知的；

（三）被告请求宣告该项专利权无效所提供的证据或者依据的理由明显不充分的；

（四）人民法院认为不应当中止诉讼的其他情形。

**第十条** 人民法院受理的侵犯实用新型、外观设计专利权纠纷案件，被告在答辩期间届满后请求宣告该项专利权无效的，人民法院不应当中止诉讼，但经审查认为有必要中止诉讼的除外。

**第十一条** 人民法院受理的侵犯发明专利权纠纷案件或者经专利复审委员会审查维持专利权的侵犯实用新型、外观设计专利权纠纷案件，被告在答辩期间内请求宣告该项专利权无效的，人民法院可以不中止诉讼。

**第十二条** 人民法院决定中止诉讼，专利权人或者利害关系人请求责令被告停止有关行为或者采取其他制止侵权损害继续扩大的措施，并提供了担保，人民法院经审查符合有关法律规定的，可以在裁定中止诉讼的同时一并作出有关裁定。

**第十三条** 人民法院对专利权进行财产保全，应当向国务院专利行政部门发出协助执行通知书，载明要求协助执行的事项，以及对专利权保全的期限，并附人民法院作出的裁定书。

对专利权保全的期限一次不得超过六个月，自国务院专利行政部门收到协助执行通知书之日起计算。如果仍然需要对该专利权继续采取保全措施的，人民法院应当在保全期限届满前向国务院专利行政部门另行送达继续保全的协助执行通知书。保全期限届满前未送达的，视为自动解除对该专利权的财产保全。

人民法院对出质的专利权可以采取财产保全措施，质权人的优先受偿权不受保全措施的影响；专利权人与被许可人已经签订的独占实施许可合同，不影响人民法院对该专利权进行财产保全。

人民法院对已经进行保全的专利权，不得重复进行保全。

**第十四条** 2001年7月1日以前利用本单位的物质技术条件所完成的发明创造，单位与发明人或者设计人订有合同，对申请专利的权利和专利权的归属作出约定的，从其约定。

**第十五条** 人民法院受理的侵犯专利权纠纷案件，涉及权利冲突的，应当保护在先依法享有权利的当事人的合法权益。

**第十六条** 专利法第二十三条所称的在先取得的合法权利包括：商标权、著作权、企业名称权、肖像权、知名商品特有包装或者装潢使用权等。

**第十七条** 专利法第五十九条第一款所称的"发明或者实用新型专利权的保护范围以其权利要求的内容为准，说明书及附图可以用于解释权利要求的内容"，是指专利权的保护范围应当以权利要求记载的全部技术特征所确定的范围为准，也包括与该技术特征相等同的特征所确定的范围。

等同特征，是指与所记载的技术特征以基本相同的手段，实现基本相同的功能，达到基本相同的效果，并且本领域普通技术人员在被诉侵权行为发生时无需经过创造性劳动就能够联想到的特征。

**第十八条** 侵犯专利权行为发生在 2001 年 7 月 1 日以前的，适用修改前专利法的规定确定民事责任；发生在 2001 年 7 月 1 日以后的，适用修改后专利法的规定确定民事责任。

**第十九条** 假冒他人专利的，人民法院可以依照专利法第六十三条的规定确定其民事责任。管理专利工作的部门未给予行政处罚的，人民法院可以依照民法通则第一百三十四条第三款的规定给予民事制裁，适用民事罚款数额可以参照专利法第六十三条的规定确定。

**第二十条** 专利法第六十五条规定的权利人因被侵权所受到的实际损失可以根据专利权人的专利产品因侵权所造成销售量减少的总数乘以每件专利产品的合理利润所得之积计算。权利人销售量减少的总数难以确定的，侵权产品在市场上销售的总数乘以每件专利产品的合理利润所得之积可以视为权利人因被侵权所受到的实际损失。

专利法第六十五条规定的侵权人因侵权所获得的利益可以根据该侵权产品在市场上销售的总数乘以每件侵权产品的合理利润所得之积计算。侵权人因侵权所获得的利益一般按照侵权人的营业利润计算，对于完全以侵权为业的侵权人，可以按照销售利润计算。

**第二十一条** 权利人的损失或者侵权人获得的利益难以确定，有专利许可使用费可以参照的，人民法院可以根据专利权的类型、侵权行为的性质和情节、专利许可的性质、范围、时间等因素，参照该专利许可使用费的倍数合理确定赔偿数额；没有专利许可使用费可以参照或者专利许可使用费明显不合理的，人民法院可以根据专利权的类型、侵权行为的性质和情节等因素，依照专利法第六十五条第二款的规定确定赔偿数额。

**第二十二条** 权利人主张其为制止侵权行为所支付合理开支的，人民法院可以在专利法第六十五条确定的赔偿数额之外另行计算。

**第二十三条** 侵犯专利权的诉讼时效为二年，自专利权人或者利害关系人知道或者应当知道侵权行为之日起计算。权利人超过二年起诉的，如果侵权行为在起诉时仍在继续,在该项专利权有效期内,人民法院应当判决被告停止侵权行为,侵权损害赔偿数额应当自权利人向人民法院起诉之日起向前推算二年计算。

**第二十四条** 专利法第十一条、第六十九条所称的许诺销售,是指以做广告、在商店橱窗中陈列或者在展销会上展出等方式作出销售商品的意思表示。

**第二十五条** 人民法院受理的侵犯专利权纠纷案件,已经过管理专利工作的部门作出侵权或者不侵权认定的,人民法院仍应当就当事人的诉讼请求进行全面审查。

**第二十六条** 以前的有关司法解释与本规定不一致的,以本规定为准。

## 【解　　读】

## 解读《关于审理专利纠纷案件适用法律问题的若干规定》

### 一、问题的提出

全国人民代表大会第九届常务委员会第十七次会议通过的《关于修改〈中华人民共和国专利法〉的决定》,已于2001年7月1日开始实施,国务院批准修订的《专利法实施细则》也于同日施行。为了指导全国法院更加准确、统一地理解和贯彻实施修改后的《专利法》,最高人民法院于2001年6月公布了最高人民法院《关于审理专利纠纷案件适用法律问题的若干规定》(以下简称本规定)。

我国《专利法》自1985年生效实施以来,于1992年作出第一次修改,2000年的这次为第二次修改。本次修改涉及的条文多达35条,其中不少内容与人民法院的专利审判工作直接相关。

本规定对专利审判工作中的相关问题作出了比较全面的规定。为了体现人民法院专利审判工作的连续性,该规定不仅对前述《专利法》此次修改的一些新规定,以及新旧法的过渡衔接问题作出了规定,还综合了多年来最高人民法院关于审理专利纠纷案件所作的多个司法解释中行之有效的内容,并且对一些以往司法解释中没有规定,但已经基本成熟的司法原则、审判方法等也予以了确认。

自我国第一部《专利法》实施十多年来,各级人民法院通过审理大量专利纠纷案件,总结了不少有益的审判经验,也创造了一些成功的司法原则。自

1985年以来，最高人民法院陆续以"通知"、"批复"、"解答"和"答复意见"等形式对这些审判成果予以肯定。本规定对上述内容进行了归纳和整理，对其中某些因法律修订、现实情况变化等原因需要调整的内容进行了适当调整。此外，本规定还对等同原则、保护在先权利原则、民事制裁措施的运用、定额赔偿方法以及连续侵权中赔偿数额的起算等以往规范性文件未作规定的司法原则、审判方法等作出了规定。

## 二、理解与适用

### （一）关于《专利法》的过渡问题

1. 不服专利复审委员会决定案件的受理问题

国家知识产权局近期发布的《施行修改后专利法及其实施细则的过渡办法》（以下简称《过渡办法》），主要从专利审查、复审、行政执法等角度对施行《专利法》及其实施细则的过渡问题作出了规定。根据该《过渡办法》，所有专利申请（包括2001年7月1日以前提出的专利申请）和根据该申请授予的专利权，自2001年7月1日起，除另有规定的以外，均适用修改后的《专利法》及其实施细则规定。《过渡办法》规定，国家知识产权局对7月1日以前已经受理、尚未作出审查决定的撤销请求，依照修改前《专利法》及其实施细则的规定继续进行审查并作出决定。对于实用新型、外观设计专利而言，《过渡办法》还规定，专利复审委员会2001年7月1日之后作出的专利权撤销请求复审决定仍为终局决定，专利复审委员会2001年7月1日以前作出的关于专利申请的复审决定或者专利权无效宣告请求审查决定为终局决定。

就法院的司法程序而言，《专利法》的过渡问题主要是指对不服专利复审委员会决定案件的受理问题，即2001年7月1日以后当事人对专利复审委员会关于实用新型、外观设计专利权所作决定不服向人民法院提起诉讼，人民法院对哪些应当受理，哪些不予受理？本规定第三条、第四条对该问题作出了回答，并与《过渡办法》的相关规定相吻合。具体如下：（1）当事人对专利复审委员会于2001年7月1日以后（含7月1日，下同），作出的关于实用新型、外观设计专利权撤销请求复审决定不服向人民法院起诉的，人民法院不予受理。这样规定是考虑到撤销请求审查决定和复审决定是依照修改前《专利法》的规定作出的，根据该法的规定，复审决定是终局决定，法律未赋予当事人起诉的权利。但这并不意味着撤销请求复审决定的当事人在7月1日后得不到司法救济。根据国家知识产权局《过渡办法》的规定，自2001年7月1日起，任何人对国家知识产权局2001年7月1日之前已经受理撤销请求、但尚未作出审查决定的专利权，可以提出宣告该专利权无效的请求。此外，对于当事人不服发明专利权撤销请求复审决定向人民法院起诉的案件，只要未过法律规定的起诉期限的，人民法院应当受理。由于不存在理解上的歧义，本规定对此未作规定。(2) 当事人对专利复审委员会作出的关于实用新型、外观设计专利的维持驳回申请复审决定、专利权无效宣告请求决定不服向人民法院起诉的，以专利复审委员会作出决定的时间为界，7月1日以后作出的，人民法院应当受理；7月1日之前作出的，不予受理。这样规定也是考虑到7月1日以前的决定是依照修改前《专利法》作出的，该法未赋予当事人起诉的权利，故应依照当时的法律规定办理。在适用时需要注意的是，专利复审委员会作出决定的时间，是指决定书上注明的日期，而非当事人收到决定书的时间。专利复审委员会于7月1日以后作出的决定，增加了告知当事人有权起诉以及起诉期限等有关内容。

2. 专利侵权诉讼的法律适用问题

《专利法》的修改与专利侵权有关的主要有两方面内容：一是增加规定未经许可的发明和实用新型专利产品或使用方法专利直接获得的产品的许诺销售构成侵权；二是规定使用或销售不知道是未经许可而制造并售出专利产品行为的一定民事责任的追究。对当事人于2001年7月1日以后提起的专利侵权诉讼，人民法院应当适用修改前还是修改后的《专利法》追究侵权人的民事责任？这是司法审判中涉及的另一个《专利法》过渡问题。

根据法律适用从旧兼从轻的一般原则，本规定第十八条对该问题作出了司法解释，即以侵权行为发生的时间为界，2001年7月1日以前发生的侵权行为适用修改前《专利法》，以后的适用现行《专利法》。根据该规定，对于7月1日以前发生，一直持续到7月1日以后的持续侵权行为，也应当以7月1日为界分别适用修改前后的《专利法》追究两个时间段内侵权人的侵权责任。这就是说，被控侵权人对其2001年7月1日以前未经许可的许诺销售行为不应受到《专利法》的追究。

(二) 关于专利纠纷案件的类别和管辖问题

1. 专利纠纷案件的类别

根据本规定第一条的规定，人民法院审判的专利纠纷案件包括两大类：一类为专利民事纠纷案件，具体包括：专利申请权纠纷案件，专利权权属纠纷案件，专利权、专利申请权转让合同纠纷案件，侵犯专利权纠纷案件，假冒他人专利纠纷案件，发明专利申请公布后、专利权授予前使用费纠纷案件，职务发明创造发明人、设计人奖励、报酬纠纷案件，诉前申请停止侵权、财产保全案件，发明人、设计人资格纠纷案件等。值得注意的是，根据《专利法》第五十八条的规定，假冒他人专利行为不同于该法所称的侵犯专利权行为，追究法律责任所适用的条款也不相同，因此，假冒他人专利纠纷案件与侵犯专利权纠纷案件属于两种不同的民事纠纷案件。此外，设计人奖励、报酬纠纷案件、诉前申请停止侵权、财产保全案件以及发明人、设计人资格纠纷案件是应《专利法》的修改或根据审判实践的要求增加规定的三种案件。另一大类是专利行政案件，主要包括：不服专利复审委员会维持驳回申请复审决定案件、不服专利复审委员会专利权无效宣告请求决定案件、不服国务院专利行政部门实施强制许可决定案件、不服国务院专利行政部门实施强制许可使用费裁决案件、不服国务院专利行政部门行政复议决定案件、不服管理专利工作的部门行政决定案件等。这类案件一般与专利权的授权有关，在案件审理中往往需要对诉案专利是否具有专利性作出判断，因此具有较高的专业技术性。

2. 指定管辖和地域管辖的一般规定

根据《民事诉讼法》和最高人民法院关于适用该法司法解释的规定，专利纠纷案件由最高人民法院确定的中级人民法院管辖。1985年2月16日，最高人民法院在《关于开展专利审判工作的几个问题的通知》中规定，不服国务院专利行政部门、专利复审委员会决定的专利案件，由北京市中级人民法院（现为北京一中院）作为一审法院，其余专利纠纷案件，由各省级政府所在地、经济特区等中级人民法院作为一审法院。本规定在上述"通知"的基础上进行了归纳和简化，规定：专利纠纷第一审案件，由各省、自治区、直辖市人民政府所在地的中级人民法院和最高人民法院指定的中级人民法院管辖。这就是说，各省级政府所在地中级人民法院和最高人民法院已经指定的中级人民法院，继续作为专利纠纷案件的一审法院，因本地区实际情况需要取得专利纠纷案件管辖权的其他中级人民法院，应当经过最高人民法院指定。

《民事诉讼法》实施前，由于没有法律的明文规定，最高人民法院于1987年6月专门就专利侵权纠纷案件的地域管辖问题作出司法解释，① 较为详细地规定了六类侵犯专利权行为（包括假冒他人专利行为）的地域管辖问题，对全国法院的专利审判工作起到了很好的指导作用。1991年《民事诉讼法》颁布后，明确规定因侵权行为提起的诉讼由侵权行为地或者被告住所地人民法院管辖。侵犯专利权案件同样应当适用该项规定。因此，本规定未继续沿用上述司法解释的做法，而是对《专利法》第十一条所规定的各类侵犯专利权行为以及第五十八条规定的假冒他人专利行为的侵权行为地进行解释。该规定首先明确侵权行为地包括侵权行为实施地和侵权结果发生地，② 进而对行为实施地具体解释为：侵犯发明、实用新型专利权产品的制造、使用、许诺销售、销售、进口等行为实施地，专利方法使用行为的实施地，依照该专利方法直接获得的产品的使用、许诺销售、销售、进口等行为的实施地，外观设计专利产品的制造、销售、进口等行为的实施地，假冒他人专利的行为实施地。

---

① 1987年6月29日《最高人民法院关于专利侵权纠纷案件地域管辖问题的通知》。
② 与《最高人民法院关于适用〈中华人民共和国民事诉讼法〉若干问题的意见》第二十八条的规定相一致。

### 3. 有关管辖问题的具体规定

在司法实践中，经常引起当事人之间发生争议、各地法院认识上亦不统一的是被控侵权产品制造地、销售地法院的管辖权问题。1998年7月，最高人民法院在江苏省吴县召开"全国部分法院知识产权审判工作座谈会"，该问题在会上经热烈讨论取得了一致性意见，并在会议纪要①中载明。本规定对会议纪要的内容作出进一步归纳后规定如下：原告仅对侵权产品制造者提起诉讼，未起诉销售者，侵权产品制造地与销售地不一致的，制造地人民法院有管辖权；以制造者与销售者为共同被告起诉的，销售地人民法院有管辖权。销售者是制造者分支机构，原告在销售地起诉侵权产品制造者制造、销售行为的，销售地人民法院有管辖权。近三年的审判实践表明，上述做法较为有效地解决了当事人争议较大的侵权产品销售地法院的管辖权问题，有利于切实保护专利权人的合法权益，应当继续予以贯彻。但在适用中也应当注意到，对于原告在侵权产品销售地以制造者与销售者为共同被告起诉的，销售地法院应当根据《民事诉讼法》的有关规定，审查其是否符合共同诉讼的条件。

此外，《专利法》于1992年9月第一次修订时，增加了方法发明专利权延及产品的规定，即未经专利权人许可使用、销售、进口依照其专利方法直接获得的产品的行为，构成侵犯专利权。同时，全国人民代表大会常务委员会关于此次修改《专利法》的决定中明确规定，1993年1月1日以前提出的专利申请和根据该申请授予的专利权，适用修改前《专利法》的规定。对于方法发明专利权而言，应理解为对1993年1月1日以前提出申请的方法专利权的保护范围不延及依照该专利方法直接获得的产品，即只有未经许可使用该专利方法的行为才构成侵权。在实践中，方法专利的使用地往往非常隐蔽，法律关于侵权行为地法院管辖的规定难以付诸实施，而权利人在被告住所地起诉又可能受地方保护主义的影响，因此当事人对此争议很大。鉴于这类案件已为数不少，从切实保护权利人的合法权益，以及方便当事人起诉、方便法院查清案情的两便原则出发，本规定第七条对这类案件的管辖作出了适当的变通规定，即可以参照1993年1月1日以后提出申请并获得授权的方法发明专利确定管辖。根据该规定，侵犯方法发明专利权纠纷案件的管辖均按照上述一般规定确定，方法专利权所涉及产品的销售、进口等地法院都有管辖权。值得注意的是，管辖问题的变通规定，并不涉及案件的实体审理问题。该规定明确指出，法院在实体审理中仍应当适用原《专利法》关于方法发明专利适用不延及产品的规定。

### （三）关于中止审理问题

专利侵权纠纷案件受理后，被告经常采用的一种抗辩手段是向专利复审委员会提出宣告原告专利权无效的请求。此时，人民法院是中止诉讼，等待专利

---

① 详见1998年7月20日《最高人民法院关于全国部分法院知识产权审判工作座谈会纪要》。

复审委员会作出有关确权的决定后再行恢复审理,还是根据案件事实和证据径行作出判决,需要有统一的标准。1992年12月29日《最高人民法院关于审理专利纠纷案件若干问题的解答》(以下简称解答)针对发明专利和实用新型、外观设计专利权利稳定性程度的不同以及被告提出无效宣告请求时间的不同,分别几种情况对中止审理问题作出规定,大致原则是:对于实用新型、外观设计专利,被告在答辩期内提出无效请求的,法院应当中止诉讼,在答辩期后提出的,可以不中止诉讼;对于发明专利和经复审委审查维持专利权的实用新型专利,被告在答辩期内提出无效请求的,法院一般不中止诉讼。

不少法院的同志提出,上述司法解释的总体原则应予肯定,在今后的审判实践中可继续实行;但对中止的规定也应当具有相对的灵活性,有特殊情况的,可由受理法院根据案件具体情况决定是否中止审理。针对上述情况,结合《专利法》增加规定的实用新型专利检索报告制度,本规定在原司法解释的基础上,对中止审理问题作出了较为灵活的规定。

1. 为了尽量避免中止诉讼,维护原告的合法权益,本规定第八条鼓励专利权人充分运用检索报告作为证明其权利稳定性的手段,要求其在起诉时即出具检索报告;就被告而言,如欲请求中止诉讼,则应当在答辩期内提出宣告无效请求。该两项规定与第九条、第十条相呼应。应当指出的是,第八条的两款规定是从维护原、被告的诉讼权利,减少诉讼环节、减轻讼累出发,对当事人参加诉讼所作的鼓励和引导,并不意味着出具检索报告是原告起诉的条件,或者被告在答辩期内未提出宣告无效请求的就不能请求中止诉讼。

2. 根据第九条的规定,对于侵犯实用新型、外观设计专利权纠纷案件,被告在答辩期间内提出无效请求的,原则上应当中止诉讼,但在某些情况下可以不中止诉讼,由受理法院根据原告出具的检索报告对专利性所作出评价的情况,或者被告所提供证据的有关情况作出是否中止审理的决定。该规定列举了可以不中止诉讼的三种情况:(1)原告出具的检索报告未发现导致实用新型专利丧失新颖性、创造性的技术文献的;(2)被告提供的证据足以证明其使用的技术已经公知的;(3)被告请求宣告该项专利权无效所提供的证据或者依据的理由明显不充分的。第一种情况仅限于实用新型专利权侵权纠纷案件。国家知识产权局的检索报告,一般是通过检索大量技术文献,对被检索专利是否丧失专利性进行评价,并不对该专利是否具有专利性作出肯定性评价。因此,如果检索报告未作出否定性评价,则说明原告的实用新型专利权具有相当的稳定性,即使被告在答辩期内提出了无效宣告请求,法院也可以不中止审理。就被告而言,如果其以公知技术进行抗辩,并且提供了足够证据足以证明该抗辩成立的,则无论原告的专利权是否有效,法院都可以直接对被告是否侵犯专利权作出认定;如果被告请求宣告原告专利权无效所提供的证据或理由明显不充分,一方面,说明其请求难以得到专利复审委员会的支持;另一方面,也说明被告很可能是为了拖延诉讼，此时，法院也可以径行对侵权诉讼作出判决。

3. 在上述案件的被告于答辩期届满后提出无效宣告请求的情况，本规定也赋予受理法院更多的选择余地。第十条指出，被告在答辩期后提出无效宣告请求的，原则上不中止诉讼，但受理法院经审查认为有必要中止诉讼的，可以中止诉讼。在具体适用时，受理法院应当严格掌握审查标准，将中止诉讼控制在个别情况下，即只有在案件情况特殊、确实有必要中止诉讼时，才可以中止。此外，关于涉及发明专利及经复审委维持专利权的实用新型专利案件的中止审理问题，本规定沿用了原司法解释的规定，即被告在答辩期间内提出无效宣告请求的，人民法院可以不中止诉讼。

（四）关于等同原则

在审判实践中，真正的"字面"侵权即完全仿制他人专利产品或者照搬他人专利方法的专利侵权行为并不多见，常见的是构成等同的侵权行为。不少不法行为人对他人的产品和方法专利及专利文件加以研究，对权利要求中的某些技术特征，以该技术领域普通技术人员未经创造性智力劳动能够联想到的技术手段，对专利技术方案加以简单的替换或者变换，即以生产经营为目的，制造、销售侵权产品等或者使用侵权方法，以达到只有专利方能达到的发明目的、优点或者积极效果。由此在国际、国内的司法对策中，专利侵权行为认定的等同原则应运而生。

最高人民法院为了使专利权人的合法权益得到全面、切实的保护，使人民法院在认定等同侵权行为时有明确依据，在本规定第十七条中规定了专利侵权判断的等同原则，第一次以规范性文件的形式将等同原则明确为专利侵权判定的一项司法原则。该规定对《专利法》第五十六条第一款进行了解释，提出该条所称的"发明或者实用新型专利权的保护范围以其权利要求的内容为准，说明书及附图可以用于解释权利要求"，是指专利权的保护范围应当以权利要求书中明确记载的必要技术特征所确定的范围为准，也包括与该必要技术特征相等同的特征所确定的范围。根据上述解释，所谓等同是指与必要技术特征相等同的技术特征，而非该专利权利要求的等同物。此外，本规定还对等同特征的含义作了说明，即等同特征必须同时具备两个条件：一是与权利要求中的技术特征以基本相同的手段、实现基本相同的功能、达到基本相同的效果；二是本领域的普通技术人员无需经过创造性劳动就能够联想到，也就是对本领域普通技术人员来讲是显而易见的。该两项条件的规定，与其他国家以及国际条约的相关规定是一致的。[①]

应当指出，等同原则的适用与案件所涉及的具体技术方案等实际情况直接

---

① 2001年5月，世界知识产权组织常务委员会日内瓦会议产生的《实体专利法条约草案》（Draft Substantive Patent Law Treaty）也有类似规定。

相关，难以划定统一的标准，因此该规定对等同原则只作出了原则性规定，专利等同侵权行为还必须由受诉人民法院的法官依照程序精心判断。这正像一位资深的德国专利法官在与我国同行讨论相关问题时说的"重要的不在于条文表述上的完美，而是每位法官根据这一原则对每一个等同侵权行为的准确判断"。当然，最高人民法院将在今后总结实践经验的基础上，加强指导与监督，并不断对该项规定进行充实和完善。

（五）关于赔偿问题

《专利法》第六十条是本次修改的新增条款，该条分两个层次规定了侵权损害赔偿数额的三种计算方法，首先按照权利人损失或者侵权人获利计算，该两项难以确定的，则参照专利许可使用费的倍数合理确定赔偿数额。该条规定除了与专利审判实践中经常采用的赔偿额计算方法基本一致外，又增加了参照专利许可使用费倍数的新规定，而且没有将实践中经常采用的定额赔偿方法规定进去。为此，本规定第二十条至第二十二条以全部赔偿为原则，结合《专利法》第六十条、最高人民法院1992年解答的有关规定以及吴县会议纪要等文件的相关内容，对赔偿问题作了较为具体的规定。

1. 该规定第二十条规定，人民法院可以根据权利人的请求，按照权利人损失或者侵权人获利计算赔偿数额。人民法院不宜依职权自行确定计算赔偿额的方法。

权利人损失一般可以通过专利产品销售量减少的数量乘以每件专利产品的利润计算得到。权利人销售量减少的总数难以确定的，侵权产品在市场上销售的总数乘以每件专利产品的利润所得之积可以视为权利人因被侵权所受到的损失。之所以这样规定，是因为原告往往难以举证证明其专利产品销售量因被告侵权而减少的数量，虽然证明侵权产品的销售量相对容易，但侵权产品的销售价格又远远低于专利产品的正常价格，如果将被告获利确定为赔偿额，不能弥补权利人的实际损失。事实上，这种变通的计算赔偿额的办法早已在审判实践中为许多法院所采用，司法实践结果表明其符合大多数案件的实际情况，既切实保护了原告的合法权益，对被告也不失公平。

侵权人获利一般根据侵权产品的销售量乘以每件侵权产品的利润确定。侵权人因侵权所获得的利益一般按照侵权人的营业利润计算，对于完全以侵权为业的侵权人，可以按照产品销售利润计算。考虑到财务费用、管理费用一般在企业支出中占有相当大的比例，而正常情况下这些费用确实为被告的实际支出，因此应当将其从被告侵权所获利润中相应减掉，即按照营业利润计算。在许多案件中，被告除生产侵权产品外还有其他产品，但其财务账册中反映的费用是企业支出的总费用，这就需要法院根据实际情况从中划分出应当合理分摊到侵权产品上的费用，有时还需要委托审计部门进行审计。对于完全以侵权为业的被告，一方面，由于其财务账册一般很不规范；另一方面，也为了体现对故意侵权的惩治力度,因此可以按照产品销售利润计算赔偿额。另外,在以被告获利确定赔偿额时,还应当注意原告专利在侵权产品中所起作用或所占位置,原告专利只在侵权产品的某一小部分上被实施的,例如原告的外观设计专利只在被告产品包装的某一部分上被使用,则不宜将被告销售该产品的所有利润都确定为侵权赔偿额。

2. 该规定第二十一条对《专利法》第六十条专利许可使用费的"倍数"进行了解释,并对定额赔偿的适用予以明确规定。该条规定,在上述两种计算方法均难以确定的情况下,有专利许可使用费可以参照的,人民法院可以根据专利权的类别、侵权人侵权的性质和情节、专利许可使用费数额以及该专利许可的性质、范围、时间等因素,参照该许可使用费的1至3倍确定赔偿数额。其中"有专利许可使用费可以参照"是指原告能够提供在相同行业或技术领域中同类相关专利的许可使用费情况的证据,并不必须是原告在诉讼前就涉案专利与他人签订专利许可合同中的许可使用费。关于倍数问题,有一种观点认为,许可使用费一般是正常利润的50%～60%,按照民事赔偿的公平原则,1倍的许可使用费并不足以赔偿权利人的损失,以1.5～2倍确定权利人的实际损失较为合理。由于《专利法》刚刚开始实施,该问题还有待司法实践的进一步探索和总结。

第二十一条还规定,没有专利许可使用费可以参照或者专利许可使用费明显不合理的,人民法院可以根据专利权的类别、侵权人侵权的性质和情节等因素,一般在人民币5000元以上30万元以下确定赔偿数额,最多不得超过人民币50万元。根据该规定,在原告未提供专利许可使用费的有关证据,或者其提供的许可使用费与涉案专利明显没有可类比性时,则可以适用定额赔偿的规定。需要强调的是,定额赔偿方法的适用是在前述三种方法均无法确定赔偿数额的情况下才考虑适用的,是在被告的侵权事实清楚,但原告不能举证证明其实际损失或者被告侵权获利,也不能提供可以参照的许可使用费的情况下,责令被告给予原告的一定经济赔偿。这是针对知识产权侵权损害的特点,借鉴TRIPs协议"预先确定的赔偿额"或者一些国家实行的"法定赔偿额"的做法,设定的一种赔偿方法。最高人民法院为了便于各地法院在适用时掌握尺度,根据多年审判实践的经验将其幅度确定为人民币5000元至50万元。

3. 为了贯彻对知识产权侵权损害的全面赔偿原则,第二十二条规定,人民法院根据权利人的请求以及具体案情,可以将权利人因调查、制止侵权所支付的合理费用计算在赔偿数额范围之内。有两点需要注意,一是将调查等费用计算在赔偿数额范围之内的前提是权利人提出请求,而且法院根据案件的具体情况认为可以支持;二是调查、制止侵权的合理费用不包括诉讼律师费。TRIPs协议关于损害赔偿的规定是"可以包括适当的律师费",给予了成员国根据本国情况自行决定的较大余地。考虑到我国的实际情况以及反不正当竞争法对该问题的类似规定,本规定没有将诉讼律师费一律归入上述合理费用范围之内,但在案件审理中,人民法院可以根据案件具体情况决定是否责令被告赔偿原告所支付的适当合理的诉讼律师费。

(六)关于专利审判与行政执法的协调问题

除了人民法院严格依照《专利法》等法律的规定对专利行政行为进行司法复审外,本规定还对两项在侵犯专利权民事诉讼中涉及专利司法审判与行政执法的协调配合问题作出规定。一是人民法院民事制裁措施的运用问题;二是行政停止侵权决定与审判中赔偿民事责任追究的关系问题。

1. 为了加大对知识产权的保护力度,依法制裁侵权者,人民法院在审理侵犯知识产权纠纷案件中,对情节严重的侵权行为,根据《民法通则》第一百三十四条第三款的规定给予收缴、罚款等民事制裁是十分必要的。假冒他人专利的行为,不仅侵犯专利权人的合法权益,而且扰乱了正常的社会经济秩序,应当受到法律制裁,情节严重的,还要追究刑事责任。该规定第十九条规定,人民法院在审理假冒他人专利民事纠纷案件中,发现专利管理机关未给予行为人行政处罚的,可以依照《民法通则》第一百三十四条第三款的规定给予民事制裁;作出罚款处理的,罚款数额参照修改后《专利法》第五十八条关于罚款的数额标准确定。

2. 根据《专利法》第五十七条的规定,专利管理机关可以就停止侵权作出行政决定,但对赔偿数额只能进行调解,调解不成的,当事人可以提起民事侵权诉讼,人民法院应当受理。对于已经过专利管理机关作出侵权或者不侵权认定,当事人就赔偿问题提出民事侵权诉讼的,法院是否可以根据行政决定所作出的侵权认定,仅就赔偿数额问题进行审理,有不同认识。本规定第二十五条对此作出了规定,即在上述情况下,人民法院仍应当就当事人的诉讼请求进行全面审查,依法进行审判。该规定与《宪法》、《人民法院组织法》等法律关于人民法院独立审判案件,不受个人、行政机关干涉的审判原则是一致的。

(七)其他问题

本规定对中止诉讼时责令被告停止有关行为问题也作出规定。该规定第十二条规定,人民法院决定中止诉讼,专利权人或者利害关系人请求责令被告停止有关行为或者采取其他制止侵权损害继续扩大的措施,并提供了担保,人民法院经审查符合有关法律规定的,可以在裁定中止诉讼的同时一并作出有关裁定。

本规定还对专利权的财产保全作出了如下规定:人民法院对专利权进行财产保全,应当向国务院专利行政部门发出协助执行通知书,载明要求协助执行的事项以及对专利权保全的期限,并附人民法院作出的裁定书。对专利权保全的期限一次不得超过六个月,自国务院专利行政部门收到协助执行通知书之日起计算。如果仍然需要对该专利权继续采取保全措施的,人民法院应当在保全期限届满前向国务院专利行政部门另行送达继续保全的协助执行通知书。保全期限届满前未送达的，视为自动解除对该专利权的财产保全。人民法院对出质的专利权可以采取财产保全措施，质权人的优先受偿权不受保全措施的影响；专利权人与被许可人已经签订的独占实施许可合同，不影响人民法院对该专利权进行财产保全。人民法院对已经进行保全的专利权，不得重复进行保全。

根据《专利法》第六条第三款的规定，利用本单位的物质技术条件所完成的发明创造，单位与发明人或者设计人订有合同，对申请专利的权利和专利权的归属作出约定的，应当从其约定。根据我国职务发明创造的实际情况以及《合同法》关于合同自愿的基本原则，最高人民法院在本规定第十四条规定，上述《专利法》的规定适用于2001年7月1日以前的发明创造。

本规定还对《专利法》第二十三条所称的在先取得的合法权利的范围作出了列举，包括：商标权、著作权、企业名称权、肖像权、知名商品特有包装或者装潢使用权等。对于人民法院受理的侵犯专利权纠纷案件，涉及权利冲突的，第十五条明确规定，应当保护在先依法享有权利的当事人的合法权益。

对于连续侵权行为的损害赔偿问题，本规定第二十三条规定，侵犯专利权的诉讼时效为两年，自专利权人或者利害关系人知道或者应当知道侵权行为之日起计算。权利人超过两年起诉的，如果侵权行为在起诉时仍在继续，在该项专利权有效期内，人民法院应当判决被告停止侵权行为，侵权损害赔偿数额应当自权利人向人民法院起诉之日起向前推算两年计算。

最后，本规定还对《专利法》第十一条、第六十三条所称的许诺销售进行了解释，即许诺销售是指以做广告、在商店橱窗中陈列或者在展销会上展出等方式作出销售商品的意思表示。

（撰稿人：蒋志培　张　辉）

# 解读《关于修改〈最高人民法院关于审理专利纠纷案件适用法律问题的若干规定〉的决定》

## 一、问题的提出

《最高人民法院关于修改〈最高人民法院关于审理专利纠纷案件适用法律问题的若干规定〉的决定》（以下简称《决定》），经最高人民法院审判委员会第1641次会议通过，于2015年1月29日发布，自2015年2月1日起施行。

2013年4月25日，第十二届全国人大常委会第二次会议召开，会议要求最高人民法院、最高人民检察院于2014年年底前完成司法解释集中清理后的相关文件修改工作。根据会议精神，最高人民法院对司法解释和司法解释性质文件的修改作出统一部署，《最高人民法院关于审理专利纠纷案件适用法律问题的若干规定》（法释〔2001〕21号）（以下简称2001年《专利司法解释》）纳入修改范围，并列入2014年度司法解释立项计划。

专利法自1985年生效实施以来，于1992年、2000年、2008年进行过三次修订。2001年《专利司法解释》于2001年7月1日起施行，主要针对2000年修法所涉条文的适用和新旧法的过渡衔接作出规定，同时综合了之前最高人民法院公布的有关专利纠纷案件审理的多个"通知""解答"等规范性文件中行之有效的内容，并且确认了审判实践中成熟的经验和司法原则。2001年《专利司法解释》在配合2000年专利法的施行、明确审判标准、适应我国加入世界贸易组织需要等方面发挥了重要作用。但是，随着2008年专利法的第三次修订，该司法解释中部分条文援引的专利法相关条文在新旧专利法中的序号有所调整、表述发生变化，同时2008年专利法（以下简称现行专利法）对专利权评价报告、侵权损害赔偿数额计算等问题作出了新的规定，因此，有必要对2001年《专利司法解释》作出修改，以保证其内容与现行专利法及其司法解释保持一致。

2013年12月，最高人民法院民三庭启动对2001年《专利司法解释》的修订工作，起草完成初稿，随后召开座谈会征求上海、江苏、浙江等地法院的修改意见，并赴国家知识产权局进行专题调研。根据座谈意见和调研情况经多次修改讨论形成系统内外部征求意见稿，书面征求全国人大法工委、国务院法制办、国家知识产权局以及各高级法院的意见。根据反馈意见，经进一步讨论修改形成公开征求意见稿，于2014年7月15日向社会公开征求修改意见，征求期1个月，同时征求最高人民法院立案庭、民一庭、行政庭、审监庭和研究室的修改意见。最后，在综合各方意见的基础上，经认真研究修改形成送审稿。2015年1月19日，最高人民法院审判委员会第1641次会议讨论通过了送审稿。

## 二、理解与适用

《决定》共10条，涉及两部分内容：一是因专利法2008年修订中法条序号、表述用语变化而作出的适应性修改；二是对专利权评价报告、专利权保护范围、等同时间点、侵权损害赔偿数额计算的规定进行修改，以确保与现行专利法及其司法解释、相关规范性文件的规定一致。

### （一）适应性修改部分

#### 1. 关于侵权行为地的修改

2001年《专利司法解释》第五条第一款规定："因侵犯专利权行为提起的诉讼，由侵权行为地或者被告住所地人民法院管辖。"侵权行为地包括侵权行为实施地和侵权结果发生地，其确定对当事人选择管辖法院具有重要意义。专利法第十一条第二款对侵犯发明、实用新型和外观设计专利权的各类侵权行为作出具体规定，较之2000年专利法，现行专利法对侵犯外观设计专利权的行为增加了以生产经营为目的未经权利人许可许诺销售外观设计专利产品的行为，因此，《决定》第一条对2001年《专利司法解释》的第五条第二款作出修改，增加被诉侵权外观设计专利产品的许诺销售地为侵权行为地。

征求意见过程中，有意见认为，应当将2001年《专利司法解释》第五条中的"侵犯"修改为"侵害"。考虑到该司法解释中"侵犯"一词出现频率较高，而适应性修改不宜对整体规定改动过多，故未对该表述进行修改，但是司法实践中相关案件仍应当按照《民事案件案由规定》表述为"侵害专利权纠纷"。另外，《决定》第一条将2001年《专利司法解释》第五条第二款中的"被控"侵权行为修改为"被诉"侵权行为，因为《最高人民法院关于审理侵犯专利权纠纷案件应用法律若干问题的解释》（法释〔2009〕21号）（以下简称2009年《专利司法解释》）中的相关表述均为"被诉"，体现了专利侵权诉讼的民事性，而2001年《专利司法解释》中关于"被控"的表述仅此一处，为统一表述作出了相应修改。

2. 关于相关表述和条文序号的修改

《决定》第六条是关于对假冒他人专利行为的追究和制裁依据的修改，第十条是关于许诺销售的修改，修改内容均为其所援引的新旧专利法条文序号的变化。另外，为体现民事诉讼不告不理的基本原则，《决定》第五条、第六条将"追究"民事责任均修改为"确定"民事责任。

（二）重点条文部分

1. 关于专利权评价报告的修改

《决定》第二条、第三条针对2001年《专利司法解释》第八条、第九条中关于检索报告的规定作出修改，主要涉及以下内容：

（1）以2009年10月1日为界，对原告提交的报告名称和专利类型进行修改

现行专利法第六十一条第二款规定："专利侵权纠纷涉及实用新型专利或者外观设计专利的，人民法院或者管理专利工作的部门可以要求专利权人或者利害关系人出具由国务院专利行政部门对相关实用新型或者外观设计进行检索、分析和评价后作出的专利权评价报告，作为审理、处理专利侵权纠纷的证据。"较之2000年专利法第五十七条第二款的相应规定，该条款用"专利权评价报告"取代了"检索报告"，并将可以提交报告的专利类型增加了"外观设计专利"。国家知识产权局针对现行专利法的施行发布的《施行修改后的专利法的过渡办法》第二条规定，修改前的专利法的规定适用于申请日在2009年10月1日前（不含该日）的专利申请以及根据该专利申请授予的专利权，修

改后的专利法的规定适用于申请日在 2009 年 10 月 1 日以后（含该日）的专利申请以及根据该专利申请授予的专利权。据此，国务院专利行政部门仅能对申请日在 2009 年 10 月 1 日前（不含该日）的实用新型专利出具检索报告，对申请日在 2009 年 10 月 1 日以后（含该日）的实用新型专利和外观设计专利则可以出具专利权评价报告，因此，《决定》第二条作出规定："对申请日在 2009 年 10 月 1 日前（不含该日）的实用新型专利提起侵犯专利权诉讼，原告可以出具由国务院专利行政部门作出的检索报告；对申请日在 2009 年 10 月 1 日以后的实用新型或者外观设计专利提起侵犯专利权诉讼，原告可以出具由国务院专利行政部门作出的专利权评价报告。"

（2）将原告在起诉时提交报告的要求由"应当"修改为"可以"

《最高人民法院关于对出具检索报告是否为提起实用新型专利侵权诉讼的条件的请示的答复》（〔2001〕民三函字第 2 号）明确，检索报告只是作为实用新型专利权有效性的初步证据，出具检索报告并非原告提起实用新型专利侵权诉讼的条件。凡符合民事诉讼法规定的起诉条件的案件，法院均应当立案受理。2001 年《专利司法解释》第八条第一款所称"应当"本意在于倡导原告提交检索报告。因此，将原告在起诉时提交报告的要求由"应当"修改为"可以"，以回归司法解释的本意。

（3）增加规定原告不提交报告的法律后果

在我国现行的专利审查制度中，实用新型和外观设计专利均不经过实质审查，其有效性在后续行政程序中经常受到挑战。检索报告或者专利权评价报告可以为法院考量实用新型和外观设计专利的效力稳定性提供参考，其定位是审理专利纠纷的证据之一。对于原告经法院要求提交报告而无正当理由不提交的法律后果，征求意见和调研过程中存在两种意见，一是驳回起诉，二是中止诉讼。第一种意见可以更有力地督促原告提交报告，限制专利权滥诉，第二种意见可以在限制专利权滥诉的同时兼顾当事人的诉权保障。经反复讨论研究，最终将两种意见予以综合。我们认为，在实践中，对于原告而言，中止诉讼不利于其实现通过诉讼保护专利权的目的，故其应有动机提交检索报告或者专利权评价报告。当其无正当理由不提交检索报告或者专利权评价报告，很有可能是报告对其专利权作出否定性评价，在这种情况下，人民法院应当向当事人释明其可以就涉案专利向专利复审委员会提起无效宣告请求。如果当事人就涉案专利提起无效宣告请求，人民法院可以裁定中止诉讼，等待专利确权程序对专利权效力的认定，有利于纠纷的最终解决。如果当事人在合理期间内不对涉案专利提起无效宣告请求，人民法院可以裁定驳回起诉，由原告承担不利后果。对此，《决定》第二条作出规定："根据案件审理需要，人民法院可以要求原告提交检索报告或者专利权评价报告。原告无正当理由不提交的，人民法院可以裁定中止诉讼或者判令原告承担可能的不利后果。"

(4) 对于不中止诉讼的情形进行修改

2001年《专利司法解释》第九条是关于被告在答辩期间内请求宣告涉案专利权无效时，可以不中止诉讼的具体情形，其中第（一）项涉及检索报告的内容。检索报告和专利权评价报告的区别之一在于检索报告仅对专利是否符合新颖性、创造性进行检索、分析，而专利权评价报告除此之外，还会对说明书公开是否充分、权利要求是否得到支持等其他专利权无效事由进行评价，因此，《决定》第三条将"原告出具的检索报告或者专利权评价报告未发现导致实用新型或者外观设计专利权无效的事由的"列为可以不中止诉讼的情形之一。

2. 关于专利权保护范围以及等同时间点的修改

(1) 专利权保护范围的确定

2009年《专利司法解释》第七条第一款规定："人民法院判定被诉侵权技术方案是否落入专利权的保护范围，应当审查权利人主张的权利要求所记载的全部技术特征。"明确在专利侵权判定中采用全面覆盖原则，对权利人主张的权利要求所记载的全部技术特征均要进行审查，不再对技术特征是否必要进行甄别，即权利人所主张的权利要求的保护范围由其全部技术特征所确定。因此，《决定》第四条对2001年《专利司法解释》第十七条中采用必要技术特征确定专利权保护范围的规定进行修改，规定："专利法第五十九条第一款所称的'发明或者实用新型专利权的保护范围以其权利要求的内容为准，说明书及附图可以用于解释权利要求的内容'，是指专利权的保护范围应当以权利要求记载的全部技术特征所确定的范围为准，也包括与该技术特征相等同的特征所确定的范围"。

(2) 增加等同特征的判断时间点

为加大对专利权的保护力度，对于专利申请日到被诉侵权日之间因新技术发展导致的等同物纳入专利权的保护范围。因此，应当以被诉侵权行为发生时为基点判断技术特征是否构成等同。据此，《决定》第四条对等同特征的定义增加了时间点的限制："等同特征，是指与所记载的技术特征以基本相同的手段，实现基本相同的功能，达到基本相同的效果，并且本领域普通技术人员在被诉侵权行为发生时无需经过创造性劳动就能够联想到的特征。"

3. 关于侵权损害赔偿的修改

2001年《专利司法解释》第二十至二十二条以全部赔偿为原则，对专利侵权纠纷中的损害赔偿问题作出较为具体的规定。随着现行专利法对相关内容的调整和司法实践的发展，专利侵权损害赔偿的计算也出现了新的变化，基于此，《决定》第七至九条对2001年《专利司法解释》的上述条文进行了修改，主要涉及以下内容：

(1) 赔偿数额计算方法适用顺序、酌定和法定赔偿的修改

专利侵权诉讼中，损害赔偿数额的计算有四种方法：按照权利人损失确

定、按照侵权人获利确定、参照专利许可使用费确定、在法定赔偿限额内确定。现行专利法第六十五条规定，侵犯专利权的赔偿数额应当按照上述排列顺序依次适用相应的计算方法进行确定，在前一种计算方法难以确定损害赔偿数额的情况下，才适用后一种计算方法确定损害赔偿数额。因此，《决定》第七条对2001年《专利司法解释》第二十条规定的由权利人自主选择赔偿数额计算方法的内容进行修改。

在参照专利许可使用费确定损害赔偿数额时，2001年《专利司法解释》规定在专利许可使用费的1至3倍范围内合理确定。司法实践中，参照专利使用许可使用费酌定损害赔偿数额时，需要综合考虑侵权行为的性质和情节、专利许可的性质和范围等诸多因素，为给法官根据具体案情合理确定损害赔偿数额留出一定的自由裁量空间，现行专利法取消了上述1至3倍的限制。2001年《专利司法解释》在我国的专利法律体系中首次明确了法定赔偿制度，随着科学技术的进步和社会经济的发展，专利技术的经济价值日益凸显，现行专利法将法定赔偿数额的范围进行了大幅提高。针对这些变化和调整，《决定》第八条对2001年《专利司法解释》的第二十一条作出相应修改。

（2）合理开支计算的修改

现行专利法第六十五条第二款规定了专利侵权法定赔偿额的上下限，但是对于法定赔偿额的上限是否包含合理开支的数额，司法实践中存在不用理解。为体现加大赔偿力度的精神，2009年4月21日印发的《最高人民法院关于当前经济形势下知识产权审判服务大局若干问题的意见》（法发〔2009〕23号）第16条指出："除法律另有规定外，在适用法定赔偿时，合理的维权成本应另行计赔。"因此，《决定》第九条对此予以明确，规定："权利人主张其为制止侵权行为所支付的合理开支的，人民法院可以在专利法第六十五条确定的赔偿数额之外另行计算。"

（撰稿人：宋晓明　吴　蓉）

【注　解】

《最高人民法院关于审理专利纠纷案件适用法律问题的若干规定》于2001年6月19日通过，根据2013年2月25日《关于修改〈最高人民法院关于审理专利纠纷案件适用法律问题的若干规定〉的决定》第一次修正，2015年1月19日《关于修改〈最高人民法院关于审理专利纠纷案件适用法律问题的若干规定〉的决定》第二次修正后，自2015年2月1日起施行。由于《关于审理专利纠纷案件适用法律问题的若干规定》有关解读仍具有参考意义，故仍予收录，文中涉及条文序号调整的不再一一注明。

## 最高人民法院
## 关于审理侵犯专利权纠纷案件应用法律若干问题的解释

法释〔2009〕21号

（2009年12月21日最高人民法院审判委员会第1480次会议通过 2009年12月28日最高人民法院公告公布 自2010年1月1日起施行）

为正确审理侵犯专利权纠纷案件，根据《中华人民共和国专利法》、《中华人民共和国民事诉讼法》等有关法律规定，结合审判实际，制定本解释。

**第一条** 人民法院应当根据权利人主张的权利要求，依据专利法第五十九条第一款的规定确定专利权的保护范围。权利人在一审法庭辩论终结前变更其主张的权利要求的，人民法院应当准许。

权利人主张以从属权利要求确定专利权保护范围的，人民法院应当以该从属权利要求记载的附加技术特征及其引用的权利要求记载的技术特征，确定专利权的保护范围。

**第二条** 人民法院应当根据权利要求的记载，结合本领域普通技术人员阅读说明书及附图后对权利要求的理解，确定专利法第五十九条第一款规定的权利要求的内容。

**第三条** 人民法院对于权利要求，可以运用说明书及附图、权利要求书中的相关权利要求、专利审查档案进行解释。说明书对权利要求用语有特别界定的，从其特别界定。

以上述方法仍不能明确权利要求含义的，可以结合工具书、教科书等公知文献以及本领域普通技术人员的通常理解进行解释。

**第四条** 对于权利要求中以功能或者效果表述的技术特征，人民法院应当结合说明书和附图描述的该功能或者效果的具体实施方式及其等同的实施方式，确定该技术特征的内容。

**第五条** 对于仅在说明书或者附图中描述而在权利要求中未记载的技术方案，权利人在侵犯专利权纠纷案件中将其纳入专利权保护范围的，人民法院不予支持。

**第六条** 专利申请人、专利权人在专利授权或者无效宣告程序中，通过对权利要求、说明书的修改或者意见陈述而放弃的技术方案，权利人在侵犯专利权纠纷案件中又将其纳入专利权保护范围的，人民法院不予支持。

第七条　人民法院判定被诉侵权技术方案是否落入专利权的保护范围，应当审查权利人主张的权利要求所记载的全部技术特征。

被诉侵权技术方案包含与权利要求记载的全部技术特征相同或者等同的技术特征的，人民法院应当认定其落入专利权的保护范围；被诉侵权技术方案的技术特征与权利要求记载的全部技术特征相比，缺少权利要求记载的一个以上的技术特征，或者有一个以上技术特征不相同也不等同的，人民法院应当认定其没有落入专利权的保护范围。

第八条　在与外观设计专利产品相同或者相近种类产品上，采用与授权外观设计相同或者近似的外观设计的，人民法院应当认定被诉侵权设计落入专利法第五十九条第二款规定的外观设计专利权的保护范围。

第九条　人民法院应当根据外观设计产品的用途，认定产品种类是否相同或者相近。确定产品的用途，可以参考外观设计的简要说明、国际外观设计分类表、产品的功能以及产品销售、实际使用的情况等因素。

第十条　人民法院应当以外观设计专利产品的一般消费者的知识水平和认知能力，判断外观设计是否相同或者近似。

第十一条　人民法院认定外观设计是否相同或者近似时，应当根据授权外观设计、被诉侵权设计的设计特征，以外观设计的整体视觉效果进行综合判断；对于主要由技术功能决定的设计特征以及对整体视觉效果不产生影响的产品的材料、内部结构等特征，应当不予考虑。

下列情形，通常对外观设计的整体视觉效果更具有影响：

（一）产品正常使用时容易被直接观察到的部位相对于其他部位；

（二）授权外观设计区别于现有设计的设计特征相对于授权外观设计的其他设计特征。

被诉侵权设计与授权外观设计在整体视觉效果上无差异的，人民法院应当认定两者相同；在整体视觉效果上无实质性差异的，应当认定两者近似。

第十二条　将侵犯发明或者实用新型专利权的产品作为零部件，制造另一产品的，人民法院应当认定属于专利法第十一条规定的使用行为；销售该另一产品的，人民法院应当认定属于专利法第十一条规定的销售行为。

将侵犯外观设计专利权的产品作为零部件，制造另一产品并销售的，人民法院应当认定属于专利法第十一条规定的销售行为，但侵犯外观设计专利权的产品在该另一产品中仅具有技术功能的除外。

对于前两款规定的情形，被诉侵权人之间存在分工合作的，人民法院应当认定为共同侵权。

第十三条　对于使用专利方法获得的原始产品，人民法院应当认定为专利法第十一条规定的依照专利方法直接获得的产品。

对于将上述原始产品进一步加工、处理而获得后续产品的行为，人民法院应当认定属于专利法第十一条规定的使用依照该专利方法直接获得的产品。

**第十四条** 被诉落入专利权保护范围的全部技术特征，与一项现有技术方案中的相应技术特征相同或者无实质性差异的，人民法院应当认定被诉侵权人实施的技术属于专利法第六十二条规定的现有技术。

被诉侵权设计与一个现有设计相同或者无实质性差异的，人民法院应当认定被诉侵权人实施的设计属于专利法第六十二条规定的现有设计。

**第十五条** 被诉侵权人以非法获得的技术或者设计主张先用权抗辩的，人民法院不予支持。

有下列情形之一的，人民法院应当认定属于专利法第六十九条第（二）项规定的已经作好制造、使用的必要准备：

（一）已经完成实施发明创造所必需的主要技术图纸或者工艺文件；

（二）已经制造或者购买实施发明创造所必需的主要设备或者原材料。

专利法第六十九条第（二）项规定的原有范围，包括专利申请日前已有的生产规模以及利用已有的生产设备或者根据已有的生产准备可以达到的生产规模。

先用权人在专利申请日后将其已经实施或作好实施必要准备的技术或设计转让或者许可他人实施，被诉侵权人主张该实施行为属于在原有范围内继续实施的，人民法院不予支持，但该技术或设计与原有企业一并转让或者承继的除外。

**第十六条** 人民法院依据专利法第六十五条第一款的规定确定侵权人因侵权所获得的利益，应当限于侵权人因侵犯专利权行为所获得的利益；因其他权利所产生的利益，应当合理扣除。

侵犯发明、实用新型专利权的产品系另一产品的零部件的，人民法院应当根据该零部件本身的价值及其在实现成品利润中的作用等因素合理确定赔偿数额。

侵犯外观设计专利权的产品为包装物的，人民法院应当按照包装物本身的价值及其在实现被包装产品利润中的作用等因素合理确定赔偿数额。

**第十七条** 产品或者制造产品的技术方案在专利申请日以前为国内外公众所知的，人民法院应当认定该产品不属于专利法第六十一条第一款规定的新产品。

**第十八条** 权利人向他人发出侵犯专利权的警告，被警告人或者利害关系人经书面催告权利人行使诉权，自权利人收到该书面催告之日起一个月内或者自书面催告发出之日起二个月内，权利人不撤回警告也不提起诉讼，被警告人或者利害关系人向人民法院提起请求确认其行为不侵犯专利权的诉讼的，人民法院应当受理。

**第十九条** 被诉侵犯专利权行为发生在 2009 年 10 月 1 日以前的，人民法院适用修改前的专利法；发生在 2009 年 10 月 1 日以后的，人民法院适用修改后的专利法。

被诉侵犯专利权行为发生在 2009 年 10 月 1 日以前且持续到 2009 年 10 月 1 日以后，依据修改前和修改后的专利法的规定侵权人均应承担赔偿责任的，人民法院适用修改后的专利法确定赔偿数额。

**第二十条** 本院以前发布的有关司法解释与本解释不一致的，以本解释为准。

【解 读】

# 解读《关于审理侵犯专利权纠纷案件应用法律若干问题的解释》

## 一、问题的提出

根据新形势、新任务和我国知识产权保护的实际情况，为进一步落实建设创新型国家、实施知识产权战略的工作要求，正确贯彻和准确实施专利法的相关规定精神，充分发挥司法保护知识产权的主导作用，妥善处理侵犯专利权纠纷案件，依法保护当事人合法权益，我们于 2009 年 1 月恢复了专利法司法解释的起草工作，并列入最高人民法院 2009 年度司法解释立项计划。最高人民法院知识产权庭组织成立了由部分高级人民法院参加的课题组，对审判实践中的突出问题和新情况进行专题调研。在此基础上，于 2009 年 3 月完成初稿，后十易其稿，于 2009 年 6 月 18 日向社会公开征求意见，同时征求国家立法和行政机关以及各高级人民法院的意见。专利法司法解释的起草引起了国内外的高度关注，国内外有关方面提出了修改建议，通过互联网反馈的修改意见也多达二百余条。在综合各方意见的基础上，又经反复讨论修改，形成送审稿，提请最高人民法院审判委员会审议后通过。

为保证司法解释符合立法本意，符合中国国情，有利于激励自主创新，我们在起草过程中，注意贯彻以下指导原则：一是依法解释的原则。立足司法解释的功能定位，严格依照《专利法》、《民事诉讼法》等法律进行解释，秉承立法精神，坚持立法本意，细化法律规定。二是利益平衡的原则。一方面，从我国当前经济社会和科技文化发展的实际状况出发，以国家战略需求为导向，切实保护创新成果和创新权益，促进企业提高自主创新能力，激励科技创新和经济发展；另一方面，严格专利权利要求的解释，准确确定专利权保护范围，充分尊重权利要求的公示性和划界作用，防止不适当地扩张专利权保护范围、压缩创新空间、损害创新能力和公共利益。三是针对性和可操作性的原则。紧贴专利审判实践中的基础性、普遍性法律适用问题，总结和明确多年来成熟的审判经验，不贪大求全，对于尚未形成普遍共识、尚需继续探索的问题暂不规定，切实为审判实践提供统一的裁判依据。

《关于审理侵犯专利权纠纷案件应用法律若干问题的解释》（以下简称本解释）共二十条，涉及当前专利侵权审判中的主要法律适用问题，包括：发明、实用新型专利权保护范围的确定以及侵权判定原则，外观设计专利侵权的判定原则，现有技术抗辩以及先用权抗辩的适用，确认不侵权诉讼的受理等。在体例结构上，本解释按照"侵权判定—不侵权抗辩—民事责任—程序性问题"的表述顺序。

## 二、理解与适用

### （一）关于专利权的保护范围

专利权的保护范围，是专利权的权利边界，是专利法上重要的基础性概念。《专利法》第五十九条第一款规定，专利权的保护范围以权利要求的内容为准。因此，权利要求的解释过程，就是专利权保护范围的确定过程。权利要求解释尺度的宽严直接决定专利权保护范围的大小，影响专利权人与社会公众之间的利益关系。本解释的第一条至第四条均涉及专利权保护范围的确定问题。

1. 专利权保护范围的确定依据

第一条明确了权利人可以在一审法庭辩论终结前选择具体一项或多项权利要求，以确定其诉称的被诉侵权技术方案所落入的专利权保护范围。之所以如此规定，是因为每一项权利要求都是一个完整的技术方案，权利人选择何项权利要求作为其主张的专利权保护范围的依据，是权利人对自己权利的处分。具体地说，《专利法实施细则》第二十一条第一款规定，权利要求书应当有独立权利要求，也可以有从属权利要求。因《专利法》第五十九条第一款规定的"权利要求"没有仅限定为"独立权利要求"，故也可以包括"从属权利要求"。因此，权利人选择从属权利要求作为确定专利权保护范围的依据，并不违反法律；又因从属权利要求所限定的专利权保护范围小于独立权利要求或者被引用的权利要求所限定的专利权保护范围，故权利人选择从属权利要求主张权利，也不损害社会公众利益。

若专利权利要求书有多项权利要求，权利人应在起诉状中明确其据以提起本案专利侵权指控的权利要求（项）。如果起诉状仅笼统地诉称被诉侵权技术方案落入专利权的保护范围，但未明确落入哪一项或者哪几项权利要求所限定的保护范围。此时，法官有必要通过释明让权利人明确和固定其据以起诉被告专利侵权的权利要求（项）。如果在一审法庭辩论终结前，权利人已经明确被诉侵权技术方案既落入独立权利要求限定的保护范围，也落入从属权利要求限定的保护范围，一审法院应当对被诉侵权技术方案是否独立权利要求以及从属权利要求进行认定。如果法院经审查认为，被诉侵权技术方案未落入独立权利要求限定的保护范围，因独立权利要求限定的保护范围大于从属权利要求限定的保护范围，则被诉侵权技术方案必然也未落入从属权利要求限定的保护范围，这对于法院来说，并不需要就从属权利要求限定的保护范围再进行技术特征的逐一对比，而可以直接作出认定。然而，如果法院经审查认为，被诉侵权技术方案已落入独立权利要求限定的保护范围，则仍需对被诉侵权技术方案是否落入从属权利要求限定的保护范围继续进行审查。因为，被诉侵权技术方案已落入独立权利要求限定的保护范围，并不必然得出其落入从属权利要求限定的保护范围的结论。

此外，实践中还存在权利人所主张的权利要求被宣告无效的情况。对此，起草中曾有意见认为，一审宣判前权利人主张的权利要求被宣告无效，专利权在其他权利要求的基础上被维持有效，权利人请求以该其他权利要求确定专利权保护范围的，人民法院应当准许。上述宣告无效事实发生在一审宣判后、二审宣判前，权利人主张以一审未主张的权利要求确定专利权保护范围的，第二审人民法院可以根据当事人自愿的原则就相关诉讼请求进行调解，调解不成的，告知权利人另行起诉；对于权利人已经主张的权利要求，第一审人民法院未作裁判的，第二审人民法院可以根据当事人自愿的原则就相关诉讼请求进行调解，调解不成的，发回重审。但是，为避免因权利要求的随意变更而导致诉讼秩序的混乱，本解释最终未采纳上述意见，而是参照《民事诉讼法》司法解释关于变更诉讼请求的规定，将权利人变更其主张的权利要求的时间界定为一审法庭辩论终结前。亦即，对于一审法庭辩论终结后的变更，不予准许。但是，这并不影响权利人根据其他权利要求另行提起诉讼。需要澄清的是，第一条第一款所称"变更其主张的权利要求"，是指对据以提起专利侵权诉讼的权利要求（项）的变更，而非对该项权利要求的具体内容的变更。

如果权利人主张的权利要求被宣告无效，而在其他权利要求的基础上维持专利权有效。由于该其他权利要求不在本案当事人已主张的权利要求之列，故本案不再涉及被诉侵权技术方案是否落入该其他权利要求的问题，而可以判决驳回原告的诉讼请求，因为原告据以主张被告侵权的权利要求被宣告无效，指控被告侵犯权利人所主张的权利要求的法律基础已不存在。

根据《专利法实施细则》的规定，从属权利要求应当包括引用部分和限定部分。为了简化表述，从属权利要求只具体表述限定部分的技术特征，但是，不应仅仅依据权利要求书中该从属权利要求记载的限定部分的技术特征，还应当将其和引用部分的技术特征合在一起，限定该从属权利要求限定的保护范围。需要指出的是,第一条第二款所称的"引用"包括直接引用和间接引用。

2. 专利权保护范围的确定原则

关于权利要求的解释,理论上有两种比较极端的学说:一是中心限定主义,该学说认为,专利制度保护的是发明构思,权利要求书只是该发明构思的一个示例。因此,在解释权利要求时,不应拘泥于权利要求的字面含义,而是可以以权利要求书记载的技术方案为中心,通过说明书及附图全面理解发明创造的整体构思,从而将保护范围扩大到专利权人所期望达到的保护范围;二是周边限定主义,该学说认为,专利权人已经在权利要求书中划定了发明创造的边界,对权利要求书的文字应作严格、忠实的解释,其字面含义就是专利权的保护范围。后来,为调和上述两种比较极端的解释原则,《欧洲专利公约》关于第69条的议定书确立了折中解释的原则。本解释第二条在借鉴国外立法例的基础上,对我国专利审判实践一直坚持的折中解释原则予以明确。亦即,权利要求的解释,应当既合理地保护专利权人的利益,又使社会公众能够比较清楚地确定专利权的边界。其实,等同原则的适用及其限制,都是源于该解释原则。

第二条所称的"本领域普通技术人员",是法律拟制人,是个抽象的概念,是指具有侵权行为发生时该专利所属技术领域平均知识水平的技术人员,既不是该领域的技术专家,也不是不懂技术的人。之所以引入"本领域普通技术人员"的概念,是因为,根据《专利法》第二十六条第三款的规定,说明书应当对发明或者实用新型作出清楚、完整的说明,以所属技术领域的技术人员能够实现为准。亦即,权利要求书中每一项权利要求所要保护的技术方案,应当是所属技术领域的技术人员能够从说明书及附图直接得到或者概括得出的。所以,专利权的保护范围,应当界定在本领域普通技术人员在阅读说明书及附图后对权利要求记载的理解范围内。这就意味着,法官在确定专利权的保护范围时,应当从本领域普通技术人员的角度来理解和解释权利要求。

3. 专利权保护范围的确定方法

第三条从微观层面规定了权利要求解释的操作指南。说明书及附图、权利要求书的相关权利要求都是专利授权文件的组成部分,其与权利要求的关系最为密切,通常是澄清争议用语的最佳指南。此外,专利审查档案虽然不是专利授权文件的组成部分,但公众可以查阅,且权利要求用语在专利审查过程中和侵权诉讼中应当具有相同的含义,因此,专利审查档案对于权利要求也具有重要的解释作用。相对于上述"内部证据",工具书、教科书等因不存在于专利局有关专利文件及档案中,有的称之为"外部证据"。外部证据一般只是在内部证据不足以解释清楚时才使用。当然,这并不意味着,权利要求的解释必须一一运用上述全部的解释手段。若运用说明书即可明确权利要求的含义,则无需再借助其他的解释手段。

需要指出的是，一般情况下，权利要求中的用语应当理解为相关技术领域通常具有的含义。在特定情况下，如果说明书指明了某用语具有特定的含义，并且权利要求的保护范围因说明书对该用语的说明而被限定得足够清楚，则应当以该特别界定作为权利要求用语的含义。这与"不得将说明书的限制读入权利要求"并不矛盾。因为后者通常是指，不得以说明书的实施例等例示性解释来限制专利权的保护范围。

4. 功能性特征的解释

第四条是关于功能性特征解释的规定。在有的权利要求中，有些技术特征难以用结构特征表述，或者技术特征用结构特征限定不如用功能或效果特征限定更为恰当，而使用功能或者效果特征来限定发明。由于其字面含义本身较为宽泛，因此，应当结合说明书和附图描述的具体实施方式及其等同实施方式进行解释。这样，既可以给专利权人提供合理的保护，同时又能确保社会公众利益不受侵害。之所以采用"结合"的措辞，是考虑到按照目前的授权审查实践，个别情况下说明书和附图对具体实施方式没有进行描述。

有意见认为，将功能性特征的保护范围界定在具体实施方式及其等同实施方式，与专利审查指南规定的"对于权利要求中所包含的功能性限定的技术特征，应当理解为覆盖了所有能够实现所述功能的实施方式"，存在不一致的问题。我们认为，专利保护的是技术方案，而不单单是功能或者效果，而且，目前的专利审查实践，实际上也难以按照专利审查指南的规定，对所有实现所述功能的实施方式进行检索和审查。至于对"等同实施方式"的把握，需要视个案的具体案情而定。

（二）关于发明、实用新型专利侵权的判定

2001年7月1日施行的《最高人民法院关于审理专利纠纷案件适用法律问题的若干规定》确立了专利侵权判定中的等同原则，同时明确，专利权的保护范围不仅包括权利要求记载的技术特征所确定的范围，还包括等同特征所确定的范围。等同原则是克服专利权利要求在表达上的局限性、实现专利权公平保护的一项重要制度。我们既要以等同原则弥补字面侵权的不足，又要防止等同原则过宽过滥的适用，而予以适当的严格限制，避免以等同原则不适当地扩张专利权保护范围，压缩创新空间和损害公共利益。为此，本解释对等同原则的适用规则作出了进一步的明确和完善，尤其是进行了适当的限制。主要体现在对捐献规则和禁止反悔规则的明确。

1. 捐献规则

第五条规定的是专利法理论上的捐献规则。该规则是指，对于说明书记载而权利要求未记载的技术方案，视为专利权人将其捐献给社会公众，不得在专利侵权诉讼中主张上述已捐献的内容属于等同特征所确定的范围。捐献规则实质上是对等同原则适用的一种限制。之所以如此规定，是考虑到以下情形：专利申请人有时为了容易获得授权,权利要求采用比较下位的概念,而说明书及附图又对其扩张解释。专利权人在侵权诉讼中主张说明书所扩张的部分属于等同特征,从而不适当地扩大了专利权的保护范围。实际上,这是一种"两头得利"的行为。专利制度的价值不仅要体现对专利权人利益的保护,同时也要维护权利要求的公示作用。因此,捐献规则的确立,有利于维护权利要求书的公示性,平衡专利权人与社会公众的利益关系。

举例而言,权利要求明确记载某一个技术特征是"3个螺丝",而说明书又称,该螺丝也可以是5个、8个、10个。如果被控侵权产品的相应特征是8个螺丝,权利人主张该8个螺丝与3个螺丝等同,依据司法解释第五条的规定,权利的上述主张不能成立。因为,权利要求未记载而说明书或者附图描述的技术方案,不属于等同特征限定的专利权保护范围。

2. 禁止反悔规则

禁止反悔规则,是指当一方当事人已经作出某种行为,且被他人所信赖,该当事人以后就不能再否认该行为。第六条规定的是专利法理论上的禁止反悔规则,也是对等同原则适用的一种限制。专利权人对其在授权或无效宣告程序中已放弃的内容,不能通过等同原则的适用再纳入专利权的保护范围。为增强操作性,该条强调的是,专利申请人、专利权人客观上所作的限制性修改或者意见陈述。该修改或者陈述是权利人主动还是应审查员要求所为,与专利授权条件是否具有法律上的因果关系以及是否被审查员最终采信,均不影响该规则的适用。

3. 全面覆盖原则

第七条规定了专利侵权判定的基本方法,即专利法理论上的"全面覆盖原则"。只要被诉侵权技术方案的技术特征包含了专利权保护范围的技术特征,即认定其落入了专利权的保护范围。被诉侵权技术方案是否包括其他增加的技术特征,在所不问。但是,对于以封闭式权利要求表征的组合物专利,如果被控侵权技术方案含有权利要求记载的组分之外的组分,则应当认为其未落入专利权的保护范围,而不应当以"增加的技术特征不影响侵权判定"为由认定落入保护范围。其实,这与全面覆盖原则并不矛盾。因为组合物封闭式权利要求,是指组合物中仅包括权利要求记载的组分而排除所有其他组分。因此,对其他组分的排除也是封闭式权利要求的内含特征之一。如果被控侵权技术方案存在其他组分,则可以视为没有"覆盖"全部的技术特征,从而没有落入专利权的保护范围。

针对争议较多的应否适用多余指定原则的问题,第七条第一款明确规定,应当审查权利人主张的权利要求所记载的全部技术特征,从而否定了所谓的"多余指定原则"。之所以如此规定,是出于以下考虑:权利要求书的作用是确定专利权的保护范围。即通过向公众表明构成发明或者实用新型的技术方案所包括的全部技术特征，使公众能够清楚地知道实施何种行为不会侵犯专利权。只有对权利要求书所记载的全部技术特征给予全面、充分的尊重，社会公众才不会因权利要求内容不可预见的变动而无所适从，从而保障法律权利的确定性。

（三）关于外观设计专利侵权的判定

1. 外观设计专利权的保护范围

我国外观设计专利制度保护的是，以产品为载体的外观设计，而非脱离产品的外观设计。因此，在确定外观设计专利权的保护范围时，应当同时考虑产品的类别以及外观设计两个层面。亦即，如果产品类别相同或者相近，但被诉侵权设计与授权外观设计不相同也不相似，或者被诉侵权设计与授权外观设计相同或者相似，但产品类别不相同也不相近，则被诉侵权设计没有落入外观设计专利权的保护范围。

2. 产品种类相同或者相近的认定

为提供操作的指引，第九条列举了认定产品用途的参考因素。因用途与功能有时难以区分，故将功能内化为认定用途的参考因素之一。需要澄清的是，第九条所称的"外观设计产品"，包括外观设计专利产品和被控侵权产品。

3. 外观设计相同或者近似的认定

如前所述，外观设计是以产品为载体，并且，通过不同于同类产品且富有美感的外观吸引消费者的注意，获得市场利益的回报。因此，关于侵权诉讼中外观设计近似性的判断，应当基于一般消费者的知识水平和认知能力，根据外观设计的全部设计特征，以外观设计的整体视觉效果进行综合判断。第十条所称的"一般消费者"，是指对授权外观设计的相关设计状况具有常识性了解，并且对不同外观设计之间在形状、图案、色彩上的差别具有分辨力的人，但其通常不会注意到形状、图案、色彩的微小变化。这里的"常识性了解"，不应理解为基础性、简单性的了解，而应当是通晓相关外观设计状况，但其并不具有设计的能力。此外，虽然任何产品都有其消费群体，但并不是任何产品的消费群体都是相同的，应当根据产品的实际购买、使用等情况进行判断。比如，残疾人专用品的消费群体比较特定，而日常生活品的消费群体则很广泛。

第十一条第一款规定的是"整体观察"的对象，即对于外观设计的全部设计特征，都应予考虑。但因外观设计专利保护的是外观，故将功能性特征以及视觉无法直接观察到的非外观特征排除在外。第二款规定的是"综合判断"的考虑因素，通常情况下，主体部分及设计创新部分对外观设计的整体视觉效果更具有影响。在起草过程中，曾有意见主张采用"创新点判断法"，即只有被控侵权产品采用了专利外观设计的创新部分，才能认定为侵权。我们认为，判断外观设计相同或者近似的根本标准是整体视觉效果。而创新部位的设计特征只是影响整体视觉效果的重要组成部分。而且，对于区别于现有设计的特征，应当在当事人举证、质证的基础上认定。鉴于我国外观设计专利未经过实质审查，外观设计的简要说明对设计要点的描述，可以作为判断创新部分的参考。第三款规定的是"综合判断"的标准，即在考察设计特征对外观设计整体视觉效果影响程度的基础上，综合判断不同外观设计的整体视觉效果有无差异或者实质性差异。对一般消费者而言，整体视觉效果无差异的，认定外观设计相同；无实质性差异的，认定外观设计相似。

有意见认为，外观设计与发明、实用新型同为专利法规定的"发明创造"，判断侵权是否成立，应当考察被告是否以相同或者相近的方式利用了发明创造，而不是看是否会导致一般消费者的混同，此有别于商标法上的混淆理论。本文认为，我国《专利法》虽然将外观设计称为专利，但实质上，外观设计保护的是授权图片所显示的产品的外观，而非发明或实用新型所保护的技术方案，不能简单地套用发明或实用新型侵权判断的一般规则，而是应考虑一般消费者对外观设计的认知。第十一条第三款所称的"整体视觉效果无实质性差异"，与"混同"在本质上是一致的。

（四）关于零部件专利侵权

根据《专利法》第七十条的规定，专利侵权产品的使用者在一定条件下可以不承担赔偿责任，而制造者则不能免除赔偿责任。所以，区分制造与使用，具有一定的法律意义。对于将专利侵权产品作为另一产品零部件的情形，司法实践中有两种观点：一是视为"制造"，二是视为"使用"。由于被诉侵权人制造的是该另一产品，对专利侵权产品本身没有制造行为，因此，第十二条将其界定为使用行为。由于外观设计专利侵权行为不包括使用行为，因此，将侵犯外观设计专利权的产品作为零部件，制造该另一产品并销售的，归入销售行为的范畴。但因外观设计专利权保护的是产品的外观，若零部件在最终产品的正常使用中只具有技术功能作用，而不产生视觉效果，则上述行为不能认定为销售。此与本解释第十一条第一款的规定是相呼应的。第十二条第三款是前两款的但书。前两款针对的是，专利侵权产品的制造者与该另一产品制造者之间是正常的买卖关系。如果两者有分工协作的情形，则属于共同实施了制造行为，依照《民法通则》司法解释第一百四十八条第一款追究其共同侵权责任。

（五）关于现有技术抗辩和现有设计抗辩

现有技术抗辩、现有设计抗辩，是本次专利法修改新增加的一项制度，是被诉侵权人用于对抗专利权人侵权指控的一种不侵权抗辩。该制度的理论基础是，专利权的保护范围不得包括现有技术。《专利法》第六十二条规定，在专利侵权纠纷中，被控侵权人有证据证明其实施的技术或者设计属于现有技术或者现有设计的，不构成侵犯专利权。关于如何确定被诉侵权人实施的技术属于现有技术，本解释从增强操作性的角度出发，将被诉落入专利权保护范围的技术特征，而非被诉侵权人实施技术的全部技术特征，与一项现有技术的相应技术特征进行对比。如果两者相同或者无实质性差异,则可以认定被诉侵权人实施的技术属于现有技术,从而免除其侵权责任。这样可以节约程序,有利于及时定纷止争,保护当事人的合法权益。

在理解和适用第十四条时,需要注意以下问题:一是,该条第一款所称的"被诉落入专利权保护范围的全部技术特征",是指权利人在起诉时指控侵权的被控侵权技术方案的技术特征。至于该特征是否最终落入专利权的保护范围,并不影响对现有技术抗辩的认定。亦即,审查现有技术抗辩是否成立,不以判断被诉侵权技术方案是否落入专利权保护范围为前提。二是,为规范自由裁量权的行使,统一司法尺度,本解释将被诉侵权人主张现有技术或现有设计抗辩所能援引的技术方案或设计限定为一个。亦即,对于不属于一个技术方案或者设计的其他特征的组合,不予支持。但是,这不妨碍当事人在无效宣告程序中根据该证据主张专利权无效。三是,在发明实用新型专利侵权诉讼的现有技术抗辩认定中,与被诉落入专利权保护范围的技术特征进行对比的是,现有技术中的相应技术特征,而非现有技术方案的所有技术特征。亦即,现有技术方案的技术特征在数量上可以等于或者大于被诉落入专利权保护范围的技术特征。但是,现有技术方案与被诉侵权技术方案应当是相同的技术主题,否则,即使特定技术特征相同或者无实质性差异,也不能仅据此认定现有技术抗辩成立。在外观设计专利侵权诉讼的现有设计抗辩认定中,在对比现有设计与被诉侵权设计时,授权外观设计的设计特征通常不能被完全忽视。四是,第十四条所称的"无实质性差异",在实践中可以参照等同的标准掌握。

(六) 关于先用权抗辩

专利制度采用申请在先原则,即专利权只授予第一个向授权机关提出专利申请的人。先用权制度旨在弥补申请在先制度的缺陷。

根据第十五条第一款的规定,被诉侵权人主张先用权抗辩的技术或者设计,不能是非法获得的,而应自己研发或者善意取得、合法受让的。第二款所称的"必要的准备",针对的是技术方案或者设计本身的完成情况,不以办理行政审批手续为前提。关于《专利法》第六十九条第(二)项规定的"原有范围",有意见认为,以"事业目的"来界定"生产规模",过于严格。本文认为,先用权制度的设计初衷是弥补申请在先主义的不足,如果对原有范围的过宽解释,在一定程度上会影响专利申请制度,不利于技术的公开和推广。因此,第十五条第三款以生产规模界定"原有范围"。为了合理平衡先用权人与专利权人之间的利益关系,如果先用权人在申请日后将其技术另行转让或许可他人实施,就会增加市场上新的竞争者,有损专利权人的独占权。因此,第四款规定,在申请日后,先用权人只能将其已实施或作好实施必要准备的技术、设计,与原有企业一并转让或者承继。亦即,对于先用权人在申请日前的转让、许可行为,并无此限制。

### （七）关于特殊情形下赔偿数额的确定

针对被控侵权产品中存在多个涉案专利权或者既有专利权又有商标权的实际情况，在侵犯其中一个或者部分专利权的诉讼中，不宜根据该产品的全部利润确定侵权人的获利，而应当限于侵权人因侵犯本案专利权所获得的利益。第十六条第一款所称的"其他权利"，主要是指知识产权、营销策略等权利之外的因素不在其列。在确定因其他权利所产生的利益时，应当根据具体案情，综合全案合理确定。如果零部件系实现成品技术功能或者效果的关键零部件，且成品的价值主要由该零部件决定的，根据第十六条第二款的规定精神，也可以按照成品的利润计算赔偿数额。

### （八）关于方法专利中"新产品"的界定

新产品如何界定，直接影响新产品方法专利侵权诉讼中举证责任倒置规则的适用。关于新产品的界定，理论和实践中都存在不同认识。有观点认为，新产品是专利申请日前未在国内公开出售的产品；还有观点认为，新产品是申请专利日前未在国内外出现的产品。为统一新产品的界定标准，借鉴修改后的专利法关于新颖性的规定，本解释第十七条规定，产品本身或者制造产品的技术方案，两者有一在专利申请日以前为国内外公众所知的，该产品则不属于新产品。

需要指出的是，该条所称的"产品"，是指产品实物，而制造产品的技术方案，可以是产品的结构特征或者理化参数、制备方法。但是，如果仅仅化合物的名称或分子式在申请日前被公开，并不当然意味着，该产品的技术方案已经在申请日前被公开。其实，制造产品的技术方案也可以理解为广义上的产品，为便于区分和理解，该条将两者分别列明。

### （九）关于确认不侵权诉讼的起诉条件

最高人民法院曾于2002年7月12日就某请示案作出〔2001〕民三他字第4号批复，引入了知识产权领域的确认不侵权制度。为进一步规范和完善确认不侵权诉讼制度，防止被告动辄提起确认不侵权之诉，在总结审判经验的基础上，第十八条规定了提起此类诉讼的具体条件，特别是被警告人或其利害关系人的书面催告义务。

有些情况下，被警告人或利害关系人可能难以掌握权利人收到书面催告的具体时间，所以，另设"自书面催告发出之日起二个月内"，以增强法条的操作性。第十八条所称的"他人"，包括特定人和非特定人；"利害关系人"应作广义理解，包括经销商等；"提起诉讼"，是指向人民法院提起专利侵权之诉。如果在书面催告后一定期限内，权利人请求管理专利工作的部门处理侵权纠纷，并不能阻却被警告人或利害关系人提起确认不侵权之诉。

需要注意的是，当事人提起确认不侵权之诉，除符合第十八条的规定外，还需符合民事诉讼法第一百零八条规定的起诉条件。

## （十）关于新、旧专利权的适用衔接

关于持续跨越 2009 年 10 月 1 日的被诉侵权行为，根据本解释第十九条的规定，以《专利法》生效日为界，分别适用所属时段的《专利法》判断专利侵权是否成立。

关于赔偿数额的确定，修改前的《专利法》没有规定法定赔偿制度，《最高人民法院关于审理专利纠纷案件适用法律问题的若干规定》进行了填补性解释，在很大程度上有效解决了赔偿数额计算难的问题。这次修改后的《专利法》肯定了这一司法实践已普遍适用的制度，并适当提高了赔偿额度，最低数额由 5000 元增加至 1 万元，最高数额也由 50 万元增加至 100 万元。鉴于此，为体现加大赔偿力度，第十九条规定，对于持续跨越 2009 年 10 月 1 日的被诉侵权行为，依据修改前、后《专利法》的规定，侵权人均应承担赔偿责任的，一并适用修改后的《专利法》确定赔偿数额，而不以生效日为界分别适用所属时段的《专利法》。

当然，如果被诉侵权行为发生 2001 年 7 月 1 日（《专利法》第二次修改）前或者 1993 年 1 月 1 日（《专利法》第一次修改）前，则应适用当时的《专利法》。

（撰稿人：孔祥俊　王永昌　李　剑）

# 最高人民法院
# 关于审理侵犯专利权纠纷案件应用法律若干问题的解释（二）

法释〔2016〕1号

（2016年1月25日最高人民法院审判委员会第1676次会议通过 2016年3月21日最高人民法院公告公布 自2016年4月1日起施行）

为正确审理侵犯专利权纠纷案件，根据《中华人民共和国专利法》《中华人民共和国侵权责任法》《中华人民共和国民事诉讼法》等有关法律规定，结合审判实践，制定本解释。

**第一条** 权利要求书有两项以上权利要求的，权利人应当在起诉状中载明据以起诉被诉侵权人侵犯其专利权的权利要求。起诉状对此未记载或者记载不明的，人民法院应当要求权利人明确。经释明，权利人仍不予明确的，人民法院可以裁定驳回起诉。

**第二条** 权利人在专利侵权诉讼中主张的权利要求被专利复审委员会宣告无效的，审理侵犯专利权纠纷案件的人民法院可以裁定驳回权利人基于该无效权利要求的起诉。

有证据证明宣告上述权利要求无效的决定被生效的行政判决撤销的，权利人可以另行起诉。

专利权人另行起诉的，诉讼时效期间从本条第二款所称行政判决书送达之日起计算。

**第三条** 因明显违反专利法第二十六条第三款、第四款导致说明书无法用于解释权利要求，且不属于本解释第四条规定的情形，专利权因此被请求宣告无效，审理侵犯专利权纠纷案件的人民法院一般应当裁定中止诉讼；在合理期限内专利权未被请求宣告无效的，人民法院可以根据权利要求的记载确定专利权的保护范围。

**第四条** 权利要求书、说明书及附图中的语法、文字、标点、图形、符号等存有歧义，但本领域普通技术人员通过阅读权利要求书、说明书及附图可以得出唯一理解的，人民法院应当根据该唯一理解予以认定。

**第五条** 在人民法院确定专利权的保护范围时，独立权利要求的前序部分、特征部分以及从属权利要求的引用部分、限定部分记载的技术特征均有限定作用。

**第六条** 人民法院可以运用与涉案专利存在分案申请关系的其他专利及其专利审查档案、生效的专利授权确权裁判文书解释涉案专利的权利要求。

专利审查档案，包括专利审查、复审、无效程序中专利申请人或者专利权人提交的书面材料，国务院专利行政部门及其专利复审委员会制作的审查意见通知书、会晤记录、口头审理记录、生效的专利复审请求审查决定书和专利权无效宣告请求审查决定书等。

**第七条** 被诉侵权技术方案在包含封闭式组合物权利要求全部技术特征的基础上增加其他技术特征的，人民法院应当认定被诉侵权技术方案未落入专利权的保护范围，但该增加的技术特征属于不可避免的常规数量杂质的除外。

前款所称封闭式组合物权利要求，一般不包括中药组合物权利要求。

**第八条** 功能性特征，是指对于结构、组分、步骤、条件或其之间的关系等，通过其在发明创造中所起的功能或者效果进行限定的技术特征，但本领域普通技术人员仅通过阅读权利要求即可直接、明确地确定实现上述功能或者效果的具体实施方式的除外。

与说明书及附图记载的实现前款所称功能或者效果不可缺少的技术特征相比，被诉侵权技术方案的相应技术特征是以基本相同的手段，实现相同的功能，达到相同的效果，且本领域普通技术人员在被诉侵权行为发生时无需经过创造性劳动就能够联想到的，人民法院应当认定该相应技术特征与功能性特征相同或者等同。

**第九条** 被诉侵权技术方案不能适用于权利要求中使用环境特征所限定的使用环境的，人民法院应当认定被诉侵权技术方案未落入专利权的保护范围。

**第十条** 对于权利要求中以制备方法界定产品的技术特征，被诉侵权产品的制备方法与其不相同也不等同的，人民法院应当认定被诉侵权技术方案未落入专利权的保护范围。

**第十一条** 方法权利要求未明确记载技术步骤的先后顺序，但本领域普通技术人员阅读权利要求书、说明书及附图后直接、明确地认为该技术步骤应当按照特定顺序实施的，人民法院应当认定该步骤顺序对于专利权的保护范围具有限定作用。

**第十二条** 权利要求采用"至少""不超过"等用语对数值特征进行界定，且本领域普通技术人员阅读权利要求书、说明书及附图后认为专利技术方案特别强调该用语对技术特征的限定作用，权利人主张与其不相同的数值特征属于等同特征的，人民法院不予支持。

**第十三条** 权利人证明专利申请人、专利权人在专利授权确权程序中对权利要求书、说明书及附图的限缩性修改或者陈述被明确否定的，人民法院应当认定该修改或者陈述未导致技术方案的放弃。

**第十四条** 人民法院在认定一般消费者对于外观设计所具有的知识水平和认知能力时，一般应当考虑被诉侵权行为发生时授权外观设计所属相同或者相近种类产品的设计空间。设计空间较大的，人民法院可以认定一般消费者通常不容易注意到不同设计之间的较小区别；设计空间较小的，人民法院可以认定一般消费者通常更容易注意到不同设计之间的较小区别。

**第十五条** 对于成套产品的外观设计专利，被诉侵权设计与其一项外观设计相同或者近似的，人民法院应当认定被诉侵权设计落入专利权的保护范围。

**第十六条** 对于组装关系唯一的组件产品的外观设计专利，被诉侵权设计与其组合状态下的外观设计相同或者近似的，人民法院应当认定被诉侵权设计落入专利权的保护范围。

对于各构件之间无组装关系或者组装关系不唯一的组件产品的外观设计专利，被诉侵权设计与其全部单个构件的外观设计均相同或者近似的，人民法院应当认定被诉侵权设计落入专利权的保护范围；被诉侵权设计缺少其单个构件的外观设计或者与之不相同也不近似的，人民法院应当认定被诉侵权设计未落入专利权的保护范围。

**第十七条** 对于变化状态产品的外观设计专利，被诉侵权设计与变化状态图所示各种使用状态下的外观设计均相同或者近似的，人民法院应当认定被诉侵权设计落入专利权的保护范围；被诉侵权设计缺少其一种使用状态下的外观设计或者与之不相同也不近似的，人民法院应当认定被诉侵权设计未落入专利权的保护范围。

**第十八条** 权利人依据专利法第十三条诉请在发明专利申请公布日至授权公告日期间实施该发明的单位或者个人支付适当费用的，人民法院可以参照有关专利许可使用费合理确定。

发明专利申请公布时申请人请求保护的范围与发明专利公告授权时的专利权保护范围不一致，被诉技术方案均落入上述两种范围的，人民法院应当认定被告在前款所称期间内实施了该发明；被诉技术方案仅落入其中一种范围的，人民法院应当认定被告在前款所称期间内未实施该发明。

发明专利公告授权后，未经专利权人许可，为生产经营目的使用、许诺销售、销售在本条第一款所称期间内已由他人制造、销售、进口的产品，且该他人已支付或者书面承诺支付专利法第十三条规定的适当费用的，对于权利人关于上述使用、许诺销售、销售行为侵犯专利权的主张，人民法院不予支持。

**第十九条** 产品买卖合同依法成立的，人民法院应当认定属于专利法第十一条规定的销售。

**第二十条** 对于将依照专利方法直接获得的产品进一步加工、处理而获得的后续产品，进行再加工、处理的，人民法院应当认定不属于专利法第十一条规定的"使用依照该专利方法直接获得的产品"。

**第二十一条** 明知有关产品系专门用于实施专利的材料、设备、零部件、中间物等,未经专利权人许可,为生产经营目的将该产品提供给他人实施了侵犯专利权的行为,权利人主张该提供者的行为属于侵权责任法第九条规定的帮助他人实施侵权行为的,人民法院应予支持。

明知有关产品、方法被授予专利权,未经专利权人许可,为生产经营目的积极诱导他人实施了侵犯专利权的行为,权利人主张该诱导者的行为属于侵权责任法第九条规定的教唆他人实施侵权行为的,人民法院应予支持。

**第二十二条** 对于被诉侵权人主张的现有技术抗辩或者现有设计抗辩,人民法院应当依照专利申请日时施行的专利法界定现有技术或者现有设计。

**第二十三条** 被诉侵权技术方案或者外观设计落入在先的涉案专利权的保护范围,被诉侵权人以其技术方案或者外观设计被授予专利权为由抗辩不侵犯涉案专利权的,人民法院不予支持。

**第二十四条** 推荐性国家、行业或者地方标准明示所涉必要专利的信息,被诉侵权人以实施该标准无需专利权人许可为由抗辩不侵犯该专利权的,人民法院一般不予支持。

推荐性国家、行业或者地方标准明示所涉必要专利的信息,专利权人、被诉侵权人协商该专利的实施许可条件时,专利权人故意违反其在标准制定中承诺的公平、合理、无歧视的许可义务,导致无法达成专利实施许可合同,且被诉侵权人在协商中无明显过错的,对于权利人请求停止标准实施行为的主张,人民法院一般不予支持。

本条第二款所称实施许可条件,应当由专利权人、被诉侵权人协商确定。经充分协商,仍无法达成一致的,可以请求人民法院确定。人民法院在确定上述实施许可条件时,应当根据公平、合理、无歧视的原则,综合考虑专利的创新程度及其在标准中的作用、标准所属的技术领域、标准的性质、标准实施的范围和相关的许可条件等因素。

法律、行政法规对实施标准中的专利另有规定的,从其规定。

**第二十五条** 为生产经营目的使用、许诺销售或者销售不知道是未经专利权人许可而制造并售出的专利侵权产品,且举证证明该产品合法来源的,对于权利人请求停止上述使用、许诺销售、销售行为的主张,人民法院应予支持,但被诉侵权产品的使用者举证证明其已支付该产品的合理对价的除外。

本条第一款所称不知道,是指实际不知道且不应当知道。

本条第一款所称合法来源,是指通过合法的销售渠道、通常的买卖合同等正常商业方式取得产品。对于合法来源,使用者、许诺销售者或者销售者应当提供符合交易习惯的相关证据。

**第二十六条** 被告构成对专利权的侵犯,权利人请求判令其停止侵权行为的,人民法院应予支持,但基于国家利益、公共利益的考量,人民法院可以不判令被告停止被诉行为,而判令其支付相应的合理费用。

**第二十七条** 权利人因被侵权所受到的实际损失难以确定的,人民法院应当依照专利法第六十五条第一款的规定,要求权利人对侵权人因侵权所获得的利益进行举证;在权利人已经提供侵权人所获利益的初步证据,而与专利侵权行为相关的账簿、资料主要由侵权人掌握的情况下,人民法院可以责令侵权人提供该账簿、资料;侵权人无正当理由拒不提供或者提供虚假的账簿、资料的,人民法院可以根据权利人的主张和提供的证据认定侵权人因侵权所获得的利益。

**第二十八条** 权利人、侵权人依法约定专利侵权的赔偿数额或者赔偿计算方法,并在专利侵权诉讼中主张依据该约定确定赔偿数额的,人民法院应予支持。

**第二十九条** 宣告专利权无效的决定作出后,当事人根据该决定依法申请再审,请求撤销专利权无效宣告前人民法院作出但未执行的专利侵权的判决、调解书的,人民法院可以裁定中止再审审查,并中止原判决、调解书的执行。

专利权人向人民法院提供充分、有效的担保,请求继续执行前款所称判决、调解书的,人民法院应当继续执行;侵权人向人民法院提供充分、有效的反担保,请求中止执行的,人民法院应当准许。人民法院生效裁判未撤销宣告专利权无效的决定的,专利权人应当赔偿因继续执行给对方造成的损失;宣告专利权无效的决定被人民法院生效裁判撤销,专利权仍有效的,人民法院可以依据前款所称判决、调解书直接执行上述反担保财产。

**第三十条** 在法定期限内对宣告专利权无效的决定不向人民法院起诉或者起诉后生效裁判未撤销该决定,当事人根据该决定依法申请再审,请求撤销宣告专利权无效前人民法院作出但未执行的专利侵权的判决、调解书的,人民法院应当再审。当事人根据该决定,依法申请终结执行宣告专利权无效前人民法院作出但未执行的专利侵权的判决、调解书的,人民法院应当裁定终结执行。

**第三十一条** 本解释自 2016 年 4 月 1 日起施行。最高人民法院以前发布的相关司法解释与本解释不一致的,以本解释为准。

# 【链　　接】

## 统一细化专利侵权裁判标准　营造有利于创新的法治环境
——最高人民法院民三庭负责人就《关于审理侵犯专利权
纠纷案件应用法律若干问题的解释(二)》答记者问

2016 年 3 月 22 日,最高人民法院召开新闻发布会,发布《最高人民法院关于审理侵犯专利权纠纷案件应用法律若干问题的解释(二)》(以下简称《解释二》)。该司法解释将于 2016 年 4 月 1 日施行。为更好地理解和适用《解释二》，最高人民法院民三庭负责人接受了本报记者的采访。

**一、问：《解释二》将于 4 月 1 日正式施行，请您介绍一下起草该司法解释的有关背景情况？**

答：2009 年 12 月，最高人民法院曾发布《关于审理侵犯专利权纠纷案件应用法律若干问题的解释》。该司法解释在依法保护专利权人利益、激励科技创新等方面发挥了重要作用。五年多以来，专利侵权案件稳步增长，所涉法律问题深度触及专利基本制度和基本理念，所涉技术事实愈加前沿和复杂，市场价值和利益更加巨大。北京、上海、江苏等地高级人民法院分别出台有关审理专利侵权纠纷案件的指导意见。特别是，《中共中央关于全面深化改革若干重大问题的决定》明确提出，加强知识产权运用和保护，健全技术创新激励机制，建设国家创新体系。全国人大常委会决定在北京、上海、广州设立知识产权法院，集中审理专利等专业技术性较强的案件。为确保专利法的正确实施，统一和细化专利侵权裁判标准，及时回应科技创新对专利审判的新期待，有必要再次起草有关专利侵权判定的司法解释。

早在 2011 年年底，最高人民法院民三庭即开始进行专利侵权判定标准的专项调研。2014 年初，列入最高人民法院司法解释立项计划。在向社会公开征求意见，并多次听取中央有关部门、专家学者、法院、律师、专利代理人、企业、行业协会等反馈意见的基础上，条文草案历经十六次修改形成送审稿，经最高人民法院审判委员会讨论，最终审议通过了该司法解释。

《解释二》共 31 条，主要来源于《最高人民法院公报》刊登的典型案例以及近年来对专利审判经验的总结。涉及的主要问题有：权利要求解释、间接侵权、标准实施抗辩、合法来源抗辩、停止侵权行为、赔偿额计算、专利无效对侵权诉讼的影响等。在总体框架上，基本按照专利权保护范围、侵权行为样态、不侵权抗辩、侵权责任以及程序性事项进行排列。

**二、问：专利案件审理与科技创新关系密切，《解释二》的出台对于大众创业万众创新将产生什么影响？**

答：当前，全球新一轮科技革命和产业变革蓄势待发，我国经济发展方式加快转变，创新引领发展的趋势更加明显，知识产权制度激励创新的基本保障作用更加突出。十八届五中全会提出"创新、协调、绿色、开放、共享"的五大发展理念，排在首位的就是"创新"。并强调创新是引领发展的第一动力，必须把创新摆在国家发展全局的核心位置，让创新贯穿党和国家一切工作，让创新在全社会蔚然成风。可以说，抓创新就是抓发展，谋创新就是谋未来。今年是"十三五"的开局之年,也是全面建成小康社会决胜阶段的开局之年。面对新形势新要求,充分发挥专利制度在激励创新、促进科技进步和经济社会发展方面的关键作用,着力构建公正、透明的法治环境,激发创新动力、创造潜力和创业活力,对于加快实施创新驱动发展战略具有十分重要的意义。

《解释二》的起草紧扣专利法鼓励发明创造、促进科技进步和经济社会发展的立法目的,立足专利审判实践,始终贯彻如下指导思想:一是坚持问题导向,加大专利权保护力度,尽可能地解决"周期长、举证难、赔偿低"等突出问题,确保专利权人利益的实现,从根本上激励创新;二是坚持折中解释原则,强化权利要求的公示和划界作用,增强专利权保护范围的确定性,为社会公众提供明确的法律预期,促使专利文件撰写水平的提高;三是坚持利益平衡原则,厘清专利权与其他民事权利的法律边界,既保护权利人的正当权益,鼓励发明创造,又避免专利权不适当地扩张,防止压缩再创新空间和损害公共利益、他人合法权益。

《解释二》的出台,是最高人民法院积极营造有利于创新的法治环境的重要举措,丰富和完善了我国专利法律制度,将进一步遏制侵犯专利权的行为,进一步强化司法裁判对科技创新的导向作用,进一步有效激励自主创新和技术跨越,为大众创业万众创新提供有力的法律保障。

**三、问:对于当前我国专利保护中"举证难、赔偿低"的问题,《解释二》有哪些针对性的规定?**

**答:**举证难和赔偿低是紧密关联的两个问题。导致侵权案件赔偿数额较低的主要原因是有关损失或获利的证据不足,也就是举证难的问题。由于专利侵权的隐蔽性,很多侵权证据由侵权人掌握,而权利人难以取得,也就是说,权利人和侵权人对于侵权证据的举证难易存在较大差别。因此,"举证难、赔偿低"问题的根本解决,不在于替权利人举证或者一味地提高法定赔偿数额,而应当是制定一套符合知识产权诉讼特点的举证规则。《解释二》第二十七条对专利侵权诉讼中有关赔偿数额的举证规则进行了一定程度的完善。在参考商标法第六十三条第二款有关证据妨碍规定的基础上,根据专利权人的初步举证以及侵权人掌握相关证据的情况,将有关侵权人获利的举证义务分配给侵权人,并将此与专利法第六十五条规定的赔偿额计算顺序相衔接。需要指出的是,该规则的适用,需以权利人初步举证证明被告的获利情况,且与专利侵权行为相关的账簿、资料主要由侵权人掌握为前提。若上述两条件均不成就,则无法进行证据妨碍推定,导致"侵权获利难以确定"。依照专利法第六十五条,进而需要确定是否可以参照专利许可费确定赔偿数额。

**四、问：专利保护中的"周期长"是不是通常所说的"民行交叉"的问题？《解释二》又是如何解决的？**

**答：** 正如你所说，专利侵权纠纷案件的审理周期较长，主要是由现行法规定的"民行二元分立"诉讼架构造成的。权利人起诉被告侵犯其专利权，被告往往向专利复审委员会另行提起宣告专利权无效的请求，而审理专利侵权纠纷案件的法院又无权审查专利权的效力，通常中止民事诉讼，等待专利授权确权行政诉讼的结果。然而，专利授权确权程序过于繁冗，循环诉讼和程序空转的情况较为突出，不利于纠纷的实质性解决。为提高专利侵权诉讼的审理效率，尽可能缓解审理周期较长的负面影响，充分考虑专利授权确权行政诉讼改变专利复审委员会决定的比例较低的实际，《解释二》第二条设计了"先行裁驳、另行起诉"的制度，即在专利复审委员会作出宣告专利权无效的决定后，审理专利侵权纠纷案件的法院便可以裁定"驳回起诉"，无需等待行政诉讼的最终结果，并通过"另行起诉"给权利人以司法救济途径。之所以采用从程序上裁定驳回起诉，而非实体上判决驳回诉讼请求，主要是考虑若无效决定被行政裁判推翻，则权利人仍可另行起诉。

因专利侵权诉讼的原告可能仅为专利被许可人，通常其不参加专利无效程序，故不是行政判决书的被送达人，其另行起诉的时效计算则适用民法通则关于诉讼时效的一般规定，即知道或应当知道专利权恢复有效的时间。为避免文字繁冗，该条第三款仅规定了专利权人另行起诉的时效计算问题。

又如，对于专利复审委员会作出宣告专利权无效的决定后，当事人依据该决定申请再审撤销专利权无效宣告前人民法院作出但未执行的专利侵权的判决、调解书的问题，《解释二》第二十九条第一款规定，人民法院可以裁定中止再审审查，并中止原判决、调解书的执行，旨在减少专利最终无效后因继续执行导致的执行回转，赋予该无效决定一定程度地对抗判决、调解书的效力。又因该专利无效决定尚未被司法审查，故为平衡专利权人与侵权人的执行利益，避免"中止原判决、调解书执行"可能产生的副作用，参照《最高人民法院关于适用执行程序若干问题的解释》第十六条关于执行异议的规定，《解释二》第二十九条第二款规定，在人民法院已经裁定中止执行的情况下，专利权人可以在提供担保后请求继续执行。对此，侵权人则可通过反担保请求中止执行以制衡。当专利权被最终确定是否有效后，人民法院可执行担保或反担保财产，以避免执行利益落空。

虽然《解释二》的上述两个条款在提高诉讼效率方面进行了积极探索，但受现行法律规定的限制，并不能从根本上解决"民行二元分立"导致的周期长问题。比如，《解释二》的第三条规定，对于专利存在明显违反专利法第二十六条第三款或第四款、应被宣告无效的情形，审理专利侵权纠纷案件的法院也只能向当事人释明,告知其启动专利无效宣告程序。若无效程序被启动,则专利侵权诉讼一般应当中止。只有在合理期限内该专利权未被请求宣告无效的,人民法院才可以根据权利要求的记载确定专利权的保护范围。可见,困扰专利保护已久的"周期长"问题的根本解决,还需要从立法层面对"民行二元分立"的诉讼架构进行改造。当前,我国正在进行专利法的第四次修订工作,我们希望上述问题能够在这次专利法修订中得到解决。

**五、问:您刚才提到,《解释二》的起草贯彻了强化权利要求公示作用的指导思想,能否具体介绍一下这些条文?**

**答:**作为划定专利权权利边界的标尺,权利要求是专利法的核心概念,专利制度中的许多规则都是围绕权利要求展开。2009年发布的专利法司法解释曾体现了强化权利要求公示性的导向,《解释二》继续贯彻了这一指导思想,旨在增强专利权保护范围的确定性,为社会公众提供明确的法律预期。这也是充分考虑我国现阶段专利质量总体上还处在较低水平的现状以及创新驱动发展战略实施的需求。

《解释二》第五条、第十条和第十二条分别针对的是前序特征、产品权利要求中的制备方法和数值特征中的强调用语,规定上述特征和用语对专利权保护范围具有限定作用。上述特征和用语是否作为专利的必要技术特征,属于专利授权确权阶段应当解决好的问题,审理专利侵权纠纷案件的人民法院对此不宜再甄别,也就是说,专利文件撰写人应当在专利申请阶段对于上述特征和用语的表述给予足够的注意。

《解释二》第七条明确了实践中争议已久的封闭式组合物权利要求的解释规则,也凸显了对权利要求公示性的尊重以及维护社会公众对专利权保护范围的信赖。因为历次版本的《专利审查指南》对于封闭式组合物权利要求的规定是相同的,即不得含有该权利要求所述特征之外的其他组分,除非是无法避免的常量杂质。通过长期的专利实践,此撰写方式和解释规则已为业界普遍接受,《解释二》第七条第一款规定的解释规则与《专利审查指南》保持了一致。第二款规定的中药组合物权利要求属于第一款的例外。

需要指出的是,文字表达本身具有一定的局限性,权利要求书对专利技术方案的概括难以做到全面、精准。而且,专利文件撰写水平的提高需要一个过程,不可能一蹴而就。因此,在强调权利要求公示性这一基本导向的同时,权利要求的解释需要保有一定的弹性,避免"唯文字论",使真正有技术贡献的专利能获得比较周延的保护。

### 六、问：对于中药组合物权利要求作特别规定，是出于什么考虑？

**答：** 中药领域的组合物在作用方式、制作工艺、理化参数等方面皆与化学药物存在根本区别，不宜简单地套用《解释二》第七条第一款的解释规则。而且，我国在中药领域具有独特优势，采取与化学药物组合物不同的权利要求解释规则，符合中药产业发展实际，有利于保护中药领域的创新、推动行业的发展。因此，对于以"由……制成"等主要撰写方式的中药组合物权利要求的解释，原则上不适用第一款的规定，而应当审查被诉侵权产品增加的技术特征对于技术问题的解决是否产生实质性影响。如未产生实质性影响，则一般认为被诉侵权产品落入专利权的保护范围。

### 七、问：《解释二》第二十五条为什么规定善意使用者可以不停止使用？

**答：** 专利法第七十条规定使用者、许诺销售者、销售者合法来源抗辩成立时，免除其赔偿责任。争议在于，善意的使用者在证明合法来源且已支付合理对价的情况下是否还应停止使用。实践中，侵权产品的使用者通常不知道也不应当知道其购买的是侵权产品，因使用者在侵权行为链条的末端，容易被权利人发现，故权利人往往选择起诉使用者。即使制造者、销售者和使用者均为共同被告，若依照专利法第七十条，使用者仅免除赔偿损失的责任，其仍应承担停止使用的侵权责任。若不停止使用，则需支付专利使用费，作为不停止使用的替代。然而，使用者在购买侵权产品时已经支付了对价。实际上等于使用者要支付双份的对价。调研发现，近年来以广大使用者为被告的关联案件明显增多，上述现象较为突出。为厘清专利权与其他民事权利的法律边界，根据利益平衡原则，《解释二》第二十五条通过但书将善意使用者予以排除。

在起草中，曾有一种意见认为，该条免除了善意使用者不停止使用的责任，与专利法第七十条存在冲突。另一种意见认为，在制度本意上，设立合法来源抗辩制度是为了打击侵权源头，而制造者才是侵权的主要源头。TRIPS协议亦未要求善意使用的行为应被禁止。使用者在主观上是善意的，在客观上提供了合法来源，且在获得该侵权产品时向销售者支付了合理对价，理应阻却专利权禁止力的延伸。专利权排他性强，但不等于可以无限扩张。专利法不仅仅是专利权人的法，一味地、过分地强调专利权人单方的利益，置善意使用者的正当利益于不顾，将侵占善意使用者的合理空间、妨碍交易安全，这并非专利法第七十条的原意，也有违利益平衡的法律基本精神。在征求有关立法部门意见的基础上，《解释二》采纳了第二种意见。

若权利人反证证明使用者未支付对价或对价明显不合理，则不符合免除停止侵权的构成要件，使用者仍应承担停止使用的民事责任，除非符合《解释二》第二十六条规定的损害"国家利益、公共利益"的除外情形。《解释二》

第二十五条所称合理对价,是指与专利产品基本相当或略低于专利产品的交易价格或交易条件。如果该对价明显低于专利产品的交易价格或条件,通常可以推定购买者应当知道所购产品并非专利产品。

**八、问:《解释二》第二十六条有关不判令停止被诉行为的规定,与专利法规定的专利强制许可制度是什么关系?**

**答:** 通常情况下,侵权人应当承担停止侵权的法律责任。但是,如果侵权人停止行为将损害国家利益、公共利益,法院也可以不判令其停止被诉行为,而代之以支付合理的使用费,此为国内外司法实践的通例。关于侵权责任的承担方式,专利法没有明确规定,但侵权责任法第十五条规定承担侵权责任的方式,可以单独适用,也可以合并适用。《解释二》第二十六条属于在个案中对民事责任承担方式的确定,是侵权责任法等法律适用的应有之义。虽然专利法规定了专利强制许可制度,但《解释二》第二十六条与专利强制许可制度并行不悖。若将行政机关颁发强制许可作为民事侵权诉讼的前置程序,则将导致民事诉讼的中止,人为地将救济程序复杂化,不利于及时定纷止争。需要指出的是,只有在损害国家利益、公共利益等极特殊的例外情况下,法院才不判令停止被诉行为,停止侵权仍是专利侵权责任承担的基本方式。

**九、问:您刚才提到发明专利临时保护期,请介绍一下有关条文。**

**答:** 发明专利采"早期公开、延迟审查"制,故存在专利申请公布日与授权公告日之间的临时保护期。因专利法第十一条规定的侵权行为均在专利权被授予后,故临时保护期内实施发明在性质上不属于侵权行为。但是,实践中争议较大的问题是,临时保护期内已制造、销售、进口的产品能否在专利授权公告日后销售、许诺销售或者使用?对此,起草中曾有两种意见:第一种意见认为,临时保护期内制造、销售、进口的产品不是侵权产品,专利权人无权在授权公告日之后禁止非侵权产品的后续销售、使用等行为;第二种意见认为,依照专利法第十一条的规定,专利权被授予后,专利权人可以禁止他人未经其许可的任何实施行为。使用、许诺销售、销售临时保护期内已制造、销售或进口的产品,不属于专利法第六十九条规定的不视为侵权的情形,故应依法被禁止。如果采用第一种意见,就可能导致行为人在临时保护期内囤积产品、待授权公告日后再销售的情况。如果采用第二种意见,则与临时保护期内制造的产品不是侵权产品的定性不符,对于被告过于严苛。因此,《解释二》第十八条作了折衷:临时保护期实施制造、销售、进口行为的人按照专利法第十三条的规定向权利人支付适当费用的,临时保护期内已制造、销售、进口的产品不视为侵权产品,其后续的使用、销售、许诺销售不属于专利法第十一条规定的侵权行为。

实践中,权利人可能在起诉时将制造者、使用者、销售者均作为共同被告,也可能仅起诉销售者,当销售者提出制造者已书面承诺支付适当费用的抗辩时,权利人才申请将制造者追加进来。对此,应当依照民事诉讼法及其司法解释的相应规定处理,《解释二》未再赘述。之所以规定"书面承诺",一是为了增强操作性,二是为针对制造者、销售者、进口者可能提起的费用之诉提供依据。

**十、问**:近年来,标准必要专利的问题倍受国内外的关注,《解释二》第二十四条涉及了这一问题,请介绍一下有关情况。

**答**:专利侵权诉讼中,被诉侵权人以实施标准为由主张不停止实施行为的法律问题较为典型。上述抗辩是否成立,取决于标准实施人的主观状态,即其对标准所涉专利的知悉程度,而该知悉程度则是由标准对专利信息的披露决定的。因此,《解释二》第二十四条在专利信息披露背景下探究当事人的主观过错,进而确定是否判令停止标准实施行为以及民事责任的承担,这仍属于专利法和侵权责任法的视角,并不涉及竞争法的问题。

鉴于标准必要专利的问题较为复杂,《解释二》摒弃了此前"大而全"的起草思路,仅就各方能形成共识的典型问题予以明确,而对于争议较大的问题暂不涉及。特别是,2013年12月国家标准化管理委员会、国家知识产权局发布的《国家标准涉及专利的管理规定(暂行)》完善了专利信息披露程序,明确了国家标准中涉及的专利应当是必要专利。为保持与上述暂行规定的一致性,《解释二》仅规定推荐性标准及其明示所涉专利的情形。对于上述暂行规定未涉及的标准未披露专利信息、强制性标准、国际标准等问题,将留给司法实践逐步解决。

**十一、问**:前不久,国务院法制办公开向社会征求对专利法修订草案的意见,《解释二》与这次专利法修订草案在条文上有哪些对接呢?

**答**:司法解释来源于审判实践,来源于全国法院大量鲜活的案例。正是从这个意义上讲,司法解释是立法的先导。专利法司法解释不仅仅是法官审理专利案件适用的依据,更在填补法律漏洞、细化法律标准等方面发挥着重要作用,构成了我国专利法律制度的有机组成部分。专利法司法解释的施行,将进一步验证和完善有关法律规则,为专利法的修订奠定更为扎实的基础。

比如,《解释二》第二十一条规定的专利间接侵权制度,这次专利法修订草案也有类似的条文。实践中,间接侵权人与最终实施发明创造的侵权人之间没有意思联络,并不构成共同过错。但鉴于间接侵权人主观恶意明显且其提供的零部件等是直接侵权行为的专用品,或者其积极诱导他人实施侵权行为,故纳入侵权责任法第九条规制的范围。这是侵权责任法适用的应有之义，并非在现行法律框架之外给予专利权人以额外的保护，符合加强专利权保护的客观实际。

需要强调的是，间接侵权应当以直接侵权为前提，故条文表述为"实施了"侵犯专利权的行为。但并不意味着，在提起间接侵权诉讼之前，必须存在认定直接侵权成立的裁判。关于是否将间接侵权人和直接侵权人作为共同被告的问题，考虑到可能存在直接侵权人已经被在先裁判认定的情况，人民法院可以根据具体案情依法决定是否作为共同被告。

除了间接侵权，《解释二》还进一步丰富了权利要求解释规则，明确了不侵权抗辩事由等。还有些问题在征求意见稿中曾有所反映，比如专利抵触申请抗辩、生产经营目的等，最终由于现行专利法的限制等原因，未再写入《解释二》，但不意味着征求意见稿在某些问题上的观点是错误的。有些可能在今后的司法政策、典型案例中予以体现，有些可能需要进一步研究论证、统一认识，还有些是专利法本身的深层次问题，需要在本次或以后的专利法修订中予以重点关注。

**十二、问：我注意到，这次司法解释的标题冠之以"解释（二）"，它和已有的专利法司法解释是什么关系？**

**答：** 2009年12月，最高人民法院发布《关于审理侵犯专利权纠纷案件应用法律若干问题的解释》。《解释二》系在2009年专利法司法解释的基础上，对专利侵权判定标准的进一步丰富和细化，故表述为"解释（二）"，亦为将来的系列专利法司法解释预留空间，以便专利侵权司法解释的体系化。此外，《解释二》第二十三条将（93）经他字第20号批复予以吸收。但是，2001年、2009年发布的两个专利法司法解释与《解释二》没有抵触，不存在通过《解释二》替代的问题。

**十三、问：《解释二》施行后，最高人民法院将采取哪些具体措施予以贯彻？**

**答：** 最高人民法院将通过法院系统的业务会议、法官学院的培训课程等多种方式，让专利审判一线的法官在第一时间准确掌握《解释二》的起草本意以及理解和适用中应注意的问题等。此外，为满足广大专利法律实务工作者以及社会公众对专利法司法解释条文原意理解的需要，最高人民法院已经成立编写组，拟于今年第二季度出版《专利法司法解释理解与适用》（暂定名）一书，该书将全面梳理现行的三部专利法司法解释，按照便于查阅的全新体例进行编排。

最高人民法院将加强对《解释二》实施情况的跟踪，不断收集、总结司法解释实施中的问题，及时统一适用尺度，确保专利法的正确实施。

## 最高人民法院
## 关于审理技术合同纠纷案件适用法律若干问题的解释

法释〔2004〕20号

(2004年11月30日最高人民法院审判委员会第1335次会议通过 2004年12月16日最高人民法院公告公布 自2005年1月1日起施行)

为了正确审理技术合同纠纷案件,根据《中华人民共和国合同法》、《中华人民共和国专利法》和《中华人民共和国民事诉讼法》等法律的有关规定,结合审判实践,现就有关问题作出以下解释。

### 一、一般规定

**第一条** 技术成果,是指利用科学技术知识、信息和经验作出的涉及产品、工艺、材料及其改进等的技术方案,包括专利、专利申请、技术秘密、计算机软件、集成电路布图设计、植物新品种等。

技术秘密,是指不为公众所知悉、具有商业价值并经权利人采取保密措施的技术信息。

**第二条** 合同法第三百二十六条第二款所称"执行法人或者其他组织的工作任务",包括:

(一)履行法人或者其他组织的岗位职责或者承担其交付的其他技术开发任务;

(二)离职后一年内继续从事与其原所在法人或者其他组织的岗位职责或者交付的任务有关的技术开发工作,但法律、行政法规另有规定的除外。

法人或者其他组织与其职工就职工在职期间或者离职以后所完成的技术成果的权益有约定的,人民法院应当依约定确认。

**第三条** 合同法第三百二十六条第二款所称"物质技术条件",包括资金、设备、器材、原材料、未公开的技术信息和资料等。

**第四条** 合同法第三百二十六条第二款所称"主要利用法人或者其他组织的物质技术条件",包括职工在技术成果的研究开发过程中,全部或者大部分利用了法人或者其他组织的资金、设备、器材或者原材料等物质条件,并且这些物质条件对形成该技术成果具有实质性的影响;还包括该技术成果实质性内容是在法人或者其他组织尚未公开的技术成果、阶段性技术成果基础上完成的情形。但下列情况除外：

（一）对利用法人或者其他组织提供的物质技术条件，约定返还资金或者交纳使用费的；

（二）在技术成果完成后利用法人或者其他组织的物质技术条件对技术方案进行验证、测试的。

**第五条** 个人完成的技术成果，属于执行原所在法人或者其他组织的工作任务，又主要利用了现所在法人或者其他组织的物质技术条件的，应当按照该自然人原所在和现所在法人或者其他组织达成的协议确认权益。不能达成协议的，根据对完成该项技术成果的贡献大小由双方合理分享。

**第六条** 合同法第三百二十六条、第三百二十七条所称完成技术成果的"个人"，包括对技术成果单独或者共同作出创造性贡献的人，也即技术成果的发明人或者设计人。人民法院在对创造性贡献进行认定时，应当分解所涉及技术成果的实质性技术构成。提出实质性技术构成并由此实现技术方案的人，是作出创造性贡献的人。

提供资金、设备、材料、试验条件，进行组织管理，协助绘制图纸、整理资料、翻译文献等人员，不属于完成技术成果的个人。

**第七条** 不具有民事主体资格的科研组织订立的技术合同，经法人或者其他组织授权或者认可的，视为法人或者其他组织订立的合同，由法人或者其他组织承担责任；未经法人或者其他组织授权或者认可的，由该科研组织成员共同承担责任，但法人或者其他组织因该合同受益的，应当在其受益范围内承担相应责任。

前款所称不具有民事主体资格的科研组织，包括法人或者其他组织设立的从事技术研究开发、转让等活动的课题组、工作室等。

**第八条** 生产产品或者提供服务依法须经有关部门审批或者取得行政许可，而未经审批或者许可的，不影响当事人订立的相关技术合同的效力。

当事人对办理前款所称审批或者许可的义务没有约定或者约定不明确的，人民法院应当判令由实施技术的一方负责办理，但法律、行政法规另有规定的除外。

**第九条** 当事人一方采取欺诈手段，就其现有技术成果作为研究开发标的与他人订立委托开发合同收取研究开发费用，或者就同一研究开发课题先后与两个或者两个以上的委托人分别订立委托开发合同重复收取研究开发费用的，受损害方依照合同法第五十四条第二款规定请求变更或者撤销合同的，人民法院应当予以支持。

**第十条** 下列情形，属于合同法第三百二十九条所称的"非法垄断技术、妨碍技术进步"：

（一）限制当事人一方在合同标的技术基础上进行新的研究开发或者限制

其使用所改进的技术，或者双方交换改进技术的条件不对等，包括要求一方将其自行改进的技术无偿提供给对方、非互惠性转让给对方、无偿独占或者共享该改进技术的知识产权；

（二）限制当事人一方从其他来源获得与技术提供方类似技术或者与其竞争的技术；

（三）阻碍当事人一方根据市场需求，按照合理方式充分实施合同标的技术，包括明显不合理地限制技术接受方实施合同标的技术生产产品或者提供服务的数量、品种、价格、销售渠道和出口市场；

（四）要求技术接受方接受并非实施技术必不可少的附带条件，包括购买非必需的技术、原材料、产品、设备、服务以及接收非必需的人员等；

（五）不合理地限制技术接受方购买原材料、零部件、产品或者设备等的渠道或者来源；

（六）禁止技术接受方对合同标的技术知识产权的有效性提出异议或者对提出异议附加条件。

**第十一条** 技术合同无效或者被撤销后，技术开发合同研究开发人、技术转让合同让与人、技术咨询合同和技术服务合同的受托人已经履行或者部分履行了约定的义务，并且造成合同无效或者被撤销的过错在对方的，对其已履行部分应当收取的研究开发经费、技术使用费、提供咨询服务的报酬，人民法院可以认定为因对方原因导致合同无效或者被撤销给其造成的损失。

技术合同无效或者被撤销后，因履行合同所完成新的技术成果或者在他人技术成果基础上完成后续改进技术成果的权利归属和利益分享，当事人不能重新协议确定的，人民法院可以判决由完成技术成果的一方享有。

**第十二条** 根据合同法第三百二十九条的规定，侵害他人技术秘密的技术合同被确认无效后，除法律、行政法规另有规定的以外，善意取得该技术秘密的一方当事人可以在其取得时的范围内继续使用该技术秘密，但应当向权利人支付合理的使用费并承担保密义务。

当事人双方恶意串通或者一方知道或者应当知道另一方侵权仍与其订立或者履行合同的，属于共同侵权，人民法院应当判令侵权人承担连带赔偿责任和保密义务，因此取得技术秘密的当事人不得继续使用该技术秘密。

**第十三条** 依照前条第一款规定可以继续使用技术秘密的人与权利人就使用费支付发生纠纷的，当事人任何一方都可以请求人民法院予以处理。继续使用技术秘密但又拒不支付使用费的，人民法院可以根据权利人的请求判令使用人停止使用。

人民法院在确定使用费时，可以根据权利人通常对外许可该技术秘密的使用费或者使用人取得该技术秘密所支付的使用费，并考虑该技术秘密的研究开发成本、成果转化和应用程度以及使用人的使用规模、经济效益等因素合理确定。

不论使用人是否继续使用技术秘密，人民法院均应当判令其向权利人支付已使用期间的使用费。使用人已向无效合同的让与人支付的使用费应当由让与人负责返还。

**第十四条** 对技术合同的价款、报酬和使用费，当事人没有约定或者约定不明确的，人民法院可以按照以下原则处理：

（一）对于技术开发合同和技术转让合同，根据有关技术成果的研究开发成本、先进性、实施转化和应用的程度，当事人享有的权益和承担的责任，以及技术成果的经济效益等合理确定；

（二）对于技术咨询合同和技术服务合同，根据有关咨询服务工作的技术含量、质量和数量，以及已经产生和预期产生的经济效益等合理确定。

技术合同价款、报酬、使用费中包含非技术性款项的，应当分项计算。

**第十五条** 技术合同当事人一方迟延履行主要债务，经催告后在 30 日内仍未履行，另一方依据合同法第九十四条第（三）项的规定主张解除合同的，人民法院应当予以支持。

当事人在催告通知中附有履行期限且该期限超过 30 日的，人民法院应当认定该履行期限为合同法第九十四条第（三）项规定的合理期限。

**第十六条** 当事人以技术成果向企业出资但未明确约定权属，接受出资的企业主张该技术成果归其享有的，人民法院一般应当予以支持，但是该技术成果价值与该技术成果所占出资额比例明显不合理损害出资人利益的除外。

当事人对技术成果的权属约定有比例的，视为共同所有，其权利使用和利益分配，按共有技术成果的有关规定处理，但当事人另有约定的，从其约定。

当事人对技术成果的使用权约定有比例的，人民法院可以视为当事人对实施该项技术成果所获收益的分配比例，但当事人另有约定的，从其约定。

二、技术开发合同

**第十七条** 合同法第三百三十条所称"新技术、新产品、新工艺、新材料及其系统"，包括当事人在订立技术合同时尚未掌握的产品、工艺、材料及其系统等技术方案，但对技术上没有创新的现有产品的改型、工艺变更、材料配方调整以及对技术成果的验证、测试和使用除外。

**第十八条** 合同法第三百三十条第四款规定的"当事人之间就具有产业应用价值的科技成果实施转化订立的"技术转化合同，是指当事人之间就具有实用价值但尚未实现工业化应用的科技成果包括阶段性技术成果，以实现该科技成果工业化应用为目标，约定后续试验、开发和应用等内容的合同。

**第十九条** 合同法第三百三十五条所称"分工参与研究开发工作"，包括当事人按照约定的计划和分工，共同或者分别承担设计、工艺、试验、试制等工作。

技术开发合同当事人一方仅提供资金、设备、材料等物质条件或者承担辅助协作事项，另一方进行研究开发工作的，属于委托开发合同。

**第二十条** 合同法第三百四十一条所称"当事人均有使用和转让的权利"，包括当事人均有不经对方同意而自己使用或者以普通使用许可的方式许可他人使用技术秘密，并独占由此所获利益的权利。当事人一方将技术秘密成果的转让权让与他人，或者以独占或者排他使用许可的方式许可他人使用技术秘密，未经对方当事人同意或者追认的，应当认定该让与或者许可行为无效。

**第二十一条** 技术开发合同当事人依照合同法的规定或者约定自行实施专利或使用技术秘密，但因其不具备独立实施专利或者使用技术秘密的条件，以一个普通许可方式许可他人实施或者使用的，可以准许。

### 三、技术转让合同

**第二十二条** 合同法第三百四十二条规定的"技术转让合同"，是指合法拥有技术的权利人，包括其他有权对外转让技术的人，将现有特定的专利、专利申请、技术秘密的相关权利让与他人，或者许可他人实施、使用所订立的合同。但就尚待研究开发的技术成果或者不涉及专利、专利申请或者技术秘密的知识、技术、经验和信息所订立的合同除外。

技术转让合同中关于让与人向受让人提供实施技术的专用设备、原材料或者提供有关的技术咨询、技术服务的约定，属于技术转让合同的组成部分。因此发生的纠纷，按照技术转让合同处理。

当事人以技术入股方式订立联营合同，但技术入股人不参与联营体的经营管理，并且以保底条款形式约定联营体或者联营对方支付其技术价款或者使用费的，视为技术转让合同。

**第二十三条** 专利申请权转让合同当事人以专利申请被驳回或者被视为撤回为由请求解除合同，该事实发生在依照专利法第十条第三款的规定办理专利申请权转让登记之前的，人民法院应当予以支持；发生在转让登记之后的，不予支持，但当事人另有约定的除外。

专利申请因专利申请权转让合同成立时即存在尚未公开的同样发明创造的在先专利申请被驳回，当事人依据合同法第五十四条第一款第（二）项的规定请求予以变更或者撤销合同的，人民法院应当予以支持。

**第二十四条** 订立专利权转让合同或者专利申请权转让合同前，让与人自己已经实施发明创造，在合同生效后，受让人要求让与人停止实施的，人民法院应当予以支持，但当事人另有约定的除外。

让与人与受让人订立的专利权、专利申请权转让合同，不影响在合同成立前让与人与他人订立的相关专利实施许可合同或者技术秘密转让合同的效力。

**第二十五条** 专利实施许可包括以下方式:

(一) 独占实施许可,是指让与人在约定许可实施专利的范围内,将该专利仅许可一个受让人实施,让与人依约定不得实施该专利;

(二) 排他实施许可,是指让与人在约定许可实施专利的范围内,将该专利仅许可一个受让人实施,但让与人依约定可以自行实施该专利;

(三) 普通实施许可,是指让与人在约定许可实施专利的范围内许可他人实施该专利,并且可以自行实施该专利。

当事人对专利实施许可方式没有约定或者约定不明确的,认定为普通实施许可。专利实施许可合同约定受让人可以再许可他人实施专利的,认定该再许可为普通实施许可,但当事人另有约定的除外。

技术秘密的许可使用方式,参照本条第一、二款的规定确定。

**第二十六条** 专利实施许可合同让与人负有在合同有效期内维持专利权有效的义务,包括依法缴纳专利年费和积极应对他人提出宣告专利权无效的请求,但当事人另有约定的除外。

**第二十七条** 排他实施许可合同让与人不具备独立实施其专利的条件,以一个普通许可的方式许可他人实施专利的,人民法院可以认定为让与人自己实施专利,但当事人另有约定的除外。

**第二十八条** 合同法第三百四十三条所称"实施专利或者使用技术秘密的范围",包括实施专利或者使用技术秘密的期限、地域、方式以及接触技术秘密的人员等。

当事人对实施专利或者使用技术秘密的期限没有约定或者约定不明确的,受让人实施专利或者使用技术秘密不受期限限制。

**第二十九条** 合同法第三百四十七条规定技术秘密转让合同让与人承担的"保密义务",不限制其申请专利,但当事人约定让与人不得申请专利的除外。

当事人之间就申请专利的技术成果所订立的许可使用合同,专利申请公开以前,适用技术秘密转让合同的有关规定;发明专利申请公开以后、授权以前,参照适用专利实施许可合同的有关规定;授权以后,原合同即为专利实施许可合同,适用专利实施许可合同的有关规定。

人民法院不以当事人就已经申请专利但尚未授权的技术订立专利实施许可合同为由,认定合同无效。

### 四、技术咨询合同和技术服务合同

**第三十条** 合同法第三百五十六条第一款所称"特定技术项目",包括有关科学技术与经济社会协调发展的软科学研究项目,促进科技进步和管理现代化、提高经济效益和社会效益等运用科学知识和技术手段进行调查、分析、论证、评价、预测的专业性技术项目。

**第三十一条** 当事人对技术咨询合同受托人进行调查研究、分析论证、试验测定等所需费用的负担没有约定或者约定不明确的,由受托人承担。

当事人对技术咨询合同委托人提供的技术资料和数据或者受托人提出的咨询报告和意见未约定保密义务,当事人一方引用、发表或者向第三人提供的,不认定为违约行为,但侵害对方当事人对此享有的合法权益的,应当依法承担民事责任。

**第三十二条** 技术咨询合同受托人发现委托人提供的资料、数据等有明显错误或者缺陷,未在合理期限内通知委托人的,视为其对委托人提供的技术资料、数据等予以认可。委托人在接到受托人的补正通知后未在合理期限内答复并予补正的,发生的损失由委托人承担。

**第三十三条** 合同法第三百五十六条第二款所称"特定技术问题",包括需要运用专业技术知识、经验和信息解决的有关改进产品结构、改良工艺流程、提高产品质量、降低产品成本、节约资源能耗、保护资源环境、实现安全操作、提高经济效益和社会效益等专业技术问题。

**第三十四条** 当事人一方以技术转让的名义提供已进入公有领域的技术,或者在技术转让合同履行过程中合同标的技术进入公有领域,但是技术提供方进行技术指导、传授技术知识,为对方解决特定技术问题符合约定条件的,按照技术服务合同处理,约定的技术转让费可以视为提供技术服务的报酬和费用,但是法律、行政法规另有规定的除外。

依照前款规定,技术转让费视为提供技术服务的报酬和费用明显不合理的,人民法院可以根据当事人的请求合理确定。

**第三十五条** 当事人对技术服务合同受托人提供服务所需费用的负担没有约定或者约定不明确的,由受托人承担。

技术服务合同受托人发现委托人提供的资料、数据、样品、材料、场地等工作条件不符合约定,未在合理期限内通知委托人的,视为其对委托人提供的工作条件予以认可。委托人在接到受托人的补正通知后未在合理期限内答复并予补正的,发生的损失由委托人承担。

**第三十六条** 合同法第三百六十四条规定的"技术培训合同",是指当事人一方委托另一方对指定的学员进行特定项目的专业技术训练和技术指导所订立的合同,不包括职业培训、文化学习和按照行业、法人或者其他组织的计划进行的职工业余教育。

**第三十七条** 当事人对技术培训必需的场地、设施和试验条件等工作条件的提供和管理责任没有约定或者约定不明确的,由委托人负责提供和管理。

技术培训合同委托人派出的学员不符合约定条件,影响培训质量的,由委托人按照约定支付报酬。

受托人配备的教员不符合约定条件,影响培训质量,或者受托人未按照计划和项目进行培训，导致不能实现约定培训目标的，应当减收或者免收报酬。

受托人发现学员不符合约定条件或者委托人发现教员不符合约定条件，未在合理期限内通知对方，或者接到通知的一方未在合理期限内按约定改派的，应当由负有履行义务的当事人承担相应的民事责任。

**第三十八条** 合同法第三百六十四条规定的"技术中介合同"，是指当事人一方以知识、技术、经验和信息为另一方与第三人订立技术合同进行联系、介绍以及对履行合同提供专门服务所订立的合同。

**第三十九条** 中介人从事中介活动的费用，是指中介人在委托人和第三人订立技术合同前，进行联系、介绍活动所支出的通信、交通和必要的调查研究等费用。中介人的报酬，是指中介人为委托人与第三人订立技术合同以及对履行该合同提供服务应当得到的收益。

当事人对中介人从事中介活动的费用负担没有约定或者约定不明确的，由中介人承担。当事人约定该费用由委托人承担但未约定具体数额或者计算方法的，由委托人支付中介人从事中介活动支出的必要费用。

当事人对中介人的报酬数额没有约定或者约定不明确的，应当根据中介人所进行的劳务合理确定，并由委托人承担。仅在委托人与第三人订立的技术合同中约定中介条款，但未约定给付中介人报酬或者约定不明确的，应当支付的报酬由委托人和第三人平均承担。

**第四十条** 中介人未促成委托人与第三人之间的技术合同成立的，其要求支付报酬的请求，人民法院不予支持；其要求委托人支付其从事中介活动必要费用的请求，应当予以支持，但当事人另有约定的除外。

中介人隐瞒与订立技术合同有关的重要事实或者提供虚假情况，侵害委托人利益的，应当根据情况免收报酬并承担赔偿责任。

**第四十一条** 中介人对造成委托人与第三人之间的技术合同的无效或者被撤销没有过错，并且该技术合同的无效或者被撤销不影响有关中介条款或者技术中介合同继续有效，中介人要求按照约定或者本解释的有关规定给付从事中介活动的费用和报酬的，人民法院应当予以支持。

中介人收取从事中介活动的费用和报酬不应当被视为委托人与第三人之间的技术合同纠纷中一方当事人的损失。

### 五、与审理技术合同纠纷有关的程序问题

**第四十二条** 当事人将技术合同和其他合同内容或者将不同类型的技术合同内容订立在一个合同中的，应当根据当事人争议的权利义务内容，确定案件的性质和案由。

技术合同名称与约定的权利义务关系不一致的，应当按照约定的权利义务内容，确定合同的类型和案由。

技术转让合同中约定让与人负责包销或者回购受让人实施合同标的技术制造的产品，仅因让与人不履行或者不能全部履行包销或者回购义务引起纠纷，不涉及技术问题的，应当按照包销或者回购条款约定的权利义务内容确定案由。

**第四十三条** 技术合同纠纷案件一般由中级以上人民法院管辖。

各高级人民法院根据本辖区的实际情况并报经最高人民法院批准，可以指定若干基层人民法院管辖第一审技术合同纠纷案件。

其他司法解释对技术合同纠纷案件管辖另有规定的，从其规定。

合同中既有技术合同内容，又有其他合同内容，当事人就技术合同内容和其他合同内容均发生争议的，由具有技术合同纠纷案件管辖权的人民法院受理。

**第四十四条** 一方当事人以诉讼争议的技术合同侵害他人技术成果为由请求确认合同无效，或者人民法院在审理技术合同纠纷中发现可能存在该无效事由的，人民法院应当依法通知有关利害关系人，其可以作为有独立请求权的第三人参加诉讼或者依法向有管辖权的人民法院另行起诉。

利害关系人在接到通知后15日内不提起诉讼的，不影响人民法院对案件的审理。

**第四十五条** 第三人向受理技术合同纠纷案件的人民法院就合同标的技术提出权属或者侵权请求时，受诉人民法院对此也有管辖权的，可以将权属或者侵权纠纷与合同纠纷合并审理；受诉人民法院对此没有管辖权的，应当告知其向有管辖权的人民法院另行起诉或者将已经受理的权属或者侵权纠纷案件移送有管辖权的人民法院。权属或者侵权纠纷另案受理后，合同纠纷应当中止诉讼。

专利实施许可合同诉讼中，受让人或者第三人向专利复审委员会请求宣告专利权无效的，人民法院可以不中止诉讼。在案件审理过程中专利权被宣告无效的，按照专利法第四十七条第二款和第三款的规定处理。

## 六、其　　他

**第四十六条** 集成电路布图设计、植物新品种许可使用和转让等合同争议，相关行政法规另有规定的，适用其规定；没有规定的，适用合同法总则的规定，并可以参照合同法第十八章和本解释的有关规定处理。

计算机软件开发、许可使用和转让等合同争议，著作权法以及其他法律、行政法规另有规定的，依照其规定；没有规定的，适用合同法总则的规定，并可以参照合同法第十八章和本解释的有关规定处理。

**第四十七条** 本解释自2005年1月1日起施行。

# 【解　读】

## 解读《关于审理技术合同纠纷案件适用法律若干问题的解释》

### 一、问题的提出

为了贯彻执行《合同法》、《专利法》和《民事诉讼法》等法律的有关规定，正确审理技术合同纠纷案件，最高人民法院审判委员会于2004年11月30日第1335次会议通过了《关于审理技术合同纠纷案件适用法律若干问题的解释》（以下简称本解释），于2005年1月1日起施行。

现行《合同法》于1999年10月1日起施行，原《技术合同法》及其实施条例同时废止，《最高人民法院关于审理科技纠纷案件的若干问题的规定》的司法解释也于2000年7月25日被废止。这样技术合同案件审判面临着虽有多项具体法规和司法解释规定可以援用，而在一些方面却无明确具体法律依据的问题。此外，司法实践中又出现了许多法律适用新问题需要作出解释。为完善技术合同审判法律适用体系，最高人民法院根据《合同法》等有关法律规定，在总结审判经验的基础上，经多种方式广泛征求意见和充分论证，历经五年多，九易其稿，制定了这个以贯彻《合同法》技术合同规范为主的司法解释。

### 二、理解与适用

（一）技术成果的类型

技术成果是一种无形财产，是技术合同的重要标的，在现代社会正发挥着越来越重要的作用。正是由于这种财产内容的技术性和特殊性，我国曾以专门的《技术合同法》予以调整，统一后的《合同法》也将技术合同作为一种独立的合同类型设专章予以规定。

如何精确界定技术成果的概念，直接涉及技术合同法律规范的适用范围。本解释在承继了原《技术合同法实施条例》关于技术成果概念的基础上，进一步明确了技术成果的一般类型。就本质而言，作为技术合同标的的技术成果应当是一种技术方案，不包含技术内容的其他劳动成果，如一般作品和商标不构成技术合同标的。技术成果与知识产权是两个既有交叉而又不等同的概念，大多数技术成果享有知识产权，但并不要求技术成果必须能够或者已经依法取得知识产权，如技术服务合同的标的技术就可能是公知技术。

原《技术合同法》及其实施条例没有明确技术成果的一般类型，只是把技术成果分为专利技术和非专利技术成果;《合同法》也仅提到了专利和技术秘密这两种技术成果,没有明确提及新出现的一些知识产权类型,如计算机软件、集成电路布图设计、植物新品种;对于申请专利但尚未授权特别是处于专利临时保护期的技术,既不属于技术秘密又不是专利,是一种处于特定阶段的有特殊法律意义的技术成果。为了对各级人民法院适用法律提供明确的指导,本解释规定了开放式的前述六种技术成果。

本解释参照 TRIPs 协议的有关规定,对技术秘密的构成要件重新予以界定,即"技术秘密,是指不为公众所知悉、具有商业价值并经权利人采取保密措施的技术信息"。实际上这是将我国《反不正当竞争法》第十条和《刑法》第二百一十九条所确认的商业秘密的构成要件中的"能为权利人带来经济利益、具有实用性"的要求统一解释规定为"具有商业价值"。这种解释更符合国际标准和惯例,有利于按照我国加入世界贸易组织承诺加强对包括技术秘密在内的商业秘密的法律保护。

(二)职务技术成果与非职务技术成果的界定

对职务技术成果与非职务技术成果的权属确认,直接涉及保护单位的技术权益与鼓励发明人的发明创造积极性的平衡问题。本解释对有关问题的明确规定,有利于对科技成果产权明晰,有利于鼓励单位增加科技投入,有利于激发个人积极从事科技创新,最终有利于促进科技进步和技术成果的转化、应用和推广。

1. 对职务技术成果与非职务技术成果的界定,要尊重当事人的约定。本解释根据《合同法》体现的合同自由原则,规定:"法人或者其他组织与其职工就职工在职期间或者离职以后所完成的技术成果的权益有约定的,人民法院应当依约定确认。"2000 年修订的《专利法》规定当事人可以对利用本单位物质技术条件完成的发明创造的权属作出约定,对执行本单位任务完成的发明创造的权属当事人能否约定,未作出规定。本解释的这一规定弥补了《专利法》有关规定适用中的不足。

2. 要界定个人完成的技术成果是否属于"执行法人或者其他组织的工作任务"。本解释规定,职工离职后一年内继续从事与其原所在法人或者其他组织的岗位职责或者交付的任务有关的技术开发工作,仍属于执行法人或者其他组织的工作任务,但法律、行政法规另有规定的除外。这里的"离职"应当理解为包括退职、退休、停薪留职、开除、辞退等各种原因离开原单位的情形。但书条款主要是考虑植物新品种保护条例的两个实施细则均对离职以后的期限规定为三年。这些细则虽属行政规章,但人民法院可以参照适用。

3. 要看完成技术成果的个人是否系"主要利用法人或者其他组织的物质技术条件"。人的智力创造是形成技术成果的最关键因素,在利用单位物质条件问题上,与过去有关规定相比,本解释更加侧重考虑技术成果的技术性贡献因素，进一步弱化了物质贡献因素，要求不仅是要"全部或者大部分利用"单位的物质条件，而且需要"这些物质条件对形成该技术成果具有实质性的影响"，方可认定为职务技术成果。

（三）关于技术合同的效力

判断技术合同是否具有法律效力，是技术合同审判中经常遇到的重要问题。本解释从合同法立法精神出发，一方面坚持尽量维护合同效力的原则，保证交易的稳定性；另一方面注意防止对知识产权的滥用，制止非法垄断技术。

在维持合同有效性上，根据本解释的规定，对不具有民事主体资格的科研组织签订的技术合同，主要是判断其责任的承担，而不轻易以主体不适格而确认合同无效；本解释明确规定未办理生产审批或者许可证等不影响技术合同效力，专利权、专利申请权转让合同不影响在先许可合同的效力；对于以欺诈手段就已有成果签订技术开发合同和就同一开发课题重复签约收费，以前是按照合同无效处理，本解释对此按照《合同法》关于欺诈行为的规定对合同作可变更、可撤销处理；对于当事人一方以技术转让的名义提供已进入公有领域的技术，或者在技术转让合同履行过程中合同标的技术进入公有领域，但是技术提供方进行技术指导、传授技术知识，为对方解决特定技术问题符合约定条件的，本解释规定要按照技术服务合同作有效处理。本解释还规定不以申请专利技术订立专利实施许可合同为由，认定合同无效。

在防止权利滥用方面，本解释根据 TRIPs 协议，参照技术进出口管理条例的有关规定，并参考国外的一些立法和判例，以开放式列举了"非法垄断技术、妨碍技术进步"这一合同无效事由的六种具体情形。在执行中要注意，因具有这些情形而导致技术合同部分无效，不影响合同其他部分效力的，其他部分仍然有效。

本解释完善了侵害技术秘密的技术合同无效后的法律后果，在制裁侵权行为、保护技术秘密权利人合法利益的同时，注意与善意使用人正当权益的平衡。对侵犯技术秘密的合同中善意第三人使用权的界定经历了一个由宽到严、逐渐细化的过程，反映了对技术秘密从作为债权保护对象到作为知识产权保护对象的认识过程。本解释规定："侵害他人技术秘密的技术合同被确认无效后，除法律、行政法规另有规定的以外，善意取得该技术秘密的一方当事人可以在其取得时的范围内继续使用该技术秘密，但应当向权利人支付合理的使用费并承担保密义务。"原《技术合同法》实施条例并无"善意"的要求；已废止的司法解释仅增加了"善意"的条件，并未限定仅"可以在取得时的范围内继续使用"。

（四）技术成果出资的权属界定

本解释依据《公司法》和《合伙企业法》等法律的立法精神，考虑到技术出资毕竟不同于资金和实物，并顾及交易习惯，原则上确认技术出资就是以技术的整体权利投入受资体，但也规定"技术成果价值与该技术成果所占出资额比例明显不合理损害出资人利益的除外"。这里的但书主要是指出资额过分低于技术成果本身价值的情形。本解释还规定，当事人以技术成果的权属约定按比例的，视为共同所有，其权利使用和利益分配，按共有技术成果的有关规定处理；当事人对技术成果的使用权约定按比例的，该比例视为当事人对实施该项技术成果所获收益的分配比例。技术成果作为无形财产，不可能实行按份共有，但可以在利益分配上体现当事人关于比例约定的真实意思表示。

（五）技术开发合同当事人实施技术成果的权利

《合同法》第三百四十一条规定："委托开发或者合作开发完成的技术秘密成果的使用权、转让权以及利益的分配办法，由当事人约定。没有约定或者约定不明确，依照本法第六十一条的规定仍不能确定的，当事人均有使用和转让的权利……"本解释将"当事人均有使用和转让的权利"限定为当事人均有不经对方同意而自己使用或者以普通使用许可的方式许可他人使用技术秘密并独占由此所获利益的权利。之所以如此规定，是因为，技术秘密转让是指技术秘密成果的整体权利的让与，技术秘密使用是指自己使用和许可他人使用，在同一研究开发项目中形成的技术成果只能有一项转让权，但可以同时存在两项或两项以上的使用权。对同一开发项目产生的同一技术秘密，不可能由当事人作一次以上的转让，即使是许可他人使用，如果是独占或者排他许可，也必然会与其他共有人行使同样的权利发生冲突。因此，只能将这种权利限于自己使用和普通实施许可。

本解释规定技术开发合同当事人依照《合同法》的规定或者约定其有自行实施专利或使用技术秘密的权利，但因其不具备独立实施专利或者使用技术秘密的条件，以一个普通许可方式许可他人实施或者使用的，可以准许。作这种相对从宽的解释主要是考虑技术开发市场中确有一些当事人虽享有实施权却不具备自己独立实施的条件，导致当事人之间利益失衡，也影响到技术的转化、应用和推广，所以允许将一个普通实施许可视为当事人自己实施。同时，本解释对排他实施许可合同让与人的自己实施也作出了类似规定。

（六）植物新品种、集成电路布图设计和计算机软件的许可使用和转让

《合同法》第三百四十二条第一款规定："技术转让合同包括专利权转让、专利申请权转让、技术秘密转让、专利实施许可合同。"《合同法》其他条文也未涉及集成电路布图设计、植物新品种、计算机软件等的转让和许可问题。为保证涉及这些技术成果的合同纠纷准确适用法律，根据《合同法》第一百二十三条其他法律列名合同和第一百二十四条无名合同的规定，并考虑涉及这些特殊标的知识产权的立法现状，本解释规定法律适用的顺序是，已经有法律、行政法规规定的，从其规定；没有规定的，适用《合同法》总则的规定，并可以参照《合同法》第十八章和本解释的有关规定处理。

## （七）对技术合同纠纷案件审理程序的规定

本解释虽然主要是贯彻《合同法》关于技术合同的规定，但技术合同案件审判实践中除了有实体法适用的问题之外，也存在一些程序法适用问题，需要一并作出规定。本解释对程序问题的规定主要有两个问题：一是在案件管辖上，与其他知识产权案件的管辖原则一致，一般以中级以上法院作为一审法院，以经指定的基层法院管辖为例外；对具有技术合同内容的混合合同纠纷，只要涉及了技术合同争议，就应当由具有技术合同纠纷案件管辖权的法院受理。二是在技术合同案件审理中发现侵害他人技术成果的合同无效事由时的处理问题。本解释规定，一方当事人以诉争技术合同侵害他人技术成果为由请求确认合同无效，或者法院在审理技术合同纠纷中发现可能存在该无效事由的，应当依法通知有关利害关系人，可以作为有独立请求权的第三人参加诉讼或者依法向有管辖权的法院另行起诉；利害关系人在接到通知后15日内不提起诉讼的，不影响法院对案件的审理。这样规定，是为了能够及时查明案件事实，保障利害关系人的合法权益，保证诉讼活动的顺利进行，这与最高人民法院《关于适用〈中华人民共和国民事诉讼法〉若干问题的意见》第五十八条关于追加共同诉讼原告的精神也是一致的。本解释还就案外人主张权利时的合并审理与中止诉讼等，依据《民事诉讼法》作出了进一步的规定。

（撰稿人：蒋志培）

## 指导案例 20 号

# 深圳市斯瑞曼精细化工有限公司诉深圳市坑梓自来水有限公司、深圳市康泰蓝水处理设备有限公司侵害发明专利权纠纷案

(最高人民院审判委员会讨论通过 2013 年 11 月 8 日发布)

**关键词** 民事 知识产权 侵害 发明专利权 临时保护期 后续行为

**裁判要点**

在发明专利申请公布后至专利权授予前的临时保护期内制造、销售、进口的被诉专利侵权产品不为专利法禁止的情况下,其后续的使用、许诺销售、销售,即使未经专利权人许可,也不视为侵害专利权,但专利权人可以依法要求临时保护期内实施其发明的单位或者个人支付适当的费用。

**相关法条**

《中华人民共和国专利法》第十一条、第十三条、第六十九条

**基本案情**

深圳市斯瑞曼精细化工有限公司(以下简称斯瑞曼公司)于 2006 年 1 月 19 日向国家知识产权局申请发明专利,该专利于 2006 年 7 月 19 日公开,2009 年 1 月 21 日授权公告,授权的发明名称为"制备高纯度二氧化氯的设备",专利权人为斯瑞曼公司。该专利最近一次年费缴纳时间为 2008 年 11 月 28 日。2008 年 10 月 20 日,深圳市坑梓自来水有限公司(以下简称坑梓自来水公司)与深圳市康泰蓝水处理设备有限公司(以下简称康泰蓝公司)签订《购销合同》一份,坑梓自来水公司向康泰蓝公司购买康泰蓝二氧化氯发生器一套,价款 26 万元。康泰蓝公司已于 2008 年 12 月 30 日就上述产品销售款要求税务机关代开统一发票。在上述《购销合同》中,约定坑梓自来水公司分期向康泰蓝公司支付设备款项,康泰蓝公司为坑梓自来水公司提供安装、调试、维修、保养等技术支持及售后服务。

2009 年 3 月 16 日,斯瑞曼公司向广东省深圳市中级人民法院诉称:其拥有名称为"制备高纯度二氧化氯的设备"的发明专利(以下简称涉案发明专利),康泰蓝公司生产、销售和坑梓自来水公司使用的二氧化氯生产设备落入涉案发明专利保护范围。请求判令二被告停止侵权并赔偿经济损失 30 万元、承担诉讼费等费用。在本案中,斯瑞曼公司没有提出支付发明专利临时保护期使用费的诉讼请求,在一审法院已作释明的情况下,斯瑞曼公司仍坚持原诉讼

请求。

**裁判结果**

广东省深圳市中级人民法院于 2010 年 1 月 6 日作出（2009）深中法民三初字第 94 号民事判决：康泰蓝公司停止侵权，康泰蓝公司和坑梓自来水公司连带赔偿斯瑞曼公司经济损失 8 万元。康泰蓝公司、坑梓自来水公司均提起上诉，广东省高级人民法院于 2010 年 11 月 15 日作出（2010）粤高法民三终字第 444 号民事判决：驳回上诉，维持原判。坑梓自来水公司不服二审判决，向最高人民法院申请再审。最高人民法院于 2011 年 12 月 20 日作出（2011）民提字第 259 号民事判决：撤销原一、二审判决，驳回斯瑞曼公司的诉讼请求。

**裁判理由**

最高人民法院认为：斯瑞曼公司在本案中没有提出支付发明专利临时保护期使用费的诉讼请求，因此本案的主要争议焦点在于，坑梓自来水公司在涉案发明专利授权后使用其在涉案发明专利临时保护期内向康泰蓝公司购买的被诉专利侵权产品是否侵犯涉案发明专利权，康泰蓝公司在涉案发明专利授权后为坑梓自来水公司使用被诉专利侵权产品提供售后服务是否侵犯涉案发明专利权。

对于侵犯专利权行为的认定，应当全面综合考虑专利法的相关规定。根据本案被诉侵权行为时间，本案应当适用 2000 年修改的《中华人民共和国专利法》。专利法第十一条第一款规定："发明和实用新型专利权被授予后，除本法另有规定的以外，任何单位或者个人未经专利权人许可，都不得实施其专利，即不得为生产经营目的制造、使用、许诺销售、销售、进口其专利产品，或者使用其专利方法以及使用、许诺销售、销售、进口依照该专利方法直接获得的产品。"第十三条规定："发明专利申请公布后，申请人可以要求实施其发明的单位或者个人支付适当的费用。"第六十二条规定："侵犯专利权的诉讼时效为二年，自专利权人或者利害关系人得知或者应当得知侵权行为之日起计算。发明专利申请公布后至专利权授予前使用该发明未支付适当使用费的，专利权人要求支付使用费的诉讼时效为二年，自专利权人得知或者应当得知他人使用其发明之日起计算，但是，专利权人于专利权授予之日前即已得知或者应当得知的，自专利权授予之日起计算。"综合考虑上述规定，专利法虽然规定了申请人可以要求在发明专利申请公布后至专利权授予之前（即专利临时保护期内）实施其发明的单位或者个人支付适当的费用，即享有请求给付发明专利临时保护期使用费的权利，但对于专利临时保护期内实施其发明的行为并不享有请求停止实施的权利。因此，在发明专利临时保护期内实施相关发明的，不属于专利法禁止的行为。在专利临时保护期内制造、销售、进口被诉专利侵权产品不为专利法禁止的情况下，其后续的使用、许诺销售、销售该产品的行为，即使未经专利权人许可，也应当得到允许。也就是说，专利权人无权禁止他人对专利临时保护期内制造、销售、进口的被诉专利侵权产品的后续使用、许诺销售、销售。当然，这并不否定专利权人根据专利法第十三条规定行使要求实施其发明者支付适当费用的权利。对于在专利临时保护期内制造、销售、进口的被诉专利侵权产品，在销售者、使用者提供了合法来源的情况下，销售者、使用者不应承担支付适当费用的责任。

认定在发明专利授权后针对发明专利临时保护期内实施发明得到的产品的后续使用、许诺销售、销售等实施行为不构成侵权，符合专利法的立法宗旨。一方面，专利制度的设计初衷是"以公开换保护"，且是在授权之后才能请求予以保护。对于发明专利申请来说，在公开日之前实施相关发明，不构成侵权，在公开日后也应当允许此前实施发明得到的产品的后续实施行为；在公开日到授权日之间，为发明专利申请提供的是临时保护，在此期间实施相关发明，不为专利法所禁止，同样也应当允许实施发明得到的产品在此期间之后的后续实施行为，但申请人在获得专利权后有权要求在临时保护期内实施其发明者支付适当费用。由于专利法没有禁止发明专利授权前的实施行为，则专利授权前制造出来的产品的后续实施也不构成侵权。否则就违背了专利法的立法初衷，为尚未公开或者授权的技术方案提供了保护。另一方面，专利法规定了先用权，虽然仅规定了先用权人在原有范围内继续制造相同产品、使用相同方法不视为侵权，没有规定制造的相同产品或者使用相同方法制造的产品的后续实施行为是否构成侵权，但是不能因为专利法没有明确规定就认定上述后续实施行为构成侵权，否则，专利法规定的先用权没有任何意义。

本案中，康泰蓝公司销售被诉专利侵权产品是在涉案发明专利临时保护期内，该行为不为专利法所禁止。在此情况下，后续的坑梓自来水公司使用所购买的被诉专利侵权产品的行为也应当得到允许。因此，坑梓自来水公司后续的使用行为不侵犯涉案发明专利权。同理，康泰蓝公司在涉案发明专利授权后为坑梓自来水公司使用被诉专利侵权产品提供售后服务也不侵犯涉案发明专利权。

## 【解 读】

## 指导案例 20 号《深圳市斯瑞曼精细化工有限公司诉深圳市坑梓自来水有限公司、深圳市康泰蓝水处理设备有限公司侵害发明专利权纠纷案》的理解与参照

2013 年 11 月 8 日，最高人民法院发布了指导案例 20 号《深圳市斯瑞曼精细化工有限公司诉深圳市坑梓自来水有限公司、深圳市康泰蓝水处理设备有限公司侵害发明专利权纠纷案》。为了深入理解和准确参照适用该指导性案例，现对该指导性案例的推选经过、裁判要点等有关情况予以解释、论证和说明。

### 一、推选经过及其指导意义

该案例系最高人民法院提审案件。2011 年 12 月 20 日，经最高人民法院再审生效。最高人民法院民三庭于 2013 年 7 月 17 日将该案作为指导性案例予以推荐。案例指导工作办公室经研究讨论和修改完善，按照程序报院领导同意提请最高人民法院审判委员会讨论。10 月 28 日，最高人民法院审判委员会对该案例进行了讨论，同意将其确定为指导性案例。11 月 8 日，最高人民法院以法〔2013〕241 号文件将该案例作为第五批指导性案例予以发布。

该案判决确立的裁判规则具有重要的指导意义。该案例明确解决了一个在专利侵权审判实践中争议较大的问题，即专利临时保护期内制造的被诉专利侵权产品的销售、使用等后续行为是否构成侵害专利权。我国专利法对此没有明确具体的规定。最高人民法院在综合考虑专利法相关规定的基础上使用体系解释的方法在该案判决中解释出如下裁判规则：专利临时保护期内制造、销售、进口的被诉专利侵权产品的后续使用、许诺销售、销售，不构成侵犯害专利权。以上裁判规则的得出考虑了如下因素：专利临时保护期内制造专利产品的行为本身属于合法，专利法更注重控制专利侵权源头，即制造；专利法的立法初衷是为已经公开或者授权的技术方案提供保护；专利法规定的五种未经许可不得实施的行为并不是相互独立的，专利法对于任何一种实施行为的侵权认定和责任确定均考虑了其源头的性质。根据本案裁判规则还可以延伸出如下规则：实用新型和外观设计专利授权前制造的专利产品的销售、使用等后续行为，也不构成侵犯害专利权。该指导案例裁判要点旨在明确专利权人无权禁止他人对专利临时保护期内制造、销售、进口的被诉专利侵权产品的后续使用、

许诺销售、销售。这一裁判要点解决了司法实践中的争议,对审判类似案件具有指导意义,不仅符合专利法"以公开换保护"的立法精神,而且有利于推动发明创造的应用,促进科学技术进步和经济社会发展。

## 二、裁判要点的理解和说明

指导案例20号的裁判要点是:在发明专利申请公布后至专利权授予前的临时保护期内制造、销售、进口被诉专利侵权产品不为专利法禁止的情况下,其后续的使用、许诺销售、销售,即使未经专利权人许可,也不视为侵害专利权,但专利权人可以依法要求临时保护期内实施其发明的单位或者个人支付适当的费用。

发明专利临时保护期是指发明专利申请公开日至授权日这段期间。根据《专利法》,专利可分为外观设计、实用新型和发明专利三种类型。发明专利申请与其他两种专利申请的审查制度不同。实用新型和外观设计专利申请仅需要经过初步审查,不需要进行实质审查,在授权的同时公开专利文件。对于发明专利申请,我国实行的是世界各国普遍采用的"早期公开、延迟审查"制度,即国务院专利行政部门收到发明专利申请后,经初步审查认为符合专利法要求的,自申请日起满18个月,即行公布;发明专利申请自申请日起三年内,国务院专利行政部门可以根据申请人随时提出的请求,对其申请进行实质审查;经实质审查没有发现驳回理由的,由国务院专利行政部门作出授予发明专利权的决定,发给发明专利证书,同时予以公告和登记,发明专利权自公告之日起生效。由于实质审查周期较长,如果等到实质审查结束才公布发明专利申请的内容,对同一课题进行重复研究、重复投资和重复申请的可能性就会增大,不能很好地发挥专利制度促进信息公开、及时传播技术信息的作用。况且公布发明专利申请后,让尽量多的人和想看到的人看到,任何人都可以提出异议和意见,有助于实质审查,保证授权发明专利的质量。此外,规定自申请日起满18个月即行公布发明专利申请,给申请人充分的时间来考虑是否和何时提出实质审查请求,有一部分申请人将根据实际情况和需要放弃实质审查请求,放弃后还可以采取商业秘密途径保护其发明;专利审查机构则减轻了审批工作量,使审查员能够集中精力审查提出实质审查请求的发明专利申请。在延迟审查制度下,发明专利申请已经公开但还没有授权,如果允许他人任意实施该发明,对申请人显然是不公平的。为了解决该矛盾,设立了发明专利临时保护制度。根据我国专利法第十三条的规定,发明专利申请公布后,申请人可以要求实施其发明的单位或者个人支付适当的费用。但是,在发明专利授权后,针对发明专利临时保护期内实施发明得到的产品的后续使用、许诺销售、销售等实施行为,是否构成侵犯专利权,我国专利法及其相关司法解释均没有明确规定。

上述问题正是该指导案例涉及的争议焦点。根据该案被诉侵权行为时间，该案应当适用 2000 年修改的专利法。对该问题有两种截然相反的观点：一种观点主张是认定构成侵犯害发明专利权。主要理由是：（1）专利法第十一条规定的五种禁止实施的行为相互独立，分别构成单一类型的侵权行为。在专利授权后的任何一种实施行为，只有当这种行为属于专利法第六十三条各项不视为侵犯害专利权的情形，以及专利法第四十八条至第五十条关于专利实施的强制许可的情形（仍需向专利权人支付使用费）时，才不构成侵害犯专利权。（2）假设专利法没有临时保护期的规定，则本案中在专利授权之后的使用行为应当构成侵犯专利权。如果认定本案被诉侵权使用行为不构成侵犯专利权，则专利法增加了临时保护期的规定，反而免除了原本的使用侵权责任，对专利权人来说还不如没有这样的临时保护期。（3）认定不构成侵犯发明专利权，可能导致鼓励他人在发明专利申请公布后至授权前大肆实施该发明专利申请，抢占申请人的市场，专利权人的合法权益无疑会遭受极大损害，专利法第十一条第一款对专利权人的保护也成空谈。

另一种观点主张该行为认定不构成侵犯害发明专利权。本指导案例采纳了第二种观点，以上裁判要点的得出主要考虑了如下因素：专利临时保护期内制造专利产品的行为本身属于合法，专利法更注重控制专利侵权源头，即制造；专利法的立法初衷是为已经公开或者授权的技术方案提供保护；专利法规定的五种未经许可不得实施的行为并不是相互独立的，专利法对于任何一种实施行为的侵权认定和责任确定均考虑了其源头的性质。具体主要理由如下：

（一）符合专利法立法目的和精神

综合考虑专利法有关规定，专利法规定的五种禁止实施的行为是否构成侵权的认定并不是相互独立的，专利法对于五种实施行为的侵权认定和责任确定，均注重控制其源头制造行为。

对于侵害专利权行为的认定，应当全面综合考虑专利法第十一条、第十三条、第六十二条、第六十三条等相关规定。专利法第十一条第一款规定："发明和实用新型专利权被授予后，除本法另有规定的以外，任何单位或者个人未经专利权人许可，都不得实施其专利，即不得为生产经营目的制造、使用、许诺销售、销售、进口其专利产品，或者使用其专利方法以及使用、许诺销售、销售、进口依照该专利方法直接获得的产品。"第十三条规定："发明专利申请公布后，申请人可以要求实施其发明的单位或者个人支付适当的费用。"第六十二条规定："侵犯专利权的诉讼时效为二年，自专利权人或者利害关系人得知或者应当得知侵权行为之日起计算。发明专利申请公布后至专利权授予前使用该发明未支付适当使用费的，专利权人要求支付使用费的诉讼时效为二年，自专利权人得知或者应当得知他人使用其发明之日起计算，但是，专利权人于专利权授予之日前即已得知或者应当得知的，自专利权授予之日起计算。"综合考虑上述规定，专利法虽然规定了申请人可以要求在发明专利申请公布后至专利权授予之前（即专利临时保护期内）实施其发明的单位或者个人支付适当的费用，即享有请求给付发明专利临时保护期使用费的权利，但对于专利临时保护期内实施其发明的行为并不享有请求停止实施的权利，而且提起发明专利临时保护期使用费纠纷诉讼应当在专利授权之后。因此，在发明专利临时保护期内实施相关发明的，不属于专利法禁止的行为。在专利临时保护期内制造、销售、进口被诉专利侵权产品不为专利法禁止的情况下，其后续的使用、许诺销售、销售该产品的行为，即使未经专利权人许可，也应当得到允许。也就是说，专利权人无权禁止他人对专利临时保护期内制造、销售、进口的被诉专利侵权产品的后续使用、许诺销售、销售。当然，这并不否定专利权人根据专利法第十三条规定行使要求实施其发明者支付适当费用的权利。

专利法第十一条第一款规定的未经专利权人许可不得实施的行为有五种，即制造、使用、许诺销售、销售、进口，这五种行为在专利法中的地位并不相同。根据专利法第六十三条第二款规定，为生产经营目的使用或者销售不知道是未经专利权人许可而制造并售出的专利产品或者依照专利方法直接获得的产品，能证明其产品合法来源的，不承担赔偿责任。可见，专利法对于未经许可的制造与其他实施行为在构成侵权的情况下应承担何种侵权责任显然是区别对待的，制造者要承担更为重大的责任，因为制造行为是所有专利侵权行为的源头。从专利法第六十三条第一款第（一）项关于权利用尽抗辩和第（二）项关于先用权抗辩等规定，也可以体现专利法更注重控制专利侵权源头的精神。对于发明专利临时保护期内的实施行为，因未被专利法禁止，故针对该实施行为得到的产品的后续实施行为也应当得到允许，这与专利法更注重控制专利侵权源头的精神是一致的。

认定在发明专利授权后针对发明专利临时保护期内实施发明所得产品的后续使用、许诺销售、销售等实施行为不构成侵权，符合专利法的立法宗旨。一方面，专利制度的设计初衷是"以公开换保护"，且是在授权之后才能请求予以保护。对于发明专利申请来说，在公开日之前实施相关发明，不构成侵权，在公开日后也应当允许此前实施发明所得产品的后续实施行为；在公开日到授权日之间，为发明专利申请提供的是临时保护，在此期间实施相关发明，不为专利法所禁止，同样也应当允许针对在此期间实施发明所得产品而产生的后续实施行为，但申请人在获得专利权后有权要求在临时保护期内实施其发明者支付适当费用。对于实用新型和外观设计专利来说，公开日即授权日，在公开日即授权日之前制造落入专利保护范围的产品未构成侵权，该产品的后续销售等专利实施行为也不构成侵权，否则就是违背了专利法的立法初衷，为尚未公开或者授权的技术方案提供了专利权保护。另一方面，专利法不可能对所有不构成侵犯专利权的实施行为均作出明确具体的规定，是否构成侵犯专利权，还是需要综合考虑专利法的相关规定作出判断。专利法第六十三条第一款第（二）项规定了先用权，虽然该条仅规定了先用权人在原有范围内继续制造相同产品、使用相同方法不视为侵权，没有规定制造的相同产品或者使用相同方法制造的产品的后续销售、使用等是否构成侵权，但不能因为专利法没有明确规定就认定上述后续实施行为构成侵权，否则，专利法规定的先用权没有任何意义。

（二）设置发明专利临时保护期更有利于专利权人

认定在发明专利授权后针对发明专利临时保护期内实施发明所得产品的后续实施行为不构成侵权，并不能得出为发明专利提供临时保护反而不利于专利权人的结论。假设专利法没有规定发明专利临时保护期，一方面，专利权人无权请求临时保护期内实施其发明的单位和个人支付适当的费用；另一方面，由于专利法没有禁止专利授权前的制造行为，则专利授权前制造出来的产品的后续销售、使用等也是合法的，并不构成侵权。显然，还是设置专利临时保护期更有利于专利权人。

（三）他人并不会因此而具有抢占专利权人市场的优势

认定在发明专利授权后针对发明专利临时保护期内实施发明所得产品的后续实施行为不构成侵权，并不会导致鼓励他人在发明专利申请公开后至授权前大肆实施该发明专利申请，抢占申请人的市场。除了先用权人的实施外，在专利临时保护期内实施发明专利申请的，可能要面临专利权人在专利授权后提起的发明专利临时保护期使用费纠纷之诉，而且在专利授权后未经许可不能继续制造专利产品，为实施发明专利申请而投入的设备、厂房等也将变为沉没成本。在上述约束条件下，实施人并不具有抢占市场的优势，甚至不具备占有市场的能力，即专利授权后，除了销售和使用在授权日前制造的专利产品外，实施人不得继续制造专利产品，必须退出市场。即便是先用权人，也不能扩大制造、使用的范围，这势必会影响其形成竞争优势。况且，发明专利申请一旦公布，理性的竞争者为了避免今后可能面对的纠纷，一般不会为了抢占市场而故意制造落入专利权保护范围的产品，通常的做法是通过开发和实施绕道发明以绕开已经公开的专利申请。

（四）有利于专利权人与社会公众利益的平衡

专利法是专利权人及其利害关系人请求保护专利权的法律依据，但专利法的立法目的不仅限于保护专利权、鼓励发明创造，还包括推动发明创造的应用、促进科学技术进步和经济社会发展。专利法的具体制度设计总是需要考虑专利权人利益与社会公众利益这两方面之间的平衡。专利权人在提起侵犯发明专利权纠纷诉讼后，如果经审理发现被诉侵权产品是在专利临时保护期内制造的，只能请求给付适当费用，而不能请求停止侵权和赔偿损失。这样既避免了重复诉讼，也平衡了专利权人与社会公众的利益。反之，如果将临时保护期内制造的专利产品的后续销售、使用等行为认定为侵权行为,则专利权人在请求后续销售者、使用者承担了停止侵权责任后,还有权要求专利临时保护期内的实施者给付适当的费用,显然是有失公平的。

(执笔人:郎贵梅　吴光侠)

**指导案例 55 号**

# 柏万清诉成都难寻物品营销服务中心等侵害实用新型专利权纠纷案

(最高人民法院审判委员会讨论通过　2015 年 11 月 19 日发布)

**关键词**
民事　侵害实用新型专利权　保护范围　技术术语　侵权对比

**裁判要点**
专利权的保护范围应当清楚,如果实用新型专利权的权利要求书的表述存在明显瑕疵,结合涉案专利说明书、附图、本领域的公知常识及相关现有技术等,不能确定权利要求中技术术语的具体含义而导致专利权的保护范围明显不清,则因无法将其与被诉侵权技术方案进行有实质意义的侵权对比,从而不能认定被诉侵权技术方案构成侵权。

**相关法条**
《中华人民共和国专利法》第二十六条第四款、第五十九条第一款

**基本案情**
原告柏万清系专利号 200420091540.7、名称为"防电磁污染服"实用新型专利(以下简称涉案专利)的专利权人。涉案专利权利要求 1 的技术特征为:A. 一种防电磁污染服,包括上装和下装;B. 服装的面料里设有起屏蔽作用的金属网或膜;C. 起屏蔽作用的金属网或膜由导磁率高而无剩磁的金属细丝或者金属粉末构成。该专利说明书载明,该专利的目的是提供一种成本低、保护范围宽和效果好的防电磁污染服。其特征在于所述服装在面料里设有由导磁率高而无剩磁的金属细丝或者金属粉末构成的起屏蔽保护作用的金属网或膜。所述金属细丝可用市售 5 到 8 丝的铜丝等,所述金属粉末可用如软铁粉末等。附图 1、2 表明,防护服是在不改变已有服装样式和面料功能的基础上,通过在面料里织进导电金属细丝或者以喷、涂、扩散、浸泡和印染等任一方式的加工方法将导电金属粉末与面料复合,构成带网眼的网状结构即可。

2010 年 5 月 28 日,成都难寻物品营销服务中心销售了由上海添香实业有限公司生产的添香牌防辐射服上装,该产品售价 490 元,其技术特征是:a. 一种防电磁污染服上装;b. 服装的面料里设有起屏蔽作用的金属防护网;c. 起屏蔽作用的金属防护网由不锈钢金属纤维构成。7 月 19 日,柏万清以成都难寻物品营销服务中心销售、上海添香实业有限公司生产的添香牌防辐射服上

装（以下简称被诉侵权产品）侵犯涉案专利权为由，向四川省成都市中级人民法院提起民事诉讼，请求判令成都难寻物品营销服务中心立即停止销售被控侵权产品；上海添香实业有限公司停止生产、销售被控侵权产品，并赔偿经济损失100万元。

**裁判结果**

四川省成都市中级人民法院于2011年2月18日作出（2010）成民初字第597号民事判决，驳回柏万清的诉讼请求。宣判后，柏万清提起上诉。四川省高级人民法院于2011年10月24日作出（2011）川民终字第391号民事判决驳回柏万清上诉，维持原判。柏万清不服，向最高人民法院申请再审，最高人民法院于2012年12月28日裁定驳回其再审申请。

**裁判理由**

法院生效裁判认为：本案争议焦点是上海添香实业有限公司生产、成都难寻物品营销服务中心销售的被控侵权产品是否侵犯柏万清的"防电磁污染服"实用新型专利权。《中华人民共和国专利法》第二十六条第四款规定："权利要求书应当以说明书为依据，清楚、简要地限定要求专利保护的范围。"第五十九条第一款规定："发明或者实用新型专利权的保护范围以其权利要求的内容为准，说明书及附图可以用于解释权利要求的内容。"可见，准确界定专利权的保护范围，是认定被诉侵权技术方案是否构成侵权的前提条件。如果权利要求书的撰写存在明显瑕疵，结合涉案专利说明书、附图、本领域的公知常识以及相关现有技术等，仍然不能确定权利要求中技术术语的具体含义，无法准确确定专利权的保护范围的，则无法将被诉侵权技术方案与之进行有意义的侵权对比。因此，对于保护范围明显不清楚的专利权，不能认定被诉侵权技术方案构成侵权。

本案中，涉案专利权利要求1的技术特征C中的"导磁率高"的具体范围难以确定。首先，根据柏万清提供的证据，虽然磁导率有时也被称为导磁率，但磁导率有绝对磁导率与相对磁导率之分，根据具体条件的不同还涉及起始磁导率$\mu_i$、最大磁导率$\mu_m$等概念。不同概念的含义不同，计算方式也不尽相同。磁导率并非常数，磁场强度H发生变化时，即可观察到磁导率的变化。但是在涉案专利说明书中，既没有记载导磁率在涉案专利技术方案中是指相对磁导率还是绝对磁导率或者其他概念，又没有记载导磁率高的具体范围，也没有记载包括磁场强度H等在内的计算导磁率的客观条件。本领域技术人员根据涉案专利说明书，难以确定涉案专利中所称的导磁率高的具体含义。其次，从柏万清提交的相关证据来看，虽能证明有些现有技术中确实采用了高磁导率、高导磁率等表述，但根据技术领域以及磁场强度的不同，所谓高导磁率的含义十分宽泛，从80 Gs/Oe至$83.5\times 10^4$ Gs/Oe均被柏万清称为高导磁率。柏万清提供的证据并不能证明在涉案专利所属技术领域中，本领域技术人员对于高导磁率的含义或者范围有着相对统一的认识。最后，柏万清主张根据具体使用环境的不同，本领域技术人员可以确定具体的安全下限，从而确定所需的导磁率。该主张实际上是将能够实现防辐射目的的所有情形均纳入涉案专利权的保护范围，保护范围过于宽泛，亦缺乏事实和法律依据。

综上所述，根据涉案专利说明书以及柏万清提供的有关证据，本领域技术人员难以确定权利要求1技术特征C中"导磁率高"的具体范围或者具体含义，不能准确确定权利要求1的保护范围，无法将被诉侵权产品与之进行有实质意义的侵权对比。因此，二审判决认定柏万清未能举证证明被诉侵权产品落入涉案专利权的保护范围，并无不当。

**附：相关司法文件**

# 最高人民法院
# 关于学习贯彻修改后的专利法的通知

2009年9月27日　　　　　　法发〔2009〕49号

各省、自治区、直辖市高级人民法院，解放军军事法院，新疆维吾尔自治区高级人民法院生产建设兵团分院：

全国人民代表大会常务委员会《关于修改〈中华人民共和国专利法〉的决定》于2008年12月27日经第十一届全国人民代表大会常务委员会第六次会议审议通过，自2009年10月1日起施行。为了保证修改后的专利法的贯彻实施，现就有关问题通知如下：

一、认真做好修改后的专利法的学习、贯彻工作。修改后的专利法，适度调整了专利授权条件，赋予外观设计专利权人许诺销售权，强化专利侵权损害赔偿责任，明确规定诉前证据保全措施、现有技术和现有设计抗辩事由等，对激励自主创新、促进科学技术进步和经济社会发展具有十分重要的意义，是我国专利制度发展历程中又一里程碑。各级人民法院要充分认识专利法修改的重要意义，高度重视修改后的专利法的学习、贯彻工作，结合人民法院的实际情况，制定学习、贯彻的具体计划和措施，学习好、领会好新的立法精神，为贯彻实施修改后的专利法打下良好的基础。

二、人民法院审理侵犯专利权纠纷案件，对于2009年10月1日以前的被诉侵犯专利权行为，适用修改前的专利法；对于2009年10月1日以后的被诉侵犯专利权行为，适用修改后的专利法；对于发生在2009年10月1日以前且持续到2009年10月1日以后的被诉侵犯专利权行为，依据修改前和修改后的专利法侵权人均应承担赔偿责任的，适用修改后的专利法确定赔偿数额。

三、被诉侵犯专利权行为发生在2009年10月1日以前，当事人在2009年10月1日以后向人民法院申请采取责令停止有关行为的措施、申请保全证据的，适用修改后的专利法。

四、人民法院适用修改后的专利法审理专利纠纷案件时，最高人民法院《关于对诉前停止侵犯专利权行为适用法律问题的若干规定》、最高人民法院《关于审理专利纠纷案件适用法律问题的若干规定》与修改后的专利法相抵触的内容，不再适用。

五、各级人民法院在适用修改后的专利法的过程中，要不断总结经验。对遇到的问题，要认真研究并提出意见，及时向最高人民法院请示报告，以保证修改后的专利法正确贯彻实施。

特此通知。

## 最高人民法院
## 印发《关于专利、商标等授权确权类知识产权行政案件审理分工的规定》的通知

2009年6月26日　　　　　　　　法发〔2009〕39号

各省、自治区、直辖市高级人民法院，解放军军事法院，新疆维吾尔自治区高级人民法院生产建设兵团分院：

现将《最高人民法院关于专利、商标等授权确权类知识产权行政案件审理分工的规定》印发给你们，请认真贯彻执行。

附：

## 关于专利、商标等授权确权类知识产权
## 行政案件审理分工的规定

为贯彻落实《国家知识产权战略纲要》，完善知识产权审判体制，确保司法标准的统一，现就专利、商标等授权确权类知识产权行政案件的审理分工作如下规定：

**第一条** 下列一、二审案件由北京市有关中级人民法院、北京市高级人民法院和最高人民法院知识产权审判庭审理：

（一）不服国务院专利行政部门专利复审委员会作出的专利复审决定和无效决定的案件；

（二）不服国务院专利行政部门作出的实施专利强制许可决定和实施专利强制许可的使用费裁决的案件；

（三）不服国务院工商行政管理部门商标评审委员会作出的商标复审决定和裁定的案件；

（四）不服国务院知识产权行政部门作出的集成电路布图设计复审决定和撤销决定的案件；

（五）不服国务院知识产权行政部门作出的使用集成电路布图设计非自愿

许可决定的案件和使用集成电路布图设计非自愿许可的报酬裁决的案件;

（六）不服国务院农业、林业行政部门植物新品种复审委员会作出的植物新品种复审决定、无效决定和更名决定的案件；

（七）不服国务院农业、林业行政部门作出的实施植物新品种强制许可决定和实施植物新品种强制许可的使用费裁决的案件。

**第二条** 当事人对于人民法院就第一条所列案件作出的生效判决或者裁定不服，向上级人民法院申请再审的案件，由上级人民法院知识产权审判庭负责再审审查和审理。

**第三条** 由最高人民法院、北京市高级人民法院和北京市有关中级人民法院知识产权审判庭审理的上述案件，立案时统一使用"知行"字编号。

**第四条** 本规定自2009年7月1日起施行，最高人民法院于2002年5月21日作出的《关于专利法、商标法修改后专利、商标相关案件分工问题的批复》（法〔2002〕117号）同时废止。

第五编

# 反不正当竞争

第三章

資本主義発展

## 最高人民法院
## 关于审理涉及计算机网络域名民事纠纷案件适用法律若干问题的解释

法释〔2001〕24号

(2001年6月26日最高人民法院审判委员会第1182次会议通过 2001年7月17日最高人民法院公告公布 自2001年7月24日起施行)

为了正确审理涉及计算机网络域名注册、使用等行为的民事纠纷案件(以下简称域名纠纷案件),根据《中华人民共和国民法通则》(以下简称民法通则)、《中华人民共和国反不正当竞争法》(以下简称反不正当竞争法)和《中华人民共和国民事诉讼法》(以下简称民事诉讼法)等法律的规定,作如下解释:

**第一条** 对于涉及计算机网络域名注册、使用等行为的民事纠纷,当事人向人民法院提起诉讼,经审查符合民事诉讼法第一百零八条规定的,人民法院应当受理。

**第二条** 涉及域名的侵权纠纷案件,由侵权行为地或者被告住所地的中级人民法院管辖。对难以确定侵权行为地和被告住所地的,原告发现该域名的计算机终端等设备所在地可以视为侵权行为地。

涉外域名纠纷案件包括当事人一方或者双方是外国人、无国籍人、外国企业或组织、国际组织,或者域名注册地在外国的域名纠纷案件。在中华人民共和国领域内发生的涉外域名纠纷案件,依照民事诉讼法第四编的规定确定管辖。

**第三条** 域名纠纷案件的案由,根据双方当事人争议的法律关系的性质确定,并在其前冠以计算机网络域名;争议的法律关系的性质难以确定的,可以通称为计算机网络域名纠纷案件。

**第四条** 人民法院审理域名纠纷案件,对符合以下各项条件的,应当认定被告注册、使用域名等行为构成侵权或者不正当竞争:

(一)原告请求保护的民事权益合法有效;

(二)被告域名或其主要部分构成对原告驰名商标的复制、模仿、翻译或音译;或者与原告的注册商标、域名等相同或近似,足以造成相关公众的误认；

（三）被告对该域名或其主要部分不享有权益，也无注册、使用该域名的正当理由；

（四）被告对该域名的注册、使用具有恶意。

第五条　被告的行为被证明具有下列情形之一的，人民法院应当认定其具有恶意：

（一）为商业目的将他人驰名商标注册为域名的；

（二）为商业目的注册、使用与原告的注册商标、域名等相同或近似的域名，故意造成与原告提供的产品、服务或者原告网站的混淆，误导网络用户访问其网站或其他在线站点的；

（三）曾要约高价出售、出租或者以其他方式转让该域名获取不正当利益的；

（四）注册域名后自己并不使用也未准备使用，而有意阻止权利人注册该域名的；

（五）具有其他恶意情形的。

被告举证证明在纠纷发生前其所持有的域名已经获得一定的知名度，且能与原告的注册商标、域名等相区别，或者具有其他情形足以证明其不具有恶意的，人民法院可以不认定被告具有恶意。

第六条　人民法院审理域名纠纷案件，根据当事人的请求以及案件的具体情况，可以对涉及的注册商标是否驰名依法作出认定。

第七条　人民法院在审理域名纠纷案件中，对符合本解释第四条规定的情形，依照有关法律规定构成侵权的，应当适用相应的法律规定；构成不正当竞争的，可以适用民法通则第四条、反不正当竞争法第二条第一款的规定。

涉外域名纠纷案件，依照民法通则第八章的有关规定处理。

第八条　人民法院认定域名注册、使用等行为构成侵权或者不正当竞争的，可以判令被告停止侵权、注销域名，或者依原告的请求判令由原告注册使用该域名；给权利人造成实际损害的，可以判令被告赔偿损失。

## 【解　　读】

## 解读《关于审理涉及计算机网络域名民事纠纷案件适用法律若干问题的解释》

### 一、问题的提出

近年来，随着我国信息网络产业的快速发展，人民法院已经依法受理和审判了一批涉及计算机网络域名的民事纠纷案件，其中绝大多数为知识产权纠纷案件。该类案件以其民事权益新，法律关系复杂，所涉及的争议专业性强等特点，以及其关系网络信息业和电子商务的发展，而受到社会各界和国际相关人士的广泛关注。人民法院在处理这类民事纠纷中，虽有民法、知识产权法律的基本原则可依据，但尚无明确、具体的法律规定可适用。

最高人民法院于2001年7月颁布了最高人民法院《关于审理涉及计算机网络域名民事纠纷案件适用法律若干问题的解释》（以下简称本解释）。本解释立足于计算机网络和网络域名的特点，根据民法学原理和我国民事法律基本原则，借鉴国内外处理相关纠纷的实践经验，指导各级人民法院适用《民法通则》、《反不正当竞争法》和《民事诉讼法》等相关法律，正确审理涉及计算机网络域名注册、使用等行为的民事纠纷案件。

### 二、理解与适用

（一）关于域名纠纷案件的范围、起诉条件和案由问题

计算机网络域名的一个显著特征，是其在网络环境下产生了与商标、商号等相类似的一种区别域名使用人及其服务的标识性功能。域名的注册、使用等行为，使域名的标识性功能产生和得到发展，使域名的经济价值得以实现，也就可能发生域名与传统的商标、商号等民事权益主体之间的冲突。围绕着域名注册、使用等而产生的民事纠纷，具有相同的特点和适用法律的一致性。所以，根据该司法解释的规定，人民法院受理的域名纠纷案件，是指所有涉及计算机网络域名注册、使用等行为的民事纠纷案件，包括域名与驰名商标、普通注册商标、商号、知名商品特有名称、姓名等权利主体之间的纠纷案件。由于域名的注册、使用能够为注册、使用人带来一定的经济利益，因此，域名亦具有民事权益的属性，域名与域名使用主体之间的争议也属于人民法院受理域名纠纷案件的范围。

本解释第一条规定，对于涉及计算机网络域名注册、使用等行为的民事纠纷，当事人向人民法院提起诉讼，经审查符合《民事诉讼法》第一百零八条规定的，人民法院都应当受理。这就是说，域名纠纷案件属于平等主体之间的民事纠纷案件，当事人提起该类诉讼的条件与一般民事诉讼并无不同。人民法院应当严格依照法律切实保护当事人的诉讼权利。

为了便于对域名纠纷案件的有关情况进行统计分析和研究，根据本解释，域名纠纷案件的案由首先根据当事人双方争议法律关系的性质确定，同时考虑网络域名的特点，又在其前冠以"计算机网络域名"称谓，例如："计算机网络域名侵犯商标权纠纷"、"计算机网络域名不正当竞争纠纷"等；争议法律关系的性质难以确定的，则通称为计算机网络域名纠纷案件。

（二）关于域名纠纷案件的管辖问题

域名纠纷案件一般都涉及侵权或不正当竞争的争议问题，且专业性强、审理难度较大。因此，最高人民法院在本解释第二条即以《民事诉讼法》规定的因侵权行为提起诉讼的管辖作为基本依据，对域名侵权纠纷案件的级别管辖和地域管辖作出规定，同时也对涉外域名纠纷案件的界定和管辖问题作出了规定。

首先，考虑到域名纠纷案件专业性较强，审理难度大，又往往涉及驰名商标的认定，因此，由中级人民法院作为第一审法院；其次，域名侵权等纠纷案件应当遵守《民事诉讼法》关于侵权诉讼地域管辖的一般规定，由侵权行为地或者被告住所地人民法院管辖；再次，最高人民法院还针对网络案件的特点，借鉴网络著作权纠纷案件的司法实践经验，对在难以确定侵权行为地和被告住所地的情况下的管辖问题作出规定，即原告发现该域名的计算机终端等设备所在地可以视为侵权行为地。

根据《民事诉讼法》以及最高人民法院的相关司法解释的规定，涉外域名纠纷案件主要包括两种情况，一是当事人一方或者双方是外国人、无国籍人、外国企业或组织、国际组织的；二是域名注册行为发生在外国的，例如一些".com"、".org"、".net"的域名纠纷案件，域名注册地在美国，当事人之间的法律关系设立、变更或终止的法律事实发生在外国，故属于涉外域名纠纷案件。该司法解释规定，涉外域名纠纷案件的管辖，依照《民事诉讼法》第四编关于涉外民事诉讼程序的特别规定确定。

（三）关于认定侵权或者构成不正当竞争的条件问题

认定被告实施的网络域名注册、使用行为是否构成侵权或不正当竞争，是依法正确审理域名纠纷案件的关键问题。因此，本解释明确具体地规定了行为人注册、使用域名行为构成侵权与不正当竞争的四项条件：一是原告请求保护的民事权益合法有效；二是被告域名同原告要求保护的权利客体之间具有相似性；三是被告无注册、使用的正当理由；四是被告具有恶意。当被告注册、使用域名等行为同时具备上述四个要件时，人民法院应当认定其构成侵权或不正当竞争。

在上述四项条件中，值得注意的是相似性和恶意条件。该两个条件分别从客观和主观两个方面对认定侵权的条件进行规定，说明只有当被告域名与原告商标、域名等客观上具有足以导致混淆的相似性，并且被告主观上具有恶意的情况下，被告注册、使用域名等行为才可能被认定为对原告民事权益的侵犯。相似性条件是在传统商标、商号等领域判断侵权是否成立的一般要件，在域名领域同样是必需的。根据国际公约及各国的通行做法，驰名商标和其他注册商标等在相似性判断的条件上是有所不同的，当"被告域名或其主要部分构成对原告驰名商标的复制、模仿、翻译或音译"时，就符合了相似性条件，而被告域名"与原告的注册商标、域名等相同或近似"，则还需具备"足以造成相关公众的误认"这一条件。恶意条件体现了域名纠纷案件的特点，说明在域名领域对民事权益的保护应当是谨慎的，只有在被告具有侵权故意的情况下，商标、商号等权利人才可能将其专有权利延伸至域名领域。

（四）关于认定恶意的条件问题

认定侵权的四项条件中，对前三项的认定一般比较容易，最后判定被告是否构成侵权往往取决于其是否具有恶意。因此，对恶意的认定，是审理域名纠纷案件的关键，体现了对域名注册、使用行为进行限制的尺度。

所谓恶意即是行为人明知违反"诚实信用"等民事法律的基本原则仍而为之，实际上就是指主观上具有侵权故意。由于行为人实施行为时主观上的"明知"与否，往往不易证明，因此，国际上为应对涉及网络域名注册使用的"恶意"，规定了若干个情形，行为人所实施的行为有情形之一者，就推定其明知而为或者称为具有恶意。针对网络域名纠纷发生的实际情况，本解释列举了四种最为常见的恶意情形，因而，只要涉及所列一种情形的，人民法院就可以认定被告主观上具有恶意。这四种情形是：

1. 为商业目的将原告驰名商标注册为自己的域名。驰名商标一般为相关公众所知晓，使其所代表的商品或服务明显区别于其他商品或服务。但行为人为商业目的，将他人驰名商标注册为域名，搭乘驰名商标"便车"的主观故意明显，是一种违反诚实信用原则的行为。本解释这项规定体现了对驰名商标给予特殊保护的精神。

2. 为商业目的注册、使用与原告的注册商标、域名等相同或近似的域名，故意造成与原告提供的产品、服务或者原告网站相混淆，误导网络用户访问其网站或其他在线站点。被告的上述行为也明确地体现了被告违反诚实信用、公平竞争市场经济规则的主观状态，这也是对驰名商标以外的其他注册商标、域名等民事权益以及民事主体在市场中正当经营行为的一种保护。

3. 要约以高价出售、出租或者以其他方式转让该域名获取不正当利益。

善意与恶意的一个重要区别是，行为人行为的目的是否为获取不正当的利益。有的行为人，以正常注册费将与他人权利相关大量域名予以注册，然后向权利人邀约高价出售这些域名，来牟取非法收益。此种明显违反民法诚实信用原则的行为，显然不为国家法律所支持。有此种行为的，可以认定为被告主观上具有恶意。至于何谓高价，应当由人民法院在原告举证、陈述理由和被告答辩的基础上根据具体案情确定。

4. 域名注册后自己不联机使用，也未准备作联机地址使用，而囤积域名是有意阻止相关权利人注册该域名。网络域名具有唯一性的特征，也属于一种"稀缺的资源"。如果注册域名不用，也无迹象准备使用，又阻止与该域名有某种联系的权利人合法注册使用，则从另外一个角度体现了行为人的主观恶意。当然并不是所有不使用行为都具有恶意，例如，域名持有人为了防止他人注册与自己相近似域名造成混淆而注册域名的，就不能认定为恶意。

此外，实践中的情况是复杂的，人民法院根据案件的具体情况，对其他违反民法诚实信用原则的突出情形，也可以认定行为人主观上具有恶意。

（五）关于驰名商标的认定问题

人民法院在审理域名纠纷案件中，所涉案的商标是否驰名，其实是一种变化中的客观存在，对驰名商标的认定实质上是对变化中的客观事实的确认。法院在个案中对驰名商标作出认定，是国际通行的做法。我国学术界也取得了人民法院有权在个案中认定驰名商标的一致性意见，最高人民法院在本解释中对此予以明确。本解释规定，人民法院审理域名纠纷案件，根据当事人的请求以及案件的具体情况，可以对涉及的注册商标是否驰名依法作出认定。对驰名商标的认定是依原告的请求启动的，原告未主张的，人民法院不予主动认定。

驰名商标的认定标准，应当依照国家有关法律、法规的规定确定。2001年10月27日第九届全国人民代表大会常务委员会第二十四次会议通过了《关于修改〈中华人民共和国商标法〉的决定》，首次对驰名商标的认定和保护作出规定；2002年8月30日国务院公布的《商标法实施条例》和2003年4月17日国家工商行政管理总局公布的《驰名商标认定和保护规定》也有类似的规定。人民法院在案件审理中认定驰名商标应当依照《商标法》第十四条的规定，考虑下列因素："（一）相关公众对该商标的知晓程度；（二）该商标使用的持续时间；（三）该商标的任何宣传工作的持续时间、程度和地理范围；（四）该商标作为驰名商标受保护的记录；（五）该商标驰名的其他因素。"

（六）关于认定侵权的法律适用和民事责任的承担问题

根据本解释的规定，被告的行为同时具备本解释第四条规定的四项要件的，人民法院应当作出被告侵权或不正当竞争认定。目前情况下，我国法律尚无涉及域名的规定，人民法院可以适用《民法通则》第四条、《反不正当竞争法》第二条第一款认定被告构成不正当竞争。如果今后法律作出了明确规定，则应当优先适用相应的法律。

关于被告承担民事责任的方式，本解释规定，人民法院作出侵权或不正当竞争认定后，可以判令被告停止侵权、注销域名，或者依原告的请求判令由原告注册使用该域名；被告的行为给权利人造成实际损害的，可以判令被告赔偿损失。在具体适用时可以分三个层次：首先，被告承担民事责任的一般方式是停止侵权、注销域名。判令被告注销域名的，被告应当到域名注册管理机构办理域名撤销登记手续。被告逾期不履行的，原告可以请求人民法院向域名注册管理机构发出协助执行通知书，予以强制执行。其次，原告请求将被告域名判归其所有的，人民法院根据案件的具体情况，可以判令由原告注册使用该域名。原告可以持判决书到域名注册管理机构办理域名转移的相关手续，必要时，人民法院可以发出协助执行通知书。再次，原告能够举证证明被告的行为对其造成实际损害的，人民法院可以判令被告赔偿损失。不少域名纠纷案件，原告并不会因被告恶意注册域名而遭受实际损失，因此，不需要采用赔偿损失的责任方式。

（撰稿人：张　辉
审稿人：蒋志培）

# 最高人民法院
# 关于审理不正当竞争民事案件应用法律若干问题的解释

法释〔2007〕2号

（2006年12月30日最高人民法院审判委员会第1412次会议通过 2007年1月12日最高人民法院公告公布 自2007年2月1日起施行）

为了正确审理不正当竞争民事案件，依法保护经营者的合法权益，维护市场竞争秩序，依照《中华人民共和国民法通则》、《中华人民共和国反不正当竞争法》、《中华人民共和国民事诉讼法》等法律的有关规定，结合审判实践经验和实际情况，制定本解释。

**第一条** 在中国境内具有一定的市场知名度，为相关公众所知悉的商品，应当认定为反不正当竞争法第五条第（二）项规定的"知名商品"。人民法院认定知名商品，应当考虑该商品的销售时间、销售区域、销售额和销售对象，进行任何宣传的持续时间、程度和地域范围，作为知名商品受保护的情况等因素，进行综合判断。原告应当对其商品的市场知名度负举证责任。

在不同地域范围内使用相同或者近似的知名商品特有的名称、包装、装潢，在后使用者能够证明其善意使用的，不构成反不正当竞争法第五条第（二）项规定的不正当竞争行为。因后来的经营活动进入相同地域范围而使其商品来源足以产生混淆，在先使用者请求责令在后使用者附加足以区别商品来源的其他标识的，人民法院应当予以支持。

**第二条** 具有区别商品来源的显著特征的商品的名称、包装、装潢，应当认定为反不正当竞争法第五条第（二）项规定的"特有的名称、包装、装潢"。有下列情形之一的，人民法院不认定为知名商品特有的名称、包装、装潢：

（一）商品的通用名称、图形、型号；

（二）仅仅直接表示商品的质量、主要原料、功能、用途、重量、数量及其他特点的商品名称；

（三）仅由商品自身的性质产生的形状，为获得技术效果而需有的商品形状以及使商品具有实质性价值的形状；

（四）其他缺乏显著特征的商品名称、包装、装潢。

前款第（一）、（二）、（四）项规定的情形经过使用取得显著特征的，可以认定为特有的名称、包装、装潢。

知名商品特有的名称、包装、装潢中含有本商品的通用名称、图形、型号，或者直接表示商品的质量、主要原料、功能、用途、重量、数量以及其他特点，或者含有地名，他人因客观叙述商品而正当使用的，不构成不正当竞争行为。

**第三条** 由经营者营业场所的装饰、营业用具的式样、营业人员的服饰等构成的具有独特风格的整体营业形象，可以认定为反不正当竞争法第五条第（二）项规定的"装潢"。

**第四条** 足以使相关公众对商品的来源产生误认，包括误认为与知名商品的经营者具有许可使用、关联企业关系等特定联系的，应当认定为反不正当竞争法第五条第（二）项规定的"造成和他人的知名商品相混淆，使购买者误认为是该知名商品"。

在相同商品上使用相同或者视觉上基本无差别的商品名称、包装、装潢，应当视为足以造成和他人知名商品相混淆。

认定与知名商品特有名称、包装、装潢相同或者近似，可以参照商标相同或者近似的判断原则和方法。

**第五条** 商品的名称、包装、装潢属于商标法第十条第一款规定的不得作为商标使用的标志，当事人请求依照反不正当竞争法第五条第（二）项规定予以保护的，人民法院不予支持。

**第六条** 企业登记主管机关依法登记注册的企业名称，以及在中国境内进行商业使用的外国（地区）企业名称，应当认定为反不正当竞争法第五条第（三）项规定的"企业名称"。具有一定的市场知名度、为相关公众所知悉的企业名称中的字号，可以认定为反不正当竞争法第五条第（二）项规定的"企业名称"。

在商品经营中使用的自然人的姓名，应当认定为反不正当竞争法第五条第（三）项规定的"姓名"。具有一定的市场知名度、为相关公众所知悉的自然人的笔名、艺名等，可以认定为反不正当竞争法第五条第（三）项规定的"姓名"。

**第七条** 在中国境内进行商业使用，包括将知名商品特有的名称、包装、装潢或者企业名称、姓名用于商品、商品包装以及商品交易文书上，或者用于广告宣传、展览以及其他商业活动中，应当认定为反不正当竞争法第五条第（二）项、第（三）项规定的"使用"。

**第八条** 经营者具有下列行为之一，足以造成相关公众误解的，可以认定为反不正当竞争法第九条第一款规定的引人误解的虚假宣传行为：

（一）对商品作片面的宣传或者对比的；
（二）将科学上未定论的观点、现象等当作定论的事实用于商品宣传的；

（三）以歧义性语言或者其他引人误解的方式进行商品宣传的。

以明显的夸张方式宣传商品，不足以造成相关公众误解的，不属于引人误解的虚假宣传行为。

人民法院应当根据日常生活经验、相关公众一般注意力、发生误解的事实和被宣传对象的实际情况等因素，对引人误解的虚假宣传行为进行认定。

**第九条** 有关信息不为其所属领域的相关人员普遍知悉和容易获得，应当认定为反不正当竞争法第十条第三款规定的"不为公众所知悉"。

具有下列情形之一的，可以认定有关信息不构成不为公众所知悉：

（一）该信息为其所属技术或者经济领域的人的一般常识或者行业惯例；

（二）该信息仅涉及产品的尺寸、结构、材料、部件的简单组合等内容，进入市场后相关公众通过观察产品即可直接获得；

（三）该信息已经在公开出版物或者其他媒体上公开披露；

（四）该信息已通过公开的报告会、展览等方式公开；

（五）该信息从其他公开渠道可以获得；

（六）该信息无需付出一定的代价而容易获得。

**第十条** 有关信息具有现实的或者潜在的商业价值，能为权利人带来竞争优势的，应当认定为反不正当竞争法第十条第三款规定的"能为权利人带来经济利益、具有实用性"。

**第十一条** 权利人为防止信息泄漏所采取的与其商业价值等具体情况相适应的合理保护措施，应当认定为反不正当竞争法第十条第三款规定的"保密措施"。

人民法院应当根据所涉信息载体的特性、权利人保密的意愿、保密措施的可识别程度、他人通过正当方式获得的难易程度等因素，认定权利人是否采取了保密措施。

具有下列情形之一，在正常情况下足以防止涉密信息泄漏的，应当认定权利人采取了保密措施：

（一）限定涉密信息的知悉范围，只对必须知悉的相关人员告知其内容；

（二）对于涉密信息载体采取加锁等防范措施；

（三）在涉密信息的载体上标有保密标志；

（四）对于涉密信息采用密码或者代码等；

（五）签订保密协议；

（六）对于涉密的机器、厂房、车间等场所限制来访者或者提出保密要求；

（七）确保信息秘密的其他合理措施。

**第十二条** 通过自行开发研制或者反向工程等方式获得的商业秘密，不认定为反不正当竞争法第十条第（一）、（二）项规定的侵犯商业秘密行为。

前款所称"反向工程"，是指通过技术手段对从公开渠道取得的产品进行拆卸、测绘、分析等而获得该产品的有关技术信息。当事人以不正当手段知悉了他人的商业秘密之后，又以反向工程为由主张获取行为合法的，不予支持。

**第十三条** 商业秘密中的客户名单，一般是指客户的名称、地址、联系方式以及交易的习惯、意向、内容等构成的区别于相关公知信息的特殊客户信息，包括汇集众多客户的客户名册，以及保持长期稳定交易关系的特定客户。

客户基于对职工个人的信赖而与职工所在单位进行市场交易，该职工离职后，能够证明客户自愿选择与自己或者其新单位进行市场交易的，应当认定没有采用不正当手段，但职工与原单位另有约定的除外。

**第十四条** 当事人指称他人侵犯其商业秘密的，应当对其拥有的商业秘密符合法定条件、对方当事人的信息与其商业秘密相同或者实质相同以及对方当事人采取不正当手段的事实负举证责任。其中，商业秘密符合法定条件的证据，包括商业秘密的载体、具体内容、商业价值和对该项商业秘密所采取的具体保密措施等。

**第十五条** 对于侵犯商业秘密行为，商业秘密独占使用许可合同的被许可人提起诉讼的，人民法院应当依法受理。

排他使用许可合同的被许可人和权利人共同提起诉讼，或者在权利人不起诉的情况下，自行提起诉讼，人民法院应当依法受理。

普通使用许可合同的被许可人和权利人共同提起诉讼，或者经权利人书面授权，单独提起诉讼的，人民法院应当依法受理。

**第十六条** 人民法院对于侵犯商业秘密行为判决停止侵害的民事责任时，停止侵害的时间一般持续到该项商业秘密已为公众知悉时为止。

依据前款规定判决停止侵害的时间如果明显不合理的，可以在依法保护权利人该项商业秘密竞争优势的情况下，判决侵权人在一定期限或者范围内停止使用该项商业秘密。

**第十七条** 确定反不正当竞争法第十条规定的侵犯商业秘密行为的损害赔偿额，可以参照确定侵犯专利权的损害赔偿额的方法进行；确定反不正当竞争法第五条、第九条、第十四条规定的不正当竞争行为的损害赔偿额，可以参照确定侵犯注册商标专用权的损害赔偿额的方法进行。

因侵权行为导致商业秘密已为公众所知悉的，应当根据该项商业秘密的商业价值确定损害赔偿额。商业秘密的商业价值，根据其研究开发成本、实施该项商业秘密的收益、可得利益、可保持竞争优势的时间等因素确定。

**第十八条** 反不正当竞争法第五条、第九条、第十条、第十四条规定的不正当竞争民事第一审案件，一般由中级人民法院管辖。

各高级人民法院根据本辖区的实际情况，经最高人民法院批准，可以确定若干基层人民法院受理不正当竞争民事第一审案件，已经批准可以审理知识产权民事案件的基层人民法院，可以继续受理。

**第十九条** 本解释自二〇〇七年二月一日起施行。

## 【解　　读】

## 解读《关于审理不正当竞争民事案件应用法律若干问题的解释》

### 一、问题的提出

最高人民法院法释〔2007〕2号《关于审理不正当竞争民事案件应用法律若干问题的解释》（以下简称本解释），经最高人民法院审判委员会第1412次会议通过，已于2007年1月12日公布，自2007年2月1日起施行。

1993年12月1日施行的《反不正当竞争法》，是我国保护知识产权和维护市场竞争秩序的一部重要法律，其内容还涉及保护工业产权《巴黎公约》等有关规定的国内落实。该法施行以来，人民法院审理了一大批不正当竞争民事案件。审理不正当竞争案件已经成为人民法院知识产权审判工作的重要组成部分，也积累了较为丰富的审判经验。但是，《反不正当竞争法》的一些条文规定得比较原则，在理解和适用上常常产生分歧，且近年来我国市场经济有了迅速的发展，市场竞争出现了前所未有的新形势，审判实践中遇到的新情况和新问题层出不穷。因此，如何在总结审判经验的基础上，根据市场经济新形势的要求，正确适用法律，制裁不正当竞争行为，保护相关知识产权和规范市场秩序，已经成为人民法院审理不正当竞争案件中的突出问题。为总结审判经验，细化和明确法律的具体应用标准，确保裁判标准的一致性，加强相关知识产权保护和维护公平竞争的市场秩序，最高人民法院制订了本解释。

### 二、理解与适用

（一）关于仿冒行为

1. 擅自使用知名商品特有的名称、包装、装潢的行为

《反不正当竞争法》第五条第（二）项禁止"擅自使用知名商品特有的名称、包装、装潢，或者使用与知名商品近似的名称、包装、装潢，造成和他人的知名商品相混淆，使购买者误认为是该知名商品"的不正当竞争行为。按照该项规定，此类不正当竞争行为涉及擅自使用、知名商品、特有的名称、包装和装潢以及混淆误认的诸项构成要素。准确认定这些要素是认定此类不正当竞争行为的关键点。为此，本解释对于这些构成要素进行了具体的界定。同时，考虑到知名商品特有的名称、包装和装潢与注册商标同属于商品来源的标识的

范畴，根据同类情况同样处理的民事法律适用规则，本解释在界定上述构成要素时参照了商标法律、行政法规和司法解释的相关规定。

（1）关于知名商品的认定

本解释明确了"知名商品"的认定标准和考量因素。本解释第一条第一款将"知名商品"解释为"在中国境内具有一定的市场知名度，为相关公众所知悉的商品"。这说明，首先，商品特有的名称、包装和装潢只有在中国境内具有知名度，才可能受法律保护。这种知名度通常都是因为在中国市场内生产、销售或者从事其他经营活动（如广告等）而产生的。如果在国外具有较高知名度而在中国境内不具有知名度，就不受中国法律的保护。这显然是由知识产权保护的地域性所决定的。其次，商品的知名度只是在相关公众中的知名度，即根据商品的属性和特点，在相关的经营者或者消费者中的知名度，而并不要求在所有的市场内或者人群中都达到知名的程度。再次，就地域范围而言，只要在特定的地域内知名就可以达到知名的要求，无需全国知名。

对于如何认定商品是否知名，主张推定知名，即只要商品特有的名称、包装和装潢被他人擅自使用，就推定其具有知名度。我们主张举证证明，即知名商品既然是此类不正当竞争行为的构成要件，按照"谁主张、谁举证"的原则，是否知名仍需要通过举证证明。司法实践中大多数法院采取的是该种意见。本解释明确规定"原告应当对其商品的市场知名度负举证责任"。同时，为便于法院判断和当事人举证，本解释第一条第一款对于认定知名商品的具体因素作出了规定，在审理此类案件时，当事人应当围绕这些因素进行举证，法院要根据案件的具体情况，在综合考虑这些要素的基础上对于是否知名进行判断和认定。

（2）关于保护知名商品特有名称、包装和装潢的地域范围

对此曾有不同的意见。一种意见认为，知名商品的保护是一种在知名的地域范围内进行的保护，即知名范围与保护范围是一致的，超出知名的地域范围就不受保护。另一种意见认为，知名商品的知名范围可能只是特定的地域，但保护范围应当及于全国，即一旦被认定为知名商品，不论是否为一定地域范围内的知名，均在全国范围内给予保护。确定知名商品特有名称、包装和装潢受保护的地域范围，必须根据其法律属性。一方面，尽管知名商品特有名称、包装和装潢与注册商标都属于商业标识的范畴，但在保护范围的确定上仍然有其差异。注册商标因注册行为而在全国范围内受保护，但知名商品特有名称、包装和装潢的保护则因具有知名度的使用而产生的保护，两者的保护范围不能简单地等同，因此一律在全国范围内给予保护的主张不符合此类保护的属性。另一方面，仅仅在知名的地域范围内给予保护，同样不利于制止违反诚实信用的不正当竞争行为，也不尽符合《反不正当竞争法》有关规定的立法本意。为此，关于知名商品特有的名称、包装、装潢的保护，按照本解释的规定，只要

在一定市场范围为相关公众知悉即达到"知名"的要求，而不必要求在全国范围知名。虽然对知名商品的保护首先和主要在知名的地域获得，但人民法院应当主要考虑当事人所实施行为的正当性。凡是属于恶意模仿的，即使超出知名商品知名的范围，也可以认定构成仿冒知名商品的不正当竞争；凡是属于善意使用的，就不应受到追究，而从规范市场秩序出发，可以要求在后使用人附加区别性标识。

据此，本解释立足于制止不正当竞争和防止市场混淆的立法意图，采取了一种折中性的思路。首先，对于知名商品特有的名称、包装和装潢主要在其知名的地域范围内进行保护，但并不以此为限。即使在他人知名的地域范围之外，倘若恶意使用（擅自使用）他人知名商品特有的名称、包装和装潢，也可以认定构成不正当竞争行为。因为，这种行为可能阻碍他人潜在的市场进入。其次，不知道他人在先存在的知名商品特有的名称、包装和装潢，在不同的地域使用相同或者近似的商品名称、包装和装潢的，构成善意使用，不应当认定为不正当竞争行为。因为，既然对于知名商品特有名称、包装和装潢的保护是基于使用的保护，而并不当然扩展到全国范围，在我国地域广阔的情况下，不同地区的经营者善意使用相同或者近似商品名称、包装和装潢的情形在所难免，认定善意使用也构成不正当竞争显然是不公平的。据此，本解释第一条第二款规定："在不同地域范围内使用相同或者近似的知名商品特有的名称、包装、装潢，在后使用者能够证明其善意使用的，不构成反不正当竞争法第五条第（二）项规定的不正当竞争行为。"当然，构成善意使用，必须由在后使用者证明其不知道在先使用的存在，且两者分别存在于不同的地域。再次，本来属于在不同地域范围内的善意使用，但随着一方或者双方经营范围的扩大，致使本来互不交叉重合的适用范围形成了重合交叉。倘若对于此种交叉重合不予妥善处理，同样会导致购买者的市场混淆和市场竞争秩序的混乱，也不利于当事人自身的正常经营。根据当事人善意使用的实际，本解释第二条第二款特别规定："因后来的经营活动进入相同地域范围而使其商品来源足以产生混淆，在先使用者请求责令在后使用者附加足以区别商品来源的其他标识的，人民法院应当予以支持。"这种由在后使用者附加区别性标识，只是一种法律上的负担，而不属于民事责任，其目的是使客观上足以产生市场混淆的商品能够因为另外附加的显著性区别标识而区别开来，从而有利于正常的市场竞争和保护购买者的合法权益。这种区别性标识可以是另外附加醒目的文字标注、图形等。

（3）关于知名商品的名称、包装、装潢的特有性的认定

《反不正当竞争法》第五条第（二）项规定的知名商品名称等的"特有"，相当于《商标法》所规定的商标的"显著性"，主要是指区别商品来源的显著特性，或者说就是其区别性。据此，本解释第二条第一款规定："具有区别商品来源的显著特征的商品名称、包装、装潢，应当认定为反不正当竞争法第五

条第（二）项规定的特有名称、包装、装潢。"为便于认定特有性，本解释参照《商标法》第十一条和第十二条有关不具有显著性的标志不能作为商标注册的规定，列举了四种不认定为知名商品特有的名称、包装、装潢的情形，即（1）商品的通用名称、图形、型号，（2）仅仅直接表示商品的质量、主要原料、功能、用途、重量、数量及其他特点的商品名称，（3）仅由商品自身的性质产生的形状，为获得技术效果而需有的商品形状以及使商品具有实质性价值的形状，以及（4）其他缺乏显著性的商品名称、包装、装潢。其中，第（3）种涉及功能性，不适宜排他性使用，因而不能获得特有性保护，而（1）、（2）、（4）种情形虽然本来不具有显著性，但经过使用取得显著特征的，可以认定为具有特有性。这种经使用而取得的显著性，就是所谓的取得第二含义或者其他含义，即在原来的意义之外获得了区别商品来源的标识意义。

本解释第二条第二款还对于正当使用作出了规定，即"知名商品特有的名称、包装、装潢中含有本商品的通用名称、图形、型号，或者直接表示商品的质量、主要原料、功能、用途、重量、数量以及其他特点，或者含有地名，他人因客观叙述商品而正当使用的，不构成不正当竞争行为"。这些都不是商业标识意义上的使用，不会与他人知名商品的特有名称、包装和装潢产生市场混淆，因而不构成不正当竞争行为。

（4）关于将具有独特风格的整体营业形象纳入特有"装潢"范围

一般来说，商品的"装潢"通常是指为识别和美化商品而在商品或者其包装上附加的文字、图案、色彩及其排列组合。但在司法实践中，确实出现了诸如擅自模仿他人营业场所的装饰、营业用具的式样和营业人员的服饰等独具风格的整体形象而造成混淆的行为。对于此类行为的定性曾有不同的认识。本解释将其纳入了《反不正当竞争法》第五条第（二）项的调整范围。虽然营业场所的装饰、营业用具的式样和营业人员的服饰等构成的具有独特风格的整体营业形象，与通常意义上所说的"装潢"有所不同，但这只是"装潢"在服务商品上的一种特殊表现形式，本质上仍然属于"装潢"的范畴。因此，本解释第三条规定，由经营者营业场所的装饰、营业用具的式样、营业人员的服饰等构成的具有独特风格的整体营业形象，可以认定为《反不正当竞争法》第五条第（二）项规定的"装潢"。

（5）关于混淆误认的认定

《反不正当竞争法》第五条第（二）项将"造成和他人的知名商品相混淆，使购买者误认为是该知名商品"规定为此类不正当竞争行为的构成要件之一。按照理论上的归类，混淆误认有四种情形：将甲、乙商品鱼目混珠，混为一谈；将甲、乙商品误认为来源于同一经营者；误认为甲、乙商品来源于具有商业标识许可使用、参股控股等特定联系的不同经营者；将甲、乙商品产生联想。由于产生联想的混淆误认程度较低，不宜将其纳入混淆误认的范围。据此，本解释第四条第一款将《反不正当竞争法》第五条第（二）项规定的"造成和他人的知名商品相混淆，使购买者误认为是该知名商品"，解释为"足以使相关公众对商品的来源产生误认，包括误认为与知名商品的经营者具有许可使用、关联企业关系等特定联系"，其本意是包括上述前三种混淆误认关系。而且，其中的"足以"是指具有较高的混淆误认盖然性，而不是一般的可能性。

对于混淆误认的举证证明，司法实践中也有不同的认识。有的认为，只要原告举证证明被告使用的商品名称、包装、装潢与自己的相同或者近似，就应当推定会造成混淆，如果被告认为不会造成混淆，则应当由被告负举证责任。我们认为，造成混淆是构成《反不正当竞争法》第五条第（二）项规定的不正当竞争行为的独立条件，按照"谁主张，谁举证"的原则，原告不仅要对被告使用的商品名称、包装、装潢与自己的相同或者近似承担举证责任，而且也应当对这种使用是否会造成混淆误认承担举证责任。本解释第四条第二款基本采纳了这一观点。同时，对认定混淆误认的情形根据实际情况作了外延的解释，即在相同商品上使用相同或者视觉上基本无差别的商品名称、包装、装潢，应当视为足以造成和他人知名商品相混淆。除此之外，就需要根据案件的具体情况和有关证据进行认定，而不能简单推定。

（6）关于知名商品特有的名称、包装、装潢相同或者近似的判断原则和方法

考虑到知名商品特有的名称、包装、装潢的相同或者近似与商标相同或者近似在判断原则和方法上是相同的，本解释第四条第三款规定："认定知名商品特有的名称、包装、装潢相同或者近似，可以参照商标相同或者近似的判断原则和方法。"

（7）关于禁用标志

《商标法》第十条第一款规定了与国家名称、国旗等相同或近似的等八种标志不得作为商标使用，即通常所说的禁用标志。这些标志既然不能作为商标使用，同理也不能作为识别商品来源的商品的名称、包装、装潢使用。为此，本解释第五条对禁用标志作出了规定，即商品的名称、包装、装潢属于商标法第十条第一款规定的标志，当事人请求依照《反不正当竞争法》第五条第（二）项予以保护的，人民法院不予支持。

2. 关于"企业名称"和"姓名"的界定

《反不正当竞争法》第五条第（三）项将"擅自使用他人的企业名称或者姓名，引人误认为是他人的商品"规定为不正当竞争行为。本解释第六条第一款将企业名称和姓名界定为"企业登记主管机关依法登记注册的企业名称，以及在中国境内进行商业使用的外国（地区）企业名称"。这些规定可以从以下方面进行理解：

(1)《反不正当竞争法》对于企业名称和姓名的保护立足于制止仿冒行为。《民法通则》对于企业名称和自然人姓名的保护作出了基本的规定，这些规定除具有确认基本民事权利的意义外，主要是立足于保护人身权的角度保护企业名称和姓名的。《反不正当竞争法》保护企业名称和姓名的目的则是制止造成市场混淆的不正当竞争行为。因为，企业名称是市场主体的名称和企业重要的营业标识，消费者或者购买者可以通过不同的营业标识而识别商品的来源；自然人的姓名与特定的商品联系起来时，也可以产生识别商品来源的作用。具有识别商品来源作用的企业名称或者姓名因他人擅自使用而引起市场混淆的，构成《反不正当竞争法》第五条第（三）项规定的仿冒企业名称或者姓名的不正当竞争行为。

(2) 这些规定的保护范围及于国内的企业名称和国外的企业名称。本解释对于企业名称保护的规定，既立足于国内企业名称的登记管理制度和使用实际，又履行《巴黎公约》关于厂商名称保护的国际义务，对于在我国境内设立的企业，应当保护其依法登记注册的企业名称，有一定市场知名度的企业字号，按照企业名称予以保护；对外国企业名称的保护，则不要求其必须已在我国登记注册，但应要求已在我国作商业使用。国内的企业名称必须是经企业名称登记主管部门核准注册的名称，但考虑到企业名称通常是由行政区划、字号、行业或经营特点以及组织形式诸元素构成的，其中字号最具识别意义，使用具有知名度的企业名称中的字号与使用企业名称产生同样的结果，且经济生活中对于涉及企业名称的仿冒行为或者权利冲突，通常都是因为使用企业名称中的字号而引起。因此，本解释第六条第一款规定："具有一定的市场知名度、为相关公众所知悉的企业名称中的字号，视为《反不正当竞争法》第五条第（三）项规定的企业名称。"此外，《反不正当竞争法》第六条第（三）项规定了不仅制止仿冒国内企业的名称的行为，而且制止仿冒国外厂商名称（字号或者商号）的行为。该规定本身也是落实《巴黎公约》第八条关于"厂商名称应在本联盟一切国家内受到保护，没有申请或注册的义务，也不论其是否为商标的一部分"的规定的重要国内法规定。国外的厂商名称无论是否在国内注册，均受《反不正当竞争法》第五条第（三）项规定的保护，但必须以在中国境内使用为要件。因此，本解释第六条第一款将"在中国境内进行商业使用的外国（地区）企业名称"纳入到《反不正当竞争法》第五条第（三）项规定的企业名称之列。

(3) 姓名在具有商品来源的标识意义时，受《反不正当竞争法》第五条第（三）项规定的保护。特别是，对于图书、光盘等文化产品而言，作者、演唱者等的姓名往往成为购买者识别商品来源和作出购买决策的重要依据，倘若在商品上擅自使用他人姓名，会导致购买者对于商品来源产生混淆误认。而且，在文化市场领域，使用笔名、艺名等的情形较为常见，笔名、艺名等与姓名具有同样的商品来源识别意义。因此,本解释第六条第二款将"具有一定的市场知名度、为相关公众所知悉的自然人的笔名、艺名等",纳入到《反不正当竞争法》第五条第(三)项规定的"姓名"的范围。

3. 关于仿冒行为中的"使用"的界定

《反不正当竞争法》第五条第(二)、(三)项都出现了"使用"一词。实践中,对"使用"一词的理解不尽一致。为了统一司法标准,本解释第七条对"使用"进行了界定,即"在中国境内进行商业使用,包括将知名商品特有的名称、包装、装潢或者企业名称、姓名用于商品、商品包装以及商品交易文书上,或者用于广告宣传、展览以及其他商业活动中"。这里的"使用"包括了在商业活动中的所有使用,其含义是比较宽泛的。

(二)关于引人误解的虚假宣传行为

《反不正当竞争法》第九条规定:"经营者不得利用广告或者其他方法,对商品的质量、制作成分、性能、用途、生产者、有效期限、产地等作引人误解的虚假宣传。"本解释抓住"引人误解"的本质,界定了几类特殊的虚假宣传行为,并对引人误解的虚假宣传的判断标准等作出了规定。

1. 几种特殊的虚假宣传行为

无论理论上还是实践中,对于《反不正当竞争法》第九条规定的"引人误解的虚假宣传"均存在理解上的分歧。如理论界对《反不正当竞争法》规定的"引人误解的虚假宣传"一直有不同评价,认为在"虚假宣传"前加上"引人误解"的限定,使得本条适用的范围过窄,不能适应现实生活的需要,应当作扩大解释,使其包括"引人误解的宣传"和"虚假宣传"两种情况。为便于司法认定,本解释未纠缠于理论上的争议,而就实践中认定虚假宣传行为的几种特殊情形作出了实事求是的列举性规定。

一是本解释第八条第一款第(一)项规定的"对商品作片面的宣传或者对比"的行为。实践中,一些经营者将与竞争对手的商品信息作不对称的宣传或者对比,其目的和结果往往是不正当地贬低他人商品而抬高自己的商品,误导购买者。如用自己产品的优点与别人产品的缺点进行片面的对比宣传,不做全面宣传。单个地看,所作的宣传都是真实的,并无虚假,但却引人误解,给人的印象是他人的产品缺点多,自己的产品优点多。特别是,我国法律并不禁止对比广告,但对比广告提供的商品信息应当全面和充分,不能不正当地损害竞争对手。因片面宣传或者对比而误导购买者的,可以认定为引人误解的虚假宣传行为。当然,如果因此而损害竞争对手的商业信誉或者商品声誉,还会与《反不正当竞争法》第十四条规定的商业诋毁行为构成竞合。

二是本解释第八条第一款第(一)项规定的"将科学上未定论的观点、现象等当作定论的事实用于商品宣传"的行为。将科学上未定论的观点、现象等当作定论的事实用于商品宣传,即使这些观点、现象等确实存在,但因在商品宣传中使相关公众将未定论的东西误认为定论的东西，而对商品质量等产生误解，就可以构成虚假宣传行为。

三是本解释第八条第一款第（一）项规定的"以歧义性语言或者其他引人误解的方式进行商品宣传"的行为。故意以模棱两可、含含糊糊等歧义性词语宣传商品，足以使相关公众产生误解的，可以构成虚假宣传行为。

引人误解的虚假宣传的本质属性是"引人误解"，通常是具有引人误解的目的或者后果。在经济生活中，商品宣传常常具有一定的夸张性，广告更需要具有一定的艺术夸张成分。倘若采取的夸张性宣传形式不足以引人误解，就不必按照引人误解的虚假宣传论处。据此，本解释第八条第二款将"以明显的夸张方式宣传商品，不足以使相关公众对商品质量等产生误解"的行为，排除在"引人误解的虚假宣传"之外。

2. 引人误解的虚假宣传的认定标准

商品宣传是否足以引人误解而构成引人误解的虚假宣传，往往具有较大的自由裁量性。为了指导法官更加准确地判断引人误解的虚假宣传行为，本解释第八条第三款规定了一般性的考量因素，即人民法院应当根据日常生活经验、相关公众一般注意力、发生误解的事实和被宣传对象的实际情况等因素，对引人误解的虚假宣传行为进行认定。这说明，判断是否构成引人误解的虚假宣传，主要是相关经济生活领域的日常生活经验和宣传行为的具体情形，按照相关公众中的一般主体是否产生误解，进行判断。这种判断标准虽然具有自由裁量性，但不能脱离一般的社会基础，具有一定的客观约束性。

（三）关于侵犯商业秘密行为

本解释本着加强商业秘密保护、优化创新和投资环境的精神，对于商业秘密的构成要件及其具体认定进行了解释，并对审理商业秘密案件中的几个特殊问题作出了规定：

1. 关于商业秘密的权利属性问题

商业秘密是一种特殊的知识产权。理解《反不正当竞争法》和本解释有关商业秘密的规定，必须首先理解商业秘密的权利属性。首先，商业秘密是通过权利人自己保护的方式而存在的权利，权利人并不具有排他的独占权。基于这种特性，不同的权利主体可以同时拥有相同或者近似的商业秘密；在没有法定的、约定的保密义务或者未提出保密要求的情况下将商业秘密告知他人时，倘若他人仍将商业秘密保持在秘密状态，该商业秘密仍然不丧失；不论什么原因，一旦商业秘密公开，其权利即告终结。其次，它是一种法定的权利。只有在法律规定商业秘密保护制度时，才存在商业秘密的法律保护。例如，《反不正当竞争法》施行以前的专有技术或者技术诀窍等信息，因无相应的法律规定而不成其为商业秘密，主要是受合同约定的债权保护，而缺乏侵权法意义上的法律保护。再次，商业秘密必须符合特定的法定条件，符合条件的技术信息和经营信息才可以成为商业秘密。《反不正当竞争法》第十条第三款将这些条件规定为"不为公众所知悉、能为权利人带来经济利益、具有实用性并经权利人采取保密措施的技术信息和经营信息"。本解释着重对这些构成要件的具体认定进行了规定。

2. 关于"不为公众所知悉"的认定

本解释第九条将"不为公众所知悉"解释为"有关信息不为其所属领域的相关人员普遍知悉和容易获得"。这意味着"不为公众所知悉"应当同时具备不为"普遍知悉"和"并非容易获得"两个具体条件。首先,"不为公众所知悉"具有相对性,即只是在相关技术或者经营领域内不为相关人员普遍知悉即可,且允许权利人在采取保密措施的情况下让有必要知道商业秘密的人员知悉,而不是除权利人以外的任何人都不能知道。其次,一项信息要构成商业秘密,不仅要处于一般的保密状态,而且获得该项信息要有一定的难度,这样才符合商业秘密的秘密性要求。例如,那些相关人员不需要创造性劳动,仅仅是经过一定的联想即能获得的信息,就是容易获得的信息。

为便于掌握和具体认定,在总结审判经验和借鉴国外经验的基础上,本解释第九条第二款具体列举了属于公众知悉的信息的六种情形。

3. 关于"能为权利人带来经济利益、具有实用性"的认定

本解释第十条将"能为权利人带来经济利益、具有实用性"解释为"有关信息具有现实的或者潜在的商业价值,能为权利人带来竞争优势"。首先,总体上讲,"能为权利人带来经济利益、具有实用性"是对商业秘密的价值性要求,至于在理论上将它说成是一个要件还是两个要件,都不影响实践中的应用和操作。即便就实用性而言,它也是相对的,通常而言是对权利人有应用价值,但并不排除于权利人已无应用价值而对于竞争对手仍然有应用价值。如权利人在研发过程中的试验失败记录,对于权利人来讲已无应用价值,但如果被竞争对手获得,就可以少走弯路,减少损失,可以说对于竞争对手仍然有应用价值,故对于权利人虽不具有应用价值,但保持其秘密性,可以为权利人带来竞争优势,仍应按商业秘密予以保护。实际上,那种具有直接的应用价值、能够积极地提高权利人竞争优势的信息,学理上可以称为积极信息;那种对于权利人而言不再能够创造新价值,但保守秘密仍可以使其维持竞争优势的信息,可以称为消极信息。不论积极信息还是消极信息,只要具有维持竞争优势的意义,都可以按照商业秘密进行保护。其次,商业秘密的价值性包括现实的价值性和潜在的价值性。前者涉及可以现实地直接应用的信息;后者涉及虽不能现实地应用,但将来可以应用的信息,如阶段性研发成果。

4. 关于"保密措施"的认定

商业秘密既然是通过自己保密的方式产生的权利,倘若当事人自己都未采取保密措施,就没有必要给予保护。这是保密措施在商业秘密构成中的价值所

在。本解释第十一条第一款将"保密措施"解释为"权利人为防止信息泄漏所采取的与其商业价值等具体情况相适应的合理保护措施"。这里为所采取的保密措施设定了一个程度上的要求,即所采取的保密措施应当达到合理的程度,而合理的程度则是指"与其商业价值等具体情况相适应的"、达到足以防止信息泄漏的程度的保密措施。简言之,达不到合理程度的保密措施,或者忽视保密对象商业价值的具体情况,一律要求权利人采取程度过高的保密措施,都是不适当的。这就是本条规定要求采取合理保密措施的法律意义所在,也是有别于商业秘密权利属性的必然要求。

本解释第十一条第二款还对认定保密措施合理性的考虑因素进行了规定。这些因素包括所涉信息载体的特性、权利人保密的意愿、保密措施的可识别程度、他人通过正当方式获得的难易程度等。

为了便于司法实践中的具体认定,防止实践中对保密措施认定过于严格,本解释根据经济生活和商业秘密案件的实际情况以及审判经验,在第十一条第三款对可以认为权利人采取了保密措施的具体情形进行了列举,包括:(1)限定涉密信息的知悉范围,只对必须知悉的相关人员告知其内容;(2)对于涉密信息载体采取加锁等防范措施;(3)在涉密信息的载体上标有保密标志;(4)对于涉密信息采用密码或者代码;(5)签订保密协议;(6)对于涉密的机器、厂房、车间等场所限制来访者或者提出保密要求;(7)确保信息秘密的其他合理措施。所列举的七种情形,是对我国商业秘密审判经验的总结和提升。应当注意,所列举的这些具体的保密措施,都应当达到在正常情况下足以防止涉密信息泄漏的要求,这是认定的前提条件。

当然,司法实践中,有些信息原属于商业秘密,但因权利人加盖"解密"、"作废"等标识而解除保密措施的,不再是商业秘密;虽未正式解除保密措施,但已以废纸垃圾等方式进行处理的,可以视为解除了保密措施。

5. 关于不侵犯商业秘密的合法行为

《反不正当竞争法》第十条第一、二款规定了各类侵犯商业秘密的行为。在侵犯商业秘密案件中,被告经常以自行开发研制或者反向工程为由进行不侵权的抗辩。鉴于商业秘密是通过权利人自己保护的方式而存在的权利,权利人并不具有排他的独占权,商业秘密保护只是禁止他人采用不正当手段或者违反合同约定获取、披露、使用、允许他人使用其商业秘密。他人只要没有采用不正当手段或者违反合同约定获取商业秘密,都不构成违反《反不正当竞争法》的行为。根据商业秘密的属性和审判经验,本解释第十二条肯定了自行开发研制和反向工程不构成侵犯商业秘密。同时,对反向工程进行了界定,即"通过技术手段对从公开渠道取得的产品进行拆卸、测绘、分析等而获得该产品的有关技术信息"。当然,当事人通过不正当手段知悉了他人的商业秘密之后,又以反向工程为由主张获取行为合法的,不予支持。

### 6. 关于客户名单与侵犯客户名单商业秘密的认定

鉴于司法实践中认定客户名单是否构成商业秘密和侵权难度较大以及认定标准不易掌握，本解释第十三条对于客户名单问题作出了专门解释。

商业秘密中的客户名单，不能是简单的客户名称，而通常必须有名称以外的深度信息。因此，应当包括相应的内容。本解释规定，商业秘密中的客户名单，一般是指客户的名称、地址、联系方式以及交易的习惯、意向、内容等构成的区别于相关公知信息的特殊客户信息，包括汇集众多客户的客户名册，以及保持长期稳定交易关系的特定客户。

鉴于诸如律师、医生这类职业的特殊性，其客户往往是基于对律师、医生等个人能力和品德的信赖，而且流动性也很强，如果他们离开原单位，其原先的客户不能再与其有业务往来，有失公平。因此，本解释规定，客户基于对职工个人的信赖与职工所在单位进行市场交易，该职工离职后，能够证明客户自愿选择与自己或者其新单位进行市场交易的，应当认定没有采用不正当手段，但职工与原单位另有约定的除外。

### 7. 关于侵犯商业秘密的举证责任分配

侵犯商业秘密行为成立的条件包括三个方面：一是商业秘密符合法定条件，二是被告的信息与原告的信息相同或者实质相同，三是采用了不正当手段，即《反不正当竞争法》第十条第一款规定的手段。认定符合三个要件的事实（要件事实）都要提供相应的证据。根据"谁主张，谁举证"的原则，本解释第十四条规定，原告应当对其拥有商业秘密、双方信息的相同性和被告采取的不正当手段负举证责任。对于是否拥有商业秘密，原告举出商业秘密的载体、具体内容、商业价值和采取的具体保密措施后，一般就可以认为其完成了此项举证责任。这里需要特别指出，与方法专利等中的法定举证责任倒置不同，《反不正当竞争法》对侵犯商业秘密的有些要件事实的举证责任是否可以倒置并未作出规定，因此，本解释未采纳有关设定商业秘密举证责任倒置制度的建议。这应当由立法解决。应当说，对于侵犯商业秘密案件的举证责任，应当按照《民事诉讼法》规定的"谁主张，谁举证"的原则和《最高人民法院关于民事诉讼证据的若干规定》的有关举证责任的一般规定等办理。

### 8. 关于商业秘密的被许可人在侵权诉讼中的主体资格

本解释第十五条是对商业秘密的被许可人诉讼主体资格的解释，即在以下三种情况下，商业秘密的被许可人对于侵犯商业秘密行为可以和权利人共同提起或者单独提起侵权诉讼：（1）商业秘密独占使用许可合同的被许可以向人民法院起诉；（2）排他使用许可合同的被许可人可以和权利人共同起诉，或者在权利人不起诉的情况下，自行提起诉讼；（3）普通使用许可合同的被许可人可以和权利人共同提起诉讼，或者经权利人书面授权，单独提起诉讼。

### (四) 关于不正当竞争行为的民事责任问题

本解释着重对于侵犯商业秘密的民事责任作出了规定，此外还规定了其他有关不正当竞争行为的损害赔偿额的确定。

1. 侵犯商业秘密案件中停止侵害的具体适用问题

《民法通则》第一百三十四条规定的停止侵害、赔偿损失等民事责任方式，当然适用于侵犯商业秘密等不正当竞争行为。但是，在侵犯商业秘密案件中，如何确定停止侵害的时间长短，确实有其特殊性。根据侵犯商业秘密案件的特殊性，一方面，本解释第十六条第一款规定，人民法院对于侵犯商业秘密行为适用停止侵害的民事责任时，停止侵害的时间一般持续到该项商业秘密已为公众知悉时为止；另一方面，该条第二款规定，依据前款规定判决停止侵害的时间明显不合理的，可以在依法保护权利人该项商业秘密竞争优势的情况下，判决侵权人在一定期限或者范围内停止使用该项商业秘密。前者是考虑到商业秘密只要不公开，权利人就享有权利，侵权行为人就应当停止侵害；后者是考虑到，商业秘密自身获得的难度大小不同，如果一项商业秘密比较简单，本领域的相关人员在一定的时间内即可获得，或者此项商业秘密仅在一定的范围内具有竞争优势，超出这个范围就对原告不会构成竞争威胁，法院往往只在保留原告的竞争优势的情况下，判决侵权人在一定期限或者范围内禁止使用。从外国的一些司法实践看，对于侵犯商业秘密适用禁令的时间，也不是一律都持续到该项商业秘密为公众知悉为止，这种做法比较公平，具有一定的合理性。因此，在对侵犯商业秘密行为适用停止侵害的民事责任时，允许法院针对侵犯的商业秘密的不同情况，合理确定停止侵害的时间等，以便平衡商业秘密权利人和社会公众之间的利益。

2. 确定损害赔偿额的方法。

本解释第十七条是针对确定侵犯商业秘密和《反不正当竞争法》第五条、第九条、第十四条规定的不正当竞争行为的损害赔偿额的方法所作出的解释。鉴于商业秘密多数具有技术内容，与专利比较接近；而《反不正当竞争法》第五条、第九条、第十四条规定的不正当竞争行为，一般涉及的是商业标志类，与商标比较接近，因此，本解释第十七条第一款规定："人民法院确定侵犯商业秘密的损害赔偿额，可以参照确定侵犯专利权的损害赔偿额的方法进行；反不正当竞争法第五条、第九条和第十四条规定的不正当竞争行为的损害赔偿额，可以参照确定侵犯注册商标专用权的损害赔偿额的方法进行。"

此外，本解释第十七条第二款还对因侵权行为导致商业秘密已为公众所知悉，其损害赔偿额如何确定问题作出了的专门规定。对因侵权行为导致商业秘密丧失秘密性的，不能简单地适用定额赔偿方法确定损害赔偿额，而应根据该商业秘密的商业价值和案件具体情况确定赔偿。对于如何确定商业秘密的商业价值，本解释规定，应当根据其研究开发成本、竞争优势、实施该项商业秘密的收益、可得利益、可保持竞争优势的时间等因素予以确定。

(五)不正当竞争案件的级别管辖问题

本解释第十八条是对《反不正当竞争法》第五条、第九条、第十条、第十四条规定的不正当竞争民事第一审案件的级别管辖所作出的解释,即一般由中级人民法院管辖。但考虑到随着经济科技的发展,不正当竞争案件可能会增加,为了减轻相关中级人民法院的案件压力,同时也方便当事人诉讼,该条第二款规定,各高级人民法院根据本辖区的实际情况,经最高人民法院批准,可以确定若干基层人民法院受理不正当竞争民事第一审案件,但已经批准可以审理知识产权民事案件的基层人民法院,可以继续受理。当然,对于涉及知识产权保护的其他不正当竞争案件,应参照上述级别管辖的规定办理。

(撰稿人:蒋志培　孔祥俊　王永昌)

**指导案例 30 号**

# 兰建军、杭州小拇指汽车维修科技股份有限公司诉天津市小拇指汽车维修服务有限公司等侵害商标权及不正当竞争纠纷案

（最高人民法院审判委员会讨论通过　2014 年 6 月 26 日发布）

**关键词**
民事　侵害商标权　不正当竞争　竞争关系

**裁判要点**

1. 经营者是否具有超越法定经营范围而违反行政许可法律法规的行为，不影响其依法行使制止商标侵权和不正当竞争的民事权利。

2. 反不正当竞争法并未限制经营者之间必须具有直接的竞争关系，也没有要求其从事相同行业。经营者之间具有间接竞争关系，行为人违背反不正当竞争法的规定，损害其他经营者合法权益的，也应当认定为不正当竞争行为。

**相关法条**

《中华人民共和国反不正当竞争法》第二条

**基本案情**

原告兰建军、杭州小拇指汽车维修科技股份有限公司（以下简称杭州小拇指公司）诉称：其依法享有"小拇指"注册商标专用权（见图一），而天津市小拇指汽车维修服务有限公司（以下简称天津小拇指公司）、天津市华商汽车进口配件公司（以下简称天津华商公司）在从事汽车维修及通过网站进行招商加盟过程中，多处使用了"涉案"标识（见图二），且存在单独或突出使用"小拇指"的情形，侵害了其注册商标专用权；同时，天津小拇指公司擅自使用杭州小拇指公司在先的企业名称，构成对杭州小拇指公司的不正当竞争。故诉请判令天津小拇指公司立即停止使用"小拇指"字号进行经营，天津小拇指公司及天津华商公司停止商标侵权及不正当竞争行为、公开赔礼道歉、连带赔偿经济损失 630000 元及合理开支 24379.4 元，并承担案件诉讼费用。

被告天津小拇指公司、天津华商公司辩称：1. 杭州小拇指公司的经营范围并不含许可经营项目及汽车维修类，也未取得机动车维修的许可，且不具备"两店一年"的特许经营条件，属于超越经营范围的非法经营，故其权利不应得到保护。2. 天津小拇指公司、天津华商公司使用"小拇指"标识有合法来源，不构成商标侵权。3. 杭州小拇指公司并不从事汽车维修行业，双方不构

成商业竞争关系,且不能证明其为知名企业,其主张企业名称权缺乏法律依据,天津小拇指公司、天津华商公司亦不构成不正当竞争,故请求驳回原告诉讼请求。

法院经审理查明:杭州小拇指公司成立于2004年10月22日,法定代表人为兰建军。其经营范围为:"许可经营项目:无;一般经营项目:服务;汽车玻璃修补的技术开发,汽车油漆快速修复的技术开发;批发、零售;汽车配件;含下属分支机构经营范围;其他无需报经审批的一切合法项目(上述经营范围不含国家法律法规规定禁止、限制和许可经营的项目。)凡以上涉及许可证制度的凭证经营。"其下属分支机构为杭州小拇指公司萧山分公司,该分公司成立于2005年11月8日,经营范围为:"汽车涂漆、玻璃安装"。该分公司于2008年8月1日取得的《道路运输经营许可证》载明的经营范围为:"维修(二类机动车维修:小型车辆维修)"。

2011年1月14日,杭州小拇指公司取得第6573882号"小拇指"文字注册商标,核定服务项目(第35类):连锁店的经营管理(工商管理辅助);特许经营的商业管理;商业管理咨询;广告(截止)。该商标现在有效期内。2011年4月14日,兰建军将其拥有的第6573881号"小拇指"文字注册商标以独占使用许可的方式,许可给杭州小拇指公司使用。

杭州小拇指公司多次获中国连锁经营协会颁发的中国特许经营连锁120强证书,2009年杭州小拇指公司"小拇指汽车维修服务"被浙江省质量技术监督局认定为浙江服务名牌。

天津小拇指公司成立于2008年10月16日,法定代表人田俊山。其经营范围为:"小型客车整车修理、总成修理、整车维护、小修、维修救援、专项修理。(许可经营项目的经营期限以许可证为准)"。该公司于2010年7月28日取得的《天津市机动车维修经营许可证》载明类别为"二类(汽车维修)",经营项目为"小型客车整车修理、总成修理、整车维护、小修、维修救援、专项维修。"有效期自2010年7月28日至2012年7月27日。

天津华商公司成立于1992年11月23日,法定代表人与天津小拇指公司系同一人,即田俊山。其经营范围为:"汽车配件、玻璃、润滑脂、轮胎、汽车装具;车身清洁维护、电气系统维修、涂漆;代办快件、托运、信息咨询;普通货物(以上经营范围涉及行业许可证的凭许可证件在有效期内经营,国家有专项专营规定的按规定办理)。"天津华商公司取得的《天津市机动车维修经营许可证》的经营项目为:"小型客车整车修理、总成修理、整车维护、小修、维修救援、专项修理",类别为"二类(汽车维修)",现在有效期内。

天津小拇指公司、天津华商公司在从事汽车维修及通过网站进行招商加盟过程中,多处使用了"涉案"标识,且存在单独或突出使用"小拇指"的情形。

2008年6月30日，天津华商公司与杭州小拇指公司签订了《特许连锁经营合同》，许可天津华商公司在天津经营"小拇指"品牌汽车维修连锁中心，合同期限为2008年6月30日至2011年6月29日。该合同第三条第（4）项约定："乙方（天津华商公司）设立加盟店，应以甲方（杭州小拇指公司）书面批准的名称开展经营活动。商号的限制使用（以下选择使用）：（√）未经甲方书面同意，乙方不得在任何场合和时间，以任何形式使用或对'小拇指'或'小拇指微修'等相关标志进行企业名称登记注册；未经甲方书面同意，不得将'小拇指'或'小拇指微修'名称加上任何前缀、后缀进行修改或补充；乙方不得注册含有'小拇指'或'小拇指微修'或与其相关或相近似字样的域名等，该限制包含对乙方的分支机构的限制"。2010年12月16日，天津华商公司与杭州小拇指公司因履行《特许连锁经营合同》发生纠纷，经杭州市仲裁委员会仲裁裁决解除合同。

另查明，杭州小拇指公司于2008年4月8日取得商务部商业特许经营备案。天津华商公司曾向商务部行政主管部门反映杭州小拇指公司违规从事特许经营活动应予撤销备案的问题。对此，浙江省商务厅《关于上报杭州小拇指汽车维修科技股份有限公司特许经营有关情况的函》记载：1.杭州小拇指公司特许经营备案时已具备"两店一年"条件，符合《商业特许经营管理条例》第七条的规定，可以予以备案；2.杭州小拇指公司主要负责"小拇指"品牌管理，不直接从事机动车维修业务，并且拥有自己的商标、专利、经营模式等经营资源，可以开展特许经营业务；3.经向浙江省道路运输管理局有关负责人了解，杭州小拇指公司下属直营店拥有《道路运输经营许可证》，经营范围包含"三类机动车维修"或"二类机动车维修"，具备从事机动车维修的资质；4.杭州小拇指公司授权许可，以及机动车维修经营不在特许经营许可范围内。

**裁判结果**

天津市第二中级人民法院于2012年9月17日作出（2012）二中民三知初字第47号民事判决：一、判决生效之日起天津市小拇指汽车维修服务有限公司立即停止侵害第6573881号和第6573882号"小拇指"文字注册商标的行为，即天津市小拇指汽车维修服务有限公司立即在其网站（www.tjxiaomuzhi.net）、宣传材料、优惠体验券及其经营场所（含分支机构）停止使用"涉案图二"标识，并停止单独使用"小拇指"字样；二、判决生效之日起天津市华商汽车进口配件公司立即停止侵害第6573881号和第6573882号"小拇指"文字注册商标的行为，即天津市华商汽车进口配件公司立即停止在其网站（www.tjxiaomuzhi.com）使用"涉案图二"标识；三、判决生效之日起十日内，天津市小拇指汽车维修服务有限公司、天津市华商汽车进口配件公司连带赔偿兰建军、杭州小拇指汽车维修科技股份有限公司经济损失及维权费用人民币50000元；四、驳回兰建军、杭州小拇指汽车维修科技股份有限公司的其他诉讼请求。宣判后，兰建军、杭州小拇指公司及天津小拇指公司、天津华商公司均提出上诉。天津市高级人民法院于2013年2月19日作出（2012）津高民三终字第0046号民事判决：一、维持天津市第二中级人民法院（2012）二中民三知初字47号民事判决第一、二、三项及逾期履行责任部分；二、撤销天津市第二中级人民法院（2012）二中民三知初字第47号民判决第四项；三、自本判决生效之日起，天津市小拇指汽车维修服务有限公司立即停止在其企业名称中使用"小拇指"字号；四、自本判决生效之日起十日内，天津市小拇指汽车维修服务有限公司赔偿杭州小拇指汽车维修科技股份有限公司经济损失人民币30000元；五、驳回兰建军、杭州小拇指汽车维修科技股份有限公司的其他上诉请求；六、驳回天津市小拇指汽车维修服务有限公司、天津市华商汽车进口配件公司的上诉请求。

**裁判理由**

法院生效裁判认为：本案的主要争议焦点为被告天津小拇指公司、天津华商公司的被诉侵权行为是否侵害了原告兰建军、杭州小拇指公司的注册商标专用权，以及是否构成对杭州小拇指公司的不正当竞争。

### 一、关于被告是否侵害了兰建军、杭州小拇指公司的注册商标专用权

天津小拇指公司、天津华商公司在从事汽车维修及通过网站进行招商加盟过程中，多处使用了"涉案图二"标识，且存在单独或突出使用"小拇指"的情形，相关公众施以一般注意力，足以对服务的来源产生混淆，或误认天津小拇指公司与杭州小拇指公司之间存在特定联系。"涉案图二"标识主体及最易识别部分"小拇指"字样与涉案注册商标相同，同时考虑天津小拇指公司在经营场所、网站及宣传材料中对"小拇指"的商标性使用行为，应当认定该标识与涉案的"小拇指"文字注册商标构成近似。据此，因天津小拇指公司、天津华商公司在与兰建军、杭州小拇指公司享有权利的第6573881号"小拇指"文字注册商标核定的相同服务项目上，未经许可而使用"涉案图二"及单独使用"小拇指"字样，足以导致相关公众的混淆和误认，属于《中华人民共和国商标法》（简称《商标法》）第五十二条第（一）项规定的侵权行为。天津小拇指公司、天津华商公司通过其网站进行招商加盟的商业行为，根据《最高人民法院关于审理商标民事纠纷案件适用法律若干问题的解释》第十二条之规定，可以认定在与兰建军、杭州小拇指公司享有权利的第6573882号"小拇指"文字注册商标核定服务项目相类似的服务中使用了近似商标，且未经权利人许可，亦构成《商标法》第五十二条第（一）项规定的侵权行为。

### 二、被告是否构成对杭州小拇指公司的不正当竞争

该争议焦点涉及两个关键问题：一是经营者是否存在超越法定经营范围的

违反行政许可法律法规行为及其民事权益能否得到法律保护；二是如何认定反不正当竞争法调整的竞争关系。

（一）关于经营者是否存在超越法定经营范围行为及其民事权益能否得到法律保护

天津小拇指公司、天津华商公司认为其行为不构成不正当竞争的一个主要理由在于，杭州小拇指公司未依法取得机动车维修的相关许可，超越法定经营范围从事特许经营且不符合法定条件，属于非法经营行为，杭州小拇指公司主张的民事权益不应得到法律保护。故本案中要明确天津小拇指公司、天津华商公司所指称杭州小拇指公司超越法定经营范围而违反行政许可法律法规的行为是否成立，以及相应民事权益能否受到法律保护的问题。

首先，对于超越法定经营范围违反有关行政许可法律法规的行为，应当依法由相应的行政主管部门进行认定，主张对方有违法经营行为的一方，应自行承担相应的举证责任。本案中，对于杭州小拇指公司是否存在非法从事机动车维修及特许经营业务的行为，从现有证据和事实看，难以得出肯定性的结论。经营汽车维修属于依法许可经营的项目，但杭州小拇指公司并未从事汽车维修业务，其实际从事的是授权他人在车辆清洁、保养和维修等服务中使用其商标，或以商业特许经营的方式许可其直营店、加盟商在经营活动中使用其"小拇指"品牌、专利技术等，这并不以其自身取得经营机动车维修业务的行政许可为前提条件。此外，杭州小拇指公司已取得商务部商业特许经营备案，杭州小拇指公司特许经营备案时已具备"两店一年"条件，其主要负责"小拇指"品牌管理，不直接从事机动车维修业务，并且拥有自己的商标、专利、经营模式等经营资源，可以开展特许经营业务。故本案依据现有证据，并不能认定杭州小拇指公司存在违反行政许可法律法规从事机动车维修或特许经营业务的行为。

其次，即使有关行为超越法定经营范围而违反行政许可法律法规，也应由行政主管部门依法查处，不必然影响有关民事权益受到侵害的主体提起民事诉讼的资格，亦不能以此作为被诉侵权者对其行为不构成侵权的抗辩。本案中，即使杭州小拇指公司超越法定经营范围而违反行政许可法律法规，这属于行政责任范畴，该行为并不影响其依法行使制止商标侵权和不正当竞争行为的民事权利，也不影响人民法院依法保护其民事权益。被诉侵权者以经营者超越法定经营范围而违反行政许可法律法规为由主张其行为不构成侵权的，人民法院不予支持。

（二）关于如何认定反不正当竞争法调整的竞争关系

经营者之间是否存在竞争关系是认定构成不正当竞争的关键。《中华人民共和国反不正当竞争法》（以下简称反不正当竞争法）第二条规定："经营者在市场交易中，应当遵循自愿、平等、公平、诚实信用的原则，遵守公认的商业道德。本法所称的不正当竞争，是指经营者违反本法规定，损害其他经营者的合法权益，扰乱社会经济秩序的行为。本法所称的经营者，是指从事商品经营或者营利性服务（以下所称商品包括服务）的法人、其他经济组织和个人。"由此可见，反不正当竞争法并未限制经营者之间必须具有直接的或具体的竞争关系，也没有要求经营者从事相同行业。反不正当竞争法所规制的不正当竞争行为，是指损害其他经营者合法权益、扰乱经济秩序的行为，从直接损害对象看，受损害的是其他经营者的市场利益。因此，经营者之间具有间接竞争关系，行为人违背反不正当竞争法的规定，损害其他经营者合法权益的，也应当认定为不正当竞争行为。

本案中，被诉存在不正当竞争的天津小拇指公司与天津华商公司均从事汽车维修行业。根据已查明的事实，杭州小拇指公司本身不具备从事机动车维修的资质，也并未实际从事汽车维修业务，但从其所从事的汽车玻璃修补、汽车油漆快速修复等技术开发活动，以及经授权许可使用的注册商标核定服务项目所包含的车辆保养和维修等可以认定，杭州小拇指公司通过将其拥有的企业标识、注册商标、专利、专有技术等经营资源许可其直营店或加盟店使用，使其成为"小拇指"品牌的运营商，以商业特许经营的方式从事与汽车维修相关的经营活动。因此，杭州小拇指公司是汽车维修市场的相关经营者，其与天津小拇指公司及天津华商公司之间存在间接竞争关系。

反不正当竞争法第五条第（三）项规定，禁止经营者擅自使用他人企业名称，引人误认为是他人的商品，以损害竞争对手。在认定原被告双方存在间接竞争关系的基础上，确定天津小拇指公司登记注册"小拇指"字号是否构成擅自使用他人企业名称的不正当竞争行为，应当综合考虑以下因素：

1. 杭州小拇指公司的企业字号是否具有一定的市场知名度。根据本案现有证据，杭州小拇指公司自2004年10月成立时起即以企业名称中的"小拇指"作为字号使用，并以商业特许经营的方式从事汽车维修行业，且专门针对汽车小擦小碰的微创伤修复，创立了"小拇指"汽车微修体系，截至2011年，杭州小拇指公司在全国已有加盟店400余个。虽然"小拇指"本身为既有词汇，但通过其直营店和加盟店在汽车维修领域的持续使用及宣传，"小拇指"汽车维修已在相关市场起到识别经营主体及与其他服务相区别的作用。2008年10月天津小拇指公司成立时，杭州小拇指公司的"小拇指"字号及相关服务在相关公众中已具有一定的市场知名度。

2. 天津小拇指公司登记使用"小拇指"字号是否具有主观上的恶意。市场竞争中的经营者，应当遵循诚实信用原则，遵守公认的商业道德，尊重他人的市场劳动成果，登记企业名称时，理应负有对同行业在先字号予以避让的义务。本案中，天津华商公司作为被特许人，曾于2008年6月30日与作为"小拇指"品牌特许人的杭州小拇指公司签订《特许连锁经营合同》，法定代表人田俊山代表该公司在合同上签字，其知晓合同的相关内容。天津小拇指公司虽主张其与天津华商公司之间没有关联，是两个相互独立的法人，但两公司的法定代表人均为田俊山,且天津华商公司的网站内所显示的宣传信息及相关联系信息均直接指向天津小拇指公司,并且天津华商公司将其登记的经营地点作为天津小拇指公司天津总店的经营地点。故应认定,作为汽车维修相关市场的经营者,天津小拇指公司成立时,对杭州小拇指公司及其经营资源、发展趋势等应当知晓,但天津小拇指公司仍将"小拇指"作为企业名称中识别不同市场主体核心标识的企业字号,且不能提供使用"小拇指"作为字号的合理依据,其主观上明显具有"搭便车"及攀附他人商誉的意图。

3. 天津小拇指公司使用"小拇指"字号是否足以造成市场混淆。根据已查明事实,天津小拇指公司在其开办的网站及其他宣传材料中,均以特殊字体突出注明"汽车小划小碰怎么办?找天津小拇指""天津小拇指专业特长"的字样,其"优惠体验券"中亦载明"汽车小划小痕,找天津小拇指",其服务对象与杭州小拇指公司运营的"小拇指"汽车微修体系的消费群体多有重合。且自2010年起,杭州小拇指公司在天津地区的加盟店也陆续成立,两者的服务区域也已出现重合。故天津小拇指公司以"小拇指"为字号登记使用,必然会使相关公众误认两者存在某种渊源或联系,加之天津小拇指公司存在单独或突出使用"小拇指"汽车维修、"天津小拇指"等字样进行宣传的行为,足以使相关公众对市场主体和服务来源产生混淆和误认,容易造成竞争秩序的混乱。

综合以上分析,天津小拇指公司登记使用该企业名称本身违反了诚实信用原则,具有不正当性,且无论是否突出使用均难以避免产生市场混淆,已构成不正当竞争,应对此承担停止使用"小拇指"字号及赔偿相应经济损失的民事责任。

图一为小拇指商标。

图二为被告使用标识。

## 【解　　读】

## 指导案例30号《兰建军、杭州小拇指汽车维修科技股份有限公司诉天津市小拇指汽车维修服务有限公司等侵害商标权及不正当竞争纠纷案》的理解与参照
——反不正当竞争法中的竞争不限于直接的竞争关系

2014年6月26日,最高人民法院发布了指导案例30号《兰建军、杭州

小拇指汽车维修科技股份有限公司诉天津市小拇指汽车维修服务有限公司等侵害商标权及不正当竞争纠纷案》。为了正确理解和准确参照适用该指导案例，现对该指导案例的推选经过、裁判要点等有关情况予以解释、论证和说明。

## 一、推选过程及其指导意义

2013年9月，天津市高级人民法院审判委员会审查同意后向最高人民法院案例指导工作办公室推荐该案例作为备选指导性案例。最高人民法院案例指导工作办公室经集体讨论，并征求了最高人民法院民三庭的意见。9月29日，民三庭审查认为：本案例的典型意义在于明确了经营者是否存在非法经营行为与其民事权益能否得到保护的关系，以及不正当竞争纠纷中竞争关系的认定，具有指导价值。2014年3月18日，最高人民法院研究室室务会讨论通过本案例，同意报主管院领导审核后提交审委会审议。6月17日，最高人民法院审委会讨论通过了本案例。6月26日，最高人民法院以法〔2014〕161号文件将该案例作为第七批指导案例予以发布。

该指导案例旨在明确经营者是否具有超越法定经营范围的违反行政许可法律法规的行为，不影响其依法行使制止商标侵权和不正当竞争的民事权利，以及经营者之间具有间接竞争关系，行为人违背反不正当竞争法的规定，损害其他经营者合法权益的，也应当认定为不正当竞争行为。该指导案例的发布，对同类案件的审理具有较强的借鉴意义，对于依法保护知识产权权利人的合法权利，消除司法实践中的困惑和疑问，统一认识和裁判标准，正确把握反不正当竞争法所调整的竞争关系，具有较强的指导意义。

## 二、裁判要点的理解与说明

该指导案例的裁判要点确认：（1）经营者是否具有超越法定经营范围而违反行政许可法律法规的行为，不影响其依法行使制止商标侵权和不正当竞争的民事权利。（2）反不正当竞争法并未限制经营者之间必须具有直接的竞争关系，也没有要求其从事相同行业。经营者之间具有间接竞争关系，行为人违背反不正当竞争法的规定，损害其他经营者合法权益的，也应当认定为不正当竞争行为。现围绕与该裁判要点相关的问题逐一论证和说明如下：

本案涉及两个层面的争议，一是原告杭州小拇指汽车维修科技股份有限公司（以下简称杭州小拇指公司）是否具有超越法定经营范围而违反行政许可法律法规的行为，以及是否影响其行使制止商标侵权和不正当竞争的民事权利；二是被告天津市小拇指汽车维修服务有限公司（以下简称天津小拇指公司）、天津市华商汽车进口配件公司（以下简称天津华商公司）的被诉行为是否侵害了原告兰建军、杭州小拇指公司的注册商标专用权，以及是否构成对杭州小拇指公司的不正当竞争。第二个层面的争议中，关于被告的被诉行为是否侵害了原告的注册商标专用权比较明确。本案生效判决认为，原告兰建军、杭州小拇指公司是第6573881号、第6573882号"小拇指"文字注册商标（见图一）的权利人，天津小拇指公司、天津华商公司在从事汽车维修及通过网站进行招商加盟过程中，多处使用了涉案标识（见图二），且存在单独或突出使用"小拇指"的情形，相关公众施以一般注意力，足以对服务的来源产生混淆，属于商标法第五十二条第（一）项规定的侵犯商标权行为。需要说明的是，根据2013年8月30日修改后的商标法，这种情形下认定侵犯商标权行为的依据为新商标法第五十七条第（二）项，即未经商标注册人的许可，在同一种商品上使用与其注册商标近似的商标，或者在类似商品上使用与其注册商标相同或者近似的商标，容易导致混淆的，属侵犯注册商标专用权的行为。关于被告的被诉行为是否构成不正当竞争行为，是本案争议的焦点问题之一，其关键点在于如何认定反不正当竞争法所调整的竞争关系。因此，围绕本指导案例的裁判要点，本文需要重点说明两个问题。

（一）经营者是否存在超越经营范围的违反行政许可行为与其民事权益能否得到保护的关系

本案例中，天津小拇指公司、天津华商公司认为其行为不构成侵犯商标权及不正当竞争的一个主要理由在于，杭州小拇指公司未依法取得机动车维修的相关许可，超越法定经营范围从事特许经营且不符合法定条件，属于非法经营行为，故杭州小拇指公司主张的民事权益不应得到保护。故本案例中要明确天津小拇指公司、天津华商公司所指称杭州小拇指公司的非法经营行为是否成立，及其相应民事权益能否受到保护的问题。

首先，对于超越经营范围、违反有关行政许可法律法规等规定的非法经营行为，应当依法由相应的行政主管部门进行认定，主张对方有非法经营行为的一方，应自行承担相应的举证责任。本案例中，对于杭州小拇指公司是否存在非法从事机动车维修及特许经营业务的行为，从现有证据和事实看，难以得出肯定性的结论。经营汽车维修属于依法许可经营的项目，但杭州小拇指公司并未从事汽车维修业务，其实际从事的是许可他人在车辆清洁、保养和维修等服务上使用其商标，或以商业特许经营的方式许可其直营店、加盟商在经营活动中使用其"小拇指"品牌、专利技术等，并不以其自身取得经营机动车维修业务的行政许可为前提条件。此外，杭州小拇指公司已取得商务部商业特许经营备案，在天津华商公司表示其已向商务部等行政主管部门反映杭州小拇指公司违法经营问题情况下，二审法院经向有关行政机关了解调查处理情况，进一步印证了杭州小拇指公司特许经营备案时已具备"两店一年"条件，及其主要负责"小拇指"品牌管理，不直接从事机动车维修业务，并且拥有自己的商标、专利、经营模式等经营资源，可以开展特许经营业务的结论。故本案依据现有证据，并不能认定杭州小拇指公司存在超越经营范围从事机动车维修或特许经营业务的行为。

其次，退一步讲，假设有关行为构成违反行政许可法律、法规的超越经营范围行为，一般应由行政主管部门依法查处，而不必然影响有关民事权益受到侵害的主体提起民事诉讼的资格，亦不能以此作为不侵权的抗辩。本案例中，即便杭州小拇指公司可能因其经营范围中有关项目的记载构成违反行政法规和规章，这属于行政责任范畴，该行为并不影响其依法制止商标侵权和不正当竞争行为的民事权利，也不影响人民法院依法保护其民事权益。本案例最初概括的裁判要点为"经营者是否存在非法经营行为不影响其民事权益得到法律保护"。在讨论过程中，有的观点认为这种限定过于宽泛，有的非法经营行为可能影响当事人民事权益是否能受到法律保护，且本案争议的事实围绕着当事人是否有超越经营范围的非法经营行为。故在修改裁判要点时对此予以明确，强调当事人是否具有超越经营范围而违反有关行政许可法律法规等的非法经营行为，不影响其依法行使制止侵犯商标权和不正当竞争的民事权利。这样表述更为严谨，也符合本案例有关事实。

（二）如何认定反不正当竞争法所调整的竞争关系

我国反不正当竞争法所调整的是具有竞争关系的平等市场主体之间的法律关系，因此，是否存在竞争关系是认定构成不正当竞争的首要条件。如何理解反不正当竞争法所调整的竞争关系，一直是司法实践中一个颇多争议的问题。传统上，不正当竞争行为的认定通常以市场经营者从事相同或类似商品的经营，存在直接竞争关系为前提，但随着实践的发展，现代反不正当竞争法理念对竞争关系有了更为广泛的认识。一审和二审法院对此的不同认识，即是对不正当竞争行为认定结果发生改变的根本原因。

反不正当竞争法所规制的不正当竞争行为，是指损害其他经营者合法权益、扰乱经济秩序的行为，从直接损害对象看，受损害的是其他经营者的市场利益。据此，反不正当竞争法所调整的竞争关系的主体应为市场经营者之间，而市场主体之间竞争关系的存在，并非仅以从事相同行业为限。也就是说，认定不正当竞争行为并不以经营者之间存在直接的竞争关系或处于同一行业为条件。从反不正当竞争法第二条的规定看，也并未要求经营者之间具有直接的竞争关系。

反不正当竞争法以保护市场经营者、消费者和社会公众的利益为目标。如果以直接的竞争关系为前提认定不正当竞争行为，可能导致不正当竞争行为侵害其他市场经营者的合法利益而法律不能提供保护。因此，对竞争关系不能狭隘地去理解。反不正当竞争法不仅应当将违反禁止性竞争性条款的直接竞争关系纳入调整的范围，而且还应当将违反诚实信用原则的恶意争夺交易机会、阻碍市场竞争、侵害消费者或社会公众利益的间接竞争关系也纳入调整范围。

本案例中，被诉存在不正当竞争行为的天津小拇指公司与天津华商公司均从事汽车维修行业，故首先应确定的问题是，杭州小拇指公司是否为汽车维修相关市场的经营者。本案天津小拇指公司与天津华商公司均从事汽车维修行业，而杭州小拇指公司的经营范围不包含汽车维修类，其本身不具备从事机动车维修的资质，也并未实际从事汽车维修业务，但从其所从事的汽车玻璃修补、汽车油漆快速修复等技术开发活动，以及经授权许可使用的注册商标核定服务项目所包含的车辆保养和维修等可以认定，杭州小拇指公司通过将其拥有的企业标识、注册商标、专利、专有技术等经营资源许可其直营店或加盟店使用，使其成为"小拇指"品牌的运营商，以商业特许经营的方式从事与汽车维修相关的经营活动。因此，二审生效裁判认定，杭州小拇指公司是汽车维修市场的相关经营者，其与天津小拇指公司及天津华商公司之间存在竞争关系，这种竞争关系具有一定的间接性。生效判决在此前提下，对天津小拇指公司注册使用"小拇指"字号是否构成擅自使用杭州小拇指公司企业名称的不正当竞争，以及天津小拇指公司、天津华商公司在各自网站的有关宣传是否构成虚假宣传的不正当竞争，依法进行了详尽分析，并最终认定天津小拇指公司对杭州小拇指公司构成擅自使用他人企业名称的不正当竞争。

审判实践中，对竞争关系的把握应当相对宽泛，特别对间接竞争关系或潜在竞争关系的理解不能过于狭窄。因此，对竞争关系的认定，不应仅以二者属于同一行业或服务类别为限，如果经营者之间在市场竞争中存在一定联系，或一方的不当行为损害了另一方的正当经营的合法权益，一般则应肯定二者之间存在竞争关系，这也符合反不正当竞争法制止不公平竞争以保护经营者、消费者和公众合法权益的宗旨所在。本案例原审法院以杭州小拇指公司无证据证明其为合法的汽车维修行业的经营者为由，认定其与天津小拇指公司、天津华商公司在汽车维修行业并不存在具体的竞争关系，进而驳回其有关不正当竞争的诉讼请求，对竞争关系的条件把握，显然过于严格，故二审法院对此予以纠正。

### 三、需要说明的问题

需要说明的是，本案例第二个裁判要点主要集中于反不正当竞争法范畴内的竞争关系如何认定，以及经营者之间具有间接竞争关系，行为人违背反不正当竞争法的规定，损害其他经营者合法权益的，也应当认定为不正当竞争行为。本案例中，在认定原告和被告双方存在间接竞争关系的基础上，还要再确定天津小拇指公司注册使用"小拇指"字号是否构成擅自使用他人企业名称的不正当竞争行为。根据反不正当竞争法第五条第（三）项规定，禁止经营者擅自使用他人企业名称，引人误认为是他人的商品，以损害竞争对手。在认定天津小拇指公司是否构成不正当竞争行为时，应当考虑以下几个要素：一是杭州小拇指公司的企业字号是否具有一定的市场知名度；二是天津小拇指公司登记使用"小拇指"字号是否具有主观上的恶意；三是天津小拇指公司使用"小拇指"字号是否足以造成市场混淆。综合以上分析,天津小拇指公司登记使用该企业名称本身违反了诚实信用原则,具有不正当性,且无论是否突出使用,均难以避免产生市场混淆,构成不正当竞争,故应对此承担停止使用"小拇指"字号及赔偿相应经济损失的民事责任。

(执笔人:石 磊)

**指导案例 45 号**

# 北京百度网讯科技有限公司诉青岛奥商网络技术有限公司等不正当竞争纠纷案

（最高人民法院审判委员会讨论通过　2015 年 4 月 15 日发布）

**关键词**

民事　不正当竞争　网络服务　诚信原则

**裁判要点**

从事互联网服务的经营者，在其他经营者网站的搜索结果页面强行弹出广告的行为，违反诚实信用原则和公认商业道德，妨碍其他经营者正当经营并损害其合法权益，可以依照《中华人民共和国反不正当竞争法》第二条的原则性规定认定为不正当竞争。

**相关法条**

《中华人民共和国反不正当竞争法》第二条

**基本案情**

原告北京百度网讯科技有限公司（以下简称百度公司）诉称：其拥有的 www.baidu.com 网站（以下简称百度网站）是中文搜索引擎网站。三被告青岛奥商网络技术有限公司（以下简称奥商网络公司）、中国联合网络通信有限公司青岛市分公司（以下简称联通青岛公司）、中国联合网络通信有限公司山东省分公司（以下简称联通山东公司）在山东省青岛地区，利用网通的互联网接入网络服务，在百度公司网站的搜索结果页面强行增加广告的行为，损害了百度公司的商誉和经济效益，违背了诚实信用原则，构成不正当竞争。请求判令：1. 奥商网络公司、联通青岛公司的行为构成对原告的不正当竞争行为，并停止该不正当竞争行为；第三人承担连带责任；2. 三被告在报上刊登声明以消除影响；3. 三被告共同赔偿原告经济损失 480 万元和因本案的合理支出 10 万元。

被告奥商网络公司辩称：其不存在不正当竞争行为，不应赔礼道歉和赔偿 480 万元。

被告联通青岛公司辩称：原告没有证据证明其实施了被指控行为，没有提交证据证明遭受的实际损失，原告与其不存在竞争关系，应当驳回原告全部诉讼请求。

被告联通山东公司辩称：原告没有证据证明其实施了被指控的不正当竞争或侵权行为，承担连带责任没有法律依据。

第三人青岛鹏飞国际航空旅游服务有限公司（以下简称鹏飞航空公司）述称：本案与第三人无关。

法院经审理查明：百度公司经营范围为互联网信息服务业务，核准经营网址为 www.baidu.com 的百度网站，主要向网络用户提供互联网信息搜索服务。奥商网络公司经营范围包括网络工程建设、网络技术应用服务、计算机软件设计开发等，其网站为 www.og.com.cn。该公司在上述网站"企业概况"中称其拥有 4 个网站：中国奥商网（www.og.com.cn）、讴歌网络营销伴侣（www.og.net.cn）、青岛电话实名网（www.0532114.org）、半岛人才网（www.job17.com）。该公司在其网站介绍其"网络直通车"业务时称：无需安装任何插件，广告网页强制出现。介绍"搜索通"产品表现形式时，以图文方式列举了下列步骤：第一步在搜索引擎对话框中输入关键词；第二步优先出现网络直通车广告位（5 秒钟展现）；第三步同时点击上面广告位直接进入宣传网站新窗口；第四步 5 秒后原窗口自动展示第一步请求的搜索结果。该网站还以其他形式介绍了上述服务。联通青岛公司的经营范围包括因特网接入服务和信息服务等，青岛信息港（域名为 qd.sd.cn）为其所有的网站。"电话实名"系联通青岛公司与奥商公司共同合作的一项语音搜索业务，网址为 www.0532114.org 的"114 电话实名语音搜索"网站表明该网站版权所有人为联通青岛公司，独家注册中心为奥商网络公司。联通山东公司经营范围包括因特网接入服务和信息服务业务。其网站（www.sdcnc.cn）显示，联通青岛公司是其下属分公司。鹏飞航空公司经营范围包括航空机票销售代理等。

2009 年 4 月 14 日，百度公司发现通过山东省青岛市网通接入互联网，登录百度网站（www.baidu.com），在该网站显示对话框中：输入"鹏飞航空"，点击"百度一下"，弹出显示有"打折机票抢先拿就打 114"的页面，迅速点击该页面，打开了显示地址为 http：//air.qd.sd.cn/的页面；输入"青岛人才网"，点击"百度一下"，弹出显示有"找好工作到半岛人才网 www.job17.com"的页面，迅速点击该页面中显示的"马上点击"，打开了显示地址为 http：//www.job17.com/的页面；输入"电话实名"，点击"百度一下"，弹出显示有"查信息打 114，语音搜索更好用"的页面，随后该页面转至相应的"电话实名"搜索结果页面。百度公司委托代理人利用公证处的计算机对登录百度搜索等网站操作过程予以公证，公证书记载了前述内容。经专家论证，所链接的网站（http：//air.qd.sd.cn/）与联通山东公司的下属网站青岛信息港（www.qd.sd.cn）具有相同域（qd.sd.cn），网站 air.qd.sd.cn 是联通山东公司下属网站青岛站点所属。

**裁判结果**

山东省青岛市中级人民法院于 2009 年 9 月 2 日作出（2009）青民三初字第 110 号民事判决：一、奥商网络公司、联通青岛公司于本判决生效之日起立即停止针对百度公司的不正当竞争行为,即不得利用技术手段,使通过联通青岛公司提供互联网接入服务的网络用户,在登录百度网站进行关键词搜索时,弹出奥商网络公司、联通青岛公司的广告页面;二、奥商网络公司、联通青岛公司于本判决生效之日起十日内赔偿百度公司经济损失二十万元;三、奥商网络公司、联通青岛公司于本判决生效之日起十日内在各自网站首页位置上刊登声明以消除影响,声明刊登时间应为连续的十五天;四、驳回百度公司的其他诉讼请求。宣判后,联通青岛公司、奥商网络公司提起上诉。山东省高级人民法院于2010年3月20日作出(2010)鲁民三终字第5-2号民事判决,驳回上诉,维持原判。

**裁判理由**

法院生效裁判认为:本案百度公司起诉奥商网络公司、联通青岛公司、联通山东公司,要求其停止不正当竞争行为并承担相应的民事责任。据此,判断原告的主张能否成立应按以下步骤进行:一、本案被告是否实施了被指控的行为;二、如果实施了被指控行为,该行为是否构成不正当竞争;三、如果构成不正当竞争,如何承担民事责任。

**一、关于被告是否实施了被指控的行为**

域名是互联网络上识别和定位计算机的层次结构式的字符标识。根据查明的事实,www.job17.com系奥商网络公司所属的半岛人才网站,"电话实名语音搜索"系联通青岛公司与奥商网络公司合作经营的业务。域名qd.sd.cn属于联通青岛公司所有,并将其作为"青岛信息港"的域名实际使用。air.qd.sd.cn作为qd.sd.cn的子域,是其上级域名qd.sd.cn分配与管理的。联通青岛公司作为域名qd.sd.cn的持有人否认域名air.qd.sd.cn为其所有,但没有提供证据予以证明,应认定在公证保全时该子域名的使用人为联通青岛公司。

在互联网上登录搜索引擎网站进行关键词搜索时,正常出现的应该是搜索引擎网站搜索结果页面,不应弹出与搜索引擎网站无关的其他页面,但是在联通青岛公司所提供的网络接入服务网络区域内,却出现了与搜索结果无关的广告页面强行弹出的现象。这种广告页面的弹出并非接入互联网的公证处计算机本身安装程序所导致,联通青岛公司既没有证据证明在其他网络接入服务商网络区域内会出现同样情况,又没有对在其网络接入服务区域内出现的上述情况给予合理解释,可以认定在联通青岛公司提供互联网接入服务的区域内,对于网络服务对象针对百度网站所发出的搜索请求进行了人为干预,使干预者想要发布的广告页面在正常搜索结果页面出现前强行弹出。

关于上述干预行为的实施主体问题,从查明的事实来看,奥商网络公司在其主页中对其"网络直通车"业务的介绍表明,其中关于广告强行弹出的介绍与公证保全的形式完全一致，且公证保全中所出现的弹出广告页面"半岛人才网""114电话语音搜索"均是其正在经营的网站或业务。因此，奥商网络公司是该干预行为的受益者，在其没有提供证据证明存在其他主体为其实施上述广告行为的情况下，可以认定奥商网络公司是上述干预行为的实施主体。

关于联通青岛公司是否被控侵权行为的实施主体问题，奥商网络公司这种干预行为不是通过在客户端计算机安装插件、程序等方式实现，而是在特定网络接入服务区域内均可实现，因此这种行为如果没有网络接入服务商的配合则无法实现。联通青岛公司没有证据证明奥商网络公司是通过非法手段干预其互联网接入服务而实施上述行为。同时，联通青岛公司是域名 air. qd. sd. cn 的所有人，因持有或使用域名而侵害他人合法权益的责任，由域名持有者承担。联通青岛公司与奥商网络公司合作经营电话实名业务，即联通青岛公司也是上述行为的受益人。因此，可以认定联通青岛公司也是上述干预行为的实施主体。

关于联通山东公司是否实施了干预行为，因联通山东公司、联通青岛公司同属于中国联合网络通信有限公司分支机构，无证据证明两公司具有开办和被开办的关系，也无证据证明联通山东公司参与实施了干预行为，联通青岛公司作为民事主体有承担民事责任的资格，故对联通山东公司的诉讼请求，不予支持。百度公司将鹏飞航空公司作为本案第三人，但是在诉状及庭审过程中并未指出第三人有不正当竞争行为，也未要求第三人承担民事责任，故将鹏飞航空公司作为第三人属于列举当事人不当，不予支持。

### 二、关于被控侵权行为是否构成不正当竞争

《中华人民共和国反不正当竞争法》（简称《反不正当竞争法》）第二章第五条至第十五条，对不正当竞争行为进行了列举式规定，对于没有在具体条文中列举的行为，只有按照公认的商业道德和普遍认识能够认定违反该法第二条原则性规定时，才可以认定为不正当竞争行为。判断经营者的行为构成不正当竞争，应当考虑以下方面：一是行为实施者是反不正当竞争法意义上的经营者；二是经营者从事商业活动时，没有遵循自愿、平等、公平、诚实信用原则，违反了反不正当竞争法律规定和公认的商业道德；三是经营者的不正当竞争行为损害正当经营者的合法权益。

首先，根据《反不正当竞争法》第二条有关经营者的规定，经营者的确定并不要求原、被告属同一行业或服务类别，只要是从事商品经营或者营利性服务的市场主体，就可成为经营者。联通青岛公司、奥商网络公司与百度公司均属于从事互联网业务的市场主体，属于反不正当竞争法意义上的经营者。虽然联通青岛公司是互联网接入服务经营者，百度公司是搜索服务经营者，服务类别上不完全相同，但是联通青岛公司实施的在百度搜索结果出现之前弹出广告的商业行为，与百度公司的付费搜索模式存在竞争关系。

其次，在市场竞争中存在商业联系的经营者，违反诚信原则和公认商业道德，不正当地妨碍了其他经营者正当经营，并损害其他经营者合法权益的，可以依照《反不正当竞争法》第二条的原则性规定，认定为不正当竞争。尽管在互联网上发布广告、进行商业活动与传统商业模式有较大差异，但是从事互联网业务的经营者仍应当通过诚信经营、公平竞争来获得竞争优势，不能未经他人许可，利用他人的服务行为或市场份额来进行商业运作并从中获利。联通青岛公司与奥商网络公司实施的行为，是利用了百度网站搜索引擎在我国互联网用户中被广泛使用优势，利用技术手段，让使用联通青岛公司提供互联网接入服务的网络用户，在登录百度网站进行关键词搜索时，在正常搜索结果显示前强行弹出奥商公司发布的与搜索的关键词及内容有紧密关系的广告页面。这种行为诱使本可能通过百度公司搜索结果检索相应信息的网络用户点击该广告页面，影响了百度公司向网络用户提供付费搜索服务与推广服务，属于利用百度公司提供的搜索服务来为自己牟利。该行为既没有征得百度公司同意，又违背了使用其互联网接入服务用户的意志，容易导致上网用户误以为弹出的广告页面系百度公司所为，会使上网用户对百度公司提供服务的评价降低，对百度公司的商业信誉产生不利影响，损害了百度公司的合法权益，同时也违背了诚实信用和公认的商业道德，已构成不正当竞争。

### 三、关于民事责任的承担

由于联通青岛公司与奥商网络公司共同实施了不正当竞争行为，依照《中华人民共和国民法通则》第一百三十条的规定应当承担连带责任。依照《中华人民共和国民法通则》第一百三十四条、《反不正当竞争法》第二十条的规定，应当承担停止侵权、赔偿损失、消除影响的民事责任。首先，奥商网络公司、联通青岛公司应当立即停止不正当竞争行为，即不得利用技术手段使通过联通青岛公司提供互联网接入服务的网络用户，在登录百度网站进行关键词搜索时，弹出两被告的广告页面。其次，根据原告为本案支出的合理费用、被告不正当竞争行为的情节、持续时间等，酌定两被告共同赔偿经济损失20万元。最后，互联网用户在登录百度进行搜索时，面对弹出的广告页面，通常会认为该行为系百度公司所为。因此两被告的行为给百度公司造成了一定负面影响，应当承担消除影响的民事责任。由于该行为发生在互联网上，且发生在联通青岛公司提供互联网接入服务的区域内，故确定两被告应在其各自网站的首页上刊登消除影响的声明。

**指导案例 47 号**

# 意大利费列罗公司诉蒙特莎（张家港）食品有限公司、天津经济技术开发区正元行销有限公司不正当竞争纠纷案

（最高人民法院审判委员会讨论通过　2015 年 4 月 15 日发布）

**关键词**

民事　不正当竞争　知名商品　特有包装、装潢

**裁判要点**

1. 反不正当竞争法所称的知名商品，是指在中国境内具有一定的市场知名度，为相关公众所知悉的商品。在国际上已知名的商品，我国对其特有的名称、包装、装潢的保护，仍应以其在中国境内为相关公众所知悉为必要。故认定该知名商品，应当结合该商品在中国境内的销售时间、销售区域、销售额和销售对象，进行宣传的持续时间、程度和地域范围，作为知名商品受保护的情况等因素，并适当考虑该商品在国外已知名的情况，进行综合判断。

2. 反不正当竞争法所保护的知名商品特有的包装、装潢，是指能够区别商品来源的盛装或者保护商品的容器等包装，以及在商品或者其包装上附加的文字、图案、色彩及其排列组合所构成的装潢。

3. 对他人能够区别商品来源的知名商品特有的包装、装潢，进行足以引起市场混淆、误认的全面模仿，属于不正当竞争行为。

**相关法条**

《中华人民共和国反不正当竞争法》第五条第二项

**基本案情**

原告意大利费列罗公司（以下简称费列罗公司）诉称：被告蒙特莎（张家港）食品有限公司（以下简称蒙特莎公司）仿冒原告产品，擅自使用与原告知名商品特有的包装、装潢相同或近似的包装、装潢，使消费者产生混淆。被告蒙特莎公司的上述行为及被告天津经济技术开发区正元行销有限公司（以下简称正元公司）销售仿冒产品的行为已给原告造成重大经济损失。请求判令蒙特莎公司不得生产、销售，正元公司不得销售符合前述费列罗公司巧克力产品特有的任意一项或者几项组合的包装、装潢的产品或者任何与费列罗公司的上述包装、装潢相似的足以引起消费者误认的巧克力产品，并赔礼道歉、消除影响、承担诉讼费用，蒙特莎公司赔偿损失 300 万元。

被告蒙特莎公司辩称：原告涉案产品在中国境内市场并没有被相关公众所

知悉，而蒙特莎公司生产的金莎巧克力产品在中国境内消费者中享有很高的知名度，属于知名商品。原告诉请中要求保护的包装、装潢是国内外同类巧克力产品的通用包装、装潢，不具有独创性和特异性。蒙特莎公司生产的金莎巧克力使用的包装、装潢是其和专业设计人员合作开发的，并非仿冒他人已有的包装、装潢。普通消费者只需施加一般的注意，就不会混淆原、被告各自生产的巧克力产品。原告认为自己产品的包装涵盖了商标、外观设计、著作权等多项知识产权，但未明确指出被控侵权产品的包装、装潢具体侵犯了其何种权利，其起诉要求保护的客体模糊不清。故原告起诉无事实和法律依据，请求驳回原告的诉讼请求。

法院经审理查明：费列罗公司于1946年在意大利成立，1982年其生产的费列罗巧克力投放市场，曾在亚洲多个国家和地区的电视、报刊、杂志发布广告。在我国台湾和香港地区，费列罗巧克力取名"金莎"巧克力，并分别于1990年6月和1993年在我国台湾和香港地区注册"金莎"商标。1984年2月，费列罗巧克力通过中国粮油食品进出口总公司采取寄售方式进入了国内市场，主要在免税店和机场商店等当时政策所允许的场所销售，并延续到1993年前。1986年10月，费列罗公司在中国注册了"FERRERO ROCHER"和图形（椭圆花边图案）以及其组合的系列商标，并在中国境内销售的巧克力商品上使用。费列罗巧克力使用的包装、装潢的主要特征是：1. 每一粒球状巧克力用金色纸质包装；2. 在金色球状包装上配以印有"FERRERO ROCHER"商标的椭圆形金边标签作为装潢；3. 每一粒金球状巧克力均有咖啡色纸质底托作为装潢；4. 若干形状的塑料透明包装，以呈现金球状内包装；5. 塑料透明包装上使用椭圆形金边图案作为装潢，椭圆形内配有产品图案和商标，并由商标处延伸出红金颜色的绶带状图案。费列罗巧克力产品的8粒装、16粒装、24粒装以及30粒装立体包装于1984年在世界知识产权组织申请为立体商标。费列罗公司自1993年开始，以广东、上海、北京地区为核心逐步加大费列罗巧克力在国内的报纸、期刊和室外广告的宣传力度，相继在一些大中城市设立专柜进行销售，并通过赞助一些商业和体育活动，提高其产品的知名度。2000年6月，其"FERRERO ROCHER"商标被国家工商行政管理部门列入全国重点商标保护名录。我国广东、河北等地工商行政管理部门曾多次查处仿冒费列罗巧克力包装、装潢的行为。

蒙特莎公司是1991年12月张家港市乳品一厂与比利时费塔代尔有限公司合资成立的生产、销售各种花色巧克力的中外合资企业。张家港市乳品一厂自1990年开始生产金莎巧克力，并于1990年4月23日申请注册"金莎"文字商标，1991年4月经国家工商行政管理局商标局核准注册。2002年，张家港市乳品一厂向蒙特莎公司转让"金莎"商标，于2002年11月25日提出申请，并于2004年4月21日经国家工商管理总局商标局核准转让。由此蒙特莎公司开始生产、销售金莎巧克力。蒙特莎公司生产、销售金莎巧克力产品，其除将"金莎"更换为"金莎 TRESOR DORE"组合商标外，仍延续使用张家港市乳品一厂金莎巧克力产品使用的包装、装潢。被控侵权的金莎 TRESOR DORE 巧克力包装、装潢为：每粒金莎 TRESOR DORE 巧克力呈球状并均由金色锡纸包装；在每粒金球状包装顶部均配以印有"金莎 TRESOR DORE"商标的椭圆形金边标签；每粒金球状巧克力均配有底面平滑无褶皱、侧面带波浪褶皱的呈碗状的咖啡色纸质底托；外包装为透明塑料纸或塑料盒；外包装正中处使用椭圆金边图案，内配产品图案及金莎 TRESOR DORE 商标，并由此延伸出红金色绶带。以上特征与费列罗公司起诉中请求保护的包装、装潢在整体印象和主要部分上相近似。正元公司为蒙特莎公司生产的金莎 TRESOR DORE 巧克力在天津市的经销商。2003 年 1 月，费列罗公司经天津市公证处公证，在天津市河东区正元公司处购买了被控侵权产品。

### 裁判结果

天津市第二中级人民法院于 2005 年 2 月 7 日作出（2003）二中民三初字第 63 号民事判决：判令驳回费列罗公司对蒙特莎公司、正元公司的诉讼请求。费列罗公司提起上诉，天津市高级人民法院于 2006 年 1 月 9 日作出（2005）津高民三终字第 36 号判决：1. 撤销一审判决；2. 蒙特莎公司立即停止使用金莎 TRESOR DORE 系列巧克力侵权包装、装潢；3. 蒙特莎公司赔偿费列罗公司人民币 700000 元，于本判决生效后十五日内给付；4. 责令正元公司立即停止销售使用侵权包装、装潢的金莎 TRESOR DORE 系列巧克力；5. 驳回费列罗公司其他诉讼请求。蒙特莎公司不服二审判决，向最高人民法院提出再审申请。最高人民法院于 2008 年 3 月 24 日作出（2006）民三提字第 3 号民事判决：1. 维持天津市高级人民法院（2005）津高民三终字第 36 号民事判决第一项、第五项；2. 变更天津市高级人民法院（2005）津高民三终字第 36 号民事判决第二项为：蒙特莎公司立即停止在本案金莎 TRESOR DORE 系列巧克力商品上使用与费列罗系列巧克力商品特有的包装、装潢相近似的包装、装潢的不正当竞争行为；3. 变更天津市高级人民法院（2005）津高民三终字第 36 号民事判决第三项为：蒙特莎公司自本判决送达后十五日内，赔偿费列罗公司人民币 500000 元；4. 变更天津市高级人民法院（2005）津高民三终字第 36 号民事判决第四项为：责令正元公司立即停止销售上述金莎 TREDOR DORE 系列巧克力商品。

### 裁判理由

最高人民法院认为：本案主要涉及费列罗巧克力是否为在先知名商品，费列罗巧克力使用的包装、装潢是否为特有的包装、装潢，以及蒙特莎公司生产的金莎 TRESOR DORE 巧克力使用包装、装潢是否构成不正当竞争行为等争议焦点问题。

### 一、关于费列罗巧克力是否为在先知名商品

根据中国粮油食品进出口总公司与费列罗公司签订的寄售合同、寄售合同确认书等证据，二审法院认定费列罗巧克力自 1984 年开始在中国境内销售无误。反不正当竞争法所指的知名商品，是在中国境内具有一定的市场知名度，为相关公众所知悉的商品。在国际已知名的商品，我国法律对其特有名称、包装、装潢的保护，仍应以在中国境内为相关公众所知悉为必要。其所主张的商品或者服务具有知名度，通常系由在中国境内生产、销售或者从事其他经营活动而产生。认定知名商品，应当考虑该商品的销售时间、销售区域、销售额和销售对象，进行宣传的持续时间、程度和地域范围，作为知名商品受保护的情况等因素，进行综合判断；也不排除适当考虑国外已知名的因素。本案二审判决中关于"对商品知名状况的评价应根据其在国内外特定市场的知名度综合判定，不能理解为仅指在中国境内知名的商品"的表述欠当，但根据费列罗巧克力进入中国市场的时间、销售情况以及费列罗公司进行的多种宣传活动，认定其属于在中国境内的相关市场中具有较高知名度的知名商品正确。蒙特莎公司关于费列罗巧克力在中国境内市场知名的时间晚于金莎 TRESOR DORE 巧克力的主张不能成立。此外，费列罗公司费列罗巧克力的包装、装潢使用在先，蒙特莎公司主张其使用的涉案包装、装潢为自主开发设计缺乏充分证据支持，二审判决认定蒙特莎公司擅自使用费列罗巧克力特有包装、装潢正确。

### 二、关于费列罗巧克力使用的包装、装潢是否具有特有性

盛装或者保护商品的容器等包装，以及在商品或者其包装上附加的文字、图案、色彩及其排列组合所构成的装潢，在其能够区别商品来源时，即属于反不正当竞争法保护的特有包装、装潢。费列罗公司请求保护的费列罗巧克力使用的包装、装潢系由一系列要素构成。如果仅仅以锡箔纸包裹球状巧克力，采用透明塑料外包装，呈现巧克力内包装等方式进行简单的组合，所形成的包装、装潢因无区别商品来源的显著特征而不具有特有性；而且这种组合中的各个要素也属于食品包装行业中通用的包装、装潢元素，不能被独占使用。但是，锡纸、纸托、塑料盒等包装材质与形状、颜色的排列组合有很大的选择空间；将商标标签附加在包装上，该标签的尺寸、图案、构图方法等亦有很大的设计自由度。在可以自由设计的范围内，将包装、装潢各要素独特排列组合，使其具有区别商品来源的显著特征，可以构成商品特有的包装、装潢。费列罗巧克力所使用的包装、装潢因其构成要素在文字、图形、色彩、形状、大小等方面的排列组合具有独特性，形成了显著的整体形象，且与商品的功能性无关，经过长时间使用和大量宣传，已足以使相关公众将上述包装、装潢的整体形象与费列罗公司的费列罗巧克力商品联系起来，具有识别其商品来源的作

用，应当属于反不正当竞争法第五条第二项所保护的特有的包装、装潢。蒙特莎公司关于判定涉案包装、装潢为特有，会使巧克力行业的通用包装、装潢被费列罗公司排他性独占使用，垄断国内球形巧克力市场等理由，不能成立。

### 三、关于相关公众是否容易对费列罗巧克力与金莎 TRESOR DORE 巧克力引起混淆、误认

对商品包装、装潢的设计，不同经营者之间可以相互学习、借鉴，并在此基础上进行创新设计，形成有明显区别各自商品的包装、装潢。这种做法是市场经营和竞争的必然要求。就本案而言，蒙特莎公司可以充分利用巧克力包装、装潢设计中的通用要素，自由设计与他人在先使用的特有包装、装潢具有明显区别的包装、装潢。但是，对他人具有识别商品来源意义的特有包装、装潢，则不能作足以引起市场混淆、误认的全面模仿，否则就会构成不正当的市场竞争。我国反不正当竞争法中规定的混淆、误认，是指足以使相关公众对商品的来源产生误认，包括误认为与知名商品的经营者具有许可使用、关联企业关系等特定联系。本案中，由于费列罗巧克力使用的包装、装潢的整体形象具有区别商品来源的显著特征，蒙特莎公司在其巧克力商品上使用的包装、装潢与费列罗巧克力特有包装、装潢，又达到在视觉上非常近似的程度。即使双方商品存在价格、质量、口味、消费层次等方面的差异和厂商名称、商标不同等因素，也未免使相关公众易于误认金莎 TRESOR DORE 巧克力与费列罗巧克力存在某种经济上的联系。据此，再审申请人关于本案相似包装、装潢不会构成消费者混淆、误认的理由不能成立。

综上，蒙特莎公司在其生产的金莎 TRESOR DORE 巧克力商品上，擅自使用与费列罗公司的费列罗巧克力特有的包装、装潢相近似的包装、装潢，足以引起相关公众对商品来源的混淆、误认，构成不正当竞争。

第六编

# 反垄断

## 最高人民法院
## 关于审理因垄断行为引发的民事纠纷案件应用法律若干问题的规定

法释〔2012〕5号

(2012年1月30日最高人民法院审判委员会第1539次会议通过 2012年5月3日最高人民法院公告公布 自2012年6月1日起施行)

为正确审理因垄断行为引发的民事纠纷案件,制止垄断行为,保护和促进市场公平竞争,维护消费者利益和社会公共利益,根据《中华人民共和国反垄断法》、《中华人民共和国侵权责任法》、《中华人民共和国合同法》和《中华人民共和国民事诉讼法》等法律的相关规定,制定本规定。

**第一条** 本规定所称因垄断行为引发的民事纠纷案件(以下简称垄断民事纠纷案件),是指因垄断行为受到损失以及因合同内容、行业协会的章程等违反反垄断法而发生争议的自然人、法人或者其他组织,向人民法院提起的民事诉讼案件。

**第二条** 原告直接向人民法院提起民事诉讼,或者在反垄断执法机构认定构成垄断行为的处理决定发生法律效力后向人民法院提起民事诉讼,并符合法律规定的其他受理条件的,人民法院应当受理。

**第三条** 第一审垄断民事纠纷案件,由省、自治区、直辖市人民政府所在地的市、计划单列市中级人民法院以及最高人民法院指定的中级人民法院管辖。

经最高人民法院批准,基层人民法院可以管辖第一审垄断民事纠纷案件。

**第四条** 垄断民事纠纷案件的地域管辖,根据案件具体情况,依照民事诉讼法及相关司法解释有关侵权纠纷、合同纠纷等的管辖规定确定。

**第五条** 民事纠纷案件立案时的案由并非垄断纠纷,被告以原告实施了垄断行为为由提出抗辩或者反诉且有证据支持,或者案件需要依据反垄断法作出裁判,但受诉人民法院没有垄断民事纠纷案件管辖权的,应当将案件移送有管辖权的人民法院。

**第六条** 两个或者两个以上原告因同一垄断行为向有管辖权的同一法院分别提起诉讼的,人民法院可以合并审理。

两个或者两个以上原告因同一垄断行为向有管辖权的不同法院分别提起诉

讼的，后立案的法院在得知有关法院先立案的情况后，应当在七日内裁定将案件移送先立案的法院；受移送的法院可以合并审理。被告应当在答辩阶段主动向受诉人民法院提供其因同一行为在其他法院涉诉的相关信息。

**第七条** 被诉垄断行为属于反垄断法第十三条第一款第（一）项至第（五）项规定的垄断协议的，被告应对该协议不具有排除、限制竞争的效果承担举证责任。

**第八条** 被诉垄断行为属于反垄断法第十七条第一款规定的滥用市场支配地位的，原告应当对被告在相关市场内具有支配地位和其滥用市场支配地位承担举证责任。

被告以其行为具有正当性为由进行抗辩的，应当承担举证责任。

**第九条** 被诉垄断行为属于公用企业或者其他依法具有独占地位的经营者滥用市场支配地位的，人民法院可以根据市场结构和竞争状况的具体情况，认定被告在相关市场内具有支配地位，但有相反证据足以推翻的除外。

**第十条** 原告可以以被告对外发布的信息作为证明其具有市场支配地位的证据。被告对外发布的信息能够证明其在相关市场内具有支配地位的，人民法院可以据此作出认定，但有相反证据足以推翻的除外。

**第十一条** 证据涉及国家秘密、商业秘密、个人隐私或者其他依法应当保密的内容的，人民法院可以依职权或者当事人的申请采取不公开开庭、限制或者禁止复制、仅对代理律师展示、责令签署保密承诺书等保护措施。

**第十二条** 当事人可以向人民法院申请一至二名具有相应专门知识的人员出庭，就案件的专门性问题进行说明。

**第十三条** 当事人可以向人民法院申请委托专业机构或者专业人员就案件的专门性问题作出市场调查或者经济分析报告。经人民法院同意，双方当事人可以协商确定专业机构或者专业人员；协商不成的，由人民法院指定。

人民法院可以参照民事诉讼法及相关司法解释有关鉴定结论的规定，对前款规定的市场调查或者经济分析报告进行审查判断。

**第十四条** 被告实施垄断行为，给原告造成损失的，根据原告的诉讼请求和查明的事实，人民法院可以依法判令被告承担停止侵害、赔偿损失等民事责任。

根据原告的请求，人民法院可以将原告因调查、制止垄断行为所支付的合理开支计入损失赔偿范围。

**第十五条** 被诉合同内容、行业协会的章程等违反反垄断法或者其他法律、行政法规的强制性规定的，人民法院应当依法认定其无效。

**第十六条** 因垄断行为产生的损害赔偿请求权诉讼时效期间，从原告知道或者应当知道权益受侵害之日起计算。

原告向反垄断执法机构举报被诉垄断行为的，诉讼时效从其举报之日起中断。反垄断执法机构决定不立案、撤销案件或者决定终止调查的，诉讼时效期间从原告知道或者应当知道不立案、撤销案件或者终止调查之日起重新计算。反垄断执法机构调查后认定构成垄断行为的，诉讼时效期间从原告知道或者应当知道反垄断执法机构认定构成垄断行为的处理决定发生法律效力之日起重新计算。

原告起诉时被诉垄断行为已经持续超过二年，被告提出诉讼时效抗辩的，损害赔偿应当自原告向人民法院起诉之日起向前推算二年计算。

## 【解　　读】

### 解读《关于审理因垄断行为引发的民事纠纷案件应用法律若干问题的规定》

#### 一、问题的提出

《最高人民法院关于审理因垄断行为引发的民事纠纷案件应用法律若干问题的规定》（法释〔2012〕5号，以下简称《垄断纠纷司法解释》）经最高人民法院审判委员会第1539次会议讨论通过，已于2012年5月3日公布，自2012年6月1日起施行。该司法解释是最高人民法院在反垄断审判领域出台的第一部司法解释，对于指导人民法院正确适用反垄断法、依法制止垄断行为、保护和促进市场自由竞争及公平竞争具有重要意义。本文拟对《垄断纠纷司法解释》的制定背景、起草的基本原则和精神、主要内容等进行简要介绍，以期对该解释的正确理解和适用有所裨益。

（一）《垄断纠纷司法解释》的起草背景和过程

反垄断法是制止垄断行为、保护市场竞争和维护市场秩序的基本法律，也是完善市场结构、保障经济安全和确保市场配置资源基础性作用的重要法律，素有"经济宪法"之称。它对于维护经营者、消费者合法利益和社会公共利益，提高企业竞争力和促进社会主义市场经济健康发展，具有极为重要的作用。反垄断法实施以来，反垄断民事诉讼已经成为人民法院的重要审判领域。据统计，自2008年8月1日至2011年底，全国地方法院共受理垄断民事一审案件61件，审结53件。人民法院通过垄断纠纷民事案件的审理，积累了初步的司法经验。

由于垄断民事案件通常疑难复杂，经济与法律问题相互交织，专业性很强，对企业和行业均有重大影响，而反垄断法的一些规定具有较强的原则性和抽象性，涉及人民法院的操作条款相对比较简单。反垄断民事审判成为人民法院面临的重大挑战之一。正因如此，尽早出台相关司法解释，尽快明确受理和审理垄断民事纠纷案件的规则，为人民法院充分发挥审判职能、正确适用法律提供指引，已经成为一项紧迫的工作任务。为此，最高人民法院早在2009年就正式启动了垄断司法解释的起草工作，历时三年，中间反复修改并多次征求意见。司法解释的起草受到国内外的较多关注，美国政府、美国律师协会、中国欧盟商会、中国日本商会、中国世贸组织研究会竞争政策与法律专业委员会等中外机构提出了修改建议，加上其他机构、团体和个人的意见，汇集的修改意见多达250余条。在综合各方意见的基础上，又经多次讨论修改，形成送审稿，提请最高人民法院审判委员会审议后通过。

（二）坚持的基本原则

反垄断法实施3年多来，人民法院在反垄断民事审判方面进行了初步的探索和尝试，但是总体说来尚缺乏充足的反垄断司法经验。在起草《垄断纠纷司法解释》的过程中，最高人民法院始终注意坚持以下原则：一是遵循法律规定。垄断民事纠纷案件本质上是民事案件，尽管反垄断法只有第五十条涉及反垄断民事审判，但是我国法律体系中的民事诉讼法、侵权责任法、合同法等法律同样适用于反垄断民事审判，它们构成了《垄断纠纷司法解释》的重要法律依据。当然，在适用和解释这些基本民事司法制度时，应当结合反垄断法的基本规律和理念，考虑垄断民事纠纷案件的特殊性。二是总结司法成熟经验。在起草过程中，除了深入总结反垄断法实施之后适用反垄断法审理的案件之外，对于反垄断法实施之前人民法院依据反不正当竞争法审理的具有垄断性质的纠纷，也进行了大量调查研究，总结了一些较为成熟、认可度较高的司法经验。对于那些争议较大、尚处于探索当中的问题，基本未纳入《垄断纠纷司法解释》。三是从国情和实际出发。既要通过明确规则、便利当事人诉讼来充分发挥反垄断民事司法的功能与优势，提高人们的竞争意识和培育良好的竞争精神，又要避免威慑过度，抑制市场活力，同时还要协调好反垄断行政执法与民事司法之间的关系，保证反垄断法最佳实施效果的实现。四是体现全球视野和国际眼光。在起草过程中，比较和借鉴了有关国家和地区较为成熟的反垄断民事司法经验，在此基础上根据我国的立法和国情进行了适当创新。

《垄断纠纷司法解释》架构起了我国反垄断民事诉讼的基本框架和制度设计。但是限于篇幅和条件，《垄断纠纷司法解释》对于许多重要问题尤其是反垄断法实体条文的理解等未作规定。对于《垄断纠纷司法解释》未涉及的问题以及未来可能出现的新情况、新问题，有关法院要根据反垄断法和《垄断纠纷司法解释》的原则和精神积极探索，不断解决新问题和积累新经验，为将来法律的修改和司法解释的制定提供借鉴和参考。

## 二、理解与适用

《垄断纠纷司法解释》共十六条，规定了案件类型、起诉、管辖与审理、举证责任分配、证据与证明、民事责任及诉讼时效等问题，进一步明晰了反垄断法相关规定的具体含义。

### （一）垄断民事纠纷案件的类型与原告资格

《垄断纠纷司法解释》第一条规定了垄断民事纠纷案件的两种基本类型，一是因垄断行为受到损失而引起的诉讼；二是因合同内容、行业协会的章程等违反反垄断法而发生争议引起的诉讼。前一种诉讼主要是侵权之诉，原告在此类案件中往往诉请人民法院判令被告停止垄断行为并赔偿损失。后一种诉讼主要是非侵权之诉，其中确认之诉是常见的案件类型。原告在此类案件中通常诉请人民法院确认民事法律行为的效力，例如确认合同或者合同的条款、行业协会的章程等因违反反垄断法而无效。需要注意的是，《垄断纠纷司法解释》第一条对于非侵权之诉的类型保留了一定程度的开放性，非侵权之诉并不限于确认之诉。"因……违反反垄断法而发生争议"这一表述揭示出垄断民事纠纷案件的定性标准：凡是需要以反垄断法为裁判依据的民事纠纷，都属于垄断民事纠纷。

垄断民事纠纷案件原告资格的界定决定着当事人的范围和条件，同时也反映了一国基于具体国情而选择的反垄断司法政策导向。在民事诉讼法上，原告首先要符合民事诉讼原告的一般条件。根据民事诉讼法第一百零八条①的规定，原告应与本案有直接利害关系。在垄断民事诉讼中，根据案件类型的不同，原告的资格条件存在差异。在侵权之诉中，垄断民事诉讼的原告资格需要满足更严格的条件。在该类案件中，原告与本案具有利害关系具体体现在其因垄断行为受到损失，原告需要对此提供证据。这里的损失需具备三个条件：一是这种损失应该是实际损失；二是这种损失应该是由垄断行为造成的，即损失与垄断行为之间存在因果关系；三是这种损失必须是反垄断法所意图防止的那种损失，即由垄断行为的违法性所导致的损失。如果某种损害虽然由垄断行为造成，但与垄断行为的违法性无关，那么这种损害不能依反垄断法得到救济。在非侵权之诉中，垄断民事纠纷案件的原告资格条件要相对宽松一些。在此类案件中，原告通常不需要证明其因垄断行为受到实际损失。

根据反垄断法第五十条的规定，只要因垄断行为受到损失的人，均可以要求垄断行为人承担民事责任。该规定并没有对原告主体资格作出其他限制。在理论上，包括直接和间接受到垄断行为侵害的经营者和消费者都具有原告资格。实际上，间接受害人尤其是间接受害的消费者往往是垄断行为的终极受害

---

① 即2012年8月修改后的民事诉讼法第一百一十九条。——编者注

者,他们更易于发现和揭露垄断行为。赋予间接受害人尤其是消费者以原告资格,可以提高垄断行为被揭发的可能性,及时制止垄断行为,同时也使受害人能够最终获得赔偿救济。从国际上看,赋予间接受害人以原告资格也为越来越的国家所采纳。因此,《垄断纠纷司法解释》第一条没有对垄断行为受害人的身份类型作出限制,只要能够证明其因垄断行为受到实际损失,无论直接受害人和间接受害人均可提起诉讼。

## (二)起诉方式

反垄断法确立了行政执法和民事诉讼双轨并行的执法体制。两条途径各有特点,相互补充。垄断民事纠纷案件中,原告往往面临取证困难、缺乏必要专业知识等难题。如果涉嫌垄断行为已经反垄断执法机构查处,并认定构成垄断行为,那么允许原告在该处理决定发生法律效力后起诉,更有利于原告维护自身的正当权益并最终获得赔偿救济。为此,《垄断纠纷司法解释》第二条对这种后继诉讼做了明确指引。从国际上看,它是原告提起反垄断民事诉讼的基本方式之一。

对于未经反垄断执法机构查处的行为,原告能否直接向人民法院提起民事诉讼,涉及反垄断民事诉讼是否需要以行政执法程序前置为条件的问题。《垄断纠纷司法解释》第二条特别对此予以明确,原告可以直接向人民法院提起民事诉讼,无需以反垄断执法机构的行政执法为前置条件。这一规定的理由在于:首先,反垄断法并没有对反垄断民事诉讼规定行政执法前置的条件。我国在反垄断法起草过程中曾规定过行政执法前置程序,但在最终的法律文本中被删除。这说明反垄断法并没有设定行政执法前置程序的立法本意。如果在反垄断民事诉讼中实施行政执法程序前置,不仅于法无据,而且会妨碍当事人诉权的正常行使。其次,要求行政执法程序前置将影响垄断行为受害人获得救济。受财政预算和人力资源的限制,反垄断执法机构不可能对所有的垄断行为进行调查。为了有效地发挥执法功能,反垄断执法机构必然将更多的精力投入到那些涉及重大公共利益的案件。同时,反垄断执法机构对于被调查的涉嫌垄断行为并非都会作出处理决定。根据反垄断法的规定,反垄断执法机构可以根据经营者的承诺及其履行情况决定终止调查。对于反垄断执法机构不立案调查或者因经营者承诺而终止调查的行为,如果坚持以行政执法程序前置为民事诉讼的条件,受害人实际上就被剥夺了获得救济的权利和机会。再次,从反垄断民事诉讼的国际发展趋势来看,接受当事人直接向法院提起的诉讼已经成为国际潮流。最后,司法实践中已采取由当事人直接向法院提起诉讼的做法。最高人民法院在《关于认真学习和贯彻〈中华人民共和国反垄断法〉的通知》中也已明确了此种诉讼方式。

## (三)管辖与审理

1. 集中管辖。垄断民事纠纷案件有其特殊性,主要体现在其高度的专业性、复杂性和较大的影响力。由于反垄断民事诉讼刚刚起步，人民法院对于反垄断民事诉讼的规律和特点认识还不够深刻。因此，由审判力量相对充足、审判经验相对较多的法院集中管辖，更有利于尽快提高审判水平、保证审判质量和统一裁判标准。实际上，最高人民法院早在2008年4月1日起施行的《民事案件案由规定》中，就将垄断纠纷与各种不正当竞争纠纷集中规定，统一纳入了知识产权纠纷范畴。这既明确了由人民法院知识产权审判庭统一负责各类垄断民事纠纷案件的审理，也确定了垄断民事纠纷案件要与知识产权案件一样，实行集中管辖。《垄断纠纷司法解释》遵循这一精神，在第三条第一款中明确规定："第一审垄断民事纠纷案件，由省、自治区、直辖市人民政府所在地的市、计划单列市中级人民法院以及最高人民法院指定的中级人民法院管辖。"考虑到未来垄断纠纷民事案件可能会有增加的趋势，人民法院对垄断纠纷案件的审判经验和审理水平也将进一步提高，为以后合理规划管辖布局留下空间，参照知识产权案件的管辖模式，《垄断纠纷司法解释》第三条第二款规定，基层人民法院经最高人民法院批准，可以管辖第一审垄断民事纠纷案件。

2. 地域管辖。垄断民事纠纷案件既包括侵权纠纷，也包括合同纠纷等其他纠纷。在确定地域管辖时，根据案件具体情况，依照民事诉讼法及相关司法解释有关侵权纠纷、合同纠纷等的管辖规定确定。如果属于侵权纠纷，应由侵权行为地和被告住所地人民法院管辖；如果属于合同纠纷，则由合同履行地和被告住所地人民法院管辖。

3. 移送管辖。如果案件并非以垄断纠纷立案，那么在立案时就不可能适用垄断纠纷案件的集中管辖。但在审理过程中，当事人可能依据反垄断法提出抗辩或者反诉。例如在合同纠纷中，被告以原告实施了垄断行为为由提出抗辩或者反诉。此时，这种抗辩和反诉直接影响着合同的效力，如果受理法院以其没有垄断纠纷案件管辖权为由不予审理或者要求当事人另行起诉，可能会造成不同审理法院对于同一合同的效力判断出现冲突，影响司法的权威性和公信力。即使当事人没有提出抗辩或者反诉，人民法院也可能依职权认为案件需要依据反垄断法作出裁判。这就意味着，该案件属于垄断民事纠纷，需要适用垄断民事纠纷案件的管辖制度。如果审理该案的法院本身不具备垄断民事纠纷案件的管辖权，就可能发生移送管辖问题。在决定是否符合移送管辖的条件时，一方面要维护垄断民事纠纷案件的集中管辖制度，另一方面也要防止当事人滥用垄断抗辩或者反诉拖延诉讼。因此，受诉人民法院应该首先对当事人提出的垄断抗辩或者反诉进行审查，看其是否确有证据支持。如果确有证据支持，则应将案件移送有管辖权的人民法院；如果明显缺乏证据支持，则不应移送管辖。

4. 合并审理。垄断行为的受害人可能人数众多，他们可以选择单独诉讼、共同诉讼、代表人诉讼以及法律规定的其他方式提起诉讼。因此，可能出现多个原告针对相同的垄断行为向同一法院分别起诉的情况。在多个被告共同实施垄断行为的情况下，也可能出现多个原告针对同一垄断行为向不同法院分别起诉的情况。为了节省审判资源、提高审理效率和保证裁判结果的统一性，《垄断纠纷司法解释》第六条对此作了如下处理：对于前一种情况，受诉法院可以合并审理；对于后一种情况，后立案的法院在得知有关法院先立案的情况后，应当在七日内裁定将案件移送先立案的法院，受移送的法院可以合并审理。为更有效地实现合并审理，受诉法院需要及时获得关联案件的诉讼信息。为此，第六条还规定了被告的信息披露义务，以便受诉法院及时了解相关信息，做好案件的移送工作。

（四）举证责任分配

原告取证难、证明垄断行为难已经成为制约反垄断民事诉讼的瓶颈。如果不在一定程度上缓解这一难题，垄断行为受害人的权益就难以有效得到维护，反垄断民事司法的职能和作用就难以有效发挥。为此，《垄断纠纷司法解释》根据垄断行为的不同类型对举证责任问题进行了规定。

1. 垄断协议案件的举证责任。我国反垄断法区分了两类垄断协议：横向协议和纵向协议。该两种协议对于竞争的可能影响具有较大差异。横向协议是在生产或者销售过程中处于同一阶段的经营者（即相互处于竞争关系的经营者）之间达成的协议，对竞争的危害程度往往更大。纵向协议是指在生产或者销售过程中处于不同阶段的经营者（即相互之间不具有竞争关系的经营者）之间达成的协议。对于大多数纵向协议，只有在品牌间竞争不充分的情况下才会产生竞争问题。也就是说，只有在供应商层面或购买商层面或这两个层面同时存在特定水平的市场势力的情况下才可能对竞争有消极影响。针对不同类型的垄断协议以及对竞争秩序的影响程度，有的国家或地区在执法实践中形成了两种认定垄断协议的分析方法：本身违法原则和合理分析原则。前者只关注某种行为是否发生，行为本身就必然具有排除或者限制竞争的效果（即具有违法性）；后者则要求对行为是否具有排除、限制竞争的效果进行具体分析和评估，考虑协议所涉及的市场具体情况、协议实施前后的市场变化、协议的性质和后果等因素综合确定。只有确认该协议确实具有排除、限制竞争的效果时，才能认定构成垄断协议。本身违法原则并非基于逻辑的必然性，而是基于长期实践观察的结果。所以，适用本身违法原则的垄断行为并不是固定不变的。从美国的反垄断执法经验看，本身违法原则越来越局限于有限的情形，即横向固定价格、划分市场、操纵投标等行为，其他横向协议以及纵向协议则通常适用合理分析原则。

反垄断法第十三条第二款对垄断法协议规定了排除、限制竞争的效果条件，该规定不仅适用于横向协议，也适用于纵向协议。根据这一规定，经营者之间的协议是否构成反垄断法所禁止的垄断协议，应当以该协议是否具有排除、限制竞争的效果为根本标准。由此，合理规则成为分析协议、决定或者其他协同行为是否构成垄断协议的唯一方法。根据举证责任分配的一般规则，请求权人应当对其请求权所依据的要件事实承担举证责任；请求权人的对方当事人应当对消除或者妨碍该请求权所依据的要件事实承担举证责任。根据这一规则，垄断协议案件的原告主张损失赔偿请求权的，原则上应当对被诉垄断协议的存在及其具有排除、限制竞争的效果、原告所受损失、被诉垄断协议与所受损失之间的因果关系承担举证责任。被诉垄断协议具有排除、限制竞争的效果的证明是一个复杂的、综合评估的过程，一般遵循如下步骤：原告首先对被诉垄断协议具有排除、限制竞争的效果提供证据；如果原告达到了证明标准，则转由被告对被诉垄断协议可能具有的促进竞争的效果提供证据；如果被告提供的证据证明了促进竞争的效果，则原告需要进一步证明该垄断协议在总体上是排除或者限制竞争的。这个过程通常伴随着较为全面的调查和复杂的经济分析。

2. 横向协议对于竞争的危害性更大。经过长期的实践观察，有些特定的横向协议已经被证明在通常情况下都会对竞争具有非常明显的消极效果。固定价格、限制产量、划分市场、限制技术、联合抵制等属于此类横向协议。对于上述横向协议，如果仍然坚持上述举证分配规则，会给原告造成过重的举证负担，同时不可避免地会导致司法资源的浪费，不利于及时制止垄断行为。因此，对于该类横向协议，可以根据经验法则，认定其具有排除、限制竞争的效果的事实成立，转由被告对其行为不具有排除、限制竞争效果承担举证责任。反垄断法第十三条第一款第（一）至（五）项对这类通常对竞争具有排除、限制后果的横向协议作了明确列举。鉴此，《垄断纠纷司法解释》第七条规定，对于上述五种横向协议，被告应对该协议不具有排除、限制竞争的效果承担举证责任。因此，在这种情况下，原告仅需证明被告实施了特定横向协议即可，由被告对其不构成垄断的抗辩或责任豁免承担举证责任。需要说明的是，除了反垄断法第十三条第一款第（一）至（五）项明文列举的横向协议外，其他横向协议对竞争是否具有消极效果通常是不确定的，需要具体问题具体分析。因此，对于反垄断第十三条明文列举之外的其他横向协议，原告通常仍需对该协议具有排除、限制竞争的效果承担举证责任。对于纵向协议，由于其对竞争的影响效果并不确定，原则上仍应适用举证责任分配的一般规则，原告应对该纵向协议具有排除、限制竞争的后果承担举证责任。

3. 滥用市场支配地位案件的举证责任。滥用市场支配地位行为的成立，首先需要证明被告在相关市场内具有支配地位，这同时隐含着需要确定该行为所涉的相关市场。此外，还需要证明该行为属于反垄断法第十七条第一款规定的情形。根据举证责任分配的一般规则，上述举证责任应由原告承担。根据反垄断法第十七条第一款规定的字面表述，如果拘泥于依据要件事实分配举证责任的一般规则，该款规定的正当性理由应由原告负担举证责任。但这样将导致原告举证困难，不利于原告的权利救济，也不符合反垄断法的立法目的。为此，《垄断纠纷司法解释》第八条第二款明确规定，这类正当性理由应由被告提出抗辩并承担举证责任。

在滥用市场支配地位的行为中，公用企业或者其他依法具有独占地位的经营者滥用市场支配地位的行为具有一定特殊性。公用企业或者其他依法具有独占地位的经营者所在的市场往往是自然垄断或者市场竞争不充分的市场，市场支配地位常常是自身固有或者依法确立的。基于此类市场主体和市场竞争的特殊性，可以适度减轻原告在证明此类市场主体的市场支配地位方面的举证责任。但是，并非所有的公用企业或者其他依法具有独占地位的经营者都当然在相关市场内具有支配地位。因此，在认定该类主体是否在相关市场内具有市场支配地位时，既要适当减轻原告的举证责任，又要坚持认定市场支配地位的市场竞争标准。如果通过对市场结构和竞争状况的分析，结合经济学基本经验和常识，明显能够认定该类主体在相关市场内具有支配地位的，则可以认定其具有市场支配地位，不再要求原告承担过重的举证责任。当然，公用企业或者其他依法具有独占地位的经营者可以提供相反证据推翻这一认定。正是基于这一认识，《垄断纠纷司法解释》第九条规定："被诉垄断行为属于公用企业或者其他依法具有独占地位的经营者滥用市场支配地位的，人民法院可以根据市场结构和竞争状况的具体情况，认定被告在相关市场内具有支配地位，但有相反证据足以推翻的除外。"

在证明被告具有市场支配时，原告常常以被告对外发布的信息作为证据。为促进企业行为的诚信和缓解原告证明的困难，《垄断纠纷司法解释》第十条特别规定："原告可以以被告对外发布的信息作为证明其具有市场支配地位的证据。被告对外发布的信息能够证明其在相关市场内具有支配地位的，人民法院可以据此作出认定，但有相反证据足以推翻的除外。"在适用该条时，需要注意被告对外发布的信息所涉及的某类产品市场与具体案件中所界定的相关市场的匹配性和关联性。例如，如果根据被告对外发布的信息所涉某类产品市场及其市场份额可以合理确定被告在案件所涉相关市场中的市场份额超过50%，则可据此认定被告在相关市场内具有支配地位，被告需要对推翻这一认定提供证据。

（五）证据与证明

垄断民事纠纷案件中，当事人提交的证据有时涉及国家秘密、商业秘密、个人隐私或者其他依法应当保护的内容，有必要采取有效措施予以保护，防止泄露或者扩散。为此，《垄断纠纷司法解释》总结了人民法院多年来在商业秘密案件审理中的成功经验，规定人民法院可以依职权或者当事人的申请采取不公开开庭、限制或者禁止复制、仅对代理律师展示、责令签署保密承诺书等保护措施。

垄断行为的认定往往需要运用比较复杂的经济学分析，而法官通常并非经济学专家，因此具有经济学等专门知识的专家辅助人在反垄断民事诉讼中发挥着非常重要作用。《垄断纠纷司法解释》对此规定，当事人可以向人民法院申请一至二名具有经济学等专门知识的人员出庭就案件的专门性问题进行说明，以指引当事人在诉讼中积极申请具有经济学专门知识的专家辅助人出庭，为人民法院更清楚地查明案件事实和更准确地认定垄断行为提供帮助。人民法院在审理垄断纠纷时，应当注意发挥专家辅助人的作用。在庭审中，审判人员可对出庭的专家辅助人进行询问，可以允许专家辅助人向对方当事人提问，允许双方当事人的专家辅助人进行对质，还可以允许专家辅助人向作出市场调查或者经济分析报告的专业人员提问，以方便理解和查明专业技术问题。

除了专家辅助人之外，在反垄断民事诉讼中还经常涉及专家意见，其对于解决案件中关键经济学问题亦具有重要作用。《垄断纠纷司法解释》第十三条第一款明确规定："当事人可以向人民法院申请委托专业机构或者专业人员就案件的专门性问题作出市场调查或者经济分析报告。经人民法院同意，双方当事人可以协商确定专业机构或者专业人员；协商不成的，由人民法院指定。"考虑到反垄断民事诉讼中涉及的专家意见尤其是市场调查或者经济分析报告与鉴定结论的性质相类似，《垄断纠纷司法解释》第十三条第二款规定，对于此类市场调查或者经济分析报告，可以参照民事诉讼法及相关司法解释有关鉴定结论的规定进行审查判断。在审查判断时，除了参照对鉴定结论审查判断的一般做法外，还要注意结合市场调查或者经济分析报告自身的特点，着重审查如下问题：该报告是否具有充分的事实或者数据基础；是否运用了合理、可靠的市场调查或者经济分析方法；是否考虑了可能改变市场调查或者经济分析结果的相关事实；专家是否尽到了专业人员所应具有的谨慎和勤勉义务等等。

（六）民事责任

1. 责任方式与归责原则。根据反垄断法第五十条的规定，经营者实施垄断行为，给他人造成损失的，应承担民事责任。该条并没有把垄断行为人的民事责任方式限定为损害赔偿，而是使用了更上位的"民事责任"概念。因此，反垄断法为垄断行为的民事责任留下了很大的选择空间。从本质上讲，垄断行为的民事责任是一种侵权民事责任，其责任承担方式应适用侵权责任法的相关规定。反垄断法第五十条在规定实施垄断行为的经营者的民事责任时，没有规定过错作为承担侵权民事责任的要件。这就意味着，无论垄断行为人是否有过错，只要其垄断行为给他人的合法权益造成了损失，均应承担侵权民事责任。这实际上是一种无过错责任。垄断行为损害赔偿的无过错责任，有助于提高法律的确定性，有助于保障作为强制性公共政策的组成部分的反垄断法得以有效执行。根据这一归责原则，垄断行为受害人只需证明被告实施了垄断行为、受害人受到实际损失、损失和垄断行为之间存在因果关系，就可以获得赔偿救济。《垄断纠纷司法解释》第十四条第一款明确了上述三个要件，并根据垄断行为的性质和特点，规定了停止侵害、赔偿损失两种最常见的民事责任方式。

2. 损害赔偿数额的确定。垄断民事纠纷案件审理中，损害赔偿的计算往往比较困难，需要较为复杂的经济分析。在司法实践中，经常采用的计算方法有前后方法、基准方法、市场份额方法、回归分析方法等。前后方法是将垄断行为实施前的价格同垄断行为实施期间的价格进行比较，在其差额的基础上计算损失数额。基准方法是将存在垄断行为的市场上的产品价格与一个不受垄断行为影响的可比市场上的产品价格进行比较，在其差额的基础上计算损失数额。市场份额方法是指以原告在没有受到垄断行为影响的其他可比市场上的市场份额为基础，与其受到垄断行为侵害的市场上的市场份额相比较，以该市场份额的差额计算损失数额。回归分析方法主要用于有多种因素影响市场价格的场合，利用回归分析确定垄断行为对市场价格上涨影响度，以此为基础确定损失数额。上述方法既不相互排斥，也没有优先顺序，需要根据案件具体情况合理选择对案件而言更为适宜的方法。由于经济分析通常比较复杂，需要耗费较大的诉讼成本，而且经济分析方法并非完全可靠和无懈可击，有时案件证据和相应数据的缺乏导致经济分析缺乏基础。因此，各国在司法实践中还利用其他方法来克服垄断民事纠纷案件损害赔偿计算的难题。例如，有些国家的法律规定，法院可以根据垄断行为的具体情况酌定合理赔偿数额。在审理垄断纠纷案件时，如果原告有证据证明垄断行为已经给其造成实际损失，只是证明该损失的数额较为困难，常规的经济分析方法难以适用的，人民法院可以借鉴知识产权案件法定赔偿的经验，探索垄断行为的酌定赔偿。例如，可以根据已查明的事实，考虑违法行为的性质、程度和持续的时间等因素，酌定合理的赔偿数额。当然，在探索酌定赔偿时，应以原告已经证明其受到了实际损失以及损失的证明较为困难为条件，防止滥用酌定赔偿。垄断民事纠纷案件的原告通常需要在调查取证和制止垄断行为方面花费更多时间和金钱，这在一定程度上制约了原告起诉的积极性。为缓解这一问题，借鉴知识产权诉讼的经验，《垄断纠纷司法解释》第十四条第二款规定，根据原告的请求，人民法院可以将原告因调查、制止垄断行为所支付的合理开支计入损失赔偿范围。

3. 法律行为无效。如果一种法律行为违反法律的强制性规定，可能发生该法律行为无效的法律后果。对此，民法通则第五十八条第一款第（五）项、合同法第五十二条第（五）项以及第三百二十九条均有明确规定。《最高人民法院关于适用〈中华人民共和国合同法〉若干问题的解释（二）》第十四条规定，合同法第五十二条第（五）项规定的"强制性规定"，是指效力性强制性规定。这一解释将强制性规定区分为效力性强制性规定和管理性强制性规定。违反效力性强制规定的，合同无效；违反管理性强制规定的，合同未必无效。虽然这一解释针对的是合同这一法律行为，但是这一解释的精神对于合同外的其他法律行为同样适用。除合同这一典型的民事法律行为外，行业协会的章程或者决定亦属法律行为范畴。在传统民法理论上，一般将行业协会的章程和决定称为合同行为（又称协同行为①）。行业协会通过其章程或者决定实施垄断行为的现象时有发生，因此其章程或者决定也经常成为垄断民事纠纷案件的诉争对象。当行业协会的章程和决定违反反垄断法的强制性规定时，同样存在无效问题。认定其无效的依据则是民法通则第五十八条第一款第（五）项等规定。

（七）诉讼时效

在垄断民事诉讼中，当事人经常提出的诉讼请求是损害赔偿和停止侵害。诉讼时效的客体是债权请求权，所以只有损害赔偿请求权才适用诉讼时效，停止侵害请求权则不适用诉讼时效的规定。关于诉讼时效的起算，《垄断纠纷司法解释》第十六条第一款规定，损害赔偿请求权诉讼时效期间，从原告知道或者应当知道权益受侵害之日起计算。对于持续性的侵权行为导致他人损失的情形，每个单独的损害均应分别计算诉讼时效。因此，《垄断纠纷司法解释》第十六条第三款规定，原告起诉时被诉垄断行为已经持续超过二年，被告提出诉讼时效抗辩的，损害赔偿数额应当自原告向人民法院起诉之日起向前推算二年计算。这一规定延续了最高人民法院对于持续性侵权行为损害赔偿请求权诉讼时效问题的一贯做法，例如《最高人民法院关于审理专利纠纷案件适用法律问题的若干规定》第二十三条即有类似规定。

在行政执法与民事诉讼双轨并行的反垄断执法体制下，需要协调行政执法程序对民事诉讼中诉讼时效的影响。特别是，在反垄断执法机构认定被诉垄断行为人实施了垄断行为的情况下，需要保证受害人的损害赔偿请求权不至于因罹于诉讼时效而丧失法律强制力的保障。为此，《垄断纠纷司法解释》第十六条第二款采取了原告启动行政执法程序将导致其民事诉讼时效中断的方法，并根据行政执法程序的不同结果，规定了诉讼时效重新起算的时点。根据该款规定，原告向反垄断执法机构举报被诉垄断行为的，诉讼时效从其举报之日起中断。反垄断执法机构决定不立案、撤销案件或者决定终止调查的，诉讼时效期间从原告知道或者应当知道不立案、撤销案件或者终止调查之日起重新计算。反垄断执法机构调查后认定构成垄断行为的，诉讼时效期间从原告知道或者应当知道反垄断执法机构认定构成垄断行为的处理决定发生法律效力之日起重新计算。

（撰稿人：朱 理）

---

① 这里的合同行为或者协同行为是指多数当事人就同一内容的意思表示达成一致的法律行为，与反垄断法第十三条第二款中的"协同行为"并非同一含义。

## 附：相关司法文件

## 最高人民法院
## 关于认真学习和贯彻《中华人民共和国反垄断法》的通知

2008 年 7 月 28 日　　　　　　　　法发〔2008〕23 号

各省、自治区、直辖市高级人民法院，解放军军事法院，新疆维吾尔自治区高级人民法院生产建设兵团分院：

《中华人民共和国反垄断法》（以下简称反垄断法）已由第十届全国人民代表大会常务委员会第二十九次会议于 2007 年 8 月 30 日通过，将自 2008 年 8 月 1 日起施行。为正确适用反垄断法，审理好与反垄断法相关的案件，现就学习和贯彻反垄断法的有关问题通知如下：

### 一、充分认识反垄断法实施的重大意义

反垄断法是制止垄断行为、保护市场竞争和维护市场秩序的基本法律，也是完善市场结构、保障经济安全和确保市场配置资源基础性作用的重要法律。反垄断法对于维护经营者和消费者合法权益，促进技术创新和技术进步，提高企业竞争力，保证国民经济的健康、持续、协调发展，具有极为重要的作用。各级人民法院要认真学习和贯彻执行反垄断法，正确领会反垄断法的立法意图，充分发挥审判职能作用，通过依法审理反垄断案件，制止非法垄断行为，保护经营者和消费者的合法权益，维护公平竞争的市场秩序。

### 二、依法审理好各类反垄断案件

反垄断法第五十条规定："经营者实施垄断行为，给他人造成损失的，依法承担民事责任。"当事人因垄断行为提起民事诉讼的，只要符合民事诉讼法第一百零八条和反垄断法规定的受理条件，人民法院应当依法受理，并依法审判。反垄断法与制止知识产权滥用行为和保护知识产权紧密相关，也与反不正当竞争法同属于竞争法范畴。今年 4 月 1 日起施行的《最高人民法院民事案件案由规定》将垄断纠纷与各种不正当竞争纠纷集中规定，统一纳入了知识产权纠纷范围。据此，各级人民法院负责知识产权案件审判业务的审判庭，要依法履行好审判职责，切实审理好涉及滥用知识产权的反垄断民事案件以及其他各

类反垄断民事案件。

反垄断执法机构依据反垄断法作出的具体行政行为，公民、法人或者其他组织不服提起行政诉讼的，应根据行政诉讼法和反垄断法第五十三条的规定，确定是否需要经过行政复议。对于应由人民法院受理的案件，只要符合行政诉讼法规定的起诉条件的，人民法院应当依法受理，并依法审判。

### 三、加强调查研究工作，认真总结反垄断审判经验

反垄断案件高度疑难复杂，经济与法律问题相互交织，专业性很强，对企业和行业均有重大影响，有些案件还涉及国家的经济安全。反垄断法的一些规定具有较强的原则性和抽象性，涉及人民法院的操作条款相对比较简单。因此，在审理反垄断案件中将会遇到许多新情况新问题，各级人民法院要未雨绸缪，早作部署和应对，切实搞好调查研究，及时总结审判经验。特别是，对于案件管辖、原告资格、适格被告、垄断行为的认定、民事责任的承担和反垄断具体行政行为合法性的标准等问题，要加强调研。对于适用反垄断法中遇到的新情况新问题和调研成果，要及时层报最高人民法院。对于重大反垄断案件，要认真执行大要案层报制度。

以上各项，请遵照执行。

第七编

# 其他

# 最高人民法院
# 关于审理植物新品种纠纷案件若干问题的解释

法释〔2001〕5号

(2000年12月25日最高人民法院审判委员会第1154次会议通过 2001年2月5日最高人民法院公告公布 自2001年2月14日起施行)

为依法受理和审判植物新品种纠纷案件,根据《中华人民共和国民事诉讼法》、《中华人民共和国行政诉讼法》的有关规定,现就有关问题解释如下:

**第一条** 人民法院受理的植物新品种纠纷案件主要包括以下几类:
(一)是否应当授予植物新品种权纠纷案件;
(二)宣告授予的植物新品种权无效或者维持植物新品种权的纠纷案件;
(三)授予品种权的植物新品种更名的纠纷案件;
(四)实施强制许可的纠纷案件;
(五)实施强制许可使用费的纠纷案件;
(六)植物新品种申请权纠纷案件;
(七)植物新品种权权利归属纠纷案件;
(八)转让植物新品种申请权和转让植物新品种权的纠纷案件;
(九)侵犯植物新品种权的纠纷案件;
(十)不服省级以上农业、林业行政管理部门依据职权对侵犯植物新品种权处罚的纠纷案件;
(十一)不服县级以上农业、林业行政管理部门依据职权对假冒授权品种处罚的纠纷案件。

**第二条** 人民法院在依法审查当事人涉及植物新品种权的起诉时,只要符合《中华人民共和国民事诉讼法》第一百零八条、《中华人民共和国行政诉讼法》第四十一条规定的民事案件或者行政案件的起诉条件,均应当依法予以受理。

**第三条** 本解释第一条所列第(一)至(五)类案件,由北京市第二中级人民法院作为第一审人民法院审理;第(六)至(十一)类案件,由各省、自治区、直辖市人民政府所在地和最高人民法院指定的中级人民法院作为第一审人民法院审理。

**第四条** 以侵权行为地确定人民法院管辖的侵犯植物新品种权的民事案

件，其所称的侵权行为地，是指未经品种权所有人许可，以商业目的生产、销售该授权植物新品种的繁殖材料的所在地，或者将该授权品种的繁殖材料重复使用于生产另一品种的繁殖材料的所在地。

**第五条** 关于是否应当授予植物新品种权的纠纷案件、宣告授予的植物新品种权无效或者维持植物新品种权的纠纷案件、授予品种权的植物新品种更名的纠纷案件，应当以行政主管机关植物新品种复审委员会为被告；关于实施强制许可的纠纷案件，应当以植物新品种审批机关为被告；关于强制许可使用费纠纷案件，应当根据原告所请求的事项和所起诉的当事人确定被告。

**第六条** 人民法院审理侵犯植物新品种权纠纷案件，被告在答辩期间内向行政主管机关植物新品种复审委员会请求宣告该植物新品种权无效的，人民法院一般不中止诉讼。

【解　　读】

## 解读《关于审理植物新品种纠纷案件若干问题的解释》

### 一、问题的提出

1961年2月，欧美一些国家在巴黎签订保护植物新品种国际公约，对植物新品种保护范围的起点、保护时间、保护的范围等方面作出规定，并在此基础上成立了国际植物新品种保护联盟（UPOV）。我国于1999年4月23日加入UPOV1978年文本，成为该联盟成员国。

作为UPOV成员国，我国应当承担相关国际条约规定的义务，将植物新品种权规定为知识产权的一种，并建立相应的法律制度予以保护。

《与贸易（包括假冒商品贸易在内）有关的知识产权协议》第二十七条规定：给予植物新品种以专利制度或者有效的专门制度，或者以任何组合制度的保护。我国自20世纪80年代中期开始保护生物技术知识产权，1985年4月1日起施行的《专利法》保护生物技术方法发明，包括获得动物和植物品种的生产方法和药品的生产方法发明。1993年1月1日起经过修改的《专利法》将大部分涉及生物技术产品和物质纳入《专利法》的保护范围，但是，《专利法》第二十五条第四项规定，对"动物和植物品种"仍然不授予专利权。结合我国立法状况和国家经济发展水平，同时为承担我国参加的国际条约义务，也为中国加入世界贸易组织履行成员国义务做好积极准备，我国于1997年4月30日公布了《植物新品种保护条例》(以下简称《保护条例》),确立了对植物新品种采用专门法进行保护的法律制度。

与之配套的《植物新品种保护条例实施细则》(以下简称《实施细则》)农业部分(1999年6月16日发布)和林业部分(1999年8月10日发布)也已经实施,使得这一法律制度日臻完善。我国依照1978年文本加入UPOV公约。该文本规定,自公约在本国生效之日起应至少对5个属或者种给予保护,3年内保护不少于24个属或者种。根据我国实际国情,已将水稻、玉米、菊属等列入植物新品种保护范围,不属于该保护范围的植物新品种不能申请品种权。UPOV公约1991年文本与1978年文本相比,对植物新品种的保护水平提高、范围更宽,参加该联盟的条件也更严格。

《保护条例》颁布后,依法对植物新品种进行司法保护,突出地摆在人民法院面前。2001年2月5日,最高人民法院公布了《关于审理植物新品种纠纷案件若干问题的解释》(以下简称本解释)。这一司法解释的出台,必将对确保人民法院依法受理和公正审理涉及植物新品种权纠纷案件,确保统一执法尺度起到积极的作用。

## 二、理解与适用

根据《民事诉讼法》、《行政诉讼法》,参照《保护条例》和《实施细则》所列举的植物新品种权的内容以及审批程序的规定,本解释中规定人民法院受理的植物新品种纠纷案件主要包括以下几种类型:

1. 是否应当授予植物新品种权纠纷案件。对审批机关驳回品种权申请的决定不服的,申请人可以自收到通知之日起3个月内,向植物新品种复审委员会请求复审。申请人对植物新品种复审委员会的决定不服的,可以自接到通知之日起15日内向人民法院提起诉讼(《保护条例》第三十二条)。

2. 宣告授予的植物新品种权无效或者维持植物新品种权的纠纷案件。自审批机关公告授予品种权之日起,植物新品种复审委员会可以依据职权或者依据任何单位或者个人的书面请求,对不符合《保护条例》第十四条、第十五条、第十六条和第十九条规定的,宣告品种权无效。对植物新品种复审委员会的决定不服的,可以自收到通知之日起3个月内向人民法院提起诉讼(《保护条例》第三十七条)。

3. 授予品种权的植物新品种更名的纠纷案件。对不符合《保护条例》第十八条规定的,任何单位或者个人可以书面请求予以更名。对植物新品种复审委员会的决定不服的,可以自收到通知之日起3个月内向人民法院提起诉讼(《保护条例》第三十七条)。

4. 实施强制许可的纠纷案件。为了国家利益或者公共利益,审批机关可以作出实施植物新品种强制许可的决定。品种权人对强制许可决定不服的,可以自收到通知之日起3个月内向人民法院提起诉讼（《保护条例》第十一条）。

5. 实施强制许可使用费的纠纷案件。取得实施强制许可的单位或者个人应当付给品种权人合理的使用费，双方不能达成协议的，由审批机关裁决。品种权人对裁决不服的，可以自收到通知之日起3个月内向人民法院提起诉讼（《保护条例》第十一条）。

6. 植物新品种申请权案件（《保护条例》第七条、第八条、第四十三条）。

7. 植物新品种权利归属案件（《保护条例》第七条、第八条、第四十三条）。

8. 转让植物新品种申请权和转让植物新品种权的纠纷案件。《保护条例》规定植物新品种的申请权和品种权可以依法转让（《保护条例》第七条、第八条、第四十三条）。

9. 侵犯植物新品种权纠纷案件。未经品种权人许可，以商业目的生产或者销售授权品种的繁殖材料，品种权人或者利害关系人可以请求省级以上人民政府农业、林业行政部门依据各自的职权进行处理，也可以直接向人民法院提起诉讼。省级以上人民政府农业、林业行政部门依据各自的职权，根据当事人自愿的原则，对侵权所造成的损害赔偿可以进行调解。调解未达成协议的，品种权人或者利害关系人可以依照《民事诉讼法》向人民法院提起诉讼（《保护条例》第六条、第三十九条第一款、第二款）。

10. 不服省级以上农业、林业行政管理部门依据职权对侵犯植物新品种权处罚的纠纷案件。省级以上人民政府农业、林业行政部门依据各自的职权处理品种权侵权案件时，为维护社会公共利益，可以责令侵权人停止侵权行为，没收违法所得，可以并处违法所得5倍以下罚款（《保护条例》第三十九条第三款）。

11. 不服县级以上人民政府专业、林业行政部门依职权对假冒授权品种处罚的纠纷案件。假冒授权品种的，由县级以上人民政府农业、林业行政部门依据各自的职权责令停止假冒行为，没收违法所得和植物品种繁殖材料，并处违法所得1倍以上5倍以下的罚款（《保护条例》第四十条）。

上述案件从性质上划分，还可以分为植物新品种行政案件和植物新品种民事纠纷案件。人民法院受理的涉及植物新品种纠纷案件并不限于上述所列举的类型，在审查当事人起诉时，只要符合《民事诉讼法》第一百零八条、《行政诉讼法》第四十一条规定的民事案件或者行政案件的起诉条件，人民法院均应当予以受理。

从目前有关行政部门受理、批准的申请数字看，涉及植物新品种权纠纷的案件数量不会很多。虽然如此，审理涉及植物新品种纠纷案件的技术难度却很大、专业性强，对审判人员业务素质的要求也比较高，在是否授予权利以及是否构成侵权等问题上，要求审判人员不仅熟悉有关知识产权法律、法规，而且要掌握较高的专业化知识。根据《行政诉讼法》第十四条及《最高人民法院关于执行〈中华人民共和国行政诉讼法〉若干问题的解释》第八条的规定，被告为县级以上人民政府或国务院直属部门（含复审委员会）的案件，均应当由中级人民法院管辖。考虑到人民法院审判力量配置、发案数量和方便人民群众诉讼等因素，本解释第三条规定将涉及植物新品种的民事案件、行政案件，根据知识产权案件集中审理的原则，确定由中级以上人民法院受理。其中第一条所列第（一）至（五）类案件，由于国家植物新品种审批机关的住所地在北京市第二中级人民法院的辖区内，因此，规定由该院作为第一审人民法院；第（六）至（十一）类案件，由各省、自治区、直辖市人民政府所在地和最高人民法院指定的中级人民法院作为第一审人民法院审理。

审判实践中对如何确定侵犯知识产权民事权利的案件侵权行为地一直存在争议。本解释第四条明确规定了侵犯植物新品种权的侵权行为地的概念，即指未经品种权人许可，为商业目的生产、销售该品种的繁殖材料的所在地，或者将该授权品种的繁殖材料重复使用于生产另一品种的繁殖材料的所在地。

植物新品种的审批和授权要经过国家主管机关对申请对象进行新颖性、特异性、一致性和稳定性的审查，一经授权，其权利状态的稳定性较高。因此，为保护权利人的合法权益，防止被控侵权人利用程序规定拖延诉讼，本解释第六条规定，人民法院审理侵犯植物新品种权纠纷案件，被告在答辩期间内向行政主管机关植物新品种复审委员会请求宣告植物新品种权无效的，人民法院一般不中止诉讼。

在如何确定诉讼当事人问题上，根据《保护条例》确定的审批授权的程序，以及相应的法律关系，本解释第五条规定，关于是否应当授予植物新品种权的纠纷案件、宣告授予的植物新品种权无效或者维持植物新品种权的纠纷案件、授予品种权的植物新品种更名的纠纷案件，应当以行政主管机关植物新品种复审委员会为被告；关于实施强制许可的纠纷案件，应当以植物新品种审批机关为被告；关于强制许可使用费纠纷案件，应当根据原告所请求的事项和所起诉的当事人确定被告。对于强制许可使用费的数额，审批机关在取得实施强制许可的单位或者个人与品种权人不能达成协议的情况下，作出裁决，品种权人如果对该强制许可决定或者确定的使用费数额不服，可以向人民法院起诉。如果该品种权人仅起诉取得强制实施许可的单位或者个人，那么，应当以对方当事人为被告，提起民事诉讼。另外，《保护条例》规定了对审批机关驳回品种权申请不服的复审程序，因此，如果申请人对审批机关驳回申请权的决定不服，直接向人民法院提起诉讼的，人民法院不予受理。

对植物新品种权的司法保护，是国家法律赋予人民法院的一项新的审判职能，是人民法院知识产权审判工作的又一个新的领域，同时也是我国为加入世界贸易组织所做的准备。人民法院作为执法机关，正积极应对新的机遇和挑战。最高人民法院公布《关于审理植物新品种纠纷案件若干问题的解释》的同时，下发了《关于开展植物新品种纠纷案件审判工作的通知》。通知要求各高、中级人民法院组织有关审判工作人员，认真学习和研究植物新品种保护国际公约和植物新品种保护条例、实施细则以及最高人民法院的司法解释，熟悉和掌握相关法学理论和专业知识，积极开展该领域的内外义务交流和培训，及时总结审判经验，努力提高审判人员的业务素质和执法水平，保证高质量地完成审判任务。

（撰稿人：段立红
审稿人：蒋志培）

## 【链　　接】

## 最高人民法院民三庭负责人就《关于审理植物新品种纠纷案件若干问题的解释》答记者问

**一、问：最高人民法院公布《关于审理植物新品种纠纷案件若干问题的解释》的目的和意义是什么？**

**答：**《植物新品种保护条例》已于1997年10月1日起施行。1999年4月23日我国正式加入"国际植物新品种保护联盟（UPOV）"，承诺履行该联盟公约义务。1999年6月16日和8月10日，《植物新品种保护条例实施细则》的农业部分和林业部分也已经分别发布施行。农业部、国家林业局按照职责分工，已从1999年4月23日起受理国内外植物新品种权申请，并已对符合条件的申请授予了植物新品种权。截止到2000年12月31日，我国植物新品种保护审批机关已经受理了392件植物新品种权申请，并对68个品种权申请予以授权。在一些地方涉及植物新品种的纠纷也已经发生。不少农、林业科研机构和权利人要求保护他们的智力劳动。因此，依法对植物新品种权进行司法保护，突出地摆在人民法院的面前。对植物新品种权的司法保护，是国家法律赋予人民法院的一项新的审判职能，是人民法院知识产权审判工作的又一个新的领域。做好这项审判工作将有利于促进广大农业科技人员聪明才智的发挥，有利于建立我国自己的植物新品种优势。这项审判工作的开展，将成为人民法院为我国农业、林业快速、持续发展提供的一项重要司法保障。为确保人民法院依法受理和公正审判涉及植物新品种保护的纠纷案件，最高人民法院公布了《关于审理植物新品种纠纷案件的若干问题的解释》。这一司法解释的出台，必将对人民法院依法受理和公正审理植物新品种纠纷案件，保证执法的统一，起到积极的作用。

**二、问：人民法院受理的植物新品种纠纷案件都包括哪些类型？**

**答：**人民法院受理的植物新品种权纠纷案件主要包括以下几类：（1）是否应当授予植物新品种权纠纷案件；（2）宣告授予的植物新品种权无效或者维持植物新品种权的纠纷案件；（3）授予品种权的植物新品种更名的纠纷案件；（4）实施强制许可的纠纷案件；（5）实施强制许可使用费的纠纷案件；（6）植物新品种申请权纠纷案件；（7）植物新品种权权利归属纠纷案件；（8）转让植物新品种申请权和转让植物新品种权的纠纷案件；（9）侵犯植物新品种权的纠纷案件；（10）不服省级以上农业、林业行政管理部门依据职权对侵犯植物新品种权处罚的纠纷案件；（11）不服县级以上农业、林业行政管理部门依据职权对假冒授权品种处罚的纠纷案件。上述涉及植物新品种权纠纷可以分为民事案件和行政案件，人民法院在依法审查当事人涉及植物新品种权的起诉时，只要符合《中华人民共和国民事诉讼法》第一百零八条、《中华人民共和国行政诉讼法》第四十一条规定的民事案件或者行政案件的起诉条件，均应当依法予以受理。

**三、问：为什么在司法解释中确定植物新品种纠纷案件由各省、自治区、直辖市人民政府所在地和最高人民法院指定的中级人民法院管辖？**

**答：**《植物新品种保护条例》规定植物新品种要具备新颖性、特异性、一致性和稳定性，并经过人工培育或者对发现的野生植物加以开发。这类案件所涉及的技术难度大、专业性强、法律问题复杂，考虑到人民法院审判力量配置、发案数量和方便人民群众诉讼等因素，根据《民事诉讼法》和《行政诉讼法》的规定，司法解释将这类案件的受诉法院相对集中，统一由最高人民法院确定的中级人民法院作为第一审人民法院。其中司法解释第一条所列第（一）至（五）类案件，由于涉及国家植物新品种审批机关的住所地北京市第二中级人民法院的辖区内，因此，规定由该院作为第一审人民法院审理；第（六）至（十一）类案件，由各省、自治区、直辖市人民政府所在地和最高人民法院指定的中级人民法院作为第一审人民法院审理。

**四、问：对涉及侵犯植物新品种权纠纷案件，人民法院如何确定管辖？**

**答：**《民事诉讼法》第二十九条规定，因侵权行为提起的诉讼，由侵权行为地或者被告住所地人民法院管辖。司法解释中明确规定了侵犯植物新品种权的侵权行为地的概念,即指未经品种权所有人许可,以商业目的生产、销售该授权植物新品种的繁殖材料的所在地,或者将该授权品种的繁殖材料重复使用于生产另一品种的繁殖材料的所在地。

**五、问**:为什么在司法解释中规定侵犯植物新品种权纠纷案件,被告在答辩期间内向行政主管机关植物新品种复审委员会请求宣告该植物新品种权无效的,人民法院一般不中止诉讼?

**答**:植物新品种授权要经过主管机关对申请的对象进行新颖性、特异性、一致性和稳定性的审查,稳定性较高,因此,为保护权利人的合法权益,防止诉讼拖延,被控侵权人在侵权诉讼期间提出宣告该植物新品种无效,一般不中止侵权诉讼。

**六、问**:植物新品种纠纷案件的审判是人民法院知识产权审判的一项新的工作,也是我国为加入WTO所做的准备,人民法院如何应对新形势,做好执法的各项准备工作?

**答**:最高人民法院在公布上述司法解释的同时,发出了《关于开展植物新品种纠纷案件审判工作的通知》。该通知要求各高、中级人民法院组织有关审判工作人员,认真学习和研究植物新品种保护国际公约和植物新品种保护条例、实施细则以及最高人民法院的司法解释,熟悉、掌握相关的法学理论和专业知识,积极开展该领域的内外业务交流和培训及时总结审判经验,努力提高审判人员的业务素质和执法水平,保证案件的质量。同时,最高人民法院、各地高级人民法院也将对植物新品种纠纷案件的审判不断进行指导与监督。

# 最高人民法院
## 关于开展植物新品种纠纷案件审判工作的通知

2001年2月5日　　　　　　　　　法〔2001〕18号

各省、自治区、直辖市高级人民法院,解放军军事法院,新疆维吾尔自治区高级人民法院生产建设兵团分院:

《中华人民共和国植物新品种保护条例》已于1997年10月1日起施行。1999年4月23日我国正式加入"国际植物新品种保护联盟(UPOV)",承诺履行该联盟公约义务。1999年6月16日和8月10日,《中华人民共和国植物新品种保护条例实施细则》的农业部分和林业部分也已经分别发布施行。农业部、国家林业局按照职责分工,已从1999年4月23日起受理国内外植物新品种权申请,并已对符合条件的申请授予了植物新品种权。对植物新品种权的司法保护，是国家法律赋予人民法院的一项新的审判职能，是人民法院知识产权审判工作的又一个新的领域。做好这项审判工作将有利于建立我国自己的植物新品种优势，为农业、林业的快速发展提供有力的司法保障。

为确保人民法院依法受理和公正审判涉及植物新品种保护的纠纷案件，最高人民法院发布了《关于审理植物新品种纠纷案件的若干问题的解释》。现将有关问题通知如下：

一、审判植物新品种纠纷案件是人民法院知识产权审判的一项新的工作，各高、中级人民法院要组织有关审判人员，认真学习和研究植物新品种保护国际公约和植物新品种保护条例、实施细则，以及最高人民法院的司法解释，熟悉、掌握相关的法学理论和专业知识，积极开展该领域的内外业务交流，及时总结审判经验，努力提高审判人员的业务素质和执法水平。

二、涉及植物新品种的纠纷案件，属于知识产权纠纷案件类别，应当按照最高人民法院法发〔2000〕30号文件的规定，由相关的审判业务庭办理。

三、要主动与有关行政主管机关沟通情况，积极开展有关植物新品种纠纷的调研工作。对于社会影响重大、案情复杂、适用法律难度大的案件，要在查明事实的基础上，及时向最高人民法院通报情况。涉及植物新品种纠纷案件的终审裁决，应将法律文书及时报送最高人民法院民事审判第三庭。

# 最高人民法院
# 关于审理侵犯植物新品种权纠纷案件具体应用法律问题的若干规定

法释〔2007〕1号

(2006年12月25日最高人民法院审判委员会第1411次会议通过 2007年1月12日最高人民法院公告公布 自2007年2月1日起施行)

为正确处理侵犯植物新品种权纠纷案件,根据《中华人民共和国民法通则》、《中华人民共和国民事诉讼法》等有关规定,结合侵犯植物新品种权纠纷案件的审判经验和实际情况,就具体应用法律的若干问题规定如下:

**第一条** 植物新品种权所有人(以下称品种权人)或者利害关系人认为植物新品种权受到侵犯的,可以依法向人民法院提起诉讼。

前款所称利害关系人,包括植物新品种实施许可合同的被许可人、品种权财产权利的合法继承人等。

独占实施许可合同的被许可人可以单独向人民法院提起诉讼;排他实施许可合同的被许可人可以和品种权人共同起诉,也可以在品种权人不起诉时,自行提起诉讼;普通实施许可合同的被许可人经品种权人明确授权,可以提起诉讼。

**第二条** 未经品种权人许可,为商业目的生产或销售授权品种的繁殖材料,或者为商业目的将授权品种的繁殖材料重复使用于生产另一品种的繁殖材料的,人民法院应当认定为侵犯植物新品种权。

被控侵权物的特征、特性与授权品种的特征、特性相同,或者特征、特性的不同是因非遗传变异所致的,人民法院一般应当认定被控侵权物属于商业目的生产或者销售授权品种的繁殖材料。

被控侵权人重复以授权品种的繁殖材料为亲本与其他亲本另行繁殖的,人民法院一般应当认定属于商业目的将授权品种的繁殖材料重复使用于生产另一品种的繁殖材料。

**第三条** 侵犯植物新品种权纠纷案件涉及的专门性问题需要鉴定的,由双方当事人协商确定的有鉴定资格的鉴定机构、鉴定人鉴定;协商不成的,由人民法院指定的有鉴定资格的鉴定机构、鉴定人鉴定。

没有前款规定的鉴定机构、鉴定人的,由具有相应品种检测技术水平的专业机构、专业人员鉴定。

**第四条** 对于侵犯植物新品种权纠纷案件涉及的专门性问题可以采取田间观察检测、基因指纹图谱检测等方法鉴定。

对采取前款规定方法作出的鉴定结论，人民法院应当依法质证，认定其证明力。

**第五条** 品种权人或者利害关系人向人民法院提起侵犯植物新品种权诉讼时，同时提出先行停止侵犯植物新品种权行为或者保全证据请求的，人民法院经审查可以先行作出裁定。

人民法院采取证据保全措施时，可以根据案件具体情况，邀请有关专业技术人员按照相应的技术规程协助取证。

**第六条** 人民法院审理侵犯植物新品种权纠纷案件，应当依照民法通则第一百三十四条的规定，结合案件具体情况，判决侵权人承担停止侵害、赔偿损失等民事责任。

人民法院可以根据被侵权人的请求，按照被侵权人因侵权所受损失或者侵权人因侵权所得利益确定赔偿数额。被侵权人请求按照植物新品种实施许可费确定赔偿数额的，人民法院可以根据植物新品种实施许可的种类、时间、范围等因素，参照该植物新品种实施许可费合理确定赔偿数额。

依照前款规定难以确定赔偿数额的，人民法院可以综合考虑侵权的性质、期间、后果，植物新品种实施许可费的数额，植物新品种实施许可的种类、时间、范围及被侵权人调查、制止侵权所支付的合理费用等因素，在50万元以下确定赔偿数额。

**第七条** 被侵权人和侵权人均同意将侵权物折价抵扣被侵权人所受损失的，人民法院应当准许。被侵权人或者侵权人不同意折价抵扣的，人民法院依照当事人的请求，责令侵权人对侵权物作消灭活性等使其不能再被用作繁殖材料的处理。

侵权物正处于生长期或者销毁侵权物将导致重大不利后果的，人民法院可以不采取责令销毁侵权物的方法，但法律、行政法规另有规定的除外。

**第八条** 以农业或者林业种植为业的个人、农村承包经营户接受他人委托代为繁殖侵犯品种权的繁殖材料，不知道代繁物是侵犯品种权的繁殖材料并说明委托人的，不承担赔偿责任。

## 【解　　读】

## 解读《关于审理侵犯植物新品种权纠纷案件具体应用法律问题的若干规定》

### 一、问题的提出

《最高人民法院关于审理侵犯植物新品种权纠纷案件具体应用法律问题的若干规定》（以下简称本规定）已于 2006 年 12 月 25 日经最高人民法院审判委员会第 1411 次会议通过，2007 年 1 月 12 日公告公布，自 2007 年 2 月 1 日起施行。

### 二、理解与适用

（一）本规定制定的法律依据

对植物新品种的保护属于行政法规的《植物新品种操作条例》（以下简称《条例》）。除此之外，再没有任何法律规定，在其他现行法律中甚至未涉及植物新品种的概念。

应当说，《条例》是我国为加入 WTO 履行有关国际承诺而颁布的一项行政法规，也是人民法院审判此类案件的法律依据。近几年，人民法院审理侵犯植物新品种权纠纷案件越来越多。审判实践中出现了一些新情况新问题，需要对该保护条例的适用进行具体的解释，以指导审判工作。

最高人民法院对行政法规的适用能否进行司法解释，有不同观点的争论。目前，由于审判工作的急需，最高人民法院对审判过程中如何具体应用条例的问题，通过司法解释的形式进行补充和完善是适宜的。虽然本规定的首部和条文中没有列明引用《条例》作为司法解释的法律依据，司法解释的名称也采用了"若干规定"的称谓，但《条例》是本司法解释起草的主要法律依据，各地人民法院不但在学习和理解本规定的时候，同时要理解和贯彻《条例》的各项规定，而且在具体适用法律时还应当引用《条例》的有关条款。

（二）植物新品种权人的利害关系人

《条例》第三十九条规定："未经品种权人许可，以商业目的生产或者销售授权品种的繁殖材料的，品种权人或者利害关系人可以请求省级以上人民政府农业、林业行政部门依据各自的职权进行处理，也可以直接向人民法院提起诉讼。"虽然《条例》中对品种权的利害关系人的诉权进行了规定，但对"利害关系人"的范围未作出界定，给审判实践适用法律带来了困难。为了便于各级人民法院在审理案件中准确掌握植物品种权人的利害关系人，保障其诉讼的权利，比照《专利法》等的司法解释，本规定第一条对品种权人的利害关系人和不同利害关系人的不同诉权作出了界定。

品种权人的利害关系人包括植物新品种实施许可合同的被许可人、品种权财产权利的合法继承人等。独占实施许可合同的被许可人可以单独向人民法院提起诉讼；排他实施许可合同的被许可人可以和品种权人共同起诉，也可以在品种权人不起诉时，自行提起诉讼；普通实施许可合同的被许可人经品种权人明确授权，可以提起诉讼。

（三）关于侵犯品种权行为的认定

1. 侵权行为的种类

《条例》第六条规定了侵犯品种权的两类情形：一是任何单位或者个人未经品种权所有人许可，不得为商业目的生产或者销售该授权品种的繁殖材料；二是不得为商业目的将该授权品种的繁殖材料重复使用于生产另一品种的繁殖材料。但《条例》第三十九条仅规定："未经品种权人许可，以商业目的生产或者销售授权品种的繁殖材料的，品种权人或者利害关系人可以请求省级以上人民政府农业、林业行政部门依据各自的职权进行处理，也可以直接向人民法院提起诉讼。"理论上，《条例》第六条规定的两类情形均属侵权行为，品种权人都可提起诉讼，请求司法保护。实践中，这两类侵权情形也均有发生。《最高人民法院关于审理植物新品种纠纷案件若干问题的解释》第四条和《农业部关于农业植物新品种侵权案件处理规定》第二条均将此类行为列入"侵权"的范围。所以，本规定第二条将这两类侵权行为都规定为侵犯植物新品种权的行为；实施这两种行为的，人民法院应当认定为侵犯植物新品种权。

2. 侵权行为的认定

关于对上述两类侵权行为的认定，本规定的初稿基于专利权与品种权最为接近考虑，拟借鉴专利侵权的认定方法，即先确定权利的保护范围和被控侵权物的特征，后经两者对比判定是否落入权利保护范围的方法。

在征求意见过程中，植物新品种权的授予部门间有不同的意见。林业主管部门认为，品种权的保护范围应当规定为审批机关确认批准的品种权申请文件记载的特异性。农业主管部门则认为，不能根据审批机关公告的品种权审查文档记载的特异性来确定品种权的保护范围。申请品必须具有特异性，但权利保护的不是特异性，而是品种本身。它是一个整体，品种的全部遗传特性都包含在繁殖材料中，用繁殖材料确定品种权的保护范围最完整和准确。

我国加入的《国际植物新品种保护公约》在表述"保护范围"时采用了"有性和无性繁殖材料"，也未规定为"特异性"。此外，特异性只能是相对的特异性，是与其最相近似的品种相比的特异性，而这种特异性在同类的其他品种上可能也存在,故不宜将特异性作为保护范围。

同时,从目前的司法实践看,在绝大多数品种权案件中人民法院都将有关鉴定机构的鉴定结论作为侵权认定的主要依据。而品种权审批机关的授权文件比较简单,并不载明品种权的特征、特性,而且特征、特性一般难以用文字准确界定。所以,在认定侵犯植物新品种权的行为时,被控侵权的品种的性状特征必须与授予品种权的性状特征相等,被控侵权的植物新品种性状特征多于或者少于该品种权的植物新品种的性状特征,都不构成侵权。所以,本规定改变了初稿在此问题上的起草思路,即在目前条件不成熟的情况下,暂不涉及品种权保护范围如何确定的问题,而是直接对《条例》第六条"该授权品种的繁殖材料"和"将该授权品种的繁殖材料重复使用于生产另一品种的繁殖材料"的规定进行解释,以方便审判中对侵权行为的认定,通过基本认可目前实践中的普遍做法来达到解决审判实际问题的目的。

本规定第二条第二款将被控侵权物的特征、特性与授权品种的特征、特性相同,或者特征、特性的不同是因非遗传变异因素所致的,规定为应当认定为被控侵权物属于商业目的生产或者销售授权品种的繁殖材料。对被控侵权人重复以授权品种的繁殖材料为亲本与其他亲本另行繁殖的,规定为应当认定属于商业目的将授权品种的繁殖材料重复使用于生产另一品种的繁殖材料。

"遗传变异因素",是指通过人工杂交、自然杂交、突变、诱变、转基因等方式使植物的遗传基因发生改变,从而造成植物特征或者特性的变异,这种变异是可以遗传的。"非遗传变异因素",是指因土壤、气候、肥料、管理水平或者其他环境因素的影响,导致植物的特征或者特性发生差异,这种差异是不能遗传的。"特征特性"是"性状特征"的同义语。"特征",是指植物的形态学特征,如花的颜色、果实的现状等;"特性",是指植物的生物学特性,如抗病性、抗旱性等。本规定第二条第二款中的"非遗传变异",是指被控侵权物的繁殖材料虽与授权品种相同,但由于生长过程中外来花粉等非遗传变异因素的介入,导致两者特征、特性的不同。因被控侵权物繁殖时采用与授权品种相同的繁殖材料,一般将被控侵权物视为《条例》第六条所称的"该授权品种的繁殖材料",非遗传变异因素导致的特征、特性的不同,并不影响上述判定。

(四)关于涉及侵犯植物新品种权行为认定的鉴定问题

侵犯植物新品种权的认定,涉及专业性很强的技术问题,通常需要进行技术鉴定。鉴定机构和鉴定人的确定很重要,也常常引起当事人的争议。

本规定第三条的规定贯彻了《民事诉讼法》及《关于民事诉讼证据的若干规定》确立的"当事人先协商,协商不成由法院指定"的鉴定机构、鉴定人的确定的原则。根据《全国人大常委会关于司法鉴定管理问题的决定》,司法鉴定机构和鉴定人都必须符合一定的条件并应当依法经过登记。但是,目前尚不具有前述规定的植物新品种鉴定资格的单位和个人,导致出现当事人经常以鉴定机构无鉴定资格为由主张鉴定结论不应被采信的情况。

经向农、林业行政主管部门了解，有关植物新品种鉴定资格的具体规定颁布时间尚不确定，实践中法院也大多采取委托农业部或者农科院等专业机构的方式进行鉴定，专业技术和作出的鉴定结果是可靠的。故在目前具有司法鉴定资格的机构和个人缺失的情况下，为保障案件的正常办理，根据《民事诉讼法》第七十二条第一款，本规定第三条第二款也规定，在没有司法鉴定资格的鉴定机构和鉴定人的情况下，由具有相应品种检测技术水平的专业机构、专业人员鉴定。该专业机构、专业人员可以由当事人协商确定，也可以在当事人协商不成时由人民法院指定。

关于侵权认定的专业鉴定方法，主要有田间观察检测和实验室检测，后者包括基因指纹图谱检测（DNA）、同工酶标记和种籽贮藏蛋白指纹图谱等。一般认为，田间观察检测是最根本的方法，比较可靠；基因指纹图谱检测则具有快捷、方便、成本低的优点。由于田间观察检测需要时间长，一年生植物一个生长周期要一年左右，多年生植物如树木等要3~7年，易使侵权物或繁殖材料失去应有的价值，品种权人的权利也不能得到有效保护。实践中基本上采用基因指纹图谱检测。考虑到上述两种方法各自的特点及实践中的惯常做法，本规定第四条第一款规定，对侵犯植物新品种权纠纷案件涉及的专门性问题可以采取田间观察检测、基因指纹图谱检测等方法鉴定。以此作为鉴定方法的指引，但并不否定采用其他检测方法的可能。

按照不同鉴定方法作出的鉴定结论，在一般情况下定性应为一致，精确度可能有所不同。但若出现定性上的矛盾，或者在一个鉴定结论被采信作为定案依据时，如何认定鉴定证明力的大小，是要解决的焦点问题。根据民事诉讼法的规定，鉴定结论属于证据的一种，应遵循证据认定的一般规则。所以，本规定第四条第二款规定，人民法院对鉴定结论应当依法质证；经组织当事人对鉴定结论质证后依法认定其证明力的大小。借此解决实践中对采信鉴定结论作为定案依据的问题。

（五）关于对植物新品种权诉讼临时措施的适用

关于侵犯植物新品种权诉讼的诉前证据保全和诉前禁令，在前的《民事诉讼法》不可能规定，在后的《条例》也未规定，我国加入的《国际植物新品种保护公约》（1978年文本）亦未涉及。因此，出现了植物新品种诉前临时措施的立法空白。尽管实践需要，并且行政主管部门也多次建议能够在本规定中规定植物新品种权诉讼的诉前临时措施，但考虑到植物新品种权纠纷案件有其特殊性，且涉及"三农"问题，应采取谨慎的司法政策，不宜在未有国际条约及国内法规定的情况下通过司法解释创设植物新品种的诉前临时措施制度。同时，为切实保障权利人及时获得必要的诉讼救济措施，根据《最高人民法院关于贯彻执行〈中华人民共和国民法通则〉若干问题的意见（试行）》第162条的规定,并参照《最高人民法院关于对诉前停止侵犯专利权行为适用法律问题的若干规定》第十七条的规定,本规定第五条第一款规定:"品种权人或者利害关系人向人民法院提起侵犯植物新品种权诉讼时,同时提出先行停止侵犯植物新品种权行为或者保全证据请求的,人民法院经审查可以先行作出裁定。"即权利人在起诉的同时提出先行停止侵权或者保全证据的请求,人民法院可以先行裁定。这样既符合已有的法律规定,又解决在确实需要时,当事人可以请求、人民法院也能够及时作出证据保全和禁令临时措施的裁定。

鉴于法院和公证机构本身一般不具备扦取品种繁殖材料的专门技术,为增强法院取证的客观性,避免当事人对证据代表性的质疑,结合农业部和部分法院的建议,本规定的第五条第二款规定,人民法院采取证据保全措施时,可以根据案件具体情况,邀请有关专业技术人员按照相应的技术规程协助取证。此为指导法院或当事人取证的示范性条款,由审理法院视个案情况而定,并不具有强制性,不得仅以未邀请技术人员协助取证为由简单否定证据保全的效力。在实际操作中,建议取证时样品的数量至少为检测所需样品数量的两倍。

(六)关于侵权赔偿数额的确定

关于对侵权赔偿数额的计算,本规定第六条规定了人民法院可以根据被侵权人的请求,按照被侵权人因侵权所受损失或者侵权人因侵权所得利益确定赔偿数额。被侵权人请求按照植物新品种实施许可费确定赔偿数额的,人民法院可以根据植物新品种实施许可的种类、时间、范围等因素,参照该植物新品种实施许可费合理确定赔偿数额。对于难以确定赔偿数额的,人民法院可综合考虑侵权的性质、期间、后果,植物新品种实施许可费的数额,植物新品种实施许可的种类、时间、范围及被侵权人调查、制止侵权所支付的合理费用等因素,在50万元以下确定赔偿数额。

有的意见认为,种子行业属特种行业,种植面积一般在千亩以上,培育一个新品种时间长,投入的人力、物力和财力大,侵权者则容易获取巨额利润,加之对侵权案件调查取证难,诉讼成本高,50万元的定额赔偿对侵权处罚太轻,不利于制止侵权,建议将50万元的"上限"改为"下限"。

我们认为,由于50万元的定额赔偿制度是对其他赔偿数额计算方法的补充。侵犯植物新品种权的损害与其他知识产权损害一样,凡是侵权行为造成的损失,侵权人都应当赔偿,不应当受50万元的限制。只有按照其他方法难以确定赔偿数额的,人民法院才可以综合考虑侵权的性质、期间、后果,植物新品种实施许可费的数额,植物新品种实施许可的种类、时间、范围及被侵权人调查、制止侵权所支付的合理费用等因素,适用一定数额的定额赔偿。

鉴于《专利法》、《商标法》、《著作权法》三部基本的知识产权法律均采用"50万元"数额的法定赔偿数额,且在无法论证其他合适上限数额的情况下,本规定基本沿用了《专利法》、《商标法》、《著作权法》和三部法律的司法解释所确立的赔偿数额确定制度,不突破50万元的上限。本规定第六条第三款将"被侵权人调查、制止侵权所支付的费用等"也规定在定额50万元的考虑因素之内。这也就是说,对于适用定额赔偿方式进行赔偿的案件,包括调查费等的支出在内,都不能超过50万元的上限。

(七)侵权物的处理

按照侵权法原理,停止侵害一般包括对侵权物的销毁,但由于植物新品种案件中的侵权物多为农、林作物的繁殖材料,不能简单地套用销毁侵权物的一般处理方法。因此,本着既避免资源浪费、维护农村稳定,又防止侵权物再扩散的处理原则,本规定第七条第一款规定,当事人可以合意将侵权物折抵权利人的受损,侵权物是否成熟,在所不问。若当事人不能达成一致,为防止侵权物的再扩散,人民法院应责令侵权人将侵权物作出适当处理,比如灭活。因处理方式不便穷尽,故采用"列举加概括"的表述方式。因本规定第七条第一款规定的消灭活性等处理未区分侵权物的成熟与否,故第七条第二款规定,侵权物正处于生长期或者销毁侵权物将导致重大不利后果的,人民法院一般不责令销毁侵权物。旨在避免铲除青苗等销毁侵权物的做法可能产生伤害农民感情、危机农村稳定等负面影响。此处的"重大不利后果",包括因已过播种期仍销毁侵权物导致的撂荒、销毁侵权物可能引起负面影响等情形。为避免侵权物危害生态安全,本规定第七条规定了"但书"。

(八)农民赔偿责任的免除

《条例》规定,农民在植物新品种使用方面的特权是自繁自用,超出范围才属于侵权。实践中,侵权者大多委托农民进行大规模的制种。农民的代繁行为因超出了自繁自用的范围,故构成了侵权,农民应承担相应的民事责任。但考虑到农民若承担赔偿责任可能导致一系列负面问题,且真正的侵权源头和最大的受益者是委托人,故在一定条件下免除农民侵权责任中的赔偿责任是必要的。同时,为体现和贯彻过错责任的一般侵权归责原则,本规定第八条针对农民"知道"与否作出了区别对待:农民不知道代繁物是侵犯品种权的繁殖材料并说明委托人的,不承担赔偿责任,但仍然承担停止侵害的侵权责任。至于"不知道"是否因行为人重大过失所致,在所不问;农民知道代繁物是侵犯品种权的繁殖材料的,应承担包括赔偿责任在内的侵权责任。该赔偿责任一般应掌握在农民因代繁获利的限度内。赔偿责任的免除,涉及侵权责任制度的变动。为避免实践中可能的滥用,本规定第八条对农民的范围作出了界定,即通常理解的靠农业或林业种植来维持生计的个人、农村承包经营户为限。

(撰稿人:蒋志培 李 剑 罗 霞)

## 附：相关司法文件

## 最高人民法院
## 关于开展涉及集成电路布图设计案件审判工作的通知

2001年11月16日　　　　　　　　法发〔2001〕24号

各省、自治区、直辖市高级人民法院，解放军军事法院，新疆维吾尔自治区高级人民法院生产建设兵团分院：

国务院《集成电路布图设计保护条例》自2001年10月1日起施行。对集成电路布图设计专有权进行司法保护，是人民法院的一项新的审判任务。做好这项审判工作，将对保护集成电路布图设计权利人的合法权益，鼓励集成电路技术的创新，促进科学技术的发展具有重要意义。

为确保人民法院依法受理和公正审判涉及集成电路布图设计（以下简称布图设计）的案件，根据《中华人民共和国民事诉讼法》、《中华人民共和国行政诉讼法》及《集成电路布图设计保护条例》的有关规定，现就涉及布图设计案件审判工作的有关问题通知如下：

一、关于受理案件的范围

人民法院受理符合《中华人民共和国民事诉讼法》第一百零八条、《中华人民共和国行政诉讼法》第四十一条规定的起诉条件的下列涉及布图设计的案件：

（一）布图设计专有权权属纠纷案件；

（二）布图设计专有权转让合同纠纷案件；

（三）侵犯布图设计专有权纠纷案件；

（四）诉前申请停止侵权、财产保全案件；

（五）不服国务院知识产权行政部门驳回布图设计登记申请的复审决定的案件；

（六）不服国务院知识产权行政部门撤销布图设计登记申请决定的案件；

（七）不服国务院知识产权行政部门关于使用布图设计非自愿许可决定的案件；

（八）不服国务院知识产权行政部门关于使用布图设计非自愿许可的报酬的裁决的案件；

（九）不服国务院知识产权行政部门对侵犯布图设计专有权行为处理决定的案件；

（十）不服国务院知识产权行政部门行政复议决定的案件；

（十一）其他涉及布图设计的案件。

**二、关于案件的管辖**

本通知第一条所列第（五）至（十）类案件，由北京市第一中级人民法院作为第一审人民法院审理；其余各类案件，由各省、自治区、直辖市人民政府所在地，经济特区所在地和大连、青岛、温州、佛山、烟台市的中级人民法院作为第一审人民法院审理。

**三、关于诉前申请采取责令停止有关行为措施的适用**

对于申请人民法院采取诉前责令停止侵犯布图设计专有权行为措施的，应当参照《最高人民法院关于对诉前停止侵犯专利权行为适用法律问题的若干规定》执行。

**四、关于中止诉讼**

人民法院受理的侵犯布图设计专有权纠纷案件，被告以原告的布图设计专有权不具有足够的稳定性为由要求中止诉讼的，人民法院一般不中止诉讼。

各高、中级人民法院要组织有关审判人员认真学习、研究集成电路布图设计条例，熟悉掌握相关的法学理论和专业知识，努力提高审判人员的业务素质和司法水平。要积极开展涉及布图设计案件的调研工作，及时总结审判经验。对涉及布图设计案件终审裁决的法律文书，要及时报送最高人民法院。